Oberitalien

Nana Claudia Nenzel

Südtirol-Trentino · Aosta-Tal · Piemont · Ligurien · Lombardei · Emilia-Romagna · Veneto · Friaul-Julisch Venetien

DUMONT RICHTIG REISEN

Inhalt

Kulturlandschaft Oberitalien

Reisen in Oberitalien

Südtirol-Trentino – Geprägt von Burgen und Schlössern

Aosta-Tal – Eine Sommerfrische für Entdecker

Lombardei – Die unbekannte Vielfältige

Emilia-Romagna – Die große Doppelregion

Veneto – Venedig und sonst nichts?

Friaul-Julisch Venetien – Eine charaktervolle Region

Serviceteil

Verzeichnis der Karten und Pläne

Übersichtskarten

Stadtpläne

Kultur-landschaft Oberitalien

Landschafts- und Kulturvielfalt

Geschichtsträchtige Industriemetropolen, kleinstädtische Kunstzentren, Alpen und Seen, die Badeküsten Adria und Riviera: Bei der Größe des Gebietes ist es zwar nicht gerade erstaunlich, wie vielfältig das Gesicht Oberitaliens ist, aber die teilweise noch fast unberührten Landschaften und die schönen, an Kunstschätzen reichen Städte des stark industrialisierten Nordens überraschen viele Reisende dann doch! Außerdem die Art, wie sich die Bewohner der acht Regionen voneinander unterscheiden, wie sie ihre Tradition und Gegenwart, ihre Mentalität und Lebensweise eigenständig, vielleicht sogar eigensinnig bewahren und pflegen.

Nichts haben Friulaner und Valdostaner miteinander gemeinsam außer – vielleicht – ihrer italienischen Muttersprache. Aber dies gilt auch für die Menschen in nicht-autonomen Regionen, etwa Ligurien und Veneto. Von den Unterschieden innerhalb der einzelnen Regionen ganz zu schweigen, denkt man nur an die beiden Teile der zusammengeschweißten Doppelregion Emilia-Romagna und erst recht an Südtirol-Trentino mit ihren beiden, sehr selbständigen Provinzen, die sich sogar als Regierungssitz abwechseln.

Generell gilt Oberitalien als das am höchsten entwickelte Gebiet Italiens. Das berühmt-berüchtigte Nord-Süd-Gefälle nimmt seinen Ausgang in der Lombardei mit dem Zentrum Mailand, das über die Autobahn auf schnurgerader Strecke mit dem zweiten pochenden wirtschaftlichen Herzen im Osten, nämlich Bologna, und im Westen mit der Fiat-Stadt Turin verbunden ist. Geschäftsleute finden bei einigem Interesse problemlos ein Pendant im Kulturangebot dieser großartigen Städte.

Wer nach Rom wollte, mußte durch Oberitalien kommen, in den Norden des Stiefellandes einfallen. Kein Wunder daher, daß dieses Gebiet Italiens von jeher unter dem Einfall von Fremden zu leiden hatte, bis diese Italiener wurden. Etwa die aus dem Norden kommenden Langobarden, die für Oberitalien kulturell, insbesondere städtebaulich gesehen, die größte Bedeutung erlangen sollten. Ihnen verdankt das große Gebiet zwischen Südtirol-Trentino und der Toscana, daß es sich dennoch relativ gut als Einheit präsentieren kann.

Natürlich käme niemand auf den Gedanken, ganz Oberitalien auf einmal zu bereisen. Wer Badeferien an der Küste verbringen und das Landesinnere nur auf Ausflügen beziehungsweise auf der Durchreise erleben möchte, hat die Wahl zwischen der ligurischen Riviera im Westen und der Adria-Küste Friaul-Julisch Venetiens, des Veneto oder der Emilia-Romagna im Osten.

Dann allerdings beginnt erst die Qual der Wahl: Ob Riviera Ponente, also westlich von Genua bis zur französischen Grenze oder Riviera Levante zwischen Genua und La Spezia nahe der toscanischen Grenze. Und innerhalb der beiden Küstenteile erst die vielen Badeorte mit ihren sehr unterschiedlichen Infrastrukturen! Genua aber muß sein, wenigstens für einen Tag, zum Kennenlernen. Im Westen sind San Remo und Alassio gute Bleibe-Adressen, das Hinterland ist zwar von Natur aus schön, aber entlang der sogenannten Blumenriviera durch wahre Glashauslandschaften entsetzlich verschandelt. Außerdem ziehen sich die Autobahn einerseits und die Bahnlinie andererseits so nahe an der Küste entlang, daß man sich als sensibler, vielleicht sogar umweltbewußter Europäer fast ducken muß ... (Die Bahnlinie wird unterdessen mühsam Stück für Stück landeinwärts gerückt.)

Unter dem Gesichtspunkt der Landschaftsgestaltung unproblematischer ist die Region östlich von Genua, das Gebiet zwischen Camogli und Portofino ist sozusagen halbinselgeschützt, und hinter Rapallo zieht sich die Autobahntrasse zurück, während die Bahnlinie häufig im Berg verschwindet. Dieser wiederum fällt allmählich so steil ins Meer, daß ab Sestri Levante die Straße weichen muß: Die wunderschönen Cinqueterre sind untereinander nicht per Auto erreichbar, es bleibt die kurze Bahnfahrt – oder der Wanderausflug.

An der Adria, von Osten her betrachtet, bietet sich die inselreiche friulanische Küste als Standort an, etwa Grado oder Lignano und Bibione. Dann die kilometerlangen Sandstrände von Caorle auf halber Strecke vor dem ebenfalls beliebten Lido di Jésolo an der offenen Seeseite von Venedig, in dessen Lagune man besser nicht badet. Bei Venezianern wie bei langjährigen Gästen sehr beliebt sind der Lido di Venezia direkt gegenüber der Lagunenstadt und die südliche Nachbarinsel Pellestrina.

Die romagnolische Küste schließlich bietet nördlich und südlich von Ravenna die bekanntesten Adria-Badeorte. Stellvertretend für alle Orte mit sehr guter Infrastruktur, also auch einer ausgewogenen Hotellerie, seien Milano Marittima/Cervia, Cesenático, Rimini und Riccione genannt. Ausflüge ins Hinterland sind von allen Seebädern aus kein Problem, die Straßen sind sehr gut ausgebaut – und zumeist werden interessante Tagesfahrten angeboten.

Der Yachthafen von Lérici in Ligurien

Wer nicht der Badefreuden wegen nach Oberitalien reist, dem seien zwei hervorragende Ausgangspunkte empfohlen, berühmte italienische Kurorte, deren ausgewogene Hotellerie und günstige geographische Lage eine ideale Kombination bieten: Im Veneto gleich bei Padua zu Füßen der Euganeischen Hügel liegt Abano Terme (mit den benachbarten Kurorten Galzignano und Montegrotto Terme). – Schnell gelangt man von hier nach Venedig, an den Brenta-Kanal, nach Padua, Montagnana und Este etwa, nach Vicenza und Verona, nach Treviso und Bassano del Grappa, nach Rovigo und Ferrara und auch nach Bologna und Ravenna. Und mitten in der Emilia-Romagna bei Fidenza nahe Parma der zweite empfehlenswerte Standort: Salsomaggiore Terme, von wo aus fast alle wichtigen Städte der Po-Ebene zu erreichen sind, die zwischen den Oberitalienischen Seen und dem Tosco-Emilianischen Apennin liegen: Parma natürlich, Reggio nell'Emilia und Módena, Mantua, Cremona, Piacenza, Pavia – und weiter nordwestlich sogar Mailand, das ebenfalls keine 100 km entfernt ist.

Einen besonderen Magnet für Italien-Freunde, die speziell am Leben sowie an der Kunst und Kultur urbaner Zentren interessiert sind, bilden die oberitalienischen Städte. Jede auf ihre Art eine Attraktion, ob Industriemetropolen wie Mailand, von dem aus in rund 50 km Umkreis nach Norden Como-See, Lago Maggiore und Lugano erreichbar sind, sowie Turin oder Bologna, oder fast ›nur‹ Kulturzentren wie Parma und Venedig, Triest und Cremona, die schöne Stadt Bergamo im Nordosten, Pavia im Süden, Novara im Westen, und, und ...

Wer die Seen liebt, wird sich bei der Wahl in Oberitalien schwertun: Zur recht ausgewogenen Hotellerie kommt hier ein großes Angebot an Ferienwohnungen und -häusern. Surfer werden sich zwischen dem Garda- und dem Iseo-See entscheiden müssen. Zumindest landschaftlich am ›italienischsten‹ ist wohl der Gardasee mit seinen Ölbäumen und den Zitronenterrassen von Limone und Gargnano, in wahre Parklandschaften eingebettet wirken Como-See und Lago Maggiore. Weniger bekannt, aber nicht minder reizvoll, sind die kleineren Seen in der Umgebung von Varese und schließlich der freundliche, aber leider nicht sehr saubere Orta-See ganz im Westen hinter der lombardischen Grenze, also bereits im Piemont.

Freunde intakter Natur und bodenständiger Kultur sollten den Norden des Veneto mit den bajuwarischen Enklaven von Sette und Tredici Comuni wählen. Oder sich für das abwechslungsreiche Aosta-Tal entscheiden und ihr Quartier in einem der Seitentäler aufschlagen, etwa im auch deutschsprachigen Gressoney- oder im französisch-provenzalisch angehauchten Cogne-Tal.

Ein ganz besonders interessantes Gebiet ist die einst durch Erdbeben erschütterte und fast nur dadurch außerhalb Italiens bekannt gewordene Region Friaul-Julisch Venetien. Heute sozusagen eine italienische Musterregion – wirtschaftlich gesehen. Die Alpen im Norden, zahlreiche Flüsse im Inneren und lagunenzerfressene Küstenstreifen mit schönen Badeorten im Süden und wunderschön wieder aufgebauten Städten – von allem also etwas. Auch eine richtige Großstadt gibt es: Triest, das sich eher österreichisch gebärdet denn italienisch und dessen Hinterland slowenisch ist ... – Und kulinarisch ist das Gebiet, speziell im Herbst zur Pilz- und Wildzeit, ein Erlebnis. Ganz zu schweigen von den berühmten Friulaner Weinen, vor allem aus dem Collio-Gebiet!

Landeskunde im Schnelldurchgang

Das 301 336 km^2 große Italien mit seinen 57,6 Mio. Einwohnern ist politisch in 20 Regionen eingeteilt, die zum Teil eine recht weitgehende Autonomie besitzen. Das Gebiet Oberitaliens bilden acht Regionen.

Im Norden die autonome Doppelregion **Südtirol-Trentino** mit Deutsch und Italienisch als Amtssprachen, 13 618 km^2 Fläche, ca. 936 000 Einwohnern und den zwei Provinzen Bozen (Bolzano) und Trient (Trento), die sich als Regierungssitz abwechseln.

Aosta-Tal, mit weitgehender Autonomie und zweiter Landessprache Französisch, 3262 km^2 Fläche, 120 000 Einwohner, Hauptstadt Aosta, nicht in Provinzen eingeteilt.

Piemont, 25 399 km^2 Fläche, 4,3 Mio. Einwohner, Hauptstadt Turin; Provinzen Alessandria, Asti, Cuneo, Novara, Turin, Vercelli.

Ligurien, 5413 km^2 Fläche, 1,6 Mio. Einwohner, Hauptstadt Genua; Provinzen Genua, Impéria, La Spezia, Savona.

Lombardei, 23 834 km^2 Fläche, knapp 9,1 Mio. Einwohner, Hauptstadt Mailand; Provinzen Bergamo, Brescia, Como, Cremona, Mailand, Mantua, Pavia, Sóndrio, Varese.

Emilia-Romagna, 22 124 km^2 Fläche, 4 Mio. Einwohner, Hauptstadt Bologna; Provinzen Bologna, Ferrara, Forlí, Módena, Parma, Piacenza, Ravenna, Reggio nell'Emilia.

Veneto (Venetien), 18 378 km^2 Fläche, 4,5 Mio. Einwohner, Hauptstadt Venedig; Provinzen Belluno, Padua, Rovigo, Treviso, Venedig, Verona, Vicenza.

Friaul-Julisch Venetien, mit weitgehender Autonomie und zweiter Landessprache Slowenisch, 7846 km^2 Fläche, 1,2 Mio. Einwohner, Hauptstadt Triest; Provinzen Gorízia, Pordenone, Triest, Udine.

Von der Gesamtfläche Italiens liegen also fast 120 000 km^2 in Oberitalien, das sind etwa 40 % der Landesfläche. Aber 45 % aller Italiener leben hier: rund 26 Mio. Die acht Regionen Oberitaliens sind außer Südtirol-Trentino und Aosta-Tal sehr dicht besiedelt, am dichtesten die Lombardei mit 380 Einwohnern je km^2 und Ligurien mit 300.

Die Lebenserwartung entspricht in etwa dem italienischen Durchschnitt von 78 Jahren, das jährliche Bevölkerungswachstum tendiert gegen null (z. Zt. noch bei 0,2 %, letzte Zählung 1998).

Der Anteil der Erwerbspersonen liegt bei 40 %, die der Arbeitslosigkeit bei 11,6 %. Der Tourismus gewinnt auch für die Arbeitswelt des Gebietes eine immer größere Rolle, kann sich jedoch mit den Beschäftigungszahlen in der Industrie nicht messen.

Richtig Reisen *Tip*

Die schönsten Städte Oberitaliens

Bergamo – die musikalische Zwei-Etagen-Stadt (s. S. 231ff.)
Bologna – trotz Industrie ein aufregend-schönes historisches Zentrum mit schiefen Türmen (s. S. 284ff.)
Como – auf Seide gebettet, dem See zugewandt (s. S. 240ff.)
Cremona – für ihre Geigenbauer berühmt, Stradivari sei Dank (s. S. 206ff.)
Mantua – Gonzaga und die Folge angenehmer Plätze (s. S. 214ff.)
Padua – die überaus liebenswert-lebhafte und kunstreiche Studentenstadt (s. S. 336ff.)
Parma – Schinken, Coppa, Tortelloni – und das schönste Baptisterium Italiens (s. S. 265ff.)
Piacenza – eine schöne Stadt im Zeichen der Gastfreundschaft (s. S. 251ff.)
Trento – die Renaissance-Stadt des Konzils (s. S. 65ff.)
Venedig – unübertroffene, problembeladene Lagunen-Schönheit (s. S. 350ff.)
Verona – von der Etsch umarmt, durch Romeo und Julia und die Arena-Festspiele berühmt (s. S. 319ff.)
Vicenza – Reverenz an Palladio und die Goldschmiede (s. S. 328ff.)

Landschaftsbilder: Vom Mont Blanc an die Adria

Acht der 20 Regionen Italiens teilen sich Oberitalien, *Italia Settentrionale,* wie es im Lande genannt wird. Im Norden beginnend mit Südtirol-Trentino, weiter von West nach Ost gesehen: Aosta-Tal, Piemont und Ligurien, Lombardei und Emilia-Romagna, Veneto und Friaul-Julisch Venetien.

Im Norden wird Oberitalien von der rund 4000 m hohen Alpenkette mit ihren zahlreichen Seen begrenzt, die im Westen im Mont Blanc (4810 m) gipfelt, im Süden vom bis zu 2165 m (Monte Cimone bei Abetone/Toscana) aufsteigenden Tosco-Emilianischen Apennin und im Westen von den insgesamt etwas niedrigeren Apuanischen Alpen, die sich als Schutzschild Liguriens gegen die Nordwinde, als See-Alpen, bis zur französischen Grenze hinziehen. Von den Gebirgszügen, also sowohl vom Norden als auch vom Süden, ergießen sich zahlreiche Flüsse und Bäche in die lange und teils bis zu 2 km breite Po-Ebene. Andere große Flüsse wie Etsch (Italiens schnellster Fluß!), Brenta und Piave erreichen das Meer nördlich des Po-Deltas, der Reno südlich der Lagune von Comácchio. Kein Wunder, daß die nördliche Adria-Küste so zahlreiche Deltagebiete, eine solche Landschaftsvielfalt zwischen Land und Meer aufweist.

Oberitalien ist das wasserreichste Gebiet des Landes, und daher sein fruchtbarstes. Aber auch die größten Industrieansiedlungen findet man hier – alle sozialen Strukturprobleme sowie die noch lange nicht gelösten Umweltprobleme (Verschmutzung der Flüsse durch Industrie und Landwirtschaft) inbegriffen.

Das Klima ist der Größe des Gebietes entsprechend recht unterschiedlich. In den Alpen sind so manche Pässe bis ins späte Frühjahr hinein geschlossen, am sichersten ist dann noch immer der Brenner. Die See-Alpen schaffen in Ligurien auch im Winter ein besonders mildes Klima. Sonnig-warme Dezembertage sind keine Seltenheit, weil die Berge die sichelförmige Region um den weiten Golf von Genua vor den Nordwinden schützen. Die Alpentäler sind hervorragende Sommerfrischen: in Südtirol-Trentino, dem Norden der Lombardei (Valtellina), Nord-Piemont und Aosta-Tal insgesamt sowie Nord-Veneto und im Norden Friauls. Die Po-Ebene dagegen ist im Sommer schwül und vor allem in den Städten praktisch unerträglich. Angenehm sind dann die Küstenorte an der Adria und der Riviera, mit garantierter Brise von den nahen Hügeln beziehungsweise See-Alpen sowie vom Meer.

Die meisten Niederschläge fallen zwischen Oktober und März, aber auch verregnete Mai- und Junitage sind keine Seltenheit. Die schönste Reisezeit – wegen der dann herrschenden Temperaturen und der prachtvoll-üppigen Vegetation – bleibt dennoch Mai/Juni und September/Oktober. Wobei kunstsinnigen Reisenden empfohlen sei, vor allem Museumsbesuche im Winter einzuplanen. Und den Sommer in der Po-Ebene absolut zu meiden.

Im Aosta-Tal

Kulturgeschichte: Stadtentwicklung, Architektur, Malerei, Bildhauerei

Rom als Vorbild: Frühe Stadtbaukunst (5.–12. Jh.)

Wenn es sich nicht um keltische oder etruskische Gründungen handelte, entstanden die meisten Städte Oberitaliens auf den Grundmauern römischer Ansiedlungen. Mit der Anerkennung des Christentums durch Konstantin d. Gr. und Licinius (Mailänder Edikt von 313) wurden die Städte Bischofssitze. Nicht nur das Straßensystem blieb auch im 5. Jh. nach dem Untergang des Weströmischen Reiches römisch, sondern auch Einzelmonumente konnten bewahrt werden, so es sich nicht um Tempel (der ›Götzen‹) handelte, die man natürlich den Kirchen opferte. Und so sie nicht als Baumaterial für Stadtpaläste der neuen germanischen Herrscher herhalten mußten.

Die Ostgoten (5./6. Jh.) setzten in ihrer Verwaltungsstruktur die römische Tradition fort. Die Langobarden übernahmen dies mit einigen Änderungen (6.–8. Jh.), ebenso die Franken ab dem Jahre 774. Die Langobardenkönige pflegten im allgemeinen in Pavia zu residieren, weshalb die Stadt an Größe und Bedeutung sogar Mailand überflügelte. Den Herrschaftsbereich sicherten sich die Könige durch Herzöge, die sie in Städten und auf Landgütern festsetzten.

In der Zeit vom 5. bis zum 12. Jh. muß man sich die oberitalienischen Städte als vorerst recht amorphe Gebilde vorstellen: wenige Steinbauten, meist wurde Holz für die Wohnhäuser verwendet, die Kirchen entstanden aus Backstein in der Nachahmung der spätantiken/frühchristlichen Basiliken, also dreischiffig mit großer Ost-Apsis, ohne Querschiff und Glockenturm. Dieser kommt meist erst im 10. Jh. hinzu und ist dann freistehend.

Ein Abbild der zum größten Teil verlorengegangenen frühchristlichen Basiliken sind beispielsweise die römische Kirche Santa Sabina und die Basiliken Ravennas aus dem 5. und 6. Jh. Auch in der Langobardenzeit bleiben diese Kirchen ohne Architekturplastik, nur Wandschmuck, etwa Mosaiken oder Fresken, sind üblich. Die Architekturplastik nämlich galt – noch in der jüdisch-alttestamentarischen Tradition? – als Götzendienst.

Eindrucksvoll sind Zentralbauten wie San Vitale in Ravenna (6. Jh.) und San Lorenzo Maggiore in Mailand (4./5. Jh.), außerdem die Baptisterien der Bischofskirchen, also die Taufkirchen, die sich teilweise als Gotteshäuser ›verselbständigen‹ sollten.

Eine wohltuende Wirkung auf die Entwicklung der Städte hatten nach den ziemlich chaotischen Zuständen in den Macht- und Rechtsverhältnissen des 9. und 10. Jh. die ottonischen Kaiser ab der Mitte des 10. Jh. Der Handel blüht auf, die Naturalwirtschaft wird zugunsten der Geldwirtschaft verdrängt. Venedig übernimmt die Führung als Handelsmacht und -zentrum zwischen Ost (Byzanz, Asien, Afrika) und West. Die übrigen oberitalienischen Städte als natürliche Stationen auf dem Weg nach Norden entpuppen sich als geradezu gierige Aufnahmestellen der Waren aus dem Orient. Die Bewohner lernen, die Rohstoffe zu verarbeiten und Fertigprodukte herzustellen wie beispielsweise Woll-, Baumwoll- und Seidenstoffe.

Als besonders geeignete Handelswege werden Wasserstraßen ausgebaut, d. h. bereits vorhandene Flüsse reguliert und Verbindungskanäle geschaffen, um Lücken zu schließen, den Transport sozusagen von Haus zu Haus zu ermöglichen.

Von der Diözese zur freien Kommune (11.–13. Jh.)

Auf der Basis der Ländereien rings um die Städte, derer sich die Langobarden-Herrscher bedienten und die bereits von den Römern als städtische Verwaltungsgebiete ›eingenommen‹ waren, entstanden die Diözesen. Auf deren Grund konnten später, im Zuge der kommunalen Autonomie im 12. Jh., die Städte jeweils auf einen großen Herrschaftsbereich zurückgreifen.

In Oberitalien findet sich zum erstenmal in Europa städtische Kultur. Die freien Kommunen errichteten stolze Verwaltungsgebäude in mächtigen romanischen Backsteinformen – die großen Dynastien dagegen ihre großen Zwingburgen und Kulturbauten später, fast ausschließlich in reiner Gotik (Ausnahme z. B. das Castello Sforzesco in Mailand, fast schon Frührenaissance), und sorgten noch dafür, daß ihre Territorien durch zahlreiche Kastelle gesichert wurden. Sie gestalteten damit gleichzeitig die Kulturlandschaft Oberitaliens. Sie, das waren Geschlechter, deren Namen jedem Italien-Kenner auf der Zunge zergehen: die Scaliger in Verona, die Carrara in Padua, die Este in Ferrara, die Gonzaga in Mantua, die Malatesta in Rimini und Cesena, die Sforza in Imola und Mailand, die Ordelaffi in Forlí. Sie errichteten in den Städten als Symbole ihrer Macht imposante Paläste und Wohntürme, die Geschlechtertürme.

Zum sogenannten Rechtscharakter einer Stadt gehörte es bereits seit der Antike, einen Mauerring zu besitzen, der natürlich ständig erweitert werden mußte. In vielen oberitalienischen Städten kann man noch heute sehr schön anhand der Straßenzüge erkennen, wo die jeweiligen Stadtmauern standen, welches Gebiet sie umfaßten – falls sie nicht ohnehin erhalten geblieben sind.

Die städtische Autonomie sicherte der Papst, seine Anhänger sollten später, unter Friedrich II. (1220–50), Guelfen (zu deutsch Welfen) heißen und jahrhundertlang mit den kaisertreuen Ghibellinen streiten. Schuld daran war bereits der sogenannte Investiturstreit (1076), der mit dem Gang nach Canossa (1077) endete. Die Städte schufen trotz aller

Der Gang nach Canossa: Heinrich IV. erwirkt bei Papst Gregor VII. die Lösung des Kirchenbanns

Richtig Reisen Thema

Comacini, Europameister der Steinmetzkunst

Die lombardischen Kirchen Oberitaliens sind, in Anlehnung an deutsche und burgundische Bauten, häufig aus Backstein errichtet und kreuzgewölbt. Und vor allem: mit reich gegliederten Hauptfassaden und Portalen, auch umlaufenden Bogenfriesen und fantasievollen Tierornamenten geschmückt. Diese Kunstfertigkeit entwikkelte sich vor allem in Como und brachte eine ganze Dynastie von Baumeistern und Steinmetzen hervor, die mit ihrer Kunstfertigkeit in Europa bedeutende Sakralbauten zieren sollten: *Magistri Comacini* (Comasken) hießen die aus Como und Umgebung stammenden Künstler.

Bereits seit 643 ist deren Zusammenschluß durch ein Edikt des Langobardenkönigs Rothari urkundlich belegt. Doch als Bildhauer wirkten sie besonders im 12. Jh. Ihre wichtigsten Arbeiten in Oberitalien führten sie in Como (Sant'Abbondio), in Mailand (Sant'Ambrogio), in Verona (San Zeno), sowie an den Domen von Parma, Ferrara und Módena aus. Auf deutschem Gebiet gelten vor allem die Steinmetzverzierungen an den Domen von Speyer und Mainz als ihr Werk.

Aus den *Comacini*-Familien gingen noch im 17. und 18. Jh. drei bedeutende Bildhauer und Baumeister hervor, die allerdings in Rom ihre Hauptwerke hinterließen: Francesco Borromini aus Bissone/Tessin (1599–1667), Carlo Fontana aus der Nähe von Como (1634–1714) und Carlo Maderno oder Maderna aus Capolago bei Lugano (1556–1629), ein Verwandter Fontanas.

Streitigkeiten eigene Verwaltungsformen. Ab dem 11. Jh. übernahmen Konsuln (zwei bis zehn) gemeinsam die Leitung, die alljährlich von den Bürgern aus dem städtischen Adel gewählt wurden. Erst im ausgehenden 12. Jh. konnten auch Nichtadelige gewählt werden. In größeren Städten wurden ein Kleiner und ein Großer Rat eingerichtet, die dort die Konsuln wählten und sie beaufsichtigten. Kein Wunder, daß so mächtige Kommunalpaläste (mit einem einzigen großen Saal im Obergeschoß) notwendig wurden: 400 bis 1000 Mitglieder und sogar mehr konnte der Große Rat haben. Und vor dem Palast brauchte man einen großen Platz – der ›Raum‹ für die Bürgerversammlung.

Ab der Mitte des 12. Jh. bereits trifft man auf *Podestà,* also Bürgermeister. Sie kamen von außerhalb und waren durchweg Feudalherren, die auf sechs oder zwölf Monate gewählt wurden, auch als Heeresführer und mit Polizeigewalt – aber ohne ein politisches Amt. Die hatten die Konsuln inne. Aber auch dies nicht mehr lange, sie lösten schon zu Beginn des 13. Jh. die *Podestà* ganz ab, jedoch im 14. Jh. mit beschnittenen Machtbefugnissen: als oberste Gerichtsstelle mit Polizeigewalt. Es sei denn, es hatte sich eine *Signoria* daraus entwickelt, die Alleinherrschaft eines Adelsgeschlechtes.

Schon Ende des 13. Jh. nutzen einzelne Dynastien die ständigen Kämpfe zwischen den freien Kommunen und ihre Zerrissenheit. Sie beginnen, bedeutende Kommunen und ihre Nachbarstädte zu unterwerfen. In Mantua sind es die Gonzaga, in Ferrara die Este, in Rimini die Malatesta und in Parma später die Farnese sowie in Mailand die Visconti und die Sforza. Als letztere sich zu weit ins venetische Gebiet der Terraferma (ab 1339 von Venedig erobertes und verwaltetes Festlandsgebiet) vorwagen, lassen die Venezianer die Muskeln spielen und sichern sich im Frieden von Lodi ihren Herrschaftsbereich. Denn Venedig blieb eine Ausnahme, eine vom Adel geführte Stadtrepublik, genauer von ihren Dogen, bis sie zu Spanien und dann 1714 zu Österreich kam.

Die eigentliche Verwaltung setzte sich überwiegend aus Richtern und Notaren zusammen, die die komplizierten Rechts- und Besitzverhältnisse zu regeln hatten und daher aus bis zu 2000 Personen (in Bologna) bestand. Kein Wunder also, daß sich in Bologna schon Ende des 12. Jh. die Rechtswissenschaft entwickelt hat. Die Einwohner bekam man in den Griff, indem sie in ›Nachbarschaften‹ oder ›Tore‹ eingeteilt wurden. Vor allem an der zweiten Gruppierung erkennt man auch die Bedeutung des Mauerrings und der Stadttore, die immer wieder von den jeweiligen Bewohnern erneuert wurden. Dies zu tun, erlaubte sogar der Kaiser seit dem Konstanzer Frieden von 1183. Es entstand ein neuer Adel – denn um genügend Ritter zum Schutz der Kommune zu besitzen, adelte man immer wieder reiche Bürger; später ging man auch dazu über, sich Söldner zu halten, mit denen man allerdings nicht immer gute Erfahrungen machte. Das Volk war im wahrsten Sinne des Wortes das Fußvolk, die Infanterie. Dieses Volk konnte sich aber einen eigenen *Capitano del Popolo* leisten, ähnlich wie der *Podestà* ein auswärtiger Adeliger, der einen eigenen Palast bekam: den Palazzo del Capitano del Popolo.

Im 13. Jh. erst beginnen die Gilden an Bedeutung zu gewinnen, die schließlich die wirtschaftliche Kraft der Kommunen festigten. Man sieht: Das Laientum bekam eine größere Bedeutung als der Klerus, zerrte an dessen Führungsposition auch im kulturellen und künstlerischen Bereich, ohne daß dies etwa dem Kirchenbau geschadet hätte. Ganz im Gegenteil: Die Frömmigkeit war groß und das Volk war bereit, neben den großartigen, überdimensionalen Profanbauten für die Verwaltung die prächtigsten Sakralbauten zu errichten. Jede Kommune war darauf bedacht, einen möglichst schöneren, prächtigeren Dom als die Nachbarin zu haben, und finanzierte diesen Ehrgeiz oft über Jahrhunderte hinweg. Bedeutende Privatbauten (außer den Geschlechtertürmen) entstanden erst ab dem ausgehenden 14. Jh. und im 15., als die Kommunen zunehmend an Selbständigkeit verloren.

Gotik und Renaissance

In den folgenden Jahrhunderten treten zunehmend Künstlerpersönlichkeiten in den Vordergrund, die im Auftrag der herrschenden Familien arbeiten und zum Teil ganze Städte nach ihrem Ideal schaffen.

Die Gotik entfaltete sich zur Höchstform, besonders anschaulich im Mailänder Dom mit seinem reichen Figuren- und Bauschmuck. In Venedig entstand Anfang des 14. Jh. eine Sonderform, wie sie sich etwa in der Ca'd'Oro und am Dogenpalast zeigt. Als bedeutender Repräsentant der sogenannten internationalen Gotik gilt **Gentile da Fabriano** (um 1370–1427), der durch sein Wirken in Venedig und Brescia die Malerei Oberitaliens stark beeinflußt hatte. U. a. war er der Lehrmeister des Venezianers Jacopo Bellini (s. u.). Seine Fresken sind bis auf die ›Madonna‹ im Dom von Orvieto (Umbrien) verlorengegangen, als sein Hauptwerk gilt das Tafelbild ›Anbetung der Könige‹ (Uffizien, Florenz).

Produktiver als die Gotik war die Renaissance für das Erscheinungsbild italienischer Städte und die Kunst. Die Wiederentdeckung der Antike in Geisteswelt, Musik, Architektur und Bildender Kunst brachte einzigartige Schätze hervor.

Leon Battista Alberti (1404–1472) war ein großer Humanist, Gelehrter und Künstler und einer der führenden Köpfe der italienischen Frührenaissance. Seine bekanntesten Werke schuf er zwar in der Toscana (Konzept der Stadt Pienza) und in Rom (Neubauplanung des Petersdoms), aber der in Genua gebürtige Denker zeichnete auch verantwortlich für die Planung von San Francesco in Rimini (1446), von San Sebastiano in Mantua (ab 1460) sowie für Sant'Andrea in Mantua (ab 1470). Wo möglich, glich er die Frührenaissance-Kirchen, entsprechend den Idealen seiner Zeit, den antiken Tempeln an (Mantua und Rimini).

Auch **Andrea Mantegna** (1431–1506) aus Isola di Carturo zwischen Padua und Vicenza war einer der bedeu-

Andrea Mantegna, Ludovico II. Gonzaga und seine Familie (Mantua, Palazzo Ducale, Camera degli Sposi)

tendsten Vertreter der Frührenaissance. 1459 wurde er von Ludovico Gonzaga an dessen Hof nach Mantua gerufen, wo er Gelegenheit hatte, die in Florenz eingeführte Perspektivlehre weiter auszubauen. Seine Bilder sind auffällig herb und streng plastisch, am besten nachzuvollziehen in seinem vielleicht berühmtesten Werk, den Fresken der ›Camera degli Sposi‹ im Palazzo Ducale von Mantua (vollendet 1474). Mantegna, der auch als Kupferstecher in Italien führend wurde und die Hochrenaissance einläutete, schuf in seiner Frühzeit das Altarwerk von San Zeno (1456–59) in Verona und in seinen Anfängen in Mantua einige Werke, die nun in den Uffizien von Florenz hängen (dreiteiliger Altar ›Anbetung der Könige‹, ›Darstellung im Tempel‹ und ›Himmelfahrt Christi‹), den ›Heiligen Georg‹ (Accademia in Venedig) und die ›Beweinung Christi‹, in der Mailänder Brera zu bewundern. In seiner Spätzeit schuf er in Mantua um 1492 die neun Bilder ›Triumph Caesars‹ (jetzt in Hampton Court), die ›Madonna della Vittoria‹ 1495/96 und die Allegorien ›Parnaß‹ 1497 sowie den ›Sieg der Tugend‹ um 1502 (alle drei jetzt im Louvre, Paris).

Der Venezianer **Giovanni Bellini** (1432–1516) war ein Schwager Mantegnas, bei dem er bereits in Padua in die Lehre ging und von dem er anfänglich den plastischen Malstil übernahm. Dann wurden seine Bilder, mit denen er zahlreiche Altäre schmückte (u. a. 1488 für die Frari-Kirche und 1505 ›Santa Conversazione‹ in Zaccaria, Venedig), sowie kleine Andachtsbilder vor allem in ihren Farben weicher und harmonischer. Er gilt als der Hauptmeister der venezianischen Malerei der Frührenaissance und Wegweiser für viele Schüler und Nachfolger bis ins 16. Jh. hinein. Giovanni Bellini stammte übrigens aus einer Künstlerfamilie: Sein Vater **Jacopo** (1400–1470) schuf zusammen mit ihm und seinen Brüdern u. a. zahlreiche Handzeichnungen, darunter Architekturdarstellungen, von denen ca. 230 in zwei Sammelbänden erhalten geblieben sind (British Museum, London und Louvre, Paris).

Giorgio da Castelfranco, genannt **Giorgione** aus dem venetischen Castelfranco (1477/8–1510), ging in Venedig bei Giovanni Bellini in die Lehre. Dort schuf er auch seine Hauptwerke, vor allem Fassadenfresken an Palästen, speziell am Fondaco dei Tedeschi (1508). Sie sind bis auf wenige Reste leider zerstört, aber in Stichen von Antonio Maria Zanetti von 1760 zu sehen. Eines seiner vor Ort erhaltenen Bilder ist das Altarbild mit dem heiligen Ritter Liberalis und dem heiligen Franziskus im Dom von Castelfranco (um 1504/5). Lichtgesättigte Farben, flüssige Malweise und persönliche Bildthemen machten ihn zum Wegbereiter der Hochrenaissance. Er liebte außerdem die Einbeziehung der Landschaft in seine Themen, womit er wiederum eine große Wirkung auf die spätere europäische Malerei hatte.

Auch der in Pieve di Cadore geborene Venezianer **Tiziano Vecelli** oder Vecellio, genannt **Tizian** (um 1478/90–1576), lernte bei Giovanni Bellini in Venedig. Giorgione half er bei den – nicht erhaltenen – Fresken an den Palästen des Fondaco dei Tedeschi und entwickelte dann seinen eigenen Stil kraftvoller, bewegter Kompositionen. Ruhig dagegen sind seine Bilder aus den 30er Jahren des 16. Jh., in prachtvollen, abgestuften Farben ist das Stoffliche wiedergegeben – in den 50er Jahren dagegen, im Alterswerk, herrscht eher durchgeistigte Gelöstheit. In Venedigs Kirche Santa Maria Gloriosa dei Frari hängen seine dramatische ›Himmelfahrt Mariä‹ von 1516–18 und die ›Madonna del Pesaro‹ von

1519–26. Tizians berühmteste Werke sind aber in alle Winde verstreut, zieren die bedeutendsten Museen der Welt, in Venedig immerhin auch die Accademia (›Tempelgang Mariä‹ von 1534–38).

Tizian arbeitete außer in Venedig auch an den großen herzöglichen Höfen Oberitaliens, ab 1516 für Alfonso d'Este in Ferrara (Ovids ›Fasti‹) und ab 1523 für dessen Neffen Federico II. Gonzaga in Mantua. Durch Vasaris Besuch im Jahre 1539 lernte er den Manierismus kennen. Sein Spätwerk ist geprägt von mythologischen Bildern sowie von religiösen Motiven, die er für Philipp II. von Spanien schuf (ab 1553). Seine Bilder werden im Alter skizzenhafter, die Komposition entsteht aus der Farbe heraus. – In die Kunstgeschichte eingegangen ist auch ›seine‹ Farbe, das Tizian-Rot.

Antonio Nigretti, genannt **Palma il vecchio** (um 1480–1528), arbeitete nachweisbar ab 1510 in Venedig, wo er, beeinflußt von Giorgione und Tizian, als einer der Wegbereiter der Hochrenaissance gilt. Keines seiner Werke ist mehr in Oberitalien zu finden.

Auch **Girolamo Romanino** (1487–1559) aus Brescia orientierte sich in Venedig an Giorgione und dem jungen Tizian und schuf kühne, naturalistische Bild-Kompositionen in leuchtenden Farben.

Giovanni di Lutero, genannt **Dossi** (um 1489–1542), wurde unter dem Einfluß von Giorgione zum Hauptmeister der sogenannten Schule von Ferrara, seiner Heimatstadt. Seine mythologischen, farbig-satten Bilder sind von fantastischer, eigenwilliger Atmosphäre und geradezu romantischer Stimmung.

Auch **Antonio Allegri** aus dem emilianischen Correggio, genannt **Correggio** (um 1489–1534), wurde stark von Mantegna, aber auch von Leonardo da Vinci, Michelangelo und Raffael beeinflußt. Seine religiösen und mythologischen Bilder sind von heiter-sinnlicher Schönheit, ihre stark bewegte Komposition läßt schon den Barock erahnen. Seine Gemälde zeigen den betonten Kontrast von Hell-Dunkel, seine Fresken eine geradezu kühne Perspektive (Kuppel von San Giovanni Evangelista in Parma, 1526–30).

Giulio Pippo, nach seiner Geburtsstadt Rom **Giulio Romano** (1499–1546) genannt, war ab 1524 Baumeister und Maler des Herzogs Federico II. Gonzaga in Mantua. Als Hauptwerk des Raffael-Schülers und Mitarbeiters an den Fresken des Konstantin-Saales im Vatikan gilt die Ausmalung des Palazzo Té in Mantua (ab 1526).

Francesco Mazzola aus Parma, genannt **Parmigianino** (1503–1540), von der Schule Raffaels und Correggio beeinflußt, wurde in seiner eigenen, nahezu spannungserfüllten Darstellungsweise zum Vorbild für die oberitalienischen Manieristen. Er arbeitete zwar auch in Rom, aber Parma (Fresken der Kirche Madonna della Steccata) und Bologna waren seine Hauptwirkungsorte.

Den Venezianer **Jacopo Robusti,** genannt **Tintoretto,** ›der kleine Färber‹ (1518–1594), beeinflußte zuerst Tizian, dann Michelangelo. Er schuf großformatige, ausdrucksstarke religiöse Bilder mit häufig kühn verkürzten Gestalten und bewegten Kompositionen mit großer Tiefenwirkung. In Venedig hinterließ er zahlreiche Werke: in Santa Maria della Salute die ›Hochzeit zu Kanaa‹ von 1561, in San Polo das ›Abendmahl‹ von 1565–70, in San Giorgio Maggiore (›Abendmahl‹, 1592–94) und in der Scuola di San Rocco, seinem Hauptwerk, die Deckengemälde in der Sala dell'Albergo 1565/66 und die alt- und neutestamentlichen Szenen in den großen Sälen (Unter- und Obergeschoß; 1575–82).

Der Palazzo Chiericati in Vicenza

Paolo Caliari nannte sich selbst nach seiner Heimatstadt Verona **Veronese** (1528–1588), doch in der Hauptsache arbeitete er in Venedig (ab 1553). Er verstand es bald, seine Lehrmeister zu überflügeln, überwand schnell den Klassizismus und schaffte den Übergang von der Renaissance zum Barock, ohne die ›Zwischenstufe‹ des Manierismus. Seine großen biblischen und mythologischen Darstellungen zeigen klassische Architektur mit leuchtend-prunkvoll gekleideten Menschen – Spiegelbild der Prachtentfaltung im damaligen Venedig: Das Deckengemälde ›Triumph Venedigs‹ (1575–77) im Dogenpalast gilt als die erste bildliche Verherrlichung der Seerepublik. Von großer Heiterkeit sind seine illusionistischen Decken- und Wandfresken in Palladios Villa Bárbaro in Maser bei Vicenza (um 1561).

Andrea di Pietro, genannt **Palladio** (1508–1580), gilt als der Begründer der sogenannten klassizistischen Richtung der Spätrenaissance in der Architektur. Ab 1545 wirkte er in Vicenza, ab 1560 in Venedig. Seine architektonischen Lehrbücher, die auf Vitruvs Aufzeichnungen und Vermessung römischer Bauten basierten, dienten bis zum Ende des 18. Jh. als Maßstab für die Kenntnis antiker Bauregeln. Seine Bauten in Vicenza (die sogenannte Basilica 1549 ff., Palazzo Chiericati 1551 ff.) und in der Lagune von Venedig (San Giorgio Maggiore 1544–79), vor allem seine berühmten Villen (Capra La Rotonda in Vicenza, 1566/67, von Scamozzi vollendet sowie Bárbaro in Maser um 1560/61) sollten Vorbild für ganz Europa, später auch die amerikanischen Südstaaten (Gutshäuser) werden. Das Hauptmerkmal des von ihm geprägten Stils, des Palladianismus, ist eine dreiteilige Wandöffnung mit Rundbogen über der von Säulen getragenen Mitte und waagrechtem Sturz über den Seiten.

Der Vicentiner **Vincenzo Scamozzi** (um 1552–1616) führte Palladios Klassizismus fort, indem er u. a. zwei seiner Hauptwerke vollendete (die Villa Capra und das Teatro Olimpico in Vicenza). Die eigenständigen Werke des Baumeisters und Architekturtheoretikers (›Idea dell'Architettura universale‹ 1615) sind in Vicenza die Palazzi Trissino-Trento (1577), Trissino-Baston (1592) und Porto-Breganze; in Venedig die Neuen Prokuratien (1583 ff.) und die Vollendung der Markusbibliothek Sansovinos (1583–88); bei Longino die Villa Pisano (1576–78); außerdem der Entwurf für den Salzburger Dom 1606–07.

Vom Barock bis in die Neuzeit

Zur höchsten Entfaltung brachte den oberitalienischen Barock der in Módena gebürtige **Guarino Guarini** (1624–1683). Der Theatinermönch war zwar auch Baumeister, aber in der Hauptsache verstand er sich als Mathematiker, was man an seinen Arbeiten in der Fortsetzung der von Francesco Borromini eingeleiteten Entwicklung der Barockarchitektur ablesen kann, ebenso in dem Kupferstichwerk ›Architettura civile‹, das einen großen Einfluß auf die böhmische und die süddeutsche Architektur des Spätbarock ausübte. In Turin jedenfalls hinterließ er seine Hauptwerke: die ehemalige Theatinerkirche San Lorenzo (1668–87), die Cappella del Santissimo Sudario und Santa Sindone (ab 1668) sowie den Palazzo Carignano (1680).

Auch im 18. Jh. war Venedig führend in der Malerei, vor allem wegen der venezianischen Stadtansichten, die in großer Zahl **Giovanni Antonio Canal,** genannt **Canaletto** (1697–1768) und **Francesco Guardi** (1712–1793) schufen.

Giuseppe Maria Crespi, genannt **lo Spagnolo** (1655–1747), malte und schuf Radierungen in Bologna: religiöse und mythologische Bilder in starken Hell-Dunkel-Gegensätzen. Der Genuese **Alessandro Magnasco** (1667–1749) lernte in Mailand, seine Hauptwerke aber entstanden in Genua (ab 1735): mit dem Licht spielende dunkle Bilder von Mönchen und Nonnen, Soldaten und Einsiedlern und recht zwielichtigem Volk in wilden Landschaften oder Ruinen.

In der Architektur kommt im 18. Jh. der Klassizismus zur vollen Entfaltung: **Filippo Juvarra** (1678–1736) etwa lernte in Rom bei Fontana, wurde 1714 zum königlichen Architekten ernannt und nach Turin berufen, wo er seine Hauptwerke schuf. Diese sind meist auf hohen Wandpfeilern und Freistützen aufgebaut, die ihm ermöglichten, fantasievolle Räume zu gestalten: Schloß Venaria Reale (ab 1714), Schloß Stupinigi (ab 1729), die Votivkirche Superga bei Turin (1717–31), San Filippo (1722) und vor allem den Palazzo Madama (ab 1718).

Das 19. Jh. setzte in der Architektur den Klassizismus fort. In der Bildhauerkunst überragt **Antonio Canova** (1757–1822), aus der Nähe von Bassano, mit seinen Marmorplastiken und gilt als der vielseitigste Vertreter seiner Zunft, der in Europa vielfach nachgeahmt wird. In Venedig befindet sich nur noch in der Accademia sein Werk ›Dädalus und Ikarus‹ von 1779. Im selben Jahr ging er nach Rom, wo er ab 1802 Oberaufseher der Kunstdenkmäler des Kirchenstaates wurde. Während der Zeit Napoleons schuf er mehrere idealisierende Bildnisse des Kaisers und seiner Familie, setzte jedoch 1815 die Rückgabe der von den Franzosen aus Rom geraubten Kunstwerke durch.

Zu Beginn des 20. Jh. ließen sich die Architekten vom Faschismus derart beeinflußen, daß leider ganze historische Zentren von großspurigen Neuplanungen mit protzigen Bauten verunstaltet wurden. Und nach dem Zweiten Weltkrieg faszinierte wiederum das technisch Machbare. In Mailand aber hat **Pier Luigi Nervi** (1891–1979) gezeigt, wie man Bauingenieursleistung mit fantasievoller Formgestaltung kombinieren kann, etwa in seinen Stahlbetonkonstruktionen (die Ausstellungshallen von Turin 1948–50, im Pirelli-Gebäude in Mailand 1955–57 sowie in der Ausstellungshalle ›Palazzo del Lavoro‹ in Turin 1961). Außerdem arbeitete er in Florenz mit am Stadion (1930–32) und in Paris am UNESCO-Gebäude (1953–57). Die Architektengruppe **Banfi, Belgiojoso, Peressuti und Rogers** (BBPR) bemüht sich in Mailand gleichzeitig um eine ökonomische Architektur.

In der Bildhauerkunst der Moderne traten wenige nennenswerte Künstler aus Oberitalien in Erscheinung. **Marino Marini** (1901–1980) stammt aus der Toscana, lehrte in der Lombardei, zuerst in Monza an der Kunstschule und dann in Mailand an der Brera-Akademie.

Landschaftsarchitektur

Die Umgebung der Oberitalienischen Seen ist zum größten Teil parkähnlich gestaltet, vor allem um Lago Maggiore und Como-See. Die Berghänge im Norden der Seen und die Hügel im Süden und zwischen ihnen hat man, wo möglich, landwirtschaftlich genutzt: Öl- und Zitrusbäume am Gardasee, Weinbau in den sanften Moränenhügeln des südlichen Teils (Bardolino im Osten, Chiaretto im Westen und Lugana im Süden). Wein wird auch an den anderen Oberitalienischen Seen, in der Franciacorta südlich des Iseo-Sees, im Oltrepò Pavese südlich des Po und von Pavia, in den Hügeln des Apennin und in der Ebene Venetiens erzeugt, außerdem in Friaul und im Aosta-Tal sowie in Südtirol-Trentino und in der Valtellina (Lombardei).

Aber die größte Leistung der Landschaftsarchitektur spiegelt der gezähmte Po wider. Die *Padania,* die Po-Ebene, hat sich von jeher als Reisanbaugebiet geradezu aufgedrängt. Wie mit dem Lineal gezogen sind die Rechtecke, von kleinen Dämmen umrahmt, in denen ›schwimmend‹ Reis angebaut wird. Endlos sind die Reisfelder im oberen Lauf des Flusses im Piemont, immer noch endlos in der westlichen Lombardei bei Vigevano. Weiter drüben, Richtung Delta im Veneto und in der Emilia-Romagna, überwiegt der Mais – Polenta heißt hier das Zauberwort der Küche.

Akzente setzen in der Po-Ebene vor allem die in Reih und Glied gepflanzten Pappeln: erstens zur Trockenlegung der Sümpfe, zweitens als schnellwachsendes Holz für die Papierverarbeitung angepflanzt. Und der Po selber: Seit Jahrhunderten hat man sich bemüht, seiner Überschwemmungen und ihrer katastrophalen Folgen Herr zu werden. Erst seit wenigen Jahrzehnten gilt der breite

Strom als gezähmt, auch wenn er immer noch mit einem lachenden und einem weinenden Auge betrachtet wird. Die hohen, pyramidenartig zum Fluß hin aus der flachen Landschaft aufsteigenden Dämme gehören zu den großen gestalterischen Aspekten Oberitaliens. Das größte Menschenwerk jedoch bleiben die Trockenlegungen, die Landgewinnung, wie sie bereits von den kirchlichen Orden, vor allem von den Benediktinern im 9. Jh. in Angriff genommen wurden, speziell in der Provinz Ferrara.

Zuviel des Guten hat man allerdings in den Alpenregionen getan. Dort, wo das Skifahrervolk auf seine Kosten kommen möchte, wurde der Natur meistens übel mitgespielt. Grauenhaft sieht es in der schneelosen Zeit zum Beispiel im Norden des sonst wunderschönen Gressoney-Tales im Aosta-Tal aus: verdrahteter Himmel, steinige Bergkuppen ohne Grasnarbe, leere oder abgelassene Stauseen, verlassene Hütten. Es ist besser, man tut sich den sommerlichen Aufstieg erst gar nicht an!

Geschichte

Die autonomen Regionen Oberitaliens

Nach Kriegsende wurde durch den Pariser Vertrag von 1946 u. a. festgelegt, daß fünf von insgesamt 20 Regionen des Landes einen Sonderstatus erhalten, also weitgehend autonom bleiben dürfen: im Süden die Inseln Sizilien und Sardinien sowie auf oberitalienischem Gebiet Südtirol-Trentino, im Nordwesten das Aosta-Tal und im Nordosten Friaul-Julisch Venetien. Allen drei oberitalienischen Regionen gemeinsam ist die Grenzsituation sowie die historisch bedingte Mehrsprachigkeit der verschiedenen Volksgruppen. Die wenigsten Probleme scheinen die Valdostaner, die Bewohner des Aosta-Tales, mit ihren drei Sprach- beziehungsweise Volksgruppen zu haben: Die Mehrzahl ist italienisch, Minderheiten bilden vor allem im Cogne-Tal die provenzalisch-französisch und im Gressoney-Tal die walserdeutsch Sprechenden.

Schon eher unruhig ist die Situation genau auf der entgegengesetzten Seite Oberitaliens, in Friaul-Julisch Venetien. Hier müssen sich neben den slowenischen Minderheiten auch österreichdeutschsprachige mit den Italienern arrangieren. Emotional schaffen sie es nicht immer problemlos.

Unüberseh- und -hörbar aber sind die immer wieder angefachten Streitigkeiten in Südtirol. In der italienischen Schreibweise müßte die Region Trentino-Alto Adige, also Trient-Oberes Etschtal heißen. Stärker als die anderen Regionen Italiens, die sich ihre Autonomie erstritten und erkämpft haben, strebt Südtirol die vollständige Unabhängigkeit von Italien an.

Süd-Tirol, der Süden des österreichischen Tirol, wurde 1919 abgetrennt und zu Italien geschlagen. 1939 fundamentierte ein Vertrag zwischen Hitler und Mussolini diese Grenze zwischen Italien und Österreich, die 1945 nach Kriegsende auch von den Alliierten beibehalten wurde. Nach dem Pariser Vertrag von 1946 bemühte man sich, die eigentlich für Südtirol vorgesehene Selbstverwaltung auch auf das Gebiet des italie-

nisch-sprechenden Teiles Trentino zu übertragen (1948 in Kraft getreten). Das hatte allerdings zur Folge, daß trotz des Widerstandes der Südtiroler eine Doppelprovinz bzw. eine einheitliche Region mit weitgehenden Machtbefugnissen geschaffen wurde. Erst mit der Autonomie-Erklärung von 1972 wurde dies geändert: Die stärkste Macht liegt jetzt bei den Provinzialverwaltungen, die Region hat nur noch eher bescheidene, ›ordnende‹ Funktionen: Genossenschaftswesen, Ordnung der Handelskammern, öffentliche Fürsorge, Ordnung der Kreditanstalten, Sozialwesen, Ordnung der Gemeindegrenzen und Bestimmungen für die Wahl des Regionalrates.

Um es klar zu definieren: Südtirol entspricht der Provinz Bozen/Bolzano mit der Hauptstadt Bozen – das Trentino der Provinz Trient/Trento mit der gleichnamigen Hauptstadt. Regionalhauptstadt ist Trient, aber das Parlament tagt die erste Hälfte der fünfjährigen Legislaturperiode dort, die andere Hälfte in Bozen. In der ersten Hälfte muß der Präsident des Regionalrates ein Italiener, in der zweiten ein Angehöriger der deutschen Sprachgruppe sein. Für den Vizepräsidenten gilt die umgekehrte Reihenfolge. Der Regionalrat hat die Aufgabe, im Rahmen der regionalen Zuständigkeiten Gesetze zu erlassen und die Regionalregierung zu überwachen.

Die italienische Sprachgruppe lebt vorwiegend in den Städten (Bozen 73, Leifers 70, Salurn 61, Branzoll 60 und Pfatten 58 % der Bevölkerung). Die ländlichen, traditionelleren Gebiete sind fest in deutschsprachiger Hand, bei Südtirolern also. Die Ladiner, die hier Rätoromanen genannt werden, leben vorwiegend im Grödner- und im Gadertal um Corvara, in Wolkenstein, St. Ulrich, St. Cristina, Kurfar, Enneberg, Abtei, St. Martin in Thurn und Wengen, wo sie 84 bis 99 % ausmachen, also in den Dolomiten, wohin sie sich im Laufe der Jahrhunderte aus Sicherheitsgründen zurückgezogen hatten. Heute haben sie keine Probleme: Sie pflegen wie die altbaierischen Nachfahren in Oberitalien ihre Sprache, die dem Lateinischen verwandt ist. Und sie sind vor allem im Grödnertal berühmt für ihre Holzschnitzereien.

Seit 1992 existiert das sogenannte Südtirol-Paket und damit gelten die jahrzehntelangen Verhandlungen als abgeschlossen. Österreich verspricht, weiterhin ein wachsames Auge auf die Einhaltung der Südtiroler Autonomie zu werfen. Erst 1993 wird das Dekret zur Gleichstellung der deutschen Sprache bei Gericht und bei der Polizei bekräftigt. Am 20. Oktober 1994 findet nach 75 Jahren die erste gemeinsame Sitzung der Landesregierungen von Nord- und Südtirol statt. Sinn der Zusammenkunft: Planung einer Europa-Region Tirol. Eine Woche später erklären die Trentiner, sich möglicherweise einer solchen Region anschließen zu wollen.

Lassen wir das Ladinische beiseite, bleibt das Problem der Zweisprachigkeit: Sie hat sich durchaus als Vorteil erwiesen, denn noch niemandem hat es geschadet, mehr als nur seine Muttersprache zu beherrschen. Und was die Vergabe von Amtsplätzen an Italiener – nach dem Bevölkerungsproporz – angeht, so wird keiner eine Arbeitsstelle in einem öffentlichen Amt erhalten, der nicht beide Sprachen beherrscht. Offiziell zumindest. Denn eigentlich bleibt es jedem Südtiroler vorbehalten, in der von ihm gewünschten Sprache Amtsgeschäfte zu erledigen.

Mit dem Bevölkerungsproporz ist es allerdings so eine Sache: Die italienische Regierung hat dafür gesorgt, daß gebürtige Italiener nach Südtirol übersiedelten – um die Berechtigung zu zementieren, ein Stück Italiens zu sein. Das ist lange her, und man hat sich inzwischen recht gut miteinander arrangiert. Nicht verbal-politisch, aber im Alltag. Die wichtigsten Positionen halten seit Jahren die deutschstämmigen Südtiroler besetzt (s. o.) und man fängt an, es zu genießen, auch das südländische Element zu besitzen, das italienische Ambiente. Vielleicht nicht zuletzt durch die offensichtliche Begeisterung der zahlreichen Touristen aus dem deutschsprachigen Raum. Diese haben erkannt, daß sie bei einer Reise nach Südtirol zwar nach Italien fahren, aber sich in der Sprache nicht umstellen müssen, also weiterhin Deutsch sprechen können. Die ›echt‹-italienischen Touristen wiederum, die es seit ein paar Jahren in immer größerer Zahl nach Südtirol zieht, freuen sich auch, ohne Sprachprobleme doch ein fremdes Stück Italien, das für sie in Tradition und Kultur und in den kulinarischen Spezialitäten fast exotisch ist, kennenzulernen. Außerdem gilt Südtirol teilweise als weit preiswerteres Reisegebiet als der größte Teil Oberitaliens, was als Argument für die Wahl des Urlaubsortes eine nicht zu verachtende Rolle spielt.

Bläsergruppe bei einer Prozession in Brixen/Südtirol

Daten zur Geschichte

218 v. Chr.	Hannibal und mit ihm verbündete keltische Insubrer ziehen durch Oberitalien gegen Rom.
313 n. Chr.	Mailänder Edikt: Ende der Christenverfolgung durch Kaiser Konstantin.
452	Plünderung Mailands durch die Hunnen.
568–774	Langobardenreich, Eroberung durch Karl d. Großen, der in etwa das Gebiet des heutigen Oberitalien seinem Frankenreich zuschlägt (744).
744–951	Machtkämpfe in ganz Oberitalien: Karolingische Kaiser und Könige sowie einheimische Fürsten schlagen sich um das Gebiet.
899	Einfall der Ungarn.
951	Unterwerfung durch Otto d. Großen, Eingliederung Oberitaliens an das Herzogtum Bayern (= Mark Verona und Friaul).
1036–1075	Erstmals Auflehnung Mailands gegen Kaiser Heinrich II.
1091	Lombardischer Bund der oberitalienischen Städte gegen Heinrich IV.: Von nun an sind die Stadtstaaten ständige Gegner der kaiserlichen Machtansprüche.
1154–1177	Friedrich I. Barbarossa zieht mehrmals gegen die Städte, 1158 und 1162 Belagerung Mailands, zuletzt Zerstörung und schneller Wiederaufbau mit Hilfe der anderen Stadtstaaten. 1176 wird Barbarossa vom lombardischen Bund bei Legnano besiegt.
1183	Freiheit der oberitalienischen Städte durch Zugeständnisse Barbarossas.
12. Jh.	Die Seerepublik von San Marco/Venedig und die Seerepublik Genua erringen eine wirtschaftliche Monopolstellung im Byzantinischen Reich.
Ab 1250	Existenz selbständiger Kleinstaaten, mit bedeutenden Fürstengeschlechtern wie den Gonzaga in Mantua und den Visconti in Mailand, die ihre Macht über die Lombardei hinaus in das Gebiet des heutigen Umbrien, ins Veneto und in die Toscana ausdehnen.
13./14. Jh.	Die vier Seerepubliken Italiens (Genua, Venedig, Pisa und Amalfi) gelangen zu erheblicher Macht; in Oberitalien bekriegen sich Venedig und Genua gegenseitig.
1248	Sieg der Seerepublik Genua über die Seerepublik Pisa.
1298	Sieg der Seerepublik Genua über die Seerepublik Venedig.
1380	Sieg der Seerepublik Venedig über die Seerepublik Genua.
1381	Frieden von Turin: Anerkennung der venezianischen Vorherrschaft im östlichen Mittelmeer.
1450	Mailand wird Herzogtum unter Francesco Sforza, dem Schwiegersohn des letzten Visconti.
1453	Fall von Konstantinopel und damit Verlust der Kolonien Genuas am Schwarzen Meer und Chios.

1454	Frieden von Lodi: Venedig dehnt die Grenzen seiner Terraferma bis zur Adda aus (Grenze mit Mailand).
1494	Krieg zwischen den Habsburgern und den Franzosen um die Macht in Europa.
1499	Besetzung Mailands durch Ludwig XII., der bis 1512 Herzog von Mailand bleibt.
1540	Kaiser Karl V. überträgt das Herzogtum Mailand seinem Sohn Philipp II. Bis 1700 bleibt es der spanischen Krone ›verbunden‹.
1628–1631	Mantuanischer Erbfolgekrieg: Karl Herzog von Nevers aus einer Gonzaga-Nebenlinie beansprucht die Erbnachfolge in Mantua.
1701–1714	Spanischer Erbfolgekrieg um die Nachfolge Karls II. (letzter habsburgischer König von Spanien).
1796	Unterwerfung der Lombarden durch Napoleon Bonaparte.
1800	Schlacht bei Marengo, Sieg Napoleons über die Österreicher.
1802	Ausruf der Italienischen Republik, Napoleon ist ihr Präsident, ein Jahr später Krönung zum Kaiser in Paris und in Mailand zum König von Italien, genauer der Lombardei, Liguriens und Venetiens.
1821–1861	Oberitalienische Freiheitsbewegung des Risorgimento zur Einigung Italiens als Königreich.
1946	Gründung der Republik am 2. Juni.
1948	Verfassung der Republik Italien und Gebietsreformen.
1970	Erneute Gebietsreformen.
1977	Weitergehende Autonomie der Lombardei, Venetiens, der Emilia-Romagna, Liguriens und des Piemont; Südtirol-Trentino, das Aosta-Tal und Friaul-Julisch Venetien behalten ihre volle Autonomie.
1987	Grüne ziehen erstmals ins italienische Parlament ein, in Oberitalien in besonders großer Zahl in Venedig und der Emilia-Romagna.
1992	Beginn der großangelegten Ermittlungen gegen die Korruption in Politik, Wirtschaft und Verwaltung, die zahlreiche ›Köpfe rollen‹ lassen.
1993	Änderung der Verfassung durch neues Wahlrecht. Die Provinz- und Kommunalwahlen November/Dezember bescheren den durch Bestechungsaffären angekratzten Parteien der langjährigen Regierungskoalition schwere Niederlagen.
1994	Die vorgezogenen Wahlen zum Abgeordnetenhaus und zum Senat verändern nicht zuletzt durch das neue Mehrheitswahlrecht die Parteienlandschaft grundlegend.
1997	Dezentralisierung der Regierungsgeschäfte, um die Regionen zu stärken – Vorbereitung auf ein Europa der Regionen.
1998	Ablösung Prodis durch den Alt-Kommunisten Massimo Da'Alemma.
2000	Bologna ist »Europäische Kulturstadt«; das ›Heilige Jahr‹ veranlaßt ganz Italien, auch im Norden intensive ›Schönheitspflege‹ zu betreiben. Viele Restaurierungen wurden fertiggestellt.

Bevölkerung – Die Italiener: besser als ihr Ruf

Sie leben gerne gut, legen großen Wert auf gutes Essen, schönes Wohnen und Design sowie auf schöne Kleidung. Aber die Italiener gibt es so über den Kamm geschoren natürlich gar nicht. Klar, daß sich Unterschiede zeigen zwischen Nord und Süd und daß die Insulaner, insbesondere Sarden und Sizilianer, noch ganz anders sind als alle anderen Italiener. Aber sogar innerhalb Oberitaliens sind die Unterschiede nicht gerade klein – und auch hier gibt es durchaus richtige ›Feindschaften‹, zumindest aber Vorurteile. Hier sollen sie nicht gefördert werden und auf keinen Fall als Verallgemeinerung gelten. Aber hilfreich könnte ihre Darstellung dem Reisenden schon sein, falls er manchmal mit seiner Gast-Region beziehungsweise deren Bewohnern nicht so recht klarkommt ...

Also: Die Ligurer gelten als die ›Schotten‹ oder ›Schwaben‹ Italiens, Anekdoten über diese drei Gruppen ähneln sich verblüffend. Wortkarg sind die Ligurer auch noch, und möglichst nur darauf bedacht, Vorteile für sich selber zu erzielen. So sagen die anderen.

Dafür sind die Lombarden, vor allem natürlich die Mailänder, so großspuriggroßzügig, daß sie überall die Preise verderben, wo sie aufkreuzen. Sie haben meist mehr Geld als Leute aus den anderen Regionen und können sich dann – im Verhältnis zu den anderen – meist mehr leisten. Die geschäftigen Mailänder sind auf Rom am allerwenigsten gut zu sprechen: »Wir hier oben machen die Arbeit, und die da unten wollen uns sagen, wie regiert werden soll!«

Die Piemonteser gelten als die Preußen Italiens, Organisation geht ihnen über alles! Und in Turin ist der Modeberuf seit Generationen Jurist.

Der Bürger als Mäzen

Dieses Modell könnte beispielgebend sein für ganz Europa: Die Lex 512 vom 2. August 1982 erlaubt dem italienischen Staat, den Bürger in puncto Denkmalschutz in die Verantwortung zu nehmen, er soll unterhalten, restaurieren und verwalten, was man unter Kulturgut des Landes versteht. Schließlich hat Italien mehr als 40 % des gesamten Kulturbestand der Welt zu bieten – sagt die UNESCO. Da der Staat dies alles natürlich nicht allein leisten kann, ermöglicht man interessierten Bürgern die Übernahme von Schirmherrschaften über Kunstobjekte, wertvolle Architektur oder Bauten von historischer Bedeutung, ja über Landschaften, die etwa – sogar – vom Tourismus bedroht sind.

Wer ein Patronat übernimmt, kann die – überschaubaren – Kosten dafür voll von der Einkommensteuer absetzen. Der Vorteil liegt auf der Hand: Man weiß ganz genau, was man mit seinem Geld fördert und muß nicht so viele Steuern zahlen, die für Dinge benutzt werden, für die man am liebsten nichts gibt. Und man genießt die Illusion, freiwillig in ein kulturerhaltendes Projekt investiert zu haben. Außerdem kann sich jeder jederzeit über die Verwendung seiner Geldmittel informieren, indem er zum Projekt reist.

Wer dennoch sein Geld nicht den offiziellen Stellen des Denkmalamtes anvertrauen möchte, kann auf eine Privatinitiative zurückgreifen: Der Fondo Ambiente Italiano (FAI) ist eine private Stiftung und behütet die laut Gesetz 512 schützenswerten Kulturgüter. Aufgenommen hat die FAI ihre Arbeit sieben Jahre vor der Verabschiedung des Gesetzes in Mailand. Inzwischen zählt sie mehr als 6000, zum Teil auch prominente Mitglieder. Die Höhe des Mitgliedsbeitrages ist nach oben offen, Minimum sind 50 000 (Jugendliche bis 25 Jahre 20 000) Lire. Dafür garantiert die FAI aber auch, daß alle von ihr geförderten Objekte es wirklich wert sind, und daß sie kein Faß ohne Boden bilden, sich etwa durch Eintrittsgelder tragen werden.

Bislang befinden sich alle zehn der FAI gehörenden Objekte in Oberitalien : Castello della Manta/Cuneo, Villa del Balbianello in Lenno/Como, Monasterio di Torba in Gornate Olona/Varese, Castello di Masino in Caravino/Turin, Castello di Avio in Sabbionara/Trento, Villa della Porta-Bozzolo in Casalzungo/Varese und Abbazia di San Fruttuoso bei Camogli/Genova, Villa Menafoglio, Litta in Biumo (Varese), Castel Grumello in der Valtellina, Bottega di Barbiere in Genua. Das erste FAI-Objekt, das dem von Norden kommenden Reisenden begegnet, ist wunderschön wiederhergerichtet mitsamt Trentiner Spezialitätenrestaurant des Custoden-Ehepaares: das Castello di Avio (s. S. 78) an den Hängen des Monte Baldo östlich des Gardasees. Dort erhält man kostenlos die aktuellen Informationen, oder bei der Zentrale: Segretaria Generale FAI, Viale Coni Zugna 5, I-20144 Milano, ✆ 00 39–0 24 81 55 56, Fax 02 48 19 36 31.

Die Leute aus den Hochtälern des Friaul sind ruhig und freundlich; mit ihren Landsleuten am Südende der Region, vor allem mit den Triestinern, sind sie gar nicht gut Freund. Sie würden sich großspurig gebärden, als Regionalhauptstadt sei Triest ein Fehlgriff, so ›österreichisch‹ und so weit weg, fast im alten Jugoslawien – und außerdem verstopfen die ›Flachland-Tiroler‹ von Triest (und Gorízia) die schmalen, kurvenreichen Bergstraßen, weil sie vom Autofahren keine Ahnung hätten ...

Zurückhaltung und Höflichkeit sagen die einen den Venezianern nach, heitere Liebenswürdigkeit die anderen. Den

Stadt-Venezianern. Die ›Landbevölkerung‹ des Veneto, bäuerlich und traditionsbewußt, gilt als gastfreundlich und lebensfroh.

Die Romagnolen »besitzen wahrscheinlich den ungünstigsten Ruf unter allen Landschaften der Halbinsel«, behauptet Harald Keller in seinen ›Kunstlandschaften Italiens‹. Sie gelten als besonders verwegener Menschenschlag, »heißblütig, händelsüchtig und brutal«, lauter Aufwiegler, Revolutionäre – wenn es sein mußte. Im *Risorgimento*, der Bewegung zur Einigung Italiens, spielte die Romagna bereits 1838 eine führende

Rolle, und schnell öffneten sich ihre Bewohner allen sozialpolitischen Ideen der Neuzeit. Mussolini war ein echter Romagnolo. Die Romagnolen erzählen gerne, woran man als Fremder erkennen könne, ob man, von Mailand etwa entlang der Via Emilia Richtung Adria reisend, noch in der Emilia sei oder schon in der Romagna: Wenn man seinen Durst gesteht und Wasser gereicht bekommt – man ist ja schließlich gastfreundlich! Doch wer dann Wein zu trinken bekäme, könne sich glücklich schätzen, bereits in der Romagna angelangt zu sein ...

Umweltschutz – ein neues Bewußtsein?

»In Mailand laufen schon die Hunde mit Schutzmaske herum«, »Turin erstickt in Abgasen«, »Grundwasser nicht mehr trinkbar«, »Algenplage an der Adria«, »Der Po, ein sterbender Fluß«, die Reihe der Schlagzeilen, die Italien in den letzten Jahren machte und sicher noch eine Weile machen wird, ließe sich endlos fortsetzen. Zum Entsetzen vieler Italiener, die endlich ganz erschreckt aufgewacht, aufgerüttelt sind: Bella Italia ist in Gefahr, in Abgasen und Abwasser zu ersticken.

Die Situation in Stichworten: Der Po, Italiens größter Strom und Landschaftsgestalter Oberitaliens, liegt in den letzten Zuckungen, wenn nicht sehr bald etwas geschieht. Da kann man sich an der Adria-Küste mit dem Vorreiter Emilia-Romagna noch so sehr anstrengen, Ringkanalisationen, Strandreinigung etc. zu forcieren. Wenn Turin und Mailand ihre Abwässer weiterhin ungeklärt oder schlecht geklärt in ihre ›Hausflüsse‹ Richtung Po oder direkt in diesen abschicken, und in den Schweineställen der Emilia-Romagna keine Kläranlagen installiert werden, stirbt dieser, und mit ihm eine Agrar- und Ferienlandschaft ohnegleichen.

Pestizide, die in den von Landwirtschaft lebenden Regionen des breiten Po-Bettes in erheblichen Mengen eingesetzt werden, haben zeitweise das Grundwasser erreicht und es schlichtweg vergiftet. Zwei Millionen Menschen sollen davon direkt betroffen sein, sie bekommen im Sommer rationiertes Trinkwasser per Tankwagen.

Die Großstädte ersticken in Abgasen, in der Po-Ebene schlimmer als anderswo, weil sich dort lange eine Dunst-

glocke hält, die keine Abluft ermöglicht. Deshalb: Die Autos müssen generell aus dem Stadtzentrum raus! Das allerdings hat man in Italien schon lange besser verstanden als woanders: Fast alle historischen Stadtzentren sind verkehrsfrei, zumindest ist dort das Fahren auf Zulieferer, Anwohner und öffentliche Dienste beschränkt. Sogar in Mailand hat man das – fast – erreicht. Parma ist eines der schönsten Beispiele: Man kommt zum Domplatz erst gar nicht mit einem Wagen vor – also bestimmen Fahrräder das Stadtbild, und die Menschen haben ihre Freiräume wieder, ihre Plätze und Straßen für die nachmittägliche und abendliche Bummelzeit, für die *Passeggiata*. Manche Stadtväter, z. B in Brescia drücken ein Auge zu, wenn es Touristenwagen sind: Sie dürfen bis ins Herz der Stadt vordringen. Erbarmungslos sind allerdings schon lange die Ordnungshüter etwa rund um den Gardasee: Niemanden, der keine Sondergenehmigung vorweisen kann, lassen sie ins Zentrum, an den See, das Auto muß draußen bleiben. So bleibt Einheimischen wie Urlaubern wenigstens ein Stück erhalten, in dem sie nicht zwischen heranbrausenden Fahrzeugen herumspringen müssen.

Wirtschaft: hohe Staatsverschuldung

Italien ist inzwischen – nicht zuletzt dank der Wirtschaftskraft des Nordens – nach Großbritannien zur viertgrößten Industrienation des Westens aufgestiegen. Dennoch werden die Leistungen der italienischen Wirtschaft im In- und Ausland unterschätzt. Um beim Export mithalten zu können, wurde bereits 1983 (mit Hilfe des Staates) der sogenannte historische Kompromiß zwischen Gewerkschaften und Unternehmen abgeschlossen: Die Gewerkschaften verzichten auf automatische Lohnsteigerungen, der Staat übernimmt bei ›problematischen‹ Betrieben einen Teil der Lohn- und Lohnzusatzkosten. Die Folge war eine Senkung der Inflationsrate. Während in dieser Hinsicht der Abstand zu den übrigen EU-Staaten 1978 noch acht Prozentpunkte betragen hatte, liegen die Preissteigerungen jetzt im Durchschnitt bei unter 3 %, der Abstand zu den anderen EU-Staaten hat sich auf durchschnittlich 1 % reduziert.

Die Wirtschaftsprobleme sind dennoch nicht von der Hand zu weisen: Die Stärke des italienischen Exports liegt traditionell bei Kleidung, Schuhen und Möbeln. Aber die Automobil- und die Elektrowerkzeugindustrie hat in den achtziger Jahren Marktanteile verloren, dafür mußten auch noch die Importe von Ausrüstungsgütern gesteigert werden, und zwar überdurchschnittlich. Ein echt ›italienisches‹ Problem, mit dem sich inzwischen aber auch andere EU-Länder, etwa die Bundesrepublik, befassen müssen, ist die Schattenwirtschaft, die Schwarzarbeit. Und speziell das Nord-Süd-Gefälle, mit dem das Land trotz enormer Investitionen im *Mezzogiorno* (im Süden Italiens also) nicht richtig fertig wird. Weder politisch noch sozial, und wirtschaftlich natürlich.

Lange Zeit wies Italien ein immenses Staatsdefizit auf. Damit hatte Italien die absolute Führungsposition in der EU. Statt Geld für wirtschaftspolitisches Handeln zu haben, wurde es für die Zahlung der Zinsen gebraucht ... Das hat sich nun geändert: Um den Maastrichter Vertrag erfüllen zu können, mußte die Staatsverschuldung gesenkt werden. Generell ist radikales Sparen angesagt, u. a. durch Streichung von Subventionen und Senkung der Sozialausgaben, Gesundheitswesen inbegriffen. Die Schaffung neuer Arbeitsplätze soll hingegen mit Steuervergünstigungen honoriert werden. Um den Sprung auf den Euro zu schaffen, stöhnen die Italiener seit 1997 unter der höchsten Steuerlast.

Am Rande notiert: Alle zwei Jahre werden die wichtigsten Posten bei den größten mehr oder weniger staatlich organisierten Kreditinstituten neu verteilt, laut Gesetz müssen alle Sparkassenpräsidenten vom Staat nominiert werden. Das bedeutet: Die Politik hat auf die Banken viel mehr Einfluß als die Wirtschaft. Der Marktanteil der Banken an Finanzaktivitäten wiederum sinkt seit 1986 und beträgt nur noch etwa 40 %. Grund: Viele privatwirtschaftlich organisierte Nicht-Banken mischen sich in das Geschäft ein. Auf die Privatwirtschaft hat sich der Italiener schließlich immer lieber verlassen als auf Vater Staat! So wurden 1993/94 drei Großbanken teilprivatisiert, darunter die beiden zum Staatskonzern IRI (Istituto di Ricostruzione Industriale) gehörenden. Dennoch kontrolliert der Staat noch immer zwei Drittel der Kreditwirtschaft.

Küche und Keller

Wer Oberitalien als Ganzes bereist, wird bald feststellen, daß dort, wo die Küche nicht als ›international‹ und/oder ›italienisch‹ bezeichnet wird und entsprechend fantasielos daherkommt, die Unterschiede zwischen den acht Regionen, ja innerhalb dieser zwischen ihren Provinzen und teilweise auch den einzelnen Orten, recht groß sind. Das verspricht dem Kenner sehr viel Abwechslung und macht die Reise durch Oberitalien auch zu einem kulinarischen Vergnügen.

Die Küche Südtirol-Trentinos

Die beiden autonomen Provinzen Südtirol und Trentino müssen kulinarisch getrennt betrachtet werden. Denn während die Trentiner eine typisch nord-italienische Küche lieben (gerne mit Polenta als Beilage), ist die Südtirols in ihren Tiroler Wurzeln verhaftet geblieben. Hier wie dort verspeist man mit Vorliebe Teigwaren – aber in Südtirol vor allem mit Butter zubereitet, während man weiter südlich Olivenöl bevorzugt.

Südtirols Küche ist eine deftig-bäuerliche geblieben, auch wenn sie heute – leider – teilweise aus touristischen Gründen verunstaltet wird. Auf der Speisekarte findet man unter den Vorspeisen *saure Knödel* und *saurer Kalbskopf* oder *Ochsenmaulsalat* ebenso wie eine *Südtiroler Speckplatte* und/oder *Kaminwurzen*, aber auch gerne Suppen: *Frittaten-* (mit dünnen Eierpfannkuchen-Streifen), *Grießnockerln-* und *Speckknödelsuppe* oder die herzhafte *Vinschgauer Brot-* und die *Südtiroler Weinsuppe.* Ferner *Spinat-, Steinpilz-, Speck-* oder *Ultener Knödel,* natürlich auch *Schlutzkrapfen,* also mit Spinat gefüllte Teigtaschen von bester Qualität, ebenso *Spinat-Gnocchi* bzw. *-Spatzen* – wir sind immer noch bei den Vorspeisen! Von April bis Juni gibt es Spargel, im Weinort Terlan (zwischen Bozen und Meran) von bester, inzwischen wieder selbstgezogener Qualität.

Die Bauernkost bevorzugt dunkles Buchweizenmehl (*Schwarzplenten* genannt), das nahrhaft und schmackhaft zugleich ist. Fleisch spielt keine große Rolle, es sei denn als Speck, was hier gleichbedeutend ist mit einem sehr würzigen, luftgetrockneten Schinken, der mit Vorliebe als *Marend* serviert wird, eine Art Brotzeit. Sonst gibt es Gulasch in allen Variationen und im Herbst viel Wild und dazu oder als Extragericht Waldpilze. Viele Bäche durchfließen das Land – Forellen gibt's daher in Mengen und sie werden recht fantasievoll zubereitet. Das Brot ist deftig: knackig das *Völser Schüttelbrot,* das lange gelagert werden kann, gut gewürzt der *Vinschgauer* (eine Art Fladen mit Kümmel und Anis).

Unter den Süßspeisen überwiegen Teigwaren als süße Knödel oder Krapfen sowie Grießnudeln oder schwimmend ausgebackene ›Kiechl‹. Wien ist nicht weit, geistig zumindest, daher sind Strudel aller Art sehr beliebt.

Südtirols Weine haben durch den allzu großzügig vertriebenen ›Kalterersee‹ lange um einen wirklich guten Ruf gekämpft, den sie allerdings mittlerweile haben. Zu den Spitzenweinen zählt der trockene Sauvignon (Weißwein) aus Terlan und Andrian. Eine Südtiroler *Marend* wird am besten von einem Rotwein begleitet, etwa dem St. Magdalener, Blauburgunder, Grauvernatsch oder Lagrein, den es als Lagreinkrezter (hellrot und frisch im Geschmack) und als Dunkel (vollsamtig rund) gibt. Und: Ohne ein Schnäpschen kommt die deftige Küche als Abrundung selten aus ...

Das gilt auch im Trentino, das im übrigen Spitzenweine liefert, insbesondere trockene Weißweine, Sekte (nach Champagner-Art) und Schnäpse (Grappa).

Die Küche des Aosta-Tales

Milch und Käse spielen in der deftigen Küche des Aosta-Tales eine große Rolle. Das Essen wird am liebsten sehr heiß serviert, frisches Brot aus dem Backofen, Rindfleisch, Wild. Dazu wird viel Butter gegessen, Milch und Wein getrunken. Dieser auch gerne heiß, nämlich als *Caffè valdostano* aus einer hölzernen *Grolla*, einem mehrmündigen Gefäß, das auch durch seinen Inhalt schnell für eine fröhliche Atmosphäre sorgt, besteht er doch aus kochendheißem Rotwein, sehr wenig Kaffee, starkem Grappa, Zucker, Zitronenschale und Gewürzen ...

Jedes der kleinen Seitentäler hat seine eigenen Spezialitäten hervorgebracht, die teilweise aus dem Piemont übernommen wurden: *Polenta concia*, Hase, Murmeltier und Gemse in *civet*, die *Fonduta* mit dem unvergleichlichen, milden bis herben Käse *Fontina valdostana*. Natürlich wird auch Pasta mit diesem Käse gegessen, etwa als *Gnocchi alla fontina*. Andere Käsesorten sind milde und gelagerte *Tome*, der rosa-geräucherte *Salignon*. *Carbonade* aus gesalzenem Fleisch mit Rotwein, *Mocetta* aus Ziegen- oder Gemsenfleisch, Forellen aus den zahlreichen Bächen, die am liebsten mit Butter zubereitet werden. Waldpilze und Würste gehören ebenfalls in die Aosta-Küche.

Käseproduktion im Aosta-Tal

Auch Süßes fehlt nicht, vor allem mit leckerem Honig zubereitet, oder die *Tegole d'Aosta*, die *Torcetti di Saint Vincent* und die Sahnecreme namens *Blanc Manger*.

Dazu drei berühmte Rotweine wie Donnaz, Torretta und Enfer sowie vier seltene Spitzenweine: Petit Rouge, Sang des Salasses, Gamay, Reserve des Chanoines; drei Dessertweine wie Montouvert, Malvasia di Nus, Moscato di Chambave. Als Schnäpse gegen Kälte und zu fettem Essen: Grappa und *Genepy des Alpes*.

Die Piemonteser Küche

Reis ist die Hauptsache! Und die Nähe zu bzw. die lange Bindung an Frankreich ist in der traditionellen Küche des Piemont unverkennbar. Das bedeutet hier eine einzigartige Verschmelzung von nahrhafter und verfeinerter Küche. Wichtige Grundlage sind Butter und Wein, natürlich auch in den raffinierten Soßen, Rindfleisch und Bergwild, Spargel und eine schmale Artischockensorte (Karde), süße Paprikaschoten, auch Fisch aus den Bächen, Frösche aus den Reisfeldern und die berühmten weißen Trüffel als Krönung (die man allerdings bezahlen können muß). Neben Reis wird – ähnlich wie in der Lombardei – gerne Polenta gegessen, selten gibt es Nudeln, und wenn, dann fast nur als handgemachte, frische Pasta. Beliebte Spezialitäten sind: *Brasati al Barolo* (Kochfleischplatte in Wein), geschmortes Wild, Huhn *alla Marengo*.

Die berühmteste Spezialität des Piemont, der Armut der Bauern in früheren Zeiten entsprungen, ist die *Bagna cauda*, eine Soße aus einfachsten und sehr gesundheitsfördernden Zutaten. Knoblauch war die Königin des Gemüsegartens hinter dem Bauernhaus, entschlackend und verdauungsfördernd. Knoblauch ist denn auch der Hauptbestandteil dieser legendären Soße. *Bagna cauda* wurde nach einem Rezept des 18. Jh. so zubereitet: zehn Knoblauchzehen, zwei eingelegte Anchovis und eine Handvoll zerdrückter Kapern, mit Öl und Essig vermischt, mit Pfeffer gewürzt und auf einer großen Platte mit halbierten Soleiern angerichtet. Läßt man die Eier weg und erhitzt den Rest – so hat man die *Bagna cauda* von heute. Am besten, man läßt sie nach dem vorsichtigen Garen zum Essen in einem Tongefäß mit Stövchen mitten auf dem Tisch, so daß die Soße leise weiterköchelt. Darin werden sowohl frisches Gemüse, vor allem verschiedene Paprika, und Gedünstetes gedippt. Übrigens kann man die *Bagna cauda* auch kalt genießen, etwa über gebackenen Paprikaschoten, oder mit Sahne vermischt zu einem Polenta-Essen, das im Ofen mit Käse (möglichst *Fontina*) überbacken wird. Dazu trinken die Piemonteser mit Vorliebe einen Barbera aus dem Monferrato, am besten einen, der im Glas perlt.

Beliebte Käsesorten sind *Tome, Robiole, Formagette* aus Schafsmilch, *Erborinati* mit Streifen aus grünem Käse, alle relativ mild, von würziger Schärfe dagegen und nicht jedermanns Geschmack sind der *Bross,* die *Tomini elettrici,* der *Frachet.* Dazu das herrliche Piemonteser Brot und knackige *Grissini* aus Turin. Diese *Grissini torinesi* sind weltberühmt, kleine Teigstäbchen, die in allen italienischen Lokalen in Kleinpakkungen zum Naschen vor dem Essen und zur Vorspeise zum Gedeck gehören. Doch die echten *Grissini* aus Turin sind keine Fabrikware, sondern werden noch heute nach alten Rezepten per Hand hergestellt: dünne und sehr lange Stäbe, eigentlich eine Art trockenes Brot. Vittorio Emanuele II. soll man sie verdanken, der das frische Weißbrot nicht gut vertrug und daher auf dieses ›Trockenbrot‹ ausweichen mußte. Und Napoleon Bonaparte soll ganz verrückt gewesen sein nach dieser Spezialität, die er »les petits bâtons de Turin«, die kleinen Spazierstöcke aus Turin nannte. Handgemachte *Grissini* findet man in Turin in den typischen Restaurants und in einigen wenigen Bäckereien, meist im alten Zentrum, z. B. um die Via Garibaldi herum. Sie sind bis zu 80 cm lang und krümmen sich zu beiden Enden hin etwas unförmig eingedickt. Zum Nachtisch wird gerne feines Gebäck gegessen, Kekse

Köstlichkeiten in einer Metzgerei in Orta San Giulio im Piemont

vor allem, Pralinen und außerdem die Turiner Schokolade.

Dann aber die Weine: mindestens 40 an der Zahl, in der Hauptsache schwere Rotweine, die lange gelagert werden dürfen, Süß- und Schaumweine wie Malvasia oder die Asti-Weine, berühmte Wermutweine. Nicht zu vergessen der starke *Grappa di Barolo,* der traditionelle *Genever Genepì* und verschiedene Liköre.

Der Barbera d'Alba ist ein kräftiger Rotwein mit starker Körperlichkeit. Als junger Wein ist er intensiv rubinrot, bekommt später eine granatrote Farbe, wobei sein Geschmack immer voller und harmonischer wird.

Granatrot mit orangefarbenen Reflexen im Glas, die nach längerer Reifung immer stärker werden, ist der Barbaresco, dessen erste Flasche wohl auf das Jahr 1870 zurückgeht. Er wird aus Nebbiolo-Trauben gewonnen, die in Langhe und Roero dem Wein eine besondere Weichheit und ein Bouquet verschaffen, die erst nach einer zweijährigen Lagerung zur Entfaltung kommen. Zu 95 bis 98 % wird der Roero-Wein aus Nebbiolo-Reben gewonnen, er ist von rubinroter Farbe und mehr oder weniger intensivem Geschmack. Er darf erst ab 1. Juni des auf die Lese folgenden Jahres verkauft werden.

In den Langhe wächst der Dolcetto aus den kleinen Dolcetto-Reben, die auch als Tafeltrauben sehr schmackhaft sind und auch kühlere und windigere Hügel vertragen. Der Wein wird fruchtig, herb und trocken (der Name ›Dolcetto‹ irritiert) mit starkem Bouquet, ist rubinrot bis leicht violett. Als junger Wein bewahrt der Dolcetto den vollen Fruchtgeschmack und den Duft der Trauben, die gerne zur Weinprobe mit Käse und Salami angeboten werden.

Die Weißweine werden hauptsächlich aus der Muscateller-Traube gewonnen, die in der Umgebung von Santo Stefano Belbo und in der Provinz Cuneo weit verbreitet ist. Heugelb oder leicht goldfarben, meist süß und aromatisch mit viel Charakter sind die Weine, deren Gebiet durch den Asti Spumante, der dort hergestellt wird, geradezu Weltruhm genießt.

Der König der Weine des Piemont ist aber unbestritten der Barolo, den es übrigens nicht jedes Jahr gibt: Mancher braucht nämlich eine längere Lagerung, dann wird dieser Jahrgang eben zeitweise übersprungen. Würdevoll und kräftig ist dieser Spitzenwein der

Langhe, dennoch samtig und mit delikatem Bouquet, das er allerdings erst nach einer Reifung von mindestens drei Jahren erreicht. Zu Beginn ist der Barolo geradezu rauh im Geschmack, obwohl er auch als solcher seine Freunde gefunden hat.

Die ligurische Küche

Das Riviera-Klima ist so mild, daß schon früh Blumen und Gemüse gepflückt bzw. geerntet werden können. Sogar Zitrusfrüchte gedeihen hier. Es duftet nach wilden Kräutern wie Rosmarin und Salbei und vor allem nach Basilikum. Ob Fisch-, Fleisch-, Gemüsegerichte oder Pasta – alles wird mit Kräutern zubereitet. Die Wälder geben Kastanien, Pinien und Wacholder her sowie Pilze und Trüffel (weiß und schwarz).

Soße aller Soßen ist der weltberühmte *Pesto* aus Basilikum, Petersilie, Knoblauch natürlich, trockenem Schafskäse, manchmal auch mit Pinienkernen abgerundet und wie alle anderen Soßen Liguriens mit Olivenöl angemacht. Die *Aggiata* besteht hauptsächlich aus Knoblauch, der *Maro* aus frischen Feldbohnen, der *Zemin* aus Tomaten und vielen duftenden Kräutern. Spezialsoßen werden dann noch, wieder mit Öl angerührt, auch aus Pilzen, Artischokken, Pistazien, Nüssen und – dem Meer vor der Haustür sei Dank – aus Sardellen und Austern zubereitet.

Natürlich wird auch Käse gerne mit Kräutern gewürzt oder in würziges Öl eingelegt. Eine Köstlichkeit sind die *Formagette* aus Ziegenmilch, aber auch andere Sorten aus Kuh- und Schafsmilch gibt es sowohl frisch als auch gelagert.

Pasta wird besonders gerne gefüllt. Als appetitanregende Happen werden kleine salzige Pizzen mit Kräutern serviert. Fleisch wird weniger gegessen, wenn, dann nur von bester Qualität, selten gibt es Schweinefleisch. Dafür ist Ligurien die Region, in der man sich an Fischen satt essen kann, an Meeresfrüchten auch und an Krustentieren. So

gehören Volksfeste mit Fischessen zur Tradition Liguriens: im Mai in Camogli, Hauptattraktion ist dann die größte Pfanne der Welt, 5 m im Durchmesser und *Padellone* genannt, in der die frischen Köstlichkeiten aus dem Meer ausgebacken werden; im Juni in Lavagna – hier werden die Fische auf einer Schieferplatte geröstet.

Ein ›einfacheres‹ ligurisches Essen besteht etwa aus *Trofie,* per Hand gerebelt und ganz kurz, aus den mit Pesto gewürzten Nudeln *Trenette col pesto,* aus einer Gemüsesuppe, *Mesciua* oder *Farinata* aus Kichererbsen und Getreide, Risotto mit Fisch und Kräutern, Fischsuppe, einem salzigen Gebäck wie *Focaccia* oder *Tortino.* Als Fischgericht vielleicht ein *Bagnun di alici* (Sardellen), Stockfisch, gemischter Salat dazu oder ein *Cordiggion* mit Kronsardinen. Zum Nachtisch Kastanien- oder Nußtorte, ausgebackene Süßspeisen oder recht rustikale *Biscotti del Lagaccio* mit den würzigen Fenchelsamen.

Ein ligurisches Festessen könnte etwa so aussehen: Gefüllte *Pansoti, Ravioli* oder *Corzetti* aus Eiernudelteig mit Soße, *Capon magro* aus Fisch und Gemüse, *Torta pasqualina* (Blätterteigpastete mit Mangold oder Spinat und Eiern gefüllt). Dann *Dattei, Tartufi* und *Muscoli* (Moluskeln) aus dem Meer – gedämpft, als Suppe oder gefüllt. Waldpilze, als Kalbfleischgericht *Cima di vitello ripiena, Stecchi fritti,* gefüllte Salatköpfe. Als Dessert die zartbitteren ligurischen *Agrumen Chinotti* in süßem Sirup, im Rohr gebackene gefüllte Pfirsiche, *Schiumette, Spongata,* kandierte Wildveilchen.

Die Weine Liguriens sind meistens weiß und herb, werden nur in kleinen Mengen erzeugt und sind daher fast immer wirklich ›handverlesen‹, ob die DOC-Weine oder die unbekannten *Nostralini,* die natürlich in jedem Dorf anders schmecken. Trockene Weißweine sind Vino delle Cinqueterre und Limassina, Pigato und Campochiese, Vermentino und Coronata, Cortese und Massarda, Morasca und Piematone, Polcevera und Sarticola sowie Val di Magra. Die süßen Dessertweine werden aus den gleichen Reben als Trockenbeerenauslese gewonnen. Und Rotweine: Rossese di Dolceácqua und San Biagio, Barbarossa und Dolcetto, Brachetto di Albenga. Ein Dessertwein ist der kostbare Sciacchetrà der Cinqueterre.

Die lombardische Küche

Auch wenn viele Kenner meinen, man solle über die lombardische Küche nicht allzu viele Worte verlieren, weil sie schlichtweg fett und gut sei, bin ich anderer Meinung. Schließlich hat die Welt der Lombardei den Risotto zu verdanken. Mit dem Reisanbau beschäftigte sich schon Leonardo da Vinci, der Zeichnungen und Pläne für die Bewässerung der Felder anfertigte.

Zentrum des Anbaus ist das Gebiet westlich von Mailand in der Po-Ebene, die sich bis ins Piemont fortsetzt. Der typisch lombardische Reis ist dick (wie Milchreis), aber länglich und hat einen sehr hellen Kern. Mailänder Risotto wird immer mit etwas Flüssigkeit serviert, ist aber dennoch sehr kernig im Geschmack. Und seine unnachahmliche gelbe Farbe stammt von einem sehr guten Safran, der auch das besonders feine Aroma abrundet.

Der Lombardei hat die kulinarische Welt noch mehr zu verdanken: nämlich das ›Wiener Schnitzel‹ aus Kalbfleisch: Maria Theresia hat seinerzeit das Mailänder Schnitzel in Wien populär gemacht, wo es zum ›Wiener‹ wurde.

Eine besondere Pasta-Art in der Lombardei sind die *Pizzocheri* aus Buchweizenmehl, fast schwarze Nudeln. Derb im Geschmack, mit Gemüse, Knoblauch und – ganz wichtig! – frischem Salbei im Ofen überbacken, sind sie eine Spezialität aus der Valtellina, speziell aus Sondrio, auf die es sich lohnt, 20 bis 30 Minuten zu warten. Ansonsten werden in der Lombardei nicht viele Teigwaren serviert, denn es gibt ja den Reis!

Ossobuco ist die lombardische Kalbshaxe, in Scheiben geschnitten, mit Gemüse und Gewürzen in Wein gegart. Ab Mai ist Lachsforellen-Saison an den Oberitalienischen Seen (inzwischen ganzjährig gezüchtet). Die Lombarden lieben die zarten, rosafleischigen Fische ›blau‹ mit zarter, hausgemachter Mayonnaise.

Polenta ist die Lieblingsspeise der Leute aus Brescia und vor allem aus Bergamo, wo gelegentlich auch Singvögel verzehrt werden, etwa ›Vögel in Maisring‹. Inzwischen ist man allerdings dazu übergegangen, die Bergamo-Spezialität nicht aus Vögelchen, sondern aus Gulaschfleisch zuzubereiten (dafür gibt es aber ›Vögel in Polenta‹ aus süßem Marzipan). Echte Hausmannskost und nicht ganz leicht ist die *Cazzoeula*, ein Eintopf aus Schweinefleisch und Wirsing.

Der weltberühmte *Gorgonzola*, der würzige Schimmelkäse aus Gorgonzola bei Mailand, muß zimmerwarm, leicht fließend serviert werden, nur so schmeckt er richtig. Auch andere hervorragende Käsesorten stammen aus der Lombardei: *Bel Paese, Taleggio* und *Grana Lodigiano* (aus Lodi) – ob jung, mittelalt oder gereift: eine Köstlichkeit!

Die bekanntesten und wohl besten Weine der Lombardei werden im Oltrepò Pavese südlich von Pavia angebaut. Hervorragend sind aber die Weine der Franciacorta südlich des Iseo-Sees, wo auch Schaumweine nach der *méthode champenoise* hergestellt werden, die sich mit den französischen durchaus messen können. Nur: Sie erreichen kaum die Grenzen der Lombardei, weil man sie hier lieber selber trinkt ... Aus der Valtellina im Norden der Lombardei schließlich stammen die schwersten Weine der Region: Sassella, Valgella, Grumello und – sehr beziehungsreich – Paradiso und Inferno.

Die Küche der Emilia-Romagna

In dieser Region wird gerne Pasta gegessen, frische Teigwaren stehen auf jeder Speisekarte guter Restaurants und kleiner Trattorien, die etwas auf die Tradition geben: *Tagliatelle, Cappelletti, Strozzapreti, Tortellini, Passatelli* und wie sie sonst noch genannt werden. Vorweg gibt es aber *Antipasto:* Gemüse, Würste, Pilze und alles, was man sonst noch in Öl und/oder Essig und Gewürzen einlegen kann. Das Fleisch – Schwein, Lamm, Kaninchen oder Rind und Kalb – wird mit Vorliebe auf dem Holzkohlengrill zubereitet, damit sich der typische Geschmack richtig entfalten kann. Besondere Spezialitäten sind etwa *Salame da sugo* aus Ferrara oder die *Porchetta,* das Spanferkel in knuspriger Haut. Im Apennin haben natürlich Wildbret und Pilze Tradition, am besten nur mit Brot aus Ferrara oder *Piadina*, einem Fladenbrot aus Mehl, Wasser, Salz und Schmalz, auf einer heißen Ton- oder Eisenplatte gebacken.

An der Küste der Romagna gehören natürlich Fischgerichte und Meeresfrüchte (Muscheln, Miesmuscheln und Jakobsmuscheln vor allem) zu den Spezialitäten: Teigwaren mit Fisch und Meeresfrüchten, Reis mit Meeresfrüchten *(alla marinara)*, Grillplatten. Ein besonderer Adria-Fisch ist der *Pesce azzuro*, der Blaufisch. Ein Genuß sind auch die in der Lagune von Comácchio gefangenen *Anguille*, junge Aale, deren Bestand immer stärker abgenommen hatte und die seit vielen Jahren mit großem Aufwand in den kanalisierten Becken der Lagune gezüchtet werden.

Den Parma-Schinken und die Wurstspezialitäten der Region genießt man entweder als *Antipasto* oder zwischendurch, etwa in einem *Panino*, einem meist riesigen Brötchen, oder im hauchdünnen, heißen Fladenbrot. Dasselbe gilt für den Käse, den es in der Emilia-Romagna in mehreren Variationen gibt, vor allem natürlich für den Parmesan.

Drei weltberühmte Weine der Emilia-Romagna zeugen von der großen Tradition der Rebkulturen: der rote Sangiovese sowie die Weißweine Albana und Trebbiano. Jede Provinz hat ihre Weinspezialitäten: An der Lagune von Comácchio zum Beispiel wird zu Fischgerichten mit Vorliebe der Vin di Bosco getrunken. Schwer ist der an der Küste gedeihende Aleatico, man nehme sich vor zu reichlichem Genuß in acht ...

Die Küche des Veneto

Risi e bisi, nämlich Reis und Erbsen sowie *Fegato alla veneziana*, also Kalbsleber mit Zwiebeln, das ist wahrlich nicht alles, was die venezianische Küche zu bieten hat. Ob in kleinen Trattorien der Euganeischen Hügel oder im Restaurant Nalin am Brenta-Kanal – selten wird man im Veneto enttäuscht werden.

Rückgrat der einfachen venezianischen Küche sind Reis und Mais, also Risotto und Polenta. Sonst ist sie recht fantasievoll, kann sie doch aus der reichen Landschaft zehren: Venetien hat das Meer, die Lagunen, Flüsse und Seen, Wälder, Wiesen und Hügellandschaften – etwa die immer wieder erwähnten und erwähnenswerten Euganeischen Hügel, wo der gute Wein auf Vulkanboden gedeiht.

Das Meer liefert der venezianischen Küche die Krabben und eine Muschelart namens Meerestrüffel (für den *tartufo di mare crudo* etwa), die Lagune von Chióggia (bei Sottomarina vor allem) Austern aus Zuchtfarmen. Ein Krustentier aus der Gegend ist der *Grancevola*, ein zarter Meeresbewohner mit einem merkwürdigen Namen ist der *Cigalle del mare*, die Meeresheuschrecke. Dann gibt es noch die Seeschnecken *Garusili*, röhrenförmige Muscheln namens *Cape longhe* und Sardellen in Unmengen, die mit Vorliebe sauer eingelegt werden.

Zu einem venezianischen *Antipasto* gehören eingelegte Artischockenherzen und sauer eingelegtes Gemüse, und eine Kostbarkeit dazu ist der luftgetrocknete Schinken von San Daniele (aus dem Friaul) oder der noch zartere aus Montagnana.

Als Pasta werden geboten: kurzgeschnittene Nudeln aus dunklem Mehl *(Bigoli)*, mit Kürbis gefüllte Teigtaschen wie *Casonzei* oder Gnocchi oder ein guter, saftiger Risotto, gerne mit Meeresfrüchten oder Leber von Geflügel. Auch *Spezzatino*, ein Kalbsgulasch, mögen die Venezianer, mit Polenta. Ein Stück Hähnchen, kroß in Butter gebraten, wird am liebsten ohne Zutaten gegessen – auf dem Beiteller gibt es höchstens ein wenig zartes Gemüse aus der Lagunenlandschaft oder einen Radicchio-Salat.

Zum Nachtisch wird Käse und/oder Obst bevorzugt, auch frische Nüsse. Aber die eigentlichen Nachspeisen haben eindeutig orientalisch-süßen Beigeschmack, ob aus dem massigen *Mascarpone* (fette Käsecreme, wie man sie normalerweise für *Tiramisu* nimmt) oder auf Baiser-Basis zubereitet, wie die *Meringata* mit viel Vanille. Die *Frutta cotta* sind gekochte Früchte, ganz belassen und vorsichtig in Zuckersirup gegart, sehr lecker.

Die Weine: Am Gardasee, der im Osten an die Region Veneto grenzt, wachsen der Bardolino und der Valpolicella, Merlot und Cabernet gedeihen in der Gegend von Treviso und Vicenza. Einer der bekanntesten Weißweine der Region, der Soave, wächst nahe Verona. Aber von ganz besonderem Geschmack sind die Weine der Euganeischen Hügel: Pinot Bianco, Pinot Grigio, Rosso und Verduzzo.

Die Küche Friaul-Julisch Venetiens

Fogolar (oder Focolar) nennt man die friulische Feuerstätte, das ›Herz‹ des typischen Hauses, das dem Reisenden in manchen echten Friaul-Restaurants begegnen wird. Die Freude am Echten, Unverfälschten wird einem hier so wie wohl nirgendwo sonst in Oberitalien begegnen. Vielleicht paßt hier zum Essen auch noch der durchaus positiv gemeinte Begriff altertümlich.

Die Ähnlichkeit mit der venezianischen Küche ist nicht verwunderlich, zumindest was die Hauptbestandteile betrifft: Mais und Bohnen, Gemüse und aromatische Kräuter, viel Schweinefleisch und Wild, und natürlich Fische aller Art.

Verfremdet, historisch bedingt und geographisch, wird diese recht venezianische Küche durch den Balkan, durch Österreich, Ungarn und sogar Griechenland ... Etwas eigenartig dürften die Teigwaren anmuten, die meist süßlich gefüllt werden. Es gibt viel Risotto und Polenta, Gemüse-, Mais-, Gersten- und Mehlsuppen, in Brühe oder gar Milch gekocht, je nach Tradition (und Ort). Ein paar Spezialitäten: die kräftige Triestiner *Lota*, Gemüsesuppe aus frischem Mais *(Bobici)*, Bohnensuppe und die friulische *Bisna*, der *Borèto* aus Grado und andere Fischsuppen.

Außer Wild und Schweinefleischgerichten gibt es hier noch ein paar Spezialitäten aus Fleisch: stark gewürzte Braten, im Ofen gebackene Leber, Gänse und anderes Geflügel, *Squazetto* aus Lammfleisch, Kalbshaxe im Rohr – und die hier nahe der Grenze zum ehemaligen Jugoslawien unvermeidlichen *Cevàpcici.*

Besonders köstlich und frisch werden die Gemüsesorten gereicht: Spargel und Spinat, *Radicchietto verde* und *Radicchio rosso* aus Gorízia, weiße Rüben mit Weintrester *(Brovada)* gibt es aus Carnia. Und *Topinambur*, eine kartoffelähnliche Knolle mit zartem Artischokkengeschmack, wird hier heiß geliebt.

Superstars aber sind die Schinken- und Wurstwaren, allen voran der in Kennerkreisen weltberühmte San Daniele-Schinken, gefolgt vom kleinen geräucherten *Sauris,* dem mageren *Carso* und dem im Rohr gebackenen Schinken aus Triest. Unter den Wurstwaren erwähnenswert: die *Sopresse* und der kräftige *Musetto*, den man in allen deftigen Suppen der Region wiederfindet.

Montasio, der feinste Käse der Region, kommt aus Carnia und ist frisch oder gelagert gleichermaßen gut. Ein Molkenkäse ist die *Puina*, die es auch geräuchert gibt, beliebt ist der *Pecorino*, den man hier auch mit Sardellen anmacht.

Die Süßwaren zeigen ebenfalls die mitteleuropäische ›Einstellung‹ der Region, gerne mit Obst, Rosinen, kandierten Früchten oder Schokolade gefüllt: aus Cividale del Friúli die *Gubàna*, aus Triest der *Strucòlo*, Mohnfladen u. a. m.

Die Wein- und Pflaumenschnäpse sind berühmt-berüchtigt, meist trocken die Weißweine: Pinot Bianco und Grigio, Verduzzo, Prosecco, Sauvignon, weniger trocken der Malvasia und der Tocai, Silvaner, Ramandolo, Traminer. Verduzzo dolce zum Dessert, die Schaumweine Prosecco und Refosco. Die venezianische *Ombra* heißt hier *Tajut*.

Reisen in Ober-italien

Südtirol – Trentino

Geprägt von Burgen und Schlössern

Oberitalien – und dazu Südtirol-Trentino? Richtig: Mit dem allgemein gebräuchlichen Begriff von Oberitalien hat die nördlichste und politisch wohl umstrittenste Region Italiens wenig zu tun: Sie ist aber nun einmal das wichtigste Durchreisegebiet, dazu ein ausnehmend schönes und interessantes Land, das vor allem bei deutschen Touristen überaus beliebt ist.

Nicht nur Südtirol u. a. wegen seiner Zweisprachigkeit. Auch im Trentino existieren deutschsprachige Enklaven: das kleine Gebiet von Luserna bei Lavarone und das Mocental. Ladinisch ist dagegen das Fassatal. Sonst ist die Provinz italienischsprachig. Aber gerade im Fremdenverkehr beherrschen viele die deutsche Sprache.

So hat auch diese Provinz in den letzten Jahren enorme Zuwachsraten erlebt, vor allem in den Skiorten der Brenta-Gruppe, allen voran Madonna di Campiglio; in der Ortlergruppe und östlich des Etschtales in San Martino di Castrozza, Cavalese und Predazzo; im Latemar- und weiter nordöstlich im Marmolada-Gebiet, beide geographisch sowohl Südtirol wie dem Trentino zugehörig, sowie die Skiorte am Sella-Joch. Allein zu Südtirol gehören die Skigebiete um den Kronplatz (Pustertal), die Seiser Alm (Grödnertal) und ganz im Nordwesten der Region das Gletscher-Skigebiet am Ende des Schnalstals.

Der 1375 m hohe Alpenpaß **Brenner** ist Grenzstation und wichtigster Durchschlupf sonnenhungriger Nordländer nach Süden. Hier beginnt Südtirol. Der nordwestlichste Grenzübergang ist der Reschenpaß (1507 m). Östlich vom Brenner kommt man nur im Sommer über das Deffregental aus Österreich in die Verlängerung namens Antholzer Tal nach Südtirol ins Pustertal, der Staller Sattel/Passo Stalle ist 2052 m hoch und die Straße schmal. Das Pustertal selber verlängert sich ostwärts Richtung Lienz und bietet Autos und Bahnen eine bequeme Durchfahrt in 1113 m Höhe. Majestätische Alpenkämme mit ihren Gletschern umrahmen und gestalten den Norden und Westen der Region, alle sind um die 3500 m hoch: Stubaier- und Ortler Alpen sowie die Ziller Alpen, die Ortlergruppe, Presanella und Adamello. Die Etsch (Adige) fließt vom Reschensee im Nordwesten im Vinschgau südwärts bis Mals, und weiter nach Osten bis Meran, wo sie einen Knick nach Süden macht und im Bogen auf Bozen trifft. Dort vereint sie sich mit der Eisack, die vom Brenner über Sterzing und Brixen nach Süden fließt. Ab Bozen bewegt sich die Etsch im eigenen Bett durch ganz Südtirol und Trentino, wo das Tal dann Val Lagarina heißt, nach Verona und weiter bis ans Mittelmeer (Adria), wo sie mit Brenta und Po ein Riesendelta bildet.

Die Seitentäler Südtirols und Trentinos gelten fast durchweg als Wanderparadiese und haben sehr verschiedene Charaktere. Die wichtigsten sind: Vinschgau am oberen Etschlauf westlich von Meran; Pustertal und Grödnertal im Osten Südtirols, in der Mitte von Bozen nordwärts das Sarntal; nördlich von Meran das Passeiertal und ein Stück weiter westlich das Schnalstal; im Trentino im Westen Val di Non, wegen seiner hohen Tallage Nonsberg genannt, davon westwärts zum Tonalepaß Val di Sole. Die Valli Giudicarie durchziehen das Trentino vom Molveno- bis zum Idro-See, der schon zur Lombardei gehört. Val di Fiemme gestaltet mit zahlreichen Nebentälern den Nordosten des Trentino und ist ein beliebtes Skigebiet. Südlich davon führt die breite Valsugana von Trento über Pergine ganz nach Südosten ins Veneto – dem Lauf des Brenta-Flusses folgend.

Der Tourismus hat sich zur wichtigsten Einnahmequelle Südtirols (nach der Landwirtschaft) entwickelt. Nur ein Drittel der Urlauber kommt im Winter nach Südtirol, der Rest im Frühjahr, um sich an der Baumblüte zu erfreuen, im Sommer zum Faulenzen oder im Herbst, um bei den kulinarischen Wochen dabeisein zu können. Da bleibt kein Fremdenbett in den typischen Weinorten leer, und Kenner buchen ihr Quartier bereits für das nächste Jahr vor. Zugkräftige Aktionen wie Kinderermäßigungen auch während der Schulferien, der Ausbau sportlicher Möglichkeiten (z. B. Golfplätze, seit 1990) oder die Öffnung zahlreicher Schlösser und Burgen für das Publikum konnten einem leichten Rückgang der Übernachtungszahlen entgegenwirken. Auch die Schaffung der ›Südtiroler Weinstraße‹, die zu einem Magnet geworden ist, der manche Einheimische schon stöhnen läßt: Ihren Kalterer See in der Mitte haben sie schon lange nicht mehr für sich allein, schon gar nicht im Sommer, wenn man um seine natürlichen Schilfufer fürchten muß.

Vom Brenner durch das Eisacktal nach Bozen

Vom Brenner führen zwei Straßen durch das Eisacktal, wer Zeit hat, sollte die alte Brennerstraße nehmen. Sie zu fahren – außer zur Hochsaison – ist noch immer ein Genuß. **Sterzing** 1, ital. Vipiteno, ist ein nettes kleines Rund zwischen Landstraße und Autostrada, die hier allerdings eine kleine Ausbuchtung bilden. Gut für eine Kaffeepause im winzigen alten Kern, oder auch für einen Einkauf im großen Zentrum vor dem Stadttor.

Neustift 2, ital. Novacella, hinter einem kleinen Bergrücken kurz vor Brixen: Abt Chrisostomus Giner gilt als ein perfekter Manager. Er hat es verstanden, die Ländereien und Besitzungen des Klosters so zu organisieren, daß sie Gewinn bringen. Weinberge bis Eppan gehören dazu, dort z. B. auch das Restaurant Marklhof. Die Klosterschule bietet dem männlichen Nachwuchs der ländlichen Umgebung eher ein angenehmes Zuhause denn ein Internat. Die 1700 barockisierte Klosterkirche (vor 1157) und die Bibliothek können besichtigt werden. Nur die 20 000 schönsten und ältesten Bände (ab der Klostergründung 1142 bis ca. 1700) sind in der eigentlichen, 1770 von Sartori erbauten Bibliothek – mehr als 50 000 in angrenzenden Räumen, wo auch eine kleine Pinakothek untergebracht ist. Sie birgt gotische Gemälde aus der alten Klosterkirche. Schmerzlich für die Neustifter ist hier eine Kopie, wenn auch in Originalgröße: von Friedrich Pachers Flügelaltar mit der Legende der heiligen Katharina (1480), im Original in der Alten Pinakothek in München zu bewundern.

In **Brixen** 3, ital. Bressanone, (S. 408) läßt man den Wagen am besten in der Nähe des Verkehrsamtes stehen und geht zu Fuß durch den Altstadtkern, der ohnehin für Autos gesperrt ist. Zwar ist das 17 600 Einwohner zählende Städtchen in 559 m Höhe im Kern klein – aber sehr einladend. Tirols älteste Stadt wurde 901 erstmals urkundlich erwähnt,

Südtirol ▷

Ö S T E R R E I C H
Brennerpaß 1375 m
Brenner
Timmelsjoch 2509 m
1
Sterzing
Eisack
12
Mauls
Passeiertal
44
Jaufenpaß 2099 m
Eisacktal
A22
Texelgruppe
Sarntaler
Passeiertal
Talferbach
Schnalstal
11
Tirol
Schenna
10
Meran
Meran 2000
Etsch
38
Vinschgau
Marling
Tscherms
Vigiljoch
Hafling
Schloß Fragsburg
Sarntal
Klausen
Alpen
Lana
Burgstall
38
Etschtal
Mölten
9
Gargazon
Tisens
Prissian
Nals
Terlan
8
Andrian
Siebeneich
Jenesien
Sarntal
Ritten
12
Grödner
Völs am Schlern
7
Schlern 2564 m
Gries
Bozen
238
Missian
St. Pauls
12
Eppan
St. Michael
E45
Eggental
Deutschnofen
241
42
13
Kaltern
18
Laimburg
Kalterer See
12
Moena
Non
42
Cles
San Romédio
17
Auer
Tramin
14
Avisio
Val di Non
43
Neumarkt
16
Predazzo
Cavalese
Tésero
Val di Fiemme
Etsch
Castello Thun
Salurn
15
Mezzocorona
12

Rieserferner-
gruppe
Ö S T E R -
R E I C H
Tauferer Tal
Antholzer Tal
Staller Sattel
2052 m
Bruneck
4
St. Lorenzen
5
P u s t e r t a l
49
6
Toblach
244
Kronplatz
2272 m
Gaderbach
Naturpark
Sextener
Dolomiten
51
51
Wolkenstein
Corvara
Sellagruppe
2915 m
Große
Dolomiten-
straße
48
48
Cortina
d'Ampezzo
Val d'Ampezzo
Gruppo delle Marmarole
Canazei
Marmolada
3343 m
Rif. Fuciade
1918 m
203
51
D o l o m i t e n
V E N E T O
50
San Martino
di Castrozza
N
0
10 km

Richtig Reisen
Thema

Irredenta – unerlöstes Italien

Eigentlich ging sie von kulturpolitischen Organisationen aus und hatte eher Einfluß auf die Bildung der öffentlichen Meinung als organisatorische Stärke: Irredentismus, die Forderung nach einem Italien innerhalb natürlicher Grenzen. Schon 1877 wurde dieser Begriff geprägt für die Bewegung, die nach der Einigung Italiens entstand. Sie verlangte in den zum Teil deutschsprachigen Gebieten Österreich-Ungarns (Trentino, Triest, Istrien und dalmatinische Küste) den Anschluß der *terre irredente,* der unerlösten Gebiete also, an Italien. Als Gegenleistung für den Eintritt Italiens in den Ersten Weltkrieg erhielt das Land von den Alliierten die Zusicherung der Brennergrenze (und des Sankt Gotthard), an der natürlichen Wasserscheide der Alpen: im Norden Tirol/Österreich, im Süden der Alpen Italien.

Seitdem wird in der politischen Szene weltweit von Irredentismus gesprochen, wenn sich ähnliche nationalistische Bewegungen zeigen.

und war vom Ende des 10. Jh. bis 1964 Bischofssitz.

Der stets blumengeschmückte, großzügige Domplatz wird gestaltet vom turmüberragten Rathaus (gotisch mit romantischen Umbauten von 1896) und dem Komplex des Domes. Der ursprünglich ottonische Bau wurde um 1200 romanisch umgestaltet, später im Barock (1745–54) umgebaut und von Paul Troger freskiert, den Hochaltar schuf Theodor Benedetti und die klassizistische Vorhalle Jakob Pirchstaller (1783). Die größte Sehenswürdigkeit dürfte der wunderschöne spätromanisch-gotische Kreuzgang mit seinen Fresken sein. Diese dokumentieren farbenfroh und anschaulich die mittelalterliche Entwicklung der Malerei im 14. und 15. Jh. Im Kapitelsaal wird der Domschatz aufbewahrt, und ebenfalls in den Kreuzgang integriert ist die kleine Johanneskirche (auf Wunsch beim Rundgang zu besichtigen).

Im Südwesten des Domplatzes steht die sogenannte Jahrtausendsäule, zur Erinnerung an die tausendjährige Geschichte der Stadt 1909 errichtet. Nördlich des Domes befindet sich die Pfarrkirche St. Michael, ursprünglich auch sie ein romanischer Bau des 11. Jh., dann mit Fresken vom Troger-Schüler Josef Hautzinger barockisiert. Der Kirche gegenüber fällt die schöne, dunkle Fassade eines Palastes auf: das Pfaundlerhaus, ein bürgerliches Wohnhaus der Gotik mit reicher Renaissance-Fassade des 16. Jh. In der südwestlichsten Ecke der Stadtmauer liegt, wie eine Bastion situiert, die Fürstbischöfliche Burg. Tatsächlich wurde sie bereits im 13. Jh. als feste Burg errichtet und während der folgenden Jahrhunderte um- und ausgebaut, bis sie Graf Künigl 1707–10 in ihrer heutigen Form vollenden ließ. Besonders schön ist der Renaissancehof mit dem Habsburger-Stammbaum mit Terrakotta-Figuren von Hans Reichle (um 1595). In der Burg ist seit 1901 das Diözesen- und Krippenmuseum untergebracht. Der zugängliche Herrengarten der Brixner Hofburg wurde 1991 nach einem Plan von 1831 wiederhergestellt.

Brixen ist auch für Bummler einladend, und zwar wegen der Großen und der Kleinen Lauben. Dort, wo es richtig gemütlich ist in diesem tausendjährigen Bischofsstädtchen, dort, wo die nettesten Geschäfte und die urigsten Lokale stehen, kleine Erkerfenster in den oberen Etagen der Häuser den Überblick über die gesamte Gasse ermöglichen – und natürlich dort, wo man auch bei gleißender Sonne oder an Regentagen Schutz findet unter schmalen Bogengängen, dort sind die Laubengassen. Die Großen treffen an der Stelle auf die Kleinen Lauben, wo man rückblickend die schönste Aussicht auf die Plose, Brixens Haus- und Skiberg hat.

Blick auf die Plose, Brixens Hausberg

Richtig Reisen *Thema*

Die Nationalparks: Aushängeschild Dolomiten

Die gebirgige Region Südtirol-Trentino ist reich an Nationalparks: Stilfser Joch – Texelgruppe – Schlernpark – Geisler-Gruppe – Fanes-Sennes-Prags – Dolomiti di Sesto (Sextner Dolomiten) – Naturpark Monte Corno sowie zahlreiche kleinere Biotope.

Mit den erst vor mehr als 200 Jahren ›entdeckten‹ Dolomiten werben die sonst in Sachen Tourismus nicht gerade brüderlichen Provinzen Südtirol und Trentino gemeinsam. Erdgeschichtlich betrachtet, sind die Dolomiten etwa 250 Mio. Jahren alte riesige Atolle, die übrig blieben, als sich der Meeresspiegel senkte. Gletscher und Naturgewalten haben sie zerfressen und zu dem gemacht, was Bergfreunde heute so lieben: ihre nadelspitzen Gipfel, Grate, Türme und Plateaus und die Eigenart, je nach Tageszeit und Licht die Farbe des hellen Gesteins zu verändern. Die Wissenschaftler sprechen auch von einer morphologischen Besonderheit: Von einer bestimmten Höhe an ist die vertikale Kontur stärker ausgeprägt als die horizontale. Es scheint, als entziehe sich das Felsmassiv der Schwerkraft, um sich wie nach oben strebende gotische Bögen gen Himmel zu strecken.

Zu den Dolomiten gehören: im Osten Trients die Brenta-Gruppe, im Süden die Kleinen Dolomiten etwa in der Mitte zwischen Trento und Verona, grenzüberschreitend schließlich in Südtirol und Trentino zwischen Bozen und dem venetischen Belluno die Gruppe der Westlichen und Östlichen Dolomiten. Ihren Namen verdanken die Dolomiten dem Franzosen Dieudonne Guy de Gratet de Dolomieu aus Dolomieu (zwischen Lyon und Chambery), eine der interessanten Forschergestalten des 18. Jh. 1798 legte er Forschungsergebnisse über die Gesteinsformationen vor, die seitdem seinen Namen tragen.

Beim ersten Versuch, die Dolomiten zu bezwingen, scheiterte eine Gruppe Geistlicher 1802 an der Besteigung der Marmolada. 1820 gelang das Unternehmen am Sasso della Porta (Odle-Gebiet), 1850 die Besteigung des Antelao, zwei Jahre später des Palon im Latemar und 1855 der Civetta. Als ersten wirklich alpinistischen Aufstieg in den Dolomiten betrachtet man die Besteigung

Von Brixen lohnt ein Abstecher in das weite, idyllische Pustertal. Der Hauptort **Bruneck** 4, ital. Brunico, 835 m hoch (12 300 Einwohner), ist schön mittelalterlich erhalten und doch mit modernen Fremdenverkehrseinrichtungen ausgestattet – vom Schloß der Brixener Bischöfe bewacht, den 2272 m hohen Kronplatz im Visier. Wichtigstes Ausflugsziel für diejenigen, die sich für die Früh- und mittelalterliche Geschichte interessieren: die **Sonnenburg** 5, ital.

des unberührten Gipfels des Pelmo durch den Engländer John Ball im Jahre 1857. 1863 Eroberung des Tofana, 1864 des Sorapis und der Punta Penia, mit 3343 m der höchste Gipfel der Marmolada und die Königin der Dolomiten, alle drei durch den Wiener Alpinisten Paul Grohmann und seinen Begleiter Lacedelli. Erstbesteiger der Vajolett-Türme war 1887 Georg Winkler.

Danach jagte 30 Jahre lang eine abenteuerliche Besteigung die andere, die Dolomiten wurden richtig ›in‹. Aktueller Dolomiten-Kletterer und -Erschließer: Reinhold Messner, der zwar alle 14 Achttausender der Welt bezwungen, aber die Dolomiten zu seiner Kletterheimat auserkoren hat.

Die **Große Dolomitenstraße** führt in 100 km von Bozen über die S.S. 241 durch das Eggental, auf der S.S. 48 durch das Fassatal bis Canazei, weiter nach Cortina d'Ampezzo. Achtung: Es geht über mehrere, teils über 2000 m hohe Pässe mit scharfen Haarnadelkurven und atemberaubend schönen Ausblicken. Gutes fahrerisches Können vorausgesetzt, lohnt die Investition eines ganzen Tages unbedingt. Allerdings nicht an Feiertagen oder Wochenenden – dann ähnelt das Ganze einer Völkerwanderung ...

Castelbadia, in St. Lorenzen. Als man das Nonnenkloster, das nach der Auflösung u. a. als Armenhaus und Altersheim diente und total heruntergewirtschaftet war, 1970 restaurieren wollte, machte man überraschend zahlreiche Funde aus der Steinzeit: ein ganzes Depot an Werkzeugen in der frühgeschichtlichen Siedlungszone. Im Klostergebäude fand man unter dickem Putz die schönsten Fresken, auch die Wappen der Äbtissinnen, und wunder-

Völs am Schlern

volle gotische Gewölbe. Ebenso Reste von Wandtäfelungen, nach denen mehrere Räume rekonstruiert werden konnten (z. B. das Äbtissinnen-Zimmer, heute eine der Restaurantstuben). Außerdem konnten Kirchenreste sowie die Krypta und Teile des Kreuzgangs freigelegt und wiederhergestellt werden. Gaugraf Volkhorn von Lurn und Pustertal gründete das älteste Frauenkloster, das zweitälteste Tirols. Die Reihe seiner Äbtissinnen seit der Gründung, wahrscheinlich im Jahre 1039, bis zur Auflösung 1785 ist lang, 43 sind gesichert. Glänzendste Erscheinung dürfte die Äbtissin Barbara von Stuben 1440–1459 gewesen sein, die einen Streit mit dem Kardinal Nikolaus von Kues, Bischof von Brixen, vom Zaun brach: Sie wehrte sich u. a. gegen zu starke Beschneidungen der Klosterrechte und vor allem gegen die verordnete, allzu strenge Klausur, die die Nonnen daran gehindert hätte, ihre weiten Besitzungen selber zu verwalten. Sie rückte damit vorübergehend das stille Pustertal in den Mittelpunkt einer Krise zwischen Papsttum und Reich.

Toblach 6, ital. Dobbiaco, ostwärts im Hochpustertal gelegen, ist nicht nur bei Sommerfrischlern und Skifahrern im Angesicht der Sextner Dolomiten ein begehrtes Ziel. Der Ort macht durch zwei kulturelle Veranstaltungen von sich reden: erstens die Toblacher Gespräche. Deren Ergebnisse, die sogenannten Toblacher Thesen, scheinen aber den einheimischen Touristikern nicht besonders zu behagen: Sie befassen sich seit 1986 vorwiegend mit den Problemen des Umweltschutzes. Dann aber die Mahler-Wochen, seit 1981 unter der Schirmherrschaft des Präsidenten der Republik Italien meist in der letzten Juli-Woche veranstaltet. Sie bringt interessierte Gäste aus aller Welt und natürlich Musikgrößen ins ferne Tal. Auf dem Programm stehen nicht nur Werke des Sohnes unbemittelter jüdischer Eltern aus Böhmen, sondern auch Musik aus Mahlers Umfeld, hauptsächlich österreichisch-ungarischer Provenienz sowie Vorträge, Diskussionen, Symposien.

Über **Völs** am Schlern 7, ital. Fiè (S. 442), das sehr traditionell geblieben ist, dennoch aber eine florierende Fremdenverkehrswirtschaft aufweisen kann, weil seine Hoteliers Fantasie und Mut bewiesen haben, erreicht man von Brixen das nächste Etappenziel.

Stinkendes Ungeheuer – liebenswerte Kleinstadt: Bozen

■ (S. 406f.) Bei der Einfahrt in die Hauptstadt der Provinz Bozen, ital. Bolzano, wird wohl jeder schwankend: Soll dies die vielbesungene Stadt Walthers von der Vogelweide sein? Stinkend und lärmend, im Verkehr erstickend, zeigt sie sich, ganz gleich, von welcher Seite man in sie hineinfahren möchte. Es sei denn, man ist vernünftig und wählt, will man länger bleiben, die Bahn.

Nur das Zentrum der knapp 100 000 Einwohner zählenden Stadt, das wenigstens in größeren Teilen und zu bestimmten Tageszeiten zur Fußgängerzone erklärt wurde, konnte seinen liebenswerten Kleinstadtcharakter erhalten. Im Mittelalter entwickelte sich Bozen als kleiner Marktflecken mit einer einzigen Gasse und einem Platz dort, wo früher klösterliche Weingüter standen. Diesen Ursprung sieht man der Stadt mit ihrem Bischofssitz noch immer an. Noch ist man im Norden – und schon erspürt man den Süden. In Bozen sind sie eine harmonische Symbiose eingegangen: in der Bevölkerungsstruktur ebenso wie im Städtebau, in den Einkaufsgewohnheiten, täglicher Obst- und Gemüsemarkt im besten italienischen, und Shopping im internationalen Sinne.

Bozen: *1 Waltherplatz 2 Pfarrkirche 3 Dominikanerkirche 4 Obstplatz 5 Franziskanerkirche 6 Schloß Maretsch 7 Lauben 8 Bindergasse 9 Kornplatz 10 Musterplatz 11 Alte Grieser Pfarrkirche 12 Schloß Runkelstein 13 Südtiroler Archäologiemuseum*

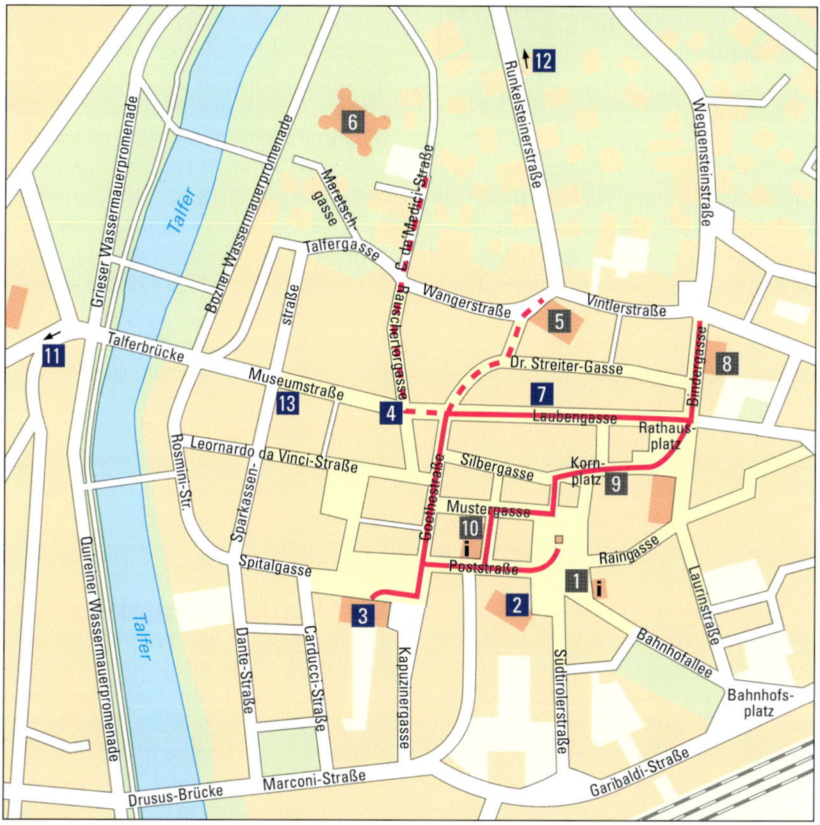

Denkmal für Walther von der Vogelweide

Bozen ist eine Verwaltungsmetropole, eine Einkaufs- und Bummelstadt. Als Tourist begegnet man fast nur Deutschstämmigen – denn der Fremdenverkehr ist fest in ihrer Hand. Im zünftigen und preiswerten Weißen Rößl in der Bindergasse treffen sich die Bergler der Umgebung, lebt die Tradition der Bozner Küche fort. Weitere nette Restaurants in alten Mauern wie das Batzlhäusl zeigen, daß man sich in der Stadt auch kulinarisch fit halten will.

Am **Waltherplatz** 1 steht das Denkmal (von 1889) für den größten deutschen Lyriker des Mittelalters, Walther von der Vogelweide (ca. 1170–1230). Er soll in diesem Land der Burgen, das gleichgesetzt wird mit dem Land der Minnesänger, geboren worden sein. Von den Minnesängern weiß man aber nur mit Sicherheit, daß Oswald von Wolkenstein aus Südtirol stammte, aus dem gleichnamigen Ort im Grödnertal.

Die **Pfarrkirche ›Unsere Liebe Frau vom Moos‹** 2 mit ihrem weithin sichtbaren, sehr spitz aufragenden Turm (62 m, von 1501–1519) mit Majolika-Abdekkung wurde 1964, als der Bischofssitz von Brixen nach Bozen verlegt wurde, zum bischöflichen Dom erhoben. Nur das Südportal, der Unterbau des Turmes und Teile des Löwenportals mit dem Radfenster darüber sind von der romanischen Ursprungskirche von 1184 erhalten geblieben. Heute zeigt sich die Kirche daher fast in reiner Gotik (14.–16. Jh.), bis auf die 1743/45 hinzugefügte barocke Gnadenkapelle. In ihr schmückt die älteste Kostbarkeit der Kirche den Altar: die Veroneser Steinplastik ›Gottesmutter mit Kind‹ (um 1200). Hans Lutz von Schussenried, der Turmbauer, schuf auch im Inneren die steinerne Kanzel, wo er sein Steinmetzzeichen anbrachte. Schön sind die Fresken an der Süd- und an der Westwand, ausdrucksstark das Kruzifix (1208) im Triumphbogen. Bronzeportal und die Altarmensa aus Laaser Marmor von Michael Höllrigl sind im 20. Jh. hinzugekommen.

Am Informationsbüro vorbei geht es durch die Post- in die Goethestraße zur **Dominikanerkirche** 3, deren abgesenkte Lage zeigt, wie sich das Bodenniveau der Stadt im Laufe der Jahrhunderte angehoben hat. Schon 1272 kamen die ersten Dominikaner nach Bozen, ihre Kirche wird zwei Jahre später erwähnt und wurde ab dem 14. Jh. in früher Gotik umgestaltet. Der Kreuzgang (erstmals 1308 erwähnt) mit seinen herrlichen Fresken (14./15. Jh.), die teilweise Friedrich Pacher zugeschrieben werden, gleicht einer Pinakothek! Das gleiche gilt für die über und über freskierte Johanneskapelle, eine Stiftung des reichen Bankiers Rossi-Boccio, hier Botsch genannt, von italienischen Künstlern ganz im giottesken Stil 1330–42 geschaffen:

u. a. eine Bildfolge zum Marienleben, des Johannes und ein fast drastischer ›Triumph des Todes‹. Im früheren Klostergebäude ist heute ein Konservatorium untergebracht, und im großen Konzertsaal findet alljährlich im August/September der Pianisten-Wettbewerb ›Ferruccio Busoni‹ statt.

Über die Goethestraße kommt man zum **Obstplatz** 4, ital. Piazza delle Erbe, wo noch immer werktäglich Markt abgehalten wird. Fast so, wie es Mozart und vor allem Goethe beschrieben, und zwar letzterer recht prosaisch: »Auf dem Platze saßen Obstweiber mit runden, flachen Körben, über vier Fuß im Durchschnitt, worin die Pfirsiche nebeneinander lagen, daß sie sich nicht drücken sollte, ebenso die Birnen ...« Dort, wo früher Pranger und Narrenhäusl standen, hat Joachim Reis 1746 seinen Neptunbrunnen aufgebaut.

Vom Obstplatz aus bieten sich zwei Abstecher an: Geradeaus ist schnell die **Franziskanerkirche** 5 erreicht. Sie wurde im frühen 13. Jh. begonnen und erst Mitte des 15. Jh. vollendet (Langhaus). Besonders sehenswert ist der gotische Schnitzaltar von Hans Klocker aus Brixen (1500). Dargestellt sind die Geburt Christi und die Anbetung der Heiligen Drei Könige; in den Altarflügeln ›Verkündigung‹, ›Darbietung im Tempel‹, ›Beschneidung‹ und ›Mariens Tod‹.

Ebenfalls zu Fuß vom Obstplatz (über Rauschertorgasse und Medici-Straße) ist **Schloß Maretsch** 6 zu erreichen. Es wurde in den Weingärten an der Wassermauer und mit herrlichem Blick auf den Rosengarten um den Burgkern von 1200 als Wohnburg mit fünf Türmen erbaut und bietet heute als Kongreß- und Seminarzentrum auch Platz für die ›Bozner Weinkost‹.

Rechter Hand vom Neptunbrunnen beginnen die **Lauben** 7, Bozens älteste Stadtteil (11. Jh.), der von den Kaufleuten der Stadt je nach Zeitgeist und Geldbeutel ständig umgestaltet wurde. Die Lauben reichen bis zum Rathaus und sind etwa 300 m lang. Besonders schön präsentieren sie sich bei einem gemächlichen Abendspaziergang, wenn sie nur Fußgängern vorbehalten bleiben. Wie in Brixen, nur höher und imposanter sind die Erkerhäuser, so weit vorkragend, als wollten sie ihr Gegenüber treffen. Tagsüber bleiben viele der engen Eingänge zu den kleinen hinteren Lichthöfen mit ihren Treppenhäusern geöffnet, ein Blick hinein lohnt sich, auch um zu erkennen, wie tief solche Kaufmannshäuser waren. Das bedeutendste und einzige balkongeschmückte Haus an der Laubengasse ist das Amtsgebäude des Merkantilmagistrats, das ab 1708 nach Plänen des Architekten Francesco Pedrotti aus Verona anstelle des Jakob-Zellingerschen Hauses gebaut wurde.

Blick auf den gekachelten Turm des Doms

Rückwärts in der Silbergasse besitzt es seine eigentliche Fassade, barock und mit einer Freitreppe geschmückt.

Am Ende der Lauben ist der Rathausplatz erreicht. Links zweigt die **Bindergasse** 8 ab, Bozens ›Magen‹, wo Gasthaus neben Gasthaus steht. Diese hübsche Gasse mit teils freskierten Fassaden und schmiedeeisernen Wirtshausschildern war ab 1423 der Wohn- und Arbeitsplatz der Binderzunft, ihr Zunfthaus steht noch heute am Nordende der Gasse. Erhalten geblieben ist noch der ›Bindertanz‹, der erstmals 1769 am Musterplatz getanzt wurde. Das spätgotische Landesfürstliche Amtsgebäude gegenüber dem Binderhaus, 1512 von Kaiser Maximilian I. errichtet, wurde zum Kulturzentrum restauriert.

Zurück zum Rathausplatz und nach rechts zum **Kornplatz** 9, dem ältesten Bozens. Bis 1633 stand im malerischen Waaghaus mit dem Doppelbogenfenster und den drei Wappen die Fronwaage. Abstecher in die Mustergasse und zum **Musterplatz** 10: Hier bauten die Patrizier außerhalb des inneren Stadtkerns im 18. Jh. ihre prunkvollen Paläste – lange Zeit war hier der Schauplatz der Bozner Passionsspiele und des ›Bindertanzes‹.

Jenseits der Talferbrücke beginnt der Stadtteil **Gries** mit der **Alten Grieser Pfarrkirche** 11, die erstmals 1141 erwähnt wurde. Aus der Romanik herübergerettet wurden die Langhausmauern, das Westportal und das Kruzifix von 1205. Aber zum Wallfahrtsort für Kunstgenießer machte sie der Flügelaltar von Michael Pacher (1475). Die beiden erhaltenen Reliefs zeigen ›Mariä Verkündigung‹ und die ›Anbetung der Könige‹, die Rückwand des Schreins 15 Temperabilder.

Um **Schloß Runkelstein** 12 nordöstlich von Bozen zu erreichen, muß man schon motorisiert sein oder eine Wanderung einplanen. Es wurde 1237 mit

Meran, Blick über Kurhaus und Promenade an der Passer

zwei Palais und einer Kapelle erbaut, 1385 vergrößert und ausgeschmückt: mit recht einmaligen profanen Fresken, die das mittelalterlich-ritterliche, höfische Leben widerspiegeln: Szenen wie Turnier, Ballspiel und Reigentanz, Fischfang und Jagd. Die Wohnräume des sogenannten Sommerhauses wurden u. a. mit 15 Szenen aus dem ›Tristan‹ geschmückt, die Kapelle zeigt noch Freskenfragmente zur Lebens- und Märtyrergeschichte der heiligen Katharina. Dieses Kleinod schenkte Kaiser Franz Josef 1880 der Gemeinde Bozen.

1998 kam in Bozen das sogenannte Ötzi-Museum um den ›Mann aus dem Eis‹ hinzu, das Südtiroler Archäologiemuseum 13.

Durch das Etschtal nach Meran – der Perle Südtirols

Dieses eng besiedelte Stück des Etschtales zwischen Bozen und Meran nennt sich Burggrafenamt. Man fährt durch Apfelplantagen und Weingärten, mit vielen kleinen Bauern- und Erholungsorten an der S.S. 38 (Siebeneich, Gargazon, Burgstall) oder auf der neu ausgebauten Parallele westlich der Etsch (Missian, Andrian, Nals, Prissian, Tisens, Lana und Marling). Auf dem Weg nach Norden passiert man u. a. den netten Weinort **Terlan** 8 (S. 435) inmitten seiner gepflegten Gärten, der sich inzwischen als Spargel-Ort etabliert hat. In Vilpian lohnt sich ein Abstecher auf die Höhe nach **Mölten** 9 mit der höchstgelegenen Sektkellerei Europas (1142 m).

Meran 10, ital. Merano, mit seinen fast 34 000 Einwohnern liegt in einer weiten Talmulde zwischen Vinschgau, Etsch- und Passeiertal. Das Herzstück Südtirols liegt hier ganz in der Nähe: Denn dem **Schloß Tirol** 11 über Meran verdankt Tirol seinen Namen, und Meran war im Mittelalter die Hauptstadt Tirols. Heute muß sie sich mit dem Titel ›Kulturmetropole‹ begnügen. Aber das steht ihr gut zu Gesicht und fördert den Sinn für die Erhaltung der Natur. Wunderschön sind die beiden Promenaden am Passerbach: der Sonne zugekehrt die Winter-, schattig die Sommerpromenade. Außerhalb des mittelalterlichen Kerns mit seinen Lauben – eine Idee kleiner als in Bozen – hat die blühende Kurstadt eine Hotellerie entwickelt, die keine Wünsche offen läßt.

Das enge **Passeiertal** nördlich von Meran ist ein Wanderparadies: Hier wird Andreas Hofer gehuldigt, dem Tiroler Nationalhelden, der nahe des Kreuzpunktes zum Jaufenpaß geboren wurde. Das Elternhaus ist heute Gedenkstätte und Museum mit Jausenstation.

Rings um Meran und im Vinschgau finden sich zahlreiche Burgen und Schlösser, in denen man teilweise auch wohnen kann. Es ist die höchste Dichte an Feudalsitzen nach der Gemeinde Eppan an der Südtiroler Weinstraße, die hierfür als absolute Spitzenreiterin gilt. 350 Schlösser, Burgen und Ansitze, das sind kleinere, bescheidenere, nicht minder schöne befestigte Wohnsitze Reicher und/oder Adeliger des Mittelalters, zählt Südtirol insgesamt. Alle 17 km^2, hat man ausgerechnet, steht ein Schloß. Man fühlt sich in die Zeit der Minnesänger zurückversetzt, die Burgen und Schlösser machen es einem leicht, der Fantasie freien Lauf zu lassen, so verschieden sind sie, so aufregend noch, so erhaben und schön. Und fast alle zu neuem Leben erwacht. Als Museum, Hotel, Pension oder Restaurant – oder als Wohnplatz für Leute, die es sich leisten können. Selten für echte Nachfahren der alten Burg- oder Schloßherren.

Weinseligkeit und mehr: der Süden Südtirols

Ein Sprung zurück und über Bozen hinweg: in den Süden Südtirols, den warmen, weinseligen. Die Südtiroler Weinstraße schlängelt sich durch Weingärten und -hänge, auch durch zauberhafte Weinorte, bewacht von Ansitzen und Burgen. Eigentlich beginnt sie kurz hinter Bozen beim Schloß Sigmundskron und führt dann durch das Gebiet des Kalterer Sees über Eppan, Kaltern und Tramin nach Kurting. Weil es aber zwei weitere bedeutende Weinanbaugebiete in Südtirol gibt, hat man sie inzwischen verlängert. Zusammen mit dem des Trentino bildet diese Region Europas größtes zusammenhängendes Weinanbaugebiet.

Auch **Terlan,** ital. Terlano, gehört nun zur Weinstraße, weil seine trockenen Weißweine die Palette der Südtiroler Weine abrunden. Die erste echte Station ist aber das mächtige **Schloß Sigmundskron.** Dann folgt **Eppan** 12, ital. Appiano (S. 413), kein Dorf, sondern ein Konglomerat aus 15 Ortschaften und zwei Weilern mit höchstens zehn Häusern, auf einer Fläche von 60 km^2 mit 1300 Hektar Weinland und der höchsten Weinproduktion Südtirols. Die größte Verlockung – außer dem Wein natürlich – dürften die zehn Burgen, zwölf Schlösser und 60 Ansitze sowie 100 architektonisch bemerkenswerte, denkmalgeschützte Bauernhäuser sein, meist in einer Mischung aus Spätgotik und Renaissance im sogenannten Überetscher Baustil errichtet, die Eppan umgurten, die größte Dichte solcher Bauwerke auf Südtiroler Boden und vielleicht in ganz Europa.

Kaltern 13, ital. Caldaro (S. 418), hat sich in den letzten Jahren zu seinem Vorteil herausgeputzt, einen ordentlichen Hauptplatz mit modernem Verkehrsamt bekommen, die Weinverkostung ins Zentrum verlegt, die Hausfassaden neu gestrichen. Erst jetzt fällt auf, wie italienisch Kaltern ist: Sein Überetscher Architekturstil ist sehr harmonisch, die Fenster und die kleinen Balkone mit schönen Eisengittern. Traditioneller Reichtum wird signalisiert: Kaltern besitzt seit Jahrhunderten Weinhöfe, seine Lage war ideal für den Anbau von Reben: Die umgebenden Bergketten bieten Schutz und der wärmste See der Alpen, der Kalterer See, verhilft zu angenehmen Temperaturen. Das Südtiroler Weinmuseum im historischen Zentrum gilt als eines der meist besuchten der Region.

Tramin 14, ital. Termeno, braucht sich um Bekanntheit nicht zu kümmern, hat der Weinort doch seinen Namen einer weltberühmten Rebsorte gegeben: dem Gewürztraminer. So ist es nur logisch, daß während der ›Weinkost‹ im Mai (immer um Christi Himmelfahrt) Traminer-Weine aus aller Welt ausgeschenkt werden. Der 95 m hohe gotische Glokkenturm von Tramin ist weithin sichtbar und sein Wahrzeichen. Im kleinen Kastelaz oberhalb des Dorfkerns sind die Fresken des bereits 1214 erwähnten Kirchleins St. Jakob die besondere Attraktion (Schlüssel im Haus nebenan): romanische (vor allem die zwölf Apostel) und gotische Fresken von 1441, darunter gleich links beim Eingang die Hühnerlegende des Heiligen aus Compostela.

Während im Westen vor allem Weißweinreben angepflanzt sind, gedeiht östlich der Etsch im längeren Schein der Abendsonne der Blauburgunder besonders gut. **Salurn** 15, ital. Salorno, der südlichste Ort Südtirols, wird auf hohem Felsen bewacht von der Haderburg, sozusagen das Symbol der deutschen Sprachgrenze. Hübsch und ruhig gele-

Weingut in Eppan an der Weinstraße

gen (und frei von Verkehr) ist weiter nördlich das kleine, ja winzige **Neumarkt** 16, ital. Egna. Seine Laubengänge muten an wie eine Mischung aus venetischer und älplerischer Architektur. Seine Blauburgunder-Weine sind so kräftig, daß sie gerne mit denen Frankreichs verglichen werden. **Auer** 17, ital. Ora, wo ein hervorragender Lagrein angebaut wird, besitzt an der St. Peter-Kirche einen romanischen Glockenturm, dessen Sockel noch aus dem 12. Jh. stammt. Dann setzt sich die neue Weinstraße über die Etsch fort, erreicht auf schmaler Straße **Laimburg-Pfaffen** 18 zu Füßen der Ruinen Schloß Leuchtenberg und Laimburg. Unten befindet sich die Landesversuchsanstalt für Obst- und Weinbau, mit einem faszinierenden, aus dem Felsen gesprengten Weinkeller und dem imposanten Repräsentationssaal, ringsum 50 ha Weinberge. – Über den Kalterer See geht es nach Kaltern und damit auf die alte Weinstraße zurück.

Ein Schmetterling namens Trentino

Das Etschtal bildet den Körper, die Berge und Täler zu beiden Seiten seine Flügel: Trentinos geographische Gestalt ähnelt einem Schmetterling so sehr, daß man ihn zur Symbolfigur der touristischen Entwicklung erklärt hat. Eine aufstrebende Provinz, so zwischen Südtirol und Oberitalien eingezwängt, daß man leicht versteht, weshalb sie lange einen Dornröschenschlaf gehalten hatte.

Trento: eine Renaissance-Stadt

(S. 435f.) So weit im Norden? Eine Frage, die sich viele stellen, die endlich den Entschluß gefaßt haben, von der Autobahn abzuzweigen und sich dieses Trient (ital. Trento) anzusehen, das sich ihnen immer auf der Fahrt in den Süden

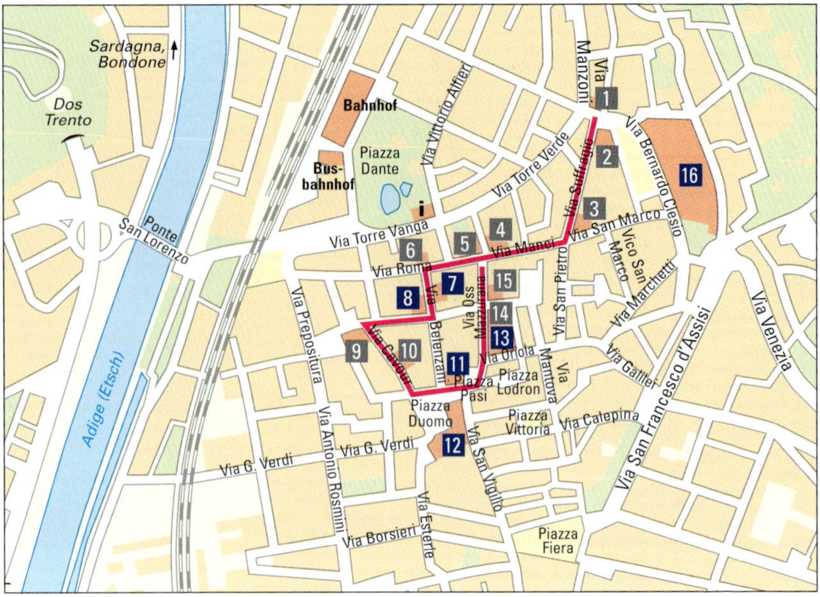

Trento: *1 Torre Verde 2 Palazzo Trautmannsdorf-Salvadori 3 Palazzo del Monte 4 Palazzo Trentini 5 Palazzo Fugger-Galasso 6 San Francesco Savrio 7 Palazzo Thun 8 Palazzo Pona-Geremia 9 Santa Maria Maggiore 10 Torre della Tromba 11 Case Cazuffi-Rella 12 Dom San Vigilio 13 Palazzo Tabarelli 14 Palazzo Cazuffi 15 Teatro Sociale 16 Castel del Buonconsiglio*

in den Weg zu stellen scheint. In der heute fußgängergerecht aufgeräumten Stadt läßt man das Auto besser in der großen Garage (›Autosilo‹) nahe der Torre Verde stehen und erobert Trento von da aus zu Fuß. Mit Blick nach Süden erreicht man über die Via Bernardo di Clesio linker Hand das nicht zu übersehende Kastell Buonconsiglio, das außerhalb der mittelalterlichen Mauer errichtet wurde, und geradeaus die Altstadt. Ein Konglomerat aus Römischem und Mittelalterlichem, das durch die Veränderungen der folgenden Renaissance zum Schönsten gehört, was Oberitalien zu bieten hat.

Wo auch immer in Trient gegraben wird, für die Restaurierung eines Palastes, unter dem Teatro Sociale, für den so notwendigen Garagenbau: Rom verhindert einen schnellen Weiterbau. Und Rom bringt Kostbarkeiten zutage, die aus der Stadt immer mehr ein Schmuckkästlein machen. Doch der Renaissance verdankt die Stadt ihre größten Schätze. Bernardo von Cles sei Dank: Der aus Cles im Norden des Nonstales stammende Fürstbischof von Trient (1514–39) konnte sich gegen Rom und Bologna, Mantua und Piacenza durchsetzen und holte die 19. allgemeine Kirchenversammlung nach Trient, denn die Stadt zwischen Nord und Süd, Ost und West hatte die einzig richtige Lage. Das Tridentinische Konzil (oder Tridentinum) fand allerdings erst unter dem Rechtsnachfolger Cles statt, Kardinal Christoph Madruzzo (1539–67), in drei Etappen:

Gänse und Polenta
Feste in Trento

Trotz Geschäftstüchtigkeit und weltmännischem Gebaren sind auch die Oberitaliener traditionsbewußt und pflegen mit Inbrunst ihre Feste, ob religiöse oder historische, meist eingebettet in die landschaftliche oder urbane Kulisse.

Die schönen Fassadenbilder an den Häusern Trentos zum Beispiel machten es einer Initiative leicht, alte Traditionen wiederaufleben zu lassen: Chiara Defant ist die große Meisterin der Kostüme, ihre Werkstatt hat die Darstellungen an der Casa Rella und der Casa Balduini (das älteste bemalte Haus Trients aus dem 15. Jh.) am Domplatz zum Vorbild. Sie fertigt die prunkvollen Renaissancegewänder, die seit 1985 die höchsten religiösen Feierlichkeiten der Stadt zu Ehren ihres Patrons San Vigilio schmücken: Die *Feste Vigiliane* dauern vom 20. bis zum 26. Juni, dem Namenstag des dritten Bischofs von Trient.

Während früher die verschiedenen Feste zusammenhanglos gefeiert wurden, hat man sie 1985 zu einer aufregend-bunten, fröhlichen Festwoche zusammengelegt. Da erlebt man dann die Trientiner so, wie sie im Alltag selten sind: ausgelassen.

Zwei große Feste verdienen es, besonders hervorgehoben zu werden: *Palio dell'Oca* (Die Gans als Siegerpreis): Das Spiel stammt aus dem 17. Jh. und wurde im Stadtteil der Molinari als Turnier abgehalten. Bühne war und ist die Etsch, auf der 20 Flößermannschaften ihre Geschicklichkeit unter Beweis stellen müssen. Sie tragen historische Kostüme, die durch ihre Farben die Zugehörigkeit zu einem entsprechenden Stadtteil, einem *Rione* signalisieren. Die Sieger-Flößer erhalten den *Palio dell'Oca.*

Das andere Fest, die *Mascherata dei Giusi e dei Gobj*, findet alljährlich am 26. Juni statt und dürfte das historisch bedeutendste sein, ging es doch um die Verteidigung der Polenta, des Maisbreis, Grundnahrungsmittel des Veneto und des damaligen Trentino. Wer über einen genügend großen Vorrat an Polenta verfügte, hatte im Belagerungsfalle größere Chancen zu überleben. Die *Mascherata* zeigt auf dem Domplatz den stilisierten Kampf der Gobj, das sind die Trentiner, gegen die Giusi, die Bürger von Feltre. Mittelpunkt ist die *Strozzera*, eine Maske in Frauenkleidern, die den Gobj gehört, in einem riesigen Kessel Polenta kocht und diesen aufmerksam bewacht. Ein Wettkampf, der allerhand sportliches Geschick erfordert, wird entfacht. Bis natürlich die Polenta gesichert ist – und dann an alle Mitwirkenden und Zuschauer verteilt werden kann. Ein Volksfest wie woanders auch – das aber durch die authentischen Kostüme und das berühmte Körnchen Wahrheit der Sage eine besondere Note erhält, und auch unbeteiligten Zuschauern Freude bereiten kann.

Richtig Reisen *Tip*

Rifugio mit Traumküche: Fuciade

Im Sommer kann man die staubige Straße mit dem Auto befahren, aber wandern wäre origineller und schöner. Im Winter wird man nach Anruf mit einer Schneekatze abgeholt: zur heimeligen Berghütte Fuciade (auch Fuchiade geschrieben) im San Pellegrino-Tal, das seinen Ausgang in Moena (S. 423) hat, genau zwischen dem Fiemme- und dem Fassatal, und nur 11,5 km lang ist. Die kleinen, liebevoll ausgestatteten Zimmer sind wie geschaffen für Romantiker, die aber keinen Komfort missen möchten, die Küche des urigen Hüttenrestaurants ist fantasievoll und sehr schmackhaft, die Portionen sind üppig bemessen. An Wochenenden dürfte es allerdings mit der Platzreservierung schwierig werden, für Bett und für Tisch gleichermaßen. Die Stimmung ist dann noch lange recht fröhlich, früh wird man kaum einschlafen können. Ruhesuchende kommen außerhalb der Saison. Dann hat man die herrliche Dolomitenwelt zwischen Marmolada und Rosengarten fast für sich allein.

Fuciade, 38035 Passo San Pellegrino, ✆ 04 62 57 42 81.

1545–47, 1551/52 und 1562/63. Dafür mußte die Stadt natürlich in neuem Glanz erstrahlen. Der Fürstbischof hatte keinen Adeligen, keinen Kirchenfürsten und auch nicht die Stadtkasse geschont: Alle sollten sie dazu beitragen, aus seinem gotisch-dunklen Sitz eine strahlende Renaissance-Metropole zu machen. Nach vorne blickend wie das, was hier geschehen sollte: die Einleitung der Gegenreformation, die innere Erneuerung der katholischen Kirche nach der Erschütterung durch die Reformation. Bernardo von Cles ließ nicht zur zahlreiche Häuser einreißen und neue im Stile der Renaissance errichten – manche gotischen Bauten erhielten einfach eine Renaissance-Fassade vorgesetzt oder Malereien ›nach der neuen Mode‹. Heinrich Heine sinnierte bei deren Anblick in seiner ›Reise von München nach Genua‹ (1829/30): »Wundersam wird einem zu Sinn beim ersten Anblick dieser uraltertümlichen Häuser mit ihren verblichenen Freskos.«

Anläßlich der ›Feste Vigiliane‹, dem mittelalterlichen Stadtfest im Juni, erlebt man eine Woche lang die Trientiner so ausgelassen, wie sie im Alltag selten sind. Dazu paßt es, daß sonst ab 20 Uhr abends kaum noch jemand in den schönen Altstadtgassen anzutreffen ist, die ›Bürgersteige hochgeklappt werden‹, obwohl das Zentrum einladend beleuchtet wird. Kein Wunder: Von den 60 000 Einwohnern der Stadt, ohne Vororte gerechnet, leben nur noch wenige im Zentrum. Die Paläste sind zu teuer für Wohnungen! Dabei wurde Trient 1990 von der größten Wirtschaftszeitung Italiens, ›Il Sole 24 Ore del Lunedì‹, aus 95 Provinzstädten zur Idealstadt auserkoren …

Ihre Bürgersteige bestehen aus riesengroßen, teilweise die ganze Breite einnehmenden, rosafarbenen Steinplatten aus Veroneser Marmor. Jahrhundertealt und stabil sind sie – schön ist es, darüber zu flanieren, durch die alten Gassen Trentos, im Schutz ihrer Bogengänge. Wer die Stadt an der **Torre Verde** 1 betritt, tut dies wie die Händler und Kunsthandwerker im Mittelalter, wenn sie von Norden her nach Italien reisten. Gleich an der Ecke steht der prachtvolle barocke **Palazzo Trautmannsdorf-Salvadori** 2.

Die an der Torre Verde beginnende Via del Suffragio nannte man im Mittelalter wegen der Neubürger aus dem Norden *contrada tedesca,* das ›Deutsche Stadtviertel‹. Hübsch ist der breite und relativ niedrige Laubengang rechts mit Wirtshäusern und Handwerksläden und fast am Ende der Gasse, auf der linken Seite, die Fassade des wiederum zur Via San Marco hin eckumgreifenden **Palazzo Del Monte** 3: einer der schönsten Renaissance-Paläste der Stadt mit zwei zauberhaften kleinen Balkonen über dem Eingang. ›Il Cantone‹ nennen die Trentiner diese Straßenkreuzung, wo dicht beisammen die wichtigen Stilformen ihrer Stadt zu sehen sind: Gotik, Renaissance und der sogenannte alpine Stil mit hölzernen Balkonen und schmiedeeisernen Gittern.

Rechts abbiegend in die Via Manci, der Verlängerung der Via San Marco, ist gleich rechter Hand der **Palazzo Salvadori** mit der medaillon-geschmückten Fassade erreicht. Sie erzählt die Geschichte des Martyriums des kleinen Simonino, das eine schlimme antisemitische Welle ausgelöst hatte. Daneben der **Palazzo Saracini-Pedrotti** mit seiner geometrisch in Schachbrettmuster freskierten Fassade, dann der vornehme klassizistische **Palazzo Trentini** 4 aus dem 18. Jh., heute Regierungssitz der Autonomen Provinz Trient. Von immensen Ausmaßen ist der **Palazzo Fugger-Galasso** 5 aus dem beginnenden 17. Jh. Über ihn, der auch Palazzo del Diavolo, Teufelspalast genannt wird, erzählt die Legende, er sei mit Hilfe des Teufels in nur einer Nacht erbaut worden.

In überwucherndem Barock präsentiert sich die 1708–10 errichtete Fassade der Kirche **San Francesco Savrio** 6, die auf die Via Belenzani gerichtet ist. Wunderschön ist der Blick von hier auf den Domplatz und über den Neptunbrunnen hinweg auf die Nordflanke des Domes! Die breite Via Belenzani, vielleicht die schönste Straße von Trient, bietet einige Sehenswürdigkeiten. Zudem ist sie sehr geschichtsträchtig, denn viele Größen der Renaissance (und 1995 auch der Papst) nahmen diesen Weg vom Castello di Buonconsiglo über die Via San Marco zum Dom. Linker Hand im Stadthaus einer mächtigen Patrizierfamilie das Rathaus im ehemaligen **Palazzo Thun** 7 aus dem 16. Jh. und 18. Jh. Der 1986–94 herrlich restaurierte Renaissance-Komplex des **Palazzo Pona-Geremia** 8 gegenüber dient der Stadt Trient und dem Bürgermeister als wahrlich prächtiger Repräsentationssitz mit viel Platz für wechselnde Ausstellungen. Der großzügige Palazzo Geremia ist ein Prachtbau mit ausdrucksstarken Fassadenfresken und zwei grandios auflockernde Quadriphorien sowie einem winzigen Repräsentationsbalkon links über dem schlichtbogigen Eingang. Ende 15./Anfang 16. Jh. erbaute ihn Giovanni Antonio Pona unter Einbeziehung älterer Gebäude auf der sogenannten Contrada Larga, der breiten Straße, der *via triumphalis* von Trient. Entstanden ist nach den damaligen Regeln für die Verschönerung der Stadt im Allgemeinen und dieser Straße im besonderen einer der schönsten Renaissance-Paläste von Trient. Der Fassadenschmuck zeigt unter anderem den Einzug des Kaisers Maximilian von Österreich, der 1508/09 im Palazzo Geremia wohnte. Da fast immer eine Ausstellung, meist frei zugänglich, stattfindet, kann man den edlen Bau ohne Probleme besichtigen.

Die schmale Gasse (Colico) gleich rechts gibt den Blick auf die Chorpartie der Kirche **Santa Maria Maggiore** 9 von 1520 frei, die zur Zeit des Konzils Mittelpunkt des religiösen Lebens in Trient war. Über die Gasse hinweg geht es aber weiter in der Via Belenzani. Eine schöne Triphorie im ersten Stockwerk besitzt der nahe **Palazzo Alberti-Colico,** ehemals Wohnpalast des Rechtsgelehrten Antonio Quetta (16. Jh.). Ein hoher, zinnenbekrönter Turm ragt dahinter aus dem Häusergewirr: die zur Via Cavour (auf der Rückseite der Via Belenzani) gerichtete **Torre della Tromba** 10, der Trompeten-Turm, eines der Überbleibsel der mittelalterlichen Stadtstruktur. Links aber ergießt sich, städtebaulich wunderschön gelöst, die Via Belenzani in einer Fassadenfolge in den Domplatz: Neben dem hoch überkuppelten Zentralbau der Kirche der **Santissima Annunziata** von 1712–15 sind es im weiten Bogen die **Case Cazuffi-Rella** 11 mit den vielleicht berühmtesten, meistfotografierten Renaissance-Fassaden von Trient. Die Fresken zeigen allegorische Szenen und waren eine Art Moralpredigt an die des Lesens unkundige Bevölkerung: dargestellt sind Tugendleiter, Wahrheit und Lüge, Triumph der Liebe, Fortuna.

Der **Domplatz** ist mit Gewißheit einer der schönsten und großzügigsten Italiens. Die Nordseite des Domes ist seine eigentliche Schauseite. Zinnenbewehrt sind die bischöfliche Burg (das Castelletto) und der Pretorien-Palast sowie der integrierte Stadtturm, übereck stapelt sich die mächtige Vierungsarchitektur des Domes himmelwärts, als müßte sie ein Gegengewicht zur massigen Breite des Gotteshauses schaffen. Den Rest des Platzes nehmen kleinere Paläste mit vorkragenden Fronten ein,

Blick über den Domplatz

Neptunbrunnen und die Torre Civica

auch kleine Gärten sind den Häusern an der Westseite vorgelagert. Ein gewachsener Platz, eine ›gute Stube‹ für eine Stadt wie Trient, die in Italien außerdem als eine der saubersten gilt.

Auffälligstes Bauwerk mitten auf der Piazza Duomo ist der **Neptunbrunnen** (1767–69) vom Bildhauer Francesco Antonio Giongo aus Lavarone. Der bronzene Meeresgott (Kopie) macht sich ausnehmend schön als krönende Figur. Links vom Brunnen ragt die hohe, im 13. Jh. unter Friedrich von Wangen entstandene **Torre Civica** wie ein Zeigefinger in den Himmel, bekrönt von einem allzu mächtigen, historisierendem Zinnenkranz. Daneben wurde der langgestreckte Bau des **Palazzo Pretorio** nach langer Umbauzeit 1995 als Diözesanmuseum wiedereröffnet, unter Einbeziehung des früheren Castelletto, wo der Domschatz mit seinen hervorragenden Goldschmiedearbeiten (12.–19. Jh.) sicher aufbewahrt wird. Das didaktisch fantastisch aufgebaute Museum zeigt u. a. eine prachtvolle Sammlung flämischer Wandteppiche von Pieter van Aelst, die den Saal

Detail einer Fassade am Domplatz

des Trientiner Konzils schmückten, sowie auserlesene Exponate aus den Kirchen der Stadt und aus den einsamen Tälern des Trentino. Bemerkenswert sind die holzgeschnitzten Tafeln aus dem Nonstal mit fast karikierenden Darstellungen der dörflichen Bewohner: Sie stammen aus der Basilica dei Martiri, der drei Märtyrer Trentinos. Natürlich fehlt auch hier nicht eine rührende Darstellung des Martyriums des kleinen Simonino (aus der Werkstatt von Nikolaus Weckmann aus Ulm, 1500/15).

Nichts weiter als ein ›Repräsentationssalon‹ war zur Zeit des Konzils der schöne Platz für den **Dom San Vigilio** **12**, der selber eine Ehrenrunde verdient. Jedes seiner Tore ist ein kunsthistorisches Kleinod und historisch beredt. Das Nordtor, in das ältere Bauteile des Domes aus dem 11./12. Jh. integriert wurden, erhielt zum Konzil einen Vorbau, um die durch die heutige Via Belenzani ankommenden Gäste aufzunehmen. Typisch romanisch ist die starke Betonung der Waagrechten, in der Baumasse wie in den durchgehenden Zwerggalerien. Am Giebeldach (früher Tonnendach) und am Vierungsturm hat der Triestiner Architekt Enrico Nordio erst 1889 Veränderungen vorgenommen. Die Fensterrose am Querschiff haben romanische *Magistri Comacini* (aus Como in der Lombardei, s. S. 18) geschaffen: das Glücksrad mit Fortuna in der Mitte. Um zu sagen: Keiner weiß, wie lange ihm das Glück so hold ist, daß er oben auf dem Rad steht und nicht unter ihm zerdrückt wird, wenn es anhält …

Die gotische Rosette im Westen, der eigentlichen Hauptfassade des Domes zur Via Verdi hin, scheint das romanische Portal darunter fast zu erdrücken. Nur der nördliche Glockenturm dieser Fassade wurde fertiggestellt, der südliche blieb ein Stumpf. Um ihn herum gelangt man zur bescheideneren Südseite des Domes mit einer überkuppelten Kruzifixkapelle, die würfelförmig ausladend herausragt. Sie wurde erst 1682, das schmale Nordportal einzwängend, eingebaut. Dafür wirkt das kleine Portal auf der Ostseite des südlichen Querschiffes sehr einladend, an dem die *Comacini* handwerklich ihr Bestes geben konnten. Steine scheinen sie zu Knete erweicht zu haben – wie sonst wäre der Knoten der vier schlanken Säulen entstanden, der zum Symbol für Zusammenhalt, zum Inbegriff Trentino-Südtirols als ›Land der Begegnung‹ wurde?

Der Dom war Hauptsitz des Konzils und ist die Grabeskirche der wichtigsten Kardinäle der Stadt. Innen überrascht er mit einem schon recht gotischen Gesicht, wenn auch mit nur wenigen Spitzbogen. Wunderschön und relativ selten zu sehen: in die dicken Mauern der Nord- und Südseiten eingelassene Seitentreppen zu den Glockentürmen, in der Wirkung sehr leicht und abwechslungsreich durch verschieden große Bögen. Der barocke Hochaltar sollte eine Nachahmung des Bernini-Altars im Petersdom werden – dafür wurde sogar die alte Krypta niedergerissen, weil die frühere Raumhöhe nicht ausreichte. Die freigelegte Basilika aus dem 6. Jh. (mit den dorthin versetzten Gräbern der meisten Bischöfe) unter dem Hochaltar kann mit der Eintrittskarte für das Diözesanmuseum besichtigt werden.

Hinaus aus dem Dom, hinter der Torre Civica durch die kurze Via Garibaldi auf die kleine, geradezu gemütliche dreieckige Piazza Mario Pasi. Ein schmaler Durchschlupf, und schon wäre man rechter Hand auf der Piazza Lodron, wo morgens ein Obst- und Gemüsemarkt stattfindet (mit Fortsetzung an der Piazza Vittoria). Geradeaus aber geht es in die Via Paolo Oss Mazzurana. Diese muß man unbedingt in ihrer vollen Länge genießen! Hier steht u. a. rechter Hand der **Palazzo Tabarelli** 13 mit seiner schönen Fassade aus diamantenähnlichen Buckelquadern, einer der wuchtigsten Renaissance-Paläste von Trient. Gegenüber (mit dem Restaurant der Brauerei Forst) wieder ein Renaissance-Palast, allerdings noch mit gotisch-venezianischem Biforium. Der Passagio San Benedetto geht hier ab, eine Verbindung zur Prachtstraße Belenzani, die einen Blick in einen typisch mittelalterlichen Hinterhof ermöglicht. Als Fußgänger lernt man bald die Durchlässigkeit der Stadt schätzen, die vielen verbindenden Gassen zwischen den Hauptstraßen, die öffentlichen Durchgänge in privaten und in Amtshäusern. An der Via Oss Mazzurana finden sich noch der **Palazzo Cazuffi** 14 und nach der Querstraße das **Teatro Sociale** 15, das im 19. Jh. im Zuge der kulturellen Wiederbelebung Trients errichtet wurde. In Höhe des Provinzialparlaments ist wieder die Via Manci erreicht. Rechts geht die geschäftige Straße in die Via San Marco über, einer echten Einkaufsbummelmeile, die direkt auf die Rundbastionen des **Castello del Buonconsiglio** 16 zuführt.

Das Kastell aus dem 13. Jh. ließen sich die Fürstbischöfe außerhalb der Mauer im gotisch-venezianischen Stil ausbauen, um sich aus der Enge des Bischofssitzes am Domplatz zu befreien – und, wie böse Zungen behaupten, auch um Abstand zu halten zum Volk. Im 16. Jh. wurde daraus das Schloß des ›Guten Rates‹ *(del Buonconsiglio)* mit dem Magno-Palast für das Triedentinische Konzil unter Einbeziehung des sogenannten Augustusturmes und des mittelalterlichen, riesigen Castelvecchio, das in der Renaissance (1475) seinen zauberhaften Innenhof mit einer dreistöckigen offenen Loggia erhielt, außerdem reiche Freskierung. Heute mag das Schloß wie ein recht konfuses Konglomerat aus mehreren Bauteilen wirken, aber die Besichtigung lohnt sich. Zwei Punkte dürfen nicht versäumt werden. Zuerst die ›Monatsbilder‹ im Adlerturm, eine großartige Darstellung des feudalen Lebens im ausgehenden Mittelalter und vielleicht der bedeutendste Freskenzyklus der sogenannten internationalen Gotik. Die Bilder der Monate November und Dezember z. B. zeigen zusammen eine Idealansicht der Stadt Trient. Dann die venezianische Loggia: Sie bietet nicht nur den schönsten Blick auf Trient, sie ist selber von großer Anmut, vielleicht der schönste ›Schattenriß‹ vor einer Stadtsilhouette, und wohl die längste gotisch-venezianische Loggia: mit neun Spitzbögen über einer gleichfalls gotisch-durchbrochenen Balustrade. In der fürstbischöflichen Residenz finden auch wechselnde Ausstellungen statt; fest installiert sind das Landes-Kunsthistorische Museum sowie das Trentiner Museum des *Risorgi-*

mento und des Freiheitskampfes, beide zusammen mit dem Castello und eventuellen Ausstellungen mit einer Eintrittskarte zu besichtigen.

Lohnende Ausflüge führen aus der Stadt hinaus: Trients ›Haushügel‹ **Dos Trento** wird gekrönt von einem unübersehbaren, kreisrunden Mausoleum (1935) für den Freiheitshelden Cesare Battisti und dem Historischen Museum der Gebirgsjäger. Eine Straße führt in wenigen Minuten hinauf. Trients ›Hausberg‹ **Bondone** erreicht eine Höhe von 2090 m und ist ein fantastisches Wander- und Radfahrerrevier sowie ein echtes Ski- und Langlaufgebiet mit Aufstiegshilfen. Eine Gondelbahn führt aus der Stadt hinüber, über Etsch und Autobahn hinweg nach **Sardagna** (571 m), wohin ab dem Bahnhof auch ein städtischer Bus fährt.

Jeden Sonntag im Sommer verläßt das Bähnlein Trento – Malé, das normalerweise den Straßenverkehr durch das Nonstal entlastet, um 9 Uhr Trient als Sonderzug. Bis zu 90 Mitreisende haben Platz, sie werden begleitet von einer Trachtengruppe, die alte Musik zu Gehör bringt. Das Programm ist zwar immer wieder ein wenig anders, aber hier dennoch ein Beispiel: Man passiert zehn Schlösser der Val di Non, besichtigt eventuell auch eines davon. Ein Besuch der Wallfahrtskirche San Romédio findet immer statt. In San Zeno hat man Gelegenheit zum Genuß Trentiner Spezialitäten. Andere Programmpunkte sind mittelalterliche Tänze auf Castel Nanno sowie der Besuch eines kleinen Marktes in Cles mit Landwirtschafts- und Kunsthandwerksprodukten. Ein Tag, der Einblicke gewährt, die im Trentino sonst verwehrt bleiben, weil fast alle Burgen und Schlösser in Privatbesitz sind.

Vorbote Venedigs: Rovereto

■ (S. 431) 24 km südlich von Trento – und man fühlt sich wie in einem anderen Land. Rovereto mit seinen 33 000 Einwohnern gilt als die venezianische Komponente des Trentino, seine Menschen lieben die heiteren Seiten des Lebens und den Wein. Sie sind offener, auch Fremden gegenüber. Auch ihre Sprache klingt singend-venezianisch. Altstadtgassen überziehen den Hang und sind durch Bögen und alte Tore verbunden. Die hohen, schmalen mittelalterlichen Häuser lassen nur wenig Licht auf das Pflaster fallen. Dennoch ist die Atmosphäre zumindest tagsüber irgendwie heiter, sind die kleinen Geschäfte einladend. Im Zusammenhang mit dem aufstrebenden Fremdenverkehr wurde sogar eine Initiative ins Leben gerufen, die wieder junge Kunsthandwerker in die Stadt gezogen hat, die im 18. Jh. neben Como das bedeutendste Zentrum der Seidenproduktion und -verarbeitung war. Werkstätten und Läden der jungen Künstler sind am historisierenden Schild ›Operatori e Commercianti nel Centro Storico Rovereto‹ zu erkennen.

Von der mächtigen Festung (heute Historisches Kriegsmuseum) über ihrer Altstadt haben sich die Rovereter nicht lange beeindrucken lassen, heute sehen sie sie ohnehin nur als willkommene Kulisse und vielleicht als Aufbewahrungsort von Gegenständen, die hoffentlich nie wieder gebraucht werden. Auf den Hügel Castel Dante führt die gleichnamige Straße zum **Ossario** mit den sterblichen Überresten von 20 000 Kriegsgefallenen. Die 1965 gegossene Riesenglocke am Miravalle-Hügel darüber läutet zum Gedenken der Gefallenen aller Nationen. An so viel Kriegsleiden lassen sich die Rovereter nicht gerne erinnern. Lieber behalten sie ihre Gäste im Städtchen und gehen mit ihnen in das bescheidene Haus zu Füßen des Kastells, das einzige Museum Italiens, das allein einem Futuristen gewidmet ist: **Fortunato Depero** (1892–1960). Besonders gerne wird auch auf die Hinterlassenschaft des jungen **Mozart** verwiesen, der seinen Aufenthalt in dieser recht musikalischen Stadt zu genießen verstand. Und die neueste Attraktion: die erst 1990 entdeckten 200 Millionen Jahre alten Fußabdrücke von Dinosauriern, ganz in Stadtnähe.

Kein Wunder, daß Vater und Sohn Mozart von Rovereto begeistert waren. Das geht den meisten Reisenden, die sich die Zeit für einen noch so kurzen Aufenthalt nehmen, noch heute so. Mit dem Bahnhof im Rücken flaniert man durch den breiten Corso Antonio Ros-

Rovereto: *1 Palazzo Rosmini-Balista 2 ehem. Hotel Alla Rosa 3 Palazzo Fedrigotti 4 Palazzo Alberti 5 Biblioteca Comunale 6 San Rocco 7 Palazzo Piomarta 8 Teatro Comunale Zandonai 9 Palazzo del Ben 10 San Marco 11 Nordtor 12 Depero-Museum 13 Burg und Kriegsmuseum 14 Rathaus 15 Italienische Mozart-Gesellschaft*

mini auf das historische Zentrum zu. Der Name der Straße erinnert an den Philosophen und Theologen Antonio Graf von Rosmini Serbati (1797–1855). Trotz seiner ausgesprochenen Bescheidenheit lebte er in denkbar besten Verhältnissen in dem 1737 von seinem Onkel Ambrogio (Architekt) erbauten **Palazzo Rosmini-Balista** 1 mit der eher schlichten Fassade mit Balkon über dem Portal. Darin kann man vor allem die großartige Bibliothek mit ihren 10 000 Büchern, Folianten und Handschriften, außerdem das Studierzimmer und das Schlafzimmer besichtigen und den Spiegelsaal, der zeitweise für Konferenzen benutzt wird. Nach Norden führt über die Piazza Rosmini hinweg von der nächsten Kreuzung der im 18. Jh. vom Architekten Rosmini wunderbar harmonisch gestaltete Corso Bettini. Rechter Hand steht das frühere **Hotel Alla Rosa** 2 mit Poststation, in dem u. a. Mozart und Leopold II. von Toscana, Goethe und Alexander I. von Rußland abstiegen. In der Nähe auf der selben Straßenseite Roveretos reichster Palast im Stile der Spätrenaissance: **Palazzo Fedrigotti** 3 von Ambrogio Rosmini (1790), durch eine Brücke mit dem auf dem Hügel dahinter liegenden Garten verbunden und durch einen runden Innenhof aufgelockert. Dann, immer noch auf der rechten Seite, der **Palazzo Alberti** 4 von 1781 mit dem riesigen Familienwappen über dem ersten Geschoß und auffallend schmalbrüstigen, hohen Fenstern. Freskengeschmückt sind die Räume, die nicht immer zugänglich sind. Während der Dienststunden der **Biblioteca Comunale** 5 kann der frühere Palazzo Annona (1772 von Rosmini erbaut) mit dem prachtvollen Lesesaal im ersten Stock besucht werden. Im Anschluß an das Franziskanerkloster mit seinen beiden Kreuzgängen aus dem 17. Jh. folgt die mehrfach umgebaute Votivkirche **San Rocco** 6 zur Erinnerung an die Pest von 1630.

Auf der anderen Straßenseite geht es zurück zum Zentrum: Schräg gegenüber der Stadtbibliothek ist der langgestreckte **Palazzo Piomarta** 7 von 1773 nicht zu übersehen – seit 1850 in Gemeindebesitz und Sitz des Humanistischen sowie des Realgymnasiums und als Palazzo dell'Istruzione bekannt. Antonio Baron Piomarta de Langenfeld wollte sich mit diesem Prachtbau ein Denkmal setzen, erlebte aber nicht mehr seine Vollendung. Daneben lockt das **Teatro Comunale Zandonai** 8 von 1783 (Fassade von 1871) alljährlich Konzertfreunde und angehende Musiker (Abschlußprüfungen!) in seinen geradezu intim wirkenden Konzertsaal mit den grazilen, gußeisernen Stühlen im Parkett und den vier reich verzierten Loggia-Reihen darüber. Blick rechts in die Via Paganini: Im 18. Jh. war sie die von schmalbrüstigen Häusern geprägte Straße der Handwerker von Rovereto. Geradeaus folgt wieder die Piazza Rosmini, an deren linken Ecke, am Viale dei Colli/Ecke Via Orefici der mit vielen Rundbögen und -fenstern und Außenfresken geschmückte **Palazzo del Ben** 9 im Stile der Neorenaissance liegt, heute Sitz der Sparkasse von Trento und Rovereto. Seine Renovierung gilt als ›Geschmackssache‹. Die kurze Via Orefici führt direkt zur Piazza Battisti, wie ein hübsches Fresko-Schild anzeigt, früher Piazza delle Oche und zwar eine ausnehmend hübsche mit dem Neptunbrunnen in der Mitte, aus dem im 18. Jh. der ganze Stadtteil sein Wasser bezog. Im schönen Barockhaus Ecke Vicolo Messaggero befand sich früher die Druckerei der Zeitung ›Messaggero Tirolese‹. Zum Platz hin fordert die freskierte *Madonnina,* wie der Inschrift zu entnehmen ist, zum Gebet auf: »Non si tibi grave dicere Mater Ave« (Es soll Dir nicht schwerfallen, ein Ave-Maria zu sagen).

Leicht ansteigend beginnt am Platz die Via Rialto im alten Flußbett des Valbusone. Sie führt zur schlichten Fassade der Kirche **San Marco** 10, die aus dem 15. Jh. stammt, aber im 18. und 19. Jh. stark verändert wurde, und die man über eine breite Freitreppe erreicht. Innen finden sich prachtvolle Stuckarbeiten, neun kraftvoll gearbeitete, teilweise stark vorspringende Altäre aus dem 18. Jh. und eine Akustik, die auch Mozart begeisterte. Er spielte hier 13jährig 1769 auf der historischen Orgel. Man erzählt sich gerne in Rovereto, wo nun jeweils das letzte Konzert des Mozart-Festivals gegeben wird, daß der kleine Mozart wegen des großen Andrangs in der Kirche auf den Schultern zweier kräftiger Männer zur Orgel getragen worden sei.

An der Piazza San Marco beginnt die schmale, leicht gebogene Via della Terra, vielleicht die interessanteste von Rovereto. Daß hier keine Büros die Bewohner verdrängt haben, erkennt man am besten am verlockenen Küchenduft, der die Gasse zur Mittagszeit durchzieht. Das **Nordtor** 11 der venezianischen Stadtmauer mit Zugbrücke und Markuslöwen markiert den Beginn dieser Straße, die auch Terra di Rovereto heißt und noch heute von der städtebaulichen Struktur des 16. Jh. lebt: trotz Reichtum meist schlichte Patrizierpaläste. Aber auch ein sogenannter Diamantenpalast steht hier, er zeigt im Erdgeschoß ausgeprägte Diamantquader um Fenster und Portal. Doch bleiben wir noch in der Nähe des früheren Nordtores. Links steht der **Palazzo Malfatti** des früheren Podestà (Bürgermeister) der Stadt. Rechts die kleine **Chiesa del Redentore** aus dem 17. Jh., in der während der Handwerksmesse Konzerte stattfinden. Neben ihr führt eine enge Treppengasse (Scala del Redentore) abwärts zur Piazza delle Erbe. Verweilen wir aber noch ein wenig auf der Via della Terra. Insgesamt zehn ihrer Häuser wurden im Rahmen eines Sanierungsprogramms der Provinz (genauer des Istituto Trentino Edilizia abitativa, das in Rovereto insgesamt ca. 100 Gebäude betreut) sorgfältig instand gesetzt: Die früheren Bewohner durften nach ein paar Jahren in Ersatzquartieren wieder einziehen, müssen dafür keinerlei Mietaufschläge zahlen und dürfen dennoch die alte Haussubstanz so erleben, wie sie früher war. Mit meistens zwei Innenhöfen, von durchgezogenen Balkonen gestaltet und durchlässig gemacht, mit kieselgepflasterten Böden, nicht selten mit einem Garten hinter dem Haus. Manchmal veranstaltet das Touristenamt kleine Konzerte in solchen Gärten, dann ist der Zugang für diejenigen, die Eintrittskarten erwischen konnten, kein Problem. Sonst sollte man die Bewohner nicht stören.

Die Via della Terra führt auf das frühere Pfandleihhaus aus dem 16. Jh. zu, in dem das **Depero-Museum** 12 einge-

Im Depero-Museum

Richtig Reisen *Tip*

Aushängeschild der FAI: Sabbionara

Schräg gegenüber von Ala und am steilen Hang des Monte Baldo nicht zu übersehen, liegt die großartige Anlage des **Castello Sabbionara d'Avio.** Halb trutzige Festung mit unglaublichem Mauerwerk, halb Palast mit köstlichen Details und Freskenausschmückung. Im 12. Jh. im Besitz der Castelbarco (darunter Wilhelm II.), später testamentarisch den Venezianern übertragen, die sie ausbauen ließen. Im 17. Jh. kurz im Besitz der Trientiner Fürstbischöfe, dann wieder bei den Castelbarco, die es ab 1812 selber zu zerstören beginnen, um mit den mächtigen Steinen ihr neues Domizil in Loppio auszubauen. Zum Glück blieb relativ viel erhalten, vor allem die kostbaren Freskenzyklen im sogenannten internationalen gotischen Stil aus der Veroneser Schule des 14. Jh. im Liebeszimmer des oberen Turmraumes und die Kriegsparade im Schilderhaus. Seit 1977 gehört die Burg der FAI (s. S. 32), deren Pächter auch ein typisches kleines Restaurant unterhält.

richtet wurde. Dahinter führt die Via Castelbarco zur **Burg** 13 aus dem 14. Jh. hinauf, die venezianisch erweitert und mit Zinnen bekrönt wurde (heute Kriegsmuseum). Ihre Mauern reichten bis zum Leno-Fluß (hohe Häuser mit teils geschlossenen Balkonen) vor dem gut befestigten **Südtor.** Zu Füßen der Burg liegt die Piazza Podestà mit dem zauberhaft-venezianischen **Rathaus** 14: Seine dreistöckige Loggia im Innenhof ist freskiert mit dem Wappen der Dogen aus der venezianischen Herrschaft und mit dem österreichischen Wappen.

Zurück zum Depero-Museum und von dort aus links in die Via Bertoloni: Hier beginnen die geradezu plumpen *Portici,* die geduckten Bögen, die bis zur Piazza Malfatti reichen. Am Ende öffnen sie sich durch einen mit Schwalbenschwanzzinnen bekrönten Torbogen zur Via Mercerie mit ihren lichteren Häusern. Dazwischen liegt die Piazza Malfatti (dienstags Markt und im Sommer Konzertbühne). Sie geht mit einem Knick in die brunnenverzierte Piazza delle Erbe über, den alten Marktplatz, wo jetzt im September die Handwerksschau stattfindet. In der Via Mercerie 16 befindet sich seit 1825 die noch immer original eingerichtete Drogheria Giuseppe Micheli und nebenan (in der Nummer 14), das erst im Jahr 1994 für die **Italienische Mozart-Gesellschaft** 15 eingerichtete Haus der Familie Todeschini. Hier waren Vater und Sohn Mozart Weihnachten 1769 erstmals zu Besuch. Im ersten Stock des zauberhaft engen Stadtpalais werden kleine Konzerte veranstaltet, in der Hauptsache aber die Mozart-Festlichkeiten organisiert.

Beschwingte Ausflüge

Schon Mozart läßt die Titelfigur seines ›Don Giovanni‹ den Trentiner Wein lustvoll besingen: »L'eccelente Marzemino, piano, piano, lo vò gustar ...« – den hervorragenden Marzemino will langsam, langsam ich kosten ... Das nahe **Nogaredo** ist ein typischer Weinort am steilen Hang, im Palazzo am oberen Ende haben sich Leonello Letrari und seine Tochter Lucia, beide erlernte Weintechniker, eine Weinkellerei ausgebaut, die Handverlesenes produziert. Und vor allem eine Sektkellerei, in der nach dem traditionellen Verfahren durch ständiges Rütteln per Hand der perlende Wein entsteht. Außerdem werden die Spitzenmarken in traumhaft schöne, edle Flaschen abgefüllt. Der Garten hinter dem Palast ist voller alter Kirschbäume, die natürliche Terrasse mit Blick auf die eigenen Weinhänge, Nogaredo und das Etschtal ist von einem beschwingenden Zauber. Ganz oben am Berg thront **Schloß Noarna** (seit 1100) über dem Weinort. Dessen Besitzer, die Hotelierfamilie Zani, wiederum warten darauf, mit ihren beiden Hotels (Rovereto und Leon d'Oro) in Rovereto genügend zu verdienen, um das fürstliche Domizil zu einem Schloßhotel umbauen zu können. Vorerst werden kleine Gruppen auf Vorbestellung bei romantischem Kerzenlicht kulinarisch und mit den passenden Trentiner Weinen aus der eigenen Kellerei verwöhnt.

Ganz klein, aber erlesen und daher typisch für das Trentino ist die Azienda de Tarczal, genau gegenüber von Rovereto jenseits von Etsch und Autobahn. Im geradezu heimeligen, von umlaufenden Balkonen geprägten Dreiseitenhof mit seiner eher bescheidenen Architektur produziert Ruggero seine auserlesenen Weine, Schnäpse und Sekte.

Aosta-Tal

Eine Sommerfrische für Entdecker

Das weiteste Tal Italiens ist umringt von den höchsten Gipfeln der Alpen: Im Westen vom Mont Blanc (4810 m), im Norden vom Monte Rosa (4633 m) und vom Matterhorn (= Cervino, 4478 m), im Süden vom Gran Paradiso, mit nur 4061 m Höhe zwar der ›kleinste‹ unter den Großen, aber mit wahrlich paradiesischen Zuständen: Gran Paradiso steht auch für den gleichnamigen Naturschutzpark, den das Aosta-Tal mit der Region Piemont gemeinsam hat. Gemsen bevölkern dieses Naturparadies, das zu einem der faszinierendsten Wandergebiete der Alpen gehört.

65 km in Nord-Süd- und knappe 100 km in Ost-West-Richtung erstreckt sich das Aosta-Tal und ist damit nach Molise die kleinste italienische Region. 13 Seitentäler gehen wie Zweige eines mächtigen Baumes vom Haupttal des Flusses Dora Baltéa ab, fünf große Seitentäler unsichtbar, weil sie hinter großen Moränenaufschüttungen verborgen liegen. Die Seitentäler wiederum verzweigen sich immer mehr bis in die höchsten Höhen der Alpenriesen, wie ein feinnerviges System von unbeschreiblicher Schönheit. – Eine Ausnahme bilden die Winterskigebiete im Sommer, wenn man ihnen ansieht, was Mensch und Maschinen ihnen für die sogenannte Erschließung angetan haben.

Juli und August sind für Kulturreisende ausnahmsweise die besten Monate im Aosta-Tal, denn die Alpengiganten lassen erst spät im Frühjahr die Sonne ins Tal, entsprechend spät beginnt die Vegetationsphase, erblühen farbenprächtige Blumen. Kostbare Schätze der Kunstgeschichte, Ausgrabungen, Burgen und Schlösser sowie Kirchen mit Kleinodien vermutet kaum jemand in dieser Region, die den Entdeckergeist herausfordert. Und auch die Küche ist ein echter Geheimtip, ebenso die hier wachsenden Weine – nur die Hotellerie wird erst allmählich eine! Und wer's nicht lassen kann: In St. Vincent steht Italiens Spielbank Nummer 1, die wichtigste Einnahmequelle der kleinen Region, seitdem der Geldsegen aus der Zollabfertigung durch das Zusammenrücken der EU-Länder der Vergangenheit angehört.

Das Aosta-Tal, wie es wirklich ist, erlebt, wer den Besuch eines Wochenmarktes einplant. Die wichtigsten Märkte der Region sind gemischt, bieten also vor allem Haushaltswaren, Kleidung und Lebensmittel zugleich und finden hauptsächlich vormittags statt: montags in Châtillon, La Salle, Sarre-Chesallet und Verrés; dienstags in Aosta-Stadt, Issime und St. Pierre; mittwochs in Challand-St. Victor, Champorcher, Courmayeur, Fontainmore, La Magdeleine, Pont-St. Martin und Torgnon; donnerstags in Brusson, Gressoney-St. Jean, Morgex und St. Vincent; freitags in Ayas, Châtillon, Fénis, Gaby, Issogne, Sarre-Montan und Valtournenche; samstags in Antey-St. Andrè, Brissogne, La Thuile, Pont-St. Martin und Sarre; sonntags in Aymavilles, Cogne, Gressoney-La Trinitè und Rhemes-Notre Dame.

Auch den Wintersportlern hat die Region viel zu bieten: Courmayeur nahe dem Mont Blanc und die Skihänge von Breuil-Cervina an der Grenze zur Schweiz. Zu Skizentren herangewach-

◁ *Val di Cogne*

sen sind inzwischen außerdem: Antey-St. André mit Chamois, Champorcher, Cogne, La Thuile, Val d'Ayas und Valtournenche. Das Ganze meist von finanzkräftigen Mailändern oder Turinern in die Wege geleitet, weshalb die Einnahmen überwiegend auch wieder aus dem Tal fließen. Denn die Valdostaner hatten ursprünglich weder das Geld noch die Fantasie und Beweglichkeit, Neues zu schaffen, Risiken auf sich zu nehmen. Sie waren und bleiben im Geiste zum größten Teil Bergbauern: zäh aber mißtrauisch, konservativ und verschlossen.

Nur rund 120 000 Menschen bevölkern das Aosta-Tal, die früher sehr arm und von der Welt abgeschieden lebten. Gesprochen wird Italienisch oder Französisch (mit Wahlmöglichkeiten bei Prüfungen!), im Gressoney-Tal sogar das alte Deutsch der Walser. Straßenverbindungen gab es bis 1964 keine, dann wurde der Tunnel durch den Gran San Bernardo fertiggestellt (für die Anreise aus der Schweiz) und ein Jahr darauf der Mont Blanc-Tunnel zwischen dem französischen Chamonix und dem italienischen Courmayeur. Auch wenn die Schaffung einer Zolloase nicht realisiert werden konnte, hat sich die autonome Region so manche Vorteile zu reservieren gewußt: etwa erheblich verbilligtes Benzin für die Bewohner und staatliche Zuschüsse, die für die Finanzierung ihrer Studenten in anderen Regionen ebenso eingesetzt werden wie beispielsweise für Sonderbusse von den Seitentälern zu Kulturveranstaltungen im Hauptort Aosta.

Die Landwirtschaft – hier fast durchgehend gleichbedeutend mit Viehzucht und Milchwirtschaft – trat zurück zugunsten von Skizentren und wurde zum Zweiterwerbszweig. Allerdings muß für den Tourismus auch Landwirtschaftliches produziert werden. Aber die Agrarwirtschaft funktioniert inzwischen nur noch

Die Festung Bard am Fluß Dora Baltéa

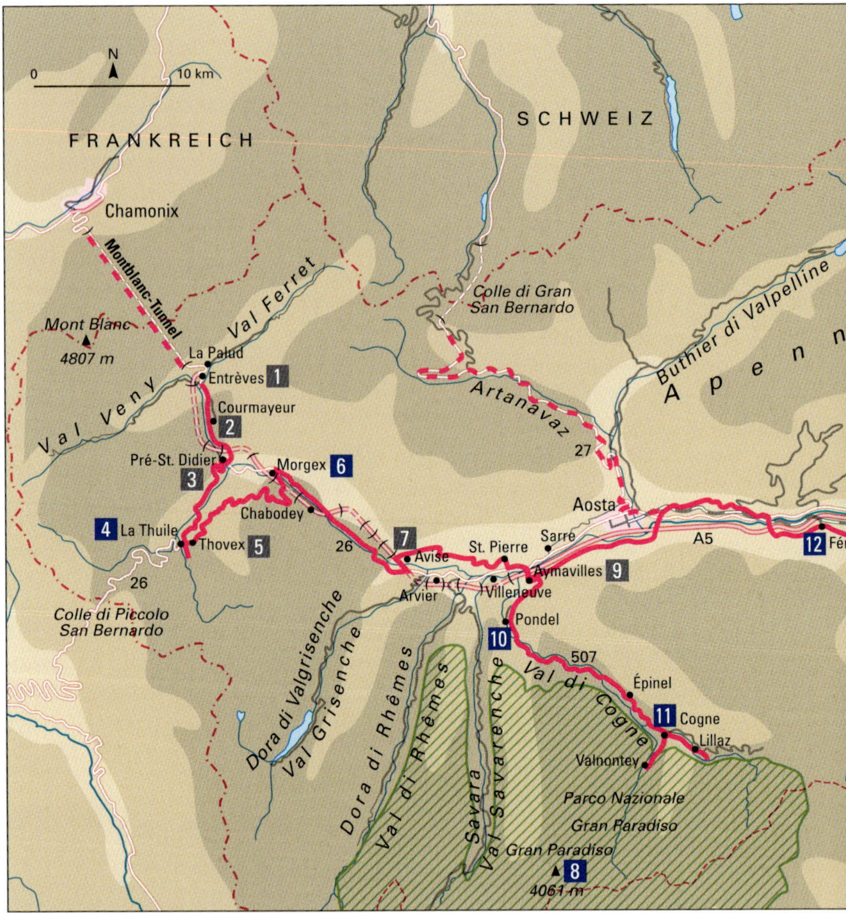

durch Subvention, weil sonst die Produkte unbezahlbar teuer würden: Zu hart und teilweise sogar gefährlich ist die Arbeit der Valdostaner Bauern in ihren mehr als ein halbes Jahr lang unwirtlichen Bergen.

Die Besiedlungsgeschichte des Aosta-Tales beginnt bereits im Neolithikum und in der Bronzezeit. Funde beweisen, daß zumindest die Mächtigen sehr reich gewesen sein müssen. Ihre Spuren sind allerdings nicht sehr zahlreich, am Kleinen St. Bernhard z. B. wurde ein Cromlech aus dem Megalithikum gefunden: runde 50 große, im Kreis angeordnete Steine. Modell für die Kultstätte könnten die keltischen Denkmäler der Bretagne oder Englands gestanden haben. Die Grabstätte von Saint Martin de Corléans westlich von Aosta wird auf 2000 v. Chr. datiert, diente aber bis in unsere Zeit demselben Zweck, also über 4000 Jahre als Friedhof. Gefunden wurden u. a. große Grabplatten aus Stein mit stilisiert eingeritzten Kriegerfiguren, Goldmünzen und Bronzearmbänder. Die

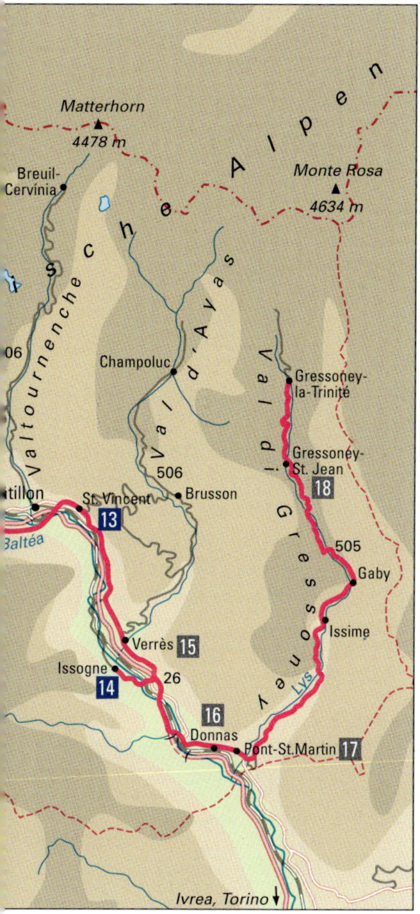

zahlreichen Funde haben im 1996 endlich fertiggestellten Archäologischen Museum in der früheren ›Caserma Challant‹ in Aosta einen schönen Platz gefunden, direkt über römischen Grundmauern.

Von organisiertem Zusammenleben spricht man hier ab dem Auftauchen keltischer Stämme um 1500 v. Chr. Sie vermischten sich mit den Ligurern und werden ab dann Salassi genannt. Ihnen verdanken die Valdostaner ihre Sprache, das *Patois,* und zahlreiche Hinterlassenschaften. Die Salassi sollen ein friedliches Volk gewesen sein, das von der Viehzucht und dem Fischfang lebte und Erz zu gewinnen verstand: Gold vor allem, mit dem sie auch jenseits der Alpen handelten. Ihr Einflußgebiet reichte wohl bis in die Ebene von Ivrea, also ins heutige Piemont.

Als die Römer kamen, zerstörten sie die Hauptstadt der Salassi, Cordelia, die in der Nähe der Stadt Aosta lag. Sie ließen im wahrsten Sinne des Wortes keinen Stein auf dem anderen stehen. Ab 23 v. Chr. entsteht die römische Hauptstadt des Tales, Augusta Praetoria, zum Schutz der damals wichtigsten Straßenverbindung zwischen Rom und Gallien über den Großen St. Gotthard. Nur das Haupttal interessierte daher die Römer, das sie zum bestorganisierten Gebiet außerhalb Roms machten. Kein Wunder, daß Aosta noch heute ›das Rom der Alpen‹ genannt wird. Mit Roms Untergang verfiel auch Augusta Praetoria zusehends, die nordischen Völker kamen hier ab 476 an die Macht: Goten, Langobarden und Franken, die bis 1032 abwechselnd das Sagen hatten. Dann beginnt die Zeit Savoyens. 1191 erhielten die Bewohner des Tales die Erlaubnis *(carta delle franchigie),* ihre Güter und Ländereien selber zu verwalten, 1574 kam dazu noch das *Coûtumier* des Emanuele Filiberto zur Geltung, das später sogar Grundlage für die Gesetzgebung und das Strafrecht Napoleons werden sollte. 1770 wird die *carta delle franchigie* von Savoyen widerrufen, Aosta wieder in die Abhängigkeit vom Hause Savoyen gestellt. 1881 wird das Tal italienisch/piemontesisch, nach den Wirren des Zweiten Weltkrieges 1948 endgültig eine italienische Region mit weitergehender Autonomie.

Vom Mont Blanc nach Aosta

Der Mont Blanc, den sich Italien mit Frankreich teilt, das herrliche Naturschutzgebiet des Gran Paradiso, die wilden Täler von Veny und Ferret, das zauberhaft stille Tal von La Thuile und das aufstrebende, weite von Cogne: Der Weg von der französischen Grenze bis in die Regionalhauptstadt Aosta ist nicht weit, dafür aber sehr abwechslungsreich. Europas höchster ist auch Aostas imposantester Berg. Wer zu Klaustrophobie neigt, sollte den **Mont Blanc-Tunnel** meiden: 11,6 km Dunkelheit, immer geradeaus. Die Betreiber dieses kostspieligen Unternehmens, das Aosta 1965 den touristischen Durchbruch im wahrsten Sinne des Wortes brachte, mögen verzeihen – aber nicht wenige sind zumal seit dem Brand in 2000 (Wiedereröffnung Sommer 2001 geplant) froh, wenn die Tunnelfahrt zu Ende ist! Dann knallt einem das Tageslicht wie eine Wand entgegen: **Entrèves** 1, das Tor zum Aosta-Tal. Und nichts wie rauf auf das Ungetüm, dessen Bauch man gerade mit Unbehagen durchfuhr. Sein Gardemaß: 4810 m Höhe, mit Nebenbuhlern zwischen drei- und viertausend Metern Höhe, die zusammen mit ihm eine prächtige Gletscherlandschaft bilden.

Courmayeur ins Netz gehen

Wie eine Spinne sitzt **Courmayeur** 2 (S. 412) in 1250 m Höhe zwischen Mont Blanc, den Seitentälern Val Veny und Val Ferret (zwei herrliche Wandergebiete rechts und links von Entrèves, in denen die Natur noch diese Bezeichnung verdient, mit Einkehrmöglichkeiten) zu sei-

Blick auf die imposante Bergwelt des Mont Blanc

Richtig Reisen *Tip*

Gondelfahrt am Mont Blanc

Die Investition in die recht hohen Gebühren für die rund eineinhalb stündige Fahrt, die man auch unterbrechen darf, lohnt sich unbedingt: Ca. 15 km schwebt man geruhsam mit der Seilbahn von La Palud hinüber zur französischen Seite, nach Chamonix. Mont Blanc: Dieser Berg hat seinen Namen wirklich verdient! Blauweiß, blendend, glitzernd, so daß man fast schon Sternchen sieht. Erste Station ist Rifugio Torino (3321 m), das Dorado der Biwakierer, weshalb hier Gedränge mit Skistiefeln, Seilen und Pickeln und Biwaks herrscht. Die roten, gelben und orangefarbenen Rundzelte leuchten im weißen Schnee unter der Gondelbahn. Weiterschweben, auf die Punta Hellbronner, Europas höchstgelegener Grenze (3462 m) zu.

Die Gondeln werden langsamer, der Führer macht auf die Gletscherspalten aufmerksam: Der Gletscher Gigante, (franz. Vallée Blanche), oben findet sich ein Sommerskigebiet mit drei Schleppliften, bis Chamonix führt eine 18 km lange Abfahrt, Traversata genannt. Dort läßt man sich besser von einem kundigen Führer begleiten, fährt über Schneebrücken, überquert Gletscherspalten. Immer in Bewegung ist die Schneepracht über dem ewigen Eis, nie weiß man genau, wo die nächste Spalte aufgehen könnte. Es wird einem ganz kalt ums Herz bei den Schaudergeschichten, die Mitreisende zu erzählen wissen ...

Am Gletschergrat des Mont Blanc du Tacul (4249 m) ist eine bunte Perlenschnur von Bergsteigern zu erkennen. Am Aigue du Midi (3843 m) ist der höchste Punkt der Seilbahnfahrt erreicht, dann geht es abwärts nach Chamonix, Frankreichs Super-Ski-Station, die mit der Eröffnung des Mont Blanc-Tunnels sicher eine bedeutende Konkurrenz erhielt: Courmayeur. So mancher glaubt wohl noch, dieser Ort liege, allein schon wegen seines Namens, bereits in Frankreich.

nen Füßen sowie mit dem Tal von La Thuile zum Piccolo San Bernardo-Paß im Rücken. Ein guter Ausgangspunkt also das ganze Jahr über: für sportliche wie für gemächliche Entdeckungstouren. Aber nach Ostern, wenn die Wintersaison ihrem Ende zugeht, bis in den Juni hinein, gleicht Courmayeur fast einer Totenstadt: geschlossene Läden und Hotels, kaum Einheimische, geschweige denn Gäste. Denn die Stadt lebt vom Tourismus, der mit den Sommerfrischlern erst wieder Ende Juni/Anfang Juli zu neuem Leben erwacht. Immerhin: Mit mehr als 130 Pistenkilometer kann man sich im Alpenraum schließlich sehen lassen! Erschlossen durch 35 Beförderungsanlagen. Sommer- und Winterskilauf, Sommerfrische und Alpinismus bester Güte. ›Aosta-Tal,

Beruf Bergführer‹ heißt eine Broschüre, die sich Interessenten beim Verkehrsamt bestellen sollten. Sie verzeichnet die Geschichte des Alpinismus, seiner Gesellschaften und deren Entdeckungen. Eine zweite Broschüre, ›Alte Vie 1 + 2‹, gibt Ratschläge für Bergwanderer und beschreibt die einzelnen Etappen der beiden Hochwanderwege. Die hier genannte Hochsaison vom 20. Juli bis zum 20. September entspricht der Höhenverschiebung: Weiter oben ist die Natur eben nochmals zwei bis drei Wochen später dran.

Der erste Anblick der drei- und vierstöckigen Häuser im ›Alpenstil‹ am Hang hinter dem großen Parkplatz mag erschrecken. Doch wer hineingeht, entdeckt ein geradezu charmantes Zentrum. Das sogar historisch ist, sorgsam wiederentdeckt. Wie z. B. die Via Roma, die Teil der historischen Römerstraße ist, mit einem recht interessanten kleinen Museo Alpino sowie einer ehemaligen Poststation. Wo früher Pferde und Kutschen gewechselt wurden, ist inzwischen eine sehr beliebte Bar entstanden: Caffè della Posta (Via Roma 51). Durch die Häuserschlucht eröffnet sich ein Blick auf das Mont Blanc-Massiv: Im Abendlicht sieht der ›Zahn des Giganten‹ aus, als trage er eine Goldkrone.

Lohnende Ausflüge führen in knapp 10 km vom Haupttal/**Pré-St. Didier** 3, wo die Regionalbahn endet, bis ins freundliche **La Thuile** 4 auf halber Strecke zum Piccolo San Bernardo. Für die Rückfahrt ins Haupttal empfiehlt sich das schmale, kurvenreichere Parallelsträßchen von **Thovex** 5 nach **Morgex** 6, einem beschaulichen, freundlichen Ort, der sich sehr um seine Gäste bemüht (Auskunftsbüro und Parkplatz direkt vor der Kirche am Dorfeingang). Interessant ist er durch die Restaurierungsarbeiten der letzten Jahre. Sie galten vor allem der Kirche Santa Maria, deren romanisch-gotische Strukturen ab dem 16. Jh. immer wieder verändert wurden. Sie zeigt sich jetzt vor allem in hellem Barock. Doch sind in der linken Apsis herrliche Fresken aus dem 15. Jh. hervorgeholt worden, die Geschichten aus dem Leben des heiligen Jakobus (San Giacomo) erzählen, und an der mittleren Kapellennordwand ein Abendmahl-Fresko. Der Taufstein aus einer alten Weinkelter erhielt ein modernes Kruzifix auf der Holzspindel. Kein Wunder, die Kirche steht in einem der wichtigsten Weinanbaugebiete des Aosta-Tales (einige Weinkellereien können besichtigt werden), das sich bis Arvier hinzieht. Beliebt als Tischwein ist der Blanc de Morgex, mit nur 10 Vol.-% leicht und süffig. Sein Markenzeichen auf dem Etikett ist die schöne Ansicht von Morgex: die romanische Festung d'Archet mit Schwalbenschwanzzinnen, Kirchturm, Weinberge vor der zackigen Kulisse des Ruithor.

In einer kleinen verglasten Nische der Kirche rechts ist die etwa 70 cm hohe frühromanische, hölzerne Madonna mit Kind sicher aufbewahrt: einfach gestaltet und doch sehr eindrucksvoll, ebenso in der kleinen Nische rechts vom Taufbecken ein kleiner Kelch mit Deckel. (Der Lichtschalter ist versteckt in der rechten Ecke.) In Morgex heißt es, dies seien Zeugnisse aus dem ersten christlichen Gotteshaus des Tales im 6. Jh., das zahlreiche Tochter-Kirchen errichtet hätte. Inzwischen weiß man aber, daß die Geschichte der Valdostaner Kirche in der Stadt Aosta begonnen hatte.

Auf der Weiterfahrt rauscht im Sommer rechter Hand nahe Chabodey der

Die Römerstraße führte bis nach Ivrea im Piemont

Die Burg Avise

Wasserfall von Lenteney ins Tal. Im Winter friert er zu einem hohen glatten Eiszapfen, der Alpinisten zu waghalsigen Aktionen verführt; der reißende Bach unter dem Wasserfall ist bei Wildwasserfahrern beliebt. Blick zurück von der Brücke: Der Mont Blanc zeigt sich von hier mit seiner ganzen Corona so schön wie nur noch vom Rifugio Torino. Keine Strommasten stören das Bild – sonst eine besondere ›Zierde‹ des Haupttales, denn es lebt nicht schlecht von seinen Wasserkraftwerken. Kurz vor **Avise** 7 ist die Gelegenheit schon verpaßt, Europas Großen so schön zu erleben. Zu den beiden Burgen von Avise linker Hand braucht man gar nicht hochzupilgern – beide sind Fremden nicht zugänglich. Von Avise (und Arvier) kommt aber der dunkle Rotwein Enfer (= Inferno = Hölle), 12,5 Vol.-% schwer. Seine Produktionsmenge ist so gering, daß er selten die Valdostaner Grenzen überschreitet, also nur hier getrunken wird.

Gran Paradiso – wahrlich paradiesisch für Mensch und Tier

Die Südtäler, die zwischen Avise und Villeneuve zum **Gran Paradiso** 8 führen, sind landschaftliche Kostbarkeiten. Schmale Straßen, die in private Wege übergehen, führen in ein Wander-Dorado: von West nach Ost Val Grisenche, Val di Rhêmes, Val Savarenche, immer durch den jeweils gleichnamigen Bach gestaltet, der den Gletschern entspringt. Wer aber mehr sucht als nur Natur, ein wenig Infrastruktur mit Hotellerie, Restaurants und ein wenig Urbanes – der sollte das vierte Südtal anfahren, die **Val di Cogne.**

Die Savoyer des Aosta-Tales schenkten dem italienischen Staat 1919 ihr königliches Jagdrevier in der Gruppe des Gran Paradiso, »um die edlen Formen der alpinen Flora und Fauna zu erhalten und ein Revier zu bilden zur Verhinderung des Aussterbens der schönen und wertvollen Rasse des Steinbocks ...« Runde 60 000 ha konnten so für Italiens ersten Nationalpark, den Naturpark Gran Paradiso, gerettet werden, der nicht nur die drei Valdostaner Täler Rhêmes, Savaranche und Cogne umfaßt, sondern südlich im Piemont noch die Täler von Orco und Soana. Unvergleichlich schön ist es für den Wanderer, entlang der markierten Wege und beim Besteigen der Berge seine eigenen Beobachtungen zu machen, denn neben dem Steinbock (von dem 3000 Exemplare existieren) wurden inzwischen auch andere Tiere, Mineralien und Pflanzen unter Naturschutz gestellt. Gemsen, Fuchs und Steinmarder, Murmeltiere und Eichhörnchen, weißer Hase und Hermelin, Dachse und viele Vogelarten gehören zu den Tieren, die davon profitieren konnten, nur für den Lämmergeier war es schon zu spät.

Majestätisch bewacht den Nationalpark sein Namensgeber, der 4061 m hohe Gran Paradiso, zu seinen Füßen entdeckt man seltene Blumen, die zum Teil nur hier, etwa im Cogne-Tal (und in Afrika!) wachsen. 1956 wurde mitten im Park der alpine Garten ›Paradisia‹ angelegt, ein Versuchsfeld für Gebirgsbiologen, wo auch Konferenzen und Seminare zum Thema gehalten werden.

Den Eingang des Cogne-Tales schützen gleich mehrere Burgen: linker Hand die nur noch als Ruine erhaltene Burg von **Villeneuve** mit der befestigten Kirche, gefolgt von **St. Pierre** und **Sarre.** Rechter Hand, schon im Cogne-Tal, das Schloß von **Aymavilles,** das dem riesigen, unterhalb gelegenen Wasserwerk seinen Namen gab. Man kann sich gut vorstellen, wie die Burgherren miteinander über die Köpfe der Feinde hinweg kommunizieren konnten. Ein dichtes Netz, das das gesamte Aosta-Tal umspannte.

150 Burgen und Festungen waren es einst, geblieben sind immerhin noch rund 70, die in den letzten Jahren zum Teil als Museen der Öffentlichkeit zugänglich gemacht werden konnten. Die wichtigsten Burgen stammen aus dem 11. bis 15. Jh., sind also romanisch und gotisch oder bereits im frühen Renaissancestil erbaut. Die meisten zeigen die Entwicklung von einer Burg zum palastartigen Schloß. In früheren Jahrhunderten galt es eher, sich zur Wehr setzen zu können, also starke Verteidigungsstrukturen zu errichten. Ursprünglich nur ein Wehrturm, umgeben von einem Mauerkranz ohne Bauten (Graines in Brusson, 10. Jh.), erhielten diese Anlagen ab dem 12. Jh. mehrere Wohngebäude – für die Herren wie für die Soldaten, die sie bewachen sollten (gut an St. Germain in Montjovet zu erkennen und an Cly in St. Denis). Eine weitere Entwicklung ist sichtbar: Der rechteckige Turm wird um 1200 rund (z. B. La Salle, Villeneuve).

Das 14. Jh. verbindet alte Bauten zu neuen Festungsstrukturen (z. B. in Aosta-Stadt Schloß Bramafam, dessen Rundturm auf den rechteckig angeordneten Mauern des alten Wohnhauses steht). Großzügigere Räume werden geschaffen wie in Quart oder Fénis. Oder man baut gleich neu, dann aber mächtige isolierte Blöcke ohne herausragende Türme oder zusätzliche Mauern. Die Festung ist in sich stark genug – und furchterregend (Ussel und Verrès).

Vom klotzigen Baukörper des Schlosses von Verrès bis zum städtischen Herrenpalast von Issogne (1400 und wieder 1490–1510), mit großer Prachtentfaltung zum Sitz der Bischöfe von Aosta umgebaut, hat die Entwicklung der Burgenarchitektur des Aosta-Tales nur knappe hundert Jahre gedauert.

Val di Cogne

Aymavilles 9 fällt auf: Vier Türme gestalten den rechteckigen Bau, ganz gleichmäßig; ein wenig unpassend wirkt er in dieser Landschaft. Die Fassade ist weit zurückgesetzt zwischen zwei mächtigen Rundtürmen, oben entsteht so eine luftige überdachte Terrasse, darunter führt der zweiläufige Treppenaufgang zu einer dreibogigen Loggia. Im Sommer finden in dieser befestigten Villa Konzerte statt, oder Chöre aus aller Welt tragen Wettbewerbe aus. Lärchen im Wechselspiel mit dunklen Tannen, teilweise von Laubbäumen durchsetzt, mit Macchia von fast mediterranem Duft darunter bilden die Kulisse. Die Fahrt über die S.S. 507 könnte ein Vergnügen sein, wenn die Straße nicht so unfallträchtig wäre: Zahlreich sind die Kurven und Straßengalerien, im Frühjahr wird bei Tauwetter an herabfallende Eiszapfen erinnert und zur Vorsicht gemahnt.

Rechts zweigt eine kleine Abfahrt zum wunderschönen und imposanten rö-

Wasserfall in der Val di Cogne

mischen Aquädukt von **Pondel** 10 ab. Gegenüber rauscht ein schmaler, langgezogener Wasserfall den ganzen Berghang hinab.

Cogne 11 (S. 411), 1534 m hoch gelegen, gilt als der trockenste Luftkurort Italiens und ist auch für den gesunden Reisenden ein guter Aufenthaltsort. Für den Winter zum Ski- und Langlaufen, während der warmen Jahreszeit als Sommerfrische, und als Ausgangspunkt für Wanderungen im Naturpark. Man findet als Urlauber und Besucher alles, was man zum Wohlfühlen und Freuen in der Bergwelt braucht, eine ausgewogene Hotellerie, Ferienwohnungen und viele *Meublé,* Garni-Häuser in einem Valdostaner Fantasiestil gebaut, der sich hübsch ins dörfliche Bild integriert. Auch genügend Einkehrmöglichkeiten verschiedener Couleur sind vorhanden – und gute Einkaufsmöglichkeiten.

Das Hotel Bellevue bildet die größte Verlockung in Cogne. Nicht nur wegen seiner herrlichen Lage zwischen Dorf und der prächtigen Bergkulisse des Gran Paradiso, eingebettet in die Prati di Sant'Orso, wie das zart gewellte Endmoränenfeld genannt wird, das unter Naturschutz steht und im Winter von Langläufern befahren werden darf. Auch wegen der urgemütlichen, familiären Atmosphäre und der reichen Sammlung Valdostaner Antiquitäten und von Kunsthandwerk im Hause, von der berühmten Küche (Kochkurse und Weinseminare!) ganz zu schweigen.

Cogne ist übrigens der einzige Ort auf der Welt, an dem Spitzen ohne darunter gelegte Vorlagen, also *feri* geklöppelt werden. Eine Kunst, die man nicht zuletzt wegen des aufgeblühten Fremdenverkehrs wieder aufleben lassen konnte. Bibiane Truc, eine gepflegte Erscheinung mit grauem Haar, ist die Präsidentin der Klöpplerinnen-Kooperative, der von den etwa 100 Damen, die diese Kunst beherrschen, immerhin 73 angehören. Täglich arbeitet eine andere von ihnen im nett eingerichteten kleinen Geschäft gleich hinter der Dorfkirche als Vorführerin mit bis zu 64 *fuselli* (Klöppeln). Es wird einem schwindelig beim Zuschauen, aber die zierliche Pracht, die so entsteht, ist eine echte Kostbarkeit, entsprechend viele Preise haben die Frauen vom Cogne-Tal, die normalerweise in Heimarbeit die Spitzen herstellen, bereits gewonnen. Neuerdings ist Spitzenklöppeln auch wieder Unterrichtsfach in den Schulen des Tales. Schließlich handelt es sich um eine Tradition, die auf das 17. Jh. zurückgeht. Benediktinernonnen haben sie im ganzen Aosta-Tal eingeführt, doch nur im Cogne-Tal wurde sie bis in die heutige Zeit gerettet. Freilich dienten die zarten Kunstwerke vorerst nur der Verschönerung der eigenen Tracht, erst seit 1981 wird auch für den Verkauf gearbeitet. Der Preis ist natürlich hoch, er richtet sich nach der Zahl der benutzten Klöppel. Die Höchstzahl von 64 ergibt ein Spitzenband von etwa 10 cm Breite.

Weitere Spezialitäten von Cogne: Steinplatten (*lose* genannt) bedecken die Hausdächer wie im gesamten Aosta-Tal, aber hier wurden gesetzliche Regelungen geschaffen: Ab 1000 m Höhe müssen sie alle neuen Hausdächer erhalten. Daß sie sich auch zum fettlosen Grillen von Fleisch, Fisch und Gemüse eignen, sieht man überall im Tal, und kleine Steingrill-Geräte haben nun in ganz Europa Einzug gehalten. Die Idee stammt von hier! Sonst sind die Talspezialitäten eher dazu geeignet, rundliche Formen anzunehmen. Etwa der *Cogne-Strudel:* dick und fest, mit kandierten Früchten, Rosinen und Äpfeln. Zarter sind die *Tegole,* eine Art Oblaten, und wieder recht mächtig ist *Meculin,* eine

Art *Panettone* mit Rosinen, also eigentlich ein Weihnachtsgebäck. Viel verwendet werden Honigprodukte: *Miele pappa reale,* Pollen. In Kleinbetrieben, die immer wieder an Bachläufen auffallen, wird Metall veredelt, z. B. nahe Champlong kurz vor Lillaz (s. u.), wo die Welt zu Ende ist.

Kurzer Abstecher von Cogne nach **Gimillan** auf der anderen Talseite in 1787 m Höhe: Man erlebt ein Panorama ohnegleichen, Einblick gleich in zwei Seitentäler, einmal hinüber nach Cogne und ins Tal von Valnontey bis zum Gran Paradiso, das eine grandiose Kulisse abgibt – zum anderen (nach links) ins Dörfchen **Lillaz** am Ende des Cogne-Tales. Schade, daß auch hier ein überdimensionaler Strommast genau im Mittelpunkt des Naturschauspiels aufragt! Auch wenn das kleine Haus mit dem Ristorante lou Tchappé, was Geröllhang bedeutet, lockt: Erst einmal sollte man den Geröllhang zu den Wasserfällen von Lillaz besteigen, es sind nur zehn lohnende Minuten bis zu den Kaskaden. Erst anschließend sei empfohlen, die Valdostaner Spezialität im Restaurant zu probieren, die woanders nicht mehr einfach zu finden ist: *La Soca du Tchappé,* eine Art Gulasch aus Rindfleisch (früher nahm man Lammfleisch), Kraut, Kartoffeln und natürlich *Fontina.*

Aosta – Rom der Alpen

■ (S. 403f.) Ein ganz regelmäßiges Rechteck von 572 × 724 m war die römische Station Augusta Praetoria, umgeben von einer mächtigen Steinmauer, die fast vollständig erhalten ist. Gut zu erkennen ist ein ganz ordentliches Teilstück gleich gegenüber dem Bahnhof. Große Teile wurden mit mittelalterlichen Wohnhäusern überbaut, von den 18 Wachtürmen, die um das Jahr 1000 entlang der Mauer errichtet wurden, ist nur noch der Pailleron-Turm original übriggeblieben, alle anderen benutzte man im Mittelalter als Fundament für Herrensitze: Lebbroso, Bramafan u. a. Wie üblich, wenn Rom bauen ließ, lagen die Straßen rechtwinklig zueinander, dazwischen Wohn- und öffentliche Gebäude. (Der Augustusbogen aus späterer, augusteischer Zeit steht außerhalb dieser Stadtmauer östlich der Porta Pretoria.)

Der Bahnhof eignet sich gut als Ausgangspunkt für einen Bummel durch die Stadt, in der Französisch und Italienisch gleichberechtigte Sprachen sind. Schon beim Ausgang erblickt man rechts die **Torre Pailleron** 1 und am Ende der Avenue Conseil-des-Commis die Fassade des Rathauses an der großen, langgezogenen Piazza Chanoux. Hier erlebt man zuerst das kalt wirkende Herzstück einer Stadt, die in ihrem Inneren sonst recht viel Charme entwickeln konnte – und viel Scheußliches am Rande. Nein, der Piazza Chanoux ist nichts abzugewinnen, das **Rathaus** 2 – Municipio steht dran und Hôtel de la Ville – mit sehr gutem Informationsbüro ist ebenfalls eher groß denn bedeutend zu nennen. Aber die Valdostaner lieben den Platz und bevölkern ihn fast den ganzen Tag, vor allem zur nachmittäglichen *Passeggiata*-Zeit. Für Fremde lohnt sich eher ein Blick schräg gegenüber auf – und falls geöffnet – in das ocker-rostrote Haus, das frühere **Hotel Corona** 3 in wunderschön restauriertem Art déco. An dieser Ecke des Platzes beginnt der Teil der Fußgängerzone, den die Einheimischen bevorzugen, die Via Tillier mit zahlreichen Geschäften und Bars. Am Haus Nummer 48 ist eine Tafel angebracht: zum Andenken an das berühmte Turiner Tuch, das hier auf seinem Weg von Chambery nach Turin ›Station

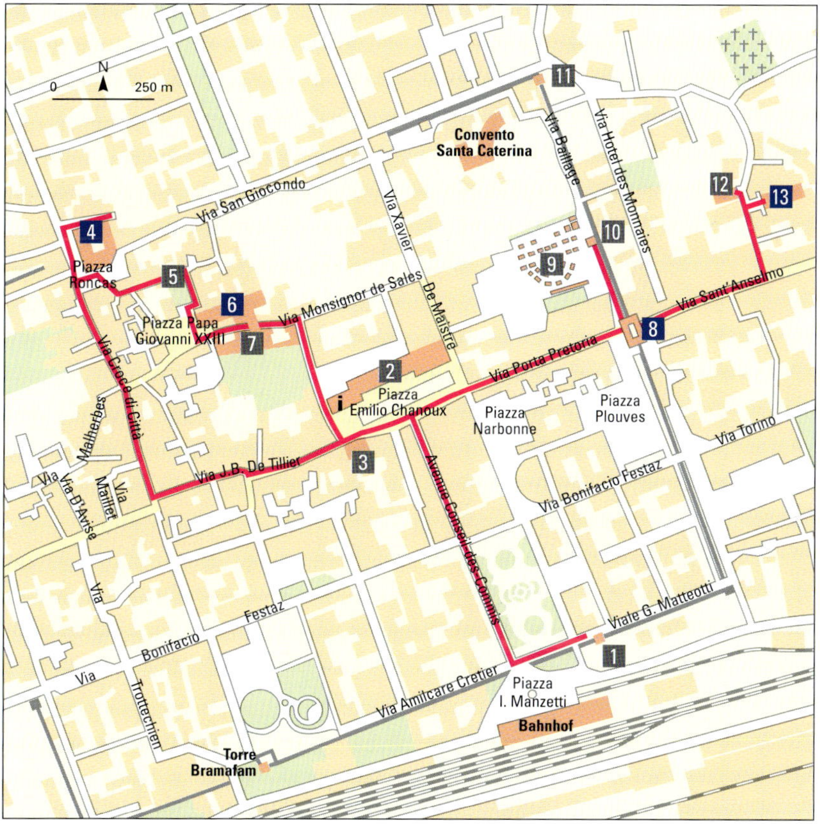

Aosta: *1 Torre Pailleron 2 Rathaus 3 ehem. Hotel Corona 4 Museo Archeologico Regionale 5 Römisches Forum 6 Kathedrale 7 Bischofspalast 8 Porta Pretoria 9 Teatro Romano 10 Torre dei Fromage 11 Torre dei Balvi 12 San Lorenzo 13 SS. Pietro ed Orso*

machte‹. In der Nähe wurde 1980 eine alte Gasse, die Rue Maillet zu einer *Via per l'Arte,* einer ›Kunst-Straße‹ restauriert. Sie besticht durch kleine schmiedeeiserne Balkone, hübsche Laternen und Blumenschmuck. Hier sollten Ausstellungen veranstaltet werden, Künstlertreffen, Seminare – aber so recht funktioniert das noch immer nicht. Dafür wurden in nächster Nachbarschaft nach diesem Muster weitere Gäßchen restauriert (Via d'Avise und Rue Trottechien), langsam, aber immerhin! (Übrigens: Die mal italienischen, mal französischen Straßennamen entsprechen den Verhältnissen in Aosta.)

Sehr hübsch ist auch die Querstraße Via Croce di Città. Hier wurden einige Häuser so saniert (auch innen), daß sie bereits leichte Patina zeigen, mit sanften Farben, überwiegend Ocker, Beige, Brauntöne, die sich den umgebenden Fassaden anpassen. Über diese ebenfalls beliebte Einkaufsstraße erreicht man am nordwestlichen Rand der römischen Stadt an der Piazza Roncas das **Museo Archeologico Regionale** 4 mit seiner wirklich sehenswerten, reichen archäologischen Sammlung aus der interessanten römischen Geschichte der Stadt. Nicht versäumen sollte man einen Blick in das Untergeschoß (römische Grundmauern).

Römisches entdeckt man auch einen kleinen Spaziergang entfernt nach Südosten: vor der Kathedrale, etwa 2 m unter dem Straßenniveau, das **Römische Forum** 5 mit den Grundmauern eines Tempels (von einem mittelalterlichen Haus überbaut, links gut zu erkennen) und dem sogenannten Kryptoportikus, einem bedeckten, zweischiffigen Gang. Er diente den Römern im kalten Aosta-Winter wohl als Schutz.

Direkt am Forum erhebt sich die Westfassade der **Kathedrale** 6, in der bei den letzten Restaurierungsarbeiten mittelalterliche Funde gemacht wurden: die ottonischen Fresken des Dachbodens, versteckt unter dem jetzigen Dekkengewölbe, sowie die Fundamente der frühchristlichen Kirche, dazu Fußbodenreste, zwei Taufbecken, von denen das oktogonale besonders akkurat ausgeführt ist (im Boden eingelassen). Auch Mosaikfragmente sind dabei, Treppenstufen, Gräber, wunderbare Marmor-Reliefarbeiten. Die vermutlich von Sarazenen zerstörte frühchristliche Kirche wurde 1025 von Bischof Anselmo II. neu errichtet. Der Grundriß dieser Basilika und ein Teil des Mauerwerks bestehen bis heute, die Kathedrale mußte aber im Laufe der Jahrhunderte zahlreiche Umbauten über sich ergehen lassen, wobei vor allem die klassizistische Fassade des 19. Jh. eher als Fehlgriff empfunden wird. Im Chorumlauf wurde das Domschatz-Museum eingerichtet, mit sehr kostbaren Stücken, die wundervoll ausgeleuchtet und aufgestellt sind. Zu sehen sind u. a. ein kleiner Reliquienschrein aus dem 13. Jh. mit Gold und Halbedelsteinen, zwei weitere Schreine aus Gold und Silber, einer für San Giocondo (17. Jh.), der andere für San Grato (15. Jh.). Insgesamt begreift man hier schnell, welche Schaffenskraft die Gold- und Silberschmiede des Aosta-Tales über Jahrhunderte besaßen, welche Kunstfertigkeit auch die Holzschnitzer beherrschten, deren Nachfolger noch heute die alten Traditionen pflegen.

Rechts von der Kathedrale erhebt sich stolz der mit ihr durch einen Brückengang verbundene (unzugängliche) **Bischofspalast** 7. Biegt man dahinter rechts ein, ist schnell wieder die Piazza Chanoux mit dem Rathaus erreicht und auf ihrer östlichen Seite die Via Porta Pretoria, mit der die touristische Fußgängerzone beginnt. Ihren Mittelpunkt hat sie an der mächtigen, doppelten **Porta Pretoria** 8, in deren rechten Teil sogar ein Restaurant Platz gefunden hat und im linken ein mittelalterlicher Geschlechterturm eingelassen ist: die **Torre dei Signori di Quart,** Teil der von der Adelsfamilie erbauten romanischen Festung.

Vor dem immensen römischen Stadttor führt links ein kurzer Weg zum **Teatro Romano** 9. Der Anblick der 22 m hohen Theatermauer, die sich als potemkinsche Fassade aus großen dunklen Quadern vor den Viertausendern erhebt wie ein fensterbogenreicher Scherenschnitt, ist überwältigend. Nach langjährigen Erhaltungsarbeiten ist die Anlage wieder frei von Gerüsten. Die Reste des nördlich gelegenen römischen Amphitheaters sind nicht zugänglich, weil das Katharinenkloster strenge Klausur hält. Aber insgesamt ist die römische Ausgrabungsstätte mit der gut erhaltenen Stadtmauer und der mittelal-

Teatro Romano

terlichen **Torre dei Fromage** 10 aus dem 13. Jh. recht eindrucksvoll (und tagsüber frei zugänglich). An der Nordostecke der augusteischen Mauer hinter dem Kloster erhebt sich die mittelalterliche **Torre dei Balivi** 11.

Zurück zur Porta Pretoria, durch sie hindurch auf die Via Sant'Anselmo genannte Fortsetzung der Fußgängerzone, eine der gemütlichsten Italiens. Sie zeigt auch, wie sehr hier der Tourismus floriert: Andenkenläden mit Kunsthandwerk (aus Holz vor allem) und typische Lebensmittel wie Käse (original valdostanisch sind *Fontina* und *Toma*), Wurst, *Mocetta* (eine Art Bündner Fleisch von Rind oder Gemse) und *Lardo* (Speck vom Schwein, fast nur marmorweißes Fett und doch sehr lecker) und diverse Kräuterschnäpse.

Nicht so spektakulär wie die römischen sind die mittelalterlichen Schätze der Stadt. Zwei bedeutende Entdeckungen aus frühchristlicher Zeit wurden jedoch in den letzten Jahren gemacht: erstens die Fundamente einer großen kreuzförmigen Kirche des 5. Jh. unter der unscheinbaren barocken Kirche **San Lorenzo** 12, gleich gegenüber von SS. Pietro ed Orso, deren Vorgängerbau sie gewesen sein könnte (nördlich der Via Sant'Anselmo und damit außerhalb der römischen Stadtmauer). Interessierte Besucher gelangen über einen Steg ins Innere der Ausgrabungen. San Lorenzo soll im 6. und 7. Jh. eine bedeutende Kirche gewesen sein, die auch als Grabstätte für einige Bischöfe diente.

Doch das Kloster **SS. Pietro ed Orso** 13 ist sicher Aostas interessantester Baukomplex des Mittelalters. Das einst als romanische Saalkirche gebaute Gotteshaus mit karolingischer Krypta wurde unter dem mächtigsten Grafengeschlecht des Tales, von Georg Graf von Challant, gleichzeitig Prior von Sant'Orso, 1494 in eine spätgotische Basilika umgewandelt. Seinen Reichtum zeigte der Graf nicht nur mit dem kostbaren Chorgestühl, sondern auch am Priorhaus rechts daneben, dessen Fassade er ganz mit Terrakotta schmücken ließ. Eindrucksvoll ist die Kirchenfassade mit ihrem außergewöhnlichen Hauptportal, das von einem übertrieben hohen Giebel überragt wird: Er reicht über die gesamte Höhe des Mittelschiffes fast bis zur Dachspitze hoch und zeigt sich in schönster Backstein-Gotik, die ihm besondere Leichtigkeit verleiht und den Anschein erweckt, als strebe er himmelwärts. Nur das Portal und die beiden kleinen Spitzbogenfenster auf halber Höhe lockern die Fassade auf, sonst ist sie verputzt, wobei die romanischen Fensteröffnungen in Andeutung zu erkennen sind.

Unter dem heutigen Dach von Sant'Orso, versteckt zwischen dem ro-

gearbeiteten figuralen Kapitellen. Geschaffen wurden sie 1133, wie die Inschrift über dem jugendstilartigen Blattwerk eines Kapitells beweist, wahrscheinlich von lombardischen Steinmetzen aus Como. Sie zeigen Episoden aus dem Alten (z. B. ›Rebecca am Brunnen‹, Elieser wirbt um sie im Auftrag Abrahams für Isaak und bringt Geschenke) wie dem Neuen Testament (z. B. ›Auferweckung des Lazarus‹) und das Leben des heiligen Orso (z. B. ›Almosenspende‹ neben der ›Auferweckung‹). Drei Kapitelle wurden leider herausgebrochen und nach Turin ins Museo Civico gebracht: eine Christusdarstellung, ›Sündenfall‹ und ›Verkündigung an die Hirten‹. – Recht klobig wirkt der Glockenturm links vor der Fassade, den man 1131 gleichzeitig mit dem Kreuzgang z. T. aus römischen Mauersteinen baute. Die Anzahl seiner Fensteröffnungen nimmt wie so oft nach oben zu, darüber erhebt sich ein spitzes, weithin sichtbares Steindach.

SS. Pietro ed Orso

manischen und dem – niedrigeren – gotischen Dachstuhl, fand man romanische Fresken aus dem 11. Jh. an den Wänden des Mittelschiffes. Sie erzählen Apostelgeschichten und wurden vor wenigen Jahren von Kennerhand restauriert. Wenn der Custode anwesend ist, läßt er interessierte Besucher hinter der Sakristei hochgehen – und genießt die überraschten Gesichter. Unberührt seit Jahrhunderten, haben sich die Fresken wundervoll erhalten, es ist wie auf einer kunsthistorischen Pirsch, wenn man geduckt ein Apostelgesicht erkennt, dann wieder fast aufrecht stehend Andreas und Petrus im Boot mit Schülern, oder eine Stadtansicht, die als Efesus betitelt wird, über allem als durchlaufendes Motiv ein Mäanderband.

Der zierliche romanische Kreuzgang von Sant'Orso (zwischen Kirche und Priorhaus eingezwängt) gehört zu den schönsten seiner Art, mit 40 wunderbar

Abstecher: Gran San Bernardo-Paß

Grüne Schatten begleiten auf guten Karten die 35 km lange Staatsstraße 27 von Aosta zum Großen San Bernardo-Paß in die Schweiz. Sie verheißen schöne Landschaft – und halten, was sie versprechen. Wild schäumt der Artanavaz durch das San Bernardo-Tal, schmale Wasserfälle stürzen auf ihn zu. Sogar die Technik des 20. Jh. wirkt hier anziehend: die autobahnähnliche Verlängerung des Tunnels, der den Übergang auch winterfest machte. Wer auf der Landstraße bleibt, schlängelt sich um dieses Betonband herum, mal fährt man drüber, mal drunter. Wer zum **Hospiz** auf Schweizer Seite möchte, der muß freilich den

Bataille des Reines

Unmöglich, es im Aosta-Tal zu übersehen: Das beliebteste Fest der Valdostaner Bauern dreht sich vom Frühjahr bis zum Herbst um die Kuh: ›Bataille des Reines‹, der Kampf der Königinnen. Mit dem blutigen spanischen Stierkampf hat es über-

haupt keine Ähnlichkeit, monatelang werden an den Wochenenden Wettkämpfe zwischen den stärksten Kühen ausgetragen, bis die Gruppensieger in Aosta-Stadt antreten, um die mutigste Kuh des Tales zur Königin, der *Reina des Batailles* zu küren. Teilnehmen dürfen an der faszinierenden, unblutigen Kraftprobe nur trächtige Kühe, »weil diese nicht so aggressiv sind«. Mit ihren dicken Köpfen, die Hörner ineinander verhakt, geradezu sanft, ohne sich gegenseitig zu verletzen, versuchen die Kühe ihren Standort zu verteidigen. Erkennt eine Kuh, daß sie gegen ihre Gegnerin nicht ankommen kann und jene sich nicht wegdrücken läßt, verläßt sie kampflos das Feld. Die Bauern der Umgebung lassen sich die Wettkämpfe, die mitsamt der langen Vorbereitung (Wiegen der Kühe, Einteilen in Klassen und Nummernverteilung) einen ganzen Tag beanspruchen, denn auch nicht entgehen, ganz gleich, ob es regnet oder stürmt. Und loben die Eleganz und Kraft der Siegerinnen, die mit einem kostbar gearbeiteten Glockenband geehrt werden.

Drei regionale Wettbewerbspakete finden an 19 Terminen und Orten statt, sie werden überall im Aosta-Tal angeschlagen, sind also kaum zu übersehen, denn die ›Amis des Reines‹ ist eine ganz rührige Gesellschaft. Im April und Mai werden in St. Marcel, St. Vincent, Quart, Challand St. Victor, La Salle und Issime die Kräfte gemessen; im August in Vertosan, Breuil-Cervinia, Aosta, Petit St. Bernard, By-Ollomont und Brusson; im September und Oktober in Cogne, Valgrisenche, Gignod, St. Christoph und Nus. Der Endkampf findet etwa Mitte Oktober in Aostas Arène à la Croix Noire statt.

knapp 6 km langen Tunnel meiden, denn er kommt erst 5 km hinter Grenze und Hospiz wieder aus dem Berg heraus ...

40 Menschenleben hat Hund Barry (1800–1814) gerettet, beim 41. Versuch kam er zusammen mit dem Verunglückten um. Ein Denkmal wurde dem mutigen Vierbeiner nicht nur im Museum des Hospiz am kleinen See geschaffen, sondern auch auf dem Hundefriedhof in Paris. Sankt Bernhard (1020–1081), der Gründer des Hospiz am 2473 m hohen Paß begann wohl mit der Hundezucht, die seinen Namen tragen sollte. Kräftige Tiere sind es, denen Kälte, auch extremste, nichts anhaben kann und die stark genug sind, in Not geratene Menschen auch aus tiefen Schneeverwehungen herauszuholen. Schon lange werden die Hunde nicht mehr am Hospiz gezüchtet, sondern jenseits der Grenze in der Schweiz; sie werden nur im kurzen Sommer als Touristenattraktion hierher gebracht. Inzwischen ist auch dies wegen der engen Verhältnisse in Verruf geraten: keine artgerechte Tierhaltung.

Von Aosta nach Osten

Während es westlich von Aosta fast ausschließlich Lärchenwälder sind, die im Frühjahr mit zartem Hellgrün der frischen Nadeln landschaftgestaltend wirken, kommen östlich von Aosta hauptsächlich Mischwälder vor, dominierend sind hier die Laubbäume. In Nord-Süd-Richtung verlaufende Täler weisen zu den Alpenriesen Monte Rosa und Cervino und können gut vom Wintersport leben: Valtournenche, Val d'Ayas und das Gressoney-Tal.

Interessant auf der Fahrt von Aosta nach Osten ist auf jeden Fall ein Besuch des Schlosses von **Fénis** 12 (S. 414). Hübsch ist der Einfall, mit Musik und Erläuterungen per Tonband die Gäste durch die Räume der trutzigen Festung zu begleiten. Eindrucksvoll sind die etwa 2 m dicken Mauern des polygonal angelegten Zentralkörpers aus dem 13. Jh., der, mehrfach umgebaut, Anfang des 15. Jh. von der bedeutenden Aosta-Familie der Challants auf Hochglanz gebracht wurde und dieses Aussehen annähernd bis heute bewahrt hat. 1896 vermachte Alfredo d'Andrade das mit zwei Mauerringen doppelt befestigte Schloß dem italienischen Staat, der lange Jahre daran zu restaurieren hatte. Besonders sehenswert sind die Fresken: Schon beim Eingang unter den Arkaden des Innenhofes erfreuen naive Szenen aus dem ländlichen Alltag den Betrachter, über der doppelläufigen Treppe steht man einem St. Georg als Drachentöter gegenüber, auf der anderen Seite nimmt Christophorus einen großen Teil der Mauer ein. Er wurde später anstelle anderer Fresken in den frischen Putz gemalt.

Den Eingang zur Valtournenche, die im Super-Skiort Breuil-Cervinia endet, bewacht das besuchenswerte **St. Vincent** 13. Für manche Reisende ist der Ort eher wegen des berühmten und wichtigsten italienischen Spielcasinos interessant – für Kunstkenner wegen der Pfarrkirche. Dem Spielcasino verdankt der wohl reichste Ort von Aosta und nach Mailand der vielleicht zweitreichste Italiens (nach Pro-Kopf-Einkommen der Bewohner, von denen insgesamt 300 für das Casino arbeiten) seinen Wohlstand.

Daß ein Bombeneinschlag Segen bedeuten kann, sollte man eigentlich nicht behaupten – aber in St. Vincent sagen das viele Bewohner gerne. Nach den Schrecken einer fürchterlichen Kriegsnacht entdeckte man nämlich bei den

Burg Fénis

Aufräumungsarbeiten in der schlimm getroffenen Pfarrkirche wunderschöne Fresken und alte Bauteile. Kunsthistoriker und Restauratoren traten auf den Plan – und St. Vincent in den Mittelpunkt des Interesses. Denn plötzlich erkannte man, daß die dreischiffige romanische Basilika ursprünglich über und über freskiert war. Teile konnten wiederhergestellt werden: die Fresken der Chorapsis, etwa die gütige Gottvater-Figur in der Mandorla, deren Kleider allerdings in grellen Farben schlecht restauriert sind; ein ›Kalvarienberg‹ links im Chor, rechts das ›Martyrium des heiligen Vincenz‹, des Kirchenpatrons in fünf Bildern (das fünfte weitgehend zerstört). Besonders hübsch sind die Laibungen der beiden Chorfenster, die mit je drei in Resten erhaltenen Pfeilern zum Vorschein traten. (Einen Lichtschalter für die Chorbeleuchtung hat man rechts in der Ecke versteckt.) In der Nordwestecke der Kirche befindet sich der kleine, aber sehr kostbare Kirchenschatz, dem man sich nur vorsichtig nähern sollte: Die Alarmanlage ist sehr empfindlich eingestellt.

Links vom Portal der Pfarrkirche befindet sich der Eingang zu den Ausgrabungen unterhalb der Kirche, wo die nächste Überraschung wartet: Reste einer früheren Kirche mit anthropomorphen (den Körperformen nachempfundenen) Gräbern, alle auf das Hauptgrab unter dem jetzigen Chor gerichtet, das wahrscheinlich dem heiligen Germanus (Germain) galt. Diese Unterkirche vermischt sich mit römisch-heidnischen Tempelresten, einem römischen Bad mit *Calidarium:* Das Heiligtum schloß wohl an die alte Siedlung an. Auch ein Stück Römerstraße wurde freigelegt. Viele Gräber liegen übereinander, die Skelette haben noch völlig intakte, zum Teil sogar glänzende Zähne.

Eine serpentinenreiche, enge Bergstraße führt von St. Vincent in 22 km ›direkt‹ ins nächste Tal von Ayas nach Brusson. Um den Besuch zweier bedeutender Schlösser nicht zu verpassen, nehme man aber die S.S. 26 (oder die A 5). So imponierend Fénis ist, die schönste Innenausstattung dürfte **Issogne** 14 (S. 418) aufweisen, das, zusammen mit Verrès auf der anderen Talseite, den Eingang zur Val d'Ayas bewacht: Alle Fresken von Issogne sind im Original erhalten, auch viele Ölgemälde, Möbel etc. Der Besitz der Bischöfe von Aosta wurde um 1400 durch Ibleto von Challant umgestaltet. Heute zeigt es sich dem Besucher allerdings so, wie es zur Zeit Georgs Graf von Challant ausgesehen haben soll (1490–1510), der Prior von Sant'Orso in Aosta war. Ein Prachtstück im Hof ist der Granatapfelbaum über dem Brunnen, ein Meisterwerk der Schmiedeeisenkunst.

Schloß **Verrès** 15 schließlich besticht durch seine Lage auf einem fast spitzen Felsen über dem Ort: ein wuchtiger, historisierend wiederaufgebauter Würfel auf 30 × 30 m Grundriß, um einen engen quadratischen Innenhof mit drei Galerien erbaut.

Gressoney, das Tal der ›Deutschen‹

Donnas 16, kurz vor dem Eingang ins Gressoney-Tal: Geradezu aufregend schön wölbt sich am Straßenrand ein Bogen von der Felswand weg. Das römische Tor über die Römer-Straße nach Aosta soll im Mittelalter als Stadttor für Donnas gedient haben. Die Straße wurde in den Felsen gehauen und ist noch heute ein ganzes Stück begehbar. Eine Säule an der Felswand nahe dem Torbogen trägt die römische Zahl XXXVI, die Entfernung von Aosta-Stadt, dem damaligen Augusta Praetoria. **Pont-St. Martin** 17 am Taleingang mit seiner hohen Römerbrücke über die Lys aus dem ersten vorchristlichen Jahrhun-

Im Gressoney-Tal

dert ist ein netter Ort, geschäftig mit schmalen Gassen.

Eng beginnt das Gressoney-Tal, fast berühren die steilen Hänge das Autodach. Unten rauscht die Lys, windet sich um haushohe ›Kieselsteine‹. Die scharfen Kurven fordern volle Aufmerksamkeit beim Fahren. Das dreisprachige Tal des Monterosa, wie das Gressoney auch genannt wird, ist eine Sprachinsel. Die Walser oder Eischemer aus dem oberen Rhônetal, dem schweizerischen Wallis, sind vor etwa 750 Jahren dort ausgewandert und pflegen noch heute ihre Tradition und deutsche Mundart. Natürlich bereitet ein fremder Dialekt Schwierigkeiten in einem Umfeld, dessen Amtssprache aus einem anderen Kulturkreis stammt! Was konnte ein Walser Bergbauer schon tun, wenn er ins Tal reiste, um Geschäfte zu machen? Entweder er ließ sich beschummeln oder er beschloß, mindestens zweisprachig zu werden, zum Beispiel Italienisch zu lernen, das Walserdeutsch vielleicht sogar zu verdrängen, es seinen Kindern gar nicht mehr beizubringen. In den letzten Jahrzehnten ging es mit der Walsersprache dann wieder aufwärts, neugegründete Kulturzentren sowie eine einsichtige Regierung führten dazu, daß in den Teilen des Gressoney-Tales mit überwiegendem Walser-Anteil auch in der Schule zumindest Hochdeutsch gelehrt wird. Die Erhaltung der Mundart sei Sache der Familie und der Vereine. Es sieht ganz so aus, als werde die im südlicheren Teil des Tales bereits vollzogene Italienisierung in seinem Norden gestoppt. Oberhalb von Gaby läßt sich das Wechselspiel beobachten: Pont Trentaz heißt da ein Ort, das war vor gar nicht langer Zeit noch ›Dryßigstäg‹, also Dreißig Stege oder Brücken. Pont Sec dagegen, ein paar Kilometer weiter, heißt immer noch bei den Walsern ›Trockene Steg‹. Weiter oben häufen sich dann Namen wie Weißmatten, Underwoald, Ondre Rong, Edelbode, Selbsteg.

Im hübschen Ferienort **Gressoney-St. Jean** 18 (S. 417) wird das Bemühen um das Walserdeutsch besonders deutlich. Bei Hochzeit und Taufe wird die Walsertracht getragen, der Hauptplatz heißt noch immer ›Obre Platz‹ und die *Panetteria* wirbt gleichberechtigt mit ›Beckeri, Konditori, Greschoney-Siessegkeite‹. Auch in den Familiennamen spiegelt sich die Mehrsprachigkeit: Da gibt es die Bieler, die Beck, die Lerch und die Zumstein. Andere haben aus Leitner Scaler gemacht oder Peccoz aus Beck. So wie der Baron Peccoz, von dem die Eischemer gerne erzählen. Er war der Vertraute – oder was sonst noch – der italienischen Königin Margherita, die den Walsern sehr zugetan war. Hier fühlte sich die deutschsprachige Gemahlin Umbertos I., deren Mutter eine sächsische Prinzessin war, sehr wohl. Margherita bestärkte die Walser in ihrem Bemühen, ihre Mundart zu erhalten. Zum Dank dafür wird nicht nur ihre Villa als Kulturzentrum gepflegt, die Königin erhielt sogar eine Büste direkt am Eingang der Pfarrkirche. Dort blickt sie ernst und würdig auf die Eintretenden herab.

Im vertrauten Kreis, bei deftig-gutem Essen mit *Fonduta,* Fleisch von Gemse oder Zicklein, zu allem Polenta, abgerundet durch einen trockenen Aosta-Wein, taucht man auch etwas tiefer ein in die Walser-Mundart. Bald lockert der mit Bergkräutern angereicherte Tresterschnaps die Zungen, fördert die Sangeslust. So konnten wir ein paar Zeilen notieren, als einige ältere Walser ihr ›Nationallied‹ anstimmten: »Doch Walserart on Walser-bluet bewarensche en der Fremde guet ... o wenn doch ou en enscher Ziit di Walser-art am Läbe bliibt«.

Piemont

»Am Fuße der Berge«

Der zweitkleinsten italienischen Region Aosta-Tal folgt als Nachbarin die zweitgrößte: Piemont, ital. Piemonte, weil sie sich »am Fuße der Berge« erstreckt. Diese umschließen sie fast vollständig, die einzige geographische Öffnung weist die Region im Osten auf: im Nordosten Lago Maggiore und Ticino-Fluß, weiter südlich die Schleife des Po, der sich träge durch eine flache Ebene in Richtung Lombardei bewegt. Beide Regionen – Piemont und Lombardei – haben hier in der westlichen Po-Ebene Anteil an Italiens und Europas wichtigsten Reisanbaugebieten.

Die höchsten Gipfel der Region teilt sich Piemont naturgemäß mit dem Aosta-Tal: Monte Rosa (4633 m, im Dreiländereck Italien, Frankreich, Schweiz) und Gran Paradiso (4061 m) inmitten des gleichnamigen Nationalparks (s. S. 90f.), der zu den großartigsten Europas gehört. Aus den Bergen Piemonts entspringen zahlreiche Flüsse und Bäche, auch der Po, der längste Fluß Italiens, in dem sich schließlich alle Gewässer vereinen und an der lombardischen Grenze ein weites Schwemmland bilden.

Den schönen Lago Maggiore teilt sich Piemont (Westufer) mit der Lombardei (und ein Stück mit der Schweiz), den benachbarten Orta-See nennt es aber sein eigen (und die kleineren Seen Mergozzo, die Laghi d'Ivrea, den Viverone-See und westlich von Turin die winzigen Laghi d'Avigliana). Allerdings läßt der Gesundheitszustand dieser Gewässer, speziell des sehr beliebten Orta-Sees, ziemlich viel zu wünschen übrig: Während er aussieht, als biete er Romantik pur, ist seine Wasserqualität eine der schlechtesten in Italien. In den Berichten über die *balneabilità* (Bademöglichkeit) in den italienischen Gewässern wundern sich die Verfasser alle Jahre wieder, daß angesichts der hohen Anteile

an Schwermetallen im Orta-See dieser überhaupt noch irgendwelche Lebewesen (Pflanzen wie Fische) aufweist.

Damit wären wir schon bei einem der Grundprobleme Oberitaliens, das gerade durch zwei der reichsten Regionen des Landes (Piemont und Lombardei) verursacht wird: die Umweltverschmutzung. Leidtragende der Nachlässigkeit auf diesem Gebiet sind nämlich die anderen, etwa die Badeorte an der Adria Hunderte von Kilometern weiter östlich. Weshalb es im Augenblick nicht so aussieht, als beeile man sich bei den Verursachern, vernünftigen Vorschlägen für die Sanierung zu folgen. Genauer: Turin (wie das lombardische Mailand auch), eine der wichtigsten Industriestädte Italiens, entläßt ihre Abwässer aus Haushalten und Industrie zu einem hohen Prozentsatz ungeklärt oder nicht genü-

gend geklärt in den Po, der kurz vorher seinen Lauf beginnt, die Stadt durchfließt und fast als Kloake verläßt. Zwar schreit man inzwischen in Turin, man habe die neue Kläranlage ja bereits 1989 in Betrieb genommen – doch offensichtlich genügt das nicht. Und nicht allen Industrieansiedlungen der Region konnte man die gesetzlich vorgeschriebene eigene Kläranlage aufzwingen (unter der Prämisse, sonst schließen zu müssen). Dabei haben die Piemonteser bereits 1988 beschlossen, den gesamten Lauf des Po durch ihre Region (235 der insgesamt 625 km) als Naturpark zu schützen, seine Landschaften, die er vom fast 4000 m hohen Nonviso bis zur Lombardei prägt. Und sein Wasser?

Im Schwemmland des Po, Italiens fruchtbarster und größter Ebene, setzen Obst- und Gemüseanbau Akzente in Landschaft und Wirtschaft. Im Wechsel werden hier (vor allem bei Vercelli) Reis, Mais, Weizen und inzwischen auch Soja angebaut sowie Futtermittel für die immer wichtiger werdende Rinderzucht. Von besonderer Bedeutung und landschaftlich reizvoll mit den Alpen als Kulisse ist der Weinanbau, der zwar fast über die gesamte Region verteilt ist, aber im Monferrato, Roero und in den Langhe mit so berühmten Tropfen wie dem Barolo, Asti Spumante, Barbera, Barbaresco, Nebbiolo, Grignolino, Dolcetto u. a. sein Paradestück bietet. Hier gedeihen Weine, die zu den berühmtesten Italiens gehören! Dann Albas weiße Trüffel mit ihrem unnachahmlichen Duft, den sie frisch, im Spätherbst also, am stärksten entfalten.

Da Industrielle bekanntlich zahlreiche Gelegenheit haben, Geschäftsessen zu genießen, braucht man sich über die vielen guten, ja oft hervorragenden – und teuren – Restaurants in den Städten und vor allem versteckt auf dem Lande, in den Hügeln der Weinanbaugebiete zum Beispiel, nicht zu wundern. Feinschmecker kommen, wenn Wild und die weißen Trüffel von Alba frisch auf dem Speiseplan stehen, und natürlich zur Zeit der Weinlese im Monferrato, in den Langhe und im Roero im Herbst. Dann fällt das warme Licht der Sonne durch rostig gefärbtes Laub, pastellig gemildert durch den feinen Nebel, der Täler und Hügelland durchzieht. Es ist unwidersprochen die schönste Jahreszeit im Piemont!

Land der Dichter und Denker

Viele berühmte Schriftsteller lebten und leben in dieser eigentlich recht unitalienischen Region. Einige waren zudem auch Journalisten.

Umberto Eco (geb. 1932), u. a. Autor des erfolgreich verfilmten Romans ›Der Name der Rose‹, kam in Alessandria zur Welt. **Vittorio Alfieri** wurde 1749 in Asti geboren. Er beschäftigte sich als Dichter und Dramatiker vor allem mit der menschlichen Freiheit und der Unterdrückung dieser Freiheit durch andere. **Giuseppe Giacosa** (1847–1906) aus Coleretto Parella, von Ibsen beeinflußt und für Puccini als Librettist tätig, schrieb u. a. speziell für Sarah Bernhardt 1891 ›Die Gräfin von Challant‹. **Natalia Ginzburg** (1916–91) lebte in Ivrea und schrieb 1963 in ›Mein Familien-Lexikon‹: »Die Olivetti waren die ersten Industriellen, die wir von nahe sahen, und ich war beeindruckt von der Idee, daß die Reklametafeln auf der Straße, die eine auf Bahnschienen fahrende Schreibmaschine zeigten, einen engen Zusammenhang hatten mit diesem feldgrauen Adriano, der abends mit uns zusammen unsere faden Süppchen aß«.

Alessandro Manzoni (1785–1873) hielt sich sozusagen auf der Flucht vor dem Aufruhr in Mailand 1848 bis 1850 als Gast bei seinem Freund Antonio Rosmini in Lesa auf. In Novara kam 1909 der Romancier, Reiseschriftsteller und Journalist *(La Stampa, Corriere della Sera)* **Enrico Emanuelli** zur Welt. In Omegna erblickte der sehr erfolgreiche Kinder- und Jugendbuchautor **Gianni Rodari** 1920 das Licht der Welt, u. a. für seine fantasievoll komischen Figuren erhielt er 1980 den Andersen-Literaturpreis.

Cesare Pavese, der Joyce- und Dickens-Übersetzer, dessen Romane und Erzählungen in der Bauernwelt des Piemont und in Turin spielen, wurde 1908 in Santo Stefano Belbo geboren. Sein posthum veröffentlichtes Tagebuch (›Das Handwerk des Lebens‹) zeigt seine pessimistische Grundhaltung und die ihn ständig quälenden Selbstmordgedanken. Natalia Ginzburg schrieb über seinen Freitod im Jahre 1950: »Pavese beging Selbstmord in einem Sommer, als niemand von uns in Turin war. Er hatte seinen Tod vorbereitet und berechnet wie einer, der den Verlauf eines Spaziergangs oder eines Abends vorbereitet … Er aber liebte das Leben nicht, und wenn er über seinen Tod hinausschaute, so war das nicht Liebe zum Leben, sondern eine genaue Berechnung aller Umstände, damit ihn auch nach seinem Tod nichts überraschen könnte.«

Der 1801 in Turin geborene **Vincenzo Gioberti** (gestorben 1852 in Paris) wiederum, der wegen seiner demokratischen Ideen zeitweise im Exil leben mußte (Brüssel und Paris), bekämpfte in seinen Schriften die Jesuiten, veröffentlichte seine orthodox katholische Moralauffassung. Heftige Polemiken gegen D'Annunzio und Carducci führte der 1869 geborene **Enrico Thovez,** er

Umberto Eco

sorgte mit seinem Hauptwerk ›Der Hirte, die Herde und der Dudelsack‹ für einen Literaturskandal in Turin. 1901 kam **Piero Gobetti** in Turin auf die Welt, der Begründer der antifaschistischen Zeitschrift *La rivoluzione liberale* und der Literaturzeitung *Il Baretti* – ein engagierter Journalist, Verleger und Kritiker, der nach Paris emigrieren mußte.

Weltruhm erlangte mit der Verfilmung seines Romans ›Christus kam nur bis Eboli‹, der Geschichte seiner eigenen Verbannung, der 1902 geborene **Carlo Levi** (gestorben 1975 in Rom). Er engagierte sich literarisch stark für die Probleme Süditaliens/Siziliens.

Zum Kreis der antifaschistischen Intellektuellen um Leone Ginzburg gehörte der 1915 geborene **Stefano Terra.** Aktiv in der Widerstandsbewegung war **Primo Levi** (1919–87 Selbstmord), der unter seinem Pseudonym Damiano Malabaila u. a. seine Auschwitz-Erinnerungen literarisch verarbeitete. Die High-society und die weniger schönen Seiten seiner Heimatstadt Turin läßt der 1926 geborene **Carlo Fruttero** Revue passieren: in seinem – verfilmten – Kriminalroman ›Die Sonntagsfrau‹.

Zu den neueren Entdeckungen aus Turin zählt **Lidia Ravera,** Jahrgang 1951, eine von Italiens jüngsten Bestsellerautoren. Furore macht seit einigen Jahren der Jurist und Sänger **Paolo Conte** (geb. 1940) aus Asti: Pokergesicht, unrasiert, aber im Smoking mit Fliege, singt er zum eigenen Klavierspiel, ein wenig Jazz, ein wenig Erzählung, Balladen des 20. Jh. Auch wer die Worte nicht versteht, wird mitgerissen, gefangengenommen. Er sei kein Sänger, sondern Komponist und Texter, der seine Werke zufällig selbst vortrage. »Auch in der Juristerei muß ich mir öfters etwas einfallen lassen«, sagt der Volljurist, da fiele ihm das Texten auch nicht schwer.

So konzentriert sich in der Riesen-Region im Nordwesten Italiens das Interesse der Reisenden normalerweise auf ein relativ kleines Stück zwischen Turin und dem Hügelland südöstlich davon: auf das Weinland. Kunsthistorisch Interessierte freilich dürften noch mehr Anlaufpunkte finden und erst einmal Turin, die Hauptstadt der Region, intensiv besuchen.

Geschichte

Das bunte Völkergemisch des alten *Taurasia* der keltisch ligurischen Taurier, die sich im Gebiet des heutigen Piemont angesiedelt hatten, wurde unter Kaiser Augustus zu Augusta Taurinorum, und vom Untergang des Römischen Reiches bis ins hohe Mittelalter von Langobarden und Franken beherrscht. Aufgrund seiner strategisch wichtigen Lage war das Gebiet durch die Jahrhunderte immer wieder heftig umkämpft: Die ersten Metzeleien gab es durch die Magyaren 899 bei Vercelli, später durch die Sarazenen. Dann zerfiel die Region in zahlreiche Herzogtümer, Grafschaften und Marken. Wichtige und bedeutende Städte waren im 10. Jh. Turin und Ivrea, im 12. außerdem Saluzzo und Monferrato. Bereits im 11. Jh. kam durch Erbheirat der wichtigste Teil des Piemont an das Haus Savoyen und wurde im 13. Jh. zunächst Grafschaft und 1416 Herzogtum Piemont.

Die verkehrsgünstige Lage (zusammen mit dem Aosta-Tal) als Bewacherin der westlichen Alpenpässe Gran und Piccolo San Bernardo brachte die Region in den Spannungsbereich zwischen Habsburg und Frankreich. 1720 bildete sie zusammen mit Sardinien das Königreich Sardinien, 1798 bis 1814 war sie französisch besetzt. Danach wurde Turin zur treibenden Kraft für die Einigung Italiens. 1861 bestieg hier Vittorio Emanuele II., Sohn des letzten Königs von Sardinien, als erster den gesamt-italienischen Thron. Turin blieb allerdings nur bis 1865 Italiens Hauptstadt, während die Savoyer bis 1945 die Königswürde behalten konnten.

Die Preußen Italiens

Die Piemonteser gelten als begnadete Organisatoren, die es verstehen, die Dinge so in Gang zu bringen, wie sie es sich vorstellen. Spätestens seit der Einigungsbewegung des Landes im 19. Jh. *(Risorgimento)* haben sie Italien und der Welt gezeigt, wie das funktioniert. Deshalb sagt man von ihnen, sie seien kühler als andere Italiener, weniger herzlich, spontan oder ausgelassen – dafür aber zuverlässig und maßvoll.

Zäh, das ist auch Giovanni Agnelli, einst schillernde Playboy-Figur im internationalen Jet-set: der FIAT-Großaktionär, Italiens »heimlicher Mitregent«, wie er vom amerikanischen Journalisten Alan Friedman in seinem Buch ›Agnelli – Das Gesicht der Macht‹ genannt wurde. Schier unglaublich ist die Machtanhäufung, der Einfluß des FIAT-Konzerns reicht in fast jeden industriellen und finanziellen Bereich, mit etwa 360 000 Mitarbeitern und Tausenden von Zulieferern ist er Arbeitgeber für rund 2 Mio. Menschen. Und natürlich ist er einer der größten Automobilhersteller der Welt. Italiens ohnehin, oder kann sich jemand Italiens Straßen ohne Fiat vorstellen? Und ohne Lancia, Alfa oder Autobianchi und z. T. auch Ferrari, die dazu gehören? Soziales Engagement? »Nein«, schüttelt die Pressedame des FIAT-Chefs den Kopf, »das hat er nicht. Aber ist das nichts – so vielen Menschen einen Arbeitsplatz zu geben?« Sport und die Kunst werden gefördert, Ausstellungen mitfinanziert, Paläste restauriert, wenn die Aktion eine hohe Publizität verspricht, wie im Fall des Palazzo Grassi in Venedig. Außerdem sammelt die *Fondazione Agnelli* Dokumentationen zum Thema Piemont, unterstützt wissenschaftliche Arbeiten darüber. – Das ist auch nach Agnellis ›Abdankung‹ 1996 im Prinzip so geblieben.

Turin: Automobil- oder Touristenstadt?

■ (S. 436ff.) »Gli itinerari turistici convenzionali ignorano Torino«, die üblichen touristischen Reiserouten ignorieren Turin (ital. Torino) – dieser Satz leitet einen wunderschönen, älteren Bildband über die Piemonteser Kapitale (›Torino, un ritratto di una città‹, 1975) ein. Daran hat sich bis heute wenig geändert.

Die Turiner pflegen mit einem lachenden und einem weinenden Auge zu sagen: »Se la Fiat va bene, Torino va bene« – wenn es FIAT gutgeht, geht es Turin gut. Und Diego Novelli, 1975 bis 1985 Bürgermeister von Turin, meinte einmal: »Es ist eine fast krankhafte Identifizierung mit dem FIAT-Werk wie früher mit dem Königshaus.« Zu den Pflichtübungen eines Turin-Besuchs gehört also zumindest ein wenig Zeit für das **Automobilmuseum Carlo Biscaretti di Ruffia.** Autokenner schwärmen von den gepflegten und schönen Oldtimern, die hier zu bewundern sind. Alles dreht sich in dieser Stadt um das Auto – natürlich auch auf dem **Turiner Autosalon** (April/Mai), der inzwischen vom Ausstellungszentrum am Po, dem Torino Esposizioni, in das 1982 geschlossene und der Stadt vermachte erste FIAT-Werk **Lingotto** mit seiner Test-Piste auf dem Dach umgezogen ist. Lingotto, ein historisches Industriebauwerk, das der Nachwelt als Freizeitgelände und mit dem vielleicht schönsten Konzertsaal Italiens (ganz mit kostbarem Kirschholz verkleidet) erhalten geblieben ist.

Früher, heißt es, waren die Turiner fröhliche, weinselige Menschen. Erst als sie ihre Stadt zu einer Militärstation ausbauen, befestigen und verteidigen mußten, sollen sie ernst, zuverlässig, aber auch langsam und bedächtig geworden sein. Nichts mehr könne sie richtig anspornen oder begeistern, sagen böse Zungen. Und die Turiner selber nennen sich *bugia nen,* also Leute, die sich nicht gerne bewegen. Wie seine Menschen – weniger spontan und herzlich als andere Italiener – öffnet sich Turin dem Betrachter erst allmählich, wenn er sich für die Stadt ein wenig mehr Zeit nimmt als nur einen Tag.

Turins Stadtplan weist noch heute das 2000 Jahre alte Muster der rechteckig zueinander liegenden Straßen auf. Und zwar nicht nur im Gebiet des einstigen römischen *Castrum,* sondern überall dort, wo es die Lage erlaubte. Sogar im Osten zu Füßen der Hügel: Das winzige Stück zwischen ihnen und dem Po ist ebenfalls hübsch geometrisch angeordnet – und gilt wie die Hügel selber als besonders schönes Wohnviertel. Doch trotz der interessanten Funde aus römischer Zeit hat sonst nicht Rom, sondern

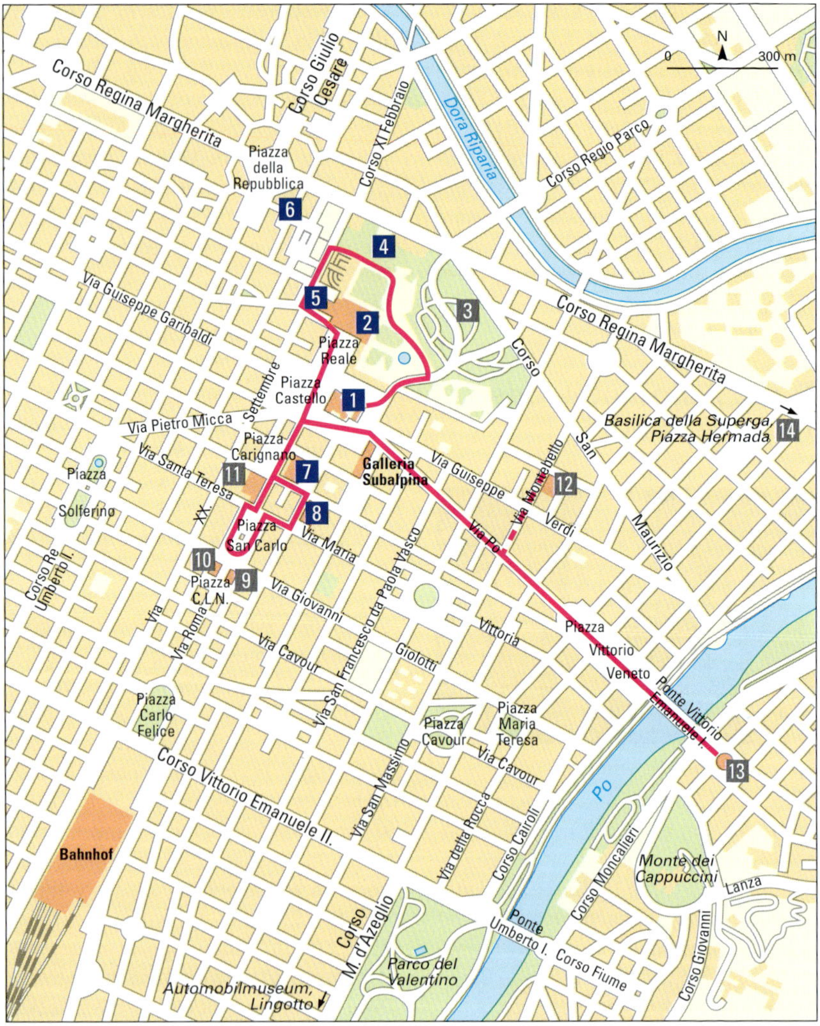

Turin: *1 Palazzo Madama 2 Palazzo Reale 3 Giardino Reale 4 Archäologisches Museum 5 San Giovanni Battista 6 Porta Palatina 7 Palazzo Carignano 8 Palazzo dell'Accademia delle Scienze 9 San Carlo 10 Santa Cristina 11 Galleria San Federico 12 Mole Antonelliana 13 Gran Madre di Dio 14 Basilica della Superga*

der Barock die Stadt geprägt, die stolz den Beinamen ›Perle des Barock‹ trägt.

Für den ersten Überblick sei die Terrasse der **Basilica della Superga** in den Hügeln genau über dem Zusammenfluß von Stura di Lanzo und Po empfohlen. Denn von der von Juvarra erbauten Kirche aus liegt einem die ganze, von den Alpen umkränzte Stadt zu Füßen und fügt sich ein in ein unvergleichlich schönes Panorama von mindestens 180 Grad. Klar sind die drei

Flüsse zu erkennen, die Turin durchfließen: Stura di Lanzo im Norden, fast durch die Stadtmitte weiter südlich der Dora Riparia-Bach und zwischen den östlichen Ausläufern der Stadt und den Hügeln verläuft der Po, in den sich die beiden ergießen, und dessen Ufer fast durchgehend von Grünanlagen gesäumt und gestaltet sind. Zu den Erholungszonen der Turiner gehört der **Botanische Garten** und der schönste Park der Stadt, **Valentino:** Zentrum ist der aus dem 15. Jh. stammende Herrensitz, der ab 1630 von Castellamonte zu einem Schloß ausgebaut wurde. An der großzügigen Brunnenanlage Fontana dei Dodici Mesi, die zwölf Monate mit allegorischen Gestalten darstellt, treffen sich Musikstudenten, die gerne Klassisches spielen. Insgesamt sind mehrere Fakultäten der Universität Turin hier angesiedelt, vor allem die wissenschaftlichen und im Schloß die Architektur. Pferdedroschken warten im Park auf Kundschaft.

Anläßlich der Weltausstellung von 1984 wurde nebenan das mittelalterliche Dorf **Borgo del castello mediovale** geschaffen, eine Art Freiluftmuseum mit Kopien mittelalterlicher Häuser aus dem Piemont und dem Aosta-Tal (z. B. das Schloß Fénis). Ein wenig Disneyworld, beliebt nach Feierabend und am Wochenende, nicht nur wegen der kleinen Kunsthandwerksläden, sondern auch, weil man am Fluß nett sitzen kann bei *Aperitivo* oder *Caffè,* ein Boot mieten und sich den Po abwärts treiben lassen, von erfrischendem Grün umgeben. Viel hat die Stadt nämlich sonst nicht davon, außer entlang der Baumalleen, den *Corsi.* Sie protzt eher mit ihrer Architektur – die sie sehr urban erscheinen läßt, würdig und ernst.

Trotz ihrer Prachtbauten ist Turin aber keine rein mondäne Stadt, Arbeiter prägen ihr Bild ebenso wie gutgekleidete *Avvocati* und ihre Begleitung. Wer um fünf Uhr früh aufstehen muß, um seiner Arbeit nachzugehen, liegt schon früh am Abend im Bett – Nachtleben ist nicht typisch für Turin, es wird kaum gebraucht, von den Turinern jedenfalls nicht. Wenn sie sich treffen, dann meistens im privaten Kreis, der durchaus größeren Rahmen annehmen kann. Wohnungseinweihungen stehen immer häufiger auf dem Programm, man richtet sich gerne neu, besser ein, kaum daß man es sich finanziell leisten kann.

Friedrich Nietzsche, der von April bis Juni 1888 und von September 1888 bis Januar 1889 in Turin weilte, war glücklich in dieser Stadt: »Ein wahrer Glücksfund für mich, dies Turin!« Und gerade von der Architektur war er begeistert: »Nein, was für ernste und feierliche Plätze! Und der Palaststil ohne Prätention; die Straßen sauber und ernst – alles viel würdiger, als ich es erwartet hatte! Die schönsten Cafés, die ich sah. Die Arkaden haben bei einem solchen Wechselklima etwas Notwendiges; mir sind sie großräumig, sie drücken nicht. Abends auf der Po-Brücke: herrlich! Jenseits von Gut und Böse!« Trotz aller Begeisterung: In Turin erlebte der große Denker seinen endgültigen nervlichen Zusammenbruch. Für Nietzsche-Verehrer: Er wohnte in der Via Carlo Alberto 6 (Gedenktafel).

Stadtspaziergang

Für einen alten Turiner liegt das echte Herz der Stadt an der Piazza Castello. Schließlich spiegelt hier der **Palazzo Madama** 1 die Geschichte der Stadt wieder: erbaut auf den Resten eines römischen Stadttores, im Mittelalter in eine Festung mit vier Ecktürmen umfunktioniert und von Madama (daher der Name) Maria Cristina di Savoia 1721 in einen barocken Palast umgestaltet. Die Festung ist kunstvoll integriert worden, ein wenig sizilianisch fiel der Barock aus, was nicht wundert, war doch der Architekt der Sizilianer Filippo Juvarra. Der Palast befindet sich leider seit Jahren im Umbau, weshalb auch das Städtische Museum für alte Kunst mit seiner wichtigen Sammlung Turiner Malerei nicht zugänglich ist.

An der Nordwestecke der Piazza Castello schließt sich die Piazza Reale an mit dem **Palazzo Reale** 2. Er birgt eine schier unendliche Folge von Prunkräumen und die wohl größte Waffensammlung Europas mit Stücken auch aus Afrika und dem Orient (in der Armeria Reale). Die Pferde sind aus Holz, mit echter Pferdehaut überzogen, aber das Prachtstück ›Favorito‹, das Lieblingspferd von Carlo Alberto, ist das echte, einbalsamierte Roß ...

Hinter dem Königlichen Palast erstreckt sich der ausladende, öffentliche **Giardino Reale** 3, in dessen Schatten sich die Turiner gerne in der sommerlichen Mittagspause ergehen. Endlich ist das **Archäologische Museum** 4 unterhalb fertig (Wege führen durch die Mauer und eine Bastion der Palastanlage hindurch zum ›Museo di Antichità‹) mit den didaktisch hervorragend aufgebauten Sammlungen.

Gleich nebenan befindet sich die Piazza San Giovanni mit der Kathedrale **San Giovanni Battista** 5, deren Fassade mit drei geschmückten Portalen 1492–1498 von Meo del Caprina in zaghaftem Renaissancestil erbaut wurde. Die meisten Besuche des Gotteshauses gelten aber nicht ihm selber, sondern dem Heiligen Grabtuch in der Capella della Sindone (1668–1694) von Guarino Guarini. 1578 brachten es die Savoyer von Chamberry, wo es in ihren Besitz gelangte, über Aosta nach Turin. Mehr

Palazzo Madama

als 400 Jahre wurde es verehrt wie das echte Grabtuch Christi. Ex-König Umberto II. schenkte das Tuch dem Vatikan, es durfte aber in Turin bleiben. Lange Zeit war es Gegenstand ständiger Auseinandersetzungen zwischen Glauben und Wissenschaft. Mit der Radiokarbonmethode C 14, mit der man relativ genau die Entstehungszeit geologischer Formationen und historischer Gegenstände errechnen kann, wurde 1988 und 1995 festgestellt, daß das Turiner Grabtuch aus der Zeit zwischen 1260 und 1390 stammen müsse. Der Turiner Erzbischof Kardinal Anastasio Ballestrero erklärte daraufhin, das 4,36 × 1,10 m große Tuch, auf dem ganz deutlich das Abbild eines Gekreuzigten mit Dornenkrone und Wundmalen in der Vorder- und der Rückansicht zu erkennen ist, bliebe den Gläubigen dennoch eine »heilige Ikone«, also anbetungswürdig, eine »Offenbarung des Antlitzes und des Körpers Christi«.

Neben der Kathedrale beginnt an der Via XX Settembre die archäologische Zone von Turin mit den Resten des römischen Theaters. Imposant erhebt sich linker Hand das römische Stadttor, die **Porta Palatina** 6. Zwei 16seitige wuchtige Türme flankieren eine mächtige, durch Tore und zwei Fensterreihen gegliederte Mauer, eines der wichtigsten erhaltenen Stadttore des römischen Imperiums, davor Bronzestatuen (Kopien). Wo in Porta Palazzo nördlich der Piazza della Repubblica sonst Obst, Gemüse und Wäsche verkauft werden, wird samstags Flohmarkt und am zweiten Sonntag des Monats der ›Gran Balón‹ abgehalten, Turins großer Floh- und Antiquitätenmarkt, dessen Besuch man sich auf keinen Fall entgehen lassen sollte.

Von der Kathedrale aus geht es zurück zur Piazza Castello. Mit dem Rücken zum

Palazzo Reale schaut man durch die arkadengesäumte, 2 km lange, sehr geschäftige und als *Passeggiata*-Meile beliebte Via Roma auf ein städtebauliches Meisterwerk der Savoyer, die sich in ihrer Stadt gern ergehen wollten, bis zur klassizistischen Fassade des Bahnhofes Portanuova, über eine schöne Folge von fünf Plätzen (Castello, Carignano, San Carlo, C.L.N., Carlo Felice).

Die Piazza Carignano ist benannt nach dem **Palazzo Carignano** 7, der 1679–1685 von Guarini erbaut wurde. Hinter der kurvig vorspringenden Barockfassade mit dem schönen Backsteinmuster wurde ein wichtiges Stück Geschichte geschrieben: Der Palazzo war Sitz des südalpinen (1848–1860) und später des italienischen Parlaments (1861–1865), am 14. März 1861 wurde hier das Königreich Italien ausgerufen. Beim Betreten der Aula del Parlamento Subalpino, deren Oval 1988 zum 140jährigen Jubiläum wunderschön in Weiß, Gelb, Gold und rotem Plüsch restauriert

Cafés haben Tradition

Was bereits Nietzsche schätzte, nämlich die schönen Cafés, macht noch heute den besonderen Reiz Turins aus. Gegenüber dem Palazzo Carignano steht **Il Cambio,** das prestigeträchtigste Restaurant (früher Café) der Stadt. Hier saß, wie eine Tafel erinnert, 1848 bis 1861 auch Camillo Cavour, einer der Einiger Italiens.

Beim Teatro Carignano nebenan befindet sich seit 1844 das **Gelati Pepino.** Der frühere Besitzer gilt als Erfinder des *Gelato coperto* für die *Passeggiata* (zum Mitnehmen). Sein berühmtes Eis heißt ›Pinguino‹ und sieht so aus: Vanille-Eis mit Schokoladenüberzug.

Das **Moquita** Ecke Piazza San Carlo war einst ein sehr beliebtes Café, jetzt hat es die Modernität gepackt und es zeigt sich in den Farben Schwarz/Rot der Marke Caffè Segafredo, für das es wirbt. Auf der anderen Platzseite das **Caffè Torino** mit Restaurant seit 1903, Spezialität sind die berühmten Turiner *Gianduione,* nach der Turiner Maske Gianduia genannt, handgemacht natürlich, feinste Milchschokolade mit einer Füllung aus Nußpaste – ein Gedicht! Auch **Stratta,** eine der ältesten *Pasticcerie* der Stadt, findet man an der Piazza San Carlo, ebenso das Schlemmerland **Paissa,** in dem man für die feine Tafel einkaufen kann. In zwei sehr schönen Räumen aus der Wende zum 20. Jh. mit moderner Bar dahinter hat sich das **Caffè San Carlo** etabliert, im Winter wird drinnen serviert, im Sommer im Freien mit Musik.

Seit 1875 produziert und verkauft das **Caffè Platti** am Corso Vittorio/Ecke Corso Umberto köstliche Kleinigkeiten zum Naschen und Aperitif in den Räumen im inzwischen leicht vergilbten Zuckerbäckerstil.

In der Galleria Subalpina zwischen Piazza Castello und Piazza Carignano liegt **Baratti,** ein immer gut besuchtes Café-Restaurant mit berühmt-guten Turiner *Panini,* fein belegten Broten. – Und eine interessante Buchhandlung: Die **Casa del Libro** verkauft Bücher zum halben Preis, und zwar auch solche, die es woanders gar nicht mehr gibt. Die Leute stehen täglich Schlange!

Einem Schatzkästlein gleicht das **Caffè Mulassano** in der Galerie, von außen wie ein Getränke-Feinkostladen dekoriert, innen von auserlesener, kostbarster Eleganz. Die besten Innendekorateure der Jahrhundertwende haben hier die seinerzeit teuersten Materialien verarbeitet. Allein die Kassettendecke mit Ledereinlage, Marmor in vielen Farben, bronzene Blumendekoration, Spiegel ist spektakulär! Mitglieder des Königshauses verkehrten hier, und Künstler vom nahen Teatro Regio, später Filmgrößen wie Gigetta Morano (Stummfilm!), die sich noch als 90jährige Greisin gerne in das Café begleiten ließ. Einigen italienischen Filmen dienten die schönen Räume als Kulisse (z. B. ›Piccolo mondo antico‹ und ›Addio Giovinezza‹), ebenso zahlreichen Modeschöpfern für die Fotos ihrer Modelle. Toast und *Tramezzini,* die inzwischen so berühmten belegten Brote Turins, wurden 1925 von den Nachfolgern der Brüder Mulassano in diesem Café eingeführt. 1978 wurde es von den schlechten Restaurierungen nach den Kriegsschäden befreit und im alten Sinne wiederhergestellt – als wär's ein Stück Jahrhundertwende!

wurde, überkommt einen schon bald ein Gefühl historischer Bedeutung. Würdig blicken Vittorio Emanuele II., Giuseppe Garibaldi und Camillo Cavour, die Väter der Einigung Italiens, auf den Betrachter herab. Links vom Eingang wurde eine Uhr zum Stillstand gebracht. Sie zeigt 0.30 Uhr in der Nacht des 18. auf den 19. Oktober 1861, die Stunde, als die italienische Republik ausgerufen wurde.

In den 38 Prunksälen des Palazzo Carignano, der übrigens auch das Geburtshaus von Vittorio Emanuele II. ist, wurde auch das **Museo Nazionale del Risorgimento Italiano**, das Museum der Einigung Italiens eingerichtet, das wohl bedeutendste seiner Art.

Von ganz besonderer Pracht ist der barocke **Palazzo dell'Accademia delle Scienze** 8 auf der Rückseite des Palazzo Carignano mit dem **Ägyptischen Museum**, dem wichtigsten Europas und dem zweitgrößten nach Kairo. Nicht verpassen sollte man seine neuen Räume im Untergeschoß! Im selben Riesenpalast ist auch die Galleria Sabauda untergebracht, die Pinakothek der Savoyen, u. a. mit Italiens wichtigster Sammlung flämischer und holländischer Malerei. Als sie im 19. Jh. eröffnet wurde, war sie die erste Galerie moderner Kunst in Italien.

Wer sich weniger für Museen interessiert, dürfte zumindest vom ›Salon‹ der Stadt, der grandiosen Piazza San Carlo in der Mitte der Via Roma fasziniert sein. Der Abstand zwischen den beiden innen reich intarsierten Kirchen **San Carlo** 9 links und **Santa Cristina** 10 rechts (vom Reiterdenkmal des Emanuele Filiberto aus gesehen), die geradezu theatralisch den Platz abschließen, entspricht genau der Breite der alten römischen Straße. Ringsum stehen *portici*-gestützte Barockpaläste, Bogengänge, die für das Zentrum Turins typisch sind: So kann man trockenen Fußes bei jedem Wetter durch die Straßen bummeln. Und wo man diese überqueren muß, wurden teilweise auch noch die sogenannten *Portici porticati* gebaut, über den Straßen hängende und beide Seiten verbindende Terrassen. Unter den Arkaden der Piazza San Carlo locken die feinsten Geschäfte und zahlreiche Cafés (s. S. 116f.).

Ecke Via Santa Teresa zieht sich die Passage des Kinos Lux, die **Galleria San Federico** 11 aus Beton, Eisen und Glas ins Häusergewirr, mit einladend-schönen Geschäften, Schmuckkästen gleich: etwa Franco Maria Ricci, Buchhandlung und Verlag (aus Parma) mit kostbaren Folianten, Faksimiles und anderen Druckwerken, die zu hohen Ausgaben verleiten können.

Wer sich für Antiquitäten interessiert, findet generell ein großes Angebot in Turin und speziell im Viertel zwischen Via della Rocca, Via und Piazza Cavour. Wer besonders schöne Stadtviertel von Turin sehen möchte, ist hier ebenfalls gut aufgehoben: Die Architektur ist sehr französisch à la Lenôtre angehaucht, mit herrlichen Innenhöfen. Die Piazzetta Maria Teresa und die Via Cavour mit schönem großen Park sind umgeben von tadellos gepflegten Häusern in Altrosa, Ocker und Grau-Weiß. Hier hat sich im 19. Jh. der Adel niedergelassen und Prachtstraßen gebaut. Die Via Garibaldi (Fußgängerzone vom Feinsten) und die Diagonale dazu, Via Pietro Micca, gestalten eckige und halbrunde Erker, alte Lampen, französischer Charme.

Richtung Po überragt eine hohe, spitzzulaufende Kuppel die Dächer von Turin: die sogenannte **Mole Antonelliana** 12, ursprünglich als Synagoge begonnen, aber nicht als solche benutzt, jetzt Kulturzentrum und beliebter Aussichtsturm

Galleria Subalpina

Boccia-Kneipen und Cooperativen

In Turin existieren noch heute kleine, bescheidene Treffpunkte der meist alten Männer, die hier Boccia spielen: *Bocciofile,* im Grünen unter einer schattigen Pergola, am Rande der Stadt. Mosseto am Dora-Fluß Ende des Balóns etwa ist leicht erreichbar. Man schaut den Männern zu, wie sie fast regungslos dem Ball mit ihren Blicken folgen. Ein Espresso, ein Glas Wein, ein warmes, preiswertes Tellergericht gibt es – und ein Dach über dem Kopf. Das ist ein Stück altes Italien, das sich erhalten konnte.

Typisch für Turin sind auch die zahlreichen alternativen Restaurants der nach-kommunistischen Cooperativen, die als Arbeitsbeschaffungsprogramm angesehen werden und andererseits als Möglichkeit für die Arbeiterwelt, in der teuren Stadt auswärts zu essen. (Das Piemont ist fast durchweg christlich-demokratisch, Turin aber links regiert.) Man zahlt einen Festpreis für das gemeinsame Essen, sitzt im Sommer unter luftigen Pergolen. Auch Fremde sind willkommen, etwa Reisende, die sich unters Volk mischen wollen. Nur: Diese Lokale entstehen und verschwinden, die Leitung wechselt, auf Adressen ist kein Verlaß. Man findet sie entweder durch Zufall oder es spricht sich rum ... Sonntags sind die meisten Cooperativen geschlossen, die sich häufig auch *Trattorie* oder *Osterie* nennen – im guten alten Sinne.

Für Interessenten, die sichergehen wollen: Beim Touristenamt bekommt man ein kleines grünes Heft, ›Guida ai Ristoranti Cooperativi‹ mit dem netten Untertitel ›Mangiar fuori restando in famiglia‹ (auswärts essen, und doch familiär bleiben), das aktuelle Beschreibungen und Adressen für Turin und die Hügel, Val di Susa sowie Il Canavesa enthält.

(bald vielleicht auch Kino-Museum). Das 167,50 m hohe, 1863 vom Namensgeber Alessandro Antonelli errichtete Wahrzeichen ist das höchste, bestimmt aber nicht das schönste Gebäude der Stadt.

Die Hügel der Reichen

Von der Piazza Castello führt eine Straße direkt zum Po: die Via Po, an der die erste Universität der Stadt liegt. Kurz vor dem hier schon recht breiten Strom öffnet sie sich zur riesigen, leider ziemlich ungepflegten und zugeparkten Piazza Vittorio Veneto. Sie ist aber von gleichmäßig hohen Palästen umgeben und läßt den Blick frei auf die Kirche **Gran Madre di Dio** 13 jenseits des Flusses, eine schlechte Kopie des römischen Pantheons. Und auf die Hügel von Turin: rechts der Monte dei Capuccini, der den Reigen schöner, reicher Straßenzüge eröffnet, die sich über die Hügel erstrekken. In den ehemaligen Weinbergen (ein paar Reste davon sind nahe der Piazza Hermada am Weg zur Superga zu finden), liegen heute die feinsten Wohnviertel der Stadt.

Per Zahnradbahn oder mit dem Wagen ist die **Basilica della Superga** 14 auf Turins zweithöchstem Hügel (672 m) leicht erreichbar. Auch wer sich für ihr Inneres nicht sonderlich interessiert, wird den Blick vom Vorplatz genießen, der über Turin bis hin zum Alpenkamm reicht. Die Superga ist für die modernen Turiner hauptsächlich ein Mahnmal des Schreckens: Am 4. Mai 1949 zerschellte direkt hinter der Basilika das aus Barcelona kommende Flugzeug mit der Turiner Fußballmannschaft. Nebel, ein häufiges Phänomen im Frühjahr und Herbst, hatte dem Piloten die Sicht genommen. Bei dem Unglück kam fast die gesamte italienische Nationalmannschaft ums Leben, stellt doch Turin traditionell beste Fußballspieler.

Prinz Eugen ließ den zentralen Kuppelbau der Superga von Juvarra zum Dank für seinen Sieg 1706 gegen die Franzosen errichten. Später wurde die Basilika zur Grabkirche der Savoyer ausgebaut. Ihre Sarkophage sind in der Krypta zu sehen: 54 an der Zahl, übersät von achtzackigen Sternen, dem Symbol des Hauses Savoyen (nur vor der Sakristei und der Volto-Kapelle sind es fünfzackige Sterne), für fünf Könige, acht Königinnen und 41 Fürsten.

Wein und Trüffel: Monferrato, Langhe und Roero

Zur Trüffelzeit wählen Kenner natürlich Alba als Station. Monferrato und die Langhe sind dann im nachmittäglichen Herbstlicht von einer so unglaublich zarten Schönheit, daß alle Sinne gefangengenommen werden. Von Turin kommend, ist die Landschaft erst relativ flach, Pappeln und Maisanbau bestimmen das Bild. Ab Montà sind die Hügel übersät von Weingärten, die ihr rostrotes Kleid übergeworfen haben. Herbst – die unbestritten schönste Jahreszeit im Monferrato und seinem Südzipfel, der sich Roero nennt. Barbera und Nebbiolo sind hier zu Hause, Weine, die das Piemont weltberühmt gemacht haben.

Alba 1 (S. 402f.) muß sein: wegen des hübschen mittelalterlichen Stadtkerns, im Oktober wegen des Trüffelmarktes; wegen der schönen Natur zwischen dem nördlichen Roero, dem Südwestzipfel des sanftgewellten Weinlandes Monferrato, und der zackigeren, waldreicheren Hügel der Langhe südlich des Tanaro-Flusses, der Alba formt. Grund genug für viele Reisende sind die kulinarischen Genüsse ringsum und natürlich die Weine! Ab dem ersten Oktobersonntag, wenn ein unbeschreiblich amüsanter und doch historischer Esel-Palio stattfindet, der Trüffelmarkt seine Tore öffnet und die herb duftenden Gerüche verströmt, die Genuß-Saison eingeläutet wird und die Natur sich goldgelb, rostrot färbt, ab und zu in zarte Nebelschleier verhüllt – dann ist Alba-Zeit!

Alba, inzwischen auf rund 30 000 Einwohner angewachsen, betritt man von Turin kommend sozusagen durch die Hintertür, an der **Piazza Medford,** wo es sich modern gebärdet und nach reichgewordener Kommune aussieht. Hinter geduckten, bepflanzten Mauern verbirgt sich der neue Justizpalast, daneben ein bei jeder Gelegenheit lauter, fröhlicher Lunapark und das neue Kongreßzentrum, das auch für Messen und Ausstellungen genutzt wird. Nur ein paar Schritte sind es bis zur Piazza Gari-

Richtig Reisen
Thema

Die Trüffel von Alba

Toscana, Umbrien und Piemont, hier speziell das Albarese, die Gegend um Alba, sind Fundgebiete der weißen Trüffel, der Königin der Pilze. Für sie zahlen Feinschmecker so ziemlich jeden Preis, an die 1000 Euro je Kilogramm. Allerdings ließe sich eine ganze Garnison mit einem Kilo Trüffel kulinarisch verwöhnen! Wird doch die weiße Knolle hauchdünn auf einem Spezialhobel über das Essen geraspelt, eine Winzigkeit von vier bis sechs Gramm genügt, den teuren Duft entfalten zu lassen. Dafür zahlt man in den Restaurants je Teller mindestens 15 Euro drauf ...

Ein *Trifolaio* (Trüffelsucher) geht übrigens immer alleine los, weil er seine Geheimplätze hat und weil sein Hund sonst mit den anderen spielen oder sie vertreiben will. So ein Hund kostet 1000 bis 1500 Euro, und mancher muß gar fürchten, daß sein Trüffelhund vergiftet wird! Der beste Trüffelboden findet sich im Wald unter Eichen und Haselnußsträuchern. Die schönste Trüffel, die ein

Trifolaio offiziell jemals fand, groß und hell und ganz fest, wog 1350 g, das war 1976 und dafür gab es auf dem Markt eine Prämierung. Und sehr viele Zeitungsberichte.

baldi, die bereits innerhalb des einstigen mittelalterlichen Mauergürtels liegt. Von hier aus tut sich rechts und links der Via Cavour ein schönes Gassengewirr auf. Die Fußgängerzone Via Vittorio Emanuele ist die reinste Verführung in Sachen Schlemmen und Mode – und jeden Samstag vollständig vom Wochenmarkt (urkundlich seit 1171 belegt) eingenommen, der sich zwischen niedrigen Häusern und hohen mittelalterlichen Backsteintürmen bis zur Kathedrale an der Piazza Risorgimento hinzieht. Diese steht über dem römischen Forum, bis heute das Zentrum der Stadt. Hier liegen der Dom San Lorenzo (weshalb die Einheimischen nur von der Piazza Duomo sprechen) mit wunderschön intarsier-

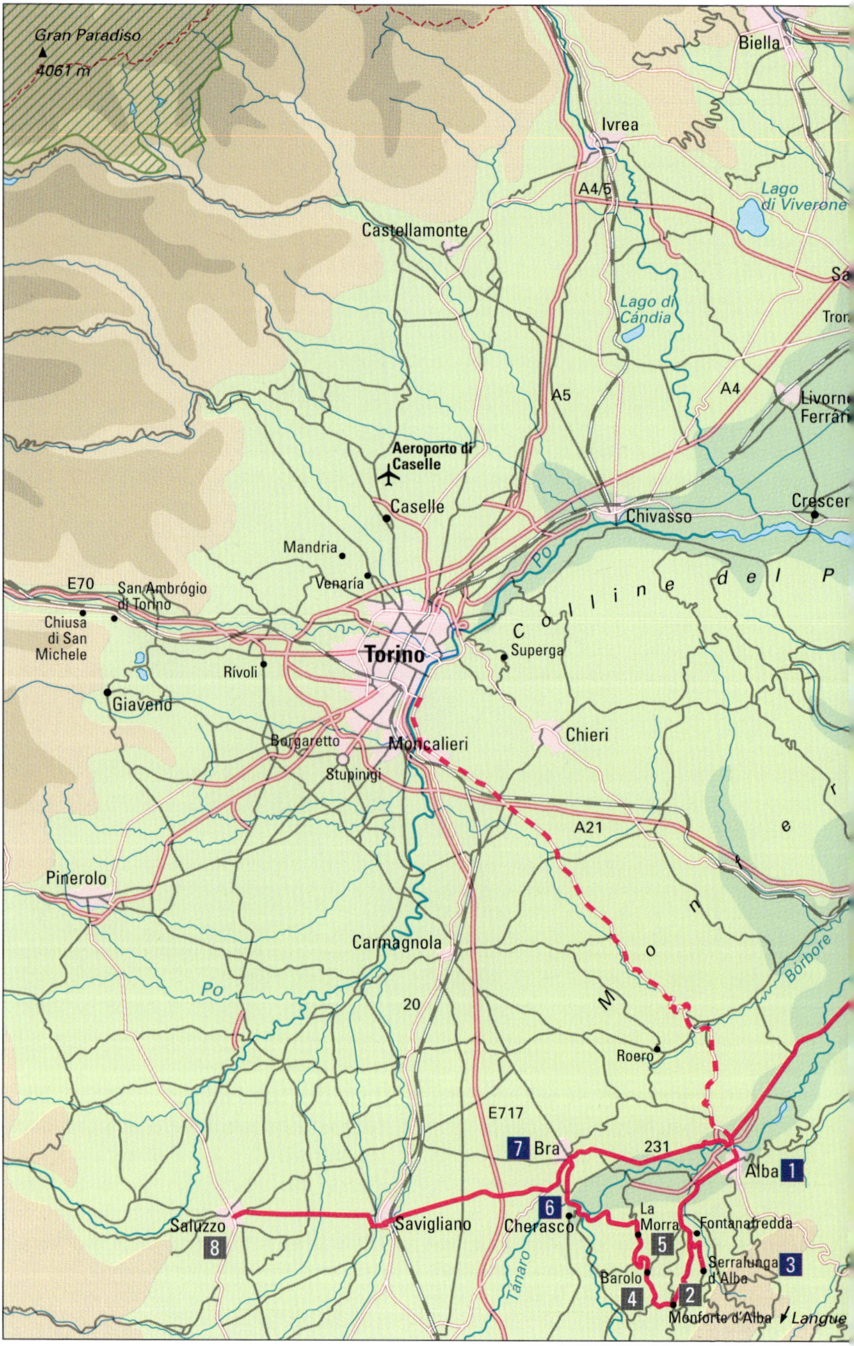
Gran Paradiso
4061 m
Biella
Ivrea
A4/5
Lago di Viverone
Castellamonte
Lago di Càndia
A5
A4
Livorno Ferraris
Aeroporto di Caselle
Caselle
Chivasso
Crescentino
Mandria
Venaría
E70
San Ambrógio di Torino
Chiusa di San Michele
Po
Colline del Po
Torino
Superga
Rívoli
Giaveno
Borgaretto
Moncalieri
Chieri
Stupinigi
A21
Monferrato
Pinerolo
Carmagnola
Po
Bòrbore
20
Roero
E717
7 Bra
231
Alba 1
6 Cherasco
La Morra
Fontanafredda
Saluzzo
8
Savigliano
5
Serralunga d'Alba 3
Tánaro
Barolo
4
2
Monforte d'Alba
Langue

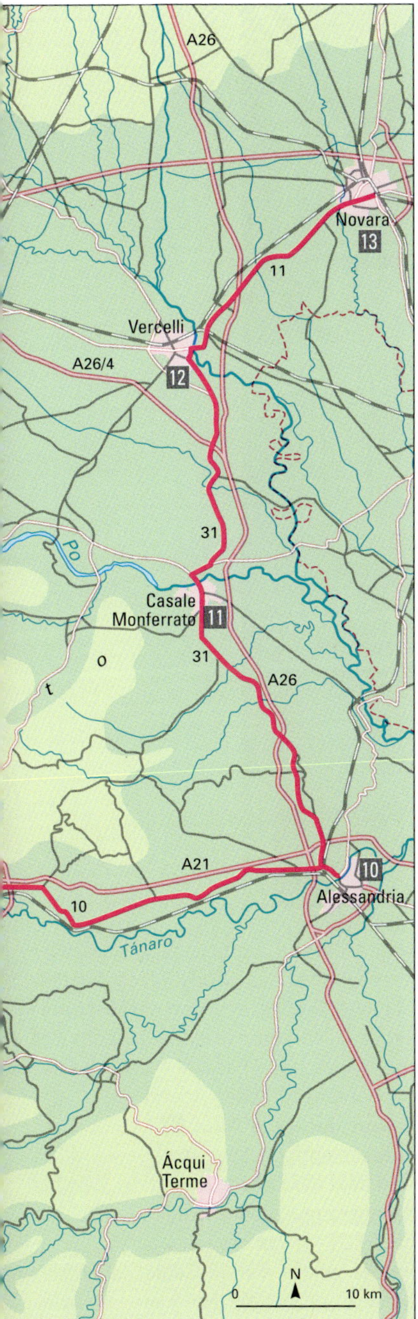

tem Chorgestühl von Bernardino Fossati (1512) und das Rathaus, in dessen Sitzungssaal zwei kostbare Bilder hängen: ›Gekrönte Maria‹ von Macrino (1501) und das ›Kleine Konzert‹ von Mattia Preti, einem Anhänger Caravaggios.

Im ehemaligen Klosterkomplex von Santa Maddalena an der Fußgängerzone teilen sich Kirche und Stadt die zentralgelegenen Räumlichkeiten: Im ehemaligen Kreuzgang findet im Oktober die berühmteste Trüffel-Versteigerung statt. Durch die Biblioteca Civica, die städtische Bücherei, die sehr modern eingerichtet ist, gelangt man innerhalb des Kreuzganges zum Chor der Kirche, der in einen Ausstellungsraum umfunktioniert und daher vom eigentlichen Kirchenraum abgetrennt wurde.

Landpartie zu Nußplantagen und Weinbergen

Von Alba aufs Land zu fahren, das bedeutet, in die Haselnuß- und Kastanienwälder und zu den Weinbergen, die den Reichtum der Langhe und des Roero ausmachen. Das bedeutet auch, einmal Ferien auf dem Bauernhof zu überdenken, ›Agriturismo‹: Man hat in Italien begriffen, daß sich mit den Naturprodukten, dem Dorf-Ambiente, dem Leben auf einem Weingut u. ä. sehr wohl Geld verdienen läßt, auch im Piemont, wo Gäste sogar als Helfer bei der Weinlese willkommen sind. So lernt man Land und Leute am besten kennen, hat schneller Zugang zur Gastgeberfamilie und lernt ganz nebenbei auch noch Italienisch.

Fahrt aufs Land bedeutet natürlich auch, die zahlreichen *Castelli* zu besuchen, die man, bestens restauriert, viel-

Monforte d'Alba

fach zu Enotheken umfunktioniert hat. Der gute und meist teure Wein hat sich solche ehrwürdigen Mauern selber ›verdient‹ und macht sie wiederum zu besonderen Anziehungspunkten auch für Leute, die mit Historischem an sich wenig anfangen können. Die kleinen Weingüter und die großen *Aziende* – beide Formen genießen im Piemont einen guten Ruf.

Monforte d'Alba 2 (S. 424), in 521 m Höhe gelegen und nicht gerade hübsch, produziert einen der berühmtesten Weine der Welt, den Barolo. In diesem Monforte werden auch klassische Musikabende im Freien veranstaltet. Manche Musiker, erzählen die Monforteser stolz, kommen allein wegen des Barolo-Weins: eine Flasche besten Barolo als Honorar für einen Abend?

Serralunga d'Alba 3 ist nur 6 km Luftlinie entfernt, über die fast schroffen Abhänge der Langhe dauert der Weg bis zum trutzigen, hochaufragenden Schloß natürlich etwas länger. Es ist noch immer bestes Barolo-Gebiet, aber hier befindet sich in der Nähe ein Landwirtschaftsunternehmen größter Ausmaße, im Besitz einer der ältesten Banken Italiens (Monte dei Paschi di Siena). Schon 1931 kaufte diese vom königlichen Haus der Savoyer die schöne Villa, die 1820 als Jagdschloß für Emanuele II. von Italien gebaut wurde (heute Gästehaus der Bank). Er war 21, sie, eine Bauerntochter, 16 Jahre alt. Rosa Vercellana hieß sie, der Volksmund nannte sie aber ›Bella Rosin‹. Später, als seine Königin starb, nahm Vittorio Emanuele II. Rosa zur Frau – sie wurde allerdings niemals Königin. Eine romantische Geschichte, die so gar nicht in die kühle Atmosphäre dieses blitzsauberen, fast steril wirkenden Weingutes passen will, das auch noch den Namen ›Fontanafredda‹ (kalter Brunnen) trägt.

Vergnügen bereitet die Fahrt von Serralunga über das kastellbewachte **Barolo** 4 und das wunderschön auf einem Hügel liegende **La Morra** 5 (S. 418) abwärts durch dichte Haselnußpflanzungen ins Tánaro-Tal, wo auf dem Plateau im Zusammenfluß mit der Stura di Demonte **Cherasco** 6 liegt. Wer mittags hier eintrifft und die menschenleeren Gassen durchschlendert, müßte sich vorkommen wie in einem vergessenen mittelalterlichen Nest – oder in einer Filmkulisse während der Drehpause. Dem Muster des römischen *Castrum* folgend, ist die Stadt, die um 1243 auf Veranlassung Albas wiedererstand, später mit einer bastionenreichen Mauer und einer Burg befestigt wurde, in Rechtecke und durch zwei Hauptachsen mit der Piazza in der Mitte in vier Stadtteile gegliedert. Dennoch wurde Cherasco Spielball der Geschichte zwischen den Visconti aus Mailand und den Savoyern, die hier ab 1559 eine rege Bautätigkeit entwickelten. Sie weilten gerne in Cherasco, wo sie die Künste förderten. Mehrere Friedensverträge wurden im schönen Städtchen unterzeichnet, auch von Napoleon, der im April 1796 im Palazzo Salmatoris Quartier nahm. Im Wappen der Stadt ist daher ihr Titel zu lesen: ›Urbs firmissima pacis‹, die Stadt der Friedensverträge.

Das Stadtbild ist harmonisch: Piazza mit Rathaus, dem kommunalen Turm und der leicht zurückversetzten Kirche San Gregorio im Zentrum, geduckte Paläste, die die Höhe der Mauern nicht übertreffen durften und innen für den Ernstfall Autarkie ermöglichten – mit Brunnen und Gemüsegarten. Die wundervoll gearbeiteten Fassaden aus rotem Backstein, dem man so viel Verspieltheit gar nicht zutrauen würde, zeigen Zahnmuster, Halbkugeln und Knöpfe, Säulchen und Zacken zu zarten Friesen gefügt, etwa am Palazzo Fracassi, der innen (auf Anfrage zu besichtigen) von unglaublicher Pracht ist. Der Turiner Adel war es schließlich, der im Gefolge des Königshauses schon immer nach Cherasco kam – in die Sommerfrische und auch auf der Flucht vor der Pest.

Cherasco ist heute ein Beispiel dafür, wie gut sich Landwirtschaft und kleinere Industrie vertragen. Arbeitslosigkeit ist hier ein Fremdwort, die Wirtschaft des Städtchens floriert. Italienweit von Bedeutung ist nämlich die Schneckenzucht, die dritte Septemberwoche ist alljährlich dem Treffen der Schneckenzüchter des Landes gewidmet, natürlich verbunden mit kulinarischen Veranstaltungen. Und die Zucht Piemonteser Rinder, man spricht von 12 000 Stück, dürfte eine der intensivsten in Italien sein. Milch- und Fleischwirtschaft sind die natürliche Folge. Getreideanbau und Gemüse, auch in Treibhäusern, bilden einen weiteren wichtigen Wirtschaftszweig. Richtung Tánaro auf den Hügeln wächst der Wein (Nebbiolo, Dolcetto und Barbera) – Cherasco ist eine der ausgewählten Kommunen, die Barolo produzieren dürfen. Und Cherascos Restauratoren alter Möbel haben sich einen so guten Ruf erworben, daß sie aus ganz Europa als Experten zu Rate gezogen werden. Natürlich ist deshalb der interessante Flohmarkt gut besucht, der zweimal im Jahr (Frühjahr und Herbst) im historischen Zentrum abgehalten wird, am ersten September-Sonntag gleichzeitig mit dem Kunsthandwerksmarkt.

Eine wichtige Obstanbau-Tradition (und inzwischen auch eine gutgehende Lederindustrie) pflegt auch **Bra** 7 jenseits des Tánaro-Flusses im Roero schon seit dem 13. Jh., als die einst römische Siedlung aus Sicherheitsgründen von der Ebene auf den Hügel transferiert wurde. Unter dem Putz schauen gotisch zugespitzte Bögen hervor, die man in den letzten Jahren zum Teil liebevoll wieder herausgeholt hat. Wer sich freitags nicht vom bunten Marktgeschehen vor dem reich ausgestatteten Dom Sant'Andrea ablenken läßt, kann z. B. sehr schöne Fensterbögen erkennen.

Ein Abstecher führt in das alte **Saluzzo** 8 (S. 432) vor schöner Bergkulisse, das vom 12. bis 16. Jh. Zentrum der gleichnamigen Grafschaft und zweigeteilt war. Zwar sind auch im unteren Teil Bauwerke des ausgehenden Mittelalters zu sehen wie der Dom San Chiaffredo (1501) mit großem Kruzifix von 1500. Doch während die Oberstadt ihr mittelalterliches Bild bewahren konnte, haben das 19. Jh. und die Moderne die untere Stadt geprägt. – In der Oberstadt bummelnd zu besichtigen: Der Palazzo del Commune von 1462 hat einen wundervoll-mächtigen Turm; die Kirche San Giovanni in französisch-gotischem Stil mit dem gotisch-zart überbauten Grabmahl Ludovicos II. (1504) und dem Mausoleum des Galeazzo Cavassa im Kapitelsaal des Kreuzganges. Die Casa Cavassa aus der Renaissance, im 19. Jh.

Café nahe dem Freitagsmarkt in Bra

Zuschauer beim Palio in Asti

restauriert und als Museo Civico eingerichtet, zeigt eine interessante Sammlung von Einrichtungsgegenständen, Bildern und Fresken. – Mit 17 000 Einwohnern ist Saluzzo heute zwar ein kleines, aber ambitioniertes Handelszentrum für landwirtschaftliche Produkte und für eine bedeutende Möbelindustrie. Daher finden alljährlich zwei Messen im Palazzo dell'Arte statt: im Mai die Nationale Antiquitätenmesse und im September die Nationale Messe für Kunsthandwerk und Möbel-Antiquitäten.

Asti Spumante – wer kennt ihn nicht, den schäumenden Wein des Monferrato? Aber **Asti** 9 (S. 404) selber? Das römische *Asta,* seit 932 Bischofssitz und im Mittelalter sogar eine der mächtigsten Freien Kommunen Oberitaliens, liegt wunderbar in der Nähe des Zusammenflusses von Tánaro und Bórbore inmitten des Monferrato. Als Mitgift für Valentina Visconti bei ihrer Eheschließung mit Ludwig von Orléans (einem Bruder Karls VI.) blieb Asti bis 1529 französisch und diente Napoleon als Hauptort seines Departements Tánaro.

Vittorio Alfieri, dem größten Sohn der Stadt, Dichter und Dramatiker, der hier 1749 geboren wurde, sind der Hauptplatz (Piazza Alfieri mit seinem Denkmal), die Hauptstraße (Corso Alfieri) und das Museo Alfierano gewidmet sowie das 1937 gegründete Centro Nazionale di Studi Alfieriani (Forschungsstätte) in seinem Geburtshaus (Palazzo Alfieri, mit Büste des Dichters im Hof).

Zudem findet man noch zahlreiche Zeugen mittelalterlicher Stadtbaukunst, insbesondere Geschlechtertürme der Adelspaläste und altehrwürdige Sakralbauten: Die Kathedrale von 1309 bis 1348 mit ihrem romanischen Glockenturm von 1266 und barocker Ausstattung. Die barocke Kirche San Giovanni überrascht mit einer Krypta aus dem 9. Jh. Und die Kirche San Secondo vom

13.–15. Jh. steht sogar auf einer Unterkirche aus dem 7. Jh. – Nicht zu vergessen: Astis *Palio,* das farbenprächtige Pferderennen im Mai (und seine Vorbildfunktion für das Esel-Rennen von Alba).

Alessandria 10, erst im 12. Jh. zur Zeit der Lombardischen Liga gegründet und nach Papst Alexander III. benannt, ist im Kern noch etwas vom Barock geprägt. Sonst gibt sich das Industrie- und Landwirtschaftszentrum am Tánaro-Fluß mit mehr als 100 000 Einwohnern modern. Sein Ruf als Wohnort, speziell zur drückend heißen Sommerzeit, ist nicht gerade gut. Wer sich's leisten kann, verschwindet wenigstens in den Ferien aus der Stadt, in der man aber zum Arbeiten gerne bleibt.

Casale Monferrato 11 liegt direkt am Po. Vom 14. bis zum Beginn des 18. Jh. gehörte es den Markgrafen und späteren Herzögen von Monferrato, deren Schloß aus dem 15./16. Jh. nahe dem Fluß steht. Das stattliche Rathaus von 1778 zeugt von weltlicher Macht, die romanische Kathedrale Sant'Euvasio auch von kirchlicher. Sehenswert sind ihre Vorhalle aus dem 12. Jh. und die wundervollen lombardischen Steinmetzarbeiten im Inneren. Aus dem recht bedeutenden Industrie- und Landwirtschaftszentrum mit mehr als 40 000 Einwohnern kommt Zement, es produziert aber auch berühmte Weine – liegt es doch am Nordostende des weinseligen Monferrato.

Der Osten: Italiens Reiskammer

Erinnerungen tauchen auf an einen großen Film des italienischen Neorealisten Giuseppe De Santis (1949): ›Bitterer Reis‹, 40 Tage Elend der *Mondine,* der Reisarbeiterinnen in Vercelli. Frauen, die

aus ganz Oberitalien zusammenkamen, um in den Camps ihr Lager aufzubauen, und ihre Gesundheit auf den wasserüberfluteten Reisfeldern ließen. »Wasser in die Gräben für unseren Reis«, schreit der Vorarbeiter und »Den Mund zu und den Rücken krumm!« – als die *Mondine* zu singen beginnen.

Zusammen mit Novara bildet **Vercelli** 12 (S. 441) das Zentrum des Piemonteser Reisanbaus und seiner Verarbeitung. »In Reisfeldern gleichsam versinkend, ist Vercelli, zumindest im üblichen Sinne, gewiß nicht poetisch ... Doch diese so platte wie nützliche Erde ist nicht ohne Poesie. Die Reiskultur hat viel Ähnlichkeit mit der Blumenzucht« – befand Guido Piovene in seinem Buch ›Viaggio in Italia‹ (1957), das in deutscher Sprache 1968 als ›18mal Italien‹ erschienen ist. Wunderschön ist die Zisterzienserabtei Sant'Andrea (1219–1227) mit ihren drei tiefen romanischen Portalen und einer großen Rosette. Innen ist die Kirche gotisch gestaltet, prachtvoll ist der Kreuzgang aus dem 15. Jh. (über die Sakristei zu erreichen). Der Dom Sant'Eusebio entstand bereits im 6. Jh.

zu Ehren des heiligen Eusebius, der 360–380 Bischof von Vercelli war, wurde aber 1572 umgestaltet. Der romanische Campanile ist noch im ursprünglichen Zustand. Das Kircheninnere ist reich verziert und ruht auf wuchtigen Pfeilern und Säulenkränzen mit korinthischen Kapitellen. Besonders sehenswert sind die Fresken von Gaudenzio Ferrari (1531–1533) und sein Madonnenbild am Hochaltar in der Kirche San Cristoforo in der nahen gleichnamigen Straße.

Die Piazza Cavour bildet das Zentrum der Altstadt, die von Baumalleen umkränzt ist: mit Cavour-Denkmal natürlich und schönen Palästen mit Laubengängen *(Portici)* ringsum sowie dem oktogonalen Stadtturm. Zwei Museen sind sehenswert: das Borgogna als Gemäldegalerie für das 14.–20. Jh. und das Leone, hauptsächlich der Geschichte Vercellis von den Anfängen (vorgeschichtliche Funde) bis zum Risorgimento gewidmet.

Die Hauptstadt der Provinz, **Novara** 13 (S. 425), liegt nur etwa 40 km von der Lombardei-Metropole Mailand entfernt. Es verwundert also nicht, daß sie eher lombardisch denn piemontesisch wirkt. Der Sitz des bedeutenden kartographischen Betriebes De Agostini bietet in den Außenbezirken ein vielseitiges industrielles und landwirtschaftliches Bild. Das Zentrum wird anstelle der alten Befestigungsmauern von einem Alleenring eingefaßt, der auch das Castello Sforzesco mit einem öffentlichen Garten integriert. Der Dom wurde zwar im 19. Jh. von Antonelli im klassizistischen Stil über einer älteren Kirche neu aufgebaut, doch sein Baptisterium aus dem 5. Jh. mit seinen Fresken aus dem 10. Jh. blieb erhalten. Der ehemalige Broletto mit Palazzo del Podestà und Rathaus (15. Jh.) beherbergt jetzt das Museo Civico, u. a. mit einer prähistorischen und archäologischen Sammlung, Malerei und Skulpturen, Waffen und Kunsthandwerk vom 13. bis 18. Jh. und einer Pinakothek des 19. und 20. Jh. Die weithin sichtbare Kuppel im Norden des Zentrums gehört zur Kirche San Gaudenzio von 1577, sie wurde 1878 von Antonelli 121 m hoch errichtet.

See-Freuden?

Sie sehen aus, diese Vorboten des Mittelmeeres mit ihrer zauberhaften Flora, als seien sie das Paradies auf Erden. Nicht nur für Urlaubsträume – so manches Nordlicht hat es den Mailändern und den Turinern nachgemacht und sich hier für immer niedergelassen: an den Piemonteser Seen. Doch diese haben erhebliche Umweltprobleme, und geschieht nicht bald etwas, vor allem Reinhaltung der Gewässer durch – funktionierende – Ringkanalisation, Abwasserbeseitigung auch entlang der Zuflüsse, und Verringerung von Phosphat und Düngemitteln bzw. Pestiziden in den benachbarten landwirtschaftlichen Anbaugebieten – es dürfte bald aus sein mit der Idylle. Oder werden die Seen zu Landschaftsdenkmälern zum Anschauen, nicht zum Benutzen (Schwimmen, zum Beispiel) degradiert? Für die Provinz Novara zumindest wäre dies fast tödlich: Der Fremdenverkehr ist für sie einer der wichtigsten Wirtschaftszweige.

212,2 km^2 groß ist der König der oberitalienischen Seen, der Lago Maggiore. Quasi eine Fortsetzung über eine Flußausbuchtung des Toce ist der kleine Lago di Mergozzo. Und westlich vom Lago Maggiore liegt der kleinere Orta-See. Weitere Seen: die kleinen Laghi d'Ivrea, der größere Lago di Viverone, Richtung Turin Lago di Candia und direkt westlich der Hauptstadt die Laghi d'Avigliana. Zahlreich sind die natürlichen Alpenseen ringsum und vor allem im Norden der Provinz Novara die Stauseen, die hauptsächlich der Stromerzeugung dienen, die ein so hochindustrialisiertes Gebiet auch dringend braucht.

Den berühmtesten See der Region, den **Lago Maggiore,** teilt sich Piemont mit der Schweiz (im Norden) und der oberitalienischen Nachbarregion Lombardei. »Das Ufer der Armen« nennen die Lombarden ihren Teil des Sees, folglich gilt das Westufer als das der Reichen. Was die Piemonteser mit einem lachenden und einem weinenden Auge zur Kenntnis nehmen, weil sie damit weniger zahlungskräftige Gäste verscheuchen …

Nietzsche (Oktober 1880) und Hofmannsthal (Frühjahr 1920) waren neben vielen anderen Größen der Literatur und Philosophie Gäste in **Stresa** **1**, aber auch Reiche und ganz Reiche, gekrönte Häupter, Komponisten. Musik hat denn auch bis heute Tradition, die *Settimane Musicale di Stresa,* ein internationales Musikfestival (vier Wochen im August/September), genießen nun schon seit 1961 einen guten Ruf: Konzerte berühmter Musiker und Orchester, aber auch von Nachwuchsmusikern, Gewinnern internationaler Wettbewerbe. Stresa ist ein teures Pflaster, die meisten

Piemonts Seen

Orta San Giulio

Hotels, viele im Liberty-Stil der Jahrhundertwende gebaut, gehören der gehobenen bis Luxus-Kategorie an. Parks, atemberaubend schöne Anlagen, sind hier typisch: die des 18. Jh. ›ordentlich‹ italienisch, die des 19. Jh. aber ›unordentlich‹ englisch. In ihrer Mitte liegen großzügige Villen und Paläste.

Im Westzipfel des Sees zwischen Stresa und Verbania liegen die drei **Isole Borromee** 2. Barocke Szenerie bestimmt die viel besungene **Isola Bella:** Aus einer steinigen Insel wurde im Auftrag der Borromäer ein Meisterwerk italienischer Gartenbaukunst geschaffen: In zehn Stufen fällt das Gelände zum See hin ab, ist geschmückt mit Statuen und Türmen und Arkaden um einen ebenso meisterlichen Palast, der nur noch wenigen Häusern Platz gelassen hat, die sich in seinem Schatten ducken. Auf der **Isola dei Pescatori**, der Insel der Fischer (auch Superiore genannt, die obere), die länglich und eng ist und ihren ländlichen Charakter bewahren konnte, leben einige Fischer immer noch von ihrem Fang. Die größte der Borromäischen Inseln, die **Isola Madre,** bietet die Ruhe ihres Botanischen Gartens mit hundertjährigen Bäumen, Tropenpflanzen und Alpenrosen. Träge große Pfaue residieren um die ebenfalls von den Borromäern errichtete Villa, in der unter anderem eine schöne Puppensammlung untergebracht ist.

»San Carlone« nennen ihn die Einheimischen, den fast 21 m hohen Koloß zu Ehren des heiliggesprochenen Bischofs von Mailand, Carlo Borromeo, der bereits 1697 aus Bronze gegossen wurde und wohl Europas größte Statue ist. Allein wegen des Blickes auf den See und auf die gegenüberliegende Festung von Angera lohnt sich der Aufstieg auf den Hügel über **Arona** 3 am Südwestufer. Romanische Kirchen, ländlich-gedrungen, vollendet in ihrer Harmonie ohne viel Zierat, schmücken die Ufer des Lago Maggiore: Die Pfarrkirche von **Baveno** 4 nördlich von Stresa zum Beispiel und San Remigio in **Verbania** 5 gegenüber.

Der **Orta-See** westlich des Lago Maggiore ist aus den Gletschern des Simplon entstanden, Moränenhügel trennen ihn im Süden von der Novara-Ebene. Nur 28 km² klein, 100 m höher als der große Bruder Lago Maggiore gelegen, von dicht bewaldeten Bergen umgeben, steil abfallend im Westen, wo kleine Orte darüber hängen, als sei in ihnen die Zeit stehen geblieben. Flacher im Osten, wo Platz für ein so schönes Städtchen wie **Orta San Giulio** 6 frei blieb. Es liegt auf einer Halbinsel direkt vor dem vorgelagerten Inselchen und zeigt sich trotz seiner geringen Größe sehr urban, mit steilen Treppengassen und schmalen Straßen, von Renaissancepalästen und barocken Patrizierhäusern geschmückt, in denen hoffentlich noch lange Handwerker das Regiment führen. Denn man ist durch den Fremdenverkehr zu Wohlstand gekommen und investiert. Eine Pause kann man auf der Piazza am See einlegen, wo jeden Mittwoch seit 1228 Markt gehalten wird, umgeben von Laubengängen mit Cafés und Restaurants und Pensionen, im Norden vom Rathaus aus dem Jahre 1582 mit seiner freskierten Fassade. Von hier genießt man den schönsten Blick auf das vorgelagerte Inselchen **San Giulio,** das abens wirkt wie ein beleuchtetes Schiff, das vor dem Ufer ankert. Bischofspalast und die Basilika, in der sich eine wundervolle romanische Kanzel aus schwarzem Marmor befindet (12. Jh.), sind umgeben von einem kleinen Wall palastähnlicher Häuser.

Am gegenüberliegenden Ufer lohnt sich die Fahrt zur **Madonna del Sasso** 7 über Alzo, fast 700 m hoch: Kein Blick über die Orta-Landschaft ist überwältigender!

Ligurien

Prachtvolle Metropole, berühmte Küsten und herrliches Hinterland

Zwischen der französischen Grenze im Westen und der toscanischen im Osten erstreckt sich die Region Ligurien wie ein Regenbogen. Sie scheint die Berg- und Hügelkette der Ligurischen Alpen im Westen und des Ligurischen Apennin im Osten, die sie im äußeren Nordrand hauptsächlich gegen Piemont und im Osten auch gegen die Toscana abschließen, nach oben drücken zu wollen, um mehr Platz zu schaffen für ein Hinterland, das an manchen Stellen nicht breiter als 7 km ist.

Die ligurischen Berge bilden die Wasserscheide: Nach Norden ergießen sich die Flüsse in die piemontesische Po-Ebene, nach Süden ins Ligurische, ins Mittelmeer. Die Höhe der ligurischen Berge liegt meistens zwischen 800 und 1500 m, gipfelnd im Osten im 1777 m hohen Monte Bue, der aus der Sommerfrische Santo Stefano d'Aveto (1017 m) zu seinen Füßen auch einen beliebten Wintersportort macht. Der Monte Saccarello an der französischen Grenze erreicht eine Höhe von 2200 m.

Das Hinterland gehört zum Schönsten, was Italien zu bieten hat und bildet die Kulisse für eine Küste, die selber ihresgleichen sucht an Abwechslung: schroffe Abhänge, die steil ins Meer fallen, wilde Bergbäche, feine Sandstrände, kiesig-steinige Buchten, Olivenplantagen auf sonnenüberfluteten Terrassen, Blumenfelder, Weinberge, Kastanienwälder.

Fast genau in der Mitte wird Ligurien durch die Regionalhauptstadt zweigeteilt, durch das altehrwürdige, prächtige Genua. Links, im Westen, erstreckt sich die flachere *Riviera di Ponente* mit der vielbesungenen Palmen- und Blumenriviera bis Frankreich kurz vor Nizza – im Osten die *Riviera di Levante* u. a. mit den reizvollen Fischerdörfern an den Steilhängen der Cinqueterre.

Cro-Magnon-Menschen, ›Vettern‹ des *homo sapiens,* lebten schon im heutigen Gebiet Liguriens, was zahlreiche Spuren an der französischen Grenze beweisen. Interessant sind etwa auf ligurischer Seite das winzige Museum und die darüber gelegenen Wohnhöhlen an den Balzi Rossi, den Roten Klippen, wegen der dort gemachten Funde: drei Skelette, Schmuck, Statuetten-Kopien, Pfeilspitzen und Schaber etc. In Oberitalien und in den Ostteilen des heutigen Frankreich hatten für lange Zeit die Ligurer vorindogermanischer Abstammung Geschichte und Kultur geprägt. Seit dem 5. Jh. v. Chr. aber wurden sie durch die Kelten und im Gebiet Italiens von den Etruskern in die Seealpen und den Apennin zurückgedrängt. Auch die Ligurer wußten zu schätzen, was bis heute die italienische Riviera zum Urlaubsparadies macht: den ewigen Frühling, das mildeste Klima Oberitaliens. Der Grund ist geographisch schnell erkannt: Die Region ist durch die Apennin-Kette relativ windgeschützt und wird auch bei größter Hitze noch von einer leichten Meeresbrise verwöhnt. In solchem Klima gedeiht alles, was man anpflanzt, ob Eßbares oder Blumen.

Im 2. Jh. v. Chr. kamen die Römer, denen der schmale Streifen von Rom über das gesamte etruskische Gebiet

◁ *Impéria*

Weinanbau bei Manarola in den Cinqueterre

der toscanischen Küste bis Genua und weiter nach Arelate (Arles) in Gallien, dem heutigen Frankreich, als Militär- und Handelsweg wichtig war. Sie bauten deshalb die *Via Aurelia.* Später teilten sich das Land die verschiedensten langobardischen und fränkischen Herrscher, bis das erstarkte Genua als Seemacht ab dem 12. Jh. praktisch das gesamte Gebiet Liguriens – und noch mehr – politisch wie wirtschaftlich regierte. 1797 zwang Napoleon die Adelsrepublik Genua, sich Ligurische Republik zu nennen, die natürlich von Frankreich abhängig war und 1805 dem Kaiserreich Napoleons I. zugeschlagen wurde. 1814 wurde Ligurien im Wiener Kongreß zu einem Teil Piemonts erklärt, mit dem es dann gemeinsam ein Teil des geeinten Italien wurde.

Ligurer heute: Sie gelten als sparsam, ja geizig, die Schotten oder Schwaben des Landes, arbeitswütig und nicht sehr gesprächig. Aber sie haben gelernt, mit den Fremden freundlich umzugehen: Der Tourismus bildet ihre wichtigste Einnahmequelle neben der Blumenzucht und dem Handel. – Manch einer mag die kostenpflichtige Riviera-Autobahn als landschaftsfressendes Ungetüm verfluchen. Für die Region ist sie jedoch insgesamt und emotionslos betrachtet ein Segen, denn sie entspannt den Straßenverkehr auf der *Via Aurelia* und entlastet die historischen Ortschaften, bringt Urlauber und Handelsgüter schneller an ihr Ferien- bzw. Bestimmungsziel.

Verkannte Schöne: Genua, die Stolze

■ (S. 415f.) Nach Petrarcas Beschreibung im Jahre 1358 wurde sie jahrhundertelang ›die Stolze‹ genannt: »Eine königliche Stadt zu Füßen der Alpenhügel, stolz auf ihre Menschen und Mauern, deren bloßer Anblick sie als Herrin des

Corso U. Bassi
Via Almeria
Via San Ugo
Corso U. Bassi
Firenze
Corso
Piazzale E. Brignole
Salita Pietraminuta
Piazza Aquaverde
Piazza del Principe
Via Andrea
Via Balbi
Via Aldo Moro
Via Antonio Gramsci
Via di Prè
Brig. de Ferrari
Corso
Carbonara
Via Pertinace
Corso Firenze
Funicolare il Righi
Corso
Paganini
Piazza Goffredo Villa
Funicolare S. Anna
Galleria G. Garibaldi
Via Cairoli
Via Garibaldi
Piazza Portello
Via della Maddalena
Piazza F. Marose
Via Luccoli
Via 25. Aprile
Via Roma
Bacino Porto Vecchio
Acquario
Piazza Caricamento
Piazza Banchi
C. Marinetta
Calata al Molo Vecchio
Via Aldo Moro
Piazza S. Mateo
Via San Lorenzo
Piazza dei Ferrari
Piazza G. Matteotti
Via XX. Settembre
Molo Vecchio
Via del Molo
Via F. Turati
Piazza Cavour
Calata Gadda
Porta Soprana
Via Dante
Piazza Dante
Calata G. Boccardo
Vico del Fico
Stradone San Agostino
Via di Ravecca
Piazza Sarzano
Via Ravasco
Calata Grazie
Strada Soprallevata Aldo Moro
Corso Maurizio Quadrio
Via Fieschi
Bacino delle Grazie
Avamporto
Via Corsica
N
0
200 m
1
2
3
4
5
6
7
8
9
10
12
13
14
15
16
17
18
19
20
21
22
23
24

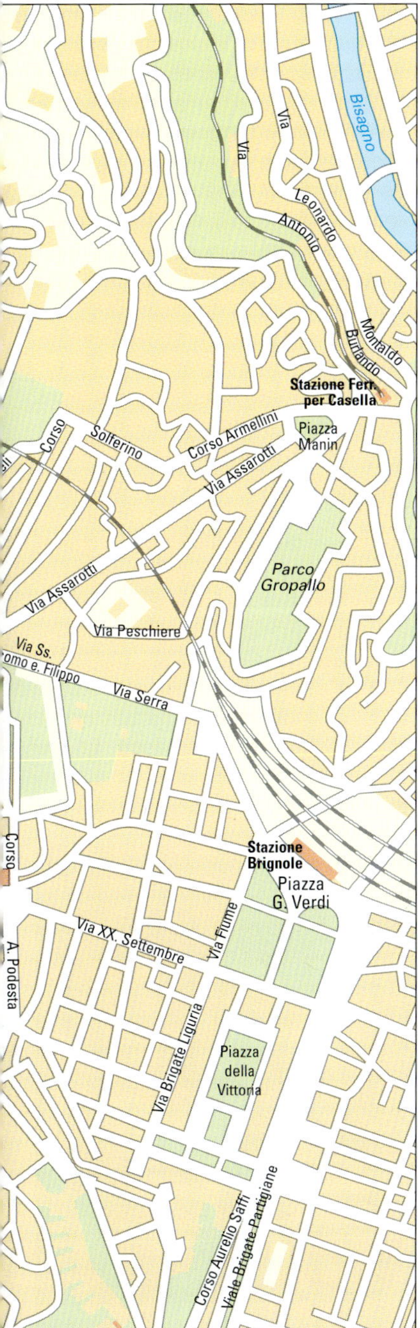

Meeres bezeichnet.« Und Richard Wagner empfand die Stadt als »etwas so Schönes, Großartiges und Eigentümliches«, daß »Paris und London« für ihn »zu öden, formlosen Häuser- und Straßenmassen zusammenschwinden«. Wäre der Komponist auch heute so begeistert von der inzwischen nur noch knapp 700 000 Menschen zählenden Hafen-, Industrie- und Handelsstadt? Immerhin wurde sie von der UNESCO für 2004 zur Europäischen Kulturmetropole gewählt.

Riviera-Urlauber meiden Genua, haben Angst vor Verkehrsinfarkt und Industrie. Genua sei häßlich, ist die allgemeine Ansicht. Allein schon die Fahrt über die Hochstraße *(Strada Sopraelevata)* zwischen Stadt und Meer beim Überwechseln von Ost- nach West-Ligurien – entsetzlich! Das ja – aber drinnen im Kern stehen stolze Paläste und reiche Kirchen, die Gassen der Altstadt verführen zu einem Bummel, hier duftet es nach der *Focaccia*, dem würzigen, ölbeträufelten ligurischen Fladenbrot. Genua ist eine noch unentdeckte Urlaubsstadt. Wer nicht in ihr sein Quartier aufschlagen möchte (es ist auch eine Kostenfrage), kann die westlich und östlich gelegenen Badeorte wählen. Die Bahnverbindungen nach Genua sind

Genua: *1 Stazione Principe 2 Palazzo dell'Università 3 Palazzo Reale 4 Santissima Annunziata 5 Palazzo Belimbau 6 Palazzo Spinola dei Marmi 7 Palazzo Negrone 8 Galleria Mazzini 9 Teatro Carlo Felice 10 Palazzo Ducale 11 Santo Stefano 12 Chiostro Sant'Andrea 13 Sant'Agostino 14 San Donato 15 Torre degli Embriaci 16 Santa Maria di Castello 17 Magazzini del Cotone 18 Porta del Molo 19 Palazzo San Giorgio 20 Portici di Sottoripa 21 Torre dei Vaca 22 Commenda 23 San Lorenzo 24 Chiesa del Gesù*

hervorragend, man steigt in Brignole (im Osten) oder Piazza Principe, P.P. genannt, (im Westen) aus und hat es nicht mehr weit zum Zentrum. Sonst fahren Stadtbusse in dichter Folge, auch auf die Hügel, wofür wegen der kurvenreichen Sträßchen kleinere Fahrzeuge benutzt werden. Und dann hat Genua eine weitere Spezialität: Zahnradbahnen *(Funicolari)* vom Largo Zecca nach Righi, vom Bahnhof Principe nach Granarolo und die kurze Strecke der *Funicolare* Sant'Anna von der Piazza Portello zur Via Bertani. Und Aufzüge (!) zwischen Via Balbi/Piazza Acquaverde am Bahnhof Principe und dem Castello d'Albertis, zwischen Piazza Portello/Galleria Garibaldi und dem Belvedere Castelletto. Sonst nimmt man die meist jahrhundertealten Treppengassen (teilweise mit *Cotto* belegt), die wunderschöne Aussichten bieten, aber aufwärts nichts für ›Fußkranke‹ sind. Weniger angenehm ist es, durch die zahlreichen Tunnels der Innenstadt zu gehen, die hauptsächlich für die Automobilisten geschaffen wurden.

Wichtig zu wissen: Wer einen Stadtplan aufschlägt und meint, damit in Genua zurechtzukommen, wird sich in den meisten Fällen irren. Denn viele ihrer Straßen liegen unter- und übereinander, und zwar so, wie sie eben auf einem einfachen Stadtplan nicht zu erkennen sind. Wichtig ist daher, sich ein paar Standpunkte auszusuchen, von denen ein Überblick möglich ist. Beispielsweise: Der über der Galleria Colombo schwebende **Corso di Podestà** und seine Fortsetzung bis zu einer Art Terrasse über der **Mura Santa Chiara** und der **Mura Cappuccini** geben nach Osten einen wunderbaren Blick frei auf den darunter liegenden, parkähnlichen Viale Brigate Partigiane, auf die überdimensionale Piazza della Vittoria mit dem obligatorischen Triumphbogen und ihren faschistischen Bauten. Dazwischen ragt die feine Kuppel des Naturhistorischen Museums auf, und man blickt in schöne rechteckige Palastgärten, aus denen hohe Bäume aufsteigen. Von der nördlich gelegenen Brücke

Das Denkmal an der Piazza Principe erinnert an Kolumbus

blickt man über die Taufkirche Kolumbus', Santo Stefano hinweg westwärts nach unten in die Schlucht der Via XX Settembre hinab, die Einkaufsmeile Genuas, bis hinüber zum Palazzo Ducale. Auf dem Hügel liegt auf halber Höhe *Grande serpente*, ein verschriener Sozialbau von gigantischen Ausmaßen.

Vom feinen Wohnviertel **Carignano** mit inzwischen zahlreichen Büros bester/teuerster Qualität erkennt man ganz oben, dem Auf und Ab der Hügelkette folgend, fast auf jeder Erhöhung eine Festung: der legendäre fünfte Mauerring Genuas, 1629–1633 mit einer Länge von 15 km und zahlreichen *Fortezze* (Festungen) auf den Hügeln errichtet. Er flößte allen Feinden solchen Respekt ein, daß sie daraufhin erst gar nicht den Versuch unternommen haben sollen, Genua zu belagern.

Oder das **Belvedere Castelletto** (mit Aufzug oder dem Bus 33, der vom Bahnhof Principe die gesamte *Circonvalazione a Monte* abfährt, erreichbar) mit wirklich schöner Aussicht, sozusagen von der anderen Seite, vom nächsten Hügel aus: Von hier blickt man auf die Via Garibaldi direkt darunter, über die gesamte Altstadt hinweg bis zu den hochaufragenden Türmen des hypermodernen Corte Lambruschini. Jetzt ist besonders gut zu erkennen, wie wenige Hochhäuser Genua besitzt: das RAI-Gebäude des italienischen Rundfunks, das Post- und Telegrafenamt SIP, an der Lanterna am Hafen das Hochhaus mit dem World Trade Centre (San Benigno) und an der Piazza Dante das Martini-Hochhaus mit seiner Aussichtsterrasse. Zwischen den SIP- und RAI-Wolkenkratzern überstand der Justizpalast auf erstaunliche Weise die Jahrhunderte: Nur die äußere Schale ist modern, zumindest im Sinne der 70er Jahre, innen hat es seine alten Strukturen behalten können. Bis zum Hafen erstreckt sich die eigentliche Altstadt hinter der Porta Soprana. Besonders schön ist aber hier oben der Blick auf den Hafen: rechts die Lanterna von 1543, das Wahrzeichen Genuas und der vielleicht schönste Leuchtturm der Welt (119 m hoch); der schön geschwungene Bogen des alten Hafens (12. Jh.), dessen Molo Vecchio mit den alten Baumwollagern 1992 zum modernen Kongreßzentrum umgestaltet wurde. Geradeaus erblickt man San Lorenzo, die stolze Kathedrale – schön ist der klobige Vierungsturm mit seiner kupferspangrünen Kuppel. Links davon der langgestreckte Palazzo Ducale. Der gedrungene Backsteinturm in der Mitte ist die Torre degli Embriaci.

Der nächste Blick aber gilt den Palästen der Via Garibaldi (= Strada Nuova): Ihre großen Dächer sind mit flachen hellen Steinplatten, einer Art Schiefer aus Lavagna, bedeckt. Fast verschämt – und städtebaulich eine gelungene Lösung – verstecken sich die Neubauten am Palazzo Tursi (mit dem Rathaus) links zu unseren Füßen unter grasbewachsenen Flachdächern. Nicht schön, aber gewaltig ist dagegen die Stadtvilla der reichen Reeder-Familie Costa ausgefallen, die direkt über dem Palazzo Tursi steht. Die Reihe der *Viali*, die sich von hier ostwärts durch die Hügel schlängeln, schmücken große prächtige Villen und wundervolle alte Alleebäume – bis zur Piazza Manin. An heißen Sommertagen möchte man gar nicht in die Stadt absteigen, eine leise Brise bringt immer Kühlung hinauf. Dann schon eher einen weiteren Aussichtspunkt auswählen. Etwa das Castello d'Albertis mit seinem hübschen öffentlichen Garten. Es bringt den Hafen noch näher, dessen Rund hier weit nach Norden einschneidet und Genuas Unterstadt ganz eng zusammendrückt.

Von Kolumbus zu den Kathedralen des Geldes

An einem Tag ist nur ein genereller Überblick über die interessante Stadt möglich. Um Genua besser kennen zu lernen, mit Besuch von einem oder zwei Museen, müßten schon drei Tage investiert werden. Der Bahnhof **Principe** 1 im Westen (unterirdisch quasi als U-Bahn mit dem östlichen Bahnhof Brignole verbunden) im schauerlich-schönen Zuckerbäckerstil wäre ein geeigneter Ausgangspunkt, genauer die ausladende Piazza Acquaverde davor und hier das Kolumbus-Denkmal, das 1862 für den Entdecker Amerikas aufgestellt wurde. Schließlich behaupten die Genueser, Kolumbus sei *ihr* Sohn, weil in der Stadt geboren, was aber inzwischen historisch widerlegt ist.

Gegenüber vom Bahnhof das einstige Hotel Nummer eins von Genua: das Columbia, das seit Jahren leer steht und auf neue Besitzer wartet. Schade um den großartigen Bau mit seinem schönen Hauptsaal im zart vergoldeten Libertystil!

Die Prachtbauten an der Via Balbi, die von hier in die Innenstadt führt, wirken heute etwas düster in der engen Straße, aber wer die Paläste betritt, was zumindest bei zwei von ihnen unproblematisch ist, spürt ihre ungeheure *Grandezza*. Hier erlebt man, wie sehr die Genueser im Gegensatz zu Römern, Venezianern und auch Mailändern es immer vorzogen, mehr Sein als Schein zu betonen: Was sie besaßen, das ging und geht nur sie etwas an. Also außen eine strenge, schlichte Fassade – innen von Meisterhand geschaffene Kostbarkeiten in Architektur und Ausstattung.

Der **Palazzo dell'Università** 2 in der Via Balbi 5 protzt mit einer Monumental-Freitreppe zum Innenhofgarten, mit Marmorbrunnen und Figuren. Treppen, hängende Gärten, das war die Stärke der Architekten Genuas damals, die Platznot zur Tugend machten. Wo sie dann doch genügend Raum vorfanden, legten sie Blumenbeete um Brunnen und Marmorgestalten, pflanzten hohe Bäume, gestalteten damit einen intimen Raum. Etwa im **Palazzo Reale** (oder Balbi Durazzo) 3 in der Nummer 8, dessen planer Garten hinten Richtung Hafen in schwindelnder Höhe direkt über der Via di Prè aufhört. Von der marmornen Gartenbrüstung blickt man in diese quirlige *Kasbah* Genuas, wie sie die Einheimischen nennen – man glaubt sich wirklich in den Orient versetzt! Den Palazzo Reale kann man vormittags besichtigen, den Garten fast jederzeit: Er ist ein angenehmer Ort für eine Ruhepause, bei der man Blicke auf Entferntes und Naheliegendes (etwa auf die Kieselsteinornamente am Boden) genießen kann. – Zahlreiche kleine Pensionen befinden sich auf einzelnen Etagen der großen Wohnhäuser der Via Balbi, in Nummer 15 gleich vier übereinander – es ist eben ein Bahnhofsviertel, und manchen Fassaden täte eine Schönheitsreparatur sicher gut. Ein Verschnauftip: In der Bar Grande Italia in der Via Balbi 15r gibt es leckere Häppchen zum *Aperitivo*.

An der unregelmäßigen **Piazza Annunziata** steht die gleichnamige Kirche 4 mit ihrer klassizistischen Fassade. Der **Palazzo Belimbau** 5 gegenüber an der Ecke Via delle Fontane wurde 1611 errichtet und ist heute Sitz des Kulturreferats der Stadt. Mit seiner fast düsteren Platzfront wirkt er eher abweisend, doch wer (auf Anfrage möglich) hineinkommt, wird durch den Prunksaal mit einem einzigartigen Kolumbus-Freskenzyklus des Genoveser Künstlers Lazzaro Tavarone für die kleine Mühe entschä-

Richtig Reisen *Tip*

Hafenrundfahrt

Genuas Hafen zählt zu den interessantesten des Mittelmeeres und ist eine Bootsrundfahrt (mehrmals täglich vom Acquario aus möglich) wert: Zwei Millionen Schiffspassagiere durchlaufen die insgesamt drei *Stazione Marittime*, die Passagierhäfen. Der modernste und vollcomputerisierte Containerhafen der Mittelmeerregion arbeitet bereits seit April 1987. Zusammen mit dem 1969 eingeweihten ersten Containerhafen erreicht er eine Kapazität von insgesamt 600 000 Containern jährlich. 1990 wurde 10 km weiter westlich in Voltri der dritte Containerhafen fertiggestellt, für zusätzlich 400 000 Stück. Im Porto Petrolio, dem 2 km weiter meerwärts gelegenen Ölhafen, werden Schiffe ab 500 t abgefertigt, an einer Pipeline mit zwei Tankinseln. Allein für die Bundesrepublik werden im Hafen von Genua mehr als 30 Mio. Tonnen Rohöl pro Jahr umgeschlagen.

Etwa 45 000 Menschen finden in diesen drei Häfen Arbeit, wegen des hohen technischen Standards freilich immer weniger, dafür aber spezialisierte Arbeitskräfte. Die Hafengewerkschaft ist allerdings so mächtig, daß sie die Lohnkosten auf hohem Niveau hält und dafür recht oft streiken läßt. Fazit: Sogar Genueser Firmen lassen ihre Ware lieber in Rotterdam o. a. Häfen löschen, und viele Reedereien weichen auf Venedig oder Livorno aus.

digt: den allegorischen Darstellungen von Kolumbus' Reisen (1627–1629), die für Fresken in zahlreichen Genueser Palästen Pate gestanden haben. Im letzten Weltkrieg hatte eine Bombe das Deckengewölbe mitsamt Hauptfresko genau an der Stelle beschädigt, die Kolumbus vor dem spanischen König kniend zeigt. An der Wand links wird im Fresko der Blick zum Hafen geöffnet, Kolumbus steht im hohen Fensterbogen und zeigt zur *Lanterna* und auf das Meer hinaus.

Hinter dem kurzen Largo Zecca öffnet sich der hohe Bogen der Galleria Garibaldi, einem abgasstinkenden Durchbruch zur verkehrswichtigen Piazza Portello. Fußgänger biegen aber vorher links in die kurze Via Cairoli ab. An der kleinen Piazza della Meridiana beginnt Genuas prächtigste Straße, die **Via Garibaldi**.

Im 11. und 12. Jh. war Genua eine der mächtigsten Rivalinnen von Venedig und Pisa, im 13. gar die mächtigste Seerepublik des Mittelmeeres, im 16. und 17. Jh. die reichste Stadt Europas. Um dies zu demonstrieren, ließ man bekannte Künstler aus anderen Metropolen kommen – denn Genuas Sinn war schon immer eher dem Gelddverdienen, der Handelsmacht zugewandt als den schönen Künsten. Man ließ ganze Vier-

An der Via Garibaldi

tel, das armselige Dirnenviertel in diesem Fall, abreißen und statt dessen Prachtbauten, ›Kathedralen des Geldes‹ auf so gewonnenem Boden inmitten der Stadt errichten. Die Volkswut und die Empörung der Seeleute habe die Stadtverwaltung damals dämpfen können, indem sie versprach, den Erlös der Grundstücke (beim parzellierten Verkauf an die Reichsten) für die Domkuppel zu verwenden…

So wurde der Traum von einer idealen Renaissance-Stadt zumindest im kurzen Straßenzug der imposanten Via Garibaldi verwirklicht, damals *Strada Nuova, Via Aurea* oder *Via nuova degli Palazzi* genannt, bis sie Ende des vergangenen Jahrhunderts den Namen des italienischen Freiheitshelden Giuseppe Garibaldi erhielt. – Unterhalb der Gärten auf der Hangseite verläuft parallel der Garibaldi-Tunnel, wie alle anderen der Stadt 1927 durchbohrt, damals gegen den Protest der Bevölkerung, heute aus verkehrstechnischen Gründen nicht mehr wegzudenken. Und so war es auch nur möglich, die Via Garibaldi zur Fußgängerzone zu erklären.

Typisch für die Genueser Paläste schon im 15. Jh. ist der vornehme Eingangsbereich mit Vestibül und Freitreppe in einer Achse – eine Etage höher erst öffnet sich der Arkadenhof als Lichtspender und Freiluft-Repräsentationsraum, von dem seitlich Treppenaufgänge zur offenen Loggia und zum Garten führen. In nur wenigen Palästen dürfen heute Besucher die Vollendung dieser Architektur in der Via Garibaldi bewundern, denn die meisten Nobelsitze sind nach wie vor privat, oder wenn nicht mehr bewohnt, so doch häufig Sitz von Banken oder Verwaltungszentralen.

Links steht als erster der **Palazzo Grimaldi o della Meridiana** mit seinem kleinen Eingangsvorbau. Der **Palazzo Bianco** direkt daneben ist ebenso wie der Palazzo Rosso gegenüber dank der Stiftung einer der reichsten Frauen Genuas, Maria Brignole Sale, Herzogin von Galliera, ein Museum und u. a. ausgestattet mit der kostbaren, chronologisch präsentierten Bildersammlung der Herzogin, mit Bildern von Rubens und van Dyck, dem offiziellen Maler großer Genueser Familien. Der **Palazzo Rosso** besitzt noch seine Originaleinrichtung, die einen interessanten Einblick in das Leben des reichen Genueser Adels seit dem 16. Jh. vermittelt. Mit ihm wurde einer der schönsten Paläste Besuchern zugänglich gemacht. Es ist übrigens der einzige Palast Genuas, der zwei *Piani nobili* hat: Beide Brüder der Gründerfamilie Brignole Sale sollten gleichermaßen Hof halten können. Dieser, als letzter gebaute Palast der Via Garibaldi (1671–1677), ist dementsprechend auch der höchste; mit Renaissance-Fresken, die unter jüngeren Wandmalereien entdeckt wurden, und einem schönen Porträt des alten, sehr nachdenklichen Andrea Doria. Man sollte nicht versäumen, den Garten in den Besuch einzubeziehen und den Blick von der oberen Loggia nach Süden über die Dächer des ältesten Stadtkerns zu genießen.

Nebenan macht der **Palazzo delle Torrette** mit seinen Türmchen seinem Namen alle Ehre, von schlichter Eleganz ist der **Palazzo Campanelle** auf der anderen Seite. Gegenüber erstreckt sich langgezogen der **Palazzo Doria Tursi,** seit 1848 Rathaus. Vormittags zu den Bürostunden ist es daher kein Problem, ihn zu besuchen; wer freundlich bittet, wird auch ein paar historische Amtsräume bewundern können und im *Piano nobile* auf jeden Fall Paganinis Violine, die er seiner Vaterstadt testamentarisch vermacht hatte. Auf Anfrage ist auch der Zutritt in die Handelskammer im ehemaligen **Palazzo Carrega-Cataldi** gegenüber möglich, mit schönem Treppenhaus, im burlesken oder pompejanischen Stil freskiert und mit über und über goldverziertem Spiegelsaal, einem Werk Lorenzo De Farraris von 1743/44. Schön ist der intarsierte Marmorboden, darauf stehen die Plüschstühle des Sitzungssaals der Handelskammer, früher das Speisezimmer der Bankiersfamilie. Viel schlichter ist der **Palazzo Gambaro** nebenan, ihm gegenüber, also im Anschluß an das Rathaus, stehen der ebenfalls eher bescheidene **Palazzo Spinola** und der wieder prunkvolle **Palazzo Cambiasco** mit kräftig ausgearbeiteter Fassade.

Damit ist die Piazza Fontane Marose erreicht. Und man blickt auf den gewaltigen und doch zart wirkenden **Palazzo Spinola dei Marmi** 6, der so genannt wird, weil seine Fassade schwarz-weiß marmoriert ist (15. Jh.). Die vier Fenster des *Piano nobile* zwischen den Nischen mit Spinola-Statuen wirken sehr venezianisch. Der Palast wurde erst vor wenigen Jahren als Sitz des Banco di Sardegna gründlich restauriert. Der **Palazzo Negrone** 7 aus dem 16. Jh. schräg gegenüber zeigt sich dagegen in fast strenger Renaissance-Architektur, die in Genua etwa hundert Jahre später Einzug hielt als in Florenz.

Hier beginnt die hübsche, steingepflasterte Salita Santa Catarina (Fußgängerstraße), die bis zur Piazza Corveto führt. Vorher biegt schräg nach rechts die feine Via Roma ab, auf deren linker Seite man durch die längste Einkaufsgalerie Genuas zwischen verlockenden Geschäften flanieren kann: die **Galleria Mazzini** 8**,** eine glasüberdachte Konstruktion des 19. Jh. mit zwei Kuppeln. Heraus kommt man kurz vor dem **Teatro Carlo Felice** 9, dessen Wiederaufbau gerade noch rechtzeitig zum Kolumbus-Jahr 1992 fertiggestellt wurde, ebenso wie der riesige Komplex des **Palazzo Ducale** 10, beide an der nicht minder monströsen Piazza dei Ferrari. Jahrzehntelang wurde am Palazzo Ducale restauriert, heute ist es ein imposantes Kulturzentrum. Im Erdgeschoß befinden sich Antiquitätenläden und Café, im Unter- wie in den oberen Geschossen Prunksäle, die als Ausstellungs- und Kongreßräume dienen, unter dem Dach wieder ein Café, Kommunikationsräume und ein Behindertenzentrum, weshalb eine supermoderne Rampe und Aufzüge eingebaut wurden. Bei Veranstaltungen bleibt der Palast bis tief in die Nacht geöffnet.

Von der Piazza dei Ferrari führt ein Abstecher in die **Via XX Settembre,** zum ›Salon‹ der Stadt: ein Geschäft neben dem anderen, ältere Hotels, Restaurants. Man ergeht sich unter hohen Arkaden, der Boden ist mosaikgeschmückt, könnte seit Jahren eine Überholung vertragen. Aber die meisten schauen ohnehin in die lockenden Schaufenster der Straße, die Stadtgeschichte schrieb. Früher hieß sie Via Giulia und verlief auf gleicher Höhe wie die Taufkirche Kolumbus' auf der linken Seite oben. Um neue, prächtigere Stadtpaläste errichten zu können, wurde die alte Straße 1890–1919 in die Tiefe gesenkt. Die Kirche mußte gestützt werden, was städtebaulich recht gelungen gelöst wurde. Der **Ponte Monumentale**, der für die Überbrückung der neuen Straße nötig wurde, überspannt sie genau dort, wo die vierte Stadtmauer Genuas verlief, 1534–1536 von Andrea Doria in Auftrag gegeben. Der Blick von hier oben, mit dem Chor von Santo Stefano im linken Blickwinkel, hinab in die Via XX Settembre bis zum Palazzo Ducale, gehört zu jenen, die Genua für ›Augenmenschen‹ so aufregend macht.

Die Kirche **Santo Stefano** 11 wurde 1100 im romanisch-lombardischen Stil über der alten Kirche errichtet, die wahrscheinlich San Michele geweiht war (921) und heute als Krypta dient: der reinste Rundpfeilerwald, leider mit fantasielos beton-restauriertem Gewölbe. Der oktogonale Vierungsturm, ganz in *Cotto*, wurde ebenso wie die letzten Stockwerke des Glockenturms erst um 1400 gebaut.

Im engen Centro Storico

Für eine Ruhepause bieten sich die Cafés am Rande der Piazza dei Ferrari an (mit Bushaltestellen auch zum Flughafen), wo der zweite Teil des Rundgangs beginnen könnte. Über die von typischen Stadtpalästen umstandene Via Dante gelangt man zur Piazza Dante, einer Scheußlichkeit aus Beton über einem historischen Stadtteil (Quartiere Ponticello), der Verwaltungs- und Bürohäusern weichen mußte, darunter auch die Casa Paganini. Ein paar junge Ölbäume erwecken den fast melancholischen Eindruck von ›Land‹ mitten im Stein- und Betonmeer, sie umstehen den kleinen, zauberhaft efeu-umrankten **Chiostro Sant'Andrea** 12 auf der rechten Platzseite, dessen Klosterkomplex verschwunden ist. Und neben ihm das vermeintliche Kolumbus-Haus, auch dieses Rest eines größeren Gebäudes aus zwei schmalen Geschossen (eigentlich ein Museum, aber fast nie geöffnet).

Die kurze Rampe (beliebt bei den Stadtstreichern Genuas), die hier beginnt, führt hinauf zur imposanten **Porta Soprana** von 1155, zusammen mit der Porta dei Vacca Rest der mittelalterlichen Festungsmauern – und damit ins tiefste Sanierungsviertel Genuas. Im Nu tut sich eine eigenartig fremde Welt auf, von der lichtdurchfluteten Riesenpiazza durch ein vielversprechend hohes, fein herausgeputztes Tor in dunkelste mittelalterliche Gassen. Die starke Polizeipräsenz soll auf die Kriminalität, die dort überhandzunehmen droht, eindämmend wirken, als Fremder sollte man bei Dunkelheit doch besser unterhalb der Stadtmauer im alten Kern bleiben. – Schade. Schließlich gilt das *Centro storico* Genuas als Europas größtes zusammenhängendes historisches Zentrum. Tagsüber ist die Altstadt aber eine interessante Einkaufs- und Bummeloase, in der es sogar historische und kunsthistorische Kostbarkeiten zu entdecken gibt. Die *Carrugi* sind teilweise so eng, daß man sich von Haus zu Haus fast die Hand reichen könnte. Hier zeigt es sich, daß Genua, betrachtet man die Masse der Wohnbauten, die am meisten veraltete Stadt Europas sein könnte. Das kann eine Gunst sein, ist aber meistens ein Problem.

Also durch die Porta Soprana ins alte, pflegebedürftige Herz Genuas, gleich links entlang der Barbarossa-Mauer ins **Sarzano-Viertel**, das älteste der Stadt: Es wird seit dem 4. Jh. v. Chr. bewohnt, ab 203 v. Chr. war es römisch. Später wurde dieser alte Kern fast menschenleer, es war bequemer, gleich am Hafen zu wohnen. Also siedelten sich hier die Orden der Dominikaner und der Augustiner an. Davon übriggeblieben ist u. a. die Kirche **Sant'Agostino** **13** von 1270, deren Campanile – einzig in Genua – mit Keramik verziert ist. Die Fassade zeigt sich frisch restauriert, und die dreischiffige Basilika wurde in einen Konzertsaal umfunktioniert. Das Kloster ist heute **Museo di Architettura e Scultura Ligure/Museo di Sant'Agostino**, eines der architektonisch besonders gelungenen Beispiele, wie man Altes, Ruinen fast, mit modernen Teilen verknüpfen kann. Und eines, das für die Genueser eine melancholisch-nostalgische Bedeutung hat: Hier wurden Stücke aus ihren im Zentrum zerstörten Kirchen integriert. Wunderschön sind die Steinmetzarbeiten aus dem dreieckigen Kreuzgang von Sant'Agostino, etwa ein Marmorrelief, wahrscheinlich eines Gefangenen von 1290, das den Hafen von Pisa darstellt: naiv, wie von Kinderhand geschaffen, zwei Ketten schließen die Hafeneingänge für die Nacht, Türme, stilisierte Wellen.

Rechts am Ende der schmalen Via del Teatro Nazionale blitzt der oktogonale Turm von **San Donato** **14** durch. Der Vico Vegetti führt links in den Vico Amandorla aus rotem *Cotto*, der, teils Treppengasse und typisch für das alte Genua, steil nach oben zielt, wo man sich erst rechts auf einem breiteren Stück, dann wieder links hochschrauben muß: Vico Santa Maria in Passione, wo einst das Frauenkloster der feinen Gesellschaft stand, von dem nur noch der Turm die Jahrhunderte überdauert hat, Fundort einer kaum 10 cm hohen Bronzestatue (etruskischer Athlet). Auf der anderen Seite führt die Salita alla Torre degli Embriaci abwärts, bald taucht rechts die **Torre degli Embriaci** **15** auf, ein Verteidigungsturm von 1100. Man muß sich den Hals verrenken, um den rustico-grauen Turm bis zur Zinnenkrone aus Backstein bewundern zu kön-

Fresko am Palazzo San Giorgio

nen. 1292 wurden auf Anordnung der Stadtverwaltung alle Privattürme gekappt, weil sie den Rathausturm an Höhe nicht übertreffen sollten. Nur dieser Turm durfte in voller Pracht stehenbleiben – wegen der hohen Verdienste des Guglielmo Embriaco bei den Kreuzzügen 1098 und 1101: Er brachte die Reliquien Johannes des Täufers und den *Sacro Catino* (im architektonisch wunderbaren Museum unter San Lorenzo zu sehen) aus Caesarea nach Genua, das gläserne Becken, das man lange für smaragden hielt. Darin soll sich Jesus beim letzten Abendmahl die Hände gewaschen haben, darin soll auch sein Blut aufgefangen worden sein.

Ein Kleinod ohnegleichen ist im Gassengewirr **Santa Maria di Castello** 16, wahrscheinlich die älteste Marien-Kultstätte der Stadt aus dem 6. Jh. Interessant ist in der ersten, freskierten Kapelle links ein Marmortaufbecken aus einem frühchristlichen Sarkophag und in der Cappella del Crocifisso das Kruzifix (Kopie, mit Haaren verschönert): Das Original aus dunklem Zedernholz befindet sich im Kapitelsaal im oberen Stockwerk und stammt wahrscheinlich aus dem Orient. *Cristo Moro* nennen die Genueser das wundertätige Kruzifix wegen seiner dunklen Farbe, das zwischen 1095 und 1099 in die Seefahrerstadt gekommen sein soll. Der Kopf war früher aufrecht, heißt es, nun neigt er sich zum Betrachter. – Die Legende erzählt, zwei Verlobte hätten sich ewige Liebe vor seinem Angesicht geschworen. Der junge Mann fuhr wieder zur See, bei seiner Rückkehr nach ein paar Monaten äußerte er Zweifel daran, ob er seine Verlobte noch liebte. Sie führte ihn vor das Kruzifix und fragte es, ob es sich an den Schwur erinnern könne. Und *Cristo Moro* neigte das Haupt ...

Den Kapitelsaal mit den Wappen der Grímaldi (die später Monaco gründeten) zwischen den Fenstern betritt man über den Kreuzgang in luftiger Höhe mit nur zwei Arkadengängen. An der Längswand des Kreuzgangs hat Giusto di (Justus von) Ravensburg 1451 eine herrliche Verkündigung in Fresko gearbeitet, das Abbild einer deutschen (!) Küche, wie sie damals wohl typisch war.

Unentwegte können jetzt zum **Molo Vecchio** schlendern, die Augen vor der Häßlichkeit der *Strada Sopraelevata* über ihm und der Piazza Cavour verschließen, wo die Via del Molo nach rechts zur alten Hafenmole mit ihren bescheidenen Häusern einbiegt. Die **Magazzini del Cotone** 17 (Lagerhäuser) nahmen für die Republik Genua die Notration für den Ernstfall auf und dienen seit der totalen Restaurierung für das Kolumbus-Jahr 1992 als supermoderne Kongreß- und Ausstellungsräume (mit ebenso langgestrecktem Parkhaus). Die einstige **Porta del Molo** 18, später Porta Siberina, erhielt ihre heutige Form 1551–53 von Galeazzo Alessi und ist ein Meisterwerk der Militärarchitektur. Gegenüber lockt das moderne **Acquario** mit seinen riesigen Tanks mit der Mittelmeer-Fauna.

Unter der *Sopraelevata* hindurch ist man gleich an der verkehrslauten Piazza del Caricamento, in deren Mitte der prächtige **Palazzo San Giorgio** 19 steht. Er wurde auf der einen Seite in reinster Gotik, auf der anderen im Renaissancestil errichtet, ist heute Sitz der Hafenverwaltung und daher normalerweise nicht zugänglich. Hier diktierte Marco Polo 1295–1299 in Gefangenschaft sein berühmtes Werk ›Il Milione‹ (Von Venedig nach China). Der alte Teil von 1260 war der Palazzo del Capitano del Popolo, des damals höchsten Amtes der Republik Genua. Dann zogen die Stadtobersten in den Palazzo Ducale, weshalb der Komplex an die namengebende Bank San Giorgio verkauft wurde, wo sie sich, als heute älteste Bank Italiens, 1407 konstituierte. An wichtigster Position gegenüber dem Eingang wurde dem Erfinder des Zinseszinses (1467), Francesco Vivaldo ein Denkmal gesetzt: Schließlich verhalf er damit der neuen Bank schnell zu großem Reichtum.

Wer einen Abstecher nach Westen anschließen möchte, gelangt gleich hinter San Giorgio zur langen Hafenfront mit den **Portici di Sottorippa** 20, den breiten Bogengängen unter den Palästen mit gedrungenen Konstruktionen des 12. und 13. Jh., die in die Portici des 19. Jh. übergehen, Orient pur. Genauso wie in der parallel dazu verlaufenden Via Prè, die hinter der trutzigen **Torre dei Vacca** 21 beginnt, dem zweiten übriggebliebenen Tor der mittelalterlichen Stadtbefestigung.

Fresko am Palazzo San Giorgio

Weiter westlich befindet sich an der Piazza della Commenda, wo früher bereits der alte Hafen war, der schön restaurierte Komplex von der **Commenda** 22 mit Spital der Ritter vom Heiligen Grab in Jerusalem und der Kirche San Giovanni di Prè von 1180, das erste echte Steingewölbe Genuas, wo die Johannes-Reliquien (ein Finger und zwei Wirbel) zuerst ruhten, bevor sie nach San Lorenzo gebracht wurden. Eine wundervolle Komposition von dreigeschossigen Loggien und Biforien ist die Commenda, in der früher unter den Arkaden kleine Läden untergebracht waren.

Wer auf den Abstecher nach Westen verzichtet hat, gelangt hinter San Giorgio auf die lebhafte **Piazza Banchi** mit der großbogigen Loggia dei Mercanti, der alten Börse, mit Märkten und Gedränge zwischen hohen Altstadtpalästen, die zum Teil herrliche Ornamente der ansonsten schlichten Eingänge zeigen. Die verwinkelten *Carrugi* um die Via degli Orefici, die Straße der Goldschmiede, bieten wieder ein Stück wundervolle Altstadt, die Via San Lorenzo führt in gerader Linie zur Kathedrale **San Lorenzo** 23. Ihre Fassade ist so hoch, daß man den Nacken ganz schön weit nach hinten beugen muß, um ihre ganze Pracht zu bewundern. Während der obere Teil, dessen linker Turm niemals vollendet wurde, mit einfachen schwarz-weißen Streifen geschmückt ist und dadurch Biforien und Rosette stärker wirken, zeigt sich das untere Geschoß in schönster französischer Gotik: Die drei Portale sind von gedrehten und zierlich behauenen Säulen und Pfeilern, dazwischen feinste Steinintarsienarbeiten, geschmückt. Seit dem 9. Jh. ist die Bautätigkeit an dieser Stelle überliefert, das 12. Jh. hat noch in den Seitenportalen für San Giovanni (Süd) und San Gottardo (Nord) die Umbauten überdauert, doch das Meisterwerk gipfelt eindeutig in den gotischen Elementen der drei Fassadenportale und der ersten Gewölberippen im Inneren. Das Kostbarste in der Kathedrale ist neben dem Kirchenschatz die Cappella San Giovanni Battista, dessen schatzkästchenähnlicher Reliquienschrein aus der Kirche San Giovanni di Prè hierhergebracht wurde. Die Schaffung der wundervollen Renaissance-Figuren der Kapelle hat man u. a. dem Toscaner Andrea Sansovino anvertraut – es war wohl wieder einmal eine Zeit, als Genua ›flüssig‹ war.

Richtung Piazza Ducale steht ganz in der Nähe die Doppelkirche von Ambrosius und Andreas, auch **Chiesa del Gesù** 24 genannt. Zwei wichtige Rubens-Bilder gilt es zu betrachten: das ›Wunder von San Ignazio‹ (1620) und die ›Anbetung‹ (1605) im Hochaltar.

Keine Großmacht konnte sich in den engen *Carrugi* Repräsentationsraum bauen. Die Macht in Genua hatten einzelne Familien wie die Grimaldi, die Doria und ihre ewigen Gegenspieler, die Fieschi, Durazzo, Spinola und Pallavicini. Sie mochten sich meistens nicht besonders, und ließen es daher nicht zu,

Blick über die Altstadt von Genua

daß eine von ihnen die Überhand gewann. Also blieb es bei den Vierteln der Familienclans, mit kleinem Platz, an dem ihre wichtigsten Paläste, die Kirche, die Werkstätten etc. standen. Ein schönes Beispiel nördlich des Palazzo Ducale ist die **Piazza San Matteo;** mit zwei Doria-Palästen und der gleichnamigen Privatkirche der Familie Doria (mit zauberhaftem Kreuzgang von 1308 und Mausoleum). Ihr bedeutendster Sohn, Andrea Doria, begründete den Reichtum Genuas im 16. Jh., als er 1528 seine 50 Schiffe in den Dienst Kaiser Karls V. stellte. Für seinen Verrat an den französischen König Franz I. verlangte er Handelsfreiheit und Unabhängigkeit für die Stadt. Im Anschluß an dieses Ereignis folgte der Bau der heutigen Via Garibaldi und zahlreicher anderer Paläste – Genua wurde reich und mächtig und schön – *Superba*, die Stolze.

Riviera di Ponente: westlich von Genua

Jahrzehntealte, hohe Palmen wiegen ihre schweren Wedel im Wind. Sie gaben dem Küstenabschnitt westlich von Genua bis in die Gegend von Impéria den Namen ›Palmen-Riviera‹, der Ferienstimmung signalisiert. Dahinter erstreckt sich bis zur französischen Grenze die ›Blumen-Riviera‹. Hier liegen zwei der berühmtesten Badeorte Italiens: Alassio mit dem wunderschönen breiten Sandstrand und San Remo, chic und mondän, mit Kasino und lebhaftem Nachtleben. Blumen, Büsche und Bäume quellen hier aus Gärten und Parks, als wollten sie die ganze Riviera verschlingen: Farben und Düfte, die Auge und Seele erfreuen!

Doch genau vor San Remo rattert, wie fast entlang der gesamten ligurischen Küste, die Eisenbahn. Mühevoll ist man in den letzten Jahren darangegangen, die Bahn in kostspielige Tunnels weiter ins Hinterland zu verlegen.

Hinter dem hübschen und einladenden San Remo tut sich eine Welt aus Glashäusern auf, die an Scheußlichkeit ihresgleichen sucht. Die Blumenzucht für ganz Europa, auch als Grundsubstanz für zauberhafte Parfums, hat sich nämlich mehr bewährt als Ölbaumkulturen, Obst- und Gemüseanbau: An die 30 Mio. Nelken und Hunderttausende anderer Blumen werden auf etwa 1500 ha Land, das hier knapp ist, angebaut, auch im Winter. Also wird die Riviera nach hinten verglast. Ein besonders ›eindrucksvolles‹ Beispiel bieten die Täler von Tággia nahe San Remo, dessen Hinterland, hügelaufwärts, fast nur aus Treibhäusern besteht. Da verspürt man Lust, sehr schnell davonzufahren, die Hügel so weit zu erklimmen, bis ihre Höhe für die Blumenzucht auch hinter Glas nicht mehr bequem ist, bis die Riviera wieder eine Kulisse erhält, die ihr gebührt, die sie berühmt gemacht hat.

Schon Mitte des vergangenen Jahrhunderts kamen die ersten ausländischen Reisenden und blieben zum Teil für immer: Russen, Engländer und Deutsche. Sie genossen die milden Winter und waren Wegbereiter für die touristische Entwicklung der Region. Ihre Villen gehören heute zu den Attraktionen der italienischen Riviera. Außerdem finden sich einige sogar bedeutende Einrichtungen: Der englische Botaniker Thomas Hanbury legte 1867 bei Bordighera den damals prächtigsten Botanischen Garten Europas an, den die Stadtväter heute mühsam pflegen lassen, weil er allein wegen seiner Hanglage mehr Probleme als andere Anlagen dieser Art aufwirft. Und 1898 entstand das kleine, aber sehr interessante Museum bei den Balzi Rossi mit den damals gerade gemachten Funden aus den Höhlen.

Von Genua bis Alassio

Die *Riviera di Ponente* ist im Gegensatz zur *Riviera di Levante* östlich von Genua sozusagen die Bade-Riviera, mit meist flach abfallenden, feinsandigen Stränden (Musterbeispiel: Alassio). Je schöner der Strand auf dieser Seite, desto teurer der Ort. Diano Marina, Alassio und Finale Ligure sind die ›deutschesten‹ Badeorte der West-Riviera, es wird auch vielfach Deutsch gesprochen. Und man bekommt Hotelzimmer in jeder Kategorie. Anders San Remo, wo es eher italienisch und britisch und vor allem in der Hauptsache hochpreisig zugeht.

Genua verläßt man Richtung Westen am besten über die Autobahn, denn die Landstraße ist im ersten Abschnitt bis zum Industriehafen von Voltri normalerweise die reinste Staustrecke. Vorbei am Yachthafen von Arenzano und an Cogoleto, erreicht man den ersten lohnenden Halt: **Varazze** 1 in seiner prachtvollen Bucht mit Yachthafen und einer palmengeschmückten, langen Strandpromenade. Dahinter versteckt sich rechts der *Via Aurelia* der lebhafte Ort mit engen Gassen und großem Markt, typisch für eine alte Hafenstadt. Mittendrin: Piccolo Fornace, der Einkaufstip für Keramik. Das kleine **Celle Ligure** 2 mit seinem herrlichen Pinienhain liegt oberhalb des schönen Sandstrandes in engster Nachbarschaft mit **Albisola Marina** 3 zu Füßen der Keramikstadt Albisola. Ein langgezogener Strandort direkt an der Hauptstraße, wie ihn die Italiener sommers lieben: Man parkt das Auto am Straßenrand, springt in die Badeanstalt – und schon ist man am Meer. Normalerweise nichts für ein ›internationales‹ Publikum. Zum Glück für die Einheimischen, die so unter sich bleiben können (und die Preise stabil halten).

Das Keramikzentrum **Albisola** 4 (Albisola Superiore) lebt seit dem 17. Jh. von und für die Keramik. Wenn es in Museen und auf Auktionen heißt ›Keramik von Savona‹, dann wurde sie immer hier, in Albisola, produziert. Drehen, ruhenlassen, schmirgeln, dann brennen, weißliche Majolikaschicht auflegen, blau bemalen, wieder brennen, so sieht der Arbeitsalltag in 48 kleinen und größeren Fabriken aus. Auch bei den Poggi von den Ceramiche San Giorgio an der Hauptstraße von Albisola Marina, wo man bei der Arbeit zuschauen und natürlich echte Keramik kaufen kann. Doch vor lauter Keramik sollte man nicht versäumen, ins alte Herz Albisolas vorzustoßen, zumindest zur Concordia-Kirche am gleichnamigen kleinen und anmutigen Platz. Weiße Hände auf schwarzem Grund greifen nach einer Taube, dem

Heiligen Geist – im großen Oval vor der barocken Kirche, aus winzigen Kieselsteinen geformt. Und in der dreischiffigen Basilika zeigt es sich, daß die künstlerische Keramiktradition von Albisola wahrscheinlich älter ist als die Herstellung von Gebrauchsgegenständen: Aus dem Jahre 1576 stammt die ›Anbetung der Hirten‹, eine wunderschöne Wandtafel aus vierfarbigen Majolikaplatten.

Die Provinzhauptstadt **Savona** 5, heute Italiens größter Kohlen-Importhafen, stand im Laufe der Geschichte immer im Wettbewerb mit Genua, und 1542 wurde sie auf Befehl von Andrea Doria zerstört. ›Historisch‹ heißt daher in Savona meistens, aus der Zeit nach diesem vernichtenden Schlag. Aber ein historischer Gang lohnt sich dennoch, etwa rund um die Piazza del Vescovato. Der ›neuere‹ Stadtteil um die geradezu pompöse Piazza Goffredo Mameli zeich-

Riviera di Ponente ▷

Fossano
231
28
Mondovi
Ceva
285bis
Millesimo
Cúneo
564
28
P I E M O N T
Tánaro
Calizzano
28
Garéssio
Colle San Bernardo
582
15
Castelvecchio
Toirano
13 Ceriale
Pennavaira
Cisano sul Neva
Colle di Nava
Monte Saccarello
2200 m
Pieve di Teco
16 Albenga
Garlenda
Alassio
17
Roya
Triora
28
18 Laiguèlia
Andora
Capo Mele
Argentina
Nervia
Pontedassio
Pigna
Monte Ceppo
1627 m
Cervo 19
204
Baiardo 30
Dolcedo
Diano Marina 20
29 Isolabona
Apricale
Impéria 21
Tággia 22
Dolceáqua
28
Bussana Vecchia
23
1
Camporosso
27
Arma di Tággia
Balzi Rossi
Ospedaletti
San Remo 24
Ventimíglia
Villa Hamburg
26
Bordighera 25
L i g u r i s c
R i v i e

A26
Pontedécimo
A7
Urbe
Sassello
334
Dego
Colle del Giovo
Voltri
Arenzano
Genua
A10
Cogoleto
4 Albisola
Varazze 1
Celle Ligure 2
Albisola Marina 3
29
Altare
A6
Savona 5
Vado Ligure
1
Spotorno 6
8 Mánie
Noli 7
Finale Ligure
Varigotti
9
Pietra Ligure 11
12
N
0
10 km

net sich nicht nur durch schöne Wohnpaläste des 18. und 19. Jh. aus, sondern auch durch eine städtebauliche Besonderheit, die *Portici porticati:* die Fortsetzung der Bogengänge als Verbindung zwischen zwei Wohnblöcken, wodurch über der Straße eine offene Terrasse entsteht, die von beiden Seiten aus benutzt werden kann. Schön geformte Eisengitter trennen die so geschaffenen Freisitze voneinander. Auf der nahen Piazza del Popolo ist montags unter den riesigen Parkbäumen Markt, dann kommt Leben in die sonst recht provinziell wirkende Provinzhauptstadt.

Über Vado Ligure ist schnell **Spotorno** 6 erreicht, das geradezu heimelig wirkt zwischen dem Meer und zwei Vorgebirgen, die über und über mit alten Pinien oder Obstgärten übersät sind. Der alte Ortskern, einst ein wichtiger Seehandelsplatz und Rivale Genuas, wurde kräftig restauriert, schöne Keramiktafeln als Straßenschilder angebracht. Eine Besonderheit sind die Votivgaben der Seeleute im Oratorio della Santissima Annunziata (Prozessionskreuze und Segelschiffe in Flaschen). Der familienfreundliche Strand ist breit und von bunten Kabinen gesäumt.

Noli 7 (S. 425), das alte Küstenstädtchen, war einst sogar eine eigene Seerepublik! Der Strand aber, der wochenends von jungen Leuten übervölkert ist, lockt nicht besonders. Außerdem ist Noli als Ferienort für das, was er bietet, einfach zu teuer – für die italienische Jugend aber seit Jahren einfach ›in‹, eine Modeerscheinung. Die Eisenbahn hat man ins Hinterland geschoben in einen Tunnel, die Autobahn ist ebenfalls weit weg, zwischen Nolis Stadtmauer und schmalem Strand führt nur noch die Staatsstraße hindurch. Treffpunkt der Jugend und Junggebliebenen ist die Gelateria Sirito, die das beste Eis der Küste herstellen soll, der *Bacio di Noli* (der Noli-Kuß) ist jedenfalls eine Köst-

Am Strand von Varigotti

lichkeit aus Schokolade und Nuß. Innerhalb der Stadtmauer zieht sich ein gutes Stück lang ein dunkler, gedrungener Bogengang, an dessen Innenseite auf Steintafeln u. a. an Antonio da Noli erinnert wird, der um 1460 im Dienste der Portugiesen die Kapverdischen Inseln entdeckte, und an Kolumbus, der hier 1476 mit fünf Schiffen ankam. In der zu einem Museum umfunktionierten romanischen Kirche San Paragorio am Rande des Städtchens sind unter anderen Schätzen ein großes, vielfarbiges Holzkreuz des heiligen Antlitzes *(Volto santo)* mit großem, blauen Gewand aus dem 12. Jh., manche sagen sogar aus dem 7. Jh. und der Bischofsthron aus dem 13. Jh. sowie ein sarazenisches Fayence-Waschbecken erhalten. Auf schlanken Monolithsäulen mit frühromanischem Gewölbe ruht die kleine Krypta. Alles in allem: eine der ältesten und reichsten romanischen Basiliken aus der Christianisierungszeit Liguriens.

Ausflug zur Hochebene von **Mánie** 8. Die Natur lädt geradezu ein, in ihr länger zu verweilen, vielleicht ein wenig zu wandern. Gelb leuchtender Ginster im Frühjahr, duftende Wildkräuter im Sommer, knorrige Eichen das ganze Jahr – sie weisen den Weg in etwa 300 m Höhe gleich über dem Meer zu den Cave d'Arma. Zwar ist die überhängende Felswand, die geologische ›Blase‹ im Kalkgestein relativ klein und es wird noch immer gegraben, dennoch lohnt ein Besuch. Über der Grotte findet sich eine empfehlenswerte und normalerweise den ganzen Tag über offene Trattoria.

Das historische Fischerdorf **Varigotti** 9 (S. 439) zwischen Hauptstraße und Meer ist von ganz besonderem Zauber. Der Strand ist zwar grobsandig, aber breit und tief, und die alten Fischerhäuser sind wahre Juwelen mediterran-arabischen Baustils in zarten Pastelltönen. Sogar zwei kleine Hotels öffnen ihre freundlichen Räume während des Sommers, und ein Spitzenrestaurant ist berühmt für seine Fischspezialitäten.

Finale Ligures 10 (S. 415) Ferienidylle ist dreigeteilt: Finale Marina besitzt einen sehr breiten, feinsandigen Strand und eine herrliche, doppelte Palmenallee. Über einen tiefen Bach hinweg erstreckt sich nach Norden Finale Pia mit schmalerem Strand. Über allem thront Finalborgo, der historische Kern mit seinen alten Mauern und den Ruinen der Grafenburg mit dem schön eingerichteten Museo Civico.

Pietra Ligure 11 macht dem Namen der Palmen-Riviera alle Ehren: Schön ist die Palmenallee am Strand, hinter der sich die Altstadt (Fußgängerzone) Richtung Hang hinzieht, mit gemütlichen alten Einkaufsgassen und einer einladenden Piazza vor der Kathedrale San Nicolò. Der Sandstrand ist mit Kies vermischt – 3 km, auf denen allsommerlich das pralle italienische Familienleben stattfindet.

Im Hintergrund des Sport- und Yachthafens von **Loano** 12 birgt der Palazzo Doria im Borgo Castello, einem alten Doria-Sitz, ein Mosaik aus dem 3. Jh. und in **Ceriale** 13 suchen Fossilien-Freunde im Flußbett des Torsero nach versteinerten Muscheln. Aber von beiden Seeorten aus lohnen sich am meisten Ausflüge ins Hinterland. Zwar liegen die Grotten von **Toirano** 14 (S. 435) in unwirtlicher Berglandschaft nur 3 km von der Küste entfernt, aber für den Ausflug sollte mindestens ein halber Tag eingeplant werden, weil auch der Ort Toirano mit seinem landwirtschaftlichen Museo Oreistorico della Val Varatella einen Besuch wert ist. Hauptthema: Olivenöl und die Probleme mit seiner Erzeugung hinsichtlich der EU, z. B. Renta-

Richtig Reisen *Tip*

Rund um das Olivenöl: Einkaufen

Aus dem fruchtbaren täler- und hügelreichen Hinterland zwischen **Cisano** und **Garlenda** (S. 415; mit berühmtem Golfplatz) kommen einige der besten ligurischen Olivenöle. Hier besitzt die Familie Sommariva seit Generationen ihre Ländereien. Und wenn sie Oliven zukauft, dann nur von den Hügeln hinter Albenga, die hoch genug liegen, um garantiert völlig frei zu sein von den Larven der Olivenfliege. Im historischen Frantoio Sommariva in Albenga wird das kaltgepreßte Olivenöl produziert, außerdem in Heimarbeit Olivenpaste, eingelegte Oliven, Walnußpaste, Anchovis und vieles mehr, was in den Gärten und auf den Terrassen des Hinterlandes wächst und sich zum Konservieren mit Olivenöl eignet. Und ein paar herbe ligurische Weißweine sind auch im Angebot.

Wer sich nur über die Produktion des Olivenöls informieren möchte, ist ebenfalls willkommen: Per Video wird alles genau erklärt, dazu gibt es ein paar Häppchen, die einen freilich in Kauflaune bringen – warum auch nicht! Eine bessere Adresse gibt es in weitem Umkreis nicht.

bilität seit dem Jahre 2000 gleich Null! – Das Auto läßt man besser vor dem Ort stehen, denn die mittelalterlichen Gassen sind sehr schmal.

In der Umgebung stehen schöne Burgdörfer, z. B. **Castelvecchio** 15 auf eigenem, steilen Hügel. Interessant sind auch die vorgeschichtlichen, inzwischen miteinander verbundenen **Höhlen von Bàsura und Santa Lucia** (Hinweisschilder, ca. 1,5 km): Neandertaler haben hier auf der Jagd nach Höhlenbären ihre Spuren hinterlassen. 1280 m weit geht man durch das Labyrinth, Strickjacke und gummibesohlte Schuhe sind wichtig, ebenso eine Taschenlampe, um vom Führer unabhängig die Wunderwelt aus Stalagmiten und Stalaktiten sowie anderen Zauberstücken der Natur bewundern zu können. Nach anderthalb

Stunden hat man das Gefühl, einen ganzen Tag in dieser Unterwelt verbracht zu haben, so erlebnisreich ist sie, besonders der Saal der Abdrücke mit den ersten Spuren prähistorischer Menschen, auch der Bärenfriedhof und Spuren von Menschen und Bären.

Die Hauptstraße macht einen Bogen um **Albenga** 16 (S. 403), in dessen Zentrum Autos verpönt sind. Nur aufmerksamen Fahrern entgehen die hohen Backsteintürme auf der linken Seite nicht, die sich leicht zueinander neigen. Die meisten rasen vorbei, an West-Liguriens reichstem historischem Zentrum in bezug auf die Dichte der bedeutenden Monumente. Schon im 5. Jh. v. Chr. war der Ort von ligurischen Stämmen bewohnt. Das römische *Albingaunum* wurde später Hafen und Nachschublager für die Provinzen Gallia und Hispania, ein typisches *Castrum* von 300 × 200 m Größe, trotz Zerstörung durch die Goten im 5. Jh. und Wiederaufbau durch Kaiser Konstantin III. noch zu erkennen. Auch die Langobarden und die Sarazenen zerstörten, was gerade wiederaufgebaut war. 1098 nahm Albenga mit eigener Flotte zusammen mit Genua, Noli, Savona und Ventimiglia am ersten Kreuzzug teil, bevor die Stadtrepublik 1251 von Genua ›geschluckt‹ wurde. 50 Geschlechtertürme sollen im Mittelalter bis zu 60 m hoch aus der befestigten Stadt herausgeragt haben, die meisten wurden während der Kämpfe zwischen Guelfen und Ghibellinen bereits 1311–1330 zerstört. Nur ein Dutzend von ihnen hat die Jahrhunderte überdauert. Besonders eindrucksvoll sind die drei höchsten im Zentrum an der Piazza IV Novembre: der Glockenturm der Kathedrale mit nach oben aufgelockerten Biforien- und Triforienöffnungen, daneben der gleich hohe, ähnliche Turm mit dem Städtischen Museum

Geschlechtertürme in Albenga

und gegenüber der fast fensterlose Turm des Rathauses. Das Zusammenspiel von Riesen-Türmen mit der Gedrungenheit und der Enge des mittelalterlichen Zentrums macht Albenga so eindringlich schön. Hinter der Chorapsis der Kathedrale versteckt sich die Piazzetta dei Leoni, der perfekt erhaltene mittelalterliche Platz der Löwen mit dem Sitz der Grafen von Costa-Balestrino (14. Jh.). Haus und Zinnenturm mit unterschiedlich hohen Eingängen stehen auf romanischen Buckelquadern, ein Zeltdach überspannt einen massigen, niedrigen Bau, der unnatürlich geduckt wirkt. Dieses Baptisterium aus dem 5. Jh., 2,5 m unter dem Straßenniveau gelegen, ist nur durch den Palazzo Vecchio zu betreten: Liguriens bedeutendstes frühchristliches Monument mit einem farbig so frisch strahlenden Mosaik gegenüber dem Eingang, als sei es gestern fertiggestellt worden. Dabei handelt es sich um ein byzantinisches Original aus dem 6. Jh. Im Bischofspalast mit dem Museo Diocesano in der Via Episcopio 5 schmücken die Wappen und Namen der Bischöfe von Albenga ab dem Jahre 451 den Saal. Doria und Fieschi, Rovere und Medici sind darunter. – Kein Wunder, daß Albenga so reich ausgestattet wurde!

Von Alassio bis Ventimiglia

Alassio 17 (S. 402) ist seit Jahrzehnten unbestritten der beliebteste Familien-Badeort der Riviera. Er läßt weder hinsichtlich der Strandqualität noch bezüglich der Sport- und Unterhaltungsmöglichkeiten einen Wunsch offen. Viele Hotels stehen direkt am feinsandigen Strand, im historischen Kern wie im neueren Zentrum gibt es zahlreiche Geschäfte aller Kategorien. Am *Muretto* gegenüber dem ruhmreichen Caffè Ro-

Strandleben bei Alassio

ma haben sich von Hemingway angefangen alle verewigt, die hier waren und Rang und Namen hatten/haben. Sommer-Karneval im Juli und Miss-Muretto-Wahl im August sowie ein breites kulturelles Angebot sind weitere Attraktionen in Alassio. Hier existiert noch der *Budello*, die historische, für Ligurien typische, bogenüberspannte Hauptgasse parallel zum Meer, damals wie heute die Einkaufszeile.

Südlich von Alassio liegt als schönste Nachbarin **Laiguélia** 18, über die Strandpromenade zu Fuß bequem zu erreichen. In der zauberhaften, parallel zum Strand verlaufenden Altstadtgasse mit dem obligatorischen *Budello* reihen sich kleine Geschäfte aneinander. Die Fußgängerzone präsentiert sich heute so wie alle alten Fischerorte der West-Riviera: enge Straßen zwischen hohen Häusern, die Stützbögen oder gar Wohnräume in luftiger Höhe miteinander verbinden. Was bei Regenwetter ebenso zu schätzen ist wie bei zu intensivem Sonnenschein. Natürlich ist Laiguélia preiswerter als das nahe, fast mondäne Alassio, und einladend-schön sein Strand, an dem man den Fischern beim Flicken der Netze zuschauen kann.

Die *Via Aurelia* ist in diesem Bereich malerisch, verläuft zwischen Meer und naherückenden Bergen am Capo Mele vorbei bis zum mittelalterlichen Andora mit seinem oleandergeschmückten Merula-Tal und vorbei am Capo Cervo. Und schon taucht rechter Hand **Cervo** 19 (S. 410) selber auf, ein Bilderbuchort, zu dem man eine kurze Bergstraße hochfahren kann: Parkplatz vor der Mauer, Bühne frei, Eintritt ins Mittelalter über Kopfstein- und Kieselpflaster mit roten Ziegelstreifen in der Mitte. Mehrere Ölmühlen bieten ihre Produkte an, das berühmt-gute Olivenöl West-Liguriens, das zähflüssig und grünlich-trüb ist und wirklich nach Oliven schmeckt. Auch Wein wird verkauft, und kleine Restaurants locken mit *Terrazza Panoramica*. Kein Wunder bei den großartigen Ausblicken, die sich hier auf das Meer öffnen. Am schönsten ist er allerdings von der Kirche San Giovanni Battista auf halber Höhe, auf deren Terrasse vor der barocken Fassade im Sommer Kammerkonzerte stattfinden. **Diano Marina** 20 ist hauptsächlich modern, aber freundlich mit flachem, feinsandigem Strand. Zahlreich sind die Unterhaltungs- und Sportmöglichkeiten – ein besonders familienfreundlicher Badeort. Wer zum Strand hin wohnt, hat es ruhig, von der Straßenseite ist allerdings abzuraten.

Nun folgt die Provinzhauptstadt **Impéria** 21 (S. 418), die zwei Seelen in der Brust hat: eine klassizistisch-kühle namens Oneglia im Osten (hier wurde am 30.11.1466 der berühmt-berüchtigste Seeadmiral Andrea Doria geboren) und eine fröhlich-bunte namens Porto Maurizio, die sich im Westen vom Fischerdorf den historischen Hügel hinaufzieht. Mussolini ließ 1923 die beiden feindlichen Nachbarstädte zusammenführen, es entstand Impéria, ein ligurisches Öl-Imperium. Für Olivenöl, versteht sich, das hier bereits im 17. Jh. gerühmt wurde. Vom Hafen Oneglia aus verschiffen auch heute die größten italienischen Erzeuger ihre Fässer und Kanister in den Rest der Welt. Die meisten Ölmühlen West-Liguriens findet man hier landeinwärts um Dolcedo, wo Kenner natürlich gleich in einem *Frantoio* das ›Gold Liguriens‹ kaufen und nicht ab Fabrik. Aber auch ein Pasta-Imperium hat seinen Sitz bei Impéria, die Spaghetti-Dynastie Agnesi, die gerne durch historische Belege nachweist, daß es bereits 1279 Spaghetti in Italien gab, bevor sie angeblich 1282 von Marco Polo aus dem Fernen Osten eingeführt wurden. Um das Ag-

Blick auf Bussana Vecchia

nesi-Museum dort, wo die Familie ihre Nudelherstellung 1824 begann (Italiens einziges Spaghetti-Museum), besuchen zu können, muß man allerdings 7 km hügelwärts nach Pontedassio fahren. Möglichst nicht, ohne sich vorher vergewissert zu haben, daß es tatsächlich geöffnet ist.

Arma di Tággia ist als Badeort wahrlich nichtssagend, um so überraschender ist dann **Tággia** 22 (S. 434) selber, das in der Beuge der Autobahntrasse 4 km landeinwärts liegt, am rauschenden Torrente Argentina. Scheußlich ist die Autobahnbrücke in schwindelnder Höhe – wohltuend harmonisch wirkt dagegen die fünfzehnbogige (!) Argentina-Brücke, deren Gründung zwar römisch ist, die aber so, wie sie heute zu bewundern und zu begehen ist, aus dem 15. Jh. stammen soll. 300 m ist sie lang, ein wenig krümmt sie sich, der steinerne Weg folgt den verschieden hohen Bögen. Es ist ein Vergnügen, darüber zu gehen, man bekommt das Gefühl für alte Steine. Das gilt im übrigen für

Tággia generell. Erst wirkt die Stadt spröde, unzugänglich. Ihre Häuser sind hoch, aus dunklem Stein, die Gassen dazwischen eng, auch noch mit Bögen und Toren überwölbt, daß es einem im Sommer etwas zu kühl werden könnte.

Einige Sehenswürdigkeiten sollte man sich auf keinen Fall entgehen lassen: etwa die Schieferportale an den teils verfallenen, bröckelnden Adelspalästen aus der Renaissance, z. B. an der Via San Dalmazzo 103 und 147 oder das Basrelief mit der ›Geburt Christi‹ in der Via Lercari 10. Oder San Domenico in erhöhter Lage: Kirche und Kloster von 1460 zeigen lombardische Einflüsse in der Struktur. Bei der jüngsten Restaurierung wurden die dekorativen Schwarz-Weiß-Streifen im Genueser Stil wiederhergestellt, und im Kreuzgang fallen die gedrungenen Bögen auf, die auf schwarzen Basaltsäulen ruhen. Aber die Attraktion schlechthin ist das Innere der Kirche und der Klosteranlage: Sie entpuppen sich als eine wahre Pinakothek, als die wohl bedeutendste Bildersammlung West-Liguriens mit Werken aus dem 15. und 16. Jh. Refektorium und Kapitelsaal sind von Canavesio freskiert, die Klosterbibliothek von Brea, ein Museum ist angeschlossen. Mit anderen Worten: Für San Domenico braucht man Zeit! – An jedem letzten Wochenende des Monats findet in Tággia ein Antiquitätenmarkt statt und es duftet überall nach *Sardenaira*, dem pizzaähnlichen Gebäck mit gesalzenen Sardellen.

Wieder runter ans Meer nach Arma di Tággia, dann Richtung San Remo über das freundliche Bussana und wieder 3 km bergwärts nach **Bussana Vecchia** 23, das auf manchen Landkarten noch als Ruine geführt wird. Das alte Bergdorf spiegelt noch heute den Schrecken wider, den ein verheerendes Erdbeben am frühen Morgen des 23. Februar 1887 in West-Ligurien verbreitete. Von Bussana Vecchia blieb außer dem Kirchturm von Santa Maria nichts aufrecht stehen. 55 Menschen starben unter den Trümmern. – Fast ein ganzes Jahrhundert geschah nichts, Flüchtlinge aus Süditalien, die sich nach dem Zweiten Weltkrieg im Dorf niederließen, wurden sogar vertrieben. Bis sich Ende der 60er Jahre eine internationale Künstlergruppe zusammenfand und das Bergdorf ›besetzte‹. Ein altes italienisches Gewohnheitsrecht (wer ein unbewohntes Haus mit Schloß und Riegel versieht, darf darin bleiben) ›erlaubte‹ es ihnen. So wurden immer mehr Künstlerwerkstätten eingerichtet, Ställe ausgebaut, Zimmerchen bewohnbar gemacht. Schön, aus verwittertem Gemäuer ein Fensterchen mit einem bunten Keramikteller herausleuchten zu sehen, eine Metallplastik im kleinen Innenhof zu entdecken, kunstvollen Schmuck in einer winzigen Werkstatt. Leider aber auch – inzwischen – kitschige Souvenirs aus Bussana. Denn auch hier bringen das beste Geld nun einmal die ›richtigen‹ Touristen, nicht diejenigen, die sich für Kunst interessieren, um sie anzuschauen.

San Remo 24 (S. 432f.), eingebettet in riesige Parkanlagen am Hang, tut so, als hätte es die Eisenbahn direkt zwischen Strand und Promenade nicht, gebärdet sich fein, bietet viel Unterhaltung (inklusive Kasino) und Sport sowie hervorragende Einkaufsmöglichkeiten, außerdem eine sehr gepflegte Hotellerie mit Swimming-pools, gute bis hervorragende Restaurants, schöne Badeanstalten. Ein Prunkstück im Stadtbild von San Remo ist die russisch-orthodoxe Kirche mit ihren farbenfrohen Zwiebeltürmchen, Erinnerung an die große russische Kolonie, die sich hier wohlfühlte und 1874 die Zarin Maria Alexandrowna zu Besuch hatte. Sie ließ die Palmen an der

Strandallee pflanzen, die ihren Namen erhielt: Corso Imperiatrice, der Kaiserin. An der Ausfallstraße nach Osten steht die Jugendstilvilla des Dynamit-Erfinders Alfred Nobel, der hier fünf Jahre bis zu seinem Tod 1896 wohnte. Und in der Villa Zirio verbrachte der glücklose Kaiser Friedrich III. als Kronprinz 1888 seinen letzten Winter.

Die engen Gassen der schlecht beleuchteten Oberstadt La Pigna sollte man bei Nacht besser nicht betreten: Leider nimmt auch hier – ähnlich wie in Genuas Altstadt – die Beschaffungskriminalität überhand. Dafür sind aber zwei alte Kinos zu ihren Füßen eine Besonderheit: das Cinema Tabari in der Via Matteotti 107, 1929 im italienischen Liberty gebaut und so aufregend schön, daß der Film schon sehr gut sein muß, will man ihn statt der Einrichtung bewundern – und das Sanremese in der Via Matteotti 200, ganz in Blau mit weißem Stuck. Und eine weitere Kino-Attraktion, gleich dreifach: das Ariston, wo im Februar das **Festival della Canzone** stattfindet, darunter, unter dem Meeresspiegel, das Ritz für Autorenfilme und Konferenzen – und auf dem Dach mit imposantem Rundblick ein Freilichtkino. – Also: In San Remo muß man ins Kino! Und auch ins berühmte Kasino – wenigstens zum Schauen.

Das arme Ospedaletti ist zwischen Strand, Bahn und Autobahnbrücke eingekeilt, umgeben von Treibhäusern. Und das einst altmodisch-elegante **Bordighera** 25 (S. 406) ist als Badeort recht provinziell geworden, aber Italiener lieben ihn. Die Oberstadt mit ihren mittelalterlichen Gassen, schön mit Kieselsteinchen und *Cotto* gepflastert, ist fast intakt geblieben, mit vielen netten *Trattorie* und Lebensmittelgeschäften. Am Ortsanfang, von San Remo kommend, führt rechts eine Abzweigung auf die *Strade Panoramiche* von Bordighera, die hübsche Ausblicke bis Ventimiglia und zur französischen Riviera sowie auf die lebhafte, modernere Stadt darunter und das Meer mit dem Yachthafen ermöglicht. Einen Besuch wert ist das Museo Bicknell mit den Abdrücken vorgeschichtlicher Ritzzeichnungen.

In **Ventimiglia** 26 (S. 440f.) empfiehlt sich ein Halt an der Brücke über den breiten Roja-Fluß, kurz bevor er sich ins Meer ergießt. Hier gibt es außer freitags wegen des Wochenmarktes Parkmöglichkeiten für diejenigen, die den neuen Stadtteil besuchen oder am Lungomare zwischen den Cafés am Meer (grauer Kieselstrand) und den Hotels auf der anderen Seite flanieren möchten. Der Blick auf die Oberstadt ist hinreißend, sie zieht sich am langen Bergrücken weit ins Land hoch, und man besucht sie daher am besten zu Fuß. Parkplätze gibt es direkt an der Mauer der Oberstadt, die leider ganz schön heruntergekommen ist. Auch dem Sestiere Piazza mit der romanischen Kathedrale aus dem 11. und 12. Jh. mit schönem gotischen Portal und dem kleinen Baptisterium am Chor würde eine gründliche Restaurierung guttun. Der Via Garibaldi folgend (Hinweisschild) erreicht man entlang der Via Piemonte direkt San Michele, das im 11. Jh. auf einem römischen Heiligtum errichtet wurde. Falls der Einlaß möglich ist: Sehenswert sind die Krypta und die Fresken aus der Cimabue-Schule. Jedenfalls ist der Blick auf die Berge von der nahen Porta di Piemonte hinreißend schön.

Ein Ausflug zur nur 8 km entfernten französischen Grenze führt zur **Villa Hanbury** mit dem Botanischen Garten und den **Balzi Rossi**. In den Höhlen der Roten Felsen fand man eine der bedeutendsten Siedlungen der Altligurer, im Museum sind einige der Funde sowie

San Remo

Fossilien aus dem Gebiet ausgestellt. Ansonsten herrscht hier Grenz-Rummel.

Schöner ist sicher ein Ausflug ins Hinterland, den man auch von San Remo oder Tággia unternehmen könnte (dann in umgekehrter Richtung): Ein kurzes Stück zurück von Ventimiglia Richtung Bordighera, dann vor dem Nervia-Fluß links abbiegen und bergwärts Richtung Pigna fahren. **Camporosso** 27 hat rechts der Hauptstraße ein nettes *Centro storico* zur Fußgängerzone ausgebaut. Das romanische Kirchlein aus dem 11. Jh. wurde im 15. freskiert und lohnt einen Blick. Die Landschaft zeigt hier nur noch wenig Ähnlichkeit mit der Küste, trotz der tatsächlichen Entfernung von kaum 3 km. Die mittelalterliche Festungsstadt **Dolceácqua** 28 mit der Ruine der Doria-Burg darüber erhebt sich dekorativ am Berghang, die alte Brücke aus einem einzigen hohen Bogen stand Modell für Maler und Geschichtenschreiber. Der berühmteste von ihnen: Claude Monet, der nach eigener Aussage hier, in Dolceácqua, »die Freude am Malen wiederentdeckt« hatte. Den Doria, im 12. bis zum 15. Jh. Herren von Dolceácqua, verging hier, wie überliefert wird, eine andere Freude: die Ausübung des ›Rechtes auf die erste Nacht‹. Der Bräutigam eines Mädchens, das sich dem Doria verweigerte und daher im Kerker verhungern sollte, hat dem Herrscher unter Morddrohung das Abschwören von diesem *jus primae noctis* abgerungen.

Die Freude an den Früchten des Landes, vor allem am wunderbar vollmundigen Rossese-Wein, sollten Reisende vorsichtig genießen. Sonst kommen sie mit dem fahrbaren Untersatz nicht weit. Aber hier, in den ligurischen Bergen ist es auch nicht sehr schlimm. Wie wäre es mit einer Ruhepause auf einer Ölbaumterrasse mit Blick auf Dolceácqua?

Dem Lauf der Nervia folgend, leicht ansteigend, gelangt man nach **Isolabo-**

na 29, das mit seinen engen, teils noch romanischen Häusern jenseits des Flusses grüßt, aber nicht sehr einladend ist. Lohnend ist aber am Ortsende ein Blick in das Santuario Nostra Signora delle Grazie: wegen der gut erhaltenen Fresken von Giovanni Cambiaso (16. Jh.).

Keine 10 km sind es von hier über Apricale mit den Resten des Schlosses der Grafen von Ventimiglia (und einer Künstlerkolonie) bis nach **Baiardo** 30 (S. 404). Aber es sind fast 800 m Höhenunterschied in engen, steilen Kurven zu überwinden. Dafür gibt es wundervolle

Ausblicke u. a. ins Tal des Bonda-Flüßchens und auf den 1627 m hohen Monte Ceppo. Ein neues, nettes Hotel mit Restaurant in aufgelockerter Bauweise, das Restaurant Ciausun und eine recht breite Straße lassen aufhorchen. Tatsächlich ist das 900 m hoch gelegene

Riviera di Levante

Baiardo der ›Geburtsort‹ der *Ciausun*-Torte aus wilden Kräutern. Und völlig ›neu‹, denn er wurde 1887 bei einem Erdbeben fast vollständig zerstört. Auf dem Druidenhügel, einer alten Kultstätte, läßt sich das Chaos noch erahnen, wenn man durch die kärglichen Reste der mittelalterlichen Burg stolpert. Aber der Blick! Immer wieder sind diese voralpinen Berge, oft für den Gemüse-, Wein- oder Ölbaumanbau terrassiert, zu sehen, die eine langsame Fahrt über Serpentinensträßchen lohnen.

Riviera di Levante: östlich von Genua

Die Küste ostwärts von Genua bis La Spezia zeigt Bilderbuch-Buchten, in die sich pastellfarbene Häusergruppen schmiegen oder über denen Dörfer Schwalbennestern gleich zu schweben scheinen. Zum größten Teil ist sie keine Bade-Riviera, sondern eine, die angeschaut werden will. Und immer noch wirkt sie sehr privat, Hotels sind eher selten, dafür meist recht teuer. Nur wenige Ausnahmen sind an der *Riviera di Levante* zu finden, allerdings sind diese Orte dann nicht besonders attraktiv, der Strand zwar lang, aber meist schmal, gräulich und häufig durch die Bahnlinie vom Ortskern getrennt. Dafür eignen sich aber die Preise auch für normalbestückte Geldbeutel: etwa in Chiavari, Lavagna und – teilweise doch sehr schön – Sestri Levante. Für Ost-Ligurien gilt: Wer hauptsächlich an der Küste bleibt, ist meist gut beraten, denn sie gehört zum Schönsten, was Italien zu bieten hat. Die Halbinseln schaffen die aussichtsreichsten Wanderreviere, doch

Ein Kilometer über der Riviera: stille Alta Via

Alberto Bozzo hat die sonnengegerbte Haut eines Seefahrers – wenig verwunderlich bei einem Ligurer, schließlich stammen Antonio da Noli, der Entdecker der Kapverdischen Inseln, und Christoph Kolumbus von hier. Doch Alberto wird leicht seekrank. Seine Haut gerbte er in den ligurischen Bergen. Von dort oben ist die Riviera lediglich ein glitzernder Silberstreifen. Die schmalen Strände mit den unzähligen eingeölten Leibern sind auf den Kämmen der Ligurischen Alpen und des Apennin schnell vergessen. Deshalb flieht Alberto bei jeder Gelegenheit rund tausend Meter nach oben. Die Enge da unten, die kleinen Stückchen Landschaft, eingequetscht zwischen der *Via Aurelia,* dem elektrifizierten Schienenband und der Autobahn schätzt er höchstens des Einkommens wegen.

Ligurer gelten als wortkarg. Sie haben wenig vom sprichwörtlichen italienischen Temperament. Über Alberto Bozzo ärgere ich mich am Anfang des 440 km langen Bergabenteuers. Warum so schweigsam, warum so bedächtig? Ich könnte doppeltes Tempo verkraften. Nach drei Stunden habe ich dankbar die gemächliche Gangart des Ligurers adaptiert. Alberto holt schmunzelnd seine Thermosflasche aus dem Rucksack. Heißer Tee gebe neue Kraft. Ich verdrehe die Augen. Mehr Widerspruch ist mir am Passo di Ventarola nicht mehr möglich.

Zwei Jagdhunde hetzen aus dem Gebüsch, das hier aus Besenginster und hohem Farn besteht. Eine Wolke schiebt sich vor die Sonne. Die Landschaft nimmt bedrohliche Formen und Farben an. Der Farn wirkt wie Blut. Die seltsam geformten Buchen scheinen die steilen Hänge zum Monte Ramaceto (1345 m) hochzukriechen. Unter seinem Gipfel zeigen sich, einer Wunde gleich, gigantische Felsformationen, eine Erosionsarena von seltener Dramatik. Drüben knackt es laut. Dann treten drei Männer mit Flinten aus dem Gehölz. Alberto Bozzo spricht die Jäger an. Sie kommen wie er aus Lavagna. »Was habt ihr geschossen?« Der ältere Nimrod lacht und krault sich den dichten Haarschopf. Er greift in eine Plastiktüte vom *Supermercato.* »*Porcini* haben wir geschossen.« Und gleich eine ganze Großfamilie, die schönsten Steinpilze, die ich je gesehen habe.

Wir keuchen rhythmisch über die Linie der apenninischen Wasserscheide. Im Nordosten grüßt der Monte Bue, mit 1777 m einer der höchsten Gipfel Liguriens. Dorthin, nach Santo Stefano d'Aveto, fliehen die Ligurer im Sommer vor der Hitze an der Küste. Und dort fahren sie im Winter auch Ski. Hier oben ist alles sauber und frisch – und so still. Sogar die Vögel zwitschern verhalten. Lautlos kreist in den Lüften ein Bussard.

Weit unten, an den südlichen Gestaden der Riviera, glitzert das Ligurische

Meer. Der Blick von der kleinen *Cappelletta* des Italienischen Alpenvereins in 1318 m Höhe – Alberto hat sie mitgebaut – reicht von Portofino bis Sestri Levante.

In einem breiten Streifen, parallel zu den Küstenstädten Chiavari, Rapallo und Camogli, erstreckt sich die Val Fontanabuona. Im Bereich der Gemeinde Mocónesi besaß Großvater Kolumbus eine Weberei. Doch das große Geld wurde unten in Genua mit dem Handel verdient. Eine große Landflucht setzte damals ein. Die junge Familie folgte dem allgemeinen Sog. So lernte Christoph Kolumbus das Meer kennen und lieben.

Heute sind weite Strecken der ligurischen Höhen schon wieder menschenleer. Nachdem der Mensch zuerst die natürliche Ordnung der Berghänge veränderte, Wald rodete, um Weideflächen zu bekommen, wurde in jüngster Zeit die Land- und Weidewirtschaft zum Stiefkind der Region. Die Arbeit brachte nur Mühe, kaum Geld. Unten bei den Touristen ist die Lire schneller verdient. – Der Höhenwanderweg soll helfen, den Exodus aus den Bergen zu stoppen. Wo Wirte sich gedanklich schon mit einer Eisbude am Badestrand beschäftigen, sollen durstige und hungrige Wanderer Alternativen bringen.

In Barbagelata, dem höchstgelegenen Ort am Höhenweg, hat man neuen Mut geschöpft. Den hatten die Einwohner mehr als vier Jahrzehnte lang verloren: Die bizarre Landschaft bot im letzten Weltkrieg zahlreiche Verstecke für Partisanen. 1944 haben die Deutschen das Partisanennest Barbagelata (mit Frostbart oder Eisbart zu übersetzen) bei einer Razzia angezündet. Ringsum erinnern Gedenksteine und Straßennamen (Via Caduti dalla Libertà, Via della Resistenza) an die gefallenen Widerstandskämpfer. Dort, wo früher Kühe weideten und auf den Terrassen Landwirtschaft betrieben wurde, wuchert duftende *Macchia*. Abgestorbene, riesige Buchen sind Träger für grüne Efeu-Türme. Ein Symbol neuer Hoffnung. Doch es ist dafür gesorgt, daß die Bäume nicht in den Himmel wachsen. Viele Wanderer müßten in der Locanda Cristoforo einkehren, um dem Wirt Mut zu machen, weiterhin Schinken und Käselaibe in der Kammer zu lagern, trockenen ligurischen Wein im Keller zu horten und die Laken für ein paar Betten im Garten zu trocknen.

Gelegentlich treffen wir Menschen, die sich an ihre Berge klammern. Und an eine Idee. Vom Wanderweg zwischen dem Passo della Scoffera zum Passo della Forcella ist immer wieder ein terrassierter Hügel zu sehen, an den sich eine Siedlung schmiegt. Der Ort Lórsica schwebt zwischen Aufgeben und Hoffnung. Stefania, die junge Tochter der De Martini-Familie will bleiben. Sie hat von Eltern und Tante die Damastweberei erlernt und jetzt sogar ein Lehrmädchen eingestellt. Neben dem kleinen Häuschen in der Via Scaletta, in einer alten Remise, steht ein maschineller Webstuhl aus der Gründerzeit. Die Familie Demartini aus Lórsica hat sich mit dem ratternden Ungetüm, das edle Damaststoffe, Wollseide und Seidentaft macht, viele Diplome und Goldmedaillen ›erwoben‹. Irgendwann werde sich die Mühe auszahlen, murmelt die schlohweiße Tante Amelia vor sich hin, während Kette und Schuß blumige Muster zaubern.

Wer im Bereich von San Remo Urlaub macht, dem sei eher geraten, die Wege zu suchen, die rund um Dolceácqua führen. So besteht immer die Möglichkeit, eine Herberge zu finden, mit dem Bus zurückzufahren oder sich von Faulenzern am Strand mit dem Auto abholen zu lassen. An der Urlaubsküste zwischen Impéria, Albenga und Savona gibt es eine ganze Reihe günstiger Stützpunkte für eine Wanderung, die einen oder mehrere Tage dauern können. Günstig, weil Unterkünfte, Verpflegung und Busstopp vorhanden sind: Colle di Nava (von Impéria auf der kurvenreichen Straße Nr. 28 bis kurz vor die ligurisch-piemontesische Grenze); Passo San Bernardo di Garessio (von Albenga die Nr. 582 bergwärts, von Finale Ligure auf der 490 hoch bis Calizzano, dann westwärts nach Garessio); Colle di Cadibona (von Savona auf der Nummer 29 bis Altare).

Von Gottfried Aigner

ausgesprochene Wandervögel sollten sich die ›Alta Via‹ merken (s. S. 168ff.), 440 km entlang der ligurischen Wasserscheide zwischen französischer und toscanischer Grenze.

Unbekümmert drängen sich die Genuesen an Wochenenden und heißen Sommertagen in den kleinen Badeanstalten, die zwischen Genua und Nervi kaum Strand, kein sauberes Meer, aber viel Hautnähe zu bieten haben. Man kann hier in vielen kleinen *Trattorie* gut essen, sehr gut sogar in der Antica Osteria del Bai über dem Meer hinter bescheidener Fassade mit Hüttenromantik und uralter Pinie auf dem hellen Schieferdach in **Quarto dei Mille** **1**: Von hier aus zog Garibaldi mit seinen tausend Mannen gen Sizilien, um Italien zu einen. Daher der Ortsname ›dei Mille‹.

Von Genua bis Camogli am Golfo Paradiso reiht sich Ort an Ort entlang und über der Küste, von der *Via Aurelia* wie der Bahn erschlossen, die nur dort nicht stört, wo sie im Fels ihren Tunnel benutzt. Nervi und Bogliasco leiden unter ihr, Sori bleibt verschont, vor **Recco** 2 (S. 429) taucht die Bahn wieder ans Licht, was hier aber weiter nicht schlimm ist: Nach Recco geht man nicht zum Baden, sondern zum Schlemmen. Einen Namen sollte man sich auf jeden Fall merken: Manuelina – er klingt schon wie Musik ...

Von Recco (auch von Genua/Nervi) fahren allsommerlich Ausflugsboote mit Stationen in Camogli, Punta Chiappa (am Regionalpark des Monte Portofino), San Fruttuoso (das nur per Boot oder zu Fuß erreichbar ist), Portofino, Santa Margherita Ligure, Chiavari, Lavagna und Sestri Levante. Man kann Abschnitte oder die ganze Strecke fahren – schön für Leute, die genügend Zeit mitbringen! Kein Problem mit der Rückfahrt: Außer Punta Chiappa, San Fruttuoso und Portofino sind alle Orte auch Bahnstationen, und Portofino ist außerdem per Bus von Santa Margherita Ligure in wenigen Minuten erreichbar.

Kein Gelb ist so golden und schön wie das von **Camogli** 3 (S. 408f.), wenn die Sonne untergeht und mit letzter Kraft einen glitzernden Schleier über die pastellfarbene Häuserfront legt. Die hohen Wohnpaläste klammern sich am Hang, vom Meer gesehen sind sie zum Teil sogar zehnstöckig, schon an der nächsten Parallelgasse vielleicht nur noch vier oder fünf Etagen hoch. – Keine ligurische Stadt ist alles in allem solch eine Postkartenschönheit wie Camogli! Und wer genauer hinschaut, wird an vielen Fassaden eine ligurische Eigenart entdecken, die nirgendwo so intensiv erhalten ist wie hier: Fenster, die keine sind. Nämlich gemalte dort, wo sie der Schönheit zwar dienlich waren, dem Wohnzweck aber entgegenstanden. Mit offenen oder gekippten Klappläden, geschlossenen oder angelehnten Fenstern, farblich ein wenig blasser als die echten.

Im fast geschlossenen Rund des alten Hafens schaukeln noch heute Fischerboote, am kleinen Kap mit den Resten des Castello Dragone (14. Jh.), in denen heute das sehenswerte Acquario Tirrenico untergebracht ist, steht auch die kleine Kirche der Santa Maria Assunta aus dem 11. Jh., die allerdings mehrmals nicht gerade zu ihrem Vorteil umgebaut wurde. Aber ihre Ausstattung mit Kunstwerken ligurischer Meister ist sehenswert, und der Blick vom Castello ist hinreißend schön: auf Camogli wie auf das Meer hinaus, vor allem bei goldglänzendem Sonnenuntergang.

Camogli ist nicht nur schön, Camogli blickt auch auf eine lange und interessante Geschichte als Fischer- und Seefahrerstadt zurück. Ihre Flotte erreichte Mitte des vergangenen Jahrhunderts die Zahl von 700 Schiffen – weit mehr als Genua und so manche andere Seefahrermetropole aufzubieten hatte. Diese Flotte zog im Dienste fremder Mächte in den Krieg oder zu Handelszwecken durch das östliche Mittelmeer. Frankreich brauchte Camoglis Schiffe für die Eroberung Algeriens und nahm mit ihnen am Krimkrieg teil. Kein Wunder, daß es ein Camoglieser war, der die erste Schiffsversicherung ins Leben rief (1852). Lebendig ist die Erinnerung an die Marine der Stadt im Schiffsmuseum Gio Bono Ferrari und im 1874 gegründeten Nautischen Istituto Cristoforo Colombo, das bis heute Marineoffiziere ausbildet und dafür einen guten Ruf hat.

Daß ganz Camogli am zweiten Maisonntag aus den Fugen gerät, hat ebenfalls etwas mit der Seefahrtstradition zu tun: Die Schiffer der Stadt leisteten den

San Fruttuoso

Schwur, zu Ehren des heiligen Fortunatus einmal im Jahr ein großes Fischessen, das sie kostenlos verteilen, im Freien zu spenden. Wer nach Camogli von Süden kommt, wird am Ortseingang rechts an der Mauer riesige Gußeisenpfannen entdecken: Darin werden tonnenweise Fische gebraten – zur Freude der Einheimischen wie der Touristen, die durch das Gedränge in den Ort schieben, um am Fischerfest teilzunehmen. Ein köstlicher Duft erfüllt die Luft, während Fischer mit erhitzten Gesichtern kleinere Bratsiebe im heißen Öl der Riesenpfannen hin- und herschwenken. Am ersten Augustsonntag findet die ruhigere Bootsprozession zu Ehren der ›Stella Maris‹ mit zahllosen Lichtern im Paradiesgolf statt, und am 29. August wird bei San Fruttuoso ein feierlicher Gruß dem am Meeresboden liegenden Christus gebracht.

Ein Unterwasserparadies ist das Meer um die Halbinsel von Portofino zwischen Camogli und Rapallo (Informationen und Tauchkarten vor Ort) – ein herrliches Wanderrevier am Monte Portofino (bis zu 610 m hoch) durch Pinien- und Kastanienwälder, Olivenhaine und durch Obstgärten ist die Halbinsel selber. **San Fruttuoso** 4 ist ein lohnendes Ziel für Leute mit guter Kondition und festen Schuhen (von Camogli und Portofino je mindestens eineinhalb Stunden rauf und runter). Das bereits 711 gegründete Kloster (meistens vormittags und auf Anfrage zu besichtigen) mit den schönen Doria-Gräbern in der Krypta wurde inzwischen total restauriert, nachdem die Nachfahren-Familie Doria-Pamphili den gesamten Komplex 1983 dem italienischen Umweltfonds FAI (s. S. 32) vermacht hatte, damit es kein Spekulationsobjekt werde wie so manches hier um Portofino. Rund um die kleine Bucht stehen ein paar kleine Fischerhütten, die einfache aber schmackhafte Fischessen anbieten. Eine Pasta vorweg, eine Flasche Wein – danach eine Siesta am kiesigen Strand, bis das nächste oder übernächste Boot kommt und einen zum Beispiel nach Portofino bringt. Einfach schön!

Von **San Lorenzo** 5 an der *Via Aurelia*, vom Aussichtspunkt etwa in der Mitte zwischen Rapallo und Camogli, hat man den vielleicht schönsten Blick auf die Halbinsel von Portofino: Unten breitet sich Santa Margherita aus, links die Kirche von San Lorenzo, geradeaus der Tigullio-Golf bis Sestri Levante und dahinter die Halbinsel von Lévanto.

Santa Margherita Ligure 6 (S. 433) ist schon lange eine exklusive Sommerfrische. Den feinen Fassaden an der Hafenpromenade (mit Busstation) sieht man nicht an, daß die Bewohner der Stadt hauptsächlich Fischer, Seefahrer und Korallensucher waren. Diese Häuser, z. T. Hotels, stammen aus der ersten Blütezeit als Touristenstadt (ausgehendes 18. Jh.). Max Frisch notierte 1947: »Das Hin und Her der kleinen Barken; mindestens eine ist immer unterwegs zwischen dem ankernden Kutter und der Mole … Die Fischer sind einheitlich schmutzig, ölig, fröhlich und müde, ein wenig auch stolz: der Mann, der erbeutet, und die Weiber, die die Beute in Empfang nehmen … Markt unter schattigen Bäumen … Ganze Hügel von Schuppensilber. Natürlich stinkt es.« Das tut es heute nicht mehr, trotz vieler Fischer, und das Zentrum der Stadt ist recht lebhaft, eben ein Marktflecken.

Wer es sich leisten kann, wohnte bis vor wenigen Jahren im Imperial Palace über der Bucht, das leider etwas heruntergekommen ist: Hier wurde am 16. April 1922 der sogenannte Vertrag von Rapallo geschlossen. Denn Santa Margherita war damals noch ein recht bescheidenes Nest und ein Vorort Rapallos, zu dem es heute aber nicht mehr gehört und das es an Größe und Bedeutung seitdem überholt hat. Die *Sala Trattato* (Saal des Vertrages) steht heute Konferenzen zur Verfügung.

»I found my love in Portofino …«, sang Herzensbrecher Rex Harrison, der sich hier mit seiner Frau Lilli Palmer niederließ und besonders in der Bar La Gritta an der linken Hafenseite so wohl fühlte, daß diese bis heute noch von seinem legendären Whisky-Konsum zehrt – per Reklame. Doch nicht nur diese. Ganz **Portofino** 7 (S. 428f.) lebt vom Ruhm der Reichen und Schönen, die sich hier einkauften. Bar an Bar, Café an Café mit Tischen im Freien und bunten Sonnenschirmen reihen sich rings um die Bucht. Allen gemeinsam ist ein traumhaft schöner Blick und horrende Preise. Dennoch: Einen Drink oder einen Espresso an einer der schönsten Piazze Liguriens vor schaukelnden Luxusseglern sollte man sich unbedingt einmal leisten.

Schön an Portofino ist die tiefe Bucht mit ihren pastellfarbenen Häusern, die sich an die Berghänge klammern. Darüber wachen die Kirche San Giorgio und die Festung Olivetta mit hinreißenden Ausblicken, bei klarem Wetter über den gesamten Golf von Tigullio bis nach Sestri Levante.

Zurück nach Santa Margherita Ligure, das natürlich auch zu Fuß erreichbar ist. Im kleinen Vorort San Michele steht die gesichtslose Pfarrkirche mit einer besonderen Kostbarkeit in der ersten linken Seitenkapelle: Die ›Kreuzigung‹ ist ein Meisterwerk van Dycks. Der dritte Trauernde neben San Francesco und San Domenico ist Spinola, Mäzen und Gastgeber des Künstlers in Rapallo.

Die kleine Bucht von **Rapallo** 8 ist bilderbuch-schön, vor allem vom Festungsturm an ihrem Südostende aus. Sonst bietet sie nichts Aufregendes, daher empfiehlt sich eine Fahrt mit der Drahtseilbahn (Autofahrer folgen zunächst ebenfalls dem Hinweis zur ›Funivia‹) zum Santuario della Madonna di Montallegro in 612 m Höhe. Herrlich erfrischend ist es oben, gerade im Sommer, wenn es am Meer unerträglich heiß werden kann. Fast im Zuckerbäkkerstil ist die Fassade der Kirche gehalten, verehrt wird ein nur 12 × 15 cm großes, angeblich byzantinisches Marienbild, das am Hochaltar kaum zu erkennen ist (weshalb links gleich in der ersten Kapelle eine Kopie hängt). Montallegro ist ein vielbesuchter Wallfahrtsort (mit Pension und Restaurant) und ein

Portofino

Richtig Reisen
Thema

Der Velour von Zoagli

Nur 60 cm breit sind die Samt- bzw. Velourstreifen, die in Zoagli hergestellt werden, weil der menschliche Arm sonst nicht reicht für das Einführen der feinen langen Nadeln. Acht bis zehn Stunden werden allein benötigt, um ein 70 cm langes Velourstück zu weben, so wie es sie der verstorbene Firmengründer Giuseppe Gaggioli von der gleichnamigen Weberei gelehrt hatte. Bereits 1933 erhielt er eine Auszeichnung für seine 30jährige Mitgliedschaft in der Zunft, die sich stolz ›Vecchia Società di veluti di Zoagli‹ nennt. Als die Fabrik 1944 einem Bombenanschlag zum Opfer fiel, führte er die Arbeit in seinem Privathaus fort, in dem noch heute die Weberei existiert. »Früher«, erzählen die Schwestern Luciana und Lorenza, »belieferte Genua die ganze Welt mit diesen kostbaren Stoffen«. Erst war das Zentrum der Damastweberei in Genua, später dehnte es sich über die *Riviera di Levante* und das Hinterland bis nach Sestri mit Schwerpunkt Zoagli aus.

Die Idee dazu stammt freilich nicht aus Ligurien – Seefahrer brachten die schönen, glitzernden Stoffe aus dem Orient mit, ebenso wie die Klöppelspitzen. Die Herstellung vor Ort begann damit, daß ein Händler aus Chiavari es satt hatte, die immer höheren Importpreise zu zahlen.

An Aufträgen mangelt es eigentlich nicht, auch nicht an ganz großen wie 1976 und 1977 die Kostüme für Sienas *Palio*, genau nach den alten Vorlagen und so, wie sie bereits schon einmal Giuseppe Gaggioli 1926 und 1927 gefertigt hatte. Besonderer Stolz der Gaggioli-Schwestern: die traditionelle Herstellung der *Palma Genovese*, eines dunkelroten Palmenmotivs auf beigem Grund, 2,5 × 0,60 m große Bahnen, die hauptsächlich als Möbelbezugstoffe verwendet werden. Ein teures Vergnügen, das noch kostbarer wird, »wenn die Preise für den Seidenimport aus China weiterhin so steigen«, stöhnt man in Zoagli und in Lórsica im Landesinneren hinter Rapallo (s. S. 170), wo die Familie De Martini als letzte der vor wenigen Jahren noch ein Dutzend Betriebe der Damastweberei (und der Klöppelspitzenarbeit) treu geblieben ist.

noch mehr besuchtes Ausflugsziel unter uralten Steineichen.

Während es in Rapallo viel Mühe kostet, noch handwerklich gefertigte Klöppelspitzen zu finden, deren Tradition hier immerhin auf das 14. Jh. zurückgeht, kann man im benachbarten **Zoagli** 9 sogar zuschauen, wie Samt und Seidendamast am hölzernen Webstuhl in mühsamer Handarbeit hergestellt werden, in der letzten Werkstatt, in der mit Hilfe von ›Jacquardkarten‹ gewebt wird. Und genau diese Karten hütet die Firma Giuseppe Gaggioli an der Via Aurelia 208 A/

Via Liggia 1 wie einen kostbaren Schatz, sind es doch meist alte Vorlagen, deren Verlust unersetzlich wäre. Für neue Aufträge müssen sie die Karten in mühevoller Arbeit selber stanzen.

Chiavari 10 überrascht erst beim zweiten Hinsehen, wenn man dem Klang des Namen nachhört und gewahr wird, daß er auf ›Schlüssel der Täler‹ zurückgeht. Tatsächlich ergießen sich gleich mehrere Bergflüsse zwischen ihr und Lavagna ins Meer und schaffen Täler von unvergleichlicher Schönheit (z. B. das Rupinaro-Tal). Und Chiavari selber? Man sagt dem Ort eine ausgeprägte Gastfreundschaft nach, was vielleicht mit seinem Wohlstand zu erklären ist. Der Schiffsbau ist bedeutend, ein Yachthafen gehört dazu. Doch richtig berühmt sind die Stühle von Chiavari, die *Campanini:* hinreißend schlank, nur knappe 500 g leicht und doch von einer unglaublichen Robustheit. Es gilt als ein besonderes Aushängeschild, Chiavari-Stühle zum Sitzen anzubieten.

Die Brücke über den Entella-Fluß bildet die Grenze zum Nachbarstädtchen **Lavagna** 11, das seit 1988 einen der größten Yachthäfen des Mittelmeeres sein eigen nennt. Die Fieschi, eine der mächtigsten Familien Genuas, hatten hier 1130–1549 das Sagen, stellten zwei Päpste (Innozenz IV. und Adrian V.) und hinterließen einige Kirchen und Paläste im Hinterland von Chiavari und Lavagna, die zu den Glanzstücken der Romanik und Gotik gehören, etwa den Komplex von San Salvatore dei Fieschi, 4 km nordöstlich von Lavagna. Die schwarz-weiß gestreifte Fassade der Kir-

che (1245–1252) mit der übergroß geratenen Rosette und fantasievollen Motiven aus der Bibel und dem nahen Meer als Konsolen am Bogenfries ist das Schönste an dem Bau. Interessant ist auch der gut erhaltene und zum Teil noch bewohnte Rest des Palazzo Fieschi daneben.

Ölbaumterrassen bestimmen die Landschaft Richtung Santo Stefano d'Aveto, der Sommerfrische, die auch ein beliebter Wintersportort ist. Olivenöl ist auch hier so wichtig, daß sogar der alljährliche Kulturpreis der Stadt Chiavari für Verdienste um die Erhaltung der Kunst und Kultur Liguriens ›Goldene Olive‹ heißt. Von Cogorno oberhalb von Lavagna (über die S.P. 34 erreichbar) ist der Blick auf die beiden Schwesterstädte am Entella-Fluß und die Ölbaumterrassen, zwischen denen die rostroten Auffangnetze wie Hängematten gespannt sind, hinreißend schön. Hinter Schiefermauern quillt Wein hervor, die Häuser sind mit hellen, schieferartigen Platten gedeckt. – Lavagna nennt man auch die Schieferplatten, die viele Dächer der Gegend bedecken.

Sestri Levante 12 (S. 433f.) gefällt auf Anhieb (s. Abb.). Es ist sehr italienisch geblieben. Die meisten Hotels aus der Zeit der Jahrhundertwende tragen höchstens drei Sterne, das denkmalgeschützte Miramare an der kleinen Baia del Silenzio wurde zu einer Luxusherberge umgebaut, blieb aber ein typisches Hotel der ligurischen Levante. Die Häuser sind klein, mit höchstens 100 Betten, und familiengeführt. Im Sommer gesellen sich zu den 16 000 Einwohnern nochmals so viele Feriengäste, vorwiegend Familien, in der Vor- und Nachsaison ist es ein älteres Publikum, das den Ort etwa als Ausgangspunkt für Ausflüge und Wanderungen wählt. Die Geschäfte sind – noch – recht provinziell ausgestattet, das Nachtleben ist fast nicht existent. Das Besondere an Sestri ist seine Lage: Isola heißt die Halbinsel, die erst um 1300 durch Aufschüttungen des Gromolo eine wurde. Auf der Isola steht das 1145 erbaute und im 15. Jh. erweiterte Genueser Kastell, auf dessen Türmchen *(Torretta)* der geniale Marconi einige seiner Experimente durchführte. Vor der Stadt in der Bucht von Tigullio dehnt sich der schöne flache Sandstrand mit dem märchenhaften Namen Baia delle Favole aus, von baumschattiger Promenade und einem Yachthafen im Schutze der Isola gestaltet. Auf der ›Rückseite‹ des Dammes die Baia del Silenzio, ein schmaler, fast heimeliger Halbmond, umstanden von kleineren Häusern in Gelb und ligurischem Rot, das so gut paßt zum Graugrün der Ölbäume und zum Blau des Meeres. Sestri wirbt übrigens für einen benachbarten Strand, wenn es um reine Badeferien geht: mit dem unverdorben-ligurischen Fischer-Vorort Riva Trigoso jenseits des Monte Castello am Petronio-Fluß (schönes Wandergebiet mit Blick bis zu den Cinqueterre!).

Ein Ausflug führt in knapp 30 km auf der S.S. 523 nach **Varese Ligure** **13** (und eventuell weiter zum 1055 m hohen Passo Cento Croci/Grenze mit der Emilia-Romagna). Die meistens durch dichte Wälder verlaufende Strecke ist landschaftlich sehr reizvoll. Varese Ligure ist das kulturelle Zentrum des Vara-Tales: ein total rund befestigtes Dorf mit der 1436 erbauten Fortezza dei Fieschi (heute für kulturelle Veranstaltungen geöffnet). Zwei gerade Häuserreihen gehen von der trutzigen und doch kleinen Festung aus und bilden eine arkadenumstandene Gasse als Zentrum.

Gemütlich ist es in **Monéglia** **14**, dem palmengeschmückten Geburtsort des Malers Luca Gambiaso (1527–1585), von dem hier eines seiner schönsten Werke hängt: ›Das Abendmahl‹ in der Pfarrkirche San Rocco, außerdem eine ›Anbetung der Heiligen Drei Könige‹ in der Klosterkirche San Giorgio. Die Bahntrasse verschwindet wieder in einem Tunnel bis zum häßlichen Deiva Marina und zweigt dort ab ins Hinterland. **Bonassola** **15** ist von der Bahn am Meer befreit, sie wurde ins Hinterland gerückt, ihr Viadukt bietet jetzt Parkplätze für die vielen Autos der Wochenendbesucher des hübschen Ortes mit dem grobsandigen, aber gepflegten Strand.

Lévanto **16** sieht man es an, daß es auf eine lange Geschichte zurückblicken kann, auch wenn es heute kaum noch 6000 Einwohner zählt. Parken kann man auf der arkadenumstandenen Piazza Cavour vor dem Rathaus, das früher ein Klarissinnenkloster war. Um die Stadt und um dieses Kloster rankt sich eine hübsch-traurige Geschichte: Am 13. August 1656 legte ein Schiff mit Pestkranken in Lévanto an. Sie wurden heimlich zu den Klarissinnen gebracht. Unter den Passagieren befand sich ein wunderschönes Mädchen aus dem Orient, das im Nu das Herz eines jungen Helfers entflammte. Er schlich sich nachts zu ihr, küßte die Sterbende. – Eine furchtbare Epidemie brach in Lévanto aus und wütete einen ganzen Monat…

Das schönste Gebäude der Stadt dürfte die fünfbogige Loggia del Comune (1256) an der Piazza del Popolo sein. Ihr gegenüber Ecke Via Don Emanuele Toso steht die Casa Restani aus derselben Zeit, an die nur noch die Biforien erinnern. Aber im Souterrain hat sich eine gepflegte Osteria niedergelassen. Ebenfalls aus dem 13. Jh. stammt die Pfarrkirche Sant'Andrea, deren grünweiß gestreifte Fassade am Ende der Gasse leuchtet. Rechts von der Kirche führt ein Weg zum Castello dei Rossi, eine Genueser Rekonstruktion des 15. und 16. Jh. über einer Gründung der Malaspina von 1164 (heute Privatbesitz, also nicht zu besichtigen). Aber von dort oben genießt man einen schönen Blick auf das Städtchen.

Traumlandschaft mal fünf: Cinqueterre

Hoffentlich wird es niemals eine Straße geben, die alle fünf Orte der Cinqueterre (Monterosso al Mare, Vernazza, Corniglia, Manarola und Riomaggiore) miteinander verbindet! Die Bahn, die dies durch Tunnels und Galerien tut, braucht nur Minuten, hält einen dichten Fahrplan ein – und niemand braucht sich um einen Parkplatz zu kümmern, den er wahrscheinlich doch nicht findet und wenn, dann höchstens ganz weit oben, wo jeweils die Serpentinenstraße zu den einzelnen Orten beginnt. Also: Wozu sollte eine verbindende Straße hier gut sein? Wer den eigenen Wagen dennoch dabei hat: In La Spezia gibt es genügend Parkhäuser, in Monterosso mehr (aber unbewachte) Parkplätze als üblich an den Cinqueterre, und zwar unter der Bahnbrücke zwischen den beiden Ortsteilen.

Während im Hochsommer auf jeden Einwohner der Cinqueterre ein Dutzend Tagesgäste kommen, sind die kleinen Orte, die wie Schwalbennester an den Felsnasen kleben, in der Vor- und Nachsaison noch immer beschaulich. Immer aber bilden sie das schönste Stück der ohnehin so schönen Ostküste Liguriens, die inzwischen von der UNESCO zum Weltkulturerbe erklärt wurde. Wer die Cinqueterre erleben, sich einfühlen möchte in das gar nicht so paradiesische Leben dieser Bergnester, deren Bewohner erst durch den Tourismus zu einigem Wohlstand gelangt sind, der muß hier wandern. Wer die Cinqueterre zu Fuß nur ›gemacht‹ haben will, schafft die knapp 10 km Luftlinie vielleicht in vier Stunden – einen ganzen Tag einzuplanen für eine Strecke (Rückfahrt per Bahn) ist aber sicherlich die bessere Idee!

Im Morgendunst, vor dem Frühstück, zogen wir direkt von unserem Hotel in **Monterosso** 17 (S. 424) Richtung Vernazza los. Glitzernder Morgentau auf den Blättern der Ölbäume, Vogelgezwitscher, rutschige Steinstufen auf und ab, gerade so breit, daß zwei Füße darauf Platz finden. Der Blick zurück fällt auf den hübschen Ort mit seinen beiden Badebuchten, den einzig richtigen in diesem ›Fünfländer-Gebiet‹. In allen anderen Orten sonnt man sich auf Felsplatten oder großen Kieseln oder schaut nur aufs Meer hinaus, ohne an Badevergnügen zu denken. Schon nach einer Stunde etwa taucht **Vernazza** 18 (S. 441) auf, weit auf einer Felsnase ins Meer hinausragend, die Dächer leuchten im Gegenlicht. Doch wir sind noch nicht dort. Es sind noch mehrere Buchten, die tief in die Küste einschneiden und uns zwingen, weiter über Stock und Stein zu stolpern. Am kleinen Hafen zu Füßen der Kirche wiegt eine alte Fischerfrau einen Meereskoloß ab, läuft ein Kellner mit einem Brett voll frischer Pasta über den Platz. Es duftet nach Frühstück, das ein paar Fremde an den kleinen Tischen zwischen den Booten einnehmen. Vernazza ist ohne Zweifel die Schönste der Cinqueterre. Und so bleiben wir eine Weile oben auf der Ter-

Vernazza

rasse des Restaurants Castello hocken. Denn der Blick auf die tiefe Bucht von Vernazza mit seinen verschachtelten Häusern in allen Farben Liguriens ist hinreißend.

Für schnelle Wanderer ist nach eineinhalb Stunden bereits **Corniglia** 19 (S. 412) erreicht, ein wenig das häßliche Entlein der Cinqueterre weit über dem Meer. Der sogenannte Hafen liegt weit unten und bietet höchstens drei Booten Platz, aber der Blick von der Kirchenterrasse mitten im Ort ist schön, und man muß hier auf jeden Fall durch. Also rüber nach Manarola, dem Ausgangspunkt der ach so berühmten *Via dell'Amore*, die sich kaum ein verliebtes italienisches Pärchen entgehen läßt. Stille Buchten mit riesengroßen Kieselsteinen locken, beschwerlich ist der kurze Weg zu ihnen, nach dem erfrischenden Bad ist man auf glatten Kieseln und in der warmen Meeresbrise schnell wieder trocken. Dann eine endlos lange Treppe, eine bahnbedingte Unterbrechung der schönen Landschaft, und wieder säumen dichte *Macchia* und duftende Blumen unseren Weg. Späte Mittagspause in **Manarola** 20 (S. 421), das als der typischste Ort der Cinqueterre am Ende einer tiefen Schlucht gilt, durch die ein Wildbach ins Meer rauscht. Weil im engen Hafen für die Fischerboote kaum Platz ist, werden sie nach oben gestapelt, weit in den Ort hinauf Richtung Bahnlinie. – Aber warum man ausgerechnet die *Via dell'Amore* so breit ausgebaut hat, bleibt in den Sternen geschrieben. Und warum sie so beliebt ist, ebenfalls. Wer jedoch nach Riomaggiore will, muß und sollte sie natürlich gehen, in einer halben Stunde schon ist der nächste Ort erreicht.

In **Riomaggiore** 21 finden sich die meisten Maler ein. Denn die Motive ›liegen hier wirklich auf der Straße‹: die engen Gassen, die ewig langen Treppen, ein pittoresker Bootshafen und Riesenkiesel, auf denen sich ein paar Unentwegte räkeln. Doch leider müssen die Künstler stückchenweise schauen, um die grauen Betonwände, die zwischen der Farbenpracht Platz gefunden haben, aus ihren Bildern zu verbannen. – Fahrtzeit mit der Bahn zurück nach Monterosso: eine Viertelstunde!

La Spezia und Co

»Portovénere bei La Spezia ist ein gewaltiger Steinwall von Häusern, hoch wie Türme, an die Felsen gelehnt ... Durchgänge, so hoch wie Tunnels, durchlöchern diese Mauer und führen zu den Gassen der Innenstadt; die Frauen der höchsten Stockwerke scheinen Geister, die ein Nekromant beschwor. Aus solcher Höhe fallen Tüten platzend auf den Boden mit Speiseresten für die Katzen.« – So sah Giovanni Piovese Schönheit und Enge, aber auch die Gleichgültigkeit gegenüber allgemeinen Einrichtungen wie einer Gasse 1957 – wenn nur die Katzen ihr Futter bekommen ... Obwohl schon länger, wie eine Notiz von Eugen Roth um 1925 belegt, der Fremdenverkehr für den schönen, kastellbekrönten Ort wichtig gewesen sein muß: »Das Ausflugsziel der Einheimischen ist Portovénere ... eine breite, bis zu sechs Stockwerken hohe Häuserfront, wäschebunt und verwahrlost, schaut auf die Bucht, dahinter die finsteren Straßenschluchten.«

Heute weiß man, daß verwahrloste Häuserfronten nicht unbedingt zu den Attraktionen zählen, die man im Norden Italiens sucht. Also hat man in **Portovénere** 22 viel investiert, es ist fast schon eine Konkurrenz zu den Cinqueterre. Weil es einfacher zu erreichen ist, wird Portovénere vor allem zum Sonnenuntergang von Liebespärchen und anderen Romantikern aufgesucht, die das immer wieder schöne Naturschauspiel vom malerischen Genueser Kastell aus dem 16. Jh. oder von der schwarz-weiß gestreiften gotisch-genueser Kirche (auf den Grundmauern eines Meeres-Heiligtums?) zu seinen Füßen erleben wollen. Im Festungsstädtchen selber bemüht man sich mit netten Souvenirläden, Restaurants und kleinen Hotels um ›seßhaftere‹ Gäste, die Portovéneres Kunstschätze bewundern und auch die nahen Grotten (Grotta Azzura und Grotta dei Colombi) auf der vorgelagerten Insel Palmaria besichtigen oder die Inseln Tino und Tinetto mit den Resten frühchristlicher und romanischer Klöster. Der Blick Richtung Cinqueterre sowie in und über die Bucht von La Spezia ist überwältigend. Kein Wunder, daß Lord Byron hierher kam, um alleine zu sein. Zuflucht suchte er besonders in der darunterliegenden Grotta Arpaia.

Die schmale Straße mit den Haarnadelkurven über die Halbinsel von Portovénere bietet hinter jeder Biegung die schönsten Aussichten, ein Tunnel führt zu den Cinqueterre nach Westen, eine kurze Schnurgerade über den kleinen Yachthafen nach **La Spezia** 23 (S. 418f.), Italiens Marinestützpunkt Nummer eins und Sitz der Admiralität. La Spezia ist eine lebhafte Hafen- und Handelsstadt sowie Provinzmetropole, Liguriens zweitgrößte Stadt nach Genua. Keine Schönheit trotz schöner Lage, für Napoleon freilich als Kriegsstratege »der schönste Hafen der Welt, seine Reede ist besser als die von Toulon und seine Verteidigung, sei es zu Wasser oder zu Lande, ist einfach«. Seine hochfliegenden Pläne konnte der Korse hier nicht mehr verwirklichen, das tat der erste Regierungschef Italiens nach der Einigung des Landes, Camillo Cavour. So wurden

das Militärarsenal (auf 90 ha Fläche, ein Stadtteil für sich im Süden von La Spezia, mit Schiffsmuseum) 1869, der Handelshafen 1890 begonnen und machten La Spezia seit 1900 auch zum wichtigsten Handelstor von West-Emilia und der südlichen Lombardei. Die Entwicklung war rasant, wie die Einwohnerzahlen beweisen: zur Zeit der Arsenalsgründung etwa 6000, heute fast 100 000.

Kein Wunder, daß La Spezia in den Weltkriegen bevorzugtes Angriffsziel war. Nach den verheerenden Zerstörungen entstand eine moderne Stadt mit breiten Alleen. Wenig Historisches ist geblieben, dafür aber bedeutendes: etwa die Kathedrale Santa Maria (seit 1271, im 15. Jh. umgebaut), fünfschiffig und reich ausgestattet. Mit einer Terrakotta (›Krönung Mariä‹) des Toscaners Andrea della Robbia. Via Sant'Agostino und die anderen Gassen um die Kathedrale gehören noch heute zum gutbürgerlichen Kern mit schönen Herrschaftshäusern und zahlreichen Geschäften, die ein buntgemischtes Volk anziehen – La Spezia, fast wie es einmal war. Einmal im Jahr gilt das für die ganze Stadt, wenn sie Anfang August das Meeresfest mit Bootsspektakel und laut-buntem Feuerwerk feiert.

»Ich bin so begeistert über den Ort, den wir endlich gefunden haben ... Eine winzig kleine, halb von Felsen einge-

Lérici

schlossene Bucht ist da, in Olivenhaine eingehüllt, die flink zu Tal tänzeln.« So geriet David Herbert Lawrence ins Schwärmen, der 1913, 1914 und 1919 nach **Lérici** 24 (S. 419) kam und länger blieb. Vor ihm machten schon Percy Bysshe Shelley, der 1822 irgendwo zwischen Lérici und Viareggio ertrunken ist, und Lord Byron, der zwei Jahre später an Malaria starb, den hübschen Ort berühmt, ja fast zum Pilgerort für romantische Seelen. Eindrucksvoll ragt die Pisaner Burg am Südende der Bucht von Lérici über den kleinen Yachthafen, im Angesicht der Genueser Festung von Portovénere, riesengroß von den Genovesern ausgebaut, nachdem sie Pisa vertrieben hatten. Ein grauer Koloß, der nicht zu den kleinen bunten Häusern des Städtchens passen will – aber seine strategische Bedeutung erahnen läßt.

Von der toscanischen Grenze umarmt wird **Luni** 25 (S. 419), das etruskisch-römische *Luna*, 175 v. Chr. gegründet. Seine Reste sind nicht gerade üppig, aber das Amphitheater liegt in einer verträumten Landschaft zwischen Feldern und Gemüsegärten. Das kleine Museum zeigt Funde aus der gesamten Umgebung, etwa den prachtvollen Kristallkelch *millefiori* aus der römischen Villa in Bocca di Magra am gegenüberliegenden Ende der Magra-Mündung.

Gleich hinter der *Via Aurelia* geht es bergauf zu zwei städtebaulichen Kleinodien, für die man sich wieder Zeit nehmen sollte: das kreisrunde **Ortonovo** 26 und das elliptische **Nicola** 27. Breit ist das Tal des Magra-Flusses, landschaftsbestimmend und für Ligurien historisch von größter Bedeutung.

Zwar liegt **Pontrémoli** 28 (S. 428) nicht mehr im heutigen Ligurien, sondern bereits in der Toscana, doch handelt es sich um eines der wichtigsten Fundgebiete der ligurischen Frühgeschichte. Die *Lunigiana* besiedelten die alten Ligurer bereits im Neolithikum, wie die faszinierenden Funde von Pontrémoli beweisen: seltsame Steingestalten, mundlose Figuren, mythische Steinblöcke, Stelen mit nur angedeuteten Frauenbrüsten und jüngere Monolithe, die schon deutlicher erkennen lassen, daß Menschen nachgebildet wurden – Götteridole, kultische Zeichen, um Geburt, Leben, Kampf und Fruchtbarkeit zu beeinflussen. Sie sind im Museo delle Statue-Stele della Lunigiana, dem Kulturzentrum des Magra-Tales, zu besichtigen.

Lombardei

Die unbekannte Vielfältige

Traditionell fährt, wer sich's leisten kann, der Sonne entgegen, im Frühjahr an den Gardasee, den Comer See oder an den Lago Maggiore. Aber keiner sagt dann, er fahre in die Lombardei. – Das ist bei der Toscana anders, bei Umbrien, Sizilien oder Sardinien. Es hat sich auch noch nicht herumgesprochen, daß die Lombardei eine schmackhafte, wenn auch bäuerlich geprägte Küche zu bieten hat, begleitet von hervorragenden Weinen, die erst seit wenigen Jahren über die Regionalgrenzen hinweg zu finden sind. Alessandro Manzoni, der den ersten echten italienischen Roman schrieb (›Die Verlobten‹) und seine Lombardei sehr liebte, konnte es nicht unterlassen, mit der zarten Ironie des Adels des vergangenen Jahrhunderts zu bemerken, was den Reisenden im ersten Augenblick stören mag: »Unter dem Himmel der Lombardei, der so schön ist, wenn er schön ist ...« Zum Glück gilt das hauptsächlich für die Po-Ebene und ihre kunstreichen Städte, nicht aber für die großen Seen, vor allem nicht für den Gardasee, dessen Oliven- und Zitronenbaumterrassen von einem mild-mediterranen Klima zeugen, von klaren Sonnentagen.

Die Lombardei ist nicht nur die seen-, sondern auch die flüssereichste Region Italiens. Grob betrachtet liegt die große Ebene der Lombardei zwischen den Alpen im Norden und dem Apennin im Süden. Beide Gebirgszüge entwässern in den Po, der insgesamt 682 km von Piemont bis zum Adriatischen Meer zurücklegt und in der Mitte Oberitaliens eine brettflache Ebene bildet. 18 große und mittlere sowie mehr als 1000 kleine Bergseen gestalten die Landschaft und liefern Wasser, das allerdings nicht immer von bester Qualität ist. Die großen Alpenseen verdanken ihre Entstehung der Eiszeit, den Moränen der Gletscher, weshalb sie sich schlangenartig krümmen. Die Alpenkette schützt die Region vor den Nordwinden, ihr höchster Gipfel ist der Monte Bernina (4049 m) in der Valtellina. Dahinter können mediterrane Pflanzen gut gedeihen, vor allem Azaleen, Oleander, Magnolien, Mimosen und Kamelien ihre Blütenpracht entfalten, Ölbäume sowie dickfleischige Agaven und Palmen wachsen. Pappelwälder in Reih und Glied zeigen an, wo die Sümpfe des Po trockengelegt wurden. Es sind gleichzeitig preiswerte Holzlieferanten, weil sie bereits nach 20 Jahren für die Papierverarbeitung genutzt werden können. Wunderbar zart ist die hellgrüne Farbe der jungen Blätter, die sich raschelnd im Wind bewegen, im Frühjahr. Nur übertroffen vom zarten Grün der Reisfelder in der Lomellina an der Piemonteser Grenze.

Maulbeerbäume, einst unentbehrlich für die Seidenraupenzucht (vor allem für Como), und Weiden in den Weinanbaugebieten des Oltrepò Pavese und der Franciacorta: mit den biegsamen Zweigen werden die Weinpflanzen gebunden und Körbe für die Lese geflochten. In den Bergen, an den Hängen der Alpen, und besonders schön etwa über dem Lago Maggiore, gedeihen Eßkastanienbäume zu prächtigen Wäldern. Auf dem guten, nahrhaften Boden wachsen Waldpilze. Bis zur Baumgrenze klettern die Nadelwälder hoch, zu ihren Füßen

◁ *Blick auf Salò am Gardasee*

finden sich kleinwüchsige Alpenblumen wie dunkle Veilchen, echte Bergprimeln und duftende Schlüsselblumen, grünblütige wilde Pfingstrosen und Anemonen; riesige Gänseblümchen und Löwenzahn bedecken Bergwiesen und Weiden. Im Oltrepò Pavese gibt es sogar geradezu zierliche Heidelandschaften mit Wacholderbüschen und richtige Haselnußwälder mit wunderbar wohlschmeckenden kleinen Nüssen am Monte Penice.

Nicht, daß der Eindruck entsteht, die Lombardei habe nur intakte Natur zu bieten. Sie ist im Gegenteil eine hochindustrialisierte Region, und sogar die landschaftlich wunderschöne, als Sommerfrische der Mailänder besungene Brianza nördlich der Metropole ist zu zweifelhaftem Ruhm gelangt: Séveso, vergifteter Boden, keiner weiß, welche Folgen sich noch ergeben könnten. Wer die Landkarte genau studiert, wird auch noch entdecken, daß es ein Flüßchen gleichen Namens gibt, und das ergießt sich auf Umwegen über Mailand ebenso wie der berüchtigte Lambro in den wehrlosen Po.

Großspurig und ausgabefreudig sind sie schon, die Lombarden. Sie zeigen gerne, was sie haben und verderben überall dort, wo sie häufiger auftauchen, etwa in Feriengebieten, die Preise. Allgemein gelten die Lombarden jedenfalls als arbeitsfroh und fremdenfreundlich. Ihr strenges Verwaltungssystem und das Mailänder Grundbuch haben sie der österreichischen Kaiserin Maria Theresia zu verdanken, die dafür einiges an Kunstwerken mitgehen ließ, ebenso das Mailänder Schnitzel, das sie zum Wiener machte.

Die Industrie in der Lombardei zeigt sich noch immer als Monokultur. Como war und ist das Zentrum der italienischen Seidenindustrie, auch wenn jetzt die Rohseide aus Asien importiert und nicht mehr vor Ort hergestellt wird. Das Dreieck Como – Varese – Mailand hat den größten Anteil an der italienischen Baumwollverarbeitung. Hier ist auch die chemische Industrie (Séveso!) und die Möbelindustrie von Bedeutung. Die Betonstahlwerke um Brescia in der Nachfolge der traditionellen Metallverarbeitung, die wegen der vorhandenen Wasserkraft günstige Bedingungen vorfinden, bieten den preiswertesten Stahlbeton der Europäischen Union – fragt sich nur, wie lange noch? 80 % der italienischen Kleinwaffen werden in der Val Trómpia hergestellt, und drei Viertel der Sanitärarmaturen im Lumezzane nördlich von Brescia. In Castel Goffredo südlich des Gardasees in der Provinz Mantua werden billige Feinstrumpfhosen und Feinstrümpfe hergestellt – die gar nicht schlecht sind.

Der Dienstleistungsbereich hat sein Zentrum aber in Mailand, vor allem die ausländischen Vertretungen sind zu 80 % in der lombardischen Metropole konzentriert. Bis zu 70 % des Güterverkehrs rollt über die gut ausgebauten Straßen und Autobahnen der Region, der Rest auf Schienen. Mailand ist auch die heimliche Hauptstadt des Pressewesens: Die meisten italienischen Verlage haben hier ihren Sitz, dasselbe gilt für die Banken und Versicherungsgesellschaften des Landes. Das traditionelle Kunsthandwerk, zu dem auch die Metallverarbeitung von Brescia mit der florierenden Metallknopfindustrie gehört, spielt in der Lombardei eine unbekanntwichtige Rolle: im Geigenbau (Cremona), in der Schuhherstellung (Vigevano), bei Porzellan, Edelmetallen und Keramiken sowie der bereits erwähnten Seide (Como).

Mailand – Ort der Mitte

■ (S. 419ff.) Mediolanum nannten die Römer das heutige Mailand, das strategisch günstig zwischen den drei Flüssen Po, Adda und Ticino liegt. Es ist zumindest als Handelszentrum bedeutend geblieben mit mehr als 80 % des Aktienumsatzes Italiens und der vielleicht wichtigsten Mustermesse des Landes. Auch die touristische Messe BIT hat sich seit Jahren schneller als erwartet sogar international als echte Börse einen Namen gemacht. Und gemessen an den Spareinlagen sitzt in Mailand der Welt größte Sparkasse: die Cassa di Risparmio delle Provincie Lombarde.

1,7 Mio. Menschen und mehr leben in Mailand, Zuzug ist fast unmöglich, denn es fehlt an Wohnraum. Alternativen sind die ungeliebten Satellitenstädte. Der Stadt drohte auch verkehrsmäßig der Kollaps. Nun hat man ihr Zentrum endlich – fast – von Privatwagen befreit. Es ist ein ungeahnter Genuß, rings um den Domplatz zu schlendern. Plötzlich sieht man Türme und Fassaden, die man früher gar nicht wahrnahm, mußte man doch darauf achten, nicht von vorbeirasenden Wagen überfahren zu werden. Da fallen auch die großen alten Pflastersteine wieder auf, die für Oberitaliens Städte so typisch sind.

Noch immer ist die Stadt aber ruß- und abgasgeschwärzt, doch die meist breiten, großzügig angelegten Straßen lassen selten das Gefühl von Enge aufkommen. Mailand hat noch mit dem

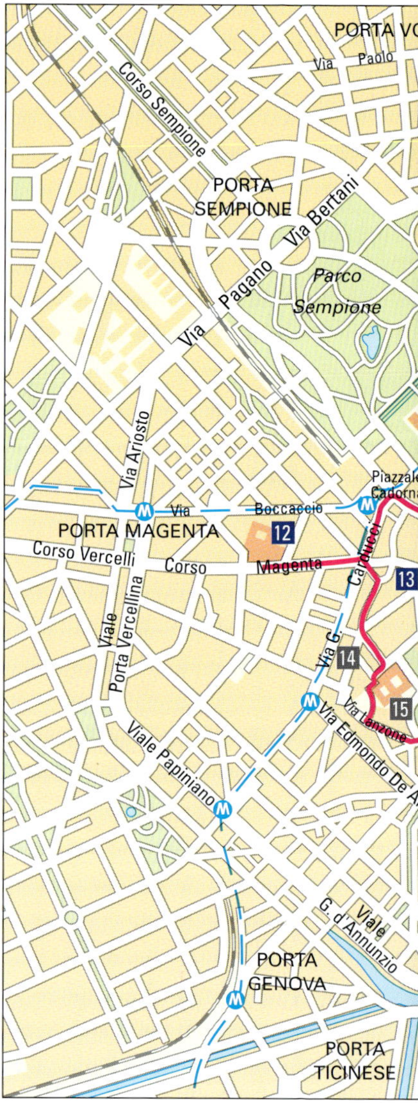

Mailand: *1 Dom 2 Palazzo Reale 3 Galleria Vittorio Emanuele II 4 Scala 5 Palazzo Marino (Rathaus) 6 Piccolo Teatro 7 Brera 8 Palazzi Poldi-Pezzoli 9 Palazzo della Ragione 10 Loggia degli Osii 11 Castello Sforzesco 12 Sant Maria delle Grazie 13 Museo Archeologico 14 Sant'Ambrogio 15 Università Cattolica del Sacro Cuore 16 Pinacoteca Ambrosiana 17 Santa Maria presso San Satiro 18 San Lorenzo Maggiore*

schlechten Ruf einer Nur-Wirtschaftsmetropole zu kämpfen, dabei ist es vielleicht die lebendigste Großstadt Oberitaliens, weltoffen und aufgeschlossen wie kaum eine andere – und hervorragend mit Bussen, Straßen- und U-Bahnen erschlossen.

Stadtspaziergang

Von der **Piazza Duomo** erreicht man in wenigen Minuten fast alles, was die Stadt an Sehenswürdigkeiten zu bieten hat. Auch die Einkaufspassagen. Kaum, daß die ersten Sonnenstrahlen den

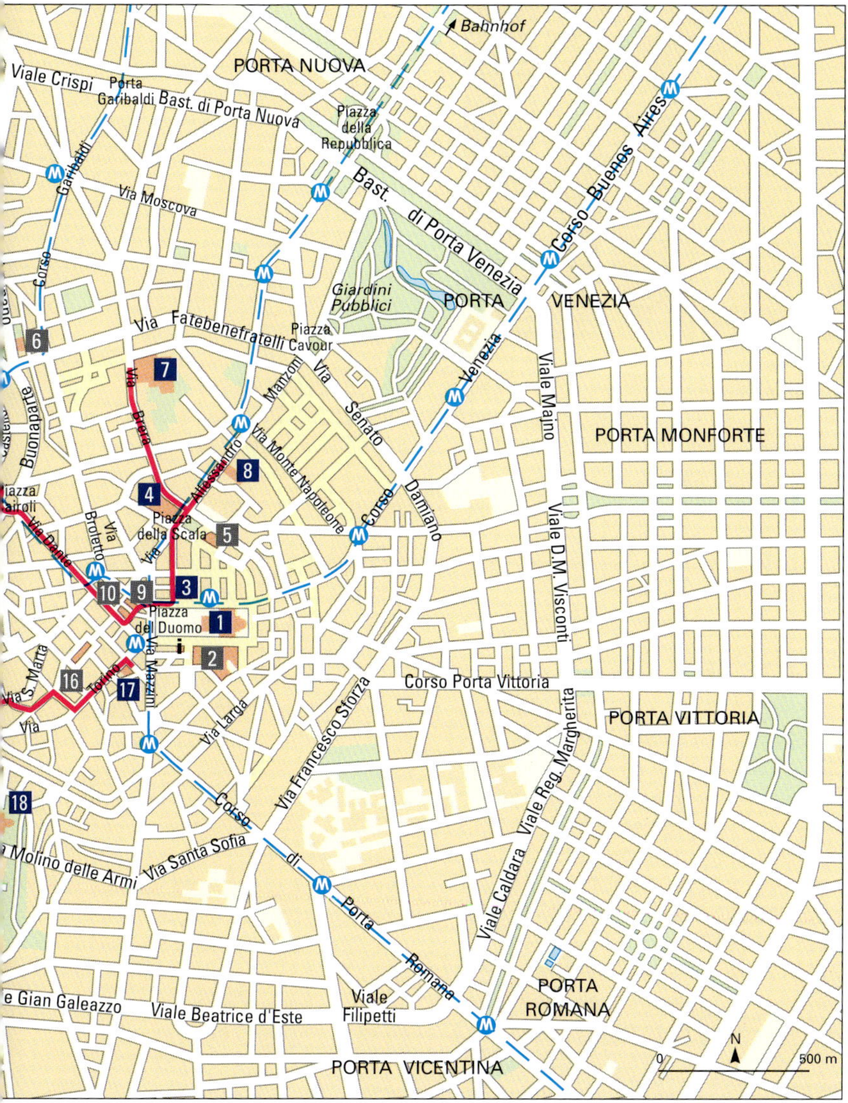

Domplatz erwärmen, strömen die Mailänder hin, scharen sich auch Touristen um die Statuen und versammeln sich auf den Steinstufen vor der Domfassade. Aus der Galleria Vittorio Emanuele II, Vorbild so mancher europäischer Einkaufsgalerie, duftet es verlockend nach Capuccino und Croissant.

Bei schönem Wetter sollte man sich zu Fuß oder per Aufzug auf das Dach des **Domes** 1 begeben (der Eingang befindet sich gegenüber der Galerie), um Stadt und Umland, bei guter Sicht bis zu den Alpen, von oben zu sehen und um aus der Nähe die Tausende gotischen Statuen, Spitzen und Türmchen zu bewundern. Gian Galeazzo Visconti hatte sich's in den Kopf gesetzt, das prächtigste Gotteshaus errichten zu lassen. 1386 begann ein heute unbekannter Architekt den Bau des Domes, der damals zur größten Kirche der Welt wurde. Insgesamt 40 Strebebogen stützen den fünfschiffigen Bau mit seinem dreischiffigen Querhaus von außen, 52 Pfeiler innen, die ein Rippengewölbe unter den spitzen Arkaden tragen. Die Maße sind auch für heutige Verhältnisse imposant: 158 m Länge, 66 m Breite, Querschifflänge 92 m, Fassadenbreite 61,5 m und Höhe 56 m. Doch mit der Domspitze und der Madonnina, Mailands Wahrzeichen, ragt der Dom bis in 108,5 m Höhe. Mehr als 3000 Statuen schmücken ihn außen.

Zwei Kostbarkeiten sollte man sich im Dom nicht entgehen lassen: ein Evangelien-Buchdeckel aus dem dritten Viertel des 11. Jh. mit kostbarer Einlegearbeit im Domschatz, und an der Eingangswand des Domes – über eine schmale Treppe zugänglich, die unter das Platzniveau führt – die vollständig ausgegrabene Anlage der Taufkirche San Giovanni alle Fonti, immerhin aus dem frühen 4. Jh., das erste achteckige Taufgebäude der Christenheit.

Im Süden des Domplatzes schließt sich der **Palazzo Reale** 2 mit Prunkräumen an (Ausstellungsräume), ein Entwurf Piermarinis von 1778; daneben der Palazzo del Turismo mit dem Informationsbüro. Gegenüber im Norden liegt die berühmte **Galleria Vittorio Emanuele II** 3, Durchstich zur Piazza della Scala und die prachtvollste Passage der Stadt, die davon mehr als ein Dutzend zu bieten hat. ›Salon‹ ist gerade der richtige Ausdruck dafür, auch wenn es Mailand-Liebhaber schockieren mag, daß sich an der Ecke des berühmten Café Biffi nun eine Fastfood-Einrichtung etabliert hat. 1865 begonnen, 1877 in Form eines Kreuzes fertiggestellt, ist die Galerie die reine Faszination in Stahl und Glas: 196 m in Nord-Süd-Richtung, 105 m in Ost-West, 14,5 m breit und bis zu 21 m hoch. Die Hauptkuppel ragt 147 m in den meist dunstigen Mailänder Himmel. Prachtvoll ist auch das Bodenmosaik, das 1965 zur Hundertjahrfeier des Baubeginns fertiggestellt wurde. Eine wahre Postkartenschönheit, die natürlich auch als solche vermarktet wird. Und natürlich kostet es ein wenig mehr, hier in der ersten Campari-Bar des ›Erfinders‹ des weltberühmten Bitterlikörs Gaspare einen Drink zu nehmen oder in einem der Restaurants, die sich ins ›Freie‹ des überdachten Raumes vergrößert haben, zu speisen. Aber: Hier wird man garantiert gesehen! Und hat den Durchblick zum Domplatz oder auf Leonardo da Vinci, der vor der **Scala** 4 auf hohem Sockel steht. – Der ausladende Bau gegenüber der Scala ist der **Palazzo Marino** 5, 1550–60 von Galeazzo Alessi erbaut, heute Rathaus.

Auch für das Sprechtheater ist Mailand wegweisend gewesen. Das »Piccolo«, wie die Mailänder ihr **Piccolo Teatro** 6 nennen, sollte nach dem Willen seiner Begründer Paolo Grassi und Giorgio Strehler von 1947 an das herkömmliche Vergnügungstheater für Privilegierte in ein engagiertes Kulturtheater für breitere Bevölkerungsschichten umfunktionieren. Das Haus an der Via Dante wurde dennoch ein Theater für Kenner. 1996 ist es in neue Räume an der Ecke Piazza Marengo/Via degli Angioli umgezogen.

»Wer die Brera nicht sah, war nicht in Mailand«, warben jahrelang die Stadtväter für die **Brera** 7, die bedeutendste Gemäldegalerie an der gleichnamigen Straße sozusagen auf der Rückseite der Scala. Der Säkularisierung im 19. Jh. hat die Brera die Mehrzahl ihrer Bilder zu verdanken, die aus aufgelösten Klöstern und Kirchen stammen: Meisterwerke italienischer wie ausländischer Künstler vom 14.–19. Jh., bereits als Teil der

Der Mailänder Dom

Hochburg italienischer Tonkunst: die Scala

Arturo Toscanini dirigierte im Mai 1946, direkt nach seiner Rückkehr aus dem amerikanischen Exil, das Eröffnungskonzert nach dem Wiederaufbau der Scala, der die Bomben des Zweiten Weltkrieges schwere Schäden zugefügt hatten. 1978 wurde die Scala 200 Jahre alt, mehr als zwei Jahrhunderte also bestimmt dieser Impulsgeber aus Mailand, was im europäischen Melodrama geschieht. Neun Opern des genialen Verdi wurden an der Scala uraufgeführt, alle vier großen italienischen Opernkomponisten des 19. Jh. begannen ihren Aufstieg hier: Verdi natürlich, Bellini, Rossini und Donizetti. Auch Richard Wagner war da.

»Hier starb Puccini«, sagte der große Dirigent Toscanini, zum Publikum gewandt, als er während der Uraufführung von Puccinis unvollendeter Oper ›Turandot‹ an der Stelle angelangt war, über die der Komponist selber nicht hinauskam. Den Rest komponierte mit hohem Einfühlungsvermögen Franco Alfano – und dies sollte das Publikum genau an der richtigen Stelle erfahren.

Nicht nur Theater- und Musikgeschichte wurden an der Scala geschrieben. Auch Revolutionäres nahm hier seinen Anfang: Spannungsgeladene Premiere von Bellinis ›Norma‹, in den vorderen Reihen des Parketts und in einigen Logen die weißen Gala-Uniformen der österreichischen Offiziere (Maria Theresia hatte damals als Herrscherin über die Lombardei den Bau der Scala genehmigt). Der Chor der

Kunstakademie seit 1809 der Öffentlichkeit zugänglich. Nach langjährigen Restaurierungsarbeiten ist die Brera nun mit allen ihren Räumen meist vollständig zu sehen.

Ebenfalls in der Nähe der Scala liegen die **Palazzi Poldi-Pezzoli** 8, 1872 von Gian Giacomo Poldi-Pezzoli der Stadt vermacht, mit einer der kostbarsten Kunstsammlungen Italiens: Malerei (mit Werken von Mantegna, Piero della Francesca, Botticelli, Cranach, Tiepolo), Murano-Glas und Goldschmiedearbeiten.

Zurück zum nahegelegenen Domplatz. Während das mittelalterliche Mailand um die Piazza Mercanti gruppiert war und etwa den Radius der Entfernung von dort zur Piazza Cairoli vor dem Castello Sforzesco hatte, bezogen die spanischen Mauern von 1549 auch das Areal des Parco Sempione mit ein, umfaßten damit ein mindestens doppelt so großes Gebiet und rückten das Castello ins Zentrum. Die großen Tore (Genova, Ticinese, Romana, Venezia, Nuova, Garibaldi) und die breiten Alleen zwischen ihnen zeigen an, wie dieser Mauergürtel verlief. Heute fährt eine Straßenbahn die Strecke in beiden Richtungen rings um die Stadt ab. Es ist eine hübsche

Druiden sang »Guerra, guerra!« (Krieg, Krieg!). Das italienische Publikum schwang Tücher in den italienischen Nationalfarben. Und die Österreicher zogen sich klugerweise aus dem Theater zurück. Oder: In Verdis ›Nabucco‹ sang der Chor der Juden stellvertretend für die unter Fremdherrschaft leidenden Italiener – Verdi wurde zum Inbegriff der Freiheitsbewegung mit »VV«, was Viva Verdi aber auch Viva Vittorio (Emanuele), König von Italien heißen sollte.

Berühmte Namen, historische Begebenheiten, Erinnerungen und Dokumentationen sind in einem besonderen Trakt der Scala zu finden, im Museo Teatrale links vom Haupteingang, einem der lebendigsten Theatermuseen Europas. Der Besuch ist fesselnd wie die Entstehungsgeschichte der Sammlungen: Im kühlen Monat Februar des Jahres 1911 wurde in kulturell interessierten Kreisen bekannt, daß der Antiquitätenhändler Giulio Sambon seine Sammlung von Theater-Raritäten in Paris versteigern lassen wollte. Ein amerikanischer Industrieller habe daran Interesse gezeigt. Der Entschluß, sich die Sammlung nicht entgehen zu lassen, war in Mailand schnell gefaßt, einige bedeutende Vertreter des städtischen Kulturlebens machten sich gemeinsam auf den Weg in die französische Hauptstadt. Mit Erfolg, wenn auch nur dank diplomatischer Nachhilfe. Am 8. März 1913 konnte dann das Scala-Museum eröffnet werden, das im Laufe der folgenden Jahrzehnte erweitert wurde. Die gesamte Bibliothek des bedeutenden Theaterkritikers Renato Simoni kam hinzu, mit insgesamt über 60 000 Bänden, ebenso Porträts berühmter Schauspieler, Sänger und Komponisten. Mehr als 10 000 Handschriften, zahlreiche Originalentwürfe zu Bühnenbildern, Modelle und Kostüme und natürlich Instrumente. Beispielsweise das Spinett, auf dem der junge Giuseppe Verdi im ärmlichen elterlichen Haus spielte. Die Widmung aus dem Jahr 1821, die darauf zu lesen ist, hat eine eigene Geschichte: Der Restaurator Stefano Cavalletti hat das Spinett für das junge Talent, das er mit sicherem Blick erkannt hatte, kostenlos repariert.

Idee, mit der *Circonvalazione* Mailand zu umfahren.

Gegenüber der Domfassade, auf der Rückseite der unschönen, von Reklameschildern überwucherten Geschäftshäuser, versteckt sich fast die Piazza dei Mercanti, einst der ›Nabel‹ der Stadt mit dem 1228 erbauten Broletto Nuovo, dem **Palazzo della Ragione** 9. Schade, daß das 1771 aufgesetzte oberste Stockwerk die ursprünglich harmonische Anlage dieses Justizpalastes verändert hat. Gegenüber befindet sich der schwarz-weiße Marmorpalast, die **Loggia degli Osii** 10 von 1316, ein einst eleganter Bau nach den Vorstellungen des Matteo Visconti, der wie der ganze Platz seit 1997 endlich restauriert wird. In Mailand ist man nun zuversichtlich, daß die Piazza dei Mercanti wieder lebendig, nach der Restaurierung eine Art Kunsthandwerkszentrum wird. Dann dürfte dieser schöne Fleck mehr als bisher eine Oase der Ruhe mitten im lauten Zentrum der Stadt sein.

Am Ende der Via Dante, die auch eine gute Einkaufsstraße für Mode ist, versperrt das zweite Wahrzeichen der Stadt (nach der Madonnina des Domes) den

Richtig Reisen
Tip

Mondänes vom Napoleonsberg und Pecks Schlemmerviertel

Ob für kleine Mitbringsel oder anspruchsvolle Einkäufe, Mailand ist ein Einkaufsparadies; in puncto Mode hat es Rom und Florenz längst überflügelt. Kleidung, Lederwaren, Schmuck, aber auch Kunstgegenstände sowie Möbel – das alles lohnt sich in Mailand ganz besonders einzukaufen. Rund 70 Kaufhäuser gibt es, außerdem zahllose Supermärkte für den ›normalen‹ Einkauf, für den auch der **Corso Buenos Aires** sowie der **Corso Vercelli** und die **Via Paolo Sarpi** stehen, das Rinascente gleich am Domplatz sogar schon für höherwertiges Shopping. Dasselbe gilt für die zentrumsnahen und doch günstigen Einkaufsmöglichkeiten in der **Via Dante** und der **Via Torino.**

Beste Adresse für Edleres dürften die **Via Manzoni** zwischen Piazza della Scala und Piazza Cavour, Ecke Giardini Pubblici, und die von ihrer Mitte abzweigende **Via Monte Napoleone** sein. In schönen Palästen des 19. Jh. haben sich die verführerischsten und mondänsten Boutiquen eingenistet, mit jenem gewissen architektonischen Flair, das den Italienern eigen ist und aus jeder Art von Laden eine Kostbarkeit machen kann.

Zahlreiche Antiquitätenläden mit normalen Preisen findet man in der **Via Santa Marta** hinter der Ambrosiana bis zur **Via Lanzone** und Sant'Ambrogio, wo noch immer auch zahllose kleine Handwerksbetriebe überlebt haben.

Zum Einkaufen gehört in Mailand auch eine ganz besondere Schlemmerecke in Domnähe: **Via Speronai, Via Spadari** und die Querstraßen **Via Victor Hugo** und **Via Cantù.** Hier hat sich nicht nur verlockend duftend alles angesiedelt, was den Gastronomennamen ›Peck‹ trägt (Gastronomia, Casa del Formaggio, Bottega del Vino, Rosticceria, Bottega del Maiale und das Ristorante Peck) – ein paar kleinere Schlemmertempel haben wohl den Kaufangeboten widerstanden und schwimmen auf der florierenden Freßwelle mit: Gemüsehändler ebenso wie Bäckereien (unter ihnen das Panarello, das es übrigens auch in Genua gibt) und eine Rosticceria Fontana, die sich mit besonders raffinierten Gerichten zum Mitnehmen hervortut.

Blick: das **Castello Sforzesco** 11. 1386 unter Galeazzo Visconti errichtet, von Francesco Sforza 1447–1472 umgestaltet, flog die Festung 1521 nach einem Blitzeinschlag in den Hauptturm, in dem man etwa 250 000 Pfund Schießpulver gelagert hatte, in die Luft. Fast hätten die Mailänder 1880, der Ruine überdrüssig, das Ganze dem Erdboden gleichgemacht. Aber dann beschloß man doch die kostspielige Restaurierung. Erst seit wenigen Jahren sind mehrere bedeutende Sammlungen Mailands hier untergebracht. Besonders sehenswert: der Corte Ducale, einer der beiden von Festsälen und Gemächern umgebenen Innenhöfe des Kastells. Und die größte Kostbarkeit der Skulpturensammlung, vor eine runde Beton- und Holzverschalung gestellt, mit sparsam-moderner Sitzgelegenheit, um das Kunstwerk in Ruhe betrachten zu können: Michelangelos eindringliche ›Pietà Rondanini‹, die der fast 90jährige nicht mehr vollenden konnte.

Hinter dem Castello Sforzesco erstreckt sich weit nach Nordwesten der **Parco Sempione** mit seinen hohen alten Bäumen, der ideale Ort für eine Ruhepause. Das nächste Ziel ist **Santa Maria delle Grazie** 12 im Westen, über Piazza Cadorna und den Corso Magenta erreichbar. Im Refektorium des ehemaligen, von Bramante für Ludovico Il Moro gebauten Klosters, das ein Mausoleum

werden sollte, befindet sich das ›Abendmahl‹ Leonardo da Vincis. Am 18. August 1943 zerstörte ein Bombenhagel das Kloster, wie durch ein Wunder blieb die Wand mit dem Abendmahl stehen. Dafür ist dieses geniale Werk Leonardos seinem eigenen Schöpfer zum Opfer gefallen. Von 1495 bis 1497 hielt Leonardo den Augenblick ›Einer von Euch hat mich verraten‹ fest, aber der sonst so perfekte Künstler hatte statt der üblichen Freskotechnik starke Temperafarben auf einem Grund aus Kalk und Leim verwendet, die nachträgliche Korrekturen möglich, aber die Farben sehr empfindlich machten. Und schon bald begann das feuchte Mailänder Klima das Kunstwerk zu zersetzen. 1908 wurde eine Heizung hinter der Wand installiert, was jedoch nicht viel nutzte. Seit 1947 wurde restauriert – in den letzten Jahren wurde man das Gefühl nicht los, vom Original sei kaum noch etwas übriggeblieben, obwohl die Restauratoren von 70 % ursprünglicher Substanz sprechen. Dennoch: 1999 wurden die aufwendigen und kostspieligen Restaurationsarbeiten endlich beendet.

Zurück Richtung Zentrum: Das Stadtgebiet innerhalb des westlichen inneren (nicht mehr existierenden, aber im Straßenverlauf gut erkennbaren) Mauerrings hat in seinem südlichen Bereich viel Ursprüngliches bewahren können. Teilweise werden noch heute, fast mit jedem Spatenstich, römische Funde gemacht, die Archäologenherzen höher schlagen lassen, Bauherren freilich Geduldproben unterwerfen. Als Alternative besteht die Möglichkeit, den Neubau um die archäologisch bedeutenden Mauern, Mosaiken etc. herumzubauen und – wenn möglich – der Öffentlichkeit zugänglich zu machen. So geschah es etwa am **Museo Archeologico** 13 am Corso Magenta, das als Gebäudekomplex (ehemaliges Monastero Maggiore inklusive Maximinianischer Mauern von 286) selber ein Musterbeispiel für die archäologische Situation der Stadt ist. ›Milano Romano‹, ein Faltblatt des Touristenamtes, gibt Auskunft über die bereits erfaßten römischen Fundstellen.

Ein Stück südwestlich begegnet man Bramante wieder als Spezialist für feingegliederte Kreuzgänge: Außer Santa Maria delle Grazie (1492) gestaltete er den Portikus der Kirche **Sant'Ambrogio** 14 am gleichnamigen Platz jenseits der Via Carducci und die beiden Kreuzgänge der **Università Cattolica del Sacro Cuore** 15, seine letzten Werke unter Ludovico (1498).

Ein paar Minuten dauert der Weg zu Fuß durch das Gassengewirr des alten Mailand zur Piazza Borromeo und weiter zur **Pinacoteca Ambrosiana** 16, die der kunstsinnige Mailänder Kardinal Federico Borromeo bereits 1618 gestiftet hatte. Hier befinden sich Gemälde und Skulpturen aus dem 14.–19. Jh., der größte Schatz ist jedoch die 8 m breite Kartonskizze Raffaels zur ›Schule von Athen‹ für den Vatikan. Ein anderes wertvolles Stück wurde 1994 zum Entsetzen vieler Kunstkenner in die USA verkauft: der ›Codex Atlanticus‹, in dem Leonardo mit der ihm eigenen künstlerischen Präzision technische Details wiedergab. Jedoch gibt es eine gut gemachte Kopie, in der man blättern kann.

Nur wenige Gehminuten vom Dom entfernt liegt in der (auch kulinarisch interessanten) Via Speronai **Santa Maria presso San Satiro** 17, das erste Werk Bramantes in Mailand (1480) und ein Meisterwerk der Illusionsmalerei. Denn mit raffinierter Perspektive durch Flachreliefs, -bögen und Scheinarchitekturen wird ein Chor vorgetäuscht, den an diesem engen Platz zu bauen Bramante nicht möglich war. Von der Ostwand des Querhauses betritt man die Capella San Siro aus dem 9. Jh., mit einer oktogonalen Kuppel auf vier Säulen; von der rechten Seite des Langhauses aus gelangt man in das ebenfalls oktogonale Baptisterium, dessen Entwurf Bramante der Capella della Pietà angepaßt hatte. Und noch eine Besonderheit an dieser Kirche ist der romanische Glockenturm aus dem 11. Jh., der älteste seiner Art in der Lombardei.

San Lorenzo Maggiore 18, ganz im Süden des zweiten Stadtringes vor der Porta Ticinese, ist das älteste Gotteshaus auf zentralem Grundriß, vom 4. bis 5. Jh. mit zahlreichen Umbauten und Erweiterungen bis ins 19. Jh. erbaut. Ein majestätischer Komplex, für den man sich genügend Zeit nehmen muß.

Aufs Land: Die Umgebung von Mailand

Die Provinz Mailand besitzt eine recht merkwürdige Form: Im Norden reicht sie weit in die Brianza hinein, im Osten bildet der Fluß Adda die Grenze bis kurz vor Cremona, wo Adda und Po zusammentreffen. Im Südosten verläuft die Grenze genau mit den großen Schleifen des Po nördlich von Piacenza/Emilia-Romagna, um dann in steilen Zacken Richtung Mailand zuzueilen und bei Bereguardo auf den Ticino zu treffen, der die Grenze zu Piemont markiert.

Eiserne Krone und Autorennen: dafür steht **Monza** 1, mehr als 125 000 Einwohner groß und doch im Schatten der mächtigen Nachbarin Mailand, mit deren häßlichsten Industrievororten es fast zusammengewachsen ist. Theodolinde, Königin der Langobarden, wählte den keltischen und später römischen Ort zu ihrem Sommersitz und ließ den Dom erbauen. Kaiser Berengar I. wählte Monza 918 zu seiner Residenz, danach war die Stadt freie Kommune in ständigem Kampf mit Mailand, deren Visconti-Herrschaft sie 1324 erlag, freilich mit Sonderrechten. Etwa eine halbe Stunde dauert die Busfahrt von der Porta Garibaldi in Mailand bis ins Zentrum der Stadt der Eisernen Krone der Langobarden. Die kostbare Krone wird in der Kapelle der Königin Theodolinde im Dom aufbewahrt; der schmale Eisenring auf der Innenseite soll – der frommen Überlieferung nach – aus einem Nagel des Kreuzes Christi geschmiedet worden sein. Karl der Große, Karl V. und auch Napoleon wurden damit zu Königen gekrönt.

Giuseppe Piermarini, der die Mailänder Scala erbaute, zeichnete auch für die dreiflügelige Villa Reale (1777–1780) nördlich des Zentrums von Monza verantwortlich, der sich einer der großartigsten und wohl ausgedehntesten Parkanlagen Europas anschließt: Parco Reale, nach einem napoleonischen Dekret von 1805 ein Jahr später auf 800 ha Wald und Lichtungen begonnen. Dieses beliebte Wochenendziel nicht nur der Mailänder wurde und wird allerdings von der zweiten Hauptattraktion Monzas stark beeinträchtigt: der bereits 1922 entstandenen und ständig modernisierten Nationalen Autorennbahn Italiens *(Autodromo)* für Formel-1 wie für Motorradrennen und andere sportliche Veranstaltungen.

Lodi 2 ist leicht zu erfassen. Man fährt die Ringstraße bis zur unübersehbaren Schule auf der linken Seite, der gegenüber sich ein bewachter Parkplatz befindet. Bis ins Zentrum des lebhaften Marktfleckens in der sogenannten *Bassa Milanese* sind es zehn Minuten zu Fuß. Ein Großteil seiner 45 000 Einwohner lebt direkt oder indirekt von der Landwirtschaft, speziell von der Milch- und Käseproduktion. Einst war Lodi von historischer Bedeutung: Lodi Vecchio wurde 1152 von Mailand zerstört, 1158 half kein Geringerer als Kaiser Barbarossa, die Stadt an ihrem heutigen Platz wieder aufzubauen. Man dankte es ihm 1162 zusammen mit Cremona, Pavia, Como und Novara im Kampf gegen das verhaßte Mailand. Der Siegestaumel währte jedoch nicht lange, bald sollte Mailand wieder erstarken und Lodi seinem Herzogtum einverleiben. Der kostbar ausgestattete Dom zeugt von der einstigen Bedeutung der alten Stadtrepublik. Barbarossa sorgte dafür, daß die Gebeine des heiligen Bassiano bereits 1163 (elf Jahre nach der Zerstörung von Lodi Vecchio) einen würdigen Ruheplatz bekamen; damals war zumindest die Krypta fertiggestellt. Zahlreiche Skulpturen der alten Kirche des Heiligen

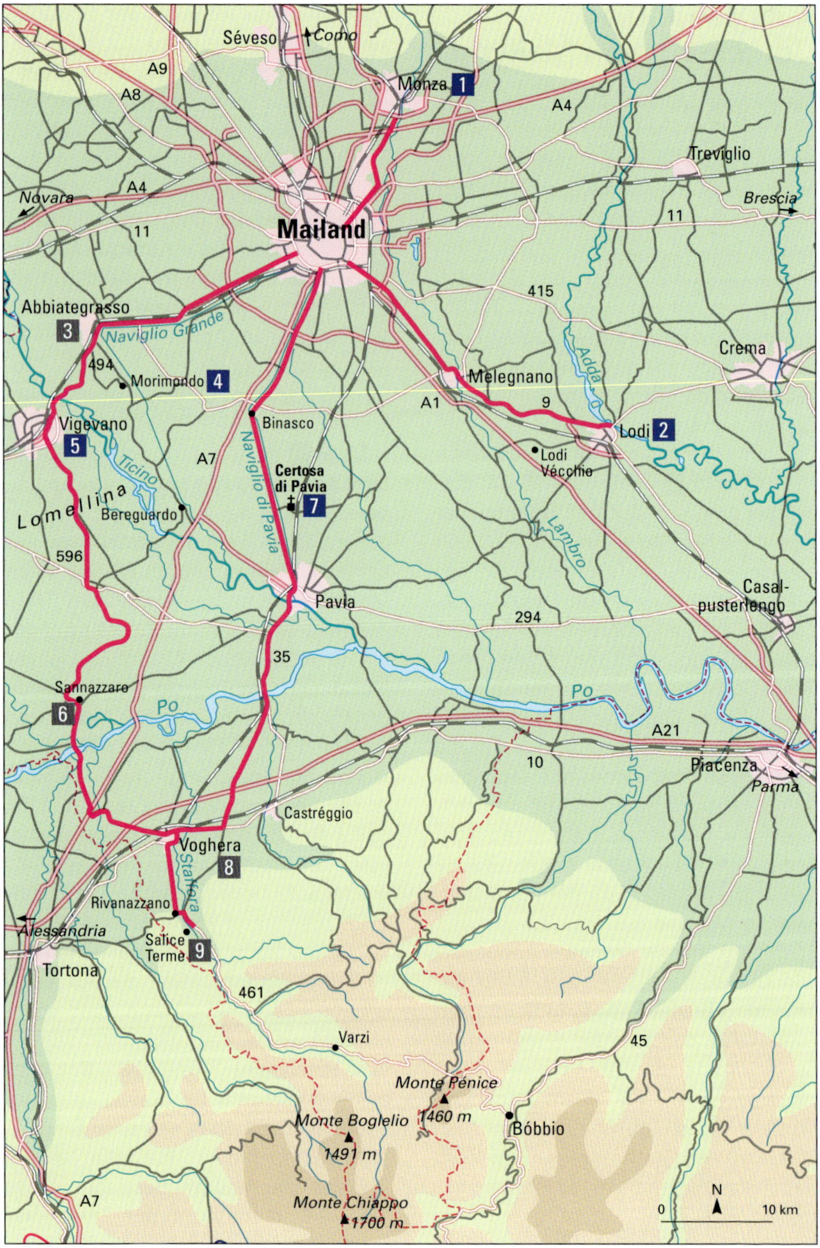

Die Umgebung von Mailand und Pavia

Am Naviglio Grande

wurden im Dom eingearbeitet, vor allem die schönen Marmorreliefs der Heiligen Petrus, Bassiano und Clemens am Hauptaltar.

Auf dem großen, arkadengeschmückten Platz vor dem Dom finden häufig politische und kulturelle Veranstaltungen statt, sonst spielt sich das Leben eher hinter dem Dom, im Schatten der alten Ulmen des Marktplatzes ab: Dienstag, Donnerstag, Samstag und Sonntag (!) ist Markt bis mittags. Gemütlichkeit strahlt der intime, brunnenbesetzte Platz mit seinen kleinen Geschäften aus, dem Touristenamt und dem Broletto, der ab 1284 an der Nordseite des Domes angebaut wurde (Portikus aus dem 18. Jh., mit Durchgang zum Marktplatz). Noch sehenswert in Lodi: der prachtvolle Arkadenhof des Palazzo Vescovile am Marktplatz (ab 1163); Santa Maria Incoronata (1488 begonnen) mit ihrem oktogonalen Innenraum; Palazzo Mozzanica-Varesi (Ende 15. Jh.) mit wundervollem Backsteindekor aus der lombardischen Frührenaissance (Puttenfries). – Wer Zeit hat, sollte eine Fahrt entlang der herrlichen Landschaft des Flusses Adda nach Norden einplanen.

Früher konnte man noch recht gemütlich von Mailand am **Naviglio Grande** entlangfahren, der, wie mit dem Lineal gezogen, nur mit einem einzigen Knick von Mailands Südwesten nach Abbiategrasso führt und von dort einen etwas unruhigen Verlauf bis zum Ticino nimmt. Heute wünscht man sich nicht nur angesichts des starken Verkehrsaufkommens, wie einst in einer stolzen Barke über den Kanal ziehen zu können, zwischen den *Palagi Camparecci* hindurch, den Landsitzen der reichen Mailänder an beiden Ufern des Naviglio. Sie haben ihr Entstehen den sogenannten Flußgesellschaften im 16. bis 18. Jh. zu verdanken, die große Kähne als Transportmittel den unbequemen Kutschen vorzogen, wenn sie von ihren Stadtpalästen aufs Land in die Sommerfrische umzogen.

Wo die Kunstlandschaft des Naviglio und der Reisfelder aufhört, beginnt die – möglichst – naturbelassene des **Parco Naturale del Ticino.** Weit und breit sieht man aber nichts als Pappeln, Neuanpflanzungen als Vorbeugung vor dem Raubbau an der Natur. Der Naviglio biegt links ab, wir fahren nach rechts, nach **Abbiategrasso** 3. Ja, der Name bedeutet: ›Habt Fett!‹ Der heilige Ambrosius, der sein Herz am rechten Fleck hatte, wie die Mailänder sagen, erlaubte den Bewohnern dieses Ortes, sogar während der Fastenzeit Fett zu verzehren, und der gesamten Diözese Mailand, den sonst obligatorischen Aschermittwoch einfach zu streichen. – Pflichtübung im lebhaften Marktstädtchen ist das Bestaunen der großen Vorhalle von Santa Maria Nuova: 1497 entstand sie nach einem Entwurf des genialen Bramante, von zwei Säulenreihen getragen und wundervoll der gotisch-lombardischen Kirche aus dem 14. Jh. angepaßt.

Schließlich **Morimondo** 4: Sonn- und feiertags herrscht Rummel, Mailänder Familien kommen gerne her, die Anlage wurde um ein nettes Café erweitert. Um zwölf Uhr mittags erklingt fröhlich das Glockenspiel der Zisterzienserabtei auf einer Anhöhe, die das Tal des Ticino beherrscht. Einer Festung gleich erhebt sich die dreischiffige Basilika aus rotem Backstein, die auf schweren Rundpfeilern ruht. Nur der Kapitelsaal zeigt sich geradezu beschwingt-zierlich mit seinen weißen schlanken Pfeilern, die ein feines Netzgewölbe in Backsteinrot und Weiß tragen.

Im Zweistromland von Pavia

Von Morimondo und Abbiategrasso ist es nur ein Katzensprung über den Ticino hinweg in die benachbarte Provinz von Pavia, eine flache, vom Reisanbau geprägte Landschaft, die für viele Italienreisende echtes Neuland bedeutet.

Vigevano 5 (S. 442) – Liebe auf den ersten Blick. Autofahrer sollten den Wagen unbedingt schon am Rande der Stadt parken. Folgt man durch die engen, verwirrenden Gassen dem Strom der Autos und Fußgänger, stößt

Die Piazza Ducale in Vigevano

man garantiert auf die **Piazza Ducale**. Der erste und schönste Renaissanceplatz Italiens breitet sich zwischen arkadengeschmückten Palästen aus, deren verwitterte Fassaden einen so zarten, morbiden Eindruck vermitteln, daß man ganz gerührt davor stehenbleibt. Diese Piazza Ducale, die vorsichtig restauriert wurde, um eben diesen besonderen Charakter, der durch die Jahrhunderte entstand, nicht zu verderben, diesen Platz soll Leonardo da Vinci skizziert haben, für Ludovico Il Moro. Manche Historiker schreiben die Pläne aber Bramante zu, für den Vigevano zum Lieblingssitz wurde. Weiße Führungslinien aus flachen Trittsteinen heben sich gut ab vom grauen Kieselpflaster des Platzes und führen den Besucher auf den Dom zu, dessen prachtvolle Barockfassade an diesem Renaissanceplatz allerdings fast störend wirkt. Man sollte diesen Weg langsam auf sich wirken lassen – fühlt man sich nicht ein wenig wie im Theater? Herrlich ist es natürlich, hier eine Kaffeepause einzulegen, bei schönem Wetter draußen auf dem Platz, dessen südländischer Charme sprichwörtlich ist. Rechts der markante Turm des einst prächtigen Castello Sforzesco der Visconti und Sforza von Mailand, das ein dreimal so großes Areal wie die Piazza Ducale einnimmt und jahrzehntelang restauriert wurde. Heute ist es Museum und Kulturzentrum, ein Glanzstück in der Lombardei. Die sandfarbenen Fassaden des Platzes bestechen durch ihre auberginefarbene Architekturmalerei. Über den Arkaden der Paläste, die auf drei Seiten (die vierte Seite nimmt ja der Dom ein) den Platz umgeben, öffnen sich Rundbogenfenster, im zweiten Stockwerk kleine Rundfenster, darüber rote Ziegeldächer mit zahllosen, verschieden gestalteten Schornsteinen, kleinen Hütten gleich.

Natürlich ist der 138 × 48 m große Platz Fußgängerzone, nur Radfahrern muß man ab und zu ausweichen. Ringsherum kleine, sehr modische, sehr teure Geschäfte: Vigevano mit inzwischen rund 65 000 Einwohnern ist reich, sehr reich: Von hier kommen mehr als 40 % der italienischen Schuhe, und zwar die modischen, die allerbesten und schönsten, die in mehr als tausend, meist kleinen Werkstätten in und um Vigevano produziert werden.

Südlich der Stadt beginnt die Lomellina, die sich nach Südwesten bis ins Piemontesische hinein ausbreitet, ein weites, wasserreiches Becken zwischen Ticino und Po, Italiens und Europas größtes zusammenhängendes Reisanbaugebiet. **Sannazzaro** 6 im Süden nahe dem Po feiert seit 1983 die ›Sagra del Riso‹, ein Reisfest. Sannazzaro bemüht sich aber auch, durch biologischen Reisanbau den Ansprüchen des modernen Konsumenten gerecht zu werden. Vorbei die Zeiten, an die man bei der *Sagra* nur noch durch die melancholischen Lieder der *Mondine,* der Säerinnen und Pflückerinnen erinnert wird: Die grobe Arbeit erledigen heute ausgetüftelte Maschinen.

Wer aus Mailand direkt südwärts fährt, sollte die Straße entlang dem Naviglio di Pavia wählen, der die lombardische Metropole mit Pavia verbindet – und an der **Certosa di Pavia** 7 einen Halt einlegen. Links geht es genau einen Kilometer bis zur Kartause, über eine schöne alte Ulmenallee, die schnurgerade bis zum Tor führt und besonders am frühen Morgen eine Bilderbuchschönheit ist. Die Konturen des Turmes tauchen auf, aus den Reisfeldern ringsum hinter engen Wasserkanälen hebt sich der schwere Morgendunst nur langsam, es ist still. Nicht lange, denn bereits um 9 Uhr kommen die ersten

Touristenbusse: Die Certosa di Pavia genießt weltweit einen größeren Ruhm als Pavia selber, steht auf dem Programm gleich nach dem Mailänder Dom. Nicht wegen ihres einst hohen geistigen Wertes, sondern wegen ihrer imposanten Architektur, die eher weltlich-schmuckfreudig, höfisch im Sinne des ausgehenden Mittelalters ist.

Jakob Burckhardt nannte die Fassade »die prächtigste des Renaissancestils«, neben der des Domes von Orvieto »das erste dekorative Prachtstück Italiens und der Welt«. Die Fülle an Reliefs, Statuen und Nischen ist unglaublich. Geschaffen von 1473 an, als Ambrogio Borgognone damit begann, bis zum 17. Jh.; mindestens 30 Meister haben an der Fassade gearbeitet, während der eigentliche Kirchenbau bereits 1396 im Auftrag von Gian Galeazzo Maria Visconti als Grabeskirche begonnen wurde. – Unbedingt anzuschauen sind innen das herrliche Chorgestühl, der Hochaltar, das wunderbar zarte Triptychon aus Flußpferdzähnen in der Sakristei, die unzähligen intarsierten Steinaltäre, das Waschbecken des Alberto Maffioli aus Carrara, das wertvolle Gitter aus Schmiedeeisen und vergoldeter Bronze, die kostbaren Altarbilder, das wunderschöne marmorne Grabmahl für Ludovico Il Moro und Beatrice d'Este (1497) – schließlich die beiden Kreuzgänge mit ihren herrlich modellierten *Cotto*-Bögen. Und das alles möglichst früh, bevor die anderen kommen!

In der ehemaligen Mühle der Kartause hat sich eine gute Trattoria namens Mulino Vecchio eingenistet, die sehr schmackhafte ländliche Menüs serviert. Im selben Hof: die Enoteca Lombarda mit einer großen Auswahl lombardischer Weine.

Pelz-Platz Pavia

■ (S. 427) Das antike Ticinum war ein typisches römisches *Castrum*, unter König Theoderich dessen Hauptsitz, seit 626 liebster Aufenthaltsort der langobardischen Könige. In karolingischer und ottonischer Zeit war es als Papia bis ins 11. Jh. Krönungsstadt der Könige und Kaiser. Das Volk riß den Theoderich-Palast 1024 nieder, weshalb danach die Kaiser im Kloster von San Pier in Ciel d'Oro wohnen mußten, wenn sie in Pavia weilten. Das Bündnis mit Barbarossa verhalf der freien Kommune zu Wohlstand, was man an den ab dem 12. Jh. entstandenen Bauten sieht.

Und heute? Die Modewelt kennt Pavia wegen seiner Pelzindustrie, die gute Arbeit, modisch betont und nicht zu teuer, anbietet. Die restliche Welt hat Pavia zumindest am 17. März 1989 kennengelernt, als die Torre Civica, der Stadtturm an der Kathedrale zusammenbrach. Im 11. Jh. erbaut, erhielt der Turm im 16. Jh. einen Aufsatz für die schwere Glocke aus Bronze, die im Volksmund bald *il campanone,* die große Glocke, genannt wurde. Napoleon gefiel deren Material, und er ließ es kurzerhand einschmelzen zu Kanonenkugeln ... Glokkenlos wurde der Turm dennoch immer baufälliger, bis er eben an jenem Tag um genau 8.50 Uhr zusammenbrach, ein paar Häuser mitriß, den Dom zum Wakkeln brachte und vier Passanten unter sich begrub. Der Dom ist noch immer nicht zugänglich, und der Turm wird nie wieder aufgebaut.

Für die Lombardei ist Pavia wegen seiner Universität wichtig, nach Bologna die zweitälteste. Außer Architektur (in Mailand) und Psychiatrie (in Padua/Veneto) bietet sie 22 000 Studienplätze in allen Fakultäten, wobei Medizin und Jura einen besonders guten Ruf genießen. Zwölf imposante, arkadenumstandene Höfe prägen den weitläufigen Komplex. Bei Regen und Gewitter pflegen sich auch Passanten in die *Portici* und *Cortili* zu flüchten. Besonders anmutig sind der Cortile delle Magnolie und der Cortile dei Pini, von dem aus man einen wunderschönen Blick auf die drei Rechtecktürme der Piazza Leonardo da Vinci genießt, mit drei der einst mehr als 150 Geschlechtertürme der Stadt. Außerhalb dieses Universitätskomplexes sind weitere 22 Institute über die ganze Stadt verteilt, die allgemein als ruhig gilt, obwohl auch hier das Drogenproblem seine Schatten auf die Jugendszene wirft.

Pavia ist eine Schlender-Stadt, die sich leicht erfassen läßt, weil sie im Zentrum das Prinzip des römischen *Castrum* mit *Cardo maximus* und *Decumanus* beibehalten hat und auch die anderen Straßen rechtwinklig zueinander verlaufen. Allerdings ist ihre Ausdehnung größer als erwartet angesichts der Einwohnerzahl von knapp 75 000. Aber in der flachen Po-Ebene hatte man ja Platz!

Das **Castello Visconteo** **1** wurde in den letzten Jahren zu einem Museumszentrum restauriert: Hier befinden sich

Pavia: *1 Castello Visconteo 2 ›Triade‹ 3 San Pier in Ciel d'Oro 4 Universität 5 Rathaus (Palazzo Mezzabarba) 6 Cuppola Arnaboldi 7 San Michele 8 San Teodoro 9 Ponte Coperto*

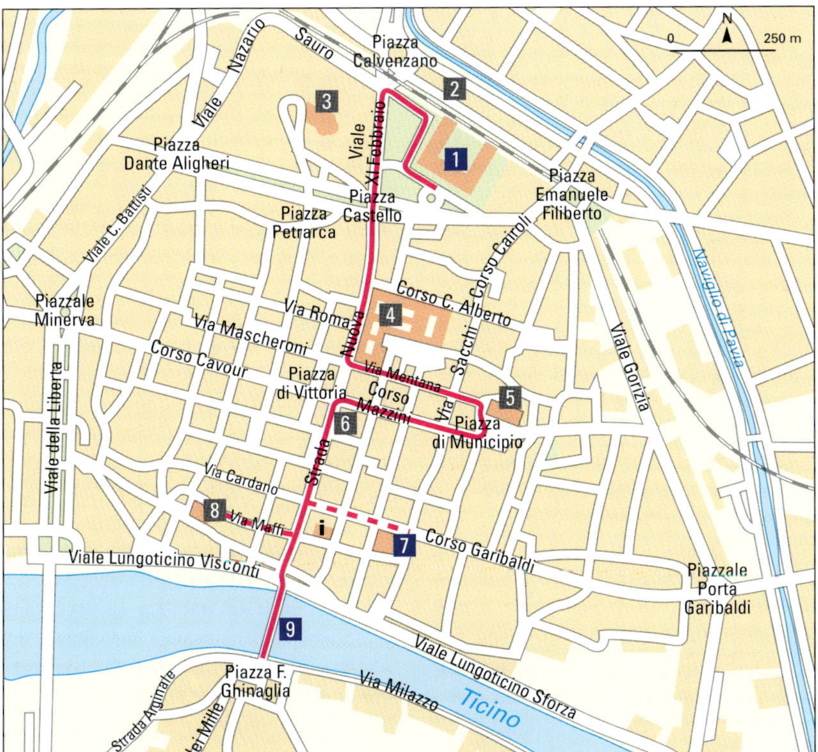

Ponte Coperto

eine Pinakothek, vor allem mit wichtigen Werken von Borgognone und Foppa, das Museo Gallico-Romano für Archäologie sowie das Museo di Storia del Risorgimento (der Einigung Italiens gewidmet, also ein historisches). Einst war das prachtvolle Geviert auf allen vier Seiten geschlossen, 1527 aber, zwei Jahre nach der Schlacht von Pavia, haben die Franzosen Pavia mit der Zerstörung der Nordseite und zweier Ecktürme ›bestraft‹. Die Visconti nannten das Kastell *Palagio* – tatsächlich ähnelt der Bau in seiner Prachtentfaltung mit den großzügigen Bogengängen und den von Schwalbenschwanzzinnen gekrönten Quadriforien vor allem innen eher einem Schloß. Dabei wurde er in der Rekordzeit von nur fünf Jahren hochgezogen, von 500 Männern, die nur zum Essen und Schlafen pausieren durften. Das war 1360–65, nur ein Jahr, nachdem die Herzöge von Mailand Pavia erobert hatten. An der zerstörten Nordseite des Kastells begann ein überdimensionaler Park, in dessen Mitte die Certosa di Pavia stand.

Hinter dem Castello steht die moderne Skulptur **›Triade‹** 2, drei skulpierte Rundpfeiler von Arnoldo Pomodoro (1979), die zu allerlei Kontroversen im Rat der eher konservativen Stadt geführt hatten. Westlich des Castello wurde **San Pier in Ciel d'Oro** 3 1132 anstelle eines langobardischen Gotteshauses unvollendet bereits eingeweiht. Es ist die Grabeskirche des heiligen Augustinus. Sein kostbar geschmücktes Grabmal steht über dem Hochaltar dieser bedeutendsten Kirche Pavias.

Östlich der Strada Nuova am Ende des **Universitätskomplexes** 4 (s. o.) befindet sich in der Via Mentana im schönsten Rokokopalast der Stadt, im Palazzo Mezzabarba (1728–30), das **Rathaus** 5 – in guter Nachbarschaft mit zahlreichen anderen Palazzi von 1400 bis ins 18. Jh.

An der Ecke Strada Nuova/Corso Mazzini liegt die **Cuppola Arnaboldi** 6, oder Salone Mercato, wie ihn die Einheimischen nennen, ein Treffpunkt der Finanzwelt, 1882 eingeweiht, heute mit teurem Restaurant, Café und Durchblick zum Cairoli-Monument von 1900, welches die Schlachten des dritten Unabhängigkeitskrieges von Varese, Palermo und Rom darstellt.

Immer noch links der Strada Nuova liegt an einer Querstraße vor dem Ticino **San Michele** 7, das vielleicht schönste Beispiel erhaltener romanischer Kirchenarchitektur in Oberitalien. Keine andere Kirchenfassade Pavias ist so reich mit Skulpturen geschmückt – aber der Zahn der Zeit nagt seit Jahrhunderten an ihnen und an der Sandsteinverkleidung insgesamt. Besser dran ist die wunderschöne romanische Krypta, die man zwar selten betreten, aber gegen Münzeinwurf beleuchten darf, um die sechs Säulenpaare, die Kapitelle mit plastischen Tier-, Pflanzen- und menschlichen Motiven oder Fabelwesen tragen, bewundern zu können. In der Krönungskirche Kaiser Barbarossas wurde ursprünglich die Eiserne Krone von Monza, an die nur noch ein Kreis im Boden des Mittelschiffes erinnert, aufbewahrt.

Rechts von der Strada Nuova, eine Querstraße vor dem Fluß, Via Maffi/Ecke Via Cossa, steht die Kirche **San Teodoro** 8, deren Fassade und Tiburio besonders wegen der *Bacini ceramici,* der farbigen Schüsselkacheln, auffällt. Beim Betreten der Kirche durch die Westpforte lohnt sich am meisten der Blick nach links zur Nordwestecke. Dort hängen zwei Fresken, eventuell von 1522, sicher aber vor 1527 entstanden, weil Pavias Castello noch mit seinen vier Seiten zu erkennen ist, also vor der ›Bestrafung‹ durch die Franzosen. Ursprünglich klebten die Fresken übereinander, sie wurden erst 1956 voneinander getrennt. Experten sind der Meinung, das erste Bild sei wegen perspektivischer Fehler mit dem zweiten übermalt worden. Das Fresko an der Nordwand zeigt die Stadt während des Krieges, das an der Fassadeninnenseite im Westen stellt ihren Zustand nach der Beendigung des Krieges dar. Der Stadtpatron Sant' Antonio segnet Pavia am rechten Ufer.

Die schmalen, typisch mittelalterlich gewundenen und abschüssigen Gassen zum Ticino sind schön restauriert worden, ebenso das Kieselsteinpflaster mit den großen Platten für die *carozze,* die heute leider auch den Autofahrern genehm sind, die sich durchschlängeln ...

Am Lungoticino Visconti, dem Flußufer ein Stück westlich vom **Ponte Coperto** 9, der gedeckten Brücke, unter der sich tagein tagaus Angler einfinden, führt ein kurzer Bummel zu Pierino (berühmt für seine Pasta) direkt am Wasser. Im schönen alten Gemäuer oder im Freien auf der überdachten Terrasse scharen sich vor allem an Sommerwochenenden ganze Familien um die Tische und genießen fröhliche drei bis vier Stunden Mittagessen.

Ausflüge ins Oltrepò Pavese: »Garten der Lombardei« nennen die Paveser ihr Oltrepò-Gebiet südlich des großen Stromes, das sowohl landschaftlich als auch geographisch im wahrsten Sinne des Wortes herausragt: mit einem Dreieck über die Po-Ebene südwärts zwischen Piemont und Emilia-Romagna sowie mit einer zauberhaften Hügellandschaft, die mit Wein- und Obstgärten übersät ist. Ganz im Süden dieses Zipfels steigt es sogar mit dem **Monte Chiappo** auf 1700 m Höhe an, wo im Winter natürlich Schnee liegt und Ski gefahren werden kann. Das Oltrepò Pa-

Weinanbau im Oltrepò Pavese

vese ist eines der wichtigsten Weinanbaugebiete der Lombardei (mit der Valtellina und der Franciacorta im Norden), deren ›Strada dei Vini dell'Oltrepò Pavese‹ allerdings etwas chaotisch beschildert ist.

Reich ist das vor allem vom Spalierobst lebende Städtchen **Voghera** 8 (30 km) mit Dom und Schloß aus dem 14. Jh. sowie mittelalterlichen Häusern, netten kleinen Geschäften, die einheimische Produkte anbieten. Nur 9 km geht es weiter nach **Salice Terme** 9 (S. 432) über dem Staffora-Tal, einem der wenigen Heilbäder der Lombardei, das gleich über vier besonders ergiebige und wertvolle Heilquellen verfügt: bromjodsalzhaltige, Jodsalz-, Schwefel- und Kaliziumkarbonatwasser. Der 30 km lange Weg bis Varzi, dem Zentrum der Salami-Produktion, durch das Stafforа-Tal flußaufwärts lohnt unbedingt wegen seiner landschaftlichen Schönheit.

Die östliche Lombardei: Flüsse, Seen und Städte

Wohlklang und Harmonie: Cremona

(S. 412f.) »Nie habe ich Schöneres gesehen!«, soll einst Platen ausgerufen haben, als er reisemüde mit der Kutsche auf den von Fackeln erleuchteten Domplatz vorfuhr. Es ist auch heute noch ein Glücksfall, die erste Begegnung mit Cremona bei Nacht zu erleben, im zart-gelben Scheinwerferlicht – modernen Zeiten angepaßt. Schön, daß das Geld, das in Stadt und Provinz Cremona reichlich verdient wird, auch zu deren Erhaltung eingesetzt wird. Doch Cremonas Weltruhm machen die Geigen aus, die hier gebaut werden und von deren Wohlklang man bei einem Bummel begleitet wird.

Die Römer begannen 218 v. Chr. den Platz in strategisch günstiger Lage am Po zu besiedeln, erhoben ihn 90 v. Chr. zum *Municipium* und gaben den Einwohnern das römische Bürgerrecht. 603 nimmt Agiluf die Stadt für die Langobarden ein, ihre Blütezeit verdankt sie der Gunst von Königin Theodolinde und der Erzbischöfe. Entwicklung zur Kommune

ab 1098, ghibellinisch ab 1254, dann Anfang 14. Jh. im Besitz der Visconti und ab 1441 als Mitgift für Bianca Maria sforzeskisch, die für eine neue Blütezeit sorgte. Desgleichen erneut unter den Spaniern ab 1535. Gleichzeitig beginnt die musikalische Entfaltung Cremonas mit den Amati, mit Stradivari, Guarneri und auch Claudio Monteverdi. 1707 ging die Stadt an die Österreicher, 1799 wird sie Teil der napoleonischen Cisalpinen Republik und 1814 wieder österreichisch. Dann erfolgt im Zuge des *Risorgimento* die Eingliederung in das Vereinte Italien. – Eine aufregende, wenn auch nicht untypische Entwicklung einer Stadt in bedeutender Lage in der weiten Po-Ebene.

In Cremonas Zentrum sind Autos unerwünscht, man darf nur ganz kurz parken! Langzeitparkplätze sind rar: am günstigsten nahe dem Bahnhof und nahe der Piazza Libertà/Via Mantova Richtung Autobahn sowie auf der Piazza Marconi im Südwesten nahe dem Domplatz/Piazza del Comune, dies aber außer an Markttagen (mittwochs und samstags).

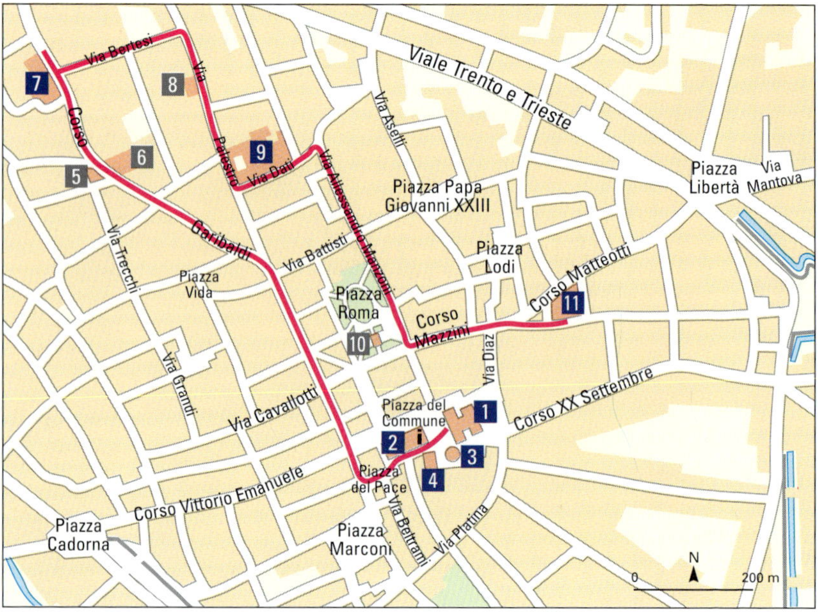

Cremona: *1 Dom 2 Palazzo del Comune 3 Baptisterium 4 Loggia dei Militi 5 Palazzo Cittanova 6 Sant'Agata 7 Palazzo Raimondi 8 Palazzo Stanga-Trecco 9 Palazzo Affaiti 10 Stradivari-Grabmal 11 Palazzo Fodri*

So mancher, der in das historische Zentrum vorgedrungen ist, will von hier gar nicht mehr weiterziehen. Er hat dann mit der **Piazza del Comune** aber auch wirklich das schönste Stück der Stadt erlebt. Auch die Cremoneser zieht es hierher, bei Tag und bei Nacht: ein Schlummertrunk im Café unter den Rathaus-Arkaden mit Blick auf den hell erleuchteten Dom und den faszinierend hohen Turm, davor fröhliche Jugendliche, fahrradschiebend und eisschleckend diskutierend, bis tief in die Nacht.

Um den **Dom** 1 mitsamt dem Turm kann man herumlaufen, jede Fassade, auch die Chorpartie, hat ihren besonderen Reiz. Zum Platz hin sind die Details besonders reich. Eine langgestreckte, vorgesetzte Loggia klammert auch den Turm ein. Der Dom entstand über einer früheren Kathedrale ab 1107, ab 1129 wurden wegen Erdbebenzerstörungen erneut Bauarbeiten nötig, 1190 wurde er geweiht. Die außergewöhnlich großen Querhäuser wurden später vollendet (1288 und 1342), die Hauptfassade (1180–90) erst 1498–1505 mit Marmor verkleidet. Dabei wurden für das Hauptportal die schönsten Plastiken aus der ersten Bauphase von 1107 verwendet (Prophetengestalten). 1499–1525 schließlich entstand der wunderhübsche Arkadengang.

Innen erweist sich der Dom als eine wahre Pinakothek, überreich von den besten oberitalienischen Meistern des 16. Jh., darunter Antonio da Pordenone, Girolamo Romanino und Bernardo Campi, freskiert sowie mit kostbaren Brüsseler Gobelins (nach Entwürfen von

Die Stadt der Geigenbauer

Andrea Amati wurde hier »so um das Jahr 1500« geboren, steht im kleinen Geigenmuseum von Cremona im Rathaus geschrieben. Urkundlich ist jedenfalls belegt, daß er um 1530 in Cremona gearbeitet und im Laufe der folgenden Jahre die Geige in ihrer heute üblichen Form ›erfunden‹ hat.

Nicola Amati, der Enkel des Geigenerfinders und Lehrer Stradivaris, ist im Geigenmuseum mit dem schönsten von ihm hergestellten Exemplar vertreten. Sogar der Lack der 1658 entstandenen Geige ist noch unversehrt. Doch die größte Bedeutung für Cremona und die Musikwelt hat Antonio Stradivari, der 1715 sein berühmtestes Kunstwerk, ›Il Cremonese‹, schuf: Diese Geige ist so der Nachwelt erhalten geblieben, wie sie der Meister aus der Hand gab. Wenn man sich vergegenwärtigt, daß der 95 Jahre alt gewordene Stradivari in seinem Leben etwa 1200 Streichinstrumente gebaut haben soll, so wundert es einen nicht, daß noch etwa 400 Exemplare weltweit registriert sind, davon allerdings höchstens acht Violinen.

Der vierte berühmt gewordene Geigenbauer Cremonas war Giuseppe Guarneri del Gesù, dessen Geige von 1734 ebenfalls im Museum bestaunt werden kann. Alle drei Jahre (2000, 2003 usw.) findet in Cremona die sogenannte Triennale statt, bei der wie bei ähnlich wichtigen Konzerten auf den berühmtesten Geigen gespielt werden darf.

Die zahlreichen Geigenbauschulen und in ihrem Gefolge natürlich die privaten Musikschulen sorgen dafür, daß die ganze Stadt mit Wohlklang erfüllt wird. Zur Zeit leben 60 Maestri der Geigenbaukunst in der Stadt, genaugenommen bauen sie nur Streichinstrumente mit Bogen, also Geigen, Violoncelli und Kontrabässe. Außerdem kann die internationale, staatliche Geigenbauschule mit der Musikschule im schönen Palazzo Raimondi (und seinen Erweiterungen) kaum den Schülerandrang bewältigen.

Maestro Morassi, gebürtiger Friulaner aus Udine, war, als er 1960 in die Stadt seiner Träume kam, der einzige Geigenbauer in Cremona. Und das nach einer solchen Tradition! Stolz ist der Maestro auf seinen Sohn, der in Mittenwald, Deutschlands Geigenbauer-Stadt, bei einem Wettbewerb 1989 den ersten Preis gewann, ebenso auf sein schönes Geschäft in der Fußgängerzone nahe dem Dom, und mit ganz besonderem Stolz blickt er auf den erfolgreichen Kampf um die Gründung einer europäischen Geigenbauer-Union: Seit dem 1. 1. 1989 existiert nun die U. E. L. mit Sitz in Cremona – wo auch sonst! Wer also sichergehen möchte, eine handwerkliche Meisterleistung zu kaufen, sollte dies bei einem U. E. L.-Mitglied tun. Die aktuelle Liste gibt es auch beim Verkehrsamt am Domplatz. – Interessant ist, daß von den insgesamt 60 Geigenbauern Cremonas der Großteil aus dem Ausland kommt.

Die Fassade des Doms zu Cremona

Giulio Romano und Antonio Campi) und Altarbildern geschmückt. Ein Meisterwerk der Holzintarsienkunst ist das Renaissance-Chorgestühl (1483–90) mit zeitgenössischen Veduten aus der Lombardei.

Den Glockenturm, mit 111 m Europas höchster frei stehender Backsteinturm, nennen die Cremonesi liebevoll *Torrazzo.* Trotz seiner Monumentalität ist seine gotische Struktur von besonderer Zartheit, das spitze Dach betont himmelwärts zielend.

Der prachtvolle und noch immer als Rathaus dienende **Palazzo del Comune** 2 oder dei Ghibellini genau gegenüber ruht auf sechs nur leicht zugespitzten gotischen Arkaden, sein Obergeschoß zeigt aber bereits akkurate Renaissance-Laibungen über den noch mit gotischem Maßwerk verzierten Fenstern. Man sieht ihm seine an sich komplizierte Baugeschichte (ab 1206, 1246 und 1575 und 19. Jh.) eigentlich nur im Zinnenkranz an. Im fein ausgestatteten Obergeschoß befindet sich sozusagen unter der Obhut des Bürgermeisters die Violinen-Sammlung.

Unter der rechten Arkade des Rathauses residiert in wunderhübschen Räumen das Touristenamt für Stadt und Provinz Cremona, unter der linken Arkade lockt das beliebte Café, das an Sommerabenden seine Tischchen weit auf den schönen Platz vorschiebt.

Schräg nach rechts schaut man von dort auf das oktogonale **Baptisterium** 3 mit seiner flachen Kuppel und den darunter umlaufenden Blendarkaden. Daß es so viel Ähnlichkeit mit den Taufkirchen von Florenz und Parma hat, ist nicht verwunderlich, steht es doch zeitlich genau dazwischen (1167, anstelle eines älteren Baus des 10. Jh.).

In die Ecke zwischen Baptisterium und Rathaus eingezwängt ist die kleine backsteinerne **Loggia dei Militi** 4 von 1292, damals Sitz der Hauptleute der städtischen Miliz, in den Fensterlaibungen mit zarten Terrakotta-Motiven geschmückt. Ein Kleinod der gotischen Profanarchitektur und in seiner Struktur mit offener Bogenhalle unten und großem durchgehenden Saal oben typisch für das mittelalterliche Oberitalien, speziell im Einzugsbereich der Lombardei.

In unregelmäßigen Strahlen gehen die Altstadtgassen vom Domplatz aus, meist als Fußgängerzone und in den letzten Jahren wunderschön saniert. Städtebaulich gelungen ist der Durchgang links des Rathauses zur kleineren Piazza del Pace, hier beginnt die enge Via Beltrami mit schönen Gärten hinter einigen feinen Adelspalästen, in die man durch schmiedeeiserne Gitter hineinsehen kann.

Gegenpol im wahrsten Sinne des Wortes, auch räumlich, ist der **Palazzo Cittanova** 5 von 1256, auch Palazzo del Pòpolo genannt, aus der Zeit, als Cremona zweigeteilt regiert wurde: hier guelfisch, an der Piazza Comune ghibellinisch. Schlicht und doch prachtvoll ist dieser ›Volks-Palast‹, Sinnbild des Widerstandes, des Protestes der Bevölkerung gegen die Obrigkeit. Auch heute noch: Wenn es in Cremona zu Demonstrationen kommt, wenn eine Bevölkerungsgruppe unzufrieden ist – hier am Palazzo del Pòpolo trifft man sich, von hier aus nimmt man den Protestweg zum Rathaus. Der Palast steht genau im Knick des Corso Garibaldi gegenüber der mächtigen Kirche **Sant'Agata** 6 aus der Renaissance (mit gotischem Backsteinturm), der 1848 eine klassizistische Fassade vorgebaut wurde. Die größte Sehenswürdigkeit der Kirche ist die Tavola di Sant'Agata, eine beidseitig bemalte Tafel (13. Jh.) mit Szenen aus dem Leben der Kirchenpatronin Agata sowie ›Madonna mit Kind und dem Heiligen Geist‹.

Ein Stück weiter am Corso Garibaldi mit seinen schönen Palästen befindet sich im würdigen Renaissance-Gebäude des **Palazzo Raimondi** 7 auf der linken Straßenseite die Scuola di Liuteria, die Schule der Geigenbauer Cremonas. Sie entstand bereits 1496 durch den Humanisten Eliseo Raimondi in Anlehnung an Leon Battista Alberti (im 18. Jh. verändert), ein guter Platz für die Erlernung des bedeutendsten Kunsthandwerks von Cremona. – Viele Cremoneser Violinenbauer haben ihre Werkstätten in diesem Stadtteil (z. B. Corso Garibaldi 95, Via Palestro 26).

Dem Palazzo Raimondi gegenüber öffnet sich die schmale Via Bertesi, deren altes Kieselsteinpflaster schön restauriert wurde. Sie stößt auf die Via Palestro. Rechts (Nr. 10) ist der **Palazzo Stanga-Trecco** 8 mit seiner spätbarocken, eleganten Fassade nicht zu übersehen. Die schönste Dekoration (und das ansprechendste Beispiel dieser Art in der Stadt) liegt freilich im Innenhof : überreich verzierte Terrakottafriese, darunter ein unter den Obergeschoßfenstern umlaufendes Band mit Kampfszenen. Heute ist der Palast Sitz der Agrarschule und tagsüber zugänglich.

Schräg gegenüber beginnt ein riesiger Palastkomplex und zieht sich um die Ecke in die Via Dati 4, wo sich seine Prachtseite ausbreitet. Es ist der **Palazzo Affaiti** 9 von 1561, wo u. a. das Stradivari-Museum untergebracht ist. Die grandiose, doppelläufige Freitreppe im Innenhof (1769) führt zur Städtischen Bibliothek und zu den Sammlungen des Museo Civico mit seiner reichen Pinakothek (Cremoneser Malerei des 16. Jh.).

Ein Blick lohnt auch in Haus Nummer 7 gegenüber: Der hübsche, angenehm kühle Innenhof des kommunalen Verwaltungsgebäudes ist mit Statuen geschmückt. Bald danach ist die lebhafte Via Manzoni erreicht. Sie gibt bereits den Blick frei auf den *Torrazzo.* Doch vorher noch ein Blick in den großzügig gestalteten Stadtpark des Piazzale Roma (auch Treff der Drogenabhängigen), an dessen südlichem Ende das steinerne **Grabmal Stradivaris** 10 steht.

Von hier ist es für Neugierige über den Corso Mazzini nur ein Katzensprung zum **Palazzo Fodri** 11, dessen Frührenaissance-Innenhof (ab 1490) als eines der schönsten lombardischen Beispiele dieser Zeit gilt. Seine Terrakottadekoration ist zwar zurückhaltender als im Palazzo Stanga-Trecco, aber vielleicht wirkt sie gerade dadurch vornehmer.

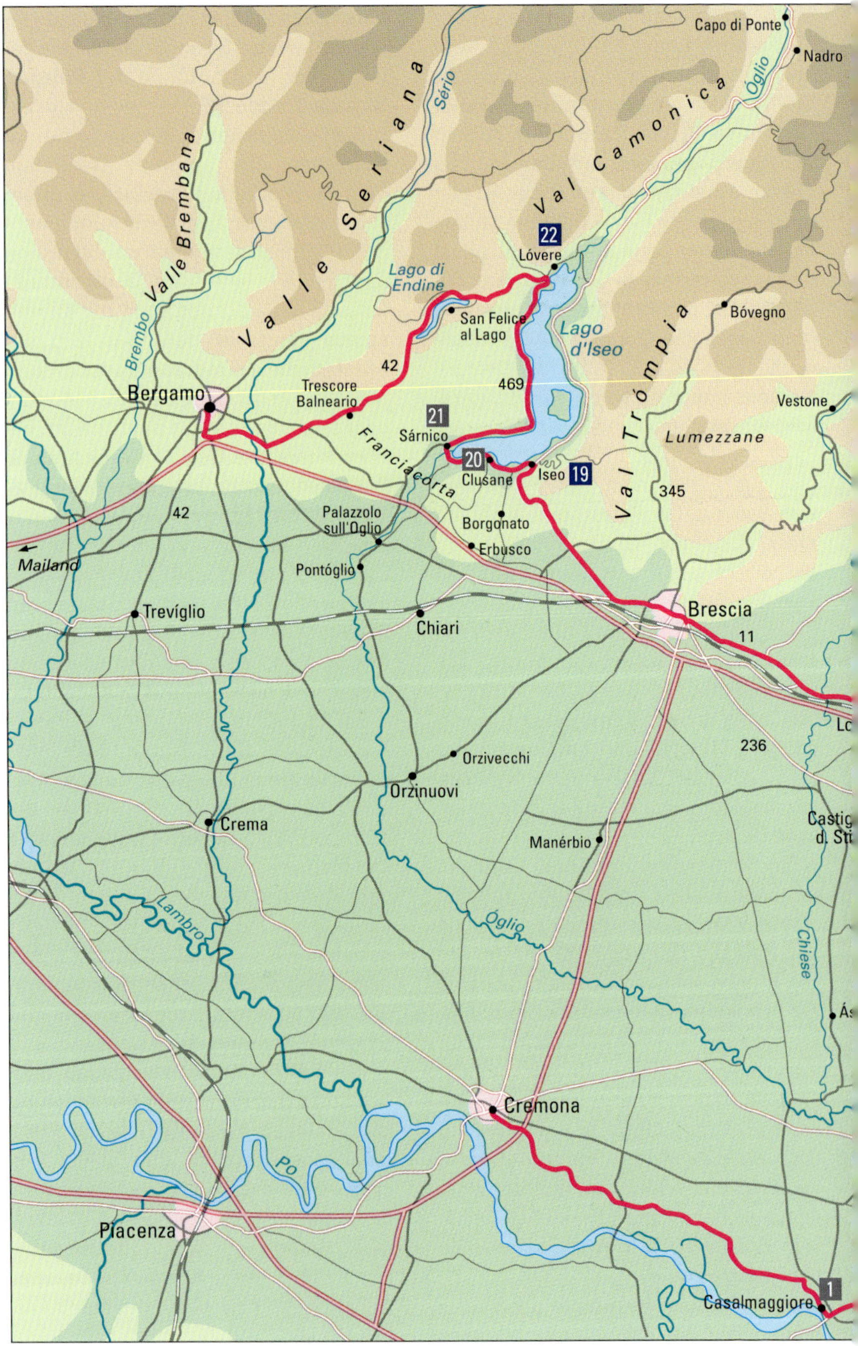
Capo di Ponte
Nadro
Val Camonica
Óglio
Valle Seriana
Sério
Valle Brembana
22
Lóvere
Lago di Endine
San Felice al Lago
Lago d'Iseo
Bóvegno
Val Trómpia
Brembo
42
Bergamo
Trescore Balneario
469
Vestone
21
Sárnico
Lumezzane
Franciacorta
20
Clusane
Iseo
19
345
42
Palazzolo sull'Oglio
Borgonato
Erbusco
Mailand
Pontóglio
Brescia
Treviglio
Chiari
11
Lo
236
Orzivecchi
Orzinuovi
Crema
Castig d. Sti
Manérbio
Lambro
Óglio
Chiese
Ás
Cremona
Po
Piacenza
1
Casalmaggiore

Von Flüssen gestaltet: die Provinz Mantua

Das Bild der Provinz Mantua prägen der gewundene Fluß Oglio, der breite Po und der z. T. kanalisierte Mincio ebenso intensiv wie deren Zuflüsse. Auch die Provinzhauptstadt wurde auf einer Insel mitten im Mincio errichtet.

Während die Mantovaner hauptsächlich vom Handel leben, ist die Provinz landwirtschaftlich orientiert und eine der reichsten Italiens: Von den insgesamt 8 Mio. Schweinen, die im Lande gezüchtet werden, kommen aus Mantua etwa 900 000. Auch die Rinderzucht ist bedeutend. Und in der Stadt Mantua der Kultur-Tourismus, der freilich einer Karawane ähnelt, die weiterzieht. Man bleibt nur selten. Was schade ist, denn die echte Atmosphäre der Stadt, das Mantua der Mantovaner, entfaltet sich frühmorgens und am späten Abend. 230 000 Menschen leben in der Provinz Mantua (ital. Mantova), nur 60 000 in der Hauptstadt. Die Abwanderung nimmt beängstigende Ausmaße an, denn Mailand ist so nahe und verlockend, die Provinz bietet der Jugend wenig Perspektiven.

Von Cremona kommend ist es über **Casalmaggiore** 1 (S. 409) nur ein Katzensprung nach **Sabbioneta** 2 (S. 432). Der Mann, der dieses Renaissance-Städtchen im 16. Jh. bauen ließ, war ein ungewöhnlicher, wenn auch nicht gerade beliebter Herrscher: Vespasiano Gonzaga aus dem Geschlecht der mächtigsten Familiendynastie, Herrscherin wie Förderin Mantuas. Ein Blaubart, der seine erste Frau, *in flagranti* erwischt, tötete und seine zweite zwang, neben dem Leichnam ihres vermeintlichen

Liebhabers den Giftbecher zu nehmen. Aber dieser Mann war auch ein Dichter, ein Mäzen und ein hochbegabter Architekt, der sich seine Träume selber erfüllte: Von 1551 bis zu seinem Tod im Jahre 1591 ließ er die befestigte Militärstadt Sabbioneta errichten, in der damals 2500 Menschen lebten.

In wenigen Minuten ist die Stadt, die sich malerisch aus der flachen Landschaft erhebt, durchquert. Ein netter, verschlafener Ort, der nur Samstag morgens mehr Leben zeigt, wenn vor dem Palazzo Ducale Markt abgehalten wird. Der Palazzo ist das Prunkstück, inzwischen schön restauriert (bis auf die allzu modernen Lichterschlangen) und zur Besichtigung freigegeben, zeitweise auch mit Ausstellungen. Seine Holzdekken wirken etwas pompös, nach der Art der Holzschnitzereien am spanischen Hofe von Valencia, wo Vespasiano Gouverneur war. Am auffälligsten: die vier lebensgroßen Reiterstatuen der Gonzaga gleich im ersten Raum des oberen Stockwerkes.

Das wohl bedeutendste Kunstwerk des Städtchens aber dürfte das Grabmal Vespasianos in der prächtigen Hofkirche hinter dem Palast sein, der oktogonalen Chiesa dell'Incoronata im Bramante-Stil, wahrscheinlich auch ein Werk des Gonzaga-Sprosses. Und ein wahres Kleinod ist in der Nähe das Teatro Olimpico, 1588 vom Palladio-Nachfolger Vincenzo Scamozzi aus Vicenza begonnen, eines der ältesten Europas. Auf der Empore stehen die Götter des Olymp aus Gips. »Wären sie aus Marmor gewesen, hätte sie Maria Theresia mitgenommen«, sagen die Einheimischen, deren Stadt von der österreichischen Kaiserin geradezu vollkommen ausgeplündert wurde. Sie nahm auch alle Kunstschätze aus der Galleria degli Antichi mit, die im rechten Winkel zum Sommerpalast (Palazzo Giardino) gebaut ist. Früher fand hier im Mai eine gutbesuchte Antiquitätenmesse statt, die man nach der gründlichen Restaurierung jedoch in den Palazzo Ducale verlegt hat. So kann man ganz in Ruhe u. a. die burlesken Fresken betrachten und den herrlichen, 96 m langen Korridor (1583–84), Galleria genannt, abschreiten: der drittlängste nach den Uffizien in Florenz (143 m) und der Galleria delle Carte Geografiche (120 m) im Vatikan. Bemerkenswert sind die Illusionsmalereien an den Schmalseiten, die eine noch größere Tiefe, also noch mehr Länge vortäuschen.

Vergil, Gonzaga, Montedison: Mantua einst und heute

■ (S. 421) Jenseits des Oglio liegt Mantua, wo 70 v. Chr. der große römische Dichter Vergil das Licht der Welt erblickte. Danach geschah ziemlich lange nichts von Bedeutung. Dann bestimmten die Gonzaga und ihre französische Nebenlinie, die Nevers, vier Jahrhunderte lang die Geschicke der Stadt und errichteten die wichtigsten Bauten. Die Gonzaga waren sowohl Tyrannen als auch große Mäzenen der humanistischen Kultur und der Renaissance-Baukunst. Aber mit der hochgebildeten Isabella d'Este, Gemahlin von Francesco II., Förderin der Künste und große Musikliebhaberin, wurde Mantua zu einem europäischen Musterhof, vergleichbar mit dem von Urbino in den Marken.

Der Fluß Mincio, der sich einige Kilometer weiter südöstlich in den Po ergießt, bildete ursprünglich Sumpfinseln. Hier errichtete man Mantua, legte im 12. und 13. Jh., als die Stadt freie Kommune war, die Sümpfe trocken und schuf daraus vier große Seen, die sie umgaben.

So entstand eine feste Insel im Mincio. Erst im 19. Jh. wurde der südliche See trockengelegt – so verlor Mantua die reizvolle Insellage. Durch ihre großen Plätze, die die Gonzaga, die *Signori* von Mantua, für ihre Prachtentfaltung brauchten, erhält die Stadt etwas Theatralisches.

Die Piazza Sordello, die größte des historischen Zentrums, ist umgeben von den wichtigsten, mit Schwalbenschwanzzinnen geschmückten Gebäuden des alten Mantua sowie kleinen Pensionen und Restaurants. Nicht zu übersehen ist der mächtige, langgestreckte **Palazzo Ducale** **1** mit hohen gotischen Arkaden im Erdgeschoß. Er wurde ab dem 14. Jh. durch die Gonzaga zu einem der prächtigsten mittelalterlichen Paläste Europas ausgebaut. Innen eröffnet sich ein Wirrwarr von 500 Sälen und Korridoren, ein 34 000 m² großes Labyrinth aus mehreren Gebäuden mit 15 Innenhöfen, die nach jahrzehntelangen Restaurierungsarbeiten seit 1989 öffentlich zugänglich sind – wenn es den Custoden gefällt. Ein Museumskomplex entstand, der andere Kommunen vor

Mantua: *1 Palazzo Ducale 2 Castello San Giorgio 3 Dom 4 Palazzo Acerbi 5 Palazzo Castiglioni 6 Palazzo del Podestà 7 Palazzo della Ragione 8 Sant'Andrea 9 Rotonda di San Lorenzo 10 Casa Boniforte 11 Palazzo Canossa 12 Palazzo Tè 13 Barnabas-Kirche 14 Wohnhaus von Giulio Romano*

Palazzo Ducale

Neid erblassen läßt. Einige der Kunstwerke aus Isabellas Sammlung, die von einem Nachfahren 1627 aus Geldnot an Karl I. von England verkauft wurden, sind auf Umwegen zurückgekehrt. Man hat Fresken freigelegt und restauriert, ebenso die z. T. wundervollen Kassettendecken. Unbedingt sollten Besucher darauf achten, die kleinen, kostbar ausgeschmückten ›Witwenzimmer‹ der Isabella zu besichtigen. Gerne versuchen die Führer, sich vor deren Besichtigung zu drücken!

Der kunsthistorisch wohl wichtigste Raum befindet sich im **Castello San Giorgio** 2, einem Teil des Komplexes, dessen Hauptteil der Palazzo Ducale einnimmt; darin das Studio des Markgrafen Ludovico und seiner Frau Barbara von Brandenburg, fälschlicherweise Camera degli Sposi (Ehegemach) genannt, wohl das Büro und später das Gästezimmer der Gonzaga. 1465 bis 1474 malte es Andrea Mantegna mit Fresken aus, die zum Besten der Renaissance gehören. Die perfektionierte Illusionsmalerei, die bis ins 18. Jh. hinein Tradition wurde: Die Decke täuscht einen Himmel vor, Engel und Edelleute blicken daraus zum geöffneten Balkon herab. Ernst, würdevoll, fast geometrisch der pflanzlichen Dekoration unterworfen, zeigt Mantegna, der Hofmaler, im gemalten rechten Pilaster innen an der Tür sein Gesicht.

Die Stirnseite der Piazza Sordello bildet der **Dom** 3 aus dem 12. (sichtbarer Rest: der Backsteinturm) und 14. Jh., den Giulio Romano im Stil der Renaissance 1545 umbaute und der im 17./18. Jh. ausgestattet wurde. Von besonderer Pracht ist die Sakramentskapelle im nordwestlichen Querarm mit ihrem Kuppeloktogon in der klassizistischen Dekoration von 1784. Schräg gegenüber dem Palazzo Ducale stehen die beiden Paläste der Bonacolsi von 1272 bis 1328: links **Palazzo Acerbi** 4, rechts **Palazzo Castiglioni** 5. Die Bonacolsi waren die Vorgänger der Gonzaga im Rang der *Signori* von Mantua, die den gesamten Platz mit ihren Prachtbauten gestaltet und den Grundstein für den späteren Palazzo Ducale gelegt haben.

Dann eine schöne Folge von Plätzen: Durch den *Voltone* hindurch, den hohen Bogen, der einst das Tor zur ›Neustadt‹ war (Porta San Pietro), geht es in die schmale Via Broletto, rechts mit breiten Arkaden, die sich links zur kleinen Piazza del Broletto mit dem Amtssitz des Bürgermeisters, dem **Palazzo del Podestà** 6 oder del Broletto ausbuchtet. In dessen Mauernische in luftiger Höhe wurde Vergil verewigt. »Veccia Mantova«, alte Zauberin von Mantova, nannten die alten Leute der Stadt diese 1277 geschaffene Gestalt.

Weiter durch die Via Broletto zur Piazza Erbe, dem lebhaften Gegenpol zur überdimensionalen, nüchternen Piazza Sordello. Links steht der langgestreckte **Palazzo della Ragione** 7 von 1250 mit seinen breiten Renaissance-Arkaden, unter denen sich mehrere Restaurants niedergelassen haben, im Sommer die Tische ins Freie rücken und zeigen, wo der wahre ›Salon‹ der Stadt ist. Allmorgendlich stehen hier Obst- und Gemüsestände, donnerstags wird großer Wochenmarkt abgehalten, von dem auch die fliegenden Buch- und Antiquitätenhändler unter dem Bogengang gegenüber, wo auch das Touristenamt zu finden ist, profitieren. Eingebaut in diesen Häuserkomplex ist die nach Zeichnungen des Toscaners Leon Battista Alberti 1470–1494 erbaute und von Juvarra vollendete Kirche **Sant'Andrea** 8. Die Grabkapelle Andrea Mantegnas (erste Kapelle links) soll der 1506 in Mantua verstorbene Künstler mit seinem Selbstporträt geschmückt haben, der dort aufgestellten Bronzebüste. Die erst von Filippo Juvarra 1733–65 aufgesetzte Vierungskuppel der Kirche ist von der Piazza delle Erbe nur zu erkennen, wenn man gegenüber an der **Rotonda di San Lorenzo** 9 der Mathilde von Canossa steht, die sie 1082/83 für den heiligen Lorenz erbauen ließ. Dieser bedeutende romanische Rundbau kam erst im 20. Jh. nach dem Abbruch angebauter Häuser zum Vorschein (heute endlich als Museum eingerichtet, aber nicht immer zugänglich). An der Piazza Mantegna befindet sich der Eingang der Sant'Andrea-Kirche (s. o.) und ihm gegenüber steht die **Casa Boniforte** 10, das Wohnhaus eines reichen Kaufmannes. Es ist im Stil der katalanischen Gotik des 14. Jh. mit Terrakottafriesen geschmückt. Ein in Italien seltenes, sehr schönes Beispiel, das leider schon lange nach Restaurierung schreit.

Unter den Arkaden der Via Verdi schlendernd gelangt man zur fast intimen Piazza Matilde di Canossa mit dem ausladenden, schönsten manieristischen Palast Mantuas, dem **Palazzo Canossa** 11 von 1560 mit seiner *Rustica*-Fassade und dem grandiosen,

Markt auf der Piazza Erbe

doppelläufigen Treppenaufgang innen, ein Werk von Giovanni Battista Bertani.

Ein Römer war der wohl wichtigste Gestalter Mantuas: Giulio Romano. Eigentlich hieß er Giulio Pippo de Jannuzzi (1499–1546) und war der begabteste Schüler Raffaels. Nach dessen Tod leitete er die Werkstätten und überwachte die Vollendung der Arbeiten am Vatikan. Dieser geniale Maler und Baumeister, für den Vasari nur höchste Lobesworte fand, hat im Auftrag von Federico II. Gonzaga ab 1524 Mantua umgestaltet, also noch in der Blütezeit der Renaissance zu Beginn des Manierismus. Mit dem Bau und der Ausstattung des **Palazzo Tè** 12 setzte er sich in dieser schönen Herzogstadt ein Denkmal. Hier konnte Giulio seine römische Erfahrung, Wichtiges richtig in Szene zu setzen, einbringen, sich künstlerisch austoben, auch als er für Karl V. auf dem Weg zur Kaiserkrönung eine Triumphstraße inmitten der Stadt zu bauen hatte. 22 Jahre lebte Giulio Romano in Mantua, machte aus der Stadt eine ›giulische‹, in der er, am Vortag seiner Rückreise nach Rom, 47jährig starb. Sein Grab befindet sich in der **Barnabas-Kirche** 13 an der Via Carlo Poma gegenüber seinem von *Rustica* geprägten, klar gegliederten **Wohnhaus** 14, das nach seinen Entwürfen 1538–44 gebaut wurde, und das er sich prächtig mit Fresken ausgestattet hatte.

Gardasee: Die Badewanne der Deutschen – und sonst nichts?

Am 12. September 1786, »nach Tische«, notierte der Geheimrat Johann Wolfgang von Goethe: »Heute abend hätte ich können in Verona sein, aber es lag noch eine herrliche Naturwirkung an der Seite, ein köstliches Schauspiel, der Gardasee, den wollte ich nicht versäumen, und bin herrlich für meinen Umweg belohnt.« In Tórbole ganz im Norden (heute die autonome Provinz Trentino), machte Goethe während seiner Italienreise die erste Station am See. Er war in der glücklichen Lage, seinen Tisch so stellen zu können, daß er fast den ganzen See in seiner vollen Länge übersah. »Das Ufer, von beiden Seiten von Hügeln und Bergen eingefaßt, glänzt von unzähligen kleinen Ortschaften.« Die lombardische, genau die brescianische Seite des Gardasees, hatte es dem weitgereisten Dichter besonders angetan, vor allem bei seiner zumindest zur damaligen Zeit noch vom launischen Wind auf dem See abhängigen, fast abenteuerlichen Bootsfahrt. Seine Seefahrt, schreibt er, »endete glücklich, nachdem die Herrlichkeit des Wasserspiegels und des daran liegenden brescianischen Ufers mich recht im Herzen erquickt hatte. Da wo an der Abendseite das Gebirge aufhört steil zu sein, und die Landschaft flacher nach dem See fällt, liegen in einer Reihe, in einer Länge von ungefähr anderthalb Stunden, Gargnano, Bogliaco, Cecina, Toscolano, Maderno, Gardone, Salò; alle auch wieder meist in die Länge gezogen. Keine Worte drücken die Anmut dieser so reich bewohnten Gegend aus.«

Der größte oberitalienische See erfreut mit einem angenehmen, nicht zu kühlen und nicht zu heißen Klima, so daß hier eine für die Region eigentlich ungewöhnliche Vegetation gedeiht: Orangen und Zitronen, Agaven und Palmen, Zypressen und Feigenbäume, Magnolien und vor allem Oliven sowie Oleander in unglaublicher Blüten- und Farbenpracht.

Der römische Dichter Catull soll Sirmione herzlich geliebt haben, weshalb

er sich hier einen Erholungssitz gebaut haben soll: die Villa Catull. Das ist allerdings bestimmt die Erfindung schlauer Touristiker, aber eine ziemlich alte schon. Die ›Grotte des Catull‹ nennen sie die überdimensionale Anlage. Wahrscheinlich aber war es ein militärisches Zwischenlager an der Römerstraße, mit öffentlichen Unterkünften und Lagerräumen. **Sirmione** **3** (S. 434) jedenfalls ist zauberhaft, und mag es noch so sehr von Fremden überlaufen sein, weshalb die Wochenenden und die hochsommerlichen Monate Juli und August zu meiden sind. Zumindest tagsüber, denn abends gehört dieser Bilderbuch-Urlaubsort denen, die sich hier einquartiert haben. Und: Sirmione ist sogar ein Kurort von Rang, speziell auf dem Gebiet der Hals-Nasen-Ohren-Heilkunde.

Das Tor zur Insel Sirmione, die mit dem Festland verbunden ist, dürfen per Ampelregelung nur Autos passieren, die vom Touristenamt im Pavillon am Parkplatz vor der Stadt eine Lizenz dafür erhalten haben, sprich: Einheimische und Touristen, die ein Zimmer auf der Insel gebucht haben, was streng per Telefon kontrolliert wird. Einfahrt nur zu bestimmten Tageszeiten, und große Fahrzeuge wie Busse sind tabu – sie würden gar nicht durch die schmalen Gassen passen. Eine herrliche Fußgängerzone ist dadurch entstanden, man flaniert oder geht gemütlich zum ausgewählten Restaurant oder in die nächste Bar, läßt sich von den kostbaren Auslagen der Modegeschäfte oder Delikateßläden verführen und amüsiert sich vielleicht über manchen Kitsch. Im Hafenbecken schaukeln Boote, auf der Piazza Carducci spielt ein Orchester auf, kaum jemand an den kleinen Cafétischen hört beim Drink oder Eisschlecken wirklich zu, Kinder spielen Fangen, schreien, lachen.

Das mittelalterliche Kastell, die Rocca Scaligera, steht auf starkem Mauerwerk

Die Scaligerburg am Hafen von Sirmione

aus der Römerzeit, mit zinnengekrönten Türmen und Wehrgängen. Der Blick von oben (146 Stufen!) dürfte unvergessen bleiben: über das Städtchen und die 3,5 km lange, schmale Halbinsel, die sich bis zu den Grotten des Catull nach Norden schiebt, und weit in den See.

Die geschnitzte Madonna der Pfarrkirche Santa Maria Maggiore mit ihrer breiten Vorhalle (15. Jh.) wird verehrt und gerne besucht, weshalb die Kirche meistens zugänglich ist. Nicht so San Pietro Navino (8. und 11. Jh.), was wegen der in vier Schichten übereinander liegenden Fresken wirklich schade ist. Aber am eindrucksvollsten ist ihre Lage. Kaum ist man nämlich aus dem historischen Kern von Sirmione raus, steht man im Grünen. Die Blätter der Ölbäume glitzern silbern in der leichten Brise, Oreganoduft steigt in die Nase, wenn man über den leicht ansteigenden Wiesengrund zur kleinen Kirche im Olivenhain hinaufgeht. Kein Wunder, daß sie inzwischen bevorzugt als Trauungsort gewählt wird.

Zur schönen Halbinsel von Sirmione, die teilweise eine Insel ist, gehören, sozusagen auf dem Festlandufer, Colombare, Lugana und Rovizza. Vor allem **Colombare** wird von vielen Touristen als Aufenthaltsort bevorzugt, weil es preiswerter ist (zahlreiche Ferienwohnungen). Viele Gäste, ob Mailänder oder Fremde von jenseits der Alpen, besitzen hier ihre eigene Ferienbleibe. Die Infrastruktur mit Sportzentrum und kleinen Bootshäfen sowie Einkaufsmöglichkeiten ist gut. Das Bild **Luganas** bestimmen jetzt Hotels und Pensionen, sie haben die früher bedeutende Landwirtschaft verdrängt, obwohl in den letzten Jahren wieder der Weinanbau intensiviert wurde, sogar ein paar Probierstuben mit Verkauf finden sich in manchem Weingarten. Ein kühler weißer Lugana-Wein ist ein feiner trockener Tropfen, passend zum frischen Fisch aus dem See. Dasselbe gilt für **Rovizza**, wo 1650 schon Graf Francesco Rovizzi aus Cremona den Weinanbau mit solchem Erfolg einführte, daß man geradezu wohlhabend wurde und sich gerne bereit erklärte, den Namen des Wohltäters zu tragen.

Von der lombardischen Seite des Gardasees, dem Westufer, behaupten die Einheimischen und Fans, es sei die schönste ›Küste‹ der Welt. Die nahe an den See gerückten Hänge sind üppig bewachsen mit Zitrusbäumen und Weinbergen, Oliven und blühenden Gärten, Klatschmohn und duftende Kräuter bilden ausgedehnte Wiesen.

Desenzano 4 mit seinem hübschen Hafen und der einladenden Promenade am See besitzt eine ausgewogene Hotellerie von einfach bis komfortabel. In der Via Crocifisso nordwestlich des Hafens steht die Villa Romana, die wegen ihrer wundervollen, teilweise sehr gut erhaltenen Bodenmosaiken zu den sehenswertesten Anlagen am See gehört. Hinter Desenzano beginnt nordwärts eine lange, fast ununterbrochene Kette von Campingplätzen, ab **Padenghe** tritt die Hauptstraße weit zurück ins Land, bleibt das Ufer ruhig, Weingärten bestimmen das Bild, in denen gute Tropfen wie der Chiaretto und der Gropello gedeihen.

Salò 5 liegt am Ende einer tiefen, fast fjordartigen Bucht, was die gemütliche Atmosphäre in der leicht ansteigenden, hübschen Altstadt verstärkt. In Salò hielt Mussolini 1943–1945 den letzten Teil Italiens besetzt, bis die Alliierten vorgerückt waren. Im Nachbarort **Gardone** 6, dem wohl exklusivsten am See mit Hotelpalästen und Prachtvillen, hängen die Italiener mit geradezu kindlicher Verbeugung vor dichterischen Größen an den faschistischen Verrücktheiten des Nationalhelden Gabriele d'Annunzio, am Vittoriale degli Italiani: in schönster Gardasee-Landschaft, von Zypressen umstanden, das Nationaldenkmal und das Vorschiff des Kreuzers ›Puglia‹, das u. a. auch d'Annunzio kommandierte. Wegen des milden Klimas wird Gardone als Ganzjahresziel geschätzt, und die Herzen von Blumenfreunden schlagen höher beim Besuch des Botanischen Gartens, den Arturo Hruska 1910 in seiner Wahlheimat Italien anlegte.

In **Maderno** 7 verdient die romanische Basilika Sant'Andrea (ab 1130, mit gotischen und Renaissance-Veränderungen) Beachtung, vor allem wegen des sehr schön skulptierten Portals. Die Pfarrkirche von **Toscolano** 8 besitzt über dem Chorgestühl die schönsten Fresken von Andrea Celesti (17. Jh.) am Gardasee und im Gebiet von Brescia.

Während der sogenannten Zeit der Republik von Salò hielten sich die Regierung und die Familie Benito Mussolinis in zwei der Villen von **Gargnano** 9 auf. Und 1918 holte sich der englische Schriftsteller David Herbert Lawrence im Ortsteil Villa mit seinem Franziskanerkloster auf dem Hügel und dem kleinen Hafen Inspiration für seinen Roman ›Lady Chatterly's Liebhaber‹. 3 km hinter Gargnano beginnen die Tunnel der Seestrecke. Auf schmalen Serpentinenstraßen gelangt man auf die Hochebenen **Tignale** und **Tremosine,** die herrliche Ausblicke über den See garantieren, bis zum 2218 m hohen Monte Baldo, *dem* Berg des Gardasees am gegenüberliegenden Veroneser Ufer.

Kurz vor der Provinzgrenze mit Trient trifft man auf die windgeschützte Bucht von **Limone** 10. Die Limonaien mit Schutzdächern auf Stelzen für die Zitronengärten, sollen dem wunderschönen Ort an steilem Hang zwar nicht seinen Namen gegeben haben – er soll vom lateinischen *limen* für Grenze kommen –, aber man kann es sich so besser merken. Von der Lage her ist Limone eigentlich der schönste Ort am Gardasee. Der Wagen bleibt hier, falls Platz zu finden ist, im Parkhaus (Bergseite) stehen. Am besten kommt man aber mit dem Boot an. Die Gassen sind eng, und das Bummeln bereitet besonderes Vergnügen.

Den rauhen Wind von **Riva** und **Tórbole** an der Nordspitze des Sees im Trentino, wo Goethe-Fans eine Gedenkpause einlegen, wissen vor allem Surfer zu schätzen, an der Hauptstraße parken die Wagen mit Münchner oder Starnberger Kennzeichen dicht an dicht ...

Das östliche Ufer des Gardasees gehört südlich Tórbole zur Provinz Verona und ist bestimmt vom Bild des Monte Baldo, der sich mit seinen Ausläufern von Nord nach Süd an den See schmiegt, zwei Naturreservate und ein herrliches Wanderrevier (nur mit guten Schuhwerk!) bietet. Im Hochsommer treibt es allzu viele Urlauber in die schmucken Ferienorte am See, an die ›Olivenriviera‹. Tatsächlich gedeihen hier und in den schmalen Seitentälern des Monte Baldo meist kleine, sehr schmackhafte Oliven, die hervorragendes Öl liefern.

Malcésine 11 war einst ein wichtiger Vorposten Venedigs am Gardasee. Es geizt nicht mit natürlichen und baulichen Schönheiten. Der Palazzo dei Capitani del Lago am Hafen zeugt ebenso wie das Castello Scaligero auf dem steilen Felsen über dem See von der historischen Bedeutung des Ortes. Heute zählt Malcésine wegen seines mittelalterlichen Charakters zu den beliebtesten Städtchen am Gardasee, bei den Deutschen insbesondere auch wegen Goethe, an den hier viele Gedenktafeln und eine imposante Büste im Schloßhof erinnern.

In Limone

Sehr dekorativ wirkt das zinnengekrönte Kastell von **Torri del Benaco** 12, nach dem römischen Namen des Sees (Benacus), das den Hafen bewacht. Etwas für Hobbymaler und Fotografen. An der anmutigen, zypressenbestandenen Halbinsel von **San Vigilio** vorbei, an der die Wiege des Renaissance-Malers Pisanello gestanden haben soll, gelangt man nach **Garda** 13. Die neuzeitliche Namensgeberin für den Gardasee mit ihrer malerischen Promenade vor dem historischen Kern mit seinen engen Gassen ist ein beliebter Treffpunkt von Ausflüglern. Man sitzt draußen vor den Cafés, schleckt ein kühlendes Eis oder schlemmt ein Stück Torte, den Blick auf den See gerichtet, oder auf den schönen Palazzo dei Capitani (14./15. Jh.) mit seinen venezianischen Fenstern. Ein Ort mit versteckten Schätzen: ein paar Paläste aus Gotik und Renaissance, z. B. der Palazzo Fregoso, und ein Ort, an dem Geschichte geschrieben wurde: In der Villa Albertini empfing am 10. Juni 1848 Carlo Alberto die Regierungsdelegation

Der Gardasee ist ein überaus beliebtes Surfrevier

mit der Urkunde über den Anschluß der Lombardei an Piemont.

Bardolino 14 ist ebenfalls mehr als nur ein Weinort. *Intercapedines* nennt man noch heute die Bogengänge zwischen den mittelalterlichen Steinhäusern aus der Zeit, als Bardolino eine freie Stadt war, bis sie von den Scaligern und später von Venedig vereinnahmt wurde. Erst 1866, nach dem Ende des *Risorgimento,* wurde Bardolino an Italien angeschlossen. Den Weinanbau hat das Städtchen schon den Römern zu verdanken, die das Gebiet urbar machten. Vom einst prächtigen Scaliger-Schloß sind nur noch Reste am Hafen zu sehen. Ein romanisches Kleinod ist die Kirche San Severo (12. Jh.) mit schönen Freskenresten aus der Erbauungszeit und ihrer harmonischen Apsidenlandschaft, die leider direkt an der vielbefahrenen Uferstraße liegt. Noch älter ist das ebenfalls freskierte, nahe San Zeno (9. Jh.).

Über **Cisano** 15 mit dem Ölmuseum, in dem auch regionaltypische Produkte wie Olivenöl und Olivenpaste verkauft werden, ist schnell **Lazise** 16 erreicht. Kein Wunder, daß Venedig im Hafen eine Flotte stationierte, denn er ist gut geschützt. Und ein Stück weiter steht die ehemalige Scaliger-Burg, die Burg der Grafen Bernini in ihrem prächtig grünen Park. Hübsch ist die Einfahrt in den Ort mit dem Boot. Er ist in seinen Festungsmauern Fußgängern vorbehalten.

Kein Wunder auch, daß **Peschiera** 17 (S. 427) am Mincio über Jahrhunderte als Militärstützpunkt diente: Die geschützte Lage am Südostende des Sees ist strategisch überaus günstig. Dante kannte Peschiera bereits als Festungsort, für die Gonzaga aus Mantua war er wichtig und für die Venezianer ebenso wie später für Napoleon und die Österreicher. Jeder fügte der Befestigungsanlage etwas hinzu, Bollwerke und Bastionen. Mächtig sind die Reste der Anlage aus dem 16. Jh., in die man von Osten über die erste Mincio-Brücke kommend hineinfährt, und die auf einer Insel im See steht. Der touristische Hafen im Westen findet seine Fortsetzung nach Süden in einem kanalartigen Arm zwischen See und Mincio – der westlichen ›Rückseite‹ der Festungsinsel. Ihr gegenüber erstreckt sich die eigentliche Altstadt von Peschiera, die man am besten am Morgen, mit der Sonne im Rücken, von der Insel her betrachtet, um sie anschließend über die zweite Brücke zu erreichen.

Montags, wenn Markt ist, und der zieht sich fast durch die gesamte Altstadt, erwacht das Städtchen zu dem, was es schon lange war, bevor der Fremdenverkehr es vereinnahmte: zu einem Marktflecken mit Fischereitradition. Es werden nicht nur Wäsche und landwirtschaftliche Produkte verkauft, ein unwiderstehlicher Duft frisch ausgebackener kleiner Fische, Muscheln und Calamari erfüllt den Ort, daß nur standhaft bleiben kann, wer gerade ordentlich gefrühstückt hat.

In südlicher Richtung am Mincio lohnt der **Parco Giardino Sigurtà** 18 einen Abstecher. Die blühende Oase der Ruhe mit Wäldern und Hainen und Wasserbecken, einer Rosenallee und je nach Jahreszeit einem blühenden Meer prächtiger Blumen und Sträucher kann auf einer 6 km langen Einbahnstraße durchfahren werden.

Brescia, die Römische

■ (S. 407) Allgegenwärtig ist Rom in Brescia: Schon 225 v. Chr. verbündete sich Brixia mit den Römern. Augustus erhob es zur Augusteischen Stadtkolonie, und im Mittelalter war sie Sitz eines langobardischen Herzogreiches sowie einer fränkischen Grafschaft. Der spätere freie Stadtstaat trat dem Lombardischen Bund bei und kämpfte gegen Barbarossa und Heinrich VII. Während der Renaissance wurde die Stadt der Republik Venedig einverleibt und erlebte mit ihr eine künstlerische Blütezeit.

In der rund 220 000 Einwohner zählenden, in den 90er Jahren großartig sanierten und durch Industrie, Handel und Dienstleistungen zweitwichtigsten Stadt der Lombardei nach Mailand, leben viele sozial eingestellte Menschen. Das *Volontariato,* heißt es von den Brescianern, sei bei ihnen besonders ausgeprägt, die freiwillige Hilfsbereitschaft. So seien z. B. die 1995 von der tödlichen Krankheit Ebola in Afrika hingerafften Schwestern allesamt aus Brescia gekommen.

Brescias größte Attraktion ist 1999 endlich eröffnete Museumskomplex im ehemaligen Santa-Giulia-Kloster. Klar erkennbar ist auf dem Stadtplan der Verlauf der mittelalterlichen Stadtmauern mit dem **Castello Visconteo** 1, dem sogenannten ›Falken Italiens‹ – wegen

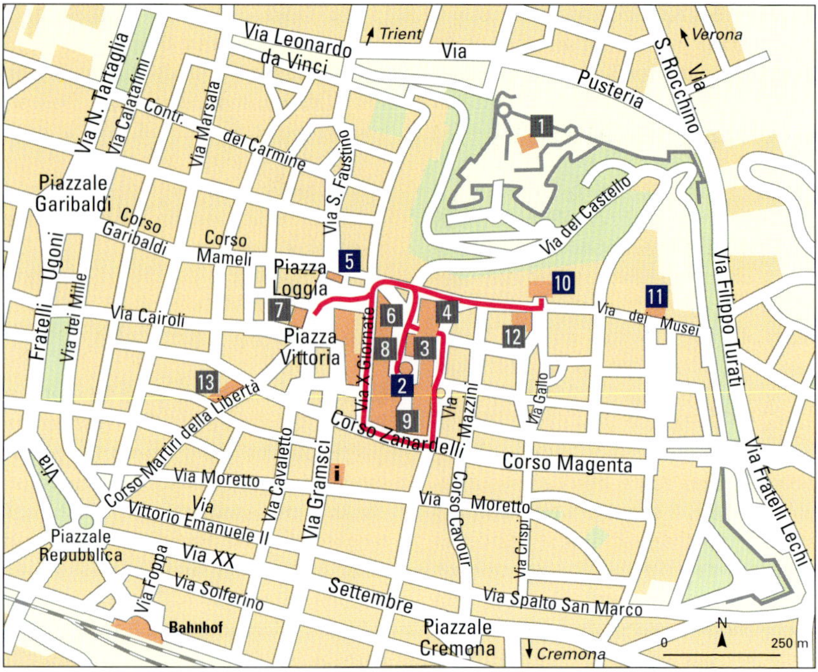

Brescia: *1 Castello Visconteo 2 Duomo Vecchio 3 Duomo Nuovo 4 Broletto 5 Loggia 6 Uhr 7 Monte di Pietà 8 Palazzo a Portici 9 Teatro Grande 10 Capitol 11 Museo Santa Giulia 12 Palazzo Mertinengo 13 Santa Maria dei Miracoli*

seiner Bedeutung während der Kämpfe des *Risorgimento* (Aufgang oder -fahrt lohnt sich!) im Nordosten. Es birgt heute das Waffenmuseum (Museo Civico delle Armi) und das Museo del Risorgimento.

Genau in der Mitte des historischen Zentrums befinden sich die drei wichtigsten Plätze der Stadt: Piazza Duomo, Vittoria und Loggia. Zentrum des religiösen wie städtischen Lebens im Mittelalter war die **Piazza Duomo.** Der **Duomo Vecchio** 2 (Alter Dom) ist eine Rotunde aus dem 11. Jh., die auf den Grundmauern der noch älteren Kirche Santa Maria Maggiore (6. Jh.) errichtet wurde. Von ihr (und von einem römischen Haus) sind vor der Krypta (ab dem 9. Jh. mit Erweiterung auf fünf Schiffe im 12. Jh.) unter Glas noch Mosaikfußböden zu sehen. Der langgestreckte Chor ist im 15. Jh. hinzugebaut worden. Dennoch wirkt die Rundkirche dank der Purifizierung im 19. Jh. harmonisch romanisch mit ihrem unverputzten Mauerwerk. Wunderschön ist gleich beim Eingang der reliefierte Sarkophag des Bernardo Maggi, des Bischofs und Friedensstifters zwischen Ghibellinen (rechts) und Guelfen (links) im Jahre 1298. Der rote Veroneser Marmor ist von einem wahren Meister der Steinmetzkunst bearbeitet worden, dennoch ist der offensichtlich aus Campione stammende Künstler unbekannt geblieben. – Der Alte Dom ist übrigens die beliebteste Hochzeitskirche Brescias.

Richtig Reisen Tip

Franciacorta – Doppeltes Dorado

Franciacorta setzt sich zusammen aus *francia* (altertümlich: frei) und *corta* (Hof) und bezieht sich auf die freien Höfe, die keinen Zehnten oder andere Steuern zu zahlen hatten und sich so, reich geworden, entwickeln konnten. Für Liebhaber sanft gewellter Hügel und hervorragender Weine ist diese Landschaft ein wahres Dorado. Sie erstreckt sich zwischen Brescia und dem Iseo-See und ist außerhalb der Region noch immer fast unbekannt. Flache Gebiete, in denen Torf gestochen wurde, wechseln ab mit lieblichen, der Sonne zugewandten Hängen. Hier wird neben hervorragenden trockenen Weißweinen auch Sekt nach dem Vorbild des französischen Champagner produziert, der zu den besten Italiens zählt. Berlucchi in Borgonato (mit Italiens größter unterirdischer *Cantina* in alten Gewölben) und Ca' del Bosco in Erbusco sind große Namen aus der Region.

Schmale Straßen führen durch die Landschaft, in den Dörfern verlaufen sie zumeist zwischen hohen Mauern. Irgendwie wirkt hier alles besonders sauber und besonders nobel – allerdings auch die Preise! Zahlreich sind die großen Ländereien, fast alle werden – wieder – bewirtschaftet, meist als Weingut, manchmal auch mit Mais- und Weizenanbau. Riesige, schloßähnliche Villen gehören dazu mit wundervollen Schmiedeeisengittern davor und nur durch eine Straße vom Weingarten getrennt. Sie bieten auch schöne Fotomotive in einer stillen Landschaft, liegen fern ab vom Rummel der Seen und sind ihnen doch so nah. Und in den Kornfeldern blühen prächtig himmelblaue Kornblumen neben knallrotem Klatschmohn.

Der **Duomo Nuovo** 3 nebenan ist innen ein Spätrenaissancebau, außen klassizistisch. Seine auffallend hohe Kuppel von 1825 ist mit 80 m die dritthöchste Italiens (nach St. Peter/Rom und Santa Maria del Fiore/Florenz). Der **Broletto** 4 bildete nördlich der Domkirchen den profanen Gegenpart: das ehemalige Rathaus der Stadt, ein großer Komplex, der vom Ende des 12. bis zum 18. Jh. entstanden ist.

Anders als der Domplatz ist die westlich gelegene **Piazza della Vittoria** scheußlich faschistisch-überdimensioniert mit ihren monumentalen Bauten der 30er Jahre. Mussolini hatte hier das damalige Viertel der Diebe und Dirnen abreißen und sich selbst ein in seinem Sinne modernes, fortschrittliches Denkmal setzen lassen. Das aus der Gegend vertriebene Volk siedelte damals ein paar Straßen weiter im Carmine-Viertel nordwestlich jenseits des Domplatzes an.

Am schönsten ist die **Piazza della Loggia,** wo samstags Markt abgehalten

Die keltische Rose

Von den drei wasserreichen Tälern in der Umgebung von Brescia verdient die Val Camonica auch aus historischen Gründen eine besondere Erwähnung und ist für Kenner mindestens einen Tagesausflug wert. Hier wandelt man auf den Spuren der *Camuni,* eines keltisch-alpinen Stammes, der sich wohl bereits im 5. vorchristlichen Jahrtausend hier niederließ, jagte und Handel trieb. Schutz fand er im Tal des Oglio nördlich des Iseo-Sees. Zentrum dieses Tales ist Capo di Ponte, in Wissenschaftlerkreisen berühmt geworden durch das Forschungszentrum ›Centro Camuno di Studi Preistorici‹, das der Mailänder Professor Andrea Anati seit 1956 mühsam aufgebaut hat und sich selber damit zum ›Papst der Felsenritzungen‹ machte: Auf der ganzen Welt ist er dort zu Hause, wo solche frühgeschichtlichen Zeugnisse gefunden wurden. Auch in der israelischen Negev-Wüste, wo der polyglotte Italiener bei der archäologischen Arbeit seine Frau kennenlernte, die ihm beim Aufbau der umfangreichen Bibliothek zum Thema helfen konnte. Es blieb kein ›Familienunternehmen‹: Anatis Ruf hat Studenten aus aller Welt nach Capo di Ponte gelockt, die bei der Freilegung der Gravuren helfen und darüber forschen können. Im November 1979 erklärte die UNESCO-Kommission die Felsgravuren der Val Camonica zum bedeutendsten Nationaldenkmal Italiens. In der Ausschreibung wurden auch das Forum Romanum in Rom und das Abendmahl Leonardos in Mailand angeboten …

Über Capo di Ponte wurde ein Nationalpark errichtet (Naquane), der nur mit gutem Schuhwerk zu erreichen ist. Aufregender noch ist Nadro, ganz unter Kastanienbäumen gelegen mit kleinem Museum, und Cemmo, das wohl die ältesten Felsgravuren auf zwei Felsen zeigt. Val Camonica ist als Ziel von Schulausflügen fest im Programm der Italiener. Wer sich die Gravuren in Ruhe anschauen möchte, sollte auf den Nachmittag ausweichen.

Die keltische Rose, eine der typischen Felsgravuren etwa in Form eines vierblättrigen Kleeblattes, wurde inzwischen zum Symbol für die gesamte Lombardei und taucht überall dort auf, wo für die Region und ihre Produkte geworben wird: auf Prospekten, auf Käse- und Wurstpackungen etc.

wird. Man fühlt sich ins Veneto versetzt: Die **Loggia** 5, die ab 1492 als neues Rathaus entstand, soll im Obergeschoß die Handschrift Andrea Palladios tragen, das Kuppeldach wurde aber erst 1914 nach Palladios Muster der Basilika von Vicenza aufgesetzt. Auch in der noch immer funktionierenden **Uhr** 6 von P. Gennari (1546) mit bronzener Glocke und den hammerschwingenden *Tonne* und *Battista* an der Ostflanke des Platzes tritt uns Venedigs Vorbild (Uhrturm von San Marco) entgegen. Architektonisches Gegengewicht schaffen die flacheren Bauten an der Südseite des Platzes, insbesondere das ehemalige Leihhaus **Monte di Pietà** 7 von 1484–89 mit seiner hübschen Renaissance-Loggia, an der sich das beliebte Caffè della Stampa etabliert hat. – Schön ist der Blick von der palladianischen Loggia über die lange Arkadenreihe des Uhr-Palastes hinweg zur kupfergrünen Kuppel des Neuen Domes mit ihrer weißen Laterne und zu den Giebelfiguren der Fassade, ebenso auf den klobigen, von neueren Zinnen bekrönten Turm des Broletto.

Bei jedem Wetter angenehm ist der Bummel unter den am **Palazzo a Portici** 8 von 1595 beginnenden Arkaden direkt unter dem Uhrturm, entlang der Via X Giornate nach Süden. Unter dem Arkadengang befanden sich im Mittelalter die Werkstätten der Metallgießer, die den Ruhm und den Reichtum Brescias ausmachten. Ein Knick nach links, der Bogengang wird doppeljochig breiter, schließt im großzügigen Bogen kleine Kunstgalerien und das **Teatro Grande** 9 ein, das im Sommer zusammen mit Bergamo Schauplatz musikalischer Höhepunkte ist. Dahinter ›versteckt‹ sich der Domplatz. Den Bogen weiter ziehend, also zurück zur Rückseite des Domplatzes, hat man die Galleria (Tunnel) unter dem Castello-Hügel im Visier, die als Luftschutzkeller gebaut und erst in den 60er Jahren durchstoßen wurde.

Die vom Domplatz nach Osten führende **Via dei Musei** ist tatsächlich von Museen umstanden. Sie entspricht fast genau dem römischen *Decumanus maximus,* der etwa 6 m tiefer lag. Besonders gut zu erkennen ist dies linker Hand am großartigen Ruinenfeld des sogenannten **Capitol** 10 mit dem römischen Theater. Erbaut im Jahr 73 unter Kaiser

Piazza della Loggia mit Blick zum Uhrturm

Lago d'Iseo

Vespasian und für mehrere Jahre in *restauro.* Dafür ist Brescias Juwel fertiggestellt, das **Museo Santa Giulia** 11 mit den wichtigsten Sammlungen der Stadt im großen Klosterkomplex mit seinen drei Kirchen , von denen die zweistöckige **Santa Maria in Solario** u a. das kostbare Desiderio-Kreuz birgt. Das Capitol ist in etwa auf das römische Forum gerichtet, heute **Piazza del Foro** und von stattlichen barocken Palästen umbaut. Einer von ihnen ist der **Palazzo Mertinengo** 12, heute Sitz des Assessorato alla Cultura, Denkmal- und Touristenamt inbegriffen. Geschmückt wird es vom Adler, dem Wappentier der Mertinengo, einst die bedeutendste Familie von Brescia. Ihm gegenüber, auf dem Platzniveau des Capitols, ein **Tempel** aus dem 1. Jh., der in den 40er Jahren nicht gerade fachmännisch rekonstruiert wurde.

Zahlreiche Kirchen aus der Romanik bis zum Barock prägen das Kuppelbild der Stadt. Doch eine sollte man unbedingt beachten: **Santa Maria dei Miracoli** 13 am Corso Martiri della Libertà: Neben der Capella Colleoni in Bergamo und der Certosa di Pavia das beste, wenn auch 1945 stark zerstörte Beispiel lombardischer Frührenaissance.

Von Brescia lohnen Ausflüge in die **Val Trómpia** und zum Idro-See. Wer Muße hat, befährt die Straße Nummer 345 bis Bóvegno, wer gleich zum See möchte, biegt schon früher Richtung Vestone ab. Obwohl hier traditionell Metall verarbeitet wird, konnte sich die Region ihre wundervolle Wildheit bewahren. Überall Wasser, kleine Bäche eilen zu größeren zusammen, ergießen sich dann in die Seen. Aus den dichten Wäldern ragen schöne, hohe Walnußbäume mit ihren ausladenden Kronen, über der Straße hängen Goldregen und Akazien, die sich im Frühjahr in ein betäubendes Duftkleid hüllen.

Der **Idro-See** (S. 417) ist eine kühle Schönheit und wird von Italienern und

Holländern heiß geliebt. Die Saison ist kurz, zum Baden eignet sich der Bergsee am besten im Juli und August. Dann herrscht Gedränge. – Wer von hier aus zum Gardasee fahren will, muß bis nach Capovalle 12 % Steigung bewältigen, rechts zieht sich der verzweigte Stausee Valvestino nach Süden das Toscolano-Tal entlang. Hier eröffnet sich ein erster Blick zum Gardasee, dann wieder Kurven über Kurven, bis nach Überwindung von mehr als 400 m Höhenunterschied **Gargnano** (s. S. 222) am See erreicht ist.

Gewissermaßen vor Brescias Haustür liegt der Iseo-See. Der Fremdenverkehrshauptort **Iseo** 19 (S. 418) verdient die Zuneigung seiner Gäste: Der historische Kern wurde in den letzten Jahren wunderschön saniert, im alten Schloß ein modernes Kulturzentrum mit Bibliothek, Archiv etc. eingerichtet. Die Gassen sind steingepflastert, die Häuser frisch gestrichen. Die Hotels gehören der niedrigeren Kategorie an und sind privat geführt. Aber auch kunsthistorisch betrachtet ist Iseo recht interessant, insbesondere die Pfarrkirche Sant' Andrea aus dem 12. Jh., mit dem Glokkenturm in der sehr deutsch/nordeuropäisch wirkenden Fassadenmitte. Noch älter (11. Jh.) ist das ehemalige Oldofredi-Schloß, und im Kirchlein Santa Maria del Mercato wurden Fresken aus dem 13. und 14. Jh. freigelegt. – Freitags ist großer Markt in Iseo, die Altstadt wird zu einer einzigen Fußgängerzone voller Leben. Aus der ganzen Umgebung strömen die Menschen her, zum Einkaufen und zum Neuigkeiten austauschen. Wer die landwirtschaftlichen Produkte der Gegend kennenlernen möchte – hier sind sie zu normalen Preisen zu haben.

Clusane 20 platzt inzwischen aus allen Nähten, rühmt sich der besten Fischlokale am See und seines Naturschutzgebietes, das im Schilfdickicht allerlei Wasservögel und Insekten verbirgt. **Sárnico** 21 (S. 433) ist ein feinerer, ruhiger Ort mit wenig, aber guter Hotellerie.

Lóvere 22 ist eigentlich der wirtschaftliche Hauptort des Iseo-Sees. Die Lage zwischen See und dem Monte Váltero ist recht hübsch, für einen längeren Aufenthalt aber dürfte es nicht reichen, zumal die Fahrt am westlichen Ufer nach Süden mehr verspricht. Etwa in der Mitte des vom Oglio durchflossenen Sees, dort, wo er einen Knick nach Westen macht, erhebt sich waldbewachsen die höchste Insel in einem europäischen See: **Mont'Isola** heißt sie, wahrlich ein ›Inselberg‹, der 600 m hoch ist. Bootsverbindungen gibt es zu beiden Ufern, Fußgängeridylle: Außer den öffentlichen Verkehrsmitteln und den Mofas der Einheimischen sind motorisierte Fahrzeuge verboten.

Über die S.S. 42, falls man nicht von einem der zahlreichen Landgasthöfe, die oft den Namen ›Cascina del ...‹ tragen (also Landleben signalisieren) zum Aufenthalt verführt wird, ist der nur 7 km lange und ganz schmale **Endine-See** schnell erreicht. In **San Felice** am schöneren Ostufer muß man aufpassen: Die Dorfgasse ist nur 2,20 m breit, für große Fahrzeuge ist kein Durchkommen! Hübsche Ausblicke eröffnen sich auf den See, dessen Ufer verschilft sind. Weiden setzen Akzente, Seerosen bedecken große Flächen. Schmale Holzstege, ein paar Bootshäuser. Pure Idylle – wenn nicht Wochenende ist oder *Ferragosto*.

Zweigeteiltes Bergamo

■ (S. 404) Bergamo lebt vom Auf und Ab seiner Hügel – und von seiner Zweiteilung. Selbstverständlich hat sich die moderne Stadt unten im Tal als Wirt-

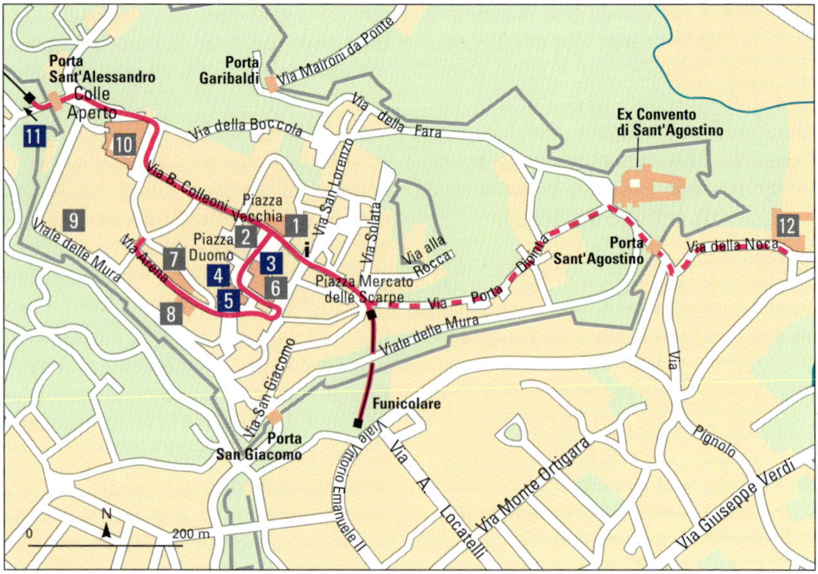

Bergamo: *1 Stadtbibliothek 2 Torre Civica 3 Palazzo della Ragione 4 Baptisterium 5 Santa Maria Maggiore 6 Dom 7 Palazzo della Misericordia 8 Santa Grata 9 Bischöfliches Seminar 10 Citadella 11 San Vigilio 12 Accademia Carrara*

schafts- und Handelszentrum der Provinz zwischen den Seen ausgebreitet – oben blieb Bergamo in seinen alten Mauern erhalten, fast unberührt von schädlicher Modernisierung. Von den Terrassen der Hotels der Unterstadt genießt man den Blick hinauf, von den Bastionen der venezianischen Mauern und von den Türmen der Oberstadt abwärts und in die Täler. Aber auch weiter nach oben, am eindrucksvollsten auf San Vigilio, das in der Schönheit seiner Gärten und Villen in Hanglage kaum zu übertreffen ist.

Die Altstadt ist Anziehungspunkt nicht nur für Touristen, sondern auch für die Einheimischen, die gerne durch die schmalen Gassen schlendern, auf den romantischen Plätzen einen Espresso trinken oder Eis essen, in den herrlich verführerischen Lebensmittelgeschäften Delikatessen einkaufen, aber auch in die Kirche gehen zu einer kurzen Andacht, auf dem Flohmarkt stöbern oder einfach das großartige Panorama genießen, hier und dort einen neuen Durchblick entdecken. Es ist eine Stadt, in der gelebt und flaniert wird. Auch an Sonn- und Feiertagen, was man jenseits der Alpen, aber auch in manchen anderen oberitalienischen Städten inzwischen vergeblich sucht. Weshalb die Città Alta auch sonn- und feiertags normalerweise ›geöffnet‹ ist. Das gilt für fast alle Geschäfte, von denen dann einige montags schließen. Und von April bis September dürfen von 14.30 bis 19 Uhr nur Anwohner und Autobusse in der Oberstadt fahren. Am günstigsten fährt man mit dem Bus Nummer 1 vom Bahnhof nur bis zur Talstation der *Funicolare* von 1887 am Viale Vittorio Emanuele II, die in wenigen Minuten in den hübschen Jugendstilpalast, ihre Bergstation in der Oberstadt nahe dem Mercato delle Scarpe, einfährt.

Die rund 4 km lange Stadtmauer von Bergamo Alta *(Città Alta)*, dem interessantesten Teil der Stadt, bauten die Venezianer ab 1561 und ließen dafür ›störende‹ Häuser und Kirchen abreißen. Die vier damals bis zur Jahrhundertwende entstandenen trutzigen Tore dienen noch heute als Durchlässe in die Altstadt: Die **Porta Sant' Agostino** ist am beliebtesten; San Lorenzo wurde in **Porta Garibaldi** umgetauft, nachdem der Freiheitsheld 1859 durch dieses Tor einzog, die **Porta Sant' Alessandro** nach der Kirche benannt, die für ihren Bau abgerissen werden mußte; schließlich **Porta San Giacomo** oberhalb der Via Sant' Alessandro (inzwischen für den Verkehr gesperrt). Zu Beginn des 20. Jh. wurde ein fünfter Durchgang mit der Via Costantino in Colle Aperto angelegt. Die aufragenden Mauern wurden zum größten Teil geschleift, auf ihren Fundamenten entstand die kastanienbestandene Allee. Übrig geblieben sind außer den schönen Toren auch die Bastionen: Sie garantieren wundervolle, weite Ausblicke. Am eindrucksvollsten wohl von der weiten Terrasse des ehemaligen Klosters **Sant'Agostino,** das man in den letzten Jahren zu einem Universitätsinstitut ausgebaut hat.

Steigt man am alten **Mercato delle Scarpe** aus der Bahn, wird man magisch durch eine Menschenschlange und/oder einen verführerisch süßen Duft in die Via Gombito gelockt. (Wenn hier oben eine Gasse Via heißt, so will das nichts über ihre Breite sagen, nur eine gewisse Bedeutung signalisieren. Denn für breite Straßen war der Platz zu schade, und das macht auch einen Teil des Reizes von Bergamo Alta aus.) Die alte Panetteria Nessi und die inzwischen vielleicht noch bessere neuere Le tre Marie stellen traditionelle Bergamasker Süßwaren her, und zwar am laufenden Band, und der Ansturm auf sie scheint auch nicht abzureißen. Alles ist sehr

Palazzo della Ragione

süß, sehr kalorienreich. Es folgen in der Gasse Bäckerläden mit lustigen Brotfiguren und Blechkuchen sowie Bars, an denen man gleich das erste *Aperitivo* nehmen möchte, und Delikateßläden mit köstlichen Kleinigkeiten für zwischendurch. Man könnte wirklich meinen, in Bergamo sei das Hauptvergnügen das Essen. Und tatsächlich scheinen vor allem die Damen etwas korpulenter zu sein, oder sie kämpfen einen ständigen Kampf gegen leicht barocke Formen ...

Die **Piazza Vecchia** im Knick der Via Gombito, die ab dann Via Colleoni heißt, zeigt mit einem Blick, daß es in Bergamo mehr als nur Lukullisches zu genießen gibt. Der breite Palast mit der Marmorfassade im Rücken diente zweihundert Jahre als Rathaus. Er wurde 1604 begonnen, aber erst 1928 nach einer Zeichnung von Vincenzo Scamozzi vollendet und ist heute Sitz der umfangreichen **Stadtbibliothek** **1**. Gegenüber, erhöht über dem Straßenniveau, beginnt die steingepflasterte, weiter ansteigende eigentliche Piazza Vecchia mit einem prächtigen **Löwen-Brunnen** im Zentrum, eine wahre Theaterkulisse. Erster Blickfang ist vielleicht der **Stadtturm** 2 aus dem 13. Jh. mit seinem Glockenaufsatz vom 17. Jh. Seine große Glocke, der *Campanone,* läutet wie im Mittelalter allabendlich um zehn mit 180 Schlägen den traditionellen *Coprifuoco,* die Polizeistunde, ein. Prächtig ist aber auch der dazugehörige **Palazzo della Ragione** **3,** ebenfalls im 13. Jh. erbaut, nach einem Brand im 16. Jh. renoviert. In diesem ersten Rathaus der Stadt finden im riesigen Saal des Obergeschosses (offiziell die Aula der Universität) Ausstellungen und Treffen statt.

Eine mehr als 600 Jahre alte Freitreppe führt an der Ecke mit dem Stadtturm hoch und gestaltet den Platz durchlässig, was städtebaulich eigentlich nicht mehr nötig wäre, bilden doch die großzügigen Arkaden, die den Palazzo tragen, den geeigneten Rahmen als Durchgang zur sakralen Komponente, zur **Piazza Duomo.** Diese ist so schmal, daß man Mühe hat, ihre Bautenfülle mit einem Blick zu erfassen: Rechts steht das wunderhübsche und von den Bergamasken innig geliebte **Baptisterium** 4, geradeaus die sehr bedeutende Kirche **Santa Maria Maggiore** 5 mit der fast noch berühmteren Colleoni-Kapelle, links der **Dom** 6. Wie im Mittelalter, sagen die Bergamasker, spielt sich heute noch an diesem strengen Platz das religiöse, auf der heiteren Piazza Vecchia aber das bürgerliche Leben, der Alltag, ab.

Nicht der Dom, sondern Santa Maria Maggiore, fassadenlos, weil sie sich an die Bischofskurie anlehnt, gilt als die ›Kapelle der Stadt‹, wurde sie doch durch ein Volksgelübde bereits 1173 begonnen. Es lohnt sich, um diesen Kirchenkomplex herumzulaufen, die architektonischen Details (südlicher Vorbau und gotisches Portal von Giovanni da Campione 14. Jh., neue Sakristei 15. Jh.) fügen sich zu einer harmonischen Komposition zusammen. Als schönster Blick gilt bei den Einheimischen der von der Piazza Reginaldo Giuliano aus, die sie dell'Ateneo nennen. Außer ihrer kostbaren Ausstattung birgt die Kirche ein Geheimnis, dem man bei einigem Glück, und falls ein Custode in der Nähe ist, auf die Spur kommen kann: Sozusagen auf dem Dachboden wurden bei Restaurierungsarbeiten u. a. freskierte Wände entdeckt sowie romanische Bi- und Triforien. In der Kirche selber sehenswert: das Grab des Kardinals Longhi (14. Jh.), eine wundervoll ausgeglichene Steinarbeit in der Südwestecke des Langhauses; das Fresko mit dem ›Baum des heiligen Bonaventura‹ von 1347 im rechten Querschiff und weitere Fresken im linken, Chor und Brüstungs-Fronttafeln aus Holzintarsien, herrliche Renaissancearbeiten von unschätzbarem Wert, die allesamt noch von einfacheren, abnehmbaren intarsierten Tafeln geschützt sind.

Der große Heerführer Bartolomeo Colleoni beauftragte 1470 den größten Bildhauer und Architekten seiner Zeit, Giovanni Antonio Amadeo, mit dem Bau der angeschlossenen **Grabkapelle der Colleoni,** neben der Certosa di Pavia die berühmteste, wenn auch bedeutend kleinere sakrale Arbeit der Frührenaissance – und für Bergamo eine Art Wahrzeichen.

Auf der Rückseite von Kirche und Grabkapelle, an der Piazzetta Santa Maria Maggiore, beginnt die Via Arena. Rechts erstreckt sich der mächtige **Palazzo della Misericordia** 7, u. a. mit Musikschule und dem Museo Donizettiano (häufig nur auf Anfrage beim Pförtner geöffnet), das natürlich dem Werk des in Bergamo innig geliebten Musikers gewidmet ist: Gaetano Donizetti (1797–1848), der im Armenviertel (Borgo Canale) Bergamos geboren wurde und hier nach einem ruhmreichen, aber für einen empfindlichen Künstler zu reise-intensiven Leben in geistiger Umnachtung starb. Ein Schnell-Komponierer sei er gewesen, sagen die Bergamasker, die ihn *Dozzinetti* nennen, was mit Dutzend zu tun hat – und eine Karrikatur im Museum zeigt ihn mit je zwei Händen links und rechts. Aber die Muse mit der saitenlosen Harfe an seinem Grabdenkmal in der Volkskirche Santa Maria Maggiore trauert um den Komponisten von ›Lucia di Lammermoor‹, von ›Anna Bolena‹ und ›Don Pasquale‹.

Schräg gegenüber dem Palazzo liegt der langgestreckte Komplex des Benediktinerinnen-Klosters **Santa Grata** 8. Seine Nonnen, die in strenger Klausur leben, sind bei Kindern überaus beliebt: Sie backen nämlich Hostien, deren ausgestanzte Reste die Kinder durch das Drehfenster – ohne allerdings die Nonnen sehen zu können– zum Naschen gereicht bekommen. Das Ende der mittelalterlich geschwungenen Straße, die durch die Gasse am Klostereingang einen schönen Blick ins Tal freigibt, markiert das riesige, bedeutende **Bischöfliche Seminar Giovanni XXIII** 9, dessen Namengeber aus Bergamo stammte.

Von der nördlichen Seite der Piazza Vecchia führt die Via Colleoni zur **Citadella** 10 im Nordwesten, wo es vom Colle Aperto (herrlicher Blick!) aus entweder mit der wieder reparierten Drahtseilbahn (1986 ausgebrannt), per Bus Nummer 21 oder zu Fuß hinaufgeht nach **San Vigilio** 11, was ein Muß ist: Ganz Bergamo, Ober- und Unterstadt, liegen einem hier zu Füßen!

Es ist übrigens chic geworden, zu einem Statussymbol, in der Oberstadt eine Wohnung oder gar einen Palast der Gotik, Renaissance oder des Barock zu bewohnen, während man diese früher Studenten und wenig betuchten Großfamilien überließ. Aus dem Armenviertel der insgesamt 120 000 Einwohner zählenden Stadt ist eine Top-Adresse geworden, zu der sich Anwälte, Architekten und Modemacher aus Mailand und den anderen Großstädten der Lombardei hingezogen fühlen. Bezahlbar sind für die Bergamasker aus der Unterstadt die Wohnungen hier oben daher schon lange nicht mehr ...

Noch unbedingt sehenswert in der Unterstadt, besonders schön über eine Treppengasse von der Porta Sant'Agostino erreichbar, ist die **Accademia Carrara** 12, eine Gemäldegalerie mit Meisterwerken italienischer und anderer europäischer Maler, auch von Tiepolo und Raffael, Botticelli und Signorelli, Carpaccio und Mantegna, van Dyck und Dürer.

Grünes Land und Seen zum Anfassen

... das sind die oberitalienischen Seen einigermaßen. Denn ihre Schönheit darf nicht darüber hinwegtäuschen, daß man nicht unbedingt überall baden sollte. Das Problem ist die politische Zugehörigkeit der Seen: Fast alle sind durch Provinz- oder gar Regionalgrenzen geteilt. Gilt es, eine Aktion zu beschließen und in Gang zu setzen, so schiebt es eine Seite auf die andere, im wahrsten Sinne des Wortes.

Die westlichen Seen der Lombardei

0
N
20 km
S C H W E I Z
Maggia
Ticino
Passo dello Spluga
Val San Giácomo
Chiavenna
Mera
36
Liro
Locarno
Ascona
Bellinzona
Sórico
Adda
12
Gravedona
Còlico
340d
Valtellina
Piona
13
Sondrio
Monte Bregnano 2107 m
Lago di Como
Monte Legnone 2609 m
Lago Maggiore
394
Lago di Lugano
Porlezza
11
Menággio
Bellano
Luino
1
Lugano
Varenna
14
Cadenábbia
10
Tremezzo
Castelvaccana
Verbánia
V.-Intra
Monte Nudo 1235 m
Val Cúvia
233
Campione d'Italia
Sala
Ossúccio
Bellágio
17
Isole Borromee
Laveno
2
Arcuméggia
Argegno
9
Isola Comacina
3
Mombello
Bisúschio
6
Stresa
Reno
Arolo
Monvalle
340
Lago di Lecco
629
5
Varese
583
15
Lecco
Lago di Varese
Chiasso
Cernóbbio
8
Ranco
Ispra
Brunate
Lago di Garlate
Lago di Monate
Como
4
Angera
Lago di Comábbio
7
342
Garlate
16
Arona
Sesto Calende
Albizzate
Tradate
Brianza
36
Aeroporto Int. d. Malpensa
Gallarate
32
Adda
Séveso
Oléggio
Saronno
Busto Arsízio
Ticino
Monza
Novara
Mailand

Das ›Arme-Leute-Ufer‹: Lago Maggiore

Im Gegensatz zum Piemonteser Ufer im Westen sei der Osten des Lago Maggiore (ital. Lago Verbano) einfacher strukturiert. Das behaupten jedenfalls die Deutschen und Schweizer, die sich schon vor Jahrzehnten hier niedergelassen haben. Und sie tragen dazu bei, daß es sich ›arme Leute‹ gar nicht leisten können, an ihr Ufer heranzutreten. (Unter ihnen die etwa 1200 Mitarbeiter des Euratom-Zentrums von Ispra.)

Der Mittwochs-Markt von **Luino** 1 in der Mitte des Ostufers zählt zu den größten Europas, an einem Sommertag will man bis zu 65 000 Besucher gezählt haben – bei den rund 400 Ständen kein Wunder! Angefangen hatte es bereits vor mehr als 700 Jahren – als Trödelmarkt. Auch sonst ist Luino sommers nicht gerade ruhig, und den Wagen läßt man dann besser außerhalb des Zentrums oder im Nachbarort stehen. Hat sich doch das einstige römische Militärlager und der spätere Langobardenort, der von den Habsburgern eingenommen wurde, zu einem sehr beliebten Ferienzentrum entwickelt mit netten Hotels und zahlreichen Cafés im Zentrum und an der einladend breiten und schattigen Uferpromenade unter großblättrigen Ahornplatanen.

Doch Luino lebt nicht allein vom Fremdenverkehr. Die mehr als 15 000 Einwohner zählende Gemeinde ist auch das industrielle Zentrum des lombardischen Lago Maggiore-Ufers mit Textilfabriken sowie feinmechanischer und optischer Industrie. Aus Luino stammt der Maler Bernardino Luini (1475 bis wahrscheinlich 1533), der es wie kein anderer verstand, den großen Toscaner Künstler Leonardo da Vinci nachzuempfinden. Lange Zeit galten viele seiner Bilder als Leonardos Kunstwerke. Nur wenige Bilder Luinis sind am Lago Maggiore zu sehen, die meisten wurden über ganz Italien verstreut. Daher lohnt sich der Aufstieg zwischen Villen und Gärten hindurch zum Kirchlein San Pietro in Campagna, wo am rechten Seitenaltar ein Fresko als Luinis Werk angesehen

wird: die ›Anbetung der Heiligen Drei Könige‹.

Von **Castelvaccana** führt die schmale Bergstraße hinauf nach Sant'Antonio (650 m), einer natürlichen Aussichtsterrasse über dem Lago Maggiore. Wunderschön ist die Auffahrt zwischen den 1235 m hohen Monte Nudo und dem 1203 m hohen Monte della Colonna, Grün in allen Schattierungen, blumenübersäte Berghänge – im Frühjahr sind es duftende Maiglöckchen!

In **Arcuméggia** 2 fühlte man sich zeitweise wie in einem Bergweiler, der am Wettbewerb ›Unser Dorf soll schöner werden‹ teilgenommen hat: Alles war blitzblank, die Autos auf den Platz vor das Waschhaus verbannt. Die steilen, schmalen Gassen sind steingepflastert, die Hauswände über und über freskiert, von bekannten und weniger bekannten Künstlern: Hier wurde in den 50er Jahren die alte Kunst der Freskenmalerei wiederbelebt. Der Blick in die nahe Val Cúvia ist atemberaubend schön, die Trattoria bietet Polenta mit allerlei Fleisch zu zivilen Preisen, doch das Dorf scheint inzwischen wie ausgestorben.

Zurück an den See, nach **Laveno**, dann wieder einen Katzensprung südlich gleich hinter **Reno** 3: die Wallfahrtskirche **Santa Caterina del Sasso** liegt bezaubernd. Sie ist über Trampelpfad und Stufen abwärts erreichbar, bei den Einheimischen wie Wochenendgästen beliebt und verehrt. Nicht nur wegen der an diesem Ort geschehenen Wunder, sondern auch wegen der Schönheit der wahrlich ›amalfitanischen Küste‹. Zwischen dem kleinen Villenort **Arolo** und **Lido di Monvalle** erstreckt sich der wohl ausgedehnteste Badeplatz des Lago Maggiore mit schönem Sandstrand und teilweise verschilftem Ufer. Die Berge treten bescheiden zurück, im Hafen von Lido di Monvalle schaukeln viele Boote. **Ispra** mit dem ›Euratom‹ hat keine nennenswerten historischen Sehenswürdigkeiten zu bieten, es liegt aber recht hübsch am See. Ein wenig toscanisch mutet die leicht gewellte Hügellandschaft mit den hochaufragenden Zypressen auf der Weiterfahrt nach Angera an: kleine Dörfer, Streusiedlungen auf den Hängen, die ein graugrünes Kleid tragen. Die Halbinsel von **Angera** 4 schiebt sich so weit in den See, als wollte sie das Piemonteser Ufer gegenüber berühren. Fast endlos ist die Reihe der Campingplätze, die sich ab hier um den Südzipfel des Sees ziehen. – Doch ein Arme-Leute-Ufer? Man weiß ja: Camping kann eine Religion sein, mit dem Bankkonto hat es nicht immer etwas zu tun … Warum sollte sich sonst gerade hier, in **Ranco** am Nordende der kleinen Halbinsel, das Spitzenrestaurant Il Sole niedergelassen haben?

Das Südende des Lago Maggiore ist eines der archäologisch interessantesten Gebiete der Region, sogar prähistorische Funde wurden hier gemacht: etwa 250 römische Gräber östlich von Angera und neolithische südlich von **Sesto Calende**. Jedenfalls war Angera bereits ein befestigter römischer Handelshafen, erlebte unter den Langobarden eine Glanzperiode, während des Mittelalters befestigten die Visconti eine *Rocca,* die ab 1450 mit wechselndem Erfolg von den Borromäern gehalten wurde. Im schönen Justizsaal mit seinen gotischen Kreuzgewölben werden die Visconti im Freskenzyklus als siegreiche Herren gefeiert.

Man sieht es einer guten Landkarte schon an: Der Norden des *Varesotto,* wie das Hinterland der Provinzhauptstadt **Varese** 5 (S. 439) genannt wird, ist interessanter, sprich bergiger gestaltet. Im Südwesten aber liegen die kleinen Seen mit ihren prähistorischen Funden: **Lago di Varese** und seine kleinen Brüder **Lago di Monate** und **Lago di Comábbio.** Die einzige wirklich sehenswerte Villa des Varesotto liegt etwa 8 km nördlich von Varese in **Bisúschio** 6: die Villa Cicogna-Mozzoni, im 16. Jh. aus einem kleinen Jagdschlößchen zu einer wahren Prachtresidenz ausgebaut, dreiflügelig, einst über und über freskiert. Wunderschön sind die Arkadengänge mit den zarten Girlandenfresken ihrer Gewölbe, ein Kleinod ist der terrassierte Garten, von dessen Anhöhe sich ein weiter Blick in die Val Ceresio öffnet.

Lago di Como: der schönste?

Es scheint, daß der Comer See durch den relativ spät entwickelten Tourismus am wenigsten Schaden genommen hat. Früh schon wurde er mit Prachtvillen geschmückt und Dörfern, die sich an schmale Landzungen schmiegen. Er besitzt keine nennenswerten langen Strandabschnitte, den meisten Platz bekamen die Städte an seinen Ufern, die eine schöne Urbanität entwickeln konnten: Como natürlich, die Provinzhauptstadt, und Lecco, das Zentrum am ›rechten Fuß‹ des Sees, der wie ein umgekehrtes Ypsilon seine Beine auf die ebenfalls von einer Seenkette gestaltete Hügellandschaft der Brianza stützt. Nicht anmutig ist der Comer See, eher markant mit relativ steilen Küsten und kleinen und größeren Halbinseln, Bergnasen. Nichts anderes scheint auch Bellágio ›im Schritt‹ zu sein, das sich soweit nach Norden schiebt, daß es zum Zentrum des Sees geworden ist.

Der Lecco-See, wie das rechte Bein genannt wird, ist weniger von Fremden überlaufen, ist der italienisch gebliebene Teil. Geradezu dramatisch ist die Kulisse der hohen Berge im Norden des Sees: der Monte Legnone (2609 m) im Osten und der Monte Bregnano (2107 m) im Westen. Und über 3000 m hoch steigen die Südalpen der Provinz Sondrio nördlich des Sees auf, zwischen ihnen und dem Monte Legnone öffnet sich die Valtellina am wilden Adda-Fluß, der wiederum durch den Como-See fließt, bis er ihn bei Lecco verläßt.

In Gravedona am linken Ufer des Sees frühmorgens, nach Osten blikkend: Im zarten Morgendunst stapeln sich die Bergsilhouetten über- und hintereinander, sie scheinen über dem See zu schweben. Unvorstellbar, daß von dort einst Unheil drohte. Jedes Frühjahr, wenn mit der Eisschmelze ganze Baumstämme den Adda heruntergeschwemmt und in den See gedrückt werden, erinnert man sich an die grauenhaften Erdrutsche des Jahres 1987 in der Valtellina.

Die Vegetation ist dem milden Klima entsprechend mediterran, früher Frühling im Rausch von Azaleenblüten, von Weiß über Zartrosa bis fast Violett – bis in den Mai hinein. Palmen als Kontrastprogramm, Wettstreit mit Bougainvillea. Rosen über Rosen, die schönen alten Sorten, die kostbar duften und deren Farben undefinierbar bleiben ...

Grand Hotel – am Como-See eine Selbstverständlichkeit. Aber ebenso sind es die netten kleineren Familienpensionen, die nicht selten wie die Nobelherbergen noch aus der Jahrhundertwende herübergerettet wurden. Und zahlreich sind sogar die Ferienhäuser und -wohnungen ebenso wie, vor allem im Norden, die Campingplätze. Also eine ausgeglichene Hotellerie, die allerdings alles in allem auf der höheren Preisskala zu finden ist.

Ihre günstige Lage machte die Stadt **Como** 7 (S. 411) zu einem Industrie- und Handelszentrum, die Schönheit ihrer Lage am See und ihr historischer Kern aber ließen sie zu einem der bedeutendsten Fremdenverkehrsorte an den oberitalienischen Seen werden. Mit Namen wie Plinius und Alessandro Volta lockt Como kaum jemanden an, wohl aber mit Beschreibungen wie denen aus der Feder Stendhals. Eigentlich aber überzeugt Como auch ohne Berühmtheiten, ganz aus sich heraus! – Schön, mit der Eisenbahn der Linie Mailand Nord – Como anzukommen, den See im Blick, direkt vor der Anlegestelle der Ausflugsboote. Schön aber auch, mit dem Boot vom Obersee her die

Como ist ein wichtiges Zentrum der Textilindustrie

Stadt zu erfassen, die sich amphitheatralisch dem Betrachter öffnet.

Como lebt nicht vom Tourismus allein, schon seit dem 18. Jh. sind hier Seiden- und Textilindustrie angesiedelt, in der Umgebung hat auch die Metallverarbeitung wie um Brescia Tradition, in der Brianza inzwischen ebenso die Möbelproduktion, Chemie und Bauunternehmen. Doch eigentlich ist Como mit fast 100 000 Einwohnern eine Seidenmetropole. Ihren Ruhm verdankt sie also einer Raupe, was eindrucksvoll im Seiden-Museum von Garlate (s. S. 247) nachzuvollziehen ist und in Como selbst in einer privaten Sammlung der Seidenfabrikanten Mantero (Via Volta 74), übrigens in einer typischen Stadtvilla von 1923 im lombardischen Stil, die man ganz nebenbei besichtigt. – In vornehmer Nachbarschaft: Nummer 62 ist das Geburtshaus Alessandro Voltas, gepflegt und bewohnt, Nummer 64, 70 und 72 haben ebenfalls wundervolle Gärten, in die man tagsüber ohne Probleme hineinschauen kann. Aber die wenigen mittelalterlichen Fachwerkhäuser, die die Jahrhunderte überdauert haben, sind privat genutzt und daher der Öffentlichkeit nicht zugänglich. Man merkt gleich, daß es den Leuten von Como wirtschaftlich gutgeht und sie hier gerne leben. Auch eine Fülle von Kirchen und Museen ist zu besichtigen, blickt doch Como auf eine lange, wechselvolle Historie zurück, die weit in die Zeit vor Christi Geburt reicht. Von einem Volksstamm unbekannter Herkunft, den Orobiern, gegründet, 196 v. Chr. von den Römern erobert, später von den Langobarden und Franken. Schon im 5. Jh. umfaßte die Comasker Diözese den Comer See, den Luganer See, das Tessin und die Valtellina. Die Comasker Baumeister – die *Comacini* – (s. S. 18) – erlangten durch ihre Steinmetzarbeiten einen hervorragenden Ruf während der romanischen Stilepoche bis weit nach Nordeuropa. 1118–1127 unterdrückte Mailand Como, aber mit Hilfe Kaiser Barbarossas gelang der Gegenschlag. Bis zum Tode Friedrichs II. im Jahr 1250 blühte Como wieder auf, verfiel aber während der andauernden Kämpfe zwischen den Ghibellinen und Guelfen. Visconti- und Sforza-Herrschaft folgten mit erneuter Blütezeit für die Stadt, die dann von den Spaniern 1521 fast vollständig verwüstet wurde. Erst mit den Österreichern begann 1714 eine lang-

Die Fassade des Doms zu Como

same Erholung, Napoleon war Como ebenfalls wichtig und während der Kämpfe des *Risorgimento* leistete die Stadt ihren Beitrag zur Einigung Italiens.

Der ›Salon‹ der Stadt ist ohne Zweifel die häufig überschwemmte Piazza Cavour zwischen See und der kurzen Via Plinio, die zum Domplatz führt. Als autofreie Einkaufs- und Flaniermeile ist sie ebenso beliebt wie die Uferpromenade. Eindrucksvoll ist der Komplex aus Broletto (einst Gerichtssaal von 1215, heute Festsaal), Stadtturm und Dom, an dem von 1396 bis ins 18. Jh. hinein gearbeitet wurde, mit seinem reichen Skulpturenwerk innen wie außen. Angefangen bei der Porta della Rana, dem Froschtor, dessen Namengeber allerdings, der Frosch, die Jahrhunderte nur recht lädiert überdauert hat. An der Fassade in je einer Nische: Plinius d. Ä. und Plinius d. J. Die Via Vittorio Emanuele in der Fortsetzung des Domplatzes protzt fast mit Palästen aus dem 18. und 19. Jh. und ihren wunderschönen Gärten. Eine angenehme Fußgängerzone, die einige Seitenstraßen miteinbezieht! Im Volksmund wird sie *Vasca* genannt, die Wanne, weil hier alles zusammenläuft. Das Rathaus von 1835 im Palazzo Porta Cernezzi aus dem 17. Jh. steht gegenüber den Apsiden der Kirche San Fedelio (im Herbst finden hier Orgelkonzerte statt), einem Kleinod der Comasker Architektur des 11. und 12. Jh. Das Portal neben den Apsiden zeigt besonders schöne Steinmetzarbeiten. Tritt man hier ein und verläßt die Kirche wieder durch das Hauptportal – dann befindet man sich plötzlich auf dem schönsten und heimeligsten Platz Comos. An dessen linker Ecke stehen zwei Bürgerhäuser aus dem 14. Jh. in Fachwerkbauweise, die Gefache aus Backstein akkurat in Fischgrätmuster angeordnet. Man fühlt sich eher nach Norddeutschland versetzt … Das nahegelegene Bolla ist das älteste Café der Stadt (ca. 1800), auf dem Gehweg mit einem neueren Waggon-Anbau.

Nur sieben Minuten dauert die Fahrt mit der Drahtseilbahn von Como nach **Brunate** hinauf, dem romantischen Balkon über dem See, der selber schon ein gut erschlossener Ferienort ist. Und das gilt für fast alle Ortschaften rings um den See: jeder für sich ist ein Ausflugsziel, ein Aussichtsbalkon und einen eigenen Urlaub wert.

Noch im Stadtbereich von Como liegt die klassizistische Villa d'Olmo (1782–1797), die nach einem Brand 1983 als Kongreß- und Ausstellungszentrum wieder eingerichtet wurde. Fünf Autominuten von der Piazza Cavour sind es nur bis zum Nobelort **Cernóbbio** **8**, dessen Luxus-Herberge Villa d'Este Maßstäbe setzt für höchste Ansprüche. Die freie, sonnige Lage mit Blick auf Como schätzend, haben Patrizier und Geldadel gleichermaßen Cernóbbio zu ihrem Landsitz auserkoren. Es war im 15. Jh. so, dann wieder im 19. und natürlich heute unter den Millionären ...

Die Villa d'Este ist nur die berühmteste der zahlreichen Villen an diesem gesegneten Fleckchen. 1568 wurde sie im Auftrag des Kardinals Tolomeo Gallio nach Entwürfen von Pellegrino Tibaldi begonnen, oft verändert und erweitert. Ob die neuesten Anbauten dem Komplex mit seinem wunderschönen Garten, Türmchen und Pavillons zur Zierde gereichen, mag Geschmackssache sein. Innen jedenfalls wurde die Villa hervorragend restauriert und den Ansprüchen eines Luxushotels, was es übrigens bereits seit 1873 ist, in allen Bereichen gekonnt angepaßt.

Die ›Strada Turistica‹, die auch ›Villenstraße‹ heißen könnte, führt zwischen hohen Landsitzen in üppigen Gärten hindurch, die zum Teil durch eine Brücke über der Straße mit dem Seeufer verbunden sind, wo sich die Bootsgaragen und der meist kleine Badeplatz befinden. Blauregen hängt tief von den Hauswänden und den Brücken herab, eine fast verwunschene ›Straßenlandschaft‹.

Vom netten Argegno führt ein Abstecher über eine Serpentinenstraße auf über 600 m hinauf und dann wieder abwärts auf knappe 400 m an den italienischen Nordzipfel des Lugano-Sees nach Porlezza und von dort zurück an den Comer See nach Menággio. 20 km sind es von Argegno bis zur italienischen Exklave **Campione d'Italia** mit dem berühmten Spielkasino. Kaum jemand, der es aufsucht, kennt die wundervollen Fresken im Santuario Madonna dei Ghirli (14.–17. Jh.).

Bleibt man am Westufer, gelangt man von Sala Comacina und dem benachbarten **Ossúccio** zur einzigen Insel des Comer Sees: zur **Isola Comacina** **9**. Sommers feiern Gruppen in der Locanda dell'Isola Comacina auf Bestellung kleine Bacchanale ...

An der Villa Carlotta in **Tremezzo** **10** (S. 435) frühmorgens ein Blick über den See: Im Gegenlicht erscheint die Silhouette der Berge gegenüber wie eine zarte japanische Tuschzeichnung, in drei Schichten hintereinandergestaffelt. Links taucht Bellágio über der Landzunge auf wie ein zartes Aquarell. Die Azaleen der Villa Carlotta sind im Mai schon fast verblüht, während sie in Bellágio in voller Pracht stehen – so unterschiedlich ist das Klima am Como-See! Der dicht bepflanzte Park der Villa ist es, der ihren Weltruhm begründet hat, eine Oase für Blumenfreunde. Der Sommersitz aus dem 18. Jh. sah schon viele Besitzer, den Namen erhielt er aber von Charlotte, der Tochter Adalberts von Preußen, dessen Gattin die Villa ebenfalls bewohnte. Heute im Staatsbesitz, ist sie Museum mit neoklassischen Einrichtungs- und Kunstgegenständen vor allem und öffentlicher Park zugleich. Hier beginnt der Obersee, dessen Bergkranz höher ist, den See düsterer erscheinen läßt.

Cadenábbia machte Alt-Bundeskanzler Konrad Adenauer berühmt, weil er sich hier gerne erholte – und das Bocciaspiel entdeckte, das bald Einzug in die Klein- und Vorgärten der deutschen Nation einhalten sollte. **Menággio** 11 ist zauberhaft mit seinem alten Kern, der sich bergwärts schiebt, und mit seiner hübschen, langen Seepromenade unter knorrigen Platanen. Morgens früh und an langen Wintersonntagen stehen Angler am befestigten Ufer, die Anlegestellen lassen sich absenken und erhöhen, ähneln sehr kleinen holländischen Zugbrücken. Grand-Hotel-Atmosphäre mit einem Hauch Dorfnostalgie vermischt, mit dem Fischverkäufer, der an schlechten Fangtagen länger seine Zeitung in der Sonne liest, Schwätzchen mit dem Friseur nebenan hält, Opa in die Sonne blinzelnd auf der Promenadenbank ruht, während das Enkelkind Steinchen ins Wasser wirft ... Die Villen ziehen sich die Ausläufer des Bregnano hoch. Aussichten sind es von dort, die auch Winston Churchill zu einigen seiner Gemälde inspirierten.

Gravedona 12 ist interessant: im Mittelalter eine unabhängige Republik, von der als wichtigstes Zeugnis die romanisch-lombardische Kirche Santa Maria del Tiglio (11.–12. Jh.) erhalten geblieben ist. Sie wurde über einem heidnischen Jagdtempel errichtet, und zwar mit dessen Baumaterial. Zu erkennen am weißen Marmor über dem Eingang, der Zentaurus und Hirsch zeigt, und im Inneren rechts am Chor am eingemauerten römischen Opferstein. Leider wird der als Baptisterium errichtete Zentralbau, der in der Mitte ein großes Taufbekken zum Untertauchen hat, nur zu besonderen Anlässen benutzt und ist ohne Anfrage daher selten offen. Im Ortsteil Castello, über die Via Castello auf einem geruhsamen Spaziergang zu erreichen, steht das Studierhaus von Alessandro Volta, der hier 1827 starb. Weiter oben liegt das *Convento*, dessen Kreuzgarten als Bauernhof verkommt, mit gotischer Hallenkirche über einer frühchristlichen Basilika, umsichtig barockisiert, heute Pfarrkirche Santa Maria delle Grazie. Der Freskenzyklus zeigt u. a. ein ›Jüngstes Gericht‹, gegenüber dem Eingang die ›Taufe‹ und in der linken Chorapsis die ›Geschichte des heiligen Sebastian‹.

Der Norden des Como-Sees ist ein vom Mera- und Adda-Fluß angeschwemmtes Gebiet: nach den spanischen Soldaten Pian di Spagna benannt, die hier im 17. und 18. Jh. ihre Lager aufschlugen. Die erneute Urbarmachung dieses versumpften und zum Teil wieder trockengelegten Gebietes ist zu einem Politikum geworden und auf den Widerstand der Naturschützer gestoßen. So konnte inzwischen ein Naturschutzgebiet entstehen, in dem zahlreiche Vogelarten nisten und seltene Pflanzen gedeihen.

Nördlich des Como-Sees liegt in einer Ausbuchtung des Mera-Flusses Chiavenna. Die Umgebung und vor allem das San Giácomo-Tal mit einer der kurvenreichsten Bergstraßen zum Spluga-Paß, ein Stück der Provinz Sóndrio, das in die Schweiz hineinragt, ist ein wunderbares Wandergebiet.

Wandern kann man ebenfalls am westlichen Obersee, wo der ›Club Alpino Italiano‹ die Via dei Monti Lariani mit vier Etappen von Cernóbbio im Süden bis Sórico im Norden, 130 km für insgesamt schätzungsweise 40 schönste Wanderstunden zwischen 600 und 1200 m Höhe, erschlossen hat. Empfohlene Wandersaison: Juni bis September. – Den Wagen kann man in einer Garage in Como abstellen und den Rückweg mit einem Linienbus antreten.

Die erste Etappe am Ostufer des Como-Sees ist **Piona** 13. Sipo Fulgenzio Acquistapace ist sehr stolz auf sein kleines Kloster mit der langen Tradition, das sich erfolgreich nach neuen Wegen umgesehen und nun zum Weinanbau gefunden hat. Neben der üblichen Herstellung von Likören, die bei den anströmenden Touristen reißenden Absatz finden. Man kann also nicht klagen bei den Zisterziensern. Dort, wo südlich von Còlico eine Halbinsel einen kleinen Nebensee bildet, den bei Surfern sehr beliebten Lago di Piona, erhebt sich auf einem bewaldeten Gipfel die Klosteranlage aus dem 12. Jh. Cluny stand damals Pate für den Bau der Anlage um die Kirche des heiligen Nikolaus aus dem 7. Jh., weshalb noch byzantinische Freskenreste zu den Schätzen zählen. Ein angenehmer Aufenthaltsort ist der romanisch-gotische Kreuzgang aus dem 13. Jh.

Varenna 14 (S. 438f.) heißt einer der anmutigsten Orte des Sees (s. Abb. S. 246), genau Menággio gegenüber, das auch noch als schöne Kulisse dient und mit der Fähre schnell erreicht ist, ebenso wie die wohl schönste unter den Schönen am See, Bellágio. Die Straßen heißen hier *Contrade* und sind meistens enge, sich hinab- oder hinaufwindende Treppengassen. Der schäumend in Kaskaden zwischen den Häusern fallende Wildbach heißt Fiumelatte, Milchfluß, und ist nach der Schneeschmelze bis in den Herbst hinein ein Naturereignis. Die von Villen gesäumte Via dell'Amore hängt über dem See und ist viel schöner als die Namenspatin der ligurischen Cinqueterre, wenn auch bedeutend kürzer.

Sehenswert sind die Pfarrkirche San Giorgio mit Fresken aus dem 14. Jh. und das kleine Vogelkundemuseum. Ein Glücksfall, gleich zweimal geschehen: Villa Cipressi (1600–1800) und Villa Monastero (1208 als Zisterzienserkloster gegründet) sind inzwischen beide in staatlichem Besitz. Die erste wurde zu einem netten kleinen Kongreßzentrum, sogar mit ein paar Gästezimmern ausgebaut, die zweite zum Wissenschafts- und Kulturzentrum. Beide mit hinreißendem Blick von den wundervoll angeleg-

Hafen am Lago di Como

ten ›hängenden Gärten‹ zum Westufer und wieder auf Bellágio.

Nach **Lecco** 15 (S. 419) am untersten Ende des gleichnamigen Como-Armes (oder Flusses), durchflossen vom Adda-Fluß, fahren so manche Mailänder gerne am Wochenende, wenn sie nicht den anderen Mailändern etwa in Como aufgewachsen, wo er mit Unterbrechungen bis 1818 gelebt hatte. Gestorben ist er 1873 in Mailand. Nach Dante dürfte er einer der meistzitierten Autoren Italiens sein. ›Die Verlobten‹ siedelte er zwar in einer imaginären Landschaft um den Comer See an, doch lassen sich bestimmte Orte in und um Lecco ausma-

begegnen möchten, wegen der schönen, fjordähnlichen Lage des Ortes. Zwei Wahrzeichen hat Lecco zu bieten: den Hausberg namens Resegno (1875 m) und den weit berühmteren Dichter Alessandro Manzoni. Was für deutsche Gymnasiasten einst Thomas Manns ›Buddenbrooks‹ waren, ist noch heute für italienische Schüler der erste in ihrer Muttersprache geschriebene Roman ›Die Verlobten‹ (1827) von Alessandro Manzoni. Der Dichter wurde zwar 1785 in Mailand geboren, ist aber in Lecco chen. Die Stadt ehrt den Romancier an mehreren Stellen: mit dem imposantgroßen Denkmal auf dem gleichnamigen Platz, am Manzoni-Fußweg im Fischerdorf Pescarenico, im Stadthaus in der Via Amendola und in seinem Landhaus ›Il Caleotto‹ in der Via Guanella 1, heute Teil des Städtischen Museums mit einer Manzoni-Sammlung.

Doch Lecco lebt nicht vom vergangenen Ruhm allein. Eisenindustrie (seit 1223 belegt) und die Seidenherstellung haben hier Tradition, gemischt mit Handel. Etwa 45 000 Menschen finden hier eine solide wirtschaftliche Basis. Eine Verbeugung vor der Tradition der Seidenverarbeitung ist das interessante Museum in einer Seidenspinnerei von 1841 in **Garlate** 16 (S. 415) am gleichnamigen kleinen See (eine Adda-Ausbuchtung) südlich von Lecco. Como stellte die Seide her, Lecco bot die Spinnereien und Webereien für die Weiterverarbeitung. Das Civico Museo della Seta Abegg (Via Statale 30) zeigt die dafür benutzten Maschinen aus dem 18. und 19. Jh. und erklärt die Entwicklung von der Seidenraupe bis zum fertigen kostbaren Produkt.

Schon der Name von **Bellágio** 17 zergeht auf der Zunge ... Plinius der Jüngere ließ sich hier eine Villa errichten, Vergil besang die Schönheit der Landschaft inmitten des Sees. Gäste von Bellágio? Leonardo da Vinci und Bramante, Stendhal, Flaubert und Mark Twain, Franz Liszt und seine Tochter Cosima (die spätere Frau Richard Wagners, die hier geboren wurde). Schon immer Tourismus also, heute mit mehr als 900 Gästebetten in Hotels aller Preisklassen, mit Strandbädern und vielen Sport- und Freizeiteinrichtungen, Läden und Parks, die größte Anziehungskraft Bellágios neben der wohl schönsten Lage an den oberitalienischen Seen. Fast tropisch wuchert hier die Vegetation, man steigt Treppengassen über Treppengassen zwischen hübschen Villen in ihren blühenden Gärten hinauf, genießt die Ausblicke. Die schönsten – öffentlichen – Parks gehören den Villen Melzi und Serbelloni.

Emilia-Romagna

Die große Doppelregion

Groß ist die Emilia-Romagna in jeder Hinsicht: flächenmäßig (22 124 km^2) und in ihrer kulturellen und historischen Bedeutung für Italien. Begrenzt wird die Region im Westen von Ligurien, im Norden von der Lombardei mit der weiten Po-Ebene und ab Ficarolo kurz vor Ferrara vom Veneto. Die östliche Grenze bildet das Adriatische Meer, das von der Po-Mündung bei Goro bis Cattólica an der Grenze zu den Marken eine 130 km lange Ferienlandschaft bildet. Mit vielen kulturellen Aspekten, von denen kaum jemand etwas weiß, der an der Deutschen liebsten Badeküste Urlaub macht. Im Süden schließlich der gezackte Kamm des Tosco-Emilianischen Apennin, wie sein Name schon sagt, die Grenze zur Toscana - und zu den Marken.

Kompliziert ist auch das Zusammenleben der beiden Regionalteile. Die *Romagnoli* haben nach außen am stärksten den Charakter der Region geprägt, wohl weil die meisten Reisenden ihnen an der Küste eher begegnen als den *Emiliani* im Landesinneren. Das vertieft noch die Gräben zwischen den Bewohnern etwa in Rimini an der Adria und denen von Piacenza ganz im Westen. – Die Küstenprovinzen Ravenna im Norden und Forlí im Süden entsprechen der Romagna, die beide nach der Eroberung Oberitaliens durch die Langobarden im Herrschaftsbereich von Byzanz blieben. Die Wesens-Grenze aber, zu der eine gewisse Hitzköpfigkeit der *Romagnoli* gehört, liegt etwa bei Imola, das noch romagnolisch ist, obwohl es schon zur Provinz Bologna gehört.

Fast 4 Mio. Menschen leben in den neun Provinzen der Region: Bologna, Ferrara, Forlì und Módena, Parma, Piacenza, Rimini, Ravenna und Reggio nell'Emilia. Die Region ist zwar sehr stark landwirtschaftlich geprägt, was angesichts der fruchtbaren Po-Ebene und der Apenninhügel, die sich hervorragend für Weinanbau, Milchwirtschaft und Schweinezucht eignen, kein Wunder ist. Aber immer mehr greift die Industrialisierung um sich, nicht zuletzt durch EU-Verordnung vorangetrieben, um Überschüsse in der Agrarwirtschaft zu dezimieren. So ist Bologna nach Mailand das wichtigste Industrie- und Wirtschaftszentrum Italiens. Und kleinere sowie mittlere Betriebe, die meist auf alte Traditionen zurückblicken, erblühen auf dem ›flachen Land‹: etwa in Carpi mit seiner Bekleidungsindustrie oder in und um Módena, wo *Aceto Balsamico* erzeugt wird, oder Keramik in Faenza und Imola. Das Kunsthandwerk spielt bis heute eine große Rolle, mit Sorgfalt wird es traditionell weitergeführt, und wo es absolut nicht mehr zeitgemäß ist, nach Möglichkeit verändert, etwa in Santarcangelo und Meldola, Castrocaro und in Gambéttola, dem einstigen Alteisen-Zentrum Oberitaliens. Weil an den Rohstoff nicht mehr einfach heranzukommen ist, da es von anderen Materialien verdrängt wurde (wer hat schon verrostete Bettgestelle zu verschenken!), hat man sich einer alten Druckkunst erinnert und zaubert, an das alte Eisen anknüpfend, mit *Ruggine,* also Rostfarbe, bedruckte Leinenstoffe, mit Modeln, die zum Teil älter als hundert Jahre sind.

Weltberühmt ist der Parmaschinken *(Prosciutto di Parma),* für den im Apennin und entlang der Po-Ebene Schweine gezüchtet werden. Aus der italienischen Küche ebenfalls nicht wegzudenken ist der Parmesankäse, der *Parmigiano,* dessen Name auch für die Einwohner Parmas steht. Kommt der Käse aus der Provinz Reggio nell'Emilia, wird er *Reggiano* genannt – ebenfalls wie die Provinzbewohner. Neben Wurst *(Mortadella!),* Schinken und Käse spielen Teigwaren, also die Pasta eine wichtige Rolle. Insgesamt bleiben die Formen denen im südlichen Italien sehr ähnlich, nur geraten sie hier meistens größer und tragen andere Namen (z. B. *Tortelloni* statt *Tortellini*). Fisch und anderes Meeresgetier: Es ist richtig, daß die italienische Adria fast leergefischt ist, frischen Fang für die Touristensaison gibt es oft von der ex-jugoslawischen Seite oder gar aus Fernost (per Flugzeug). Aber immer noch leben Fischer an der Adria, die, außer zu Schonzeiten für bestimmte Fische, mit recht ordentlichem Fang nach Hause kommen. Die Vielfalt ist überraschend, sie reicht aber eben nicht für die Zehntausenden von Fremden, die gleichzeitig Fisch essen möchten. Im übrigen werden in den *Valli* von Comácchio Süßwasseraale gezüchtet, die kleinen *Anguille,* die hier sehr begehrt sind.

Der Wein: Die *Via Emilia* könnte man glatt in eine Weinstraße umbenennen, wäre sie nicht so stark befahren. Denn rechts und links liegen die großen Weinanbaugebiete der Emilia-Romagna. Angefangen mit Piacenza, wo die Weißweine *Trebbianino* und *Monterosso* ebenso gedeihen wie der kräftige rote *Gutturno.* Von Imola bis an die Küste bei Cattólica wächst in der Ebene der weiße *Trebbiano,* der wohl bekannteste der Region, und sein schwerer roter Bruder kommt aus den höheren Lagen und heißt *Sangiovese.* Zu dessen Füßen, in den Ausläufern des Apennin, reift der *Albano* heran, weiß, wie sein Name sagt, zu einem gelblich schimmernden, süßen Wein (speziell bei Bertinoro). Der weiße *Montuni del Reno* wird nördlich von Bologna angebaut, um Parma und Módena sowie um Reggio nell'Emilia der *Lambrusco,* dieser spritzige, perlende Rotwein, der kühl getrunken werden muß ebenso wie der *Bianco di Scandiano* aus Reggio. Und ein echter Sandwein ist der küstennah zwischen Po-Delta und Cérvia angebaute *Bosco Eliceo.*

Für die Städte der Emilia-Romagna gilt übrigens noch mehr als für andere in der großen Ebene Oberitaliens: Sie enthüllen ihre Reize erst bei näherem Hinsehen, wer auf sie zufährt, wird selten mehr als ein paar Türme wahrnehmen, falls es die meist nicht gerade schönen Vororte und sogenannten modernen Wohnsiedlungen ringsum gestatten. Innen, im Kern, ist hier zum Glück sehr viel erhalten oder wiederhergestellt worden. Und fast alle historischen Ortszentren sind Fußgängern und Radfahrern vorbehalten.

Über die *Via Emilia* darf man sich keine romantischen Vorstellungen machen: Schnell wird man angesichts des unaufhörlich rasenden Verkehrs die weit bequemere Autobahn parallel dazu wählen oder gleich in die Apenninhügel flüchten, wo das Autowandern fast sprichwörtlich genommen werden kann.

Von Piacenza nach Bologna

Piacenza

■ (S. 427f.) Die ›ländlichste‹ Provinz der Emilia könnte man Piacenza nennen. Sie produziert wunderbaren Käse, schmackhafte Wurstsorten und süffige Weine und gilt als besonders gastfreundlich. Der Straßenverkehr ist im Verhältnis zu vergleichbaren oberitalienischen Städten mit knapp 110 000 Einwohnern geradezu lahm, man findet sich auch als Fremder schnell zurecht, vor allem wenn man begriffen hat, daß das Zentrum zum größten Teil Fußgängerzone und außerdem recht einfach – dem römischen Muster folgend – in Rechtecke eingeteilt ist. Das Auto läßt man am Rande stehen oder fährt es in die Parkgarage des zentral gelegenen Hotels Roma.

218 v. Chr., als Hannibal mit Heer und Elefanten über die Alpen kam, widersetzte sich ihm Rom, wenn auch erfolglos, in Piacenza. Seitdem war es Grenzort zur Lombardei und Heeresstützpunkt. Das Waffenarsenal *(Arsenale militare)* war lange Zeit der modernste Industriebetrieb und bot den Männern Arbeit, während sich die Frauen seit der Mitte des 19. Jh. der Herstellung von künstlerisch gestalteten Knöpfen gewidmet haben. – Die *Popolana Piacentina,* die Frau aus dem Volk, bekam ein Denkmal (der Waffenschmied nicht), wie sie gebeugt von langer Arbeitszeit Knöpfe aus *Corozol,* den Fasern einer tropischen Pflanze, die plastikähnlich aussehen, herstellt. Alle zwei Jahre (2001 etc.) findet im April, eher aus Prestigegrün-

Piacenza: *1 Palazzo Farnese 2 Palazzo del Comune 3 San Francesco 4 Palazzo del Governatore 5 Kathedrale 6 Sant'Antono 7 Palazzo Zanardi-Landi 8 Teatro Municipale 9 Galeria Ricci Oddi 10 Palazzo Mandelli 11 Casa dei Visconti 12 San Sisto 13 Santa Maria di Campagna*

den denn wegen der noch existierenden Bedeutung, eine Knopf-Messe statt.

Als die Römer 219 v. Chr. ihre *Colonia Placentia* gründeten, wollten sie damit den Po-Übergang gegen die Gallier sichern. Als Mitglied im Lombardischen Bund während des Mittelalters gehörte Piacenza dann wie Mailand den Visconti und den Sforza, seit 1521 zum Kirchenstaat und ab 1545 zusammen mit Parma dem Herzogtum der Farnese, mit dem sie sich kurzfristig anlegten (s. u.), weshalb Parma zum Hofhalten vorgezogen wurde. Seit 1859 gehört auch Piacenza zum Königreich Italien.

Ladri e assassini, Straßenräuber und Mörder nannte man, wenig schmeichelhaft, über Jahrhunderte die *Piacentini,* weil sie als Grenzort Zölle abverlangten und weil der Adel am 10. September 1546 den ersten Farnese-Fürsten, den Papstsohn und Herzog von Parma und Piacenza, Pier Luigi, statt zu ehren aus dem Fenster geworfen hatte. Als Beweis, daß der Aufstand des Adels gelungen war, ließen sie das Haupt des jungen Farnese aus dem unteren Fenster der Zitadelle (links) hängen. Natürlich auch, um zu untermauern, daß sie sich nicht von Fremden regieren lassen wollten.

Ein wenig singend, fast französisch, klingt der piacentinische Dialekt. Die Frauen sind so elegant wie in kaum einer anderen Provinzhauptstadt, mit einem gewissen Pfiff, der ebenfalls der Französin nachgesagt wird. Ein wenig emilianisch schon – aber doch auch lombardisch wirkt das Stadtbild von Piacenza mit seinen roten Backsteinpalästen und -kirchen. Piacenza gefällt entweder gleich, oder man kann mit dieser Stadt der Kirchen und Kasernen *(Città delle chiese e caserme),* der Priester und Soldaten *(dei preti e soldati)* nichts anfangen.

Von der häufiger umgebauten **Zitadelle (Palazzo Farnese)** **1**, die reich an Kunstschätzen war, blieben nur die Mauern stehen. Man spricht von 900 Gemälden, 300 Teppichen, kostbaren Möbelstücken etc., die von Elisabetta Farnese, der letzten Farnese, an den Golf von Neapel geholt wurden. 1717, als sie durch die Heirat mit Philipp V. Königin von Spanien und später von Neapel wurde. Ab 1928 diente der Palast abwechselnd als Kaserne und Möbelfabrik, der Schutt im Innenhof war noch 1987 an die 2 m hoch. Jetzt erstrahlt die Zitadelle mit ihrem imposanten Renaissance-Innenhof zu einem Kunst- und Kulturzentrum mit Gemäldegalerie und Carrozzensammlung sowie einem *Risorgimento*-Museum. Viele Privatsammlungen des Adels haben hier Platz gefunden, darunter eine für Glas und Keramik. – In den zu besichtigenden Fürstenzimmern hat die Museumsverwaltung u. a. wandfüllende Fotos der Kunstwerke, einiger Teppiche und Gemälde, die noch in Neapel hängen, angebracht. Das kostbarste Bild in der Galerie: in einem Rundmedaillon Sandro Botticellis ›Anbetung des Kindes durch Maria und den Knaben Johannes‹. Das vielleicht interessanteste Stück der Sammlungen ist die berühmte bronzene Etruskerleber, sehr dekorativ in einer kleinen Glaspyramide untergebracht. Durch den Vergleich mit der Leber eines Opfertieres sagten die etruskischen Priester die Zukunft voraus. In der Skulpturensammlung bemerkenswert ist das nur 25 cm kleine Kruzifix aus der Kirche von Vigo Marchese: Jesus steht auf einem menschlichen Kopf (12. Jh.). Im Nebenraum gilt eine ›Schwarze Madonna mit Kind‹ (sie war einst schwarz gefaßt) als ein Werk Antelamis aus der 1. Hälfte des 13. Jh. Sie stand damals auf der Piazza Cavalli vor dem gotischen

Palazzo del Comune

Rathaus, wo heute nur eine Kopie zu sehen ist (am Palazzo del Comune). Auch Piacenzas Symbol der Gastfreundschaft (von 1330) ist in der Zitadelle zu finden, wenn auch ziemlich verwittert: Das Relief zeigt zwei Kastellanen, die eine fünfköpfige Familie herzlich willkommen heißen mit den Worten »benvegnu e benreceuv«, und soll aus dem Castello di Montechiaro stammen. – Und wiederholt sich in Piacenza an so mancher Haus- oder Ladentür ... Überall, wo von offizieller Seite geworben, veröffentlicht wird: das Symbol der Gastfreundschaft ist immer dabei.

Piacenza, das ist also römisches Zentrum, drum herum die mittelalterlichen Stadtteile, fast vollständig noch vom Mauerring aus dem 16. Jh. umgürtet, der 6,5 km lang war. *Viali,* die Alleen, folgen ihm als grüner Ring. Dort, wo einst das römische Forum im Zentrum stand, spielt sich auch heute wie im Mittelalter das eigentliche Leben der Stadt ab: auf der Piazza dei Cavalli, nach den zwei Reiterbildnissen benannt, die um 1620 zum Ruhme der zwei Farneser Herzöge Alessandro und Ranuccio vom Toscaner Francesco Mocchi für diese exponierte Stelle geschaffen wurden. Sie gelten als die vielleicht schönsten, bewegtesten Barock-Reiterbildnisse Italiens.

Der **Palazzo del Comune** **2**, das alte Rathaus, wird wegen seiner schönen gotischen Architektur nur Palazzo Gotico genannt. Er ist mit Sicherheit einer der schönsten Stadtpaläste des Mittelalters und Vorbild für viele andere in Oberitalien. 1281 ließ ihn Alberto Scotto aus der ersten wichtigen Adelsfamilie der Stadt erbauen. Spitzbogig trägt die fünfjochige, weißleuchtende Pfeilerhalle das Obergeschoß aus rotem Ziegelmauerwerk, dessen sechs Rundbogenfenster zeigen, daß sie noch in der Übergangszeit von der Romanik zur Gotik gebaut wurden. Drei- und vierteilig, von verschiedenartigen Friesen eingefaßt, die schlanken Rundpfeiler aus weißem Marmor, die markanten Zinnen auf dem Dach in Schwalbenschwanzform. Zwischen dem zweiten und dritten Fensterbogen von rechts im Zwickel: die *Madonna negra,* eine Kopie des Originals, das in der Zitadelle ausgestellt ist. Der Saal, der sich hinter der schönen Rundbogenfassade verbirgt, nimmt das ganze Obergeschoß ein. Heute finden darin Sonderveranstaltungen statt. – An den unterschiedlich hoch angebrachten Ringen entlang der Loggia konnte man bei Überschwemmung des Po die Boote festbinden, sonst waren sie für die Pferde gedacht. Die Ostfassade des Palazzo Gotico löst sich auf in einer prachtvollen Rosette, einer Kirchenfassade gleich. Zusammen mit der Westfassade der gotischen Backsteinkirche **San Francesco** 3 schräg gegenüber eine schöne architektonische Lösung. Denn die Kirche (mit Fassadenrosette) wurde nur zwei oder drei Jahre vorher eingeweiht.

Gegenüber dem Rathaus, die ganze Platzbreite einnehmend: der klassizistische **Palazzo del Governatore** 4, heute Handelskammer mit der sogenannten Galleria Borsa, die einen besonders schönen Durchblick auf die Piazza dei Cavalli und den Palazzo Gotico freigibt. Hier in der Galleria und auf dem Platz treffen sich jeden Samstag vormittag handeltreibende Männer, seriös, aber nicht elegant gekleidet, und Bauern: Hier werden noch wie im Mittelalter Verträge per Handschlag besiegelt, Vieh verkauft, ganze Ladungen Wurst oder Käse.

An San Francesco vorbei entlang der autofreien Via XX Settembre, der Einkaufs- und Flanierstraße der Stadt, gelangt man zur **Kathedrale** 5, die Papst Paolo III. Farnese 1122 beginnen ließ. Mehr als hundert Jahre, bis 1233, dauerte der Prachtbau, den die sieben wichtigsten der 40 Zünfte Piacenzas gestiftet hatten, weshalb sie sich an den ersten Rundpfeilern verewigen durften. Links oben z. B. die Käser, rechts die Stoffhändler. Am Campanile in schwindelnder Höhe ein Eisenkäfig: Ludovico Il Moro ließ ihn anbringen, um seine Gefangenen dort auszustellen. Allerdings soll er niemals benutzt worden sein, weil man die festgenommenen Feinde lieber in Holzkäfigen durch die Stadt zog ... Außen, Treppengalerie und Glokkenturm inbegriffen, entstand der Dom (außer der gotischen Rosette) in perfekter Romanik, innen aber schon stark gotisiert. Es lohnt sich, durch den Bischofspalast (Durchfahrt) nach hinten zur Via Prevostura zu schlendern, um rückwärts die Chorpartie des Domes zu betrachten. Wer genauer hinschaut, erkennt die raffinierte Steinmetzarbeit, Köpfe und Fabelwesen an den Konsolen und kettenartige Friese.

Geht man die rückwärtige Straße weiter, öffnet sich rechts bald die breitere Via Scalabrini mit ihren großartigen Innenhöfen und Gärten, die zur Piazza Sant'Antonino mit der gleichnamigen Kirche führt. Merkwürdig verbaut ist **Sant'Antonino** 6, aber besonders interessant: Sie diente im 11. und 12. Jh. als Dom, bevor die Kathedrale gebaut wurde. Man stößt zuerst auf das sogenannte gotische Paradies an der Nordseite. Das Paradiestor zeigt Adam (rechts) und Eva (links), eindrucksvolle romanische Arbeiten aus dem 12. Jh. Gegenüber steht der **Palazzo Zanardi-Landi** 7. Und schräg gegenüber von Sant'Antonino erhebt sich in der Via Verdi das **Teatro Municipale** 8 von 1803/04, 1830 wie die Scala mit einem Vorbau versehen. Die Piacentiner sind sehr stolz auf ihr Theater, es wird fast durchweg privat finanziert, weshalb die Familien ihre eigenen Logen besitzen

Richtig Reisen
Tip

Die Gobelins des Collegio Alberoni

Am östlichen Stadtrand Piacenzas, Richtung Parma, befindet sich eine der kostbarsten und doch kaum bekannten Gobelinsammlungen Italiens. Zu verdanken ist sie der Sammelwut eines aus Piacenza stammenden Kardinals, der eine Schwäche für die flämische Kunst hatte: Giulio Alberoni, als Diplomat am spanischen Hof reich geworden, wo er u. a. die Hochzeit zwischen Elisabetta Farnese und dem spanischen König Philipp V. eingefädelt hatte. Das *Collegio* (18. Jh.), ein Priesterseminar für arme Piacentiner, gründete er und ordnete testamentarisch an, so viel von seiner Sammlung flämischer Malerei und Teppiche zu verkaufen, wie für den Erhalt seiner Kollegstiftung notwendig sein sollte. Noch heute studieren hier 50 *Piacentini* (30 von ihnen wohnen auch im Kolleg). Erhalten sind also sozusagen nur die Reste der Schätze aus seinen Palästen in Rom und Piacenza. Die bedeutende, original aus dem 18. Jh. mit Intarsien aus Kirschholz erhaltene Bibliothek, ein wahres Schmuckstück in drei Etagen, besitzt wertvolle Handschriften. Die naturwissenschaftliche Sammlung, u. a. mit astronomischen und astrologischen Geräten, diente den Studenten früher zu Experimentierzwecken; die seismographische Station wird noch heute benutzt. Das Kostbarste der Pinakothek ist ein ›Ecce homo‹ von Antonello da Messina (signiert und datiert 1473!). Doch die insgesamt noch 19 erhaltenen flämischen Gobelins, riesengroße Prachtexemplare, sind in der eigens für sie gebauten, nicht schönen, aber klimatisch und lichtmäßig sicheren Aula des Kollegs im Klostergarten untergebracht. Zwei von ihnen stammen aus dem Beginn des 16. Jh. (ab 1520), die anderen aus dem 17. Jh. (ab 1610). An ihren Farben und Themen ist zu erkennen, daß es sich insgesamt um drei Serien handelt, die jeweils für einen Palast bestellt und gearbeitet wurden. Viel Mühe nahm der schon greise Kardinal auf sich, als er sie von Rom nach Piacenza mitgebracht hatte. – Die EU, freut sich die Leiterin der hier eingerichteten Restaurierungswerkstatt, wird die angegliederte Restaurierungsschule finanzieren, die erste für Wandteppiche.

Seit 1995 ist das Kolleg jeden Sonntag zu besichtigen, sonst nach Anmeldung mindestens zwei Tage vor dem erwünschten Besuch im Collegio Alberoni: Piacenza, Ortsteil San Lazzaro, Via Emilia Parmense 77, ✆ 05 23/6 31 98.

und nur 18 der Stadtverwaltung vorbehalten sind, die im freien Verkauf angeboten werden können. Konzerte, Lyrikabende und Prosa haben Piacenzas Theater italienweit berühmt gemacht. Hinter dem Theater: das Museum für moderne Kunst, die **Galleria Ricci Oddi** 9. Sie beweist, daß Piacenza nicht nur in der Vergangenheit lebt, obwohl die meisten Bilder von italienischen Malern des 19. Jh. geschaffen wurden.

Interessant ist auch das noch stark mittelalterlich geprägte Stadtviertel nördlich des Zentrums, von der Piazza Cavalli aus hinter dem Hotel Roma: In der Via Mandelli 14 steht der **Palazzo Mandelli** 10, der im 18. Jh. für eine wohlhabende Mailänder Familie erbaut wurde. Der überdimensional breite, gelb stuckierte Palast gilt als einer der reichsten der Stadt, diente nach dem Tode des Wohltäters Bernardo Mandelli (1769–1827) als Präfektur, ist jedoch schon seit 1913 Sitz der Banca D'Italia. Um die Ecke Via Mandelli/Via San Marco befindet sich aber eines der am besten erhaltenen bzw. purifizierten mittelalterlichen Häuser der Stadt: die **Casa dei Visconti** 11 Ende 13./Anfang 14. Jh. aus Backstein gebaut.

Am nördlichen Stadtrand hat sich im Kloster von **San Sisto** 12 die *Caserma Filippo Nicolai* etabliert. Ein typisches Beispiel für das ›Werk‹ Napoleons, der viele Klöster säkularisieren und zu Kasernen umfunktionieren ließ. Die Kirche von San Sisto ist aber eine der schönsten Piacenzas. Bereits 874 wurde sie als Benediktinerabtei gegründet, was sie bis in Napoleons Zeiten blieb. Ihr heutiges Aussehen verdankt die Kirche der Frührenaissance (1499–1511), den großzügigen Vorhof tragen ionische Säulen, innen vermitteln markante Seitenkapellen den Eindruck, als handle es sich um eine Halle mit einem Wald von Säulen und Pfeilern. Das Chorgestühl bezaubert durch perspektivische Intarsienarbeit, wie sie die Renaissancekünstler liebten. Am Hochaltar die ›Sixtinische Madonna‹ Raffaels von 1515 – leider eine Kopie, das Original ist seit 1754 in Dresden.

Ein Bummel über die Via San Sisto, Via Sant'Eufemia und entlang der Via Mazzini gehört zu den einfachsten Möglichkeiten, in Ruhe ein Stück typisches Piacenza mit vielen backsteinernen mittelalterlichen Palästen und Wohnhäusern zu betrachten.

Am westlichen Stadtrand besitzt **Santa Maria di Campagna** 13, ein Zentralbau der Renaissance, besonders kostbare Fresken, die Pordenone 1528–1531 ausgeführt hat. Sie sind so schön, daß es keinen wundert, daß dies die Hochzeitskirche Piacenzas ist!

Provinz der Täler

Die Provinz Piacenza ist stolz darauf, gleich vier Haupttäler zu besitzen und viele kleinere, nicht minder schöne dazu, bekrönt von kunsthistorischen Kleinodien. Ganz im Westen lockt die Valtidone viele Piacentiner wochenends mit beliebten Sommerfrischen wie **Pianello** 1 und **Nibbiano** 2, östlich folgt das vielleicht schönste Tal, die Valtrèbbia (vor allem Richtung Oltrepò Pavese/Lombardei). Bei **Bóbbio** 3 mit seiner einst sehr bedeutenden Abtei, einer Gründung des irischen Missionars Columbar von 612, zu dessen Grab in der Krypta noch heute viele Iren pilgern, ist das Tal eng. Der Fluß Trèbbia hat Schluchten und Mäander in die Bergwelt geschnitten, die von dichten Wäldern voller Steineichen und Macchia bedeckt sind. Tief unten der reißende Bach, ab und zu stellt sich ein Felsgrat quer und bildet fast eine Sperre. Grünes, klares Wasser tanzt über weißen Kieseln im Kreis, trifft auf den eigenen Lauf, schließt sich wieder an, um mit größerer Geschwindigkeit auf die nächste Schleife zu treffen. Es ist nicht ganz einfach, die Mäander in ihrer vollen Pracht zu erfassen! Unterhalb von Bóbbio überspannt die römische Brücke San Mar-

Von Piacenza nach Bologna

tino den jetzt breiteren Strom. Sie ist aus Flußsteinen gebaut, getragen von elf völlig verschiedenen Bögen, schön anzuschauen mit dem aufsteigenden Dorf jenseits der Straße.

An den Ufern des Flusses gedeihen dort, wo er breit und gemütlich westlich von Piacenza auf den Po zuströmt, die guten Weine, die Schlösser und Burgen des Adels zieren die Hügel. Eines dieser meist nur im Sommer bewohnten Schlösser, eines der schönsten, was Lage und Bausubstanz mit Renaissance-Innenhof angeht, kann man auf Anfrage besichtigen: das **Castello di Rivalta** **4**. Hier legt der junge Graf Orazio Zanardi Landi aus Piacenza nicht nur bei den Restaurierungsarbeiten Hand an, sondern übernimmt auch gerne die Führung. Zwei Restaurants wurden eingerichtet (La Rocchetta und das kleinere, aber feinere Falco). Rivalta zeigt eine typische Burganlage am Trèbbia: mit einer *Rocca* aus dem Jahre 1000 etwa, erweitert durch das *Castello* ab dem 14. Jh., das viel Pflege abverlangt. Doch Adel verpflichtet – die Landi ist immerhin die älteste noch in Piacenza lebende Familie.

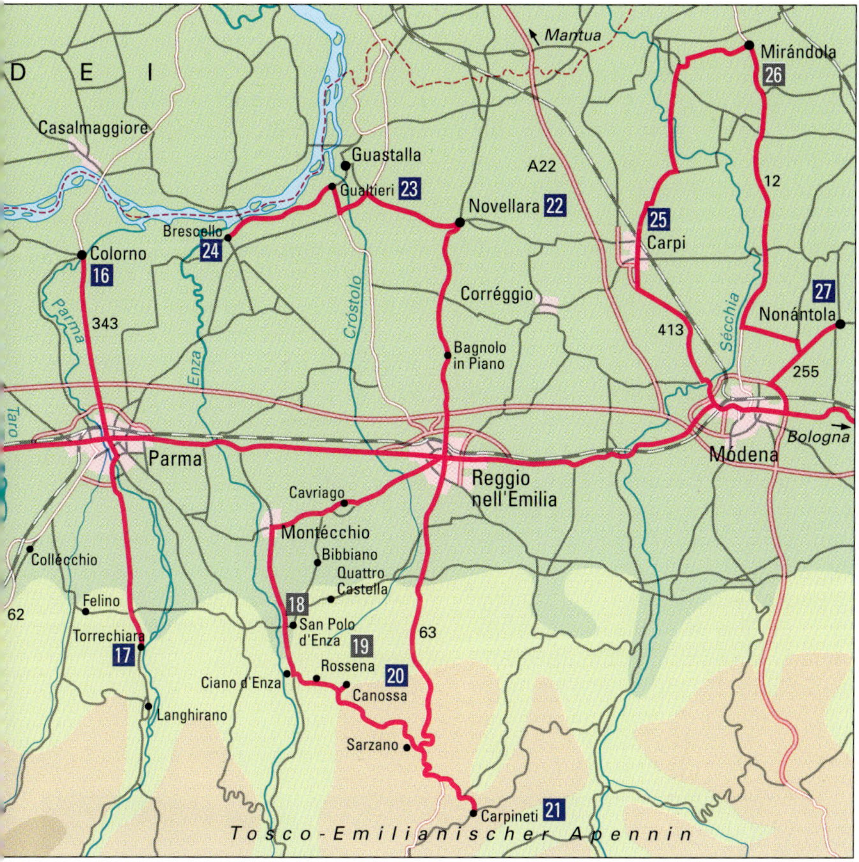

Östlich von Piacenza ergießt sich auch das Nure-Flüßchen nach Durcheilen der schönen Valnure in den Po, wieder ein echtes Ausflugs- und Sommerfrische-Tal für die Piacentiner. **Grazzano Visconti** 5 ist *Disney World* auf italienisch: Das mittelalterliche Burgdorf wurde restauriert und rekonstruiert, wieder ins Leben gerufen als Touristenattraktion mit Kunsthandwerksläden, Restaurants etc. Einerseits schauderhaft, andererseits – warum nicht? Das mittelalterliche Mahl (im Juni) zählt zu den Attraktionen, um die sich vorwiegend italienische Gäste reißen. In **Pradello** 6 nahe Béttola wird ein Turm der Familie Colombo als Heimat des berühmten Seefahrers präsentiert, mitsamt kleinem Museum zum Thema.

Zwischen dem Nure- und dem Arda-Tal liegt beim Dörfchen Villa das ›Pompei der Region‹: **Velleia** 7. Ab 1747, als man dort bronzene Inschrifttafeln aus der Römerzeit entdeckte, bis in unsere Zeit hinein wurde hier gegraben. Was zum Vorschein kam, ist eine einst blühende römische Stadt aus dem ersten und zweiten nachchristlichen Jahrhundert, deren Reste vor Ort nicht sonderlich interessant sind, weil die wichtigsten Funde nach Parma ins Museum gebracht wurden. – Für Weinliebhaber: Velleia gilt als der Geburtsort des Piacentiner Weines, der dort gefundene ›Ercole Bibace‹ (jetzt Kernstück der Sammlung in Parma/Saal Velleia) kam zusammen mit Vorschriften zur Herstellung des Weines, den man hier sogar auf die Zeit von 2000–700 v. Chr. datiert, zum Vorschein, weshalb die Weinproduzenten von Piacenza diesen Herkules als Wappenfigur benutzen.

Weiter östlich bildet die Valdarda sozusagen das Gegenstück zu Grazzano Visconti mit einem mittelalterlichen Burgdorf, das die Disney-Mentalität nicht benötigt: **Castell'Arquato** 8 (S. 409) ist vielleicht das zauberhafteste Dorf, das die Emilia-Romagna zu bieten hat, und es lebt mit immerhin etwa 400 Seelen im alten Kern auf dem befestigten Hügel über dem Arda-Fluß. Der Ortsrat tagt, wie es sich gehört, im Palazzo del Comune. Die romanische Kirche der Collegiata gegenüber aus dem Beginn des 11. Jh. läßt Freunde dieser Bauzeit allein wegen der Chorpartie und der schönen Kapitelle der dreischiffigen Basilika vor Freude glänzende Augen bekommen. Der Feudalherr Alberto Scotto ließ im Jahre 1293 den klobigen Palast des Stadtvogts (Palazzo del Podestà) errichten, in dem heute im Erdgeschoß die *Enoteca,* eine Probier- und Verkaufsstube der guten Weine des Tales untergebracht ist. Die Hochburg der Visconti (Rocca Viscontea) entstand 1343 und 1347 (Hauptturm) als Wasserburg mit tiefem Graben und Zugbrücken – ein gutes Beispiel der Verteidigungsarchitektur. Dann der Wartturm der Farnese von 1500, der als Vorratsturm gedacht war. Das interessante Naturkundemuseum der Provinz Piacenza (Museo Geologico) befindet sich im früheren Ospedale Santo Spirito. (Eine gemeinsame Karte verbilligt den Eintritt.) Castell'Arquato fordert Zeit für seine historischen

Castell'Arquato

und kunsthistorischen Schätze und den Bummel durch seine wundervoll wiederhergestellten Gassen.

Vigolo Marchese 9 ist eine Pflichtübung für Freunde der Architektur: Die frühromanische Pfarrkirche Sant'Ippolito ist einem umbrischen Heiligen geweiht und besticht vor allem durch das Baptisterium von 1008. Das Taufbecken in der Mitte war ein römisches Kapitell. Baumaterial von Kirche und Taufkapelle: Flußkiesel mit gebranntem Ton, nur der obere Teil des Turmes ist ganz aus Tonziegeln – eine typische Bauweise für Piacenza. Basilika und Rundbau werden bis Mitternacht wundervoll angestrahlt.

Von Piacenza führt die *Via Emilia* südöstlich direkt nach Fiorenzuola, um bald darauf einen kurzen, aber sehr lohnenden Abstecher nach Norden zur schönsten Klosteranlage der Provinz zu machen: **Chiaravalle della Colomba** 10, 1135 von Bernhard de Clairvaux wohl gleichzeitig mit Chiaravalle Milanese (bei Mailand) gegründet. Eine typische backsteinerne Zisterzienserabtei, deren Kreuzgang aus dem 13. Jh. wie ein zartes Spitzenwerk erscheint. Unvorstellbar, was man mit Terrakotta am Bau alles machen kann! Aufmerksamkeit verdienen vor allem die Fenster- und Türöffnungen.

Über das akkurat quadratisch gebaute, sehr ländliche Cortemaggiore führt die S.S. 462 nordwärts über die A 21 hinweg in die Po-Schleife, die nach Norden fast bis Cremona reicht. Hier liegt **Monticelli d'Ongina** 11 (S. 424). Wie Velleia römischen Ursprungs, dann eine Festung der Visconti und der Sforza, im 15. Jh. der Pallavicini und im 17. Jh. der Farnese – das typische Schicksal eines Grenzortes. Mit einer wuchtigen Rocca Pallavicini-Casali, die heute als Museum drei interessante Sammlungen bietet: das Museo Civico zur Geschichte des Ortes, das Museo Etnografico del Po mit der Kulturgeschichte des Flusses und das Aquarium mit der größten Sammlung von Po-Fischen.

Die Umgebung von Parma: nicht nur Parmesan und Parmaschinken

Im Süden der Tosco-Emilianische Apennin, im Norden der Po, in den sich die drei großen Flüsse der Provinz ergießen: der Taro im Westen, der Parma und im Osten der Enza. Charakteristisch für diese Flüsse ist, daß sie recht ›zerfranst‹ mit mehreren Läufen im breiten Kiesbett die Landschaft gestalten und sich vor dem Po in großen Schleifen winden, als wollten sie den übermächtigen Strom nur widerstrebend erreichen.

Kurz hinter der Provinzgrenze mit Piacenza liegt an der *Via Emilia* das Städtchen **Fidenza** 12. Den römisch klingenden Namen hat der Handels- und Industrieort erst mit dem Faschismus 1927 (wieder) bekommen, ab dem frühen Mittelalter hieß es nämlich San Donnino, nach dem Ortsheiligen, dem auch der Dom geweiht ist: dem Märtyrer Donninus, der 291 in der Nähe starb. Das Gotteshaus aus dem 12./13. Jh. im Übergang von der Romanik in die Gotik besitzt trotz der unvollendeten Backsteinfassade drei schöne, tief abgetreppte Portale aus hellem Sandstein mit reichem Figurenschmuck, der alleine schon den Zwischenstopp lohnt. Aber es gibt hier noch mehr zu sehen, etwa den Domschatz mit kostbaren romanischen Goldschmiedearbeiten und die Krypta aus dem 4. Jh. Das Mittelschiff wirkt sehr schmal und hoch, leitet den Blick hinauf zu den Galerien. – Fidenza ist ein nettes, etwas verschlafenes Städtchen, Treffpunkt die große Piazza

Das Barockschloß Colorno

vor dem Rathaus, dessen oberen Fenster mit schmiedeeisernen Gittern geschmückt sind. Sonntags findet eine Art Buchflohmarkt statt.

Südlich von Fidenza liegt der emilianische Kurort der Superlative, **Salsomaggiore Terme** 13 (S. 432). Schon in vorchristlicher Zeit und bis zur Mitte des 19. Jh. lieferte die große Saline Speisesalz, zuletzt 1500 Tonnen. 1847 wurde die erste Kuranstalt errichtet, das berühmte Bezieri-Kurhaus erst 1923. »Un gioiello!«, ruft eine elegant gekleidete Dame aus. Und tatsächlich: Fasziniert steht man vor einer rätselhaften Jugendstilarchitektur, denn Architekt Ugo Giusti und Maler Galileo Chini verbrachten ihre Lehrzeit zum Teil im fernen Osten, dessen Einfluß unverkennbar ist. Auf 8000 m^2 sind liebenswürdige Details zu finden, Kunstwerke aus Marmor, Bronze, Travertin, Holz, Steingut und Stuck. Auf gigantischen Wandgemälden schweben durch Schleier nur wenig verhüllte Frauengestalten, umrankt von fruchtigen Ornamenten, bewacht von bunten, langschwänzigen Vögeln. Säulen, Atrien, Vestibüle, Hallen und die feierliche Doppeltreppe vermitteln ein Hochgefühl, das den Kurgästen ebenso förderlich ist wie den Besuchern, die aus reinem Kunstinteresse das goldene Kreisgebilde eines Türknopfs in die Hand nehmen, um sich Eingang zu verschaffen.

Die Eleganz dieser Architektur paßt gut zum ambitionierten Kurort mit seinen 16 Kuranstalten. Die Hotels haben sich auf Gäste aller Couleurs eingestellt, doch die ›besseren‹ Häuser à la Grand Hotel überwiegen. Vor allem zur Heilung von Frauenkrankheiten eignet sich das salzhaltige Mineralwasser von Salsomaggiore, weshalb es als *der* Frauen-Kurort Italiens gilt. Insbesondere nachdem Superstar Sophia Loren hier kurte und darauf den lang ersehnten Nachwuchs zur Welt brachte.

Im Norden von Fidenza steht mitten in **Soragna** 14 der einzige in dieser Gegend bis heute privat bewohnte und doch der Öffentlichkeit zugängliche Palast. Schon Heinrich V. verlieh den Fürsten von Meli Lupi den Titel, den der deutschsprechende junge Nachfahre auch heute noch führt. Rokoko-Eleganz, die Millionen verschlingt – der gelernte Bankkaufmann wird all sein Finanzgefühl für die Sanierung und Erhaltung seines Schlosses brauchen. – Innenhof, Prunktreppe, die Galerie der Poeten und die zugänglichen Säle zeigen, wie kostbar sich der Adel einzurichten wußte. (Im Sommer lädt der junge Fürst Soragna Künstler zu besonderen Veranstaltungen im kleineren Kreis ein.)

Ganz anders als das private, villenartige Soragna ist **Fontanellato** 15, die trutzige Wasserburg, mit deren Erhaltung sich die Gemeinde herumschlagen muß. Allein die Lage besticht: Denn die Piazza Castello wird im Zentrum von der Burg eingenommen, die wiederum von arkadengeschmückten, zweistöckigen Häusern umgeben ist. Der Wassergraben, einst Schutz vor Feindesangriff, dient alljährlich an einem Septembersonntag dem feuchtfröhlichen Wettstreit der Angler. Das Angeln soll auch ein bedeutender Herr von Fontanellato im 16. Jh. geliebt haben: der Oberst des Herzogs von Savoyen, Alfonso II. von Sanvitale aus eben jener Sanvitale-Familie, die Fontanellato bereits 1386 als Lehen von Galeazzo Maria Visconti erhalten hatte und im Lauf der Geschichte so ziemlich mit dem gesamten europäischen Hochadel verwandt oder verschwägert war. Francesco Mazzola, genannt Parmigianino, wurde von Galeazzo Sanvitale auf der Flucht vor der parmesischen Polizei aufgenommen und beauftragt, ein Zimmer seiner schönen Frau Paola zu freskieren. Daraus wurde die Hauptattraktion der Festung: Der sonst spannungserfüllte manieristische Stil Parmigianinos im Einflußbereich von Correggio zeigt sich hier eher heiter, vielleicht liegt es am Thema: der Mythos von Aktäons Verwandlung in einen Hirsch. Eine eher verteidigungstechnische Finesse ist der sogenannte Spiegelturm, von dem aus man durch ein ausgetüfteltes Spiegelsystem den Vorplatz beobachten kann, ohne selber gesehen zu werden. – Jeden dritten Sonntag im Monat findet im Schloßbereich ein Antiquitätenmarkt statt.

Colorno 16, nördlich von Parma, gilt als das ›kleine Versailles‹ Italiens. Im

Auf Verdis Spuren

Am 10. Oktober 1813 erblickte Giuseppe Verdi als Sohn eines zwar einfachen, aber musikliebenden Händlers in Róncole das Licht der Welt. Nachdem er berühmt geworden war, benannte sich das Dorf um in **Róncole Verdi.** Das alte Bauernhaus, das Verdi so gerne abgerissen hätte, um seine armselige Herkunft zu verbergen, spricht Besucher gerade durch seine Schlichtheit an. Gegenüber, in der Pfarrkirche, wurde Giuseppe in dem Steinbecken getauft, auf der inzwischen restaurierten Orgel spielte er seine ersten Melodien. Auf dem Vorplatz werden im Juli Verdi-Konzerte dargeboten.

In **Busseto** hatte Verdi in Antonio Barezzi einen Freund gefunden, der früh das Genie erkannte und förderte. Trotzdem gelang es auch Barezzi nicht, Verdi den frei gewordenen Platz eines Kapellmeisters zu besorgen. Die Kirchenpfleger zogen einen unbekannten Organisten vor, was Giuseppe der Stadt Busseto nie verziehen hatte. Doch Busseto selbst verehrt Verdi heute noch, das ist an allen Ecken zu spüren. Im Salone Barezzi stehen in würdiger Umgebung manche Erinnerungen an Verdi, darunter das erste von einem Freund gemalte Porträt. Am Platz mit dem Verdi-Denkmal begeistert im Palazzo Pallavicino das kleine, der Mailänder Scala nachgebaute Theater mit roter Seide, rotem Plüsch und vergoldeten Logen, auf drei Etagen verteilt, auch ohne Aufführung. In der Via Roma 76 steht die historische *Bottega,* die einst Verdis Familie belieferte. Wein, Salami, Schinken, Brot, Käse und Gebäck werden angeboten – zwischen allerlei Erinnerungsstücken an Verdi. Man kann sich hier Wein und ein kaltes Essen servieren lassen.

In **Sant'Agata** schuf Verdi seine besten Werke. Freunde seiner Musik gehen andächtig durch die vielen Räume der Villa, die Verdi durch Komponieren verdient und in der er etwa 50 Jahre gelebt hat, bis er am 27. Januar 1901 in Mailand starb – noch relativ original eingerichtet und von seinen Nachkommen, der Familie Carrara-Verdi, geführt. – Die Eintrittskarte, die man an der ersten Verdi-Stätte löst, gilt auch für alle anderen.

einst prunkvollen Rokokoschloß der Farnese und der Bourbonen hielt u. a. Herzogin Maria Luisa im Sommer Hof. Das hindert die ›schönen Künste‹ allerdings nicht, die Anlage zusehends verfallen zu lassen ... Und leider ist die Besichtigung normalerweise mit Schwierigkeiten verbunden, es sei denn, es findet gerade eine Ausstellung statt (z. B. von Antiquitäten).

Südlich von Parma aber steht eine wirklich besuchenswerte Burganlage, die an Trutzigkeit kaum noch zu überbieten ist und zudem wundervoll in die Hügel des Apennin über dem Parma-Fluß eingebettet liegt: **Torrechiara** 17 (oder Torchiara, von *torchio* = Weinpresse). 100 m hoch erhebt sich der Fels über die Hügel, darauf thront ein Monument aus Mauern und Türmen und Bastionen, mit Schießscharten und Wehrgängen, die dem wuchtigen Komplex (1448–1460) mit seinen drei Mauerringen eine gewisse Leichtigkeit verleihen. Einer mittelalterlichen Liebesgeschichte hat man diese wohl schönste und am besten erhaltene Burganlage der Provinz Parma zu verdanken: Sie spielt sich ab zwischen dem Marchese von San Secondo, Pier Maria Rossi im Dienste der Visconti, und Bianca Pellegrini, eigentlich Ehefrau des Mailänders Melchiorre d'Arluno. Auch wenn die meisten Räume nicht mehr ausgestattet sind – um so wirkungsvoller sind die erhaltenen Fresken, insbesondere die Camera d'Oro, 1463 von Benedetto Bembo aus Brescia ausgemalt: In einer Laube aus Goldstuck (daher der Name!) zeigt das Deckenfresko die Geliebte auf der langen Suche nach Pier Maria, dann das Zusammenfinden, lateinisch dokumentiert mit den Worten »Nunc et semper« – jetzt und für immer.

Italiens heimliche Musik-Hauptstadt: Parma

■ (S. 426f.) Keine 170 000 Einwohner zählt die Provinzhauptstadt Parma, davon mehr als 17 000 Studenten. Die Stadt hat sich ihre menschlichen Proportionen bewahren können, vor allem seit der Sperrung ihres Altstadtzentrums für jeglichen motorisierten Verkehr. So bestimmen Fußgänger und Radfahrer das Stadtbild. Nicht nur Kinder und jeans-bekleidete Jugendliche – auch Geschäftsleute, Beamte und Hausfrauen entwickeln eine gewisse Eleganz auf den Zweirädern.

Die Lebensmittelgeschäfte gleichen kulinarischen Schatzkästen, Mode wird in kleinen Boutiquen effektvoll präsentiert. Die *Parmigiani* verstehen es, gut zu leben. Und das bezieht sich auch auf die Musik, die vielen von ihnen über alles geht. Die Stadt rühmt sich vieler Musiker von Rang und Namen wie Verdi und Toscanini. Hier haben sie Karriere gemacht. Kein Wunder, daß man ihnen mit Konzerten und musikalischen Wettbewerben wie dem internationalen Dirigentenwettbewerb ›Arturo Toscanini‹ gerne ein Denkmal setzt. In Parma liegt Nicolò Paganini begraben, aus dieser Gegend stammt auch die stimmgewaltige Sängerin Renata Tebaldi.

Kurz nachdem die Römer ihre strategisch so wichtige *Via Emilia* gebaut hatten, errichteten sie 183 v. Chr. Parma am gleichnamigen Fluß. Später verlor die Stadt an wirklicher Bedeutung, die sie erst wieder zur Zeit der Stadtrepubliken im 12. Jh. als Zentrum der Wollweber und wegen ihrer Universität erlangte. Mailand regierte 1341 bis 1512 über Parma, anschließend der Kirchenstaat, personifiziert im Geschlecht der Farnese, die sich erst in Piacenza einquartierten, dann aber, als es ihnen dort ungemütlich wurde, lieber in Parma hofhielten. 1731 erlosch die direkte Farnese-Linie, Parma und Piacenza fielen an eine Nebenlinie der Bourbonen und damit 1806 an Frankreich. Erzherzogin Marie Louise, die Frau Napoleons I., erhielt 1816 Parma auf Lebenszeit, das nach ihrem Tode und bis 1860 wieder bourbonisch, danach sardisch und schließlich italienisch wurde.

Der Ruhm seiner Universität reicht noch heute zumindest italienweit, speziell der der human- und der veterinärmedizinischen Fakultät. Die landwirtschaftliche Fakultät ist nach Piacenza ausgesiedelt, um die Kapazitätsgrenzen der Stadt nicht durch eine zu hohe Studentenzahl zu sprengen. Außerhalb des mittelalterlichen Kerns, dessen Häuser, Kirchen und Paläste eng zusammenrücken, ist Parma auch eine grüne Stadt. Allein die Flußauen vermitteln diesen Eindruck, aber auch die baumbestandenen *Viali* entlang der geschleiften Stadtmauer, zum Teil mit schönen alten Kastanienbäumen, verstärken diesen Eindruck. Und schließlich der **Parco Ducale,** der etwa ein Achtel des Stadtgebietes im Nordwesten zwischen Parma-Fluß und Viale Pasini (also der ehemaligen Stadtmauer) einnimmt.

Zwei Herzen schlagen in Parmas Brust. Das geistliche am Domplatz, das weltliche an der Piazza Grande (Piazza Garibaldi). So ist die **Piazza Duomo** nur für einen Teil der Bevölkerung der

Parma: *1 Baptisterium 2 Dom 3 San Giovanni Evangelista 4 Bischofspalast 5 Glauco Lombardi-Museum 6 Camera di San Paolo 7 Palazzo della Pilotta 8 Palazzo Ducale 9 Teatro Regio 10 Madonna della Steccata 11 Palazzo del Governatore 12 Rathaus*

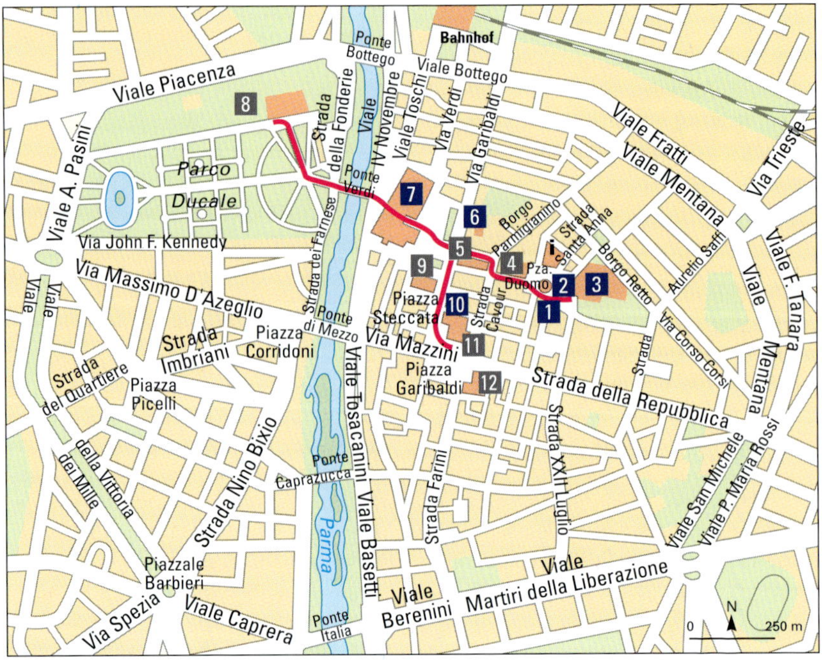

›Salon‹, die gute Stube der Stadt. Sie ist aber mit Bestimmtheit ihre schönste. Mit dem Touristenamt auf der Nordseite des Platzes im Rücken läßt sie sich am besten erfassen: rechts der langgestreckte Bischofspalast, links die Domfassade mit dem angebauten Turm, geradeaus das **Baptisterium** **1**, eine der anmutigsten Architekturlösungen: Über dem hohen Sockel mit den Türen stapeln sich rund um das Oktogon vier tiefe Galerien übereinander, darüber eine Reihe Blendbögen, noch eine kurze Balustrade für das relativ flache Dach und zierliche Türmchen (Tabernakel) über den Ecken. All dies ›nur‹, um zu vertuschen, daß sich innen ein überdimensional hoher Kuppelraum auf achtseitigem Grundriß zur Überraschung unvorbereiteter Besucher öffnet. Über und über freskiert, reich gegliedert und seit 1989 wieder im alten Glanz erstrahlend. Dieses wundervolle Werk begann Benedetto Antelami, der Erneuerer romanischer Steinmetzkunst, Bildhauer und Architekt zugleich, der bestimmend für Parma war, 1196–1216 (18 Jahre vorher arbeitete er am Dom, dort aber nur als Steinmetz). Vollendet wurde das Baptisterium aber erst 1260, bereits im gotischen Stil (Hochreliefs und Fresken).

Der romanische **Dom** **2** und der angebaute Campanile bilden zusammen eine eindrucksvoll breite Fassade. Der Ostteil der dreischiffigen Pfeilerbasilika mit Emporen ist überdimensioniert erhöht, bietet dadurch genug Platz für eine geräumige Krypta. Bereits um 1500 begann man mit der Ausschmückung des Domes, aber erst als die Farnese 1545 Parma zur Hauptstadt ihres Herzogtums machten, wurde die Fertigstellung vorangetrieben. Der gesamte Innenraum ist freskiert und läßt sich durch Münzeinwurf erhellen. Das Hauptinteresse freilich gilt den Bildern der Vierung, die Parmas hochverehrter Künstler Correggio (eigentlich Antonio Allegri), der Meister des *Chiaroscuro* (Helldunkel-Malerei), von 1626 bis zu seinem Tode 1634 malte: ›Marias Aufnahme im Himmel‹. Genauso wichtig, wenn nicht für manche Kunstfreunde sogar eindrucksvoller, sind die mittelalterlichen Steinmetzarbeiten, die man lange Zeit allerdings vernachlässigt hatte, etwa der figürlich geschmückte Bischofsthron aus rotem Verona-Marmor oder die ›Kreuzabnahme‹ von einer Kanzel Antelamis. Und aus der frühchristlichen Vorkirche in der Krypta: ein römisches Mosaik. Auf Anfrage zu besichtigen ist die Sagrestia dei Consorziali mit ihren wertvollen Intarsienarbeiten am Gestühl und an den Schränken.

Einen besonders schönen Blick auf die Chorpartie mit dem Auf und Ab der Galerien an Vierungsturm, Schiffsarmen und Apsiden sowie den Campanile erhascht man außen von Nordosten, Ecke Strada di Sant'Anna.

Zwischen Campanile und Baptisterium erblickt man durch den Vicolo Ferrari Turm und Barockfassade von **San Giovanni Evangelista** **3**, den bedeutendsten und größten Klosterkomplex der Stadt. Schon vor der erstenJahrtausendwende unter Bischof Siegfried II. gegründet, wichtig für das Parma des Mittelalters, nach Brandverwüstung und finanziellem Niedergang 1490 wiederaufgebaut und dann Schritt für Schritt in Früh- und Spätrenaissance sowie im Frühbarock (Turm und Fassade) zu einem architektonischen Juwel gestaltet. Drei Kreuzgänge gehören zum Komplex, der mittlere von 1400 ist der schönste, von ihm lohnt sich ein Blick Richtung Kuppel, der drei Jahrhunderte erfaßt: um 1400 entstand der Kreuzgang, um 1500 die Kuppel, von 1614 stammt der barocke Turm, der mit 80 m der höchste der Stadt ist. Der Korridor

Detailansicht der Kirche Madonna della Steccata

zwischen den Kreuzgängen ist 165 m lang! Der einst völlig freskierte dritte Kreuzgang von 1500–1512 weist nur noch wenige Farbreste auf, weil dieser Teil des Benediktinerklosters Napoleons Truppen als Pferdestall diente und danach bis 1945 Kaserne war. Die Kirche selber nahm weniger Schaden, sie dürfte heute die gepflegteste Parmas sein. Auch ihre Kuppelfresken malte Correggio 1521–1523, zusammen mit seinem Schüler Parmigianino. Seitlich am Klostergebäude, dem Domchor gegenüber, befindet sich die **historische Apotheke** (16. Jh.) mit ihren drei Räumen, deren Schatz die fast 200 kostbaren Keramikbehälter aus dem 16. bis 18. Jh. sind.

Zurück zum Domplatz und am **Bischofspalast** 4 vorbei zum Hauptpostamt. In dessen Komplex befinden sich auch das **Glauco Lombardi-Museum** 5 und der ehemalige Riserva-Palast. Rechts davor in die Strada Cavour, dann links und gleich wieder rechts in die Gasse, die zur **Camera di San Paolo** 6 führt, zu Correggios Jugendwerk. Die schönen Fresken, die er 1518–1519 für das ehemalige Benediktinerinnenkloster malte, zeigen die Geschichte der Diana und die berühmten Correggio-Putten, die das ganze Raumgewölbe wie an einem aufgespannten Schirm in Laubenmuster einnehmen. Diana heißt es, stelle eigentlich die Tugenden der klugen und schönen Äbtissin Giovanna Piacenza dar – eine der raffiniertesten und vielleicht schönsten Malereien der Renaissance.

Zum Parma-Fluß hin breitet sich der Komplex des **Palazzo della Pilotta** 7 aus, außer der Zitadelle im Südosten der größte Parmas. Die Straße zum Ponte Verdi führt durch den Palast hindurch, über der Durchfahrt (Eingang linker Hand) befinden sich das Farnese-Theater und die Nationalgalerie. Insgesamt gehören zum gigantischen Bau noch das Archäologische Museum, das Bodoni-Museum und die Palatinische Bibliothek mit der zweitgrößten Sammlung orientalischer Schriften nach dem Vatikan. 1583 wurde der Pilotta-Palast auf 40 000 m^2 Grund in Backsteinbauweise begonnen, aber nie vollendet. Für das Teatro Farnese wurde 1618–1628 der Palast sozusagen ausgehöhlt, immerhin für das größte Theater seiner Zeit, das 4500 Zuschauern in den aufsteigenden Rängen und Galerien Platz bot (heute aus Angst vor einem Brand nur selten in Gebrauch). 200 Jahre lang galt das Werk des Palladio-Schülers Giovanni Battista Aleotti, ganz aus Holz mit technischen Finessen (Kulissenwechsel durch Hochziehen, Wassereinlassen für Seeschlachten u. a.), als Vorbild für zahlreiche europäische Theater.

Über die Verdi-Brücke gelangt man in den großen Parco Ducale mit dem **Palazzo Ducale** 8, dem Herzogpalast. Der Park bietet herrliche Ruheplätze und angenehmen Schatten an heißen Sommertagen, weshalb sich die *Parmigiani* gerne hier treffen.

Südlich des Palazzo della Pilotta aber erreicht man über die Via Garibaldi das **Teatro Regio** 9, eines der wichtigsten Italiens und zudem überaus schön anzusehen.

Einen Katzensprung entfernt ist dann der kleine, heimelige Platz mit dem Denkmal für Parmigianino, die Piazza Steccata. Ihren Namen erhielt sie von einer Kirche, die unbedingt einen Besuch wert ist: **Madonna della Steccata** 10 mit den Gräbern der Herzöge von Parma. Der Zentralbau entstand nach dem Muster der Peterskirche und wurde von Parmigianino freskiert. Die Sagrestia Nobile kann auf Anfrage beim Kustoden besichtigt werden, man bekommt darin Teile des Kirchschatzes zu sehen und die wundervollen Intarsienarbeiten an den Sakristeischränken.

Der angrenzende **Palazzo del Governatore** 11 bildet bereits die Nordflanke des zweiten Herzens der Stadt, der **Piazza Garibaldi** (mit Garibaldi-Denkmal in der Mitte), auch Piazza Grande genannt und genau am selben Ort wie einst das *Forum Romanum.* Klassizistisch vorgebaut ist die leuchtendgelbe Fassade des Gouverneurspalastes und seine astronomische Uhr. Die Nischenplastik zeigt eine Besonderheit: Jesus krönt die Mutter.

Schräg gegenüber erhebt sich der Komplex des **Rathauses** 12, der ab 1220 entstand (ein Rest mit den Triforienfenstern und dem Turm) und 1627–1673 umgestaltet wurde. Beim Erdbeben am 9. November 1983 hatte der

Madonna an der Piazza Garibaldi

Komplex erhebliche Schäden erlitten, die inzwischen aber behoben wurden. – Vor dem Gouverneurspalast locken Cafés und kleine Läden, die für viel Leben an diesem Platz sorgen. Hier läßt es sich bei einem Espresso oder Eis gut ausruhen, die Menschen beobachten und vielleicht feststellen, daß so manche Gesichter derbe Züge zeigen. Parma mit seinen vielen Bauern, Handwerkern und Arbeitern, heißt es, sei insgesamt eine hart arbeitende Provinz.

Reggio nell'Emilia, Canossa und die Mini-Fürstentümer

Wer durch die zwischen Po und Apennin gelegene Provinz Reggio nell'Emilia (auch nur Reggio Emilia oder Reggio genannt) fährt, wird vielleicht überrascht sein über die vielen kleinen Städte, die allesamt großartige Plätze und Paläste besitzen. Die alten Herzogtümer waren vom 16. Jh. bis zum 18. Jh. selbständige Staaten, Puffer zwischen dem Este-Staat im Osten und dem Farnese-Staat im Westen, aber auch zwischen Mailand im Norden und dem Kirchenstaat im Süden, und behielten ihre feudale Bausubstanz und -struktur auch nach dem Verlust ihrer machtpolitischen Stellung. Guastalla und Novellara, Correggio sowie Gualtieri in der Provinz Reggio, Mirándola und Carpi in der Provinz von Módena (s. jeweils dort) lohnen allesamt einen Besuch, auch wenn sie heute höchstens von landwirtschaftlicher Bedeutung sind. Eine Ausnahme macht Carpi, die alte Stadt der feinen Bastarbeiten und die neue der Modeindustrie. Unter der Herrschaft von Correggio, dem Geburtsort des großen Malers, stand einst sogar Reggio, die jetzige Provinzhauptstadt. So verschieben sich die Dimensionen ...

Reggio nell'Emilia lädt zum Verweilen ein

■ (S. 429f.) Es ist eine wirklich gemütliche Stadt, die ihren 130 000 Einwohnern mit Mühe genügend Platz bietet. Sie entstand über einer römischen Ansiedlung, ihre Hauptachse ist identisch mit der *Via Emilia* und verkehrsberuhigt, ihr Bild prägen Paläste aus Mittelalter und Renaissance. Es gibt ein schönes altes Hotel im Zentrum als Teil des historischen Palazzo del Capitano del Popolo (Posta), ein ganz exklusives und teures am Stadtpark und damit am Rande des Zentrums (Grand Hotel Astoria), für Geschäftsleute ideal – mehrere nette kleine Restaurants, nicht aufregend, aber auch nicht so teuer wie in den anderen Städten. Das Hinterland: bis zum Po eben und mit den alten Fürstentümern immer einen Ausflug wert. In den Apennin hinein geht es ins ›Land der Mathilde von Canossa‹ und zu hervorragenden typischen Restaurants.

Reggio ist aber auch historisch von großer Bedeutung für Italien. Hier, im alten Rathaus, schlug am 7. Januar 1797 die Geburtsstunde der späteren italienischen Flagge in der Nachahmung der französischen Trikolore. Reggio war die erste italienische Stadt, die sich gegen die Österreicher erhob, kurz bevor Napoleon einmarschierte. Außerdem wurde hier 1797 die polnische Nationalhymne geschrieben (von Jozef Wybicki im Rathaus). Und Camillo Prampolini (1859–1930), nach dem die Piazza vor dem Rathaus benannt ist, war der Reformator des italienischen Sozialismus und leitete die Zusammenarbeit mit den Gewerkschaften ein.

Die wichtigsten Sehenswürdigkeiten stehen im Zentrum und sind leicht zu Fuß erreichbar. Angefangen an der Via Emilia/Ecke Piazza del Monte mit dem mittelalterlichen, zinnenbekrönten **Palazzo del Capitano del Popolo** **1**, der teilweise vom Hotel Posta eingenommen wird (schöner Sitzungssaal aus dem 14. Jh.!). Auf der Rückseite des Komplexes öffnet sich die Piazza Camillo Prampolini mit dem **Rathaus** **2**, in dem sich der Saal der italienischen *Tricolore* befindet. Bereits von außen ragt der Ratsherrensaal wie ein Bühnenhaus aus dem Gesamtkomplex heraus, und auch innen wirkt er recht ›theatralisch‹. Ganz links (östlich) steht der Stadtturm, Torre Bordello genannt, weil er früher tatsächlich das städtische Freudenhaus beherbergte.

Fast zu übersehen ist der **Dom** **3**, der auf der Ostseite des Platzes in die breite Front der Paläste integriert ist. Seit seiner Entstehung als romanische Basilika hat er nicht immer vorteilhafte Veränderungen erfahren, aber jede Epoche hinterließ wertvolle Kunstschätze. Aus der Entstehungszeit stammt die Altarplatte mit der Darstellung Jesu in der Mandorla und den Symbolen der vier

Reggio nell'Emilia: *1 Palazzo del Capitano del Popolo 2 Rathaus 3 Dom 4 San Prospero 5 Basilika della Ghiara 6 Römische Straße 7 Galleria Parmiggiani 8 Teatro Municipale ›Romolo Valli‹ 9 Musei Civici*

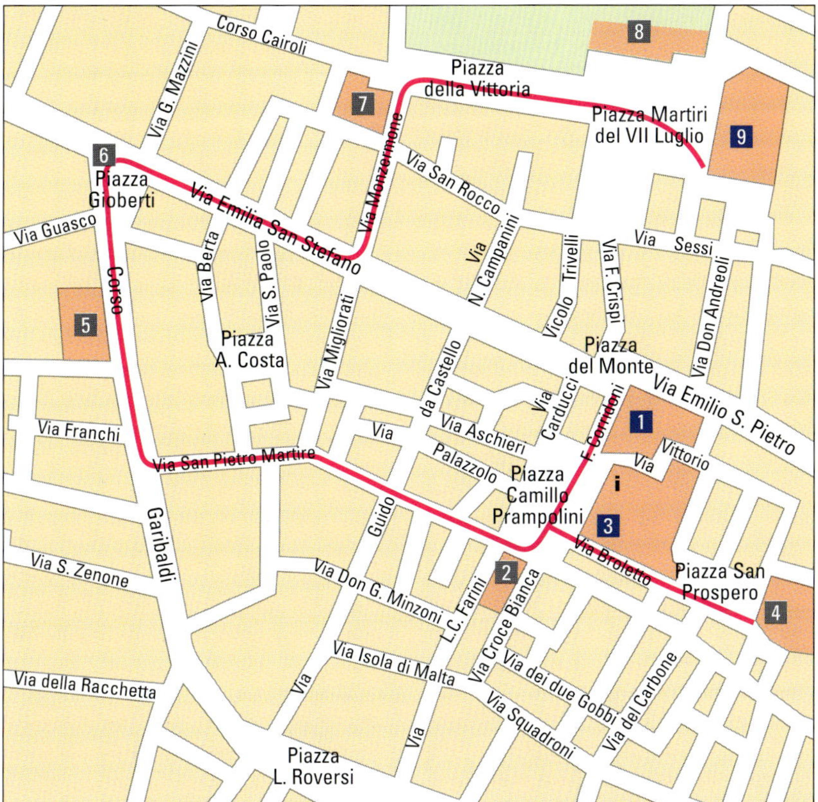

Evangelisten (Löwe, Adler, Engel und Stier) im Chor. Skulpturen von Prosperio Spani, einem Schüler Michelangelos, sind innen wie an der Fassade erhalten, die unvollendet blieb. In der romanischen Krypta: ein spätantikes Mosaik.

Die Lieblingskirche der Reggianer ist aber die des Stadtpatrons **San Prospero** 4, eine der ältesten der Stadt. Ihr heutiges Aussehen verdankt sie allerdings der Renaissance. Sie gab dem geradezu intimen Platz, auf dem täglich Markt stattfindet, dienstags und freitags ein richtig großer, auf dem sich auch das Umland trifft, ihren Namen. Eine kaum erhöhte, hell gepflasterte Terrasse bildet den Vorplatz zur Kirche, bewacht von sechs Löwen. Die beiden mittleren sind besonders mächtig ausgefallen, aus rotem Veroneser Marmor. Den klobigen, unvollendeten Turm rechts der Fassade haben die Brüder Pacchioni gebaut. Die meisten Bilder, mit denen die Kirche ausgestattet war, hat der Herzog von Módena im 18. Jh. nach Dresden verkauft (genau 100), um seine Feldzüge zu finanzieren. Heute hängen hier nur noch ein paar Kopien, wie die einer ›Anbetung Christi‹ von Correggio (fünfte Kapelle rechts). – Schön sind das intarsierte und geschnitzte Renaissance-Chorgestühl und die beiden Lesepulte mit Einlegearbeiten.

Ganz im Westen des Zentrums steht am breiten Corso Garibaldi die **Basilika della Ghiara** 5, dort, wo einst das Flußbett des Crostolo verlief (*Ghiara* = Kiesweg). Sie besitzt die vielleicht wertvollste Sammlung barocker Kunstwerke der gesamten Emilia. Via Garibaldi/Ecke Via Emilia ist in 4 m Tiefe die **römische Straße** 6 gefunden worden.

Von hier ist man schnell an der Piazza della Vittoria, an deren Ecke zuerst die **Galleria Parmiggiani** 7 auffällt. Man glaubt sich nach Katalonien versetzt, allerdings wurde der Palast mit dem spanisch-gotischen Portal erst in unserem Jahrhundert von Luigi Parmiggiani, einer recht abenteuerlichen und politisch nicht sehr durchsichtigen Gestalt mit Sammlerleidenschaft, gebaut. Das Baumaterial des Portals ließ er Stein für Stein aus dem spanischen Valencia nach Reggio bringen! Es ist nicht alles Kunst und wichtig, was er gehortet hatte, aber ein Stück Geschichte der Stadt.

Schräg gegenüber breitet sich das **Teatro Municipale ›Romolo Valli‹** 8 so mächtig aus, daß es schon die Nordseite der angrenzenden Piazza Martiri del VII Luglio bildet, an der Stelle, an der früher die Zitadelle stand. 1852–57 mit dem großzügigen Stadtpark im Rücken errichtet, wundervoll restauriert und hervorragend erhalten, ist es zu einem berühmten Balletttheater avanciert, das nicht nur geographisch eine wichtige Position zwischen Parma und Módena einnimmt. Zwei Ballettschulen liefern den Nachwuchs, Reggio gibt dafür viel Geld aus dem Stadtsäckel.

Die Ostseite des Platzes nehmen die **Musei Civici** 9 ein, die Städtischen Museen. Endlich sind die Sammlungen geordnet, die viel Kostbares und Interessantes zu bieten haben: die Naturkundliche Sammlung des Arztes Lazzaro Spallanzani etwa; die überraschend 1970 unter dem Platz entdeckte Münzsammlung aus Europa und dem Orient, die wohl ein römischer Soldat gehortet haben muß. Naturkundliches sammelte und vermachte der Stadt auch Baron Franchetti (gestorben 1932) – in Reggio pflegt man noch heute zu sagen, falls man nicht gut bei Kasse ist: »Ich bin nicht so reich wie Franchetti!« Aus einer zwar nicht reichen, aber bedeutenden Reggianer Familie stammte der 1886 verstorbene Archäologe Gaetano Chierici, der in der Folge der großen Forschertra-

Canossa

dition des 18. Jh. die erste italienische Sammlung prähistorischer Funde methodisch erforscht und chronologisch gesammelt hatte. Auch diese hat hier einen würdigen Platz erhalten – man könnte glatt einen ganzen Tag in diesen interessanten Museen von Reggio verbringen!

Keineswegs im Büßergewand: Die genüßliche Canossa-Tour

Das kleine Reggio besitzt eine aufregend schöne Provinz. Dem Apennin sollte die erste Tour gelten, denn gerade für den deutschsprachigen Raum ist Mathilde von Canossa ein Begriff: die Gräfin, durch deren Vermittlung Heinrich IV., im Büßergewand frierend, im kalten Januar des Jahres 1077 von Papst Gregor VII. auf der Burg Canossa empfangen und vom Kirchenbann befreit wurde. Die Lehnsherrin besaß damals ein Gebiet, das von der Toscana bis nach Mantua reichte, und sie verstand es, durch ein Kommunikationssystem von wehrhaften Burgen ihr Territorium zu schützen. Fast alle diese über die Hügel des Tosco-Emilianischen Apennin verteilten Burgen sind mehr oder weniger gut erhalten geblieben, teils in Privatbesitz, zum größten Teil aber entweder als Ruine oder als Museum (oder wie im Falle Canossa in Kombination) zu besichtigen.

Eine schöne Fahrt verspricht der ›Mathilde-Ausflug‹, der westlich von Reggio nell'Emilia über **Cavriago** nach **Montécchio Emilia** führt und weiter südwärts entlang dem schönen Grenzfluß Enza zwischen Parma und Reggio mit dörflichen Ansiedlungen: **San Polo d'Enza** 18 mit einem Fresko von Nicolò dell'Abate in der Pfarrkirche und **Ciano d'Enza.** Von hier ist es nur noch ein – landschaftlich schöner – Katzensprung bis zur hübschen Ruine von **Rossena** 19 auf hartem Granit. Im Gegensatz dazu wurde **Canossa** 20 (S. 409), das in Blickweite wie ein Adlerhorst auf einem Bergkegel steht, auf dem weichen Sandstein des Apennin gebaut, weshalb die wohl berühmteste Mathilde-Burg (›Gang nach Canossa‹) eher dem Verfall preisgegeben war. Die Ruine ist dennoch sehr reizvoll und das eingebaute historisch-archäologische Museum aufschlußreich. Unterhalb der Ruine sind die typischen *Calanchi* zu sehen, ausgewaschene Grate, halb von der Natur, halb vom Menschen verursacht – jedenfalls eine, wenn auch fotogene Umweltzerstörung, die den Boden immer mehr der Erosion preisgibt.

Mathilde pflegte ihre Residenz im Sommer, wenn es in Canossa zu schwül wurde, zu verlassen und hügelaufwärts nach **Carpineti** 21 zu ziehen. Wie Schornsteine auf steilem Dach sehen die beiden Türme der Festung von weitem aus. Die Fahrt dahin wird belohnt mit landschaftlichen Reizen, denn Kastanienwälder bedecken hier die Apenninkette. Die romantische Ruine ist zwar nicht die berühmteste Mathilde-Burg, war aber ihre bedeutendste, in der immerhin zwei Konzile stattfanden. Im viereckigen, mächtigen *Maschio* wohnen heute nur Tauben, die lärmend aufschrecken, wenn Besucher hineinklettern.

Nördlich von Reggio: Die sanfte Pianura und ihre Überraschungen

Die *Pianura,* das ist hier die Po-Ebene, die sich die Provinz im Norden mit der Lombardei teilt. Die sanfte, flache Landschaft täuscht Bedeutungslosigkeit vor – dabei hat sie so manche Überraschung zu bieten.

Die Gonzaga-Stadt **Novellara** 22 (S. 425) ist auf schmalen Straßen über **Ba-**

Am Schloßplatz in Gualtieri

gnolo in Piano erreichbar. In der restaurierten Rocca sind im Museo Gonzaga einige Sammlungen untergebracht: in den Kellergewölben das Lambrusco-Museum, im Erdgeschoß ein Bauernmuseum; am bedeutendsten ist wohl die größte Sammlung von Orsi-Fresken, die einst teilweise die *Rocca* selber zierten, teilweise im nahen Jagdschloß Casino di Sopra abgenommen wurden. Der Manierist Lello Orsi (1511–1587) wurde erst in den letzten Jahren richtig entdeckt und einer breiteren Öffentlichkeit durch Ausstellungen und einen dikken Katalogband zugänglich gemacht. Sehr reich ist auch die Bibliothek mit dem Archiv der Gonzaga und den Resten der Kapuzinerbibliothek.

Überhaupt gilt das Gonzaga-Schloß als eine Fundgrube. Sogar ein Teatro Ducale, erst 1987 restauriert, das für kommunale Zwecke benutzt wird, ist hier zu finden. Unter dem wachsamen Auge der Polizei, die hier ebenfalls ihr Quartier hat, wie auch die Gemeindeverwaltung: nicht viel anders als zur Zeit der Gonzaga, als alle weltliche Macht an einem Platz vereint war. Und die kirchliche ihr nicht wenig zur Hand ging ... Beim Heraustreten aus der Schloßanlage links: der älteste Teil der Stadt aus dem 15. Jh., mit breiten Laubengängen von immerhin 3 km Länge. Der neuere Teil aus der Gonzaga- und Orsi-Zeit, also ein Jahrhundert später, ist auf dem Reißbrett entstanden, in Planquadrate unterteilt. Novellara war die Münzprägestätte der Gonzaga und Ort einer blühenden jüdischen Gemeinde, die ohne Ghetto im eigenen, offenen Viertel lebte.

Den Namen verdankt die nächste interessante Station dem Langobardenführer Gualtiero (8. Jh.): **Gualtieri** 23 (S. 417). *Piccola capitale del Po* nennen sie ihre Bewohner liebevoll, ist der Ort doch – fast – nicht mehr als das riesige Renaissance-Schloß der Bentivoglio um den gleichnamigen quadratischen (100 m × 100 m), arkadenumstandenen Platz. Geradezu kolossal (32 m lang, 17 m breit und bis 18 m hoch) ist der passend *Sala degli Giganti* genannte Prunksaal mit den Darstellungen aus Torquato Tassos ›Jerusalem ist befreit‹. Man beginnt oben links nach dem Eingang zu ›lesen‹, wo ein Engel zu Goffredo di Buglione, einem berühmten Führer der Kreuzzüge, sagt: »Geh und befreie Jerusalem!« Die Giganten im vorletzten ›Bild‹ oben erinnern stark an Giulio Romanos Darstellungen im Palazzo Tè von Mantua. Während im unteren Bereich die meisten Fresken verschwunden sind, haben die oberen die Jahrhunderte wundervoll überdauert.

Antonio Ligabue (1899–1965) ist eine neuzeitliche Berühmtheit aus Gualtieri: Sohn einer Dirne, in Zürich geboren, von der dortigen Polizei mit 19 Jahren in ›seine Heimatstadt‹ Gualtieri, wo sein Stiefvater herkam, strafverschickt. Ein unbequemer, auch ein wenig irrer Zeitgenosse, wie die Schweizer fanden. Wenn sich die alten Leute von Gualtieri an ihn erinnern, dann ebenfalls mit gemischten Gefühlen. Er starb arm, seine Bilder aber wurden so berühmt, daß sie heute Millionen wert sind. Im Palazzo Bentivoglio haben sie nun seit 1988 eine ständige Bleibe gefunden. Eine Bronzebüste des Malers steht auf der Piazza, man ist also doch stolz auf diesen ›Sohn‹ der Stadt?

Sehr lombardisch wirkt auch **Brescello** 24. Ein Nest mit starkem Wohlstandsgefälle zwischen reichen Großgrundbesitzern und armen Bauern, Schauplatz der weltberühmten Filme nach Guareschi um den kommunistischen Bürgermeister Peppone und den nicht immer gottesfürchtigen Pfarrer Don Camillo.

Richtig Reisen
Thema

›Il Cristo di Don Camillo‹

Stefano Bonini rennt über den Marktplatz, der eigentlich der Kirchplatz ist, zum *Forno*, dem Lebensmittelladen mit Backstube an der Piazza Geometra Pompeo, um nach Gabriele Mignori zu suchen. Dieser hat den Schlüssel, heißt es im Dorf, ist aber gerade unterwegs. »Warten Sie, Signora«, lächelt der *Vigile urbano*, der Ordnungshüter von Brescello, schwingt sich auf das nächststehende Fahrrad und radelt davon. Wenige Minuten später sind beide zurück.

Der Schlüssel öffnet die Tür zum Museum. Nicht irgendeines, sondern *das* Museum von Brescello, das Dorf, das durch den Kino-Kassenschlager ›Don Camillo und Peppone‹ weltberühmt wurde, ohne daß jemand genau weiß, wo es eigentlich liegt. Gesucht wurde damals ein beschauliches Dorf, dessen Rathaus und Kirche sich so gegenüberstanden, daß die hinreißenden

Auftritte zwischen der Obrigkeit und der Kirche mit Hilfe der Filmkamera wirksam ins Bild gesetzt werden konnten. Wichtig war auch, natürlich, die Po-Landschaft. Brescello liegt genau an diesem Schicksalsfluß Oberitaliens und war damals, 1951–1965 noch von Überschwemmungen bedroht. Doch erst ab dem dritten Film wurde Brescello auch

Módena – mehr als ein Schild an der Autobahn

■ (S. 423) Es soll tatsächlich Italienreisende geben, die niemals das Bedürfnis verspürt haben, sich in Módena umzusehen. Sie betrachten die Stadt lediglich als einen wichtigen Autobahnkreuzpunkt. Oder nur als der Geburtsplatz des immer mehr gepriesenen *Aceto balsamico* und dreier italienischer Edel-Autos, die allesamt in der Umgebung fabriziert werden: Maserati, Lamborghini, Ferrari. Der alte Ferrari sagte einmal von Módena, dies sei »ein Land der Rebellen, von Leuten, die nicht immer ruhig sind. Blut und Verstand sind hier gut vermischt. Es ist ein hartnäckiger, fähiger und verwegener Menschenschlag, genau der Typ, den man braucht, um Rennwagen zu bauen ...«

Interessant ist die industrielle Struktur der 600 000 Menschen zählenden Provinz: Im Bereich Mechanik und Elektrik

namentlich erwähnt, spielte es zum Stolz seiner Bewohner eine echte Rolle in den Episoden der beiden Hauptdarsteller Fernandel und Gino Cervi.

Es ist sicher kein Zufall, daß der ›Erfinder‹ der beiden Gestalten und ihrer Geschichten, der Romancier Giovanni Guareschi, aus dem nahen Róncole Verdi bei Busseto, dem Verdi-Geburtsort, stammte. Und natürlich haben die Róncoleser ebenfalls einen Freundeskreis gegründet, wofür die Emiliani ohnehin eine Schwäche haben. *Amici di* ... gibt es für fast alle Lebensbereiche ... Doch zu einem Museum haben es nur die Leute von Brescello gebracht, im Sommer 1989 konnte es eröffnet werden. Mit einem spektakulären Streit zwischen eben jenen *Amici* und dem Dorfpfarrer – als wär's ein Stück vom richtigen Film: Nachdem man so ziemlich alle wichtigen Requisiten der fünf Filme beisammen hatte, auch einen russischen Panzer, der nun auf der Piazza steht, und die Pappmaché-Glocke, die jetzt zum Schutze vor Regen in einem Bogengang der Dorfstraße hängt, wollte man natürlich auch das Kruzifix haben, das zu Fernandel/Don Camillo gesprochen hatte. Don Giuliano Cugini aber, der Dorfpfarrer, sträubt sich, den ›Herrgott‹ herauszurücken, auch wenn die ›Freunde‹ aufmüpfig klagten und die Tageszeitung Il Resto del Carlino zitierten, das Kruzifix sei schließlich ›Il Cristo del film!‹ Der pfiffige Priester hatte sich aber ausgerechnet, mit dem so berühmt gewordenen Kruzifix für die Kirche selber ein gutes Geschäft zu machen: mit Postkarten- und Aufkleberverkauf, auf denen Filmszenen zu sehen sind – und einer Zeichnung im Heiligenbildchen-Format, die tatsächlich ›Il Cristo di Don Camillo‹ zeigt ... Das Kruzifix ist in der Dorfkirche nicht wie im Film am Hochaltar, sondern in einer Kapelle gleich links nach dem Eingang zu finden. Und im Museum werden nicht nur Filmaufnahmen und Bilder, die von der Bevölkerung während der Dreharbeiten geschossen wurden, gezeigt. Es sind auch alle fünf Filme auf Video zu sehen. Don Camillo und Peppone zum Anfassen. Und Don Camillo und Peppone zum Genießen – denn die beiden Bars an der weltberühmt gewordenen Piazza haben natürlich die entsprechenden Beinamen bekommen und sorgen mit passender Ausstattung und Bildern an den Wänden dafür, daß die beiden Filmhelden nicht in Vergessenheit geraten.

arbeiten etwa 50 000 Menschen, in der Bekleidungsindustrie 30 000, keramische Fliesen fabrizieren 25 000 Erwerbstätige, 20 000 sind in der Bauwirtschaft beschäftigt und 60 000 in der Dienstleistungsindustrie. Insgesamt sind bei der Industrie- und Handelskammer der Provinz Módena etwa 21 000 Handwerksbetriebe mit durchschnittlich zehn Mitarbeitern eingetragen. Landwirtschaft und Viehzucht dagegen lassen sich mit immer weniger Erwerbstätigen bewerkstelligen, hier arbeiten nur 31 000 Menschen, was knapp 11 % der Erwerbstätigen entspricht. Dabei gilt für Módenas Provinz: Hier kommt auf jeden Einwohner ein Schwein (in Reggio zwei!), dafür aber ist die Rinderzucht noch bedeutend und der Anbau von Obst und Gemüse. Typisch für Módena und seine Provinz sind daher Markttage. Der moderne Markt als Programm, der Markt auch als Börse im neuen Kleid, letzten Endes aber nichts anderes als der Viehhandel

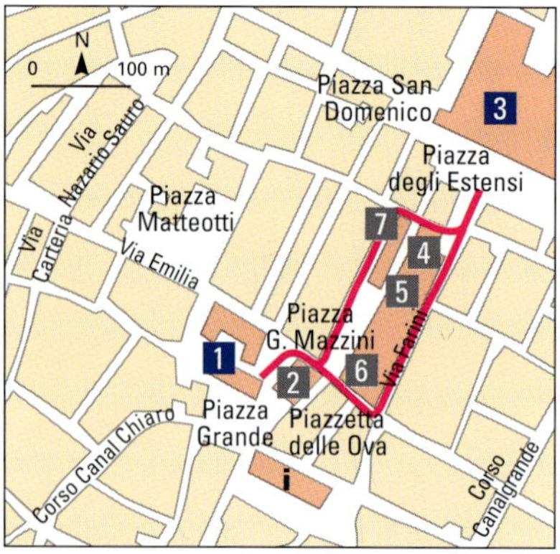

Módena: *1 Kathedrale 2 Palazzo Comunale 3 Palazzo Ducale 4 Chiesetta di San Giorgio 5 Caffeteria Giusti 6 Molinari 7 Synagoge*

per Handschlag. Nur jetzt per Computer, modernen Zeiten angepaßt. Kein Wunder, daß durch den sprichwörtlichen Fleiß seiner Bürger Módena als eine der reichsten Städte Italiens gilt.

Módena, schon 183 v. Chr. römische Kolonie an der *Via Emilia*, seit 1288 im Besitz der Este, die 1452 zu Herzögen erhoben wurden und die Stadt bis 1814 behielten, als diese Österreich in die Hände fiel. Zusammenschluß mit dem Königreich Italien 1860. Aus der ›Straßenkreuzung Europas‹, wie die Stadt auch gerne wegen ihrer verkehrsgünstigen Lage genannt wird, wurde ein hochtechnisiertes Zentrum.

Bei näherem Hinsehen entpuppt sich Módena mit seinen 180 000 Einwohnern durchaus als besuchenswerte Stadt, und als Schlemmerdorado außerdem. »Eine einfache Stadt, eine echte Stadt, meine Stadt«, sagte einmal Luciano Pavarotti, der Tenor, der sich bekennt, ein »überzeugter Módeneser« zu sein. Mehrere Kanäle (heute nur noch an den Straßennamen zu erkennen), wie das Canalgrande, durchflossen einst das Zentrum und verbanden Módena mit dem Po und damit auch mit der Lagune und Venedig. Erst 1850 wurden die Wasserstraßen zugeschüttet bzw. überbaut. Geblieben sind die typischen Paläste, die einst die Kanäle umstanden, und die Enge. Und so hat sich die Stadt etwas Heimeliges bewahrt, außer an der Piazza Grande auf der Südseite des Domes: Hier wurden alle kleinen Geschäfte und Buden, die den Dom umstanden, im Zuge seiner Restaurierung 1984 endgültig ›zwangsversetzt‹ in das Gebiet Richtung Markthalle, einem schönen Gußeisenbau der Jahrhundertwende, der bereits seit 1931 den Großteil der Marktstände aufnahm. Geblieben ist ein großer, leerer, seelenloser Platz, der früher das Herzstück der Stadt war und auf dem per Dekret seit 1327 samstags Markt gehalten wurde (von den Franzosen auf den Montag verlegt). Geblieben sind aber die *Portici*, wichtig für die Verbindung von Privatbereich und Öffentlichkeit. Bauern und Händler fanden hier Schutz und Platz, wenn sie an Markttagen kamen, und die Einheimischen, wenn es regnete. Anfangs waren es nicht mehr als Wetterdächer vor den Geschäften des Erdgeschosses, auf Säulen oder Pfeilern gestützt. Dann überbaute man diese, um – auch hier wie in Bologna per Verordnung festgelegt – zusätzlichen Wohnraum zu gewinnen. Als dritte Stufe folgte die Ausschmückung der so entstandenen Bogengänge, oft mit burlesken Motiven. So wurden sie zum städtebaulichen Kunstwerk.

Endlich ist die Restaurierung der Módeneser **Kathedrale** 1 beendet. Der ursprünglich romanische Dom (Grundsteinlegung 1099) wurde von seinen Barockverkleidungen und dem Kalkweiß befreit, der großartige *Pontile*, der Lettner mit den romanischen Steinmetzarbeiten Campioneser Meister wieder zusammengefügt, dessen dafür farblich eindringlich gefaßter Marmor von römischen Bauten stammen soll wie das Material der Kanzel. Einem Säulenwald ähnelt die weite Krypta mit dem Grab des in Módena heiß geliebten San Sigismondo. So zeigt sich der Dom wieder im warmen Farbton des *Cotto*, rotbraun wie fast die ganze Stadt. Nur die schöne, gleichmäßige Fassade mit den wundervollen Steinmetzarbeiten und der großen Rosette ist marmorverkleidet, wie der Campanile, der etwas deplaciert an der Nordostecke bei den Chorapsiden steht. Dieser 88 m hohe Glockenturm heißt *Ghirlandina* und ist das Wahrzeichen der Stadt. Etwas schief steht er und gilt als einer der bedeutendsten Türme Oberitaliens. Zusammen mit dem Dom 1099/1100 begonnen und erst 1319 vollendet, überragt er Módena und diente der Stadt als Wachtturm und Aufbewahrungsort wichtiger kommunaler Urkunden und Privilegien. Auch der hölzerne Eimer *(la sechhia rapita)* wurde im Turm

Der Dom in Módena

Blick auf den Palazzo Ducale

aufbewahrt und befindet sich jetzt im **Palazzo Comunale** 2. 1325 raubten die Módeneser diesen Eimer den Bolognesern als Beweis dafür, daß sie sich aus der verfeindeten Nachbarstadt alles holen könnten, wenn sie nur wollten. Heute wird er immer wieder von Bologneser Studenten entwendet und gegen symbolische Ablöse zurückgegeben. Ein Handstreich, der nach Aussagen ernstzunehmender Módeneser durchaus eine Städtefeindschaft des Mittelalters fortsetzt ... Die *Secca* kann im ersten Stock des Rathausplatzes im Flur zu den Amtsstunden problemlos bestaunt werden. Ebenso wie die mit Tugendbildern freskierte Sala del Vecchio Consiglio (17. Jh., heute Trausaal) und die Sala del Fuoco (mit dem großen Kamin). Die Rathausuhr von Lodovico Gavioli (1867) wird jeden Morgen mit einem riesigen Triebel aufgezogen – ihr Werk bedient gleichzeitig die 40 m entfernte Uhr über der Piazzetta delle Ova!

An der Piazza Roma, seit 1995 Piazza degli Estensi genannt, breitet sich der immense **Palazzo Ducale** 3 aus, der wohl schönste Sitz einer Militärakademie Italiens, die allerdings die bedeutendste des Landes ist. Mit Prunksälen und Ausstellungsräumen, die man auf Anfrage besichtigen kann. Schön, daß damit ein wichtiges Beispiel profaner Architektur des 17. Jh. der Öffentlichkeit zugänglich gemacht wird! Allein der *Cortile d'onore*, der Ehrenhof mit seinen beiden Arkadenreihen, ist schon den Besuch wert – man kann sich gut vorstellen, mit welchem Prunk die größten historischen Persönlichkeiten wie Napoleon, Papst Pius VII., König Vittorio Emanuele, Carlo Felice, natürlich auch Garibaldi und König Umberto von Italien am Hofe der Estensi und in ihrer Nachfolge empfangen wurden.

Schräg gegenüber breitete sich im Mittelalter das jüdische Ghetto aus. An der Via Farini befindet sich auch die

Chiesetta di San Giorgio 4, die vom selben Baumeister wie der Palazzo Ducale gebaut wurde, aber mit ihrer niedrigen Kuppel in schlichterem Barock der an sich bäuerlichen Struktur der Stadt besser angepaßt ist. So ist es kein Wunder, daß dies die Hochzeitskirche der Módeneser ist. In der ehemaligen Drogerie hat sich 1910 links vom Kirchlein die dunkelgetäfelte **Caffeteria Giusti** 5 etabliert, eine der beliebtesten der Stadt, neuerdings mit Bar. Eine gute Altstadtadresse ist die Via Farini, hier wohnen alteingesessene Familien und hier finden sich feine Modeläden. Ecke *Via Emilia* und Via Farini liegt die größte und beliebteste Bar der Stadt, **Molinari** 6, und links beginnen die Portici del Collegio, die schönsten und elegantesten Módenas. »Andiamo a fare la vasca«, sagen die Einheimischen, wenn sie zur *Passeggiata* unter diesen Arkaden der Via Emilia aufbrechen wollen. Rechter Hand öffnet sich die große Piazza Mazzini mit Palästen ab dem 17. Jh. und der klassizistischen, etwas verstaubt wirkenden **Synagoge** 7 (Módena besitzt keine jüdische Gemeinde mehr). Linker Hand aber führt der Durchgang unter dem Uhrturm hinter der kleinen Piazzetta delle Ova (im Mittelalter der Eiermarkt) direkt unter den Palazzo Comunale und damit zurück zur Piazza Grande. Módena besitzt übrigens zwei Theater mit Tradition: das Teatro Comunale, ein Musik- und Balletttheater, und das erst 1986 total restauriert wiedereröffnete Teatro Storchi als Prosatheater.

Ausflug nach Norden

Die Straße Nummer 413 von Módena nach Carpi zählt stückweise zu den schönsten der Provinz, gleicht einem grünen, sich schlängelnden Tunnel aus *Carpine:* Hainbuchen mit großen schweren Blättern, die über der Straße zusammenwachsen. Der Ruhm ihrer Strickwaren eilt **Carpi** 25 (S. 409) so sehr voraus, daß man fast kein Verlangen verspürt, die Stadt selbst aufzusuchen: Was wird hier schon zu erwarten sein außer Fabrikhallen auf dem flachen Land? Diese sind tatsächlich außerhalb angesiedelt, geben 20 000 der 60 000 Einwohner Arbeit, Kinder und Alte mitgerechnet, die ja gar nicht erwerbstätig sind. 17 % der in Italien hergestellten Textilien stammen aus Carpi (weitere wichtige Zentren sind das toscanische Prato mit seinen Garnfabriken und das lombardische Gallarte für Konfektion). Drei große (Carma, Fontana Pignati und Umberto Severi) sowie 1200 kleine Unternehmen haben Carpi zu dem gemacht, was es heute ist. Und diese im Grunde sanfte Industrialisierung hat der schönen alten Stadt nicht geschadet, sie im Gegenteil mit neuem Leben erfüllt.

Unglaublich wirkt die Weite des Hauptplatzes von Carpi, einem der größten Plätze Italiens! Soll das eine Kleinstadt sein mit dieser riesigen Piazza Martiri? Genau gegenüber dem Portico del Grano, an der nur 60 m kurzen Schmalseite des Platzes, erblickt man die ausladende Fassade der Kathedrale, 240 m entfernt am anderen Ende des Platzes. Rechter Hand liegt das Rathaus mit freundlichem Informationsbüro, nördlich davon das hübsche Teatro Municipale mit seinen kannelierten Säulen.

Die östliche Begrenzung der Piazza Martiri bildet die fast monströse Ziegelfront einer Festung: der Palazzo Pio. Ihm gegenüber, fast die ganze Platzlänge einnehmend, zieht sich eine endlos scheinende Arkadenreihe: 24 Bögen in Domnähe, ein höherer Bogen als Durchfahrt für die breite Gasse und nochmals

Die fleißigen Frauen von Carpi

Die Textilweberei begann 1945 gleich nach dem zweiten Weltkrieg. Die Kriegerwitwe Maria Nora lernte auf einem Fest Enzo Martinelli, den Techniker einer inzwischen geschlossenen Garnfabrik kennen. Sie verkaufte auf Märkten sehr erfolgreich als ›fliegende Händlerin‹ alles, was sie in die Finger bekam, hauptsächlich Wäsche, ob alt oder neu. Weil sie mehr brauchte als zu haben war, beschlossen beide, sich eine alte Strickmaschine zu kaufen und selber Wollsachen zu produzieren. Das Geschäft begann zu florieren, die neidischen Marktkollegen wollten wissen, woher sie die Waren hatten. »Sagen Sie Ihrem Konkurrenten, wo Sie den besten Wein herbekommen?« schmunzelt Martinelli beim Erzählen. Also produzierten sie immer mehr und verkauften die Ware gleich an die anderen Händler. Das war in Carpi nichts Neues, sondern eine alte Tradition: Die Bauern mußten sich ja auch im Winter, wenn sie nicht auf dem Feld arbeiten konnten, irgendwie beschäftigen, sagt Maria, also gab es viel Heimarbeit. Gefördert zunächst durch eine *Casarini*-Familie, die hier eine spezielle Herstellung von feinen Strohhüten (eigentlich aus feinsten Spänen der Weiden) und Wollsachen einführte (schön im Städtischen Museum von Carpi demonstriert). Aber richtig industriell wurde die Sache erst mit Maria und Enzo, als sie Carma gründeten. Und heute: Bei Carma haben mehrere Designer bedeutender Modefirmen ihr eigenes Büro. Unter absoluter Geheimhaltung zeichnen sie die Modelle, die anschließend in den großen Hallen produziert werden. Platz und Know-how stellt Carma, so entsteht aus Massenproduktion individuelle Mode. Die Wollstoffe jedoch werden nur noch zum kleinsten Teil in Carpi direkt hergestellt, weil Zulieferer aus dem norditalienischen Biella das preiswerter erledigen.

27 Bögen zum Getreidespeicher hin. Auf einer Länge von insgesamt 210 m! Keine Frage, daß die Piazza Martiri nicht nur eine der größten, sondern auch eine der schönsten Italiens ist.

Das Castello Pio lohnt einen Besuch wegen der interessanten Sammlungen des Museo Civico zur Geschichte der Stadt. Hier lernt man, daß die Stuckierung der Altartafeln eine Idee ist, die in Carpi geboren wurde: Marmor war zu teuer, Marmorimitate kamen in Mode, ihren Siegeszug in Richtung Toscana und Lombardei traten sie hier an. Ebenfalls dokumentiert wird, wie die Bauernfrauen jahrhundertelang in mühsamer winterlicher Heimarbeit die Weiden zu feinen Zöpfen zu flechten und zu zarten Hüten oder Taschen zusammenzunähen verstanden.

Ein Mahnmal gegen die Unmenschlichkeit der Kriege ist das Museo del Deportato (der aus politischen und rassistischen Gründen Deportierten) in einem Teil der Festung, in deren Innenhof man in Form von Stelen mit den Namen aller europäischen Orte des Grauens gedenkt. – Nur 3 km nördlich von Carpi stand in Fóssoli ein Konzentrationslager. In Begleitung ist sein Besuch über das Sekretariat des Bürgermeisters von Carpi möglich.

Das Kleinod Carpis steht fast versteckt hinter dem Castello am Piazzale Re Astolfo: Santa Maria in Castello, liebevoll *La Sagra* genannt. Will man der Legende glauben, ist sie Carpis älteste Kirche und Anlaß für die Stadtgründung: Langobardenkönig Astolfo soll auf der Jagd seinen Falken aus den Augen verloren haben. Erst ein paar Tage später entdeckte er ihn auf einem *Carpine*-Baum. Zum Dank für den wiedergefundenen Falken, der ihm sehr viel bedeutete, ließ Astolfo an jener Stelle eine Kirche bauen. Urkundlich wurde der Grundstein 751 gelegt, die Legende aber spricht von 752. Von der ersten Kirche ist gerade noch der Grundriß erhalten. 1184 wurde der zweite Bau eingeweiht, den allerdings der mächtige Alberto Pio III. 1514 um sage und schreibe 19 m kürzen ließ, um seinem festungsartigen Palast mehr Freiraum zu geben. Heute mißt der Kirchenraum nur noch eine Länge von 8 m. Trotz dieser Verstümmelung hat die Kirche schöne Steinmetzarbeiten (vor allem an den Apsiden außen, am weißmarmornen Sarkophag Manfredo Pios und an der Kanzel mit den vier Evangelistensymbolen von 1140) und zarte Freskenreste (besonders schön die – restaurierten – giottesken in der Capella di Santa Catarina) aus Romanik und Gotik zu bieten. Der Campanile von 1221 blieb so, wie er gebaut wurde und dient noch heute der Kathedrale (!) als Glockenturm.

Eine Fahrt nach **Mirándola** 26 ist am schönsten am zweiten Sonntag des Monats, wenn *Mirándola Antiquaria* angesagt ist, die Antiquitätenmesse. Sie beherrscht dann das früher selbständige Fürstentum, von dessen Glanzzeit nur wenig die Jahrhunderte überdauert hat. Erhalten blieb zum Beispiel der Turm des Palazzo dei Pico, der recht dekorativ inmitten dieses Städtchens voller uralter Platanen steht. Und der hübsche Palazzo della Ragione, heute Rathaus, mit seinen Terrakotta-Friesen am anderen Ende des weiten Platzes. Dahinter verbirgt sich die Collegiata, ab 1432 ganz aus Backstein erbaut mit Friesen und gedrehten Wülsten ringsum als Dekoration.

Die kostbaren Pergamente von **Nonántola** 27 (S. 425) leiden an einer ›Hautkrankheit‹, sind z. T. bereits total zerstört. Wenn kein Wunder geschieht, meint der alte Don Gavioli, Herr über die jahrhundertealte Bibliothek des einst reichen Klosters, wird man die Schriften nur noch aus Kopien kennen ... Nonántola ist römischen Ursprungs, wurde vom Langobardenfürsten Anselm aus dem Friulaner Cividale wiederentdeckt, als er, Mönch geworden, ein Kloster bauen wollte: Nonántola wurde bald unter kaiserlichen Schutz gestellt und reich beschenkt mit Reliquien und Ländereien. Die Erbpacht wurde zur Beruhigung der Landarbeiter eingeführt, die eine wichtige soziale Funktion bekommen und mehr als 900 Jahre behalten sollte (erst in den 70er Jahren teilweise aufgehoben): Alle Landarbeiter, die am Bau der Mauer beteiligt waren, erhielten zusammen 1000 ha Land für sich und alle direkten Nachfahren. Die Schreibschule von Nonántola war für die Entwicklung der Schrift vom 8. bis ins 10. Jh. führend. Karl der Große jedoch konnte seine Urkunden von 798 (in der ersten

Glasvitrine des Archivs aufbewahrt) nicht selber unterschreiben – er war Analphabet: So setzte er nur ein Kreuz ins Signum ... Auch Mathilde von Canossa und ihr Vater Bonefacio hinterließen Urkunden und mehrere Ländereien, allerdings nur für eine hundertjährige Pachtzeit, womit die sogenannten Schenkungen anschließend wieder den Canossa zufielen.

Die Klosterkirche von Nonántola: 751 gegründet, 1117 beim verheerenden Erdbeben, das auch Parma und Piacenza in Mitleidenschaft zog, Módena aber verschonte, fast völlig zerstört, schon 1121 wieder eingeweiht. Das Portal aber wurde falsch eingesetzt: Die beiden Innenfriese rechts und links gehören nach außen, was an der Fortsetzung der Rankenmotive im Bogen darüber gut zu erkennen ist! Mehrere Umbauten folgten, 1914–1917 aber wurde gründlich und vielleicht über-restauriert. Die Krypta ist ein wahrer Säulenwald: Hat schon die Unterkirche von Módena mit ihren 30 Säulen fasziniert – wie steht man erst vor diesen 86! Viele Kapitelle sind leider ›verlorengegangen‹, als die Krypta zugeschüttet wurde. Erst seit 1989 ist dieser schöne Teil der Kirche wieder zugänglich.

Der Schatz der Benediktinerabtei liegt versteckt hinter dem Archiv in einem Tresor: u. a. der vergoldete Arm des San Silvestro und Buchdeckel mit Edelsteinen. Daß diese erhalten sind, hat man der Vorsicht der Priester während der Napoleonischen Kriege zu verdanken: Sie versteckten alles im Sarkophag des Heiligen. Dann starben nach und nach alle, die das Geheimnis kannten. Erst 1950, als man den Zustand der Reliquie prüfen wollte, wurde der Schatz wieder entdeckt. – Die Gemeindeverwaltung von Nonántola hat ihren Sitz in den meisten der früheren Klosterräumen. Sie besitzt eine reiche Bibliothek mit insgesamt vier historischen Archiven, darunter eine bedeutende Sammlung hebräischer Handschriften (16./17. Jh.), etwa 400 an der Zahl, die als Hüllen von Archivbänden dienten und so die Jahrhunderte fast unbeschadet überlebten. Ebenso wie die 110 des Kommunalen Archivs, die alle Sitzungen des Rates seit etwa 1400 festgehalten haben, auf Schafspergament und inzwischen mit einer neuen Methode perfekt restauriert (durch Einfügen chinesischer Lammhaut). Eines der bedeutendsten Dokumente sind die Agrarstatuten der Gemeinde von 1419. 1983 wurde im früheren Refektorium ein mittelalterlicher Freskenzyklus entdeckt, der nun das 1990 eingerichtete Museo Civico (auf Anfrage im Rathaus zu besichtigen) schmückt.

Bologna: Rossa, dotta e grassa

■ (S. 405f.) Diese Beinamen trägt Bologna mit Würde: Rot steht für die Ziegeldächer und die Bauten aus roten Backsteinen – und die politische Richtung; gebildet für die erste Universität des Kontinents; fett für den fruchtbaren Boden um sie herum und für die Küche – aber sicher auch für die Art der Stadt, sich seit Jahrhunderten wohlig im Erreichten zu räkeln.

Wer über die anstrengend dichtbefahrene Ringautobahn Bologna, 2000 von der UNESCO zur Kulturhauptstadt erklärt, endlich erreicht hat und ins Zentrum vordringt, wundert sich: Soll dies die geschäftige Wirtschaftsmetropole sein? Den mittelalterlichen Charakter hat das Herz der Stadt nämlich durch strenge Sanierungskonzepte wundervoll erhalten können, hat menschliche Dimensionen (für höchstens 382 000 Menschen Lebensraum zu sein) behalten dürfen. Und daß es auch bei schlechtem Wetter (oder gleißender Sonne) nicht ungemütlich wirkt, dafür sorgen die angeblich mehr als 40 km Bogengänge *(Portici)*: Niedrig und eng sind die mittelalterlichen, obwohl nach einer Bestimmung aus dem 13. Jh. bereits die Höhe für Roß und Reiter genügen mußte, mindestens 2,66 m Höhe betragen – hoch und großzügig und meist freskiert die aus Renaissance und Barock. Gebaut wurden die ersten, um den großen Zustrom von Studenten und freigelassenen Leibeigenen aufnehmen zu können: Die oberen Stockwerke wurden dadurch jeweils um die Tiefe der Laubengänge vergrößert. – Auffällig sind innerhalb des dritten Mauerringes die dunkelroten Stoffrollos vor den Fenstern, die grünen, braunen oder grauen Fensterläden und die roten *(rosso bolognese)* oder ockerfarbenen Häuserfronten, wenn sie nicht nacktes Backsteinrot zeigen – auch dies

Bologna: *1 San Petronio 2 Palazzo dell' Archiginnasio 3 Museo Civico Archeologico 4 Palazzo dei Banchi 5 Palazzo dei Notai 6 Palazzo Comunale 7 Palazzo di Rè Enzo und Palazzo del Podestà 8 Torre Asinelli und Torre Garisenda 9 Santo Stefano 10 Corte Isolani 11 Collegio di Spagna 12 Pinacoteca Nazionale 13 Kloster San Domenico 14 Madonna di San Luca*

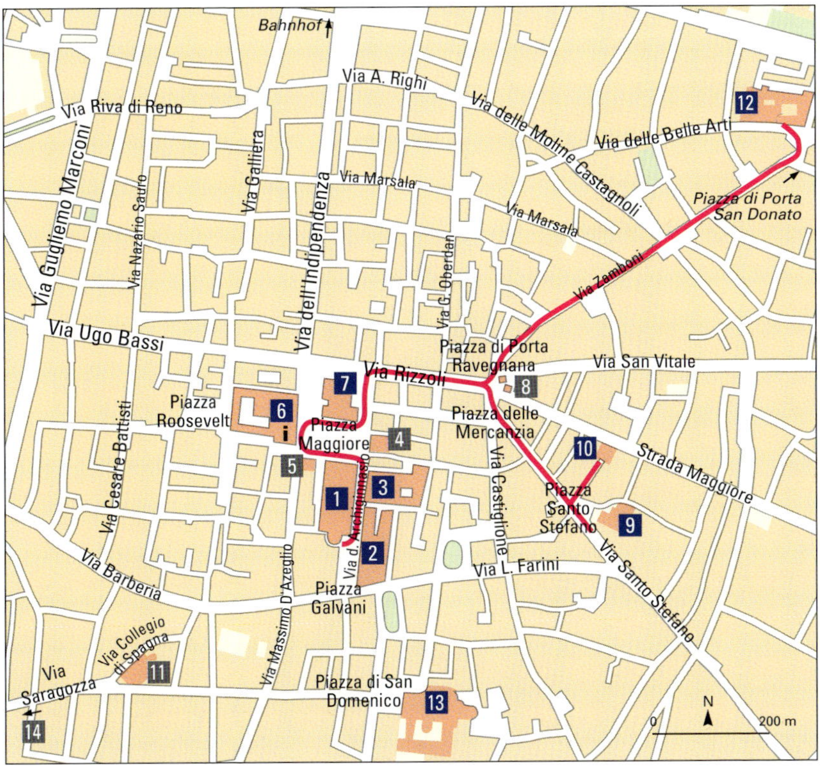

durch ein mittelalterliches, kommunales Dekret entstanden und bis heute eingehalten. Was die Zeit weniger gut überdauert hat, ist der Sandsteinschmuck an den meisten Ziegelfassaden. Nicht die Jahrhunderte vor uns haben ihm geschadet, sondern der dichte ›neumodische‹ Smog über Bologna, den zu bekämpfen sich die Stadtverwaltung mit Hilfe von autofreien Zonen zum Ziel gesetzt hat. Bereits mit einigem Erfolg.

Geschäftsleuten bietet Bologna eine ausgewogene, fast durchweg teure Hotellerie. Von Messekunden allein lebt Bologna schon recht gut, gibt es doch im Jahr mindestens sieben internationale, fest etablierte Veranstaltungen (Schuhe und Delikatessen, Kosmetik, Kinderbücher und Keramik, Motor-Show im Dezember und vor allem die Mustermesse im Juni) sowie mehr als ein Dutzend sporadische. Kulturreisenden mit bescheidenerem Etat empfiehlt sich der Aufenthalt außerhalb, etwa im nahen Imola oder in den 40–60 km entfernten Kurorten Riolo und Porretta Terme. Freunde Lukullus aber müssen sich von Bolognas Restaurants verfüh-

ren lassen, auch wenn die Pasta-Soße *à la Bolognese* nicht jedermanns Geschmack sein mag! Sie ist nur ein Gericht der erfindungs- und fleischreichen Küche. Sie haben die Wahl zwischen nüchtern-modernen Hallen und eng-heimeligen historischen Türmen, Wohnhäusern etc., an denen im Sommer die Tische in den begrünten, rosen-duftenden Innenhof geschoben werden. Mitten in der Stadt!

Dann Einkaufen: Größte Verführerin ist die **Via Rizzoli** zwischen Piazza Maggiore und den beiden schiefen Türmen und die **Galleria Cavour** mit ihren luxuriösen Geschäften, die mit einem Blick zeigen: Bolognas Stärke sind Kleidung und Schuhe, aber auch Design und Schmuck. Kaum ein berühmter Name fehlt. Und zum Ausruhen: das traditionsreiche Caffè della Galleria. Die größte Einkaufsstraße der Stadt aber führt von der Piazza Maggiore am Montagnola-Park vorbei Richtung Bahnhof: **Via dell'Indipendenza**. In ihrer Fortsetzung nach Süden, wiederum von der Piazza Maggiore aus: die autofreie **Via d'Azeglio** mit Buchläden und Spielwarengeschäften, Galerien und Bars. Links in einer Passage: der Corte Galluzzi (Hof) mit schönem Restaurant. Für Feinschmecker-Einkäufe gibt es auf der anderen Seite der Piazza Maggiore ein ganzes Stadtviertel: die Fußgängerzone der **Via Pescherie Vecchie** und ihre Nebengassen, der sogenannte Mercato di Mezzo. Schlaraffenland, auch ein Augenschmaus, denn so schön wie in Bolognas ›Freßgassen‹ werden wohl nirgendwo die Auslagen und Geschäfte dekoriert. Den duftenden Verlockungen etwa aus der *Rosticceria,* Ecke Via Drapperie/Via degli Orefici, ist kaum zu widerstehen ...

Schon im 10. vorchristlichen Jh., in der Eisenzeit also, war der Platz ein wichtiges Handelszentrum zwischen Nordeuropa und dem Mittelmeerraum. Im 6.–4. Jh. v. Chr. etruskisch, bis 191 v. Chr. gallisch und unter den Römern ein *Municipium* namens *Bononia* (wovon der Weg bis ›Bologna‹ nicht mehr weit war) an der Via Emilia. Von den Byzantinern übernahmen im 8. Jh. die Langobarden die Herrschaft. Schon um das Jahr 1000 erhielt Bologna Stadtrechte und wurde zu einem geistigen

Blick auf Bologna, die Rote

In der Altstadt von Bologna

Zentrum mit der ersten Universität Europas, die 1988 ihr 900jähriges Bestehen feiern konnte. Im 14. Jh. nacheinander von den Pepoli, Visconti und der Kirche beherrscht, kehrte erst im 15. Jh. unter der Herrschaft der Bentivoglio (1401–1508) Ruhe ein. Sie führten die Renaissance ein, ohne jedoch so beflügelt zu werden wie ihre toscanischen Zeitgenossen, die Medici in Florenz. Der kriegerische Papst Pius II. riß wieder die Macht in Bologna an sich und führte die reiche Stadt erneut der Kirche zu, der sie danach drei Jahrhunderte lang gehören sollte. Auch 1798–1815 erlebte Bologna eine unruhige Zeit, zum Teil unter Napoleon, und wurde mit Unterstützung der Habsburger wieder kirchlich (bis 1860). In der Zwischenzeit aber, nach den *Risorgimento*-Kämpfen 1831 und 1848, wurde Bologna der Mittelpunkt der sozialistischen Bewegung, dann aber auch der faschistischen Reaktion. – Auch Mussolini, ein echter, hitziger Romagnole, ging diesen Weg und wurde schließlich zum Inbegriff des italienischen *Fascismo*. Zur Zeit der Republik von Saló (s. S. 221) wird Bologna Zentrum der Widerstandsbewegung der Emilia wie der Romagna und 1970 nach der Zusammenlegung Regierungs- und Verwaltungssitz der neu geschaffenen Doppelregion.

Bologna läßt sich wunderbar zu Fuß erkunden: Die Altstadt innerhalb des ersten Mauerrings ist fast durchgehend Fußgängerzone. In der Mitte liegt die **Piazza Maggiore**, umgeben von den ältesten und den vielleicht fotogensten Architekturdenkmälern der Stadt. Um einen so großen Platz zu gewinnen, wurden allein acht kleine Kirchen abgerissen, von den zahlreichen mittelalterlichen Häusern ganz zu schweigen. In Erwartung des neuen Jahres versammeln sich die meisten *Bolognesi* am 31. Dezember ab 22 Uhr auf der Piazza Maggiore, ihrem Lieblingsplatz, zu einem großen Fest, das alljährlich von der Stadt finanziert wird: Die Glocke des Arrengo-Turmes läutet, wie bei allen Festlichkeiten, die im ›Salon‹ Bolognas gefeiert werden, Sektkorken knallen. Hier findet auch am 14. August das Festival Canzone Emiliano statt, zum Gedenken an das Bombenattentat am Bahnhof, das am 2. August 1980 nicht nur Bologna erschütterte.

An der Piazza Maggiore steht auch die wichtigste Kirche der Stadt: nicht der Dom, der fast versteckt in der Via Indipendenzia um die Ecke zu finden ist, sondern **San Petronio** **1**. Wäre die Macht Roms nicht so stark gewesen, und Bologna nicht nur die ›zweite Stadt‹ des Kirchenstaates, die Bologneser hätten ihrem Heiligen das größte Gotteshaus errichtet – so wurde es ›nur‹ eine prächtige Kirche, die allerdings den Dom im wahrsten Sinne des Wortes in den Schatten stellt. Vom 25. September bis 5. Oktober wird zur Zeit der *Novena Petronio* die Kopfreliquie des Stadtpatrons, der ein innig geliebter Bischof war, mit zahlreichen Messen geehrt; das eigentliche, wichtigste Fest der Stadt. In der spätbarocken Petronio-Kapelle (zweite links) wird die goldene Tür des Altars geöffnet und den Gläubigen die Reliquie gezeigt (Petronios Grab aber steht in der Kirche Santo Stefano).

An San Petronio hat man nicht gespart: Von 1390 bis 1673 dauerten die Bauarbeiten, große Künstler wie der Toscaner Jacopo della Quercia (Portalskulpturen 1425–1438) und Giovanni da Módena (in der Kapelle des reichen Seidenhändlers Bolognini: die ›Reise der drei Könige nach Bethlehem‹, vierte Kapelle links, 1420) wurden für die aufwendigste gotische Ausstattung einer Kirche in Italien verpflichtet. Eine raffinierte Sonnenuhr kann hier außerdem bewundert werden: Im linken Seitenschiff kurz vor der Vierung öffnet sich ein kleines Loch zum Himmel. Wenn die Sonne durchkommt, gleitet ihr stark gebündelter Strahl diagonal durch das Seitenschiff vom ersten Pfeiler, auf den er trifft, zum Boden und darauf nach Westen entlang einer Messingschiene, und fällt, je nach Tages- und Jahreszeit z. B. auf Tierkreiszeichen. Es ist, als ob sich die Zeit materialisiere …

Tritt man auf der Chorseite im Südosten aus der Kirche, steht man auf der langgestreckten **Piazza Galvani**. In deren Mitte das Denkmal für den Bologneser Physiker Luigi Galvani, der Ende des 18. Jh. u. a. das nach ihm benannte Galvanisieren entdeckte, ohne es übrigens selbst richtig gedeutet zu haben, per Elektrolyse. In der Umgebung standen früher die Gießereien für die Bronzewerke, die in Bologna geschaffen wurden, u. a. von Michelangelo und von Giambologna (›Nettuno‹).

Linker Hand liegt der langgestreckte **Palazzo dell'Archiginnasio** **2**, in der Renaissance als Folgebau der mittelalterlichen Universität, die verfiel, errichtet, ein prachtvoller Gebäudekomplex, in dem der Rektor bis 1803 residierte. Danach wurde hier die Biblioteca Comunale eingerichtet, eine der großartigsten und umfangreichsten Sammlungen von Handschriften. Die Immatrikulationsbücher sind hier seit 1289 erhalten und beweisen die Internationalität der Lehranstalten Bolognas, die sich zunächst auf die Jurisprudenz spezialisiert hatten (und heute mit allen Fakultäten und rund 60 000 Studenten eine der großen Universitäten Europas ist). Dieser Palast, der seine Fortsetzung über die gleichnamige Gasse in der Ostflanke der Piazza Maggiore findet, wirkt im Erdgeschoß wie eine Aneinanderreihung von Schatzkästen: Nobelgeschäfte und Boutiquen in schönen, blankgeputzen Holzrahmen, Neu und Alt beisammen und sehr verlockend ...

Der Innenhof des Palastes ist im Sommer der heimelige Rahmen für *Bologna sogna*, Bologna träumt: Serenaden und Konzerte im kleinen Rahmen, um die sich die Bologneser reißen. Zwei Treppen führen hinauf: rechts für die *Legisti*, die Juristen im zivilen und kanonischen Recht, links für die *Artisti*, die schönen Künste. Die Fakultät der *Artisti* mußte man absolvieren, um später z.B. Theologie, Naturwissenschaften oder Medizin studieren zu können. Und so gelangt man als Besucher relativ problemlos zum Teatro Anatomico, dem berühmten Anatomischen Vorlesungssaal aus dem 17. Jh. Dazu sollte man vielleicht wissen, daß die anatomischen Vorlesungen damals auch so eine Art Privileg und Vergnügen der Adeligen waren, die sich damit durchaus auch bilden wollten. Zweimal im Jahr fanden sozusagen Sonderveranstaltungen statt, und der schöne, holzverkleidete Raum soll bis auf den letzten schmalen Stehplatz vergeben gewesen sein. – Am 29. Januar 1944 sprengte eine Bombe die Uni in die Luft, der Anatomiesaal wurde in Schutt und Asche gelegt. Mühsam war die Arbeit der Restauratoren, aber sie hat sich gelohnt! Von besonderer Eindringlichkeit sind die beiden Holzfiguren rechts und links der Kanzel: enthäutete Menschengestalten, an denen man genau Muskeln, Sehnen, Nerven erkennt.

Im Palazzo Nummer 2 der Via Archiginnasio (Richtung Piazza Maggiore) lohnt auch das **Museo Civico Archeologico** 3, das Archäologische Museum, unbedingt einen Besuch, weil es u. a. eine der größten Sammlungen von Funden aus der Villanova-Kultur besitzt, also von den Vorgängern der Etrusker. Villanova ist ein Vorort von Bologna, an dem zum erstenmal die nach ihm benannte Kultur spatenweise ans Tageslicht gebracht wurde.

Wieder zurück zur Piazza Maggiore. Gleich hinter dem Archäologischen Museum bilden die Pavaglione-Portici des **Palazzo dei Banchi** 4 mit seinen eleganten Geschäften und Durchgängen eine wundervolle architektonische Lösung für die Ostflanke des Platzes, hinter der die kulinarische Ecke Bolognas mit dem **Mercato di Mezzo** und den ›Freßgassen‹ lockt. Westlich von San Petronio steht der geradezu zierliche **Palazzo dei Notai** 5, der Palast der Notare, die gesamte linke Platzseite nimmt aber der immense, in den ältesten Teilen festungsgleiche Rathauskomplex ein, der **Palazzo Comunale** 6, auch Palazzo d'Accursio genannt. Er wurde wundervoll restauriert und erfüllt nun nicht nur seine Rathausfunktion, sondern auch die eines Kulturzentrums. Sogar eine – nicht zuletzt wegen der tollen Aussicht auf die Piazza Maggiore gut besuchte – *Caffeteria* wurde im Obergeschoß eingerichtet, dem sozusagen musealen, denn hier befinden sich die ausladenden Räume der Collezioni Comunali d'Arte (Städtische Kunstsammlungen), und genügend Platz für sporadische Ausstellungen sowie das Museo Morandi (gemeinsame Eintrittskarte), benannt nach dem Bologneser Maler, der seine Sammlung der Stadt vermacht hatte.

In der Mitte des Doppelplatzes Maggiore/Nettuno steht der hübsche Gebäudekomplex des **Palazzo di Rè Enzo**, in dem der illegitime Sohn Kaiser Friedrichs II. gefangengehalten wurde, und der **Palazzo del Podestà** 7 mit seinem hohen Turm. Wechselnde Ausstellungen ermöglichen zu deren Öffnungszeiten normalerweise den Besuch. Davor steht auf der Piazza Nettuno der kraftvolle bronzene Neptun von Giambologna, zusammen mit den beiden schiefen Türmen das Wahrzeichen Bolognas.

Geht man von hier über die Via Rizzoli nach Osten, auf die langobardische Erweiterung des alten Kerns zu, hat man eben jene Türme Bolognas (1109–1119) an der Piazza Ravegnana im Visier. Sie neigen sich aufeinander zu, als suchten sie gegenseitig Halt. 97,6 m hoch ist die **Torre Asinelli** mit einer Neigung von 1,2 m, nur 47 m hoch die **Torre Garisenda** 8, die sich bereits beim Bau zu neigen begann, weshalb sie nach etwa 200 Jahren gekürzt wurde und jetzt eine Neigung von 3,2 m aufweist. Von solchen Geschlechtertürmen soll es in Bologna im Mittelalter an die 500 gegeben haben, heute sind noch weitere 20 im Stadtkern zu sehen. Wer gut zu Fuß ist, kann die Torre Asinelli erklimmen: über etwa 400 Stufen! Er wird allerdings mit dem grandiosesten Rundblick über ganz *La Rossa* belohnt.

Hinter dem Asinelli-Turm beginnt an der Piazza della Mercanzia mit dem alten Handelspalast die mittelalterlich-enge Via Santo Stefano (nach Südosten), die sich in die dreieckige Piazza Santo Stefano öffnet. Jedes zweite Wochenende findet bis weit in die benachbarten Gassen hinein ein gut besuchter Antiquitätenmarkt statt – eine schönere Kulisse

Ein Hauch von Venedig findet sich auch im emilianischen Bologna

hätte man sich nicht aussuchen können: die reichverzierten Renaissancepaläste der wohlhabendsten Senatoren der Stadt und der mehrteilige Kirchenkomplex von **Santo Stefano** 9. Seit alters her ist dies *der* heilige Platz Bolognas. Zuerst stand hier ein Tempel der Göttin Isis, sieben Kirchen entstanden im Laufe der Zeit darauf und daneben, die Zeit überdauert haben ›nur‹ fünf.

Mehrere Kooperativen aus Denkmalpflegern, Architekten und Geldgebern haben sich in den letzten Jahren in Bologna gebildet, die sich um erhaltenswerte historische Bausubstanz kümmern und etwa Paläste zu Hotels umbauen oder die *Corti,* Innenhöfe von Wohnblöcken, miteinander zu Passagen zu verbinden. Ein besonders schönes Beispiel ist der **Corte Isolani** 10, der sich hinter dem Palazzo Bolognini an der Piazza Santo Stefano versteckt. In mühsamer Sanierungs- und Restaurierungsarbeit wurde er ausgebaut und erst 1994 fertiggestellt: aus mehreren mittelalterlichen und Renaissance-Gebäuden mit ihren Höfen entstand eine wunderschöne ›Pausenecke‹ mit Cafés und Geschäften, die sich bis zur alten *Via Emilia*, der heutigen Strada Maggiore, hinzieht. Am Ausgang der Passage steht ein gotisches Haus (13. Jh.) mit 9 m hohen Eichenstelzen, die das zweite, vorkragende Obergeschoß stützen. Ähnlich ist der niedrigere Palazzo Lupari in der Strada Maggiore Nummer 11 gebaut worden. Zwar wurde auch er saniert, aber bislang noch nicht zum Leben wiedererweckt wie der Corte Isolani.

Zu den zahlreichen weiteren Schätzen der großartigen Stadt, die hier nur kurz erwähnt werden können, zählen Klöster und klosterähnliche *Collegiate,* in denen die Studenten lebten und die teilweise noch heute eine ähnliche Funktion haben, wie das **Collegio di Spagna** 11.

Dann natürlich die **Pinacoteca Nazionale** 12 in der Via delle Belle Arti Richtung Porta San Donato, die als eine der reichsten Galerien Europas gilt, mit Schwerpunkt Bologneser Malerei vom 14. bis 18. Jh.

Im Süden des historischen Kerns gehören die *Portici,* die die Via Castiglione ab der Ecke Via Farini in Richtung Porta Castiglione säumen, mit Sicherheit zu denen, die man sich unbedingt anschauen sollte.

Westlich davon (südlich der alten Universität) befindet sich der Komplex des Klosters **San Domenico** 13 an der gleichnamigen Piazza. Die merkwürdig gestelzten Gräber auf dem Platz sind eine ehrfürchtige Verbeugung vor den juristischen Größen des Mittelalters, die man mit vielen Versprechungen an die Universität berief, um mit anderen geistigen Zentren Europas weiterhin konkurrieren zu können: die Gräber der Glossatoren. Am 25. Juli 1256 proklamierte der Rechtsgelehrte Rolandino de Passegeri, dessen Grabmahl neben der Kirche steht, die *Legge Paradiso*: das Gesetz zur Befreiung der Sklaven. 1632 wurde die bronzene San Domenico-Statue auf hohem Sockel vor der Kirche aufgestellt, segnend scheint er über dem ruhig wirkenden Platz zu schweben. Dem Gründer des gleichnamigen Ordens, der in Bologna am 6. August 1221 starb, wurde bereits 1226 eine spätromanische Kirche errichtet. Innen schon gotisch, wurde sie dann im 18. Jh. von Francesco Dotti barockisiert. Die größte Kostbarkeit ist das Grabmal des Heiligen: Die Reliefs des Marmorsarkophages schufen keine Geringeren als Nicola Pisano und Arnolfo di Cambio, Fra Guglielmo und der jugendliche Michelangelo (rechter Engel). San Domenico war schon immer mehr als ein Kloster – auch Begegnungsstätte und Kulturzentrum mit einer berühmten Bibliothek. Und das ist es heute wieder. *Martedi San Domenico* ist eine wichtige kulturelle Veranstaltung, bei der u. a. Geisteswissenschaftler ebenso wie Wirtschaftsexperten Lesungen für ein interessiertes Publikum halten. Und es gilt als eine besondere Ehre, dazu eingeladen zu werden – ob als Experte oder Zuhörer.

Derselbe Dotti, der San Domenico barockisierte, baute den fast 4 km langen Bogengang nach Südwesten auf die Ausläufer des Tosco-Emilianischen Apennin: 660 Bögen bis zur Wallfahrtskirche der **Madonna di San Luca** 14. Trockenen Fußes bei Regen und im Schatten bei Sonnenschein gelangen die *Bolognesi* hierher. Blick auf die gebildete, auf die rote, auf die fette Metropole und über sie hinweg bei klarem Wetter bis ans Meer und rückwärts auf die Bergkette des Apennin. Bologna streckt sich weit ins Land. Man sollte es nachmachen und auf Entdeckungstour durch die Emilia-Romagna gehen.

Zwischen Bologna und Adria

An der römischen Heeres- und Handelsstraße, der *Via Emilia*, standen etwa alle 30 km wichtige Militärstationen, die heute in florierenden Städten und Städtchen ihre Nachfolge gefunden haben. Fährt man von Bologna die *Via Emilia* parallel zur Autobahn nach Südosten, ragt rechter Hand kurz vor Imola die Burg von **Dozza** 1 aus der Ebene. In der schön restaurierten *Rocca* wurde die Enoteca Regionale Emilia-Romagna untergebracht, wo man die guten Weine der Region probieren und kaufen kann. Hinter dem freskierten Tor versteckt sich ein mittelalterlicher Kern, den ein paar

Imola

Künstler für sich als Schauplatz und Malfläche zugleich entdeckt haben. Das hat neues Leben in das Dorf zu Füßen der *Rocca* gebracht und zu Festen animiert: Im April findet das Frühlingsfest statt; am ersten Sonntag im Juni die *Sagra dell'Albana* (für den *Albana*-Wein) zusammen mit dem Wettbewerb *Blühende Balkone*; in den ungeraden Jahren wird während der zweiten Septemberdekade die *Biennale del Muro Dipinto* (der bemalten Mauer) veranstaltet, an der sich italienische wie ausländische Künstler beteiligen.

Wie gerne stünde **Imola** 2 (S. 417) jenseits der Grenze, im Romagnolischen! Fühlen sich doch die Menschen alles andere als emilianisch, was in ihren Augen geizig bedeutet und gar nicht lebensfroh. Vollblut-*Romagnoli* wollen die *Imolesi* sein und lassen keine Gelegenheit aus, dem Fremden den Unterschied zu erklären. »Das Irrenhaus

Ficarolo
Po
Grande Bonifica Ferrarese
Venedig
Mesola
Copparo
27
Pomposa
Ferrara
Po di Volano
Valle Bertuzzi
Reno
64
16
25
Comacchio
Portomaggiore
Bonifica Valle del Mezzano
Spina
26
Bonifica del Mantello
Lido di Spina
Valli di Comácchio
Molinella
Marmorta
Argenta
Campotto
Reno
309
Alfonsine
Sillaro
16
Pineta San Vitale
Medicina
24
Ravenna
Bologna
9
A14
253
Bagnacavallo
Castel S. Pietro
Sant'Apollinare in Classe
23
Dozza
1
Zena
Imola
2
67
Santerno
Faenza
3
Ronco
5
Forlì
Casemurate
Idice
610
Sénio
Via Emilia
254
4
Brisighella
Tramazzo
6
Forlimpópoli
Sintria
Lamone
Terra del Sole
Castrocaro Terme
Modigliana
302
67
Montone
Bertinoro
8
9
Firenzuola
Predáppio
7
Rabbi
Marradi
Torre
71
TOSCANA
Bidente
Civitella
Tosco-Emilianischer Apennin
Marcato Saraceno
67

Italiens« hieß Imola, bis man 1978 im ganzen Stiefelland begann, die geschlossene Psychiatrie abzuschaffen. Denn fünf Irrenanstalten prägten das Leben in dieser Stadt (»Du gehörst nach Imola«, sagt man noch heute, wenn man jemanden für verrückt erklären will). Stadt des Rennsports – das hören die Imoleser schon lieber und sind stolz auf die Formel-1-Rennbahn vor ihren Toren. Wenn am ersten Maisonntag im Autodromo Dino e Enzo Ferrari das Rennen ›Großer Preis von San Marino‹ läuft und schon eine Woche vorher Rennsportbegeisterte zum Proberennen kommen, ist im großen Umkreis kein Zimmer frei, kein Restauranttisch, die 62 000-Einwohner-Stadt steht einfach kopf. Und im September findet eine Ersatzteile-Messe für Oldtimer statt – eher ein Volksfest denn ein Markt.

Imola hat sich außerdem zu einem wichtigen Agrarzentrum entwickelt, das in der Umgebung angebaute Obst wird hauptsächlich nach Deutschland exportiert: vor allem Äpfel, Pfirsiche, Pflaumen und Erdbeeren. Die Industrie lebt von kleinen und mittleren Betrieben außer der großen Cognitex, die Maschinen und Geräte für die Stoff- und Modeindustrie herstellt. Haushalts- und Industrie-Keramik haben eine mehr als 120jährige Tradition in Imola, Möbelherstellung (Castelli), Erdbaumaschinen, elektrische Kabel und mechanische Werkzeuge sind wichtige Produktionszweige wie auch die Dentalgeräte – und der Wein. Export ist hier das Zauberwort, 60–70 % der Industrieerzeugnisse werden – bei den kleinen Betrieben genossenschaftlich organisiert – ausgeführt. Von Zusammenarbeit hält man überhaupt viel, die linksorientierten Wegbereiter aus dem Rathaus von Imola gelten als Intellektuelle von europäischem Niveau. Das will man auch nach außen zeigen: 1200 Gästebetten in Pensionen bis zu Viersternehotels, Top-Restaurants in Stadt und Umgebung. Blitzblank sind die Straßen des historischen Kerns, wo Altes gehütet wird ebenso wie die etwas unpassend hineingequetschten Bauten des Faschismus, die Alte Apotheke von 1763 im früheren Bischofspalast ebenso wie die Patrizierhäuser aus dem 15. Jh. Und die wuchtige *Rocca,* die einen schon vor den Toren der Stadt begrüßt: 1250 errichtet, später bis 1968 Gefängnis, dann wurde zehn Jahre lang restauriert, die Sammlungen geordnet und der Gesamtkomplex zu einem Schmuckstück gemacht, in dem sommers manchmal sogar Freiluftkonzerte stattfinden.

Das nahe **Faenza** **3** (S. 414) jenseits der Provinzgrenze ist zweifelsfrei eine echte romagnolische Stadt. Ihre Fahnenschwinger gelten italienweit als die besten und werden zu allen wichtigen Festen eingeladen. Hier feiern sie seit 1959 wieder zweimal im Jahr ihren eigenen *Palio* gegen einen hölzernen Hannibal *(Palio del Niballo):* am dritten Juni-Wochenende und am vierten Julisonntag. Während man früher den historischen Wettkampf auf dem Hauptplatz austrug, benutzt man die Piazza del Popolo jetzt nur noch als Ausgangspunkt, dann zieht man ins Stadion um. – Daß Faenza aber auch für die zartesten Fayencen steht, das verrät schon der Name. Keine Billigware wird hier hergestellt, wer echte Keramik aus Faenza erstehen möchte, sollte mit Bedacht auswählen und lieber nur ein einziges, dafür aber besonders schönes Stück erwerben. Wie die feine Keramik von Faenza hergestellt wird, zeigen ein paar Werkstätten im historischen Stadtkern.

Die Stadt gehört zu den stillen Schönen der Region. Viele Restaurants haben sich in alten Kellergewölben ein-

Piazza del Popolo/Piazza della Liberta in Faenza

Richtig Reisen *Tip*

Keramikkauf

Die Ente Ceramica Faenza achtet besonders streng auf die Echtheitsgarantie, bevor sie die roten Aufkleber als Gütesiegel vergibt. Ein kleines Faltblatt mit Stadtplan, beim Verkehrsamt erhältlich, gibt Auskunft über alle Mitglieder, immerhin sind es knapp 60. Und natürlich besitzt Faenza ein Keramikmuseum, schon seit 1908 (Viale Baccarini 19), dem eine Schule und ein Kunstinstitut angeschlossen sind. Besonders schöne Arbeiten zu vernünftigen Preisen stellt die Werkstatt von Silvana Geminiani her, das Studio Gemi im schmalen Vicolo Pasolini organisiert vom 21. Juni bis September Ausstellungen und Messen für Keramikliebhaber, ein Besuch zu dieser Zeit ist also besonders lohnend. – Wem auf Faenzas schönsten Keramiken das Motiv des Pfau auffällt, sollte wissen: Gian Galeazzo Manfredi, Herr von Faenza, liebte eine wunderschöne Frau namens Cassandra Pavoni. Ihr Wappentier: ein Pfau.

genistet, man kann hier die wirklich typische Küche der Romagna kosten – Faenza liebt die Gemütlichkeit und lädt seine Gäste ein, es den Einheimischen gleichzutun. Die Piazza del Popolo und in ihrer nördlichen Verlängerung die Piazza della Libertà sind langgestreckt und arkadengeschmückt, ein richtiger ›Salon‹ mit Monumentalbrunnen (1621) und Dom (1474–1511), Loggia degli Orefici und Uhrturm am Rathaus, der alten Residenz der Manfredi (Palazzo del Podestà, 13. Jh.), Theater (1780–85) und Palazzo Laderchi (1780–90). Also fast alles, was in Faenza von kunsthistorischer Bedeutung ist. Schön, daß man sich mit dem Wiederaufbau solche Mühe gemacht hat, denn Faenza wurde wegen seiner strategisch wichtigen Lage im Zweiten Weltkrieg schwer beschädigt. Schließlich wird die kulturelle Tradition (Musik, Theater, Kunsthandwerk) in Faenza seit Jahrhunderten gepflegt und brachte der Stadt den Beinamen ›Athen der Romagna‹ ein.

Südwärts führt die Straße 302 nach **Brisighella** **4** (S. 407f.). Den kurzen Ausflug sollte man unbedingt am Nachmittag einplanen. Dann streichelt das warme Licht der Sonne die gebogene, rot und ocker bemalte Häuserfront an der Piazza Guglielmo Marconi. Das erste

Stockwerk kennzeichnen 16 halbrunde, breite Öffnungen. Steigt man die Treppe links hinauf zur Via del Borgo oder Antica Via degli Asini Richtung Borgo, so findet man sich unvermutet hinter diesen Bögen und geht über eine mittelalterliche, steingepflasterte ›Eselstraße‹ (vor 1152), die früher mit unterirdischen Gängen verbunden gewesen sein soll. Schwere Holzbalken tragen das Gewölbe, kleine Läden und Wohnungen verstecken sich hinter alten Türen, dort, wo einst die Lager waren, zu denen dieser geheimnisvolle Weg führte. Eine Straße im Obergeschoß! An ihrem Ende genießt man einen wundervollen Blick auf die Torre del Orologio, den Uhrturm.

Doch Brisighella mit den drei Hügelchen (Monticino, Rocca und Torre del Orologio), beim Abbau von Gips entstanden, ist für mehr Überraschungen gut: Sieben Kardinäle sind hier zur Welt gekommen, und das kaum 8000 Einwohner zählende Städtchen besitzt 27 (!) Restaurants – ist also ein wahres Schlemmernest und produziert ein berühmt-gutes Olivenöl, *Il Brisighello*, das erste D.O.C.-Öl der EU, also mit Herkunftsgarantie. Die *Sagra dell'Olivo* findet am ersten Sonntag im Dezember statt, Ende November schon die *Sagra del Tartufo*, des weißen Trüffels. Außerdem ist Brisighella ein Kurort mit Schwefel- und Brom-Jodsalzquellen.

Dem Rathaus angegliedert ist das Museo della Grafica, dem Aquarellmaler und Lithographen Giuseppe Ugonia (1881–1944) aus Brisighella gewidmet, dessen Sammlung hier eindrucksvoll präsentiert wird und immer wieder Mittelpunkt für weitere Ausstellungen und Aktionen ist; im zweiten Obergeschoß ist Platz für eine Pinakothek. In der engen *Rocca* befindet sich das Museo della Civiltà Contadina (Museum für das bäuerliche Leben). Auf dem höchsten Punkt des Ortes steht das Santuario della Beata Vergine del Monticino, deren liturgisches Fest vom 1. bis 11. September begangen wird.

Ihre Blütezeit erlebte die Römergründung *Forum Livii* im Mittelalter als freie Kommune und in der Renaissance unter der *Signoria* der Ordelaffi, weshalb ihre größten Sehenswürdigkeiten, vor allem Paläste, aus dieser Zeit stammen. Das heutige **Forlì** **5** (S. 415) ist nicht besonders verlockend, hat die Funktion einer Provinzhauptstadt erst mit der Gründung des Vereinigten Italien 1860 erhalten und war trotz der hohen Bevölkerungszahl niemals politisch wirklich bedeutend. Dabei besaß Forlì bis 1994 eine Provinz als ›Hinterland‹, die zum wichtigsten touristischen Potential Italiens zählte: die Adria-Küste mit ihren weltberühmten Badeorten von Cesenático im Norden bis Cattólica im Süden an der Grenze mit der Region Marken. Dann hat sich Rimini durchgesetzt, konnte sich von Forlì lösen und eine eigenständige Provinz bilden – nur Cesenático (mit Gatteo a Mare) blieb bei Forlì! Zwischen der Provinzhauptstadt und der Küste breitet sich ein zauberhaftes Hügelland mit unendlich vielen kleinen Orten aus: Sommerfrischen allemal, viele von ihnen aber durchaus von historischer Bedeutung und fast ausnahmslos wunderhübsch gelegen – nicht selten mit Meerblick. Eine Art Balkon der Adria.

Nach Forlì kommt, wer auf den recht schlichten Antiquitätenmarkt will oder in den Süden weiterfährt. Oder den Reisenden zieht es in ein zauberhaftes kleines Nest namens **Terra del Sole** **6**, einem Vorort des Thermalortes Castrocaro Terme an der S.S. 67. Terra del Sole, Land der Sonne – welch ein Name für einen Ort zu Füßen des Tosco-Emilianischen Apennin! Und welch eine städtebauliche Überraschung! Es gibt im

Jahresablauf dieses Ortes einen bestimmten Tag, der ideal für einen Besuch wäre – der erste Sonntag im September, der Tag des *Palio*, an dem sich Terra del Sole in eine einzigartige Bühne verwandelt. Die Straßen werden kunstvoll mit vergänglicher Pracht bemalt, Renaissance-Kostüme bestimmen das Bild und frohe Gesichter bei den Einheimischen der beiden Stadtteile, die sich an diesem Tag eigentlich bekämpfen, aber auch bei den zahlreichen Gästen, die aus der Romagna wie aus der Toscana jenseits des Bergkammes kommen, um zuzuschauen, dabeizusein. *Borgo Fiorentino* gegen *Borgo Romano*, nach den beiden Stadttoren, die Festungen sind, benannt, messen ihre Kräfte in Armbrustschießen u. a. Disziplinen zu Ehren der Ortsheiligen Santa Reparata.

Das Gebiet der sogenannten florentinischen Romagna gehörte bis Mitte des vergangenen Jahrhunderts noch zum Großherzogtum der Toscana. Gebaut von Cosimo I., Großherzog der Toscana, als Bollwerk gegen den Norden, als künstlich aus dem Boden gestampfte Militärstation, so, wie es die Renaissance liebte: Terra del Sole ist eine Stadt vom Reißbrett, durchdacht und nach genauen Angaben der Architekten 1564–1579 gebaut, von Buontalenti und Lanci sowie anderen städtebaulichen Größen des 16. Jh. 1770 wurde die Stadt entwaffnet und so ziemlich alles an Meistbietende verkauft.

Man fühlt sich ins toscanische Pienza oder ins lombardische Sabbioneta versetzt. Nur daß hier bei genauem Hinsehen noch viel genauer eine ›menschliche Stadt‹ im Sinne Leonardo da Vincis entstand: Straßenbreite 9 m, Höhe der Häuser 9 m, vielleicht die ersten Reihenhäuser im Baukastensystem. Unten Karren-Garagen, darunter die *Cantina* mit *Pozzo*, dem eigenen Brunnen. Im Innenhof der Stall, zwei Vollstockwerke und ein *Mezzanin* darüber, offene Räume (Loggien) wechseln mit geschlossenen und lassen vergessen, wie eng die Häuser eigentlich sind. Wundervolle Holzdecken sind in den letzten Jahren liebevoll restauriert worden, als man ganz Terra del Sole unter Denkmalschutz stellte. Die Kanalisation, wurde dabei festgestellt, war noch völlig intakt, mannshoch und leicht zu pflegen.

In der Umgebung von Forlì kann man aber auch Benito Mussolinis Herkunft nachspüren, der im 15 km entfernten **Predáppio** 7 1883 das Licht der Welt erblickte und dort nach langem Hin und Her auf dem Friedhof beigesetzt wurde. In der Rocca delle Caminate aus dem 11. Jh. ließ sich der *Duce* des faschistischen Italien seine Sommerresidenz einrichten, hoch über dem Ort.

Von Forlì führt die schnellste Verbindung ans Meer über die S.S. 254 nach Cérvia. Bis Casemurate auf halber Strecke ist die wunderschöne Landstraße zwar schmal, aber gut zu fahren. Von kleinen Dörfern gesäumt, macht sie immer wieder einen Knick und gewährt Einblicke in kleine Obst- und Weingärten. Weiter südöstlich führt die *Via Emilia* nach Cesena, aber ein Abstecher kurz vor dem Ziel verspricht schon wieder eine kleine Attraktion: **Bertinoro** 8, die Stadt mit der ›Säule der Gastfreundschaft‹, deren Fest ebenfalls am ersten Sonntag im September gefeiert wird (zum Glück aber vormittags, also für Besucher mit dem nachmittäglichen *Palio* von Terra del Sole kombinierbar). Auch wenn es kein erster Septembersonntag ist: Bertinoro belohnt die Auffahrt zu seiner Piazza della Libertà mit einem der schönsten romagnolischen Ausblicke. Die weitläufige Terrasse vor dem Palazzo Comunale war bereits im Mittelalter ein bekannter Anlaufpunkt für Reisende. Sie wußten, daß die Leute von Bertinoro so gastfreundlich waren, daß sie sich um die Gäste sogar zu streiten pflegten. Um das zu vermeiden, beschlossen die Stadtväter eines Tages, jede Familie einen Ring an die Säule vor dem Rathaus anbringen zu lassen. Dort sollten die Neuankömmlinge ihre Pferde anbinden, ohne zu wissen, wem der jeweilige Ring gehört. Der Besitzer durfte dann den begehrten Gast in sein Haus mitnehmen. – 1926 besann man sich dieser schönen alten Tradition, ließ die Säule der Gastfreundschaft renovieren und führte das ›Fest der Gastfreundschaft‹ ein. Freilich sind es nun meist geladene Gäste, die hier zu Ehren kommen, je nach Anlaß im laufenden Jahr. Aber ein paar Familien von Bertinoro hängen noch immer Einladungen an ihre Ringe, die jeder Fremde abnehmen kann. So findet man sich vielleicht inmitten einer fröhlichen, sehr neugierigen Familie wieder. Die Dame des Hauses wird nicht müde, ihre Spezialitäten aufzutischen. Dazu köstliche Weine, vor allem der einheimische *Pagadebit*, der eine Art Zehnter war. – Wer sich erstens nicht traut, zweitens kein Glück hat, eine Einladung zu erwischen, wird in den kleinen Restaurants des Städtchens ebenfalls kaum einen Platz finden, weil überall geladene Gäste erwartet werden. Aber unter der Piazza, in der *Enoteca* mit dem schönen Namen Ca'de Bè (romagnolisch für ›Haus des Trinkens‹) findet sich immer ein freies Plätzchen. Und an diesem Septembersonntag bleibt sie bestimmt offen. Denn ab 20 Uhr wird zum Tanz aufgespielt – auf der schönen Piazza.

Cesena 9 gefällt auf den ersten Blick! Der Hauptplatz mit seinem ausladenden Brunnen, die Piazza del Popolo mit der Fontana Masini, das Rathaus mit offener Loggia und die Rocca Malatestiana mit ihrem großen Park, den man durch eine lange Reittreppe zwischen Rathaus und Rocca aufsteigend erreicht. Städtebaulich eine hübsche Lösung, als Fotomotiv aufwärts zur Piazza Zangheri wie abwärts zum Brunnen hervorragend geeignet. Mittwoch und Samstag ist Markt, dann kommt noch mehr Leben ins historische Zentrum.

La Curva hieß die Stadt lange Zeit, weil die *Via Emilia* in ihr einen überraschenden Haken schlägt. Schon zur Römerzeit soll sie recht bedeutend als Verkehrsknotenpunkt gewesen sein, so nahe am Meer (Luftlinie ca. 12 km), dann wurde sie immer wieder von feindlichen Parteien erobert, und blieb auch als freie Kommune nicht verschont. Bis Galeotto Malatesta im Jahre 1377 die Macht übernehmen und der Stadt zu einer lange währenden Blütezeit verhelfen sollte.

Auch die Biblioteca Malatestiana, die größte Attraktion Cesenas, ist, wie schon der Name verrät, ein Malatesta-Werk. Nicht nur, weil sie als Bausubstanz aus der Frührenaissance (1452) so gut herübergerettet werden konnte, trotz Napoleon, der den auf die Malatesta folgenden Kirchenstaat hier ablöste und alle Klöster nicht nur säkularisierte, sondern bekanntlich auch ausplünderte. Derselbe Baumeister Matteo Nuti, der zur selben Zeit auch in Rimini den Tempio Malatestiano schuf, wurde 1447 mit dem Bau dieser Bibliothek im Kloster der Minoritenmönche, die es auch als eine Art Universität führten, beauftragt. 1452 wurde die Bibliothek bereits eingeweiht. Mit zweimal 29 Lesepulten aus dunklem Holz und grünem Deckengewölbe, das für eine sanfte Lichtbrechung sorgt. Die kleinen Fenster lassen ohnehin nur ein diffuses Licht durch. Das sollte dem Raum nicht etwa einen sakralen Anstrich verleihen, son-

Biblioteca Malatestiana in Cesena

dern die kostbaren Handschriften vor zu starkem Licht schützen. Die *Codices*, noch immer angekettet und an ihrem angestammten Platz, sind von unschätzbarem Wert, weshalb sie nur ungern gezeigt werden und keinesfalls angefaßt werden dürfen. 340 intakte, handgeschriebene Bücher sind es, teilweise mit Miniaturzeichnungen geschmückt. Die ältesten stammen aus der Zeit um 800. Das heißt, genaugenommen fehlt ein *Codex*: Napoleon hatte sich ›bedient‹, obwohl es den Ordensbrüdern sonst gelang, die Handschriften vor ihm zu verstecken. Man gab der Bibliothek bei seinem Anrücken im wahrsten Sinne des Wortes einen harmlosen Anstrich: weiße Wände und schwarze Pulte, als sei sie eine einfache Kapelle.

Amarcord – ich erinnere mich...

So (genaugenommen *Amarcörd* aus dem Romagnolischen) nannte Fellini seinen Film über die Nachkriegsgeneration und drehte ihn in Rimini, seiner Stadt. Dieser Film machte den Badeort und damit die gesamte Küste wieder interessant, in der Tourismus bereits eine mehr als 150jährige Tradition hat. Begonnen hatte es 1843 mit der ersten Badeanstalt, einem veritablen italienischen *Bagno*, der in Rimini so farbenfrohe Nachahmer finden sollte. Die Idee stammte von den Brüdern Baldini und einem Arzt namens Claudio Tintori, der auf die gesunde und wohltuende Wirkung des Badens im Meer schwörte. Drei Kabinen für die Damen, drei für die Herren – das war die erste Ausstattung.

Strandszene bei Cattólica

Den Segen erteilte ihnen und den ersten Badegästen der Kardinal Luigi Vannicelli Casoni. Und läutete damit das Badezeitalter an der Adria offiziell ein.

Und heute: 130 km Badeanstalten in 43 Orten, die zu den romagnolischen Provinzen Ferrara und Ravenna, Forlí und Rimini gehören (ihnen folgen nach Norden und Süden noch eine ganze Menge, aber nicht in dieser Konzentration). 3,5 Mio. Menschen verbringen ihre Sommerferien hier und machen die Region zum wichtigsten touristischen Zentrum Italiens. Leider auch mit den wohl größten Problemen des Landes, denn keine andere Region hat, obwohl sie selber zumindest an der Küste Vorbildliches in Sachen Umweltschutz leistet, mit so gravierenden Problemen zu kämpfen wie die Emilia-Romagna. Es wäre doch auch wirklich jammerschade um die schöne Adria, der Deutschen ›liebste Badewanne‹, den ›Strand Europas‹. Es ginge nicht nur viel Sommer- und Badefreude verloren – eine richtige Badekultur wäre zerstört!

Amarcord – auch ich erinnere mich gerne an die ersten Sommerferien an der Adria, an die erste Pizza aus dem Holzofen, dazu einen prickelnden Rotwein, der leicht zu Kopfe stieg, an die ersten Tanzschritte unter italienischem Sternenhimmel, mit schwingendem Petticoat, an die ersten Flirts. So haben viele Nordlichter gelernt, die Sonne der Südländer, ihr Temperament, ihre ans Herz gehenden Liebeslieder, die man später als schnulzig bezeichnen wird, zu genießen. Hölzern zunächst, dann oftmals mit Hingabe. Wie viele erlagen dem Charme der *Bagnini*, der Bademeister, die bald *Papagalli* genannt wurden von denen, die vielleicht neidisch waren ob des leichten Spiels, das die braungebrannten und muskulösen Südländer bei den blonden *Signorine* hatten. Total italienverrückt wurden viele, Millionen machten es sich zur liebsten Pflicht, den Sommerurlaub an der Adria zu verbringen. Familien verabredeten sich immer wieder für das nächste Jahr. Ganz wie die Italiener selber, die ihren Stamm-*Bagno* haben, ihre Stamm-Pensionsmama, ihre Stamm-Trattoria. Noch immer.

Was die erste Generation der ausländischen Adria-Urlauber übersah und zum großen Teil noch heute viele nicht zur Kenntnis nehmen, das ist der kulturelle Reichtum, sind die kunsthistorischen Sehenswürdigkeiten, die eine Reise an die Adria auch und erst recht außerhalb der Badesaison so schön machen. Vor allem in Verbindung mit den lukullischen Angeboten des Gebietes. Noch nie gab es an und im Hinterland der Adria so viele gute bis exzellente *Trattorie* und Restaurants, teure und preiswerte, touristisch aufgemachte und ganz typische wie heute. Noch nie wurde so bewußt – wieder – romagnolisch gekocht, der Wein gepflegt. Nette kleine Hotels und Pensionen sind ebenso zu finden wie Grandhotels und – zugegeben – auch weniger schöne Betonklötze. Die Infrastruktur ist hoch entwickelt und wird qualitativ noch verbessert: Um nicht mehr allein von der Meeresqualität abhängig zu sein, werden mehr Schwimmbäder gebaut, das Sportangebot erhöht, wobei Golf, Tennis, Reiten und alle Wassersportarten längst eine Selbstverständlichkeit sind. Und auch das Hinterland erfährt stärkere Förderung.

Das hören die anderen Badeorte an der Adria-Küste zwar gar nicht gern, aber dies ist die Wirklichkeit. **Rimini** 10 (S. 430f.) kennt jeder, Rimini mit seinem nostalgischen Grand Hotel und seiner baumbestandenen Promenade am Meer, seinen *Bagni* und seinen Freiluft-Cafés und -Restaurants, seinen Diskotheken und Tanzlokalen. Rimini ist der Inbegriff von Adria-Ferien mit 1500 Hotelbetrieben und vielleicht 200 000 Gästebetten – nicht alle offiziell. Das 130 000 Einwohner zählende Rimini ist aber mehr: eine liebenswürdige Stadt mit historischem Kern, schön saniert und bei der einheimischen Bevölkerung wie bei den Gästen beliebt als Treffpunkt zur *Passeggiata*-Zeit am frühen Abend, wenn sich alle herausputzen, um zu sehen und gesehen zu werden. Hier die Piazza Cavour zwischen Palazzo dell'Arengo mit Rathaus und alter Fischhalle, dort aus der Römerzeit die Tiberiusbrücke und der Augustusbogen (mittwochs und samstags mit Blumenmarkt), der bildschöne und auch innen interessante, weißmarmorne Tempio Malatestiano, die mittelalterliche *Rocca,* die Sigismondo Malatesta erweitern ließ. Außerdem die 1990 im ehemaligen Jesuitenkloster und Hospital eingerichteten Musei Civici e Pinacoteca, die auch Raum bieten für Sonderausstellungen.

Riccione 11 (S. 430) lebt in ewigem Zwist mit Rimini. Die 32 000 Einwohner haben sich vorgenommen, Riccione zur schönsten Urlaubsstadt an der Adria zu machen. Eine Ferieninsel für Wohlhabende soll Riccione im Gegensatz zum ›volkstümlichen‹ Rimini werden.

Verordnungen lieben auch die Ordnungshüter von **Cattólica** 12 ganz im Süden der Regionalküste. Der Ort mit den – auf die Bettenkapazität umgerechnet – meisten Papierkörben und Mülltonnen hat sich auf Sauberkeit spezialisiert. Tatsächlich ist kaum eine Zigarettenkippe auf Cattólicas Straßen zu finden, die Strandpromenade ist wirklich einladend sauber, die Farben hell und freundlich.

Mit dem, was das adriatische Hinterland an Sehenswürdigkeiten zu bieten hat, ließe sich gewiß ein ganzes Buch füllen, stehen doch viele der 400 Burgen der Emilia-Romagna in diesem Gebiet. Hier bleibt nur Platz für eine kurze Übersicht. **Saludécio** 13 wird in der ersten Augustwoche seit 1981 zu einer Freilichtbühne für Musik, Theater, Multivisionsschauen, die Darstellung der wiederentdeckten Tradition von medizinischen Kräutern. Saludécio mit seinem hinreißenden Blick über die Hügellandschaft bis zum Meer und seinen historischen Mauern der Malatesta ist die Stadt der Wappen – wo findet man mehr auf so kleinem Raum? Die Kirche des Beato Amato (gestorben 1292, erst 1776 heiliggesprochen) gilt als das wichtigste sakrale Gebäude im Riminesischen. Am 8. Mai, allerdings nur alle 30 Jahre (!), wird ein großes Beato-Fest zelebriert, ein langer Ochsenzug zieht die Überreste des Heiligen durch die Hügel. 1992 war es ein doppelt wichtiges Fest, weil gleichzeitig die 700. Wiederkehr des Todestages Beato Amatos begangen wurde.

Dann die drei Stadtrepubliken: **San Marino** 14, auch heute selbständige Republik als Enklave (61 km^2) zwischen Emilia-Romagna und Marken, steuerfrei und eigenwillig, für Reisende fast zu jeder Jahreszeit aber ein Graus. Trotz schöner Lage und interessanter Paläste sollte nur hin, wer sich nicht an drangvolle Enge inmitten anderer Reisender stört. *Disneyland* auf italienisch (oder San Marinesisch), mit Straßenbuden, die Softdrinks zu Nepp-Preisen verkaufen, kurzbehosten Touristen, die aus Ausflugsbussen ausgespuckt werden.

Welch eine Erholung dagegen **Verúcchio** 15 (S. 442) auf seinem steilen Felsen, der die schönsten Ausblicke bis nach San Marino bietet! In seiner gut erhaltenen Malatesta-Burg, die zeitweise als Benediktinerinnenkloster diente, ist ein sehenswertes Archäologisches Museum untergebracht, das sehr interessante Funde der Villanova-Kultur besitzt.

Schließlich **San Leo** 16 (S. 432) in den Marken: Pieve und Dom aus dem 9. bzw. 12. Jh. sind sehenswert und ebenso in Ruhe zu genießen wie die trutzige *Rocca,* die von weitem sichtbar ist. Sie beherbergt im Herzogpalast eine schöne Pinakothek und entpuppt sich innen als eine sehr wohnliche Anlage mit schönen *Cotto*-Böden und dicken Holzbalken. In einer Art Verlies am Ende der Zimmerflucht ist die Schatzkammer der Herzöge von Montefeltro, ganz oben sind interessante Funde aus der frühchristlichen Zeit ausgestellt.

In **Santarcangelo** 17 muß man die Tuffgrotten in der Via Massaboni suchen, die im Krieg den Bewohnern als Wohnstätte dienten – wofür sie einst gebaut wurden, weiß man nicht so genau: eine Art Felsenbasiliken, frühchristliche Grotten oder gar keltische religiöse Kultstätten, eine Kapelle zu Ehren des Mitra-Kultes, oder etruskische Grabstätten? Was sie auch immer gewesen sein mögen: Aufregend ist ihre Besichtigung, im Sommer mit einem Frösteln verbunden. Im Ort arbeitet die Stamperia Marchi mit einer Mangel aus dem 17. Jh. und bedruckt die traditionellen Leinenstoffe wie in **Gambéttola** 18, das nördlich der *Via Emilia* und der Valle degli Cigliegi, dem Tal der Kirschen, liegt. Dieser Ort lebt noch heute vom Rost. Nach dem Zweiten Weltkrieg wurde er reich durch Alteisen. Die Nachfrage ließ allerdings nach zwei Jahrzehnten nach, andere Materialien, nichtrostende, haben den Markt erobert. Keine Probleme haben damit diejenigen Familien, die sich einer älteren Tradition besonnen haben: des Stoffdruckes. Etwa die Pascucci, die seit 1826 mit ihren alten Holzmodeln die inzwischen europaweit bekannten Stoffe mit überlieferten Mu-

Cesenático

stern bedrucken. Vor allem mit der traditionellen Rostfarbe.

Von den Badeorten im Norden Riminis hat sich einer in den letzten Jahren besonders hervorgetan: **Bellária** 19 mit seinen netten, meist kleineren Familienhotels, hat eine einladende Fußgängerzone bekommen, modern-funktionell und doch einen eigenen Stil in Architektur und Farbe prägend. In Bellária verbringen Urlauber ihre Sommertage, die Ruhe suchen und eine individuelle Behandlung durch die Hotelierfamilie.

Dann **Cesenático** 20 (S. 410). Dieser Ort hat es durch seinen schönen historischen Kern um den Kanalhafen leicht, gleich zu gefallen. Dieser Hafen, den Leonardo da Vinci geplant haben soll, wurde in seinem oberen Teil landeinwärts in ein Schiffsmuseum umfunktioniert. Das einzige Freilichtmuseum dieser Art in Italien zeigt die Entwicklung der Schiffahrt an der Adria und in ihren Lagunen. Cesenático, mit 21 500 Einwohnern eher klein, bietet eine überproportional hohe Anzahl an Hotels und Privatbetten sowie an Ferienwohnungen und damit eine gute touristische Infrastruktur auch für weniger Betuchte. Hier sollte man sich Zeit nehmen, in einem der Cafés oder Restaurants am Kanalhafen einzukehren. In den kleinen Kunsthandwerksbetrieben, die Glasmalerei, Stoffdruck und Keramik vorführen und verkaufen, herumzustöbern. Und man sollte nicht versäumen, auf der Piazza delle Conserve, wo im Sommer täglich vormittags ein Blumen- und Gemüsemarkt stattfindet, nach eben jenen *Conserve* Ausschau zu halten, die dem Platz den Namen gaben: den ersten ›Kühlhäusern‹ der Fischer von Cesenático. In der Nähe hat sich Massimo Ferroni auf Stoffdrucke spezialisiert (schöner Laden!).

Cérvia 21 (S. 409f.) mit seinen ausgedehnten Salinen ist ein lebhaftes Städtchen rings um die lebhafte Piazza Garibaldi mit Kommunalverwaltung und Touristenamt. Jeden zweiten Donnerstag findet hier ein aufregend duftender Kräutermarkt statt, jeden zweiten Samstag ein Flohmarkt. Und donnerstags abends während der warmen Jahreszeit wird der Platz zur Musikbühne. Der Stadtteil **Milano Marittima** 22 ist der erste feine Badeort der romagnolischen Adria-Küste gewesen. Vor allem Familien schätzen den breiten, feinen Sandstrand, die netten Hotels, Tanzlokale und Cafés und lange, baumbestandene Alleen. Die Bäume, vor allem die dunkelgrünen Schirmpinien, sind hoch und breit gewachsen, schattenspendend, gerade recht für den Spaziergang nach einem sonnenheißen Badetag am Meer. Milano Marittima hat zwar Konkurrenz bekommen, aber nichts von seinem eigenen Charme eingebüßt. Am Viale Gramsci/Piazza I Maggio finden sich zwei berühmte Eiscafés: La Perla und Sporting, *der* Treff am Abend, und die Allee ist von 20 bis 24 Uhr Fußgängerzone. Auch die Einheimischen lieben das besondere Ambiente von Milano Marittima, das sich in verschiedene, mehr oder weniger ruhige Zentren aufteilt. Wer in Cérvia wohnt und in Ravenna arbeitet – und das tun viele –, legt hier gerne seine Frühstückspause ein. Da Milano Marittima zu Cérvia gehört, haben beide gemeinsam als Touristenstadt an die 500 Hotels und Pensionen, 5000 Betten in Ferienwohnungen und in Privatquartieren und insgesamt an die 13 km schönsten, gepflegten Sandstrand. Außerdem mehr als 130 (!) Tennisplätze mit rotem Sandboden und einen 18-Loch-Golfplatz.

Bis Ravenna erstreckte sich die **Pineta di Classe.** Sie inspirierte schon Dante und Boccaccio und später Lord Byron zu Gedichten. Vor allem Byron, der 1821 schrieb: »Niemals wollte ich auf meine Ritte durch den Pinienwald verzichten«. Es ist angenehm, auch im

Sant'Apollinare in Classe

Innenraum von Sant'Apollinare in Classe

Hochsommer, die Küstenstraße nach Ravenna zu fahren: rechts das Meer hinter Pinien, links Gartenlokale unter Pinien. An den Wochenenden freilich: Auto an Auto ... Denn die *Lidi Ravennati* sind freie Strände. Am Ende steht Classe. Das lateinische Wort *Classis* für Flotte hatte einst natürlich seinen Sinn – doch der Hafen des Augustus ist schon lange versandet.

Schnurstracks fahren ohnehin alle Besucher gleich zur Hauptattraktion, der Basilika von **Sant'Apollinare in Classe** 23. Die erste Basilika wurde im 6. Jh. Apollinaris geweiht. Der zylindrische Campanile daneben kam erst im 10. Jh. hinzu, bestimmt der anmutigste, den die Stadt zu bieten hat. Nur sie blieben von der Pracht und Herrlichkeit Classes übrig – und der Hafen als Ausgrabungsfeld. Wer die Basilika betritt, staunt bald über ihre Weite, wird dank ihrer Nacktheit sofort vom hellen Grün der Chorapsis angezogen, den Grundton der zarten Mosaiken, die den heiligen Apollinaris in einer paradiesischen Gartenlandschaft zeigen, von weißen Lämmern umgeben. Den Triumphbogen darüber gestalten ebenfalls weiße Lämmer als Symbol der zwölf Apostel, während der Himmelsstreifen darüber von Christus als Weltenbeherrscher eingenommen wird, umgeben von den vier Symbolen der Evangelisten. – Selten werden die schönen Marmorsäulen wahrgenommen, je zwölf auf jeder Seite, die das Haupt- von den Seitenschiffen trennen.

Ravenna – Hochburg der Mosaiken

Ravenna 24 (S. 429) gilt als das Byzanz des Abendlandes. Zwischen Orient und Okzident, zwischen Meer und Festland – ›Ravenna Felix‹, Glückliches Ravenna, nannte es schon die Antike. Rom zeitweise überlegen, Byzanz ebenbürtig, erlebt es heute durch den Industriehafen von Porto Corsini und den Tourismus einen neuen Aufschwung. Der Tourismus hat zwei Gesichter: das eine der Strandurlauber, die das kulturelle Ravenna nur am Rande interessiert, wenn überhaupt – das andere der Studienreisenden. Höhepunkt ist jedenfalls das Ravenna der Mosaiken. Nirgendwo sonst in Europa und auf der Welt findet man eine solche Ansammlung frühchristlich-byzantinischer Mosaiken und Kunstdenkmäler.

Zur Römerzeit war Ravenna, das wahrscheinlich bereits von den Etruskern um 1000 v. Chr. besiedelt wurde, eine Lagunenstadt und wie Venedig fast unangreifbar. Der Hafen von Classe war als Militärstation und Umschlagplatz für den Handel mit Griechenland und dem Orient der wichtigste und reichste des römischen Imperiums und soll, wie die Ausgrabungen nördlich der Basilika belegen, mehr als 250 Schiffe aufgenommen haben. Durch einen breiten Wasserweg wurde er mit dem Po verbunden, wodurch auch ein reger Handel mit dem Hinterland möglich war. Vom östlichen Mittelmeer kam mit den Händlern auch das Christentum nach Italien, erster Heiliger soll der Legende nach Apollinaris gewesen sein, der von Petrus beauftragt worden war, in Classe das Evangelium zu verkünden. Im Jahre 330 versetzte Konstantin die Flotte nach Byzanz – Ravenna verlor seine Erwerbsquelle und damit seinen Reichtum. Die Stadtbevölkerung schrumpfte auf ein Fünftel zusammen. Nicht aber ihre Bedeutung für den Kaiserhof zum Schutz gegen die germanischen Stämme, die nach Süden auf die Apenninhalbinsel drängten. Nach dem Untergang des Imperiums 475 blieb Ravenna Hauptstadt des Reiches von Odoakar und dann von Theoderich (Dietrich von Bern), der sowohl Ravenna als auch Classe zu neuer Blüte verhalf. Dann eroberte wieder Byzanz die Stadt und behielt sie für zwei Jahrhunderte als Bollwerk gegen die Langobarden und Sitz des *Exarchen* (des Statthalters Ostroms). Das war die Zeit der weltberühmten Mosaiken Ravennas.

Ravenna mit seinen knapp 140 000 Einwohnern gehört zu den sehenswertesten Städten Italiens. Pineta di Classe im Süden, Pineta di San Vitale im Norden (von den Industrieanlagen leider angegriffen) ergeben zusammen an die 35 km Pinienwald, eine grüne Lunge zwischen Meer und oberitalienischer Tiefebene. Außer Rom und Byzanz haben sich hier auch die späteren Herren, die venezianischen Polenta, mit zahlreichen Palästen und der Kirchenstaat verewigt. Außerdem war hier der aus seiner Heimatstadt Florenz vertriebene Dante zu Gast. Daß er in Ravenna seine letzte Ruhestätte fand, wird der Stadt von den Florentinern noch immer mißgönnt.

Eine Besichtigung von Ravennas Zentrum ließe sich in drei Etappen einteilen: Piazza Duomo mit Dom, Baptisterium und dem sehr sehenswerten Erzbischöflichen Museum, weiter nördlich San Vitale und das Grabmal der Gallia Placidia, im Herzen der Stadt die Piazza del Popolo mit Palazzo Comunale, Palazzetto Veneziano und dem pulsierenden Leben in Cafés und Bars. Früher hieß die Piazza ›Platz der Männer‹, weil hier im Winter per Handschlag und ohne Ansehen der ›Ware‹ Vieh verkauft wurde. Noch immer wird mittwochs und samstags jeweils vormittags auf der Piazza Markt gehalten.

Größte Sehenswürdigkeit ist ohne Zweifel der Komplex um die Kirche San Vitale, der zu einem fast verträumten Garten gestaltet wurde, der Weg zur Grabkirche der Placidia wohltuend ar-

Aalzucht in Comácchio

chaisierend steingepflastert. In San Vitale steigt man erst einmal ein paar Stufen abwärts – und sieht sich Christus als Weltenrichter gegenüber, der einem übergroß zwischen San Vitale und dem Kirchgründer Ecclesius aus der Apsis entgegenschaut. Die Seitenwände schmücken Szenen aus dem Alten Testament. Leuchtende Farben, obwohl wenig Licht durch die Fenster ins Innere gelangt: Schräg eingesetzte Mosaiksteinchen rufen diesen Effekt hervor. Der feierliche Zug des Kaiserpaares Justinian und Theodora hat trotz des stark höfischen Charakters einen liturgischen Sinn. Im engen Grabmal der Placidia dagegen mit seinem tiefblauen Sternenhimmel steht Christus jung und bartlos als ›Guter Hirte‹, ganz in der hellenistischen Tradition.

Dantes Grabmal und San Francesco stehen eng beisammen inmitten der alten Gassen südlich der Piazza del Popolo, und östlich davon Sant'Apollinaro Nuovo und der sogenannte Palazzo des Theoderich. – In Sant'Apollinare Nuovo zeigt sich Christus als Lehrer im Purpurgewand, die Seitenwände tragen Bilder aus seinem Leben auf der einen, aus seinem Leidensweg auf der anderen Seite. Schließlich ist da noch das Mausoleum von Theoderich jenseits der Bahnlinie im äußersten Nordosten der Stadt.

Provinz Ferrara: zwischen Lagunen und Obstgärten

Es ist die einzige Provinz der Emilia-Romagna, die nur flaches, meist in Schwerstarbeit den Sümpfen abgetrotztes Land besitzt. Bonifica del Mantello im Süden, Grande Bonifica Ferrarese im Norden, von Kanälen zerfurchtes Land. Riesige Pumpstationen zur Trockenlegung des Gebietes für die Landwirtschaft sind zu erkennen, besonders eindrucksvoll nahe Molinella bei Marmorta (Bonifica Renana) und bei Campotto (Oasi di Campotto), einem großen Naturschutzgebiet mit herrlichen Feuchtbiotopen, in denen wieder Kormorane nisten. Die Kommune Argenta pflegt das Gebiet und organisiert auf Anfrage auch naturkundliche Exkursionen.

Was nicht im Po seinen Abfluß findet, füllt die beiden Lagunen der Provinz mit Süßwasser auf: Valle Bertuzzi im Norden und die Valli di Comácchio im Süden. Zwischen den Lagunen und Ferrara: ein endloser Obstgarten, im Frühjahr ein Meer von duftenden Blüten. Die Hauptstadt der Provinz steht in sicherer Entfernung etwa 50 km weit im Land.

Bewundernswert sind die Urlauber, die ihre Zelte an den Gestaden Ferraras aufschlagen. Sie folgen den Verlockungen der herrlichen Natur, den beeindruckenden Bildern von leuchtendroten Sonnenuntergängen. Wer diese aber erleben, ja sogar auf Film bannen will, der muß die Luft anhalten und sich in eine Wolke aus Anti-Moskito-Mittel einhüllen: Sobald sich die Sonne verabschieden will, schwirren die stechenden Biester aus ihren Verstecken in Gras und Baumkronen empor, überfallen in Scharen den schutzlosen Menschen, der sich in ihr Revier wagt.

Früher stand **Comácchio** 25 (S. 411) im Meer, in der Spätantike als wichtige Handels- und Hafenstadt auf 13 Inselchen gebaut. In der Schönheitsskala der Lagunenstädte, von Kanälen durchzogen, mit Brücken, Palästen und Türmen, kann Comácchio gleich an dritte Stelle nach Venedig und Chióggia gesetzt werden. Die alte, wieder aufgebaute Fischhalle erfüllt ihren Zweck wie eh und je, der Ort geht einen ruhigen Gang, es sei denn, es sind Touristen angesagt, die einen Ausflug in die Lagune mit ihren 14 000 Hektar Kanälen, Seen, Sümpfen und Flußarmen unternehmen. Das Freiluftmuseum führt nicht nur in die Tier- und Pflanzenwelt dieser wasserreichen Region ein. Man erfährt auch viel über das Leben der *Lagunari,* der Lagunenfischer, der Aalzucht und der Fischverarbeitung. Man steigt über schmale Stege durch die Aalreusen hindurch und fährt auf kleinen schwankenden Booten durch die Lagune, die immer wieder faszinierende Einblicke in ihre Welt freigibt. Erst seit 1988 dürfen die *Valli* von Touristen auf geführten Bootsausflügen von zwei Stunden bis zu drei Tagen intensiv erlebt werden. Aber auch ein ganz normaler Ausflug nach Comácchio ist eine gute Empfehlung, zumal er sich mit einem erholsamen Aufenthalt im Städtchen verbinden läßt, mit einer Eispause oder einem Spaziergang über Brückchen und unter Bogengängen. Und einem Auf und Ab auf Comácchios schönster Brücke: Treponti, weil es eigentlich drei Brücken sind, die zusammengesetzt dieses architektonische Kleinod ergeben – das meistfotografierte Motiv der ganzen Lagune! Und eine eindrucksvolle Kulisse für das Ballett-Festival.

Zusammen mit dem kleineren, nördlich gelegenen Valle Bertuzzi und dem winzigen Rest des einst riesigen Waldes der Este (Bosco della Mésola) mit seinem dichten Steineichenbestand und dem Wild bilden die Valli di Comácchio ein großes Naturschutzgebiet, den Parco del Delta. Besonders streng wird auf den Naturpark von Mésola geachtet. So streng, daß Fremde nur an bestimmten Tagen und nur unter Aufsicht den schönen Wald betreten dürfen.

Um beim Beginn der Geschichte auf diesem Boden anzufangen, besuche man **Spina** 26, westlich von Comácchio, die griechisch-etruskische Nekropole, deren mehr als 5000 Gräber die Schätze freigaben, die den Reichtum von Ferraras Museen begründeten und zum schönsten gehören, was aus dieser Epoche ans Licht gekommen ist.

Schließlich **Pomposa** 27, sicher die größte Sehenswürdigkeit der ganzen Provinz Ferrara und heute zeitweise Schauplatz eindrucksvoller Symphoniekonzerte: Mehrmals reiste Dante, wie viele Pilger vom Norden kommend, Richtung Rom auf der *Via Romea* und machte Station in Pomposa. Zum letzten Mal auch kurz vor seinem Tod, als er von Venedig nach Ravenna zurückkehrte, wo er kurz darauf, von Fieber geschüttelt, am 14. September 1321 starb. Pomposa war damals eine berühmte Pilgerstation und ein Ort der Kultur. Die Benediktiner boten in ihren Klosterzellen vielen Denkern und Dichtern ihrer Zeit Platz. Neben Dante weilte hier u. a. auch Guido d'Arezzo, der im 11. Jh. die Vorform der Notenschrift erdachte, und Friedrich I. Barbarossa wartete 1177 in Pomposa auf eine Nachricht von Papst Alexander III. Aber die wichtigste Funktion der Abtei dürfte die Landgewinnung, Urbarmachung und Kultivierung der Tiefebene gewesen sein, die von hier die größten Impulse erhielt. Ganz nach der Devise der Benediktiner, *Ora et labora,* bete und arbeite. 1317 gehörten den Benediktinern von Pomposa 49 Kirchen und 18 Diözesen in weiten Gebieten Italiens. Fünf Bauteile sind vom einst blühenden Kloster, das im 17. Jh. verlassen und erst durch Papst Paul VI. 1965 dem Diözesenbischof von Comácchio unterstellt wurde, übriggeblieben: Kirche und *Campanile,* Kapitelsaal und Refektorium sowie das etwas abseits stehende Verwaltungsgebäude, Palazzo della Ragione (sehr schlecht rekonstruiert). Die Kirche aus dem 8./9. sowie dem 10./11. Jh. besitzt Fresken aus dem 14. Jh., deren Geschichten eine ganze Bibel ersetzen könnten, und einen schönen Fußboden in mosaikähnlicher Steineinlegearbeit. Die Vorhalle wurde im 11. Jh. angebaut, ihre Fassade mit Hilfe von verschiedenfarbenen Backsteinen, kleinen Marmorstücken, bunt glasierten Terrakottaschalen und langobardisch anmutenden Kleinskulpturen zu einem architektonischen Juwel gestaltet.

Fast 50 m hoch ragt der Turm von 1063 auf quadratischem Grund aus der flachen Ebene, weithin sichtbar und durch seine aufgelockerte Bauweise von solch optischer Leichtigkeit, als wollte er bald abheben. Neun Stockwerke, von Lisenen, Rundbögen und durch viele Klangöffnungen gestaltet, fast wandlos. Dieser Turm ist das erste Zeichen der Abtei, das dem Reisenden begegnet, wenn er auf der *Via Romea* fährt. Wie ein Ausrufezeichen steht es im Weg, muß umfahren werden, wenn man weiterwill ohne anzuhalten. Aber dieses Ausrufezeichen ist so zwingend, daß es wohl kaum jemand geschafft hat, Pomposa einfach links liegen zu lassen.

Ferrara, Stadt der Este

■ (S. 414) Schließlich die Provinzhauptstadt: Der Po floß einst direkt an Ferrara vorbei, dann ereignete sich im 12. Jh. der verheerende Dammbruch bei Ficarolo und der Fluß änderte seinen Lauf. Nur der Nebenarm Po di Volano verläuft jetzt zahm im Süden an der Stadt vorbei, die einst ein wichtiger Hafen und von Kanälen durchzogen war, heute aber nur noch durch einen 5 km langen, schiffbaren Kanal mit dem Po verbunden ist. Mitten in der wunderschönen Stadt aus roten Backsteinen mit roten Dachziegeln, großartigen Palästen und breiten Straßen liegt die Festung, die im Mittelalter freilich außerhalb des Zentrums stand: das Castello Estense. Ferrara ist übrigens keine altertümliche Gründung, die einzige Stadt dieser Art in der Emilia-Romagna. Ihre höchste Blütezeit war die Epoche der Este, deren Geschlecht eines der ältesten Italiens war (ab 10. Jh.), bis zur Renaissance. Sie bauten Ferrara zu ihrer Residenz und einem wichtigen Handelsplatz aus. Die Este holten die größten Dichter der Zeit an ihren Hof (Ariosto und Torquato Tasso), und wurden dafür in deren Werken verewigt. Savonarola, der in Florenz als fanatischer Prediger Furore machte und dort den Tod auf dem Scheiterhaufen fand, wurde 1452 in Ferrara geboren.

Ercole d'Este paßte es nicht, daß seine Residenz am Rande des urbanen Kerns stand – also ließ er ab 1492 die Stadt auf das Doppelte erweitern. Biagio Rossetti war der Architekt, der bereits im 15. Jh. die Stadt für 130 000 Einwohner konzipierte. Eine Zahl, die erst 1988 erreicht werden sollte, dann aber die Bezirke außerhalb der Mauern inbegriffen. Innen blieb also viel Platz, genug für großzügige Gärten hinter den Palästen und geräumige Innenhöfe. Kein Wunder, daß man sich hier fühlt, als habe man überall Luft zum Atmen – auch wenn diese im Hochsommer so unerträglich warm und schwül werden kann, daß man dann, wie alle anderen Städte der Tiefebene, Ferrara besser meidet. Den Este folgte 1598 der Kirchenstaat; 1860 kam Ferrara zum Vereinten Italien.

Sehr schön lassen sich die beiden Teile – der mittelalterliche mit seinen engen, verwinkelten Gassen südlich des Kastells und der Renaissance-Teil mit seinen geraden, rechtwinklig angelegten Straßen – unterscheiden. Einen besonders hübschen mittelalterlichen Straßenzug bildet im Borgo di Sotto die Via Campofranco (= freies Feld), wo einem Dekret des Fürsten folgend die Duelle ausgetragen werden durften: Weil außer der Kirche und dem Kloster

Treppe des Rathauses von Ferrara

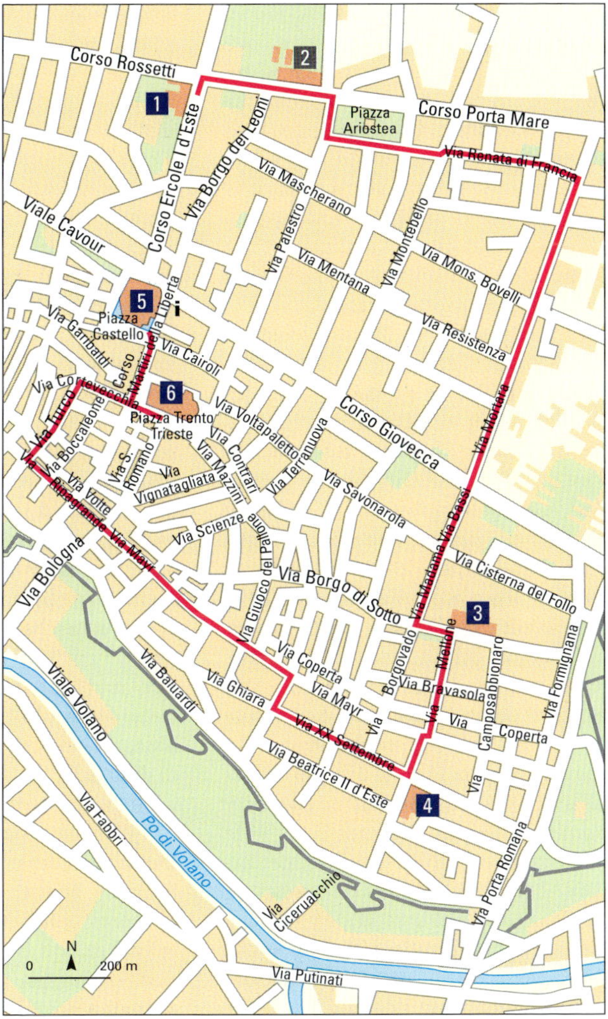

Ferrara:

1 Palazzo dei Diamanti 2 Palazzo Massari und Palazzina Cavalieri di Malta 3 Palazzo Schifanoia
4 Palazzo Costabili
5 Castello Estense
6 Kathedrale

kein Haus seine Fenster zur Straße hatte, mußte niemand das Blutvergießen miterleben.

Schön ist auch die Via delle Volte mit ihren zugespitzten, niedrigen Bögen zwischen den Häusern. Parallel verlief der Po, genannt Riva Grande. Daher der Name der Straße: Ripa Grande, an deren Wasserfront die Geschäfte standen, die dahinter ihre Lagerhäuser hatten, mit denen sie wiederum über die Gasse im oberen Stockwerk verbunden waren. Wer hier einbiegt, wird von einem verführerischen Duft weiter in die Gasse gelockt: Hier steht die älteste Bäckerei Ferraras, seit 130 Jahren in Betrieb und seit 1948 von der Pedroni-Familie geführt. 94 Brotsorten zaubert sie – Ferrara gilt als die Stadt der besten Brote Italiens. *Il Corno* aus besonderem Mehl, wie vier zusammengewachsene Hörner, ist z. B. eine Spezialität, die man italienweit findet. Oder *Pampepato,* ein würziges Pfefferbrot. Schön zu sehen in diesem Stadtviertel: die *Casseri,* die typischen Häuser, deren Breite von 4,5 m der Länge eines Holzbalkens entspricht. Je zwei Fenster hatte ein richtiges Ferrara-Haus und einen Kaminzug in der Mitte. Heute: begehrte Immobilie in einer so lebenswerten Stadt.

Ferrara war bis ins 19. Jh. hinein ein bedeutendes Kulturzentrum, ein Ort der Maler und Bildhauer, der es nun mit Hilfe der mehr als 600 Jahre alten Universität wieder zu werden versucht. Ihre künstlerische Tradition setzten zumindest die Filmemacher fort. Einst sogar ein Luchino Visconti (mit seinem ersten Film ›Ossessione‹, 1943); jetzt werden hier vor allem große Fernsehproduktionen gedreht. Ein Erzähler, der zu den leisen Europas gehört, war der 1916 in Bologna geborene und 2000 in Rom verstorbene Giorgio Bassani. Er machte Ferrara zur heimlichen Heldin in allen seinen Büchern. U. a. in den ›Ferrareser Geschichten‹ und den ›Gärten der Finzi-Contini‹ erhält der Leser nicht nur viele Informationen zur Zeitgeschichte Italiens – auch Einblick in Gewohnheiten, Vorlieben und Abneigungen italienischer Provinzbewohner der 30er/40er Jahre vor allem, in ihre Clubs und Kinos und Freudenhäuser, erfährt einiges über ihre bevorzugten Fahrrad-, Auto- und Uhrenmarken, ihre Seebäder ebenso wie ihre Nobeluniversitäten, über den Kunst- und Modegeschmack. Der Träger des Nelly-Sachs-Preises (1969) wendet sich als jüdischer Bürger der Stadt Ferrara gerade an die Leser in Deutschland, »das Herz des tragischen, schuldbeladenen und schmerzvollen Europa«, wie er es nennt. Nachdem die meisten jüdischen Bewohner Ferraras deportiert und umgebracht worden waren, hat sich allmählich wieder eine große jüdische Gemeinde in der Stadt etabliert.

Großartig ist diese Stadtplanung! Der kopfsteingepflasterte Corso Ercole d'Este führt vom Castello an den Nobelpalästen vorbei und durch die Mauern hindurch ins Freie, zum Jagdschloß der Este. Stadteinwärts aber, Ecke Corso Rossetti, steht einer der Prachtbauten Ferraras, der **Palazzo dei Diamanti** 1, so genannt wegen seiner Front mit den akkuraten Diamantquadern. Innen mit Pinakothek und dem Museum der Moderne – Platz genug auch für wechselnde Ausstellungen in schönen hohen Räumen mit schweren Holzdecken. In der Pinakothek verweisen die Ferrareser gerne auf ein kleines Ölbild (57 × 37 cm), das sie ›Madonna mit den lächelnden Augen‹ nennen (anonymer Maler, 15. Jh.; im hintersten Raum links). Giovanni Boldini, einem kleinwüchsigen Maler, der hier im 19. Jh. lebte, ist das gleichnamige Museo Boldini in dem **Palazzo Massari** und der **Palazzina Cavalieri di Malta** 2 am Corso Porta Mare gewidmet. Der zweitgenannte Palast war das Wohnhaus der Malers, ein sehr gemütliches, trotz langgestreckter Zimmerflucht im ersten Stockwerk. Am letzten Maisonntag findet auch in Ferrara (wie in Faenza und Terra del Sole) ein Palio statt – rund um die Säule der **Piazza Ariostea** schräg gegenüber vom Boldoni-Museum. Der Stadtteil dahinter war zwar bereits in der Renaissance konzipiert worden, lag also innerhalb der Mauern, diente aber gleichsam als ›Reserve‹ und wurde erst später bebaut. Parallel zur Stadtmauer erstreckt sich die Via Mortara mit zweistöckigen Witwenhäusern und kleinen Gärten dahinter. Diese mußten die Ferrareser Fürsten den Soldaten zur Verfügung stellen, sonst hätten sie nicht über genügend militäri-

Palazzo dei Diamanti

schen Nachwuchs verfügen können. Und eine so wohlhabende Stadt wie Ferrara brauchte viele Soldaten, um ihre Rechte zu verteidigen. Vor allem die Artillerie galt als die zielsicherste ihrer Zeit, so daß manche Feinde lieber einen Bogen um die Stadt machten.

Schon architektonisch ist der u. a. von Francesco del Cossa (Saal der Monate) freskierte **Palazzo Schifanoia** 3 (= gegen die Langeweile) aus dem 15. Jh. eine Sehenswürdigkeit ersten Ranges. Außerdem ist er Sitz einiger städtischer Sammlungen wie der Archäologischen. Unvollendet blieb der Palazzo di Ludovico Il Moro (16. Jh.), auch **Palazzo Costabili** 4 genannt, mit einer der schönsten Sammlungen etruskischer und griechischer Funde aus der Nekropole von Spina bei Comácchio. Doch man sollte Ferrara nicht verlassen, ohne das als mächtige Wasserburg mehrfach umgebaute **Castello Estense** 5 zu besuchen mit seinen Prunkräumen, aber auch seinen überdimensionalen Kerkern. Ganz in der Nähe steht die prächtige **Kathedrale** 6 aus dem 12.–18. Jh. Das ist hier im verkehrsberuhigten Zentrum ein guter Platz, um eine Kaffeepause einzulegen oder einen streßfreien Schaufensterbummel zu beginnen.

Die Mauern aus Backstein und der dichtbewachsene Wall: Sie dienten nicht nur militärischen Zwecken, sie boten auch Schutz vor der ständigen Bedrohung durch Überschwemmung. Nur zwei kleine Einbrüche hat die Mauer abbekommen, sonst ist sie wundervoll restauriert worden und der Wall aufgeforstet. Dieser Grüngürtel war schon immer Ferraras Treffpunkt von Liebespaaren und Familien für den Sonntagsspaziergang – heute ist er die Arena der Jogger. Kein Wunder, daß Ferrara im Verhältnis zur Bevölkerungszahl die meisten und erfolgreichsten Vertreter dieser Sportart in Italien aufweist: bei 9 km Mauerlänge!

Veneto

Venedig und sonst nichts?

Das mögen so manche meinen, die außer der *Serenissima* noch keine andere Stadt, außer der Lagune von Venedig keine weitere Landschaft der weitläufigen Region kennen. Das Veneto, auch Venetien genannt, nimmt eine merkwürdige Gestalt an: Den Norden gestalten Hügelland und die Alpen, den Süden die *Polesine,* die Po-Ebene, in ihrem Vorfeld zwei Hügellandschaften (Monti Bérici und Colli Euganei), den Westen der langgestreckte Monte Baldo mit dem Gardasee dahinter, den Südosten das Po-Delta und die lagunenzerfressene Landschaft, die Fortsetzung der *Valli* weiter südlich in der Romagna. Es wäre also eine logische Folge, sich über politische Grenzen hinweg- und die Reise von Comácchio und Pomposa Richtung Venedig fortzusetzen. – Die meisten freilich dürften aus dem Norden, über den Brenner und durch Südtirol-Trentino hindurch ins Venetische fahren. Der erste große Fluß Venetiens ist der Piave, der die Region von Nord (Monte Vancomune/Hochsitz an der österreichischen Grenze) nach Süd (zwischen Lido di Jésolo und Eraclea Mare) mit großem Bogen nach Westen gleich hinter Belluno durchfließt. Weiter südwestlich beginnt der Brenta seinen Lauf durch das Veneto, vom Trentino durch die Valsugana kommend, durchfließt Bassano und wird teilweise nördlich Padua in den berühmten Brenta-Kanal abgeleitet, der nach Venedig führt. Sein Hauptarm aber eilt in begradigtem Verlauf auf Chióggia zu. Die Etsch (ital. Adige) durchfließt Südtirol und Trentino, wird bei Belluno Veronese venetisch, schlängelt sich durch Verona, wo sie einen Bogen nach Südosten schlägt, um sich bei Legnano so zu legen, daß sie fast parallel zum Po dem Meer zufließt, um den Nordteil des großen Deltagebietes von Po, Brenta und Etsch zu bilden. Die gesamte Ostgrenze schließlich hat das Veneto mit der autonomen Region Friaul-Julisch Venetien gemeinsam, von den Karnischen Alpen im Norden bis zur Tiefebene um Pordenone und bis ans Meer, wo im Friulanischen Lignano, im Venetischen Bibione um die Gunst der Badeurlauber buhlen.

Die Wirtschaft der 18 378 km^2 großen Region mit ihren knapp 4,4 Mio. Einwohnern ist hauptsächlich agrarisch orientiert. Wichtig sind ebenfalls Möbel-, Keramik-, Textil- und Automobilindustrie sowie der Fremdenverkehr. Das gilt vor allem für die Städte Venedig und Verona sowie den Gardasee, die Bade- und die Kurorte. Die Gesamtregion verzeichnet jährlich eine Übernachtungszahl von rund 44 Mio., ein Drittel davon durch Ausländer. Auf die Badeorte entfallen an die 22 Mio. Übernachtungen, auf das historische Zentrum Venedigs allein 2,6 Mio. Nicht nur von Touristen, Geschäftsreisende spielen eine immer wichtigere Rolle, vor allem innerhalb und in der Umgebung der Messestädte Verona (Landwirtschaft mit Vinitali, also der Weinmesse, und Zootechnik), Padua (Handels- und Mustermesse) und Vicenza (Goldschmiedekunst vor allem, Keramik, Möbel, Leder u. a.).

Sieben Provinzen liegen im Venetischen: vom Norden gesehen Belluno, Treviso und Padua, nach Osten Venedig, nach Westen Vicenza und Verona, ganz

◁ *Arche Scaligere in Verona*

im Süden in der *Polesine* Rovigo. Kulturell blickt alles im Veneto nach Venedig, und liegt die Stadt noch so sehr am Rande der Region – von hier bekommt diese ihre Impulse, auch wirtschaftlich und politisch. Markuslöwe überall, sinnbildlich und wirklich, nach Venedig blikkend.

Verona: Der Löwe brüllt bis hierher

■ (S. 441f.) Da die Etsch eine stark ausgeprägte S-Schleife durch Verona zieht, ist es anfänglich gar nicht einfach, sich in dieser 260 000 Einwohner zählenden Stadt zurechtzufinden. Aber schon ein kleiner Plan hilft: Was innerhalb der östlichen Schleife der Etsch liegt, ist römischen Ursprungs, klar in Rechtecke und Quadrate eingeteilt, und noch heute das Zentrum der Stadt. Im Norden bilden die Lessinischen Alpen mit dem schönen Hügel von Castell San Pietro eine hübsche Kulisse, im Süden steht, noch fast vollständig erhalten, die Stadtmauer der Scaliger zwischen dem Ponte Scaligero im Westen und dem Ponte Aleardi im Osten. Insgesamt sind es acht Brücken, die über die Etsch führen, je eine kommt hinzu durch die südliche Stadterweiterung innerhalb der zweiten erhaltenen, bastionenbewehrten Mauer von 1530.

Die Geschichte Veronas begann bereits im 1. Jh. v. Chr. Zahlreiche Funde und noch erhaltene Baudenkmäler bezeugen seine Bedeutung als römische Stadt: die Arena, damals südlich der Stadtmauer, das römische Theater (im Sommer finden hier Goldoni- und Shakespeare-Aufführungen sowie Ballettabende statt) am linken Etschufer zu Füßen von San Pietro, die Porta Borsari im Nordwesten, die Porta Leone oder dei Leoni, die im Südosten parallel zur

Die Arena an der Piazza Brà

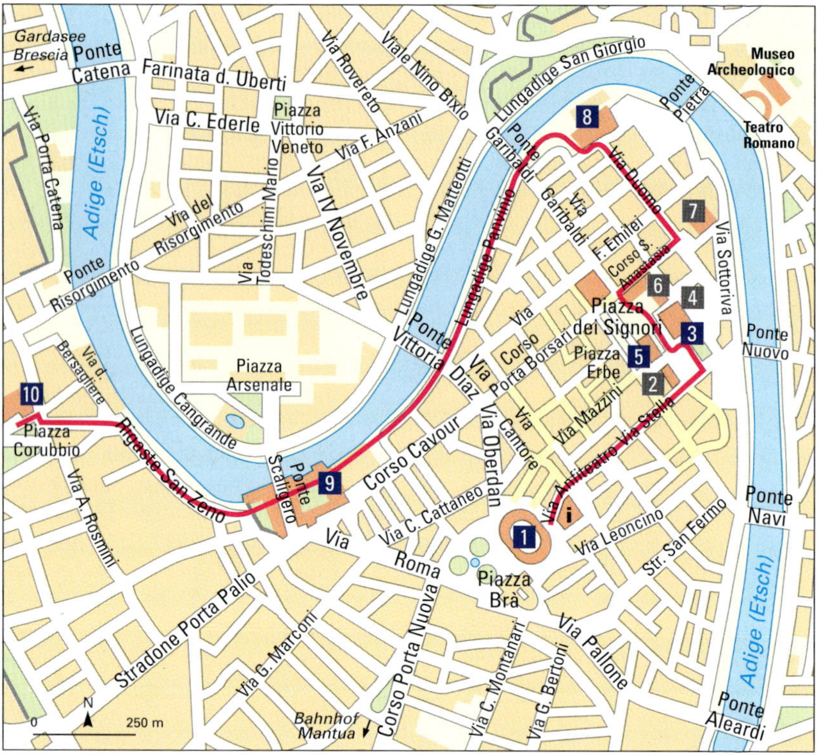

Verona: *1 Römisches Amphitheater 2 Casa di Giulietta 3 Santa Maria Antica und Arche Scaligere 4 Palazzo Scaligero 5 Palazzo della Ragione 6 Loggia del Consiglio 7 Sant'Anastasia 8 Dom 9 Castelvecchio 10 San Zeno*

nicht mehr sichtbaren römischen Stadtmauer verlief; schließlich der Arco dei Gavi südwestlich der römischen Mauer vor dem Castelvecchio (ursprünglich natürlich quer über der Straße, was man aus verkehrstechnischen Gründen leider geändert hat). Im 6. Jh. war Verona unter Theoderich Königssitz neben Pavia und Ravenna, dann Stützpunkt der deutschen Kaiser zur Beherrschung Oberitaliens. Seit dem 13. Jh. unter der Herrschaft der ghibellinischen Scaliger, 1387 von den Visconti abgelöst und schon 1405 von Venedig. Letzte hielt sich immerhin mehr als vierhundert Jahre lang, weshalb der venezianische Löwe zum Symbol auch für Verona wurde und geblieben ist – trotz Napoleon 1796 und trotz österreichischer Herrschaft ab 1814, die 1866 vom Königreich Italien abgelöst wurde.

Lust auf die schöne Provinzhauptstadt bekommt man bald, wenn man sich in Veronas Straßen und Gassen (jetzt mit großem Fußgängerbereich) Zeit nimmt. Wer mit Bus oder Bahn am Bahnhofsplatz ankommt (die Busse fahren aber auch bis zur Piazza Brà mit der Arena), schlendert (wenn er gut zu Fuß ist) von der Piazza Porta Nuova den Corso Porta

Nuova stadteinwärts im Schatten hoher Alleebäume. Durch das Doppeltor Portoni della Brà in der schön erhaltenen, zinnenbewehrten Stadtmauer der Scaliger, die parallel zur römischen ein größeres Stadtgebiet beschützte, gelangt man auf die Piazza Brà, Veronas Visitenkarte mit der Arena rechts und der breiten Promenade mit ihren Cafés und Restaurants links. Sie besteht aus großen Steinplatten Veroneser Marmors, weshalb die Einheimischen diesen breiten Gehsteig vor den einladenden Palästen *Liston* (vom veronesischen Wort für italienisch *lastra di marmo*) nennen. Goethe saß hier im September 1786 und beobachtete gegen Abend vom Rande der Arena die unten flanierenden Veroneser. Schließlich war er glücklich, endlich etwas Bedeutendes der »alten Zeit«, der Antike also, für deren Monumente er sich auf den Weg nach Italien machte, zu sehen: das römische **Amphitheater** 1. Er bewunderte die »Simplizität des Oval« und erkannte bald, daß die Arena eigentlich nicht leer, sondern nur »voll von Menschen« sein müsse, um die richtige Wirkung zu erzielen. Nicht nur deshalb: Wer Verona kennenlernen will, sollte nicht versäumen, einmal eine Oper in der Arena zu erleben! (Am sichersten fährt, wer sich einer organisierten Reise anschließt. Dann hat er Hotel und Sitzplatz garantiert, es werden sogar Busreisen ohne Übernachtung angeboten, die Nacht verbringt man auf der Rückreise fahrend im Bus.)

Über die Via Anfiteatro, die zur Via Stella wird, ist leicht die **Casa di Giulietta** 2, das Haus der Julia zu finden. Und zweifelt man noch so sehr an seiner Authentizität: Kaum jemand dürfte ohne eine gewisse Rührung den kleinen Innenhof mit dem efeuumrankten Haus betreten. Darin steht eine bronzene Statue, eine zarte Mädchengestalt, deren

Die Statue der Julia

linke Brust bronzeglänzend abgegriffen ist.

Einer der schönsten Winkel in dieser geradezu anmutigen Innenstadt dürfte der kleine Platz mit der romanischen Kirche **Santa Maria Antica** und den **Arche Scaligere** 3 sein. Hinter einem wunderschön gearbeiteten Schmiedeeisengitter mit dem Wappen der Scaliger (einer Leiter) liegen deren Hochgräber.

Schon Goethe war aufgefallen, wie lebensfroh und südländisch die Veroneser wirken, vor allem auf den Märkten der Stadt, etwa auf der Piazza delle Erbe, wo einst das langgestreckte römische Forum stand. Außer Obst und Gemüse werden hier leider auch Postkarten und

Kitsch verkauft, es finden sich überteuerte Imbißbuden und ringsum Restaurants und Cafés aller, jedenfalls meist teurer Couleur. Aber das pulsierende Leben ist geblieben, der Platz eignet sich gut als Ausgangspunkt für einen Bummel durch das Herz Veronas. Alles ist zu Fuß ganz leicht erreichbar: Die großzügige Piazza Dante oder dei Signori (durch den Bogen mit der berühmten Mammutrippe hindurch erreichbar) mit dem Dante-Denkmal in der Mitte wird flankiert vom **Scaliger-Palast** 4 (heute Präfektur) und dem prachtvollen **Palazzo della Ragione** 5 mit seiner Renaissancefassade. Seit 1193 erlebte er mehrfache Umbauten, seine gotische Freitreppe im Innenhof ist eine echte Attraktion! Ebenso wie die verschiedenen Portale der umliegenden Paläste, die von Michele Sammichele, dem wichtigsten Renaissance-Architekten Veronas, stammen. Auch die **Loggia del Consiglio** 6 aus der Frührenaissance, von Statuen großer Veroneser der Antike gekrönt, steht am Dante-Platz. – Interessant für Hobby-Archäologen: die freigelegten Teile des römischen Forums, 3,5 m unter dem heutigen Straßenniveau unter Glas zu sehen. So manche Verona-Besucher gehen darüber hinweg, im wahrsten Sinne des Wortes ...

Ein eindrucksvolles Relikt aus der Zeit vor den großen Überschwemmungen der Etsch ist die Via Sottoriva (= unter dem Ufer) an der Kirche **Sant'Anastasia** 7, wo einst die Handelslager standen und heute kleine Antiquitätenläden zu finden sind.

Im äußersten Norden am Scheitelpunkt der Etschschleife: der sehenswerte **Dom** 8. Von hier aus lohnt es sich, entlang des Lungadige Panvinio, also an der Etsch entlang, unter Alleebäumen nach Südwesten zu schlendern, auf die mächtige Scaligerburg **Castelvecchio** 9 zu. Eine echte Burgschönheit ist sie, innen mit einem einladenden Civico Museo d'Arte. Mit steinerner Brücke über den Fluß, auf der sich zur Zeit des Sonnenuntergangs die Liebespärchen von Verona ein Stelldich-

Die Brücke vom Castelvecchio

ein geben. Hier, am Standort des Castelvecchio, stieß die römische *Via Postumia* (Genua–Aquilea) mit der *Via Gallica* (Turin – Mailand – Bergamo – Brescia – Verona) zusammen, bog durch das römische Stadtzentrum durch auf die Hügel zu, am Teatro Romano vorbei und führte weiter in Richtung Aquilea.

Doch zurück an die Etsch: Nach der verheerenden Überschwemmung vom 17. September 1882 wurden diese schön gestalteten Uferpromenaden als Schutzwall gegen die Fluten des oft reißenden Flusses gebaut. Im Westen liegt **San Zeno** 10, die Lieblingskirche der Veroneser. Weißer Tuff und roter Ziegel ergab die schöne Struktur der Kirchenfassade im frühromanisch-langobardischen Stil, die Doppelsäulchen des romanisch-frühgotischen Kreuzganges sind aus dem rosa Marmor von Sant'Ambrogio in Valpolicella, wo der schönste Veroneser Marmor herkommt und wo Anfang September noch heute ein international bekannter Marmormarkt stattfindet. Die wundervollen Bronzetüren, die lange in der Restaurierungswerkstatt weilten, sind nun im Kircheninneren zu sehen – zu ihrem Schutz vor zu starker Sonneneinstrahlung erhielten sie ›Vortüren‹. Am Hochaltar, dessen Predella-Bilder Napoleon nach Paris verschleppt hatte, hängt eine ›Madonna mit Heiligen‹ von Mantegna (1456–59), die erste ›Botschaft‹ der Perspektive in Verona, mit dem größten Einfluß auf die sogenannte Veroneser Malerei: Ein Teil blieb gotisch, ein Teil ließ sich von der Renaissance beeinflussen. Links vom Hochaltar steht eine bemalte Marmorgestalt: San Zeno, der 380 verstorbene, heiliggesprochene Bischof von Verona, dem diese schöne Kirche geweiht ist. Sein Unterkörper wirkt merkwürdig, zu kurz: Ursprünglich stand der ›lächelnde San Zeno‹ *(San Zeno surride),* wie er genannt wird, an erhöhter Stelle und sah – perspektivisch verschoben – normal aus. Sein Lächeln, sagen die Veroneser, habe ihr Wesen bestimmt, weshalb sie ja als besonders freundlich gelten. Auch wenn es ihnen nicht immer gut ergangen ist: etwa unter Cangrande II della Scala, dem Erbauer von Castelvecchio, den sie einen »bösen, wilden Hund« nannten (*cane* = Hund). Da er naturgemäß wenig beliebt war, ließ er die steinerne Brücke hinter seinem Schloß als Fluchtweg über die Etsch nach Brandenburg bauen. – Um einen Vormarsch der Alliierten zu verhindern, wurden übrigens alle zehn Brücken der Stadt und die Eisenbahnbrücke ganz im Süden von den Deutschen noch im April 1945 in die Luft gesprengt ... Nur der Ponte di Pietra, die älteste Brücke der Stadt, konnte aus dem Originalmaterial wiederaufge-

TRENTINO
Adige (Etsch)
Trient
Brenta
Feltre
27
12
Monte Grappa
1275 m
Valdobbiadene
26
Villa Bárbaro
Rovereto
Pasubio
Roana
8
7
Asiago
Garda-see
Monte Baldo
Sette Communi
Bassano del Grappa
Asolo
24
6
248
Malcesine
Marόstica
2
3
4
5
22
Recoaro Terme
Schio
Thiene
Breganze
Nove
Castelfranco Veneto
Belluno Veronese
Monti Lessini
Recoaro 1000
47
Valdagno
Brenta
Cittadella
9
Giazza
349
Sant' Andrea
Bolca
246
53
Vicenza
1
10
Piazzola sul Brenta
Valpolicella
11
Monti Bérici
Verona
Padua
A4
Soave
Abazia di Práglia
21
Abano Terme
San Bonifácio
Euganeische Hügel
Treponti
Teolo
Montegrotto Terme
62
Galzignano Terme
Canale di Battaglia
Rifugio Monte Rua
16
San Pelagio
Lozzo
Battaglia Terme
Carrara San Stefano
15
Arquà Petrarca
19
Montagnana
18
Este
Monselice
17
12
10
14
Adige (Etsch)
Leguago
Mantua
16
Rovigo
13
Po
Ferrara

Cortina d'Ampezzo
Cortina d'Ampezzo
FRIAUL-JULISCH
VENETIEN
Ponte nelle Alpi
28
Belluno
Piave
Udine
Vittorio Veneto
13
Pordenone
13
Conegliano
Piave
Montebelluna
Lémene
14
39
Portogruaro
Latisana
San Michele
Concórdia Sagittária
348
29
Treviso
Livenza
Lignano Pineta
Lignano Riviera
38
Bibione Pineda
Bibione
Quinto di Treviso
13
14
Piave
37
Cáorle
Jésolo
Eraclea Mare
Aeroporto Marco Polo
31
32
Veneta
35
36
Lido di Jésolo
Mestre
30
Torcello
Burano
Murano
San Michele
Treporti
Cavallino
Malcontenta
Mira
Dolo
Venedig
Punta Sabbioni
Lido
33
309
Laguna
Golfo di Venezia
San Pietro in Volta
Litorale di Pellestrina
34
Pellestrina
516
11
Chióggia
Sottomarina
Valle di Brenta
Rosolina Mare
Adige (Etsch)
Isola Albarella
12
Adria
Comacchio Pomposa
Po
N
0
15 km

Blick auf Vicenza mit der Palladio-Basilica im Zentrum

baut werden, was den Veronesern besonders am Herzen lag und weshalb viele von ihnen in die Etschfluten tauchten, um bei der Bergung zu helfen.

Auch das Umland der Stadt hat manch Interessantes zu bieten: Im Nordwesten von Verona liegt das **Valpolicella-Gebiet.** Hier gedeiht der perlende Wein, der auch jenseits der Alpen seine Freunde hat. **Soave** gab einem berühmten Weißwein seinen Namen: ein hübsches Städtchen in völlig intakten Mauern aus dem Mittelalter, von Türmen und Schloß überragt, dessen Anlage zu den besterhaltenen Italiens zählt. Hinter dem Weinland und dem Monte Baldo: die **Riviera degli Olivi** (Oliven-Riviera), wo die köstlich schmeckenden kleinen Oliven gedeihen, die ein hervorragendes Öl abgeben. Im Norden führen zahlreiche, fast parallel zueinander in Nord-Süd-Richtung verlaufende Täler von Verona zu den **Monti Lessini.** Langsam steigt das Gebirge von etwa 100 auf rund 1700 m auf, dann wird die Hügellandschaft immer bizarrer, noch bestimmen Weiden das Bild, grün und saftig. In **Giazza,** ca. 40 km nördlich von Verona, wird noch alles gesammelt, was irgendwo über die einst dreizehn Gemeinden altbayerischer Zimbern (daher der Sammelname ›Tredici Comuni Veronesi‹), die im 13. Jh. hierherkamen, geschrieben oder mündlich überliefert wurde. **Bolca,** ca. 8,5 km südöstlich auf schmalem Bergsträßchen mit Haarnadelkurven zu erreichen, ist das Mekka für Fossiliensammler, egal ob sie selber ans Werk gehen oder nur das kleine, überquellende Museum besichtigen wollen.

Vicenza: Palladio und mehr

Vicenza **1** (S. 442) hat seinen Ruhm der Harmonie seiner Straßen und Paläste, vor allem aber Andrea Palladio zu verdanken, der mit seinen Villen und Palästen Architekturgeschichte schrieb. Wie Verona entstand auch Vicenza 49 v. Chr. als römisches *Municipium* dort, wo eine frühvenetische Siedlung gewachsen war, an der *Via Postumia* zwischen zwei langsam dahinfließenden Gewässern, dem Bacchiglione und dem Retrone. Römi-

sche Zeugnisse sind noch erhalten: die Straßenzüge, die Brücken Ponte Furo und Ponte delle Barche, der gedeckte Wandelgang einer Villa am Fluß, die Ausgrabungsstätte unter der Kathedrale, der Mosaikfußboden unter der Piazza delle Biade, die Reste des Teatro Brega und nördlich der Stadt der Aquädukt von Lobia. Mit Einführung des Christentums in Vicenza entstanden die Kirchen Santi Felice und Fortunato, des heiligen Georg in Gogna und die Abtei Sant'Agostino außerhalb. Barbaren und Attila verwüsteten die Stadt. Sie wurde langobardisch und später fränkisch, kam dann um 1000 unter die Tyrannei der kaiserlichen Bischöfe, von der sich Vicenza durch einen Volksaufstand befreite: ab 1164 freie Kommune, eine Blütezeit, die sich auch im Wiederaufbau zeigen sollte. Von der Stadtmauer – vom Monte Bérico gut zu erkennen – sind große Reste erhalten geblieben, und zahlreich sind die gotischen Paläste, die jetzt, wundervoll restauriert, wieder weite Teile der Stadt verschönern. Dann wechselten sich die Herrscherhäuser ab, Ezzelino oder Carrara, Scaliger oder Visconti, alle waren sie hier, bis die Stadt 1404 venezianisch wurde.

Bald begann der Adel Vicenzas mit dem Venedigs zu wetteifern: im Palastbau. Vicenzas wichtigster Architekt, **Andrea Palladio** (1508–1580), eigentlich Andrea di Pietro dalla Gondola, ursprünglich Steinmetz, vom Humanisten Giovan Giorgio Trissino entdeckt und in Palladio umgetauft, war bestimmend für die Villenarchitektur des Veneto und Friauls, hat in der Hochrenaissance nicht eine neue Stadt geschaffen, sondern ihr Gesicht durch Sanierung und Verschönerung verändert. Er hat aus ihr *seine* Stadt gemacht. Wer vom Monte Bérico hinabschaut, wird die imponierende Masse der sogenannten Basilica Palladios und die Kathedrale, beide mit grünen Kupferdächern, als bestimmend empfinden – und das war städtebaulich auch so gemeint!

Edel wie ihre Goldschmiedemesse Vicenza Oro und ihre Schmuckmesse Orgemma sind die Werbeprospekte, Broschüren, Bücher, die Palladios Stadt herausgibt. Schließlich gilt Vicenza, das heute etwa 110 000 Einwohner hat, als das wichtigste Zentrum der Goldverarbeitung in Europa, vielleicht sogar weltweit. Mit mehr als 700 Betrieben, sowohl traditionellen wie sehr modernen Designern folgend. Aber auch in der Verarbeitung von Silber, Kupfer, Schmiedeeisen, Keramik und Stilmöbeln hat sich Vicenza einen guten Namen aufgebaut. Kleine und mittlere Betriebe sind die Stärke in der gesamten Provinz, das gilt auch in der Landwirtschaft: Geflügel- und Schweinezucht, Milch- und Käseproduktion, Soja- und Weinanbau. Im Export steht Vicenza an erster Stelle der venetischen Provinzen, außerdem unter den ersten in Gesamt-Italien.

Manchem mag Vicenza zu ruhig erscheinen, seelenlos. Wer aber schöne Stadtbilder liebt, wird hier immer wieder besondere Winkel und Straßenzüge entdecken. Etwa die Rione oder **Contrà Barche,** vom Retrone durchflossen, der einst bis zur Adria nach Chióggia schiffbar war. Natürlich waren hier Handwerker und Schiffswerften angesiedelt, dann verkam die Contrà Barche zum Dirnenviertel, bis sie 1970 von der Stadt aufgekauft und dem Architekten Francesco Chiozzi anvertraut wurde, der daraus eine Art Klein-Monmartre ohne Nachtleben schuf. So findet man heute wieder kleine Werkstätten und Läden, darüber die Wohnungen. (Contrà bedeutet im Venetischen Straße, ist die typische Bezeichnung der alten Gassen Vicenzas.) Ein weiteres Beispiel schöner Stadtarchitektur bilden die Häuserzeilen entlang der Contrà Riale und hinein in die Contrà Porti/Ecke Corso Andrea Palladio. Zwei schöne Beispiele für gotische Häuser sind der Palazzo

Teatro Olimpico

Thiene-Cavalloni (früher Antica Trattoria Tre Visi) in der Contrà Porti 6, die, würde hier Wasser fließen, mit ihren gotischen Palästen an Venedig erinnern könnte, und der Palazzo Garzadori (früher Ristorante Scudo di Francia), wo Goethe im September 1786 zu Gast war, an der Contrà Piancloi 4.

Ein Stadtrundgang beginnt am besten an der Piazza delle Biade oder der langgestreckten Piazza Signoria, dem Mittelpunkt der Stadt. Hier steht die Basilica – keine Kirche, sondern der gotische Justizpalast, dem Palladio in seinem Stil eine neue, weißmarmorne Fassade vorgesetzt hatte. Mit dem angegliederten Stadtturm, backsteinrot, sehr schlank und im Aufsatz wunderbar aufgelockert, wirkt der Komplex tatsächlich sehr sakral. Gegenüber die ebenfalls palladinische Loggia del Capitano und daneben der langgestreckte Bau des Monte di Pietà, dessen gelbliche Fassade einmal vollständig freskiert war. Der Eleganz des Platzes setzen zwei Säulen, je eine an einem Ende, einen Schlußakkord; eine trägt die Statue des Erlösers, die andere macht eine Verbeugung vor Venedig – mit dem Markuslöwen. Piazza delle Biade, Piazza Signori, Piazza delle Erbe – alle drei zusammen ergeben einen großen Platz, in dessen Mitte die Basilica steht und von den Vicentinern *Peronio* genannt wird. Hier spielt sich das städtische Leben ab, das ist der ›Salon‹ Vicenzas!

Nicht ganz rechtwinklig gehen die Straßen von hier aus in alle Himmelsrichtungen ab, sie folgen dem Lauf der beiden Flüsse und den Unebenheiten des Bodens, der in Vicenza leichte Wellen schlägt. Halb ein römisches, halb ein mittelalterliches Stadtmodell. So erhält man besonders schöne Perspektiven entlang der Häuserfassaden. Dieser Blick soll Vincenzo Scamozzi, der nach Palladios Tod im Jahr 1580 die Arbeiten am Teatro Olimpico übernahm, Modell für das *Palcoscenico,* die Bühne gestanden haben. Wer im Zuschauerraum sitzt, schaut in die Gassen der Theaterkulisse, erhält den Eindruck tiefer Perspektive, wie im richtigen Vicenza.

Die Provinz: sehr eigenständig

Vicenza gehört zu den wenigen Hauptstädten Italiens, die ihrer Provinz (insgesamt 740 000 Einwohner) die Freiheiten ließ und läßt, die diese für eine eigenständige Entwicklung braucht: Bassano ist Bassano, Maróstica Maróstica geblieben, mit ihren Eigenheiten und dem Kulturerbe der Jahrhunderte, die sie prägten.

Nordwestlich von Vicenza liegt in 450 m Höhe **Recoaro Terme** **2**, nach dem Euganeischen Bäderdreieck Venetiens wichtigster Thermal- und Luftkurort. Durch die Seilbahnverbindung mit Recoaro Mille gilt es neuerdings auch als Wintersportort. **Schio** **3**, östlich davon, ist ein hübsches Hügel-Städtchen in 193 m Höhe mit dem großen Dom von San Pietro und seit dem 18. Jh. Zentrum einer traditionellen Textilindustrie (die Wollspinnereien von Alessandro Rossi). **Thiene** **4**, nur 147 m hoch gelegen, besitzt fast nur eine schöne Seite: das Schloß der Porto-Colleoni. Dieses wird allerdings zu den schönsten gotischen Bauten Vicenzas gerechnet. Sonst gilt Thiene als eine kühle, wenn auch rege Handelsstadt.

Von hier nach **Breganze** erstreckt sich ein Weinanbaugebiet, in dem herbe Weiß- und vollmundige Rotweine produziert werden. Man sollte auf jeden Fall

Richtig Reisen
Thema

Villen-Tour

Überall im Veneto hat der Adel die Tradition der Landvilla gepflegt. Der Begriff Villa meint freilich in den meisten Fällen nicht nur das Wohnhaus, sondern das gesamte Landgut mit Nebengebäuden, Gärten und weiten Ländereien, in dem man die Fortsetzung des städtischen Gesellschaftslebens aufs Land zu übertragen trachtete. Vicenza – Villen – Palladio, ein Dreiklang, für viele allein schon eine Italienreise wert. Es ist gut, mit entsprechender Fachliteratur und einer guten Karte der Provinz auf die Reise zu gehen. Denn selten öffnen sich die Toren der Villen zu normalen Zeiten, manche lassen sich nur nach umständlicher Organisation besichtigen. Am einfachsten ist es noch, wenn Ausstellungen oder andere Veranstaltungen stattfinden. Auch im Winterhalbjahr relativ einfach zu besichtigen (Anruf vom Hotel genügt meistens, zumindest für den Einlaß in den Garten, nicht immer für die Innenbesichtigung) sind die wichtigste Palladio-Villa La Rotonda und die Villa Cordellina aus dem 18. Jh., südwestlich von Vicenza.

La Rotonda (s. Abb. rechts), so genannt wegen der Kuppel inmitten der Villa auf quadratischem Grundriß, ist das Paradestück aller Palladio-Villen. Sowohl architektonisch als auch in der Art, wie sie in die Landschaft eingefügt ist und den Bacchiglione, der damals noch bis Venedig schiffbar war, mit einbezog. Goethe, als Gast der Grafen Capra, die seit 1589 die Rotonda besaßen (seit 1920 die Valmarana), war voller Bewunderung angesichts der vier Freitreppen, die zu den *Portici* mit ihren sechs Säulen hinaufführen: »Vielleicht hat die Baukunst ihren Luxus niemals höher getrieben. Der Raum, den die Treppen und Vorhallen einnehmen, ist viel größer als der des Hauses selbst:

der alten Landstraße den Vorzug geben: Links die Hügellandschaft mit ihren Weingärten, rechts ebene Obstgärten, wo die berühmten Kirschen von Maróstica wachsen, die *Marostegane*.

Dann taucht die trutzige Scaliger-Mauer von **Maróstica** 5 auf, zieht sich den Berghang wie ein Reptil hoch, umarmt das obere Schloß, umklammert im Tal das untere. Dazwischen breitet sich der große Platz mit seinem Schachbrettmuster aus. In der Stadt findet in den geraden Jahren das Historische Schachspiel statt, am ersten (und manchmal auch am zweiten) Wochenende im September. Seine Geschichte geht auf das Jahr 1545 zurück, als die Kommune noch als treueste Anhängerin Venedigs galt. Zwei Edelleute, berichtet die Überlieferung, Rinaldo d'Angarano und Vieri Vallonara, liebten die schöne Lionora, die Tochter des Burgkastellans. Sie wollten sich duellieren, wie es damals so Sitte war. Doch der Kastellan verbot den

denn jede einzelne Seite würde als Ansicht eines Tempels befriedigen.« Dem Don Giovanni-Verfilmer Joseph Losey diente eine Freitreppe der Rotonda 1978 als Kulisse für eine großartige Szene: Leporello rollt vor der weißgekleideten Donna Elvira eine lange Liste der Liebschaften seines Herrn Don Giovanni auf. Mit einer grandiosen Geste breitet er diese Liste über die Stufen der Freitreppe aus … Danach heißen die sehr handlichen, aufklappbaren Kalenderblätter ›Leporello‹.

Ganz in der Nähe steht die Villa Valmarana oder Villa dei Nani, so genannt nach den Zwergen auf ihrer Parkmauer. Villa und Gästehaus wurden 1756 von Giambattista und Giandomenico Tiepolo ausgemalt. Und die Tiepolos sind immer einen Besuch wert!

Zweikampf, wohl um keinen der tapferen Ritter zu verlieren: Die Maid sollte demjenigen zur Frau gegeben werden, der die Schachpartie mit lebenden Figuren auf dem großen Platz vor dem Kastell gewinnt. Ein großes Fest krönte das Spektakel – seit 1923 wird es wieder veranstaltet: Maróstica wird in helles Fakkellicht getaucht, 500 Teilnehmer ziehen in historischen Kostümen durch die Straßen und Gassen, fröhlich musizierend und tanzend. Eine Augenweide und ein Fest für die Fotografen, denen die Wahl schwerfallen dürfte, welcher Blick der schönere ist: zum unteren Kastell über das Schachbrett des Platzes hinweg oder zur oberen Festung auf dem Berg, von der aus die langgezogenen Mauern wie Riesenarme nach unten zu greifen scheinen. Dazwischen das Städtchen mit seinen Arkaden und Laubengängen, netten Geschäften und Bars, aus denen die köstlichen Düfte des Festtagsgebäcks Maróstica erfüllen.

Nur ein Katzensprung ist es bis **Bassano del Grappa** 6 (S. 404). Grappa heißt der Berg über Bassano, Grappa heißt aber auch das hochprozentige Getränk, das den Ort zumindest unter seinen Freunden bekannt gemacht hat. Dabei verdient Bassano allein wegen seiner Lage an der hier breiten Brenta einen Besuch. Und außerdem wegen der hölzernen Brücke, dem Ponte degli Alpini. Mehrfach zerstört, im Weltkrieg in die Luft gesprengt, von den Bewohnern Bassanos wiederaufgebaut. Palladio hatte dafür zwar einen Plan entworfen, doch gebaut hat er sie selber nicht. Wohnlich wirkt diese schöne, holzgedeckte Brücke, wie ein Schattenspiel ihre dunklen Holzpfosten, dazwischen Ausblicke wie durch eine lange Fensterreihe auf den Fluß und die beiden Stadtteile.

Weit über Italiens Grenzen berühmt ist die Grapperia Nardini am östlichen Brückentor: Hier kann man in gemütlicher Atmosphäre die Grappa-Hausmarken kosten und kaufen. Dasselbe gilt für die neu in alten Mauern eingerichtete Grapperia Poli mit einer Art Grappa-Museum gegenüber. Und im lebhaften Städtchen selber findet man auch andere Grappa-Marken sowie Kunsthandwerkliches. Etwa Keramik, die aus dem nahen Nove, ein Stück Brenta abwärts stammt.

Über eine abenteuerliche Bergstrecke mit vielen Kurven könnte man von hier direkt nach **Asiago** 7 fahren, das in 999 m Höhe auf der gleichnamigen Hochebene der Kleinen Dolomiten steht. Es ist Wintersportort und Sommerfrische zugleich, mit guter Infrastruktur und herrlich frischer Bergluft. Auch ein wichtiges landwirtschaftliches Zentrum für die Produktion von Milch, Butter und den berühmten Asiago-Käse, im Geschmack zwischen Butterkäse und Emmentaler, leicht mürbe und sanft. Auch *Kranebet,* ein Wacholder-Bitter kommt von hier. Das ist die eine, friedliche Seite von heute. Die andere spielte sich in Schützengräben und im Widerstand des Ersten Weltkrieges ab, erin-

Bassano del Grappa

nert wird an die österreichische Strafexpedition zwischen Monte Grappa im Osten und Monte Pasubio im Westen. 13 Kriegsfriedhöfe zählt man allein um Asiago, zahlreiche Museen und Gedenkstätten zum Thema.

Das nahe **Roana** 8 ist Zentrum der Sette Comuni der Zimbern (s. auch Tredici Comuni im Veronesischen). Auch hier konnte sich, per Dekret abgesichert, die eigenständige Kultur der Alt-Bayern und ihrer Nachkommen entfalten. Es wird auf die Tradition geachtet und das Museum mit dem Kulturinstitut gepflegt, auch mit Regionalzuschüssen. In der Kirche singt der Chor zimbrisch, immerhin sind es hier noch drei- bis vierhundert Menschen, die diese Sprache beherrschen.

Provinz Padua: Sant'Antonio, die Carrara und der Fango

Padua, das ist die Stadt Sant'Antonios und einer berühmten Universität. Die Provinz ist das Land der Carrara, die überall blühende Städtchen hervorbrachten, in denen man noch heute ihr Wappen, vier symbolisch zu einem Wagen zusammengefügte Räder, findet. Hier hinterließen auch die deutschstämmigen Este Spuren in Form von Schlössern und Burgorten. Die Provinz ist wasserreich, durchzogen von Flüssen und Kanälen, weshalb im Winterhalbjahr häufig mit Nebel zu rechnen ist. Die Euganeischen Hügel mit ihrer Thermalzone, die außer hervorragender medizinischer Versorgung eine ebenso perfekte Hotellerie bietet, sind Anziehungspunkt für gesundheitsbewußte Italiener und für immer mehr Deutsche, die das Gebiet auch als Ausgangspunkt für Ausflüge in weite Teile des Veneto schätzen.

Auf dem Weg von Bassano nach Süden, über die Provinzgrenze mit Padua hinweg, lockt **Citadella** 9, weil es schon auf der Landkarte neugierig macht: völlig rund, mit einer einzigen Straßenkreuzung in der Mitte. Dieses kleine Städtchen, das als Beschützerin von Bassano und der Valsugana-Mündung so stark befestigt wurde, sieht aus wie aus dem Spielkasten der Festungsarchitekten: eine kreisrunde hohe Mauer aus roten Ziegeln und weißen Brenta-Steinen mit vier Toren; vier Straßen führen auf sie zu, die sich in der Mitte auf der Piazza treffen. An der Torre di Malta, einem der Stadttore, das der gefürchtete Tyrann Ezzelino als Kerker für die politischen Gefangenen zu benutzen pflegte, ist innen das rötliche Wappen der Carraresi aus vier Wagenrädern noch gut zu erkennen.

Citadella besitzt ein interessantes Teatro Sociale aus dem 19. Jh., dessen Fassade der Architekt Jappelli gestaltete (u. a. auch der Erbauer des berühmten Caffè Pedrocchi in Padua). Zu groß und zu prächtig für ein solches Nest? Im Veneto wie in der Emilia-Romagna bekam auch das kleinste Städtchen ein Theater, wenn es dafür einen Gönner fand. Es gehörte schließlich zum guten Ton des Adels, sich mit Theateraufführungen zu schmücken. Das war auch im nahen Castelfranco Veneto so (in der Provinz Treviso).

Von der Landstraße Nummer 47 geht es auf westlicher, schön zu befahrener Parallele nach **Piazzola sul Brenta** 10. Fast besteht es nur aus dem überdimensionalen Landgut, dessen Mittelpunkt die prachtvolle Villa Simes-Contarini (ab 16. Jh.) bildet. Ihre freskierten Säle dienen zeitweise als Prunkrahmen für Kongresse und Ausstellungen, eine medizinische Sammlung (A. Scarpa) befindet sich hier außerdem.

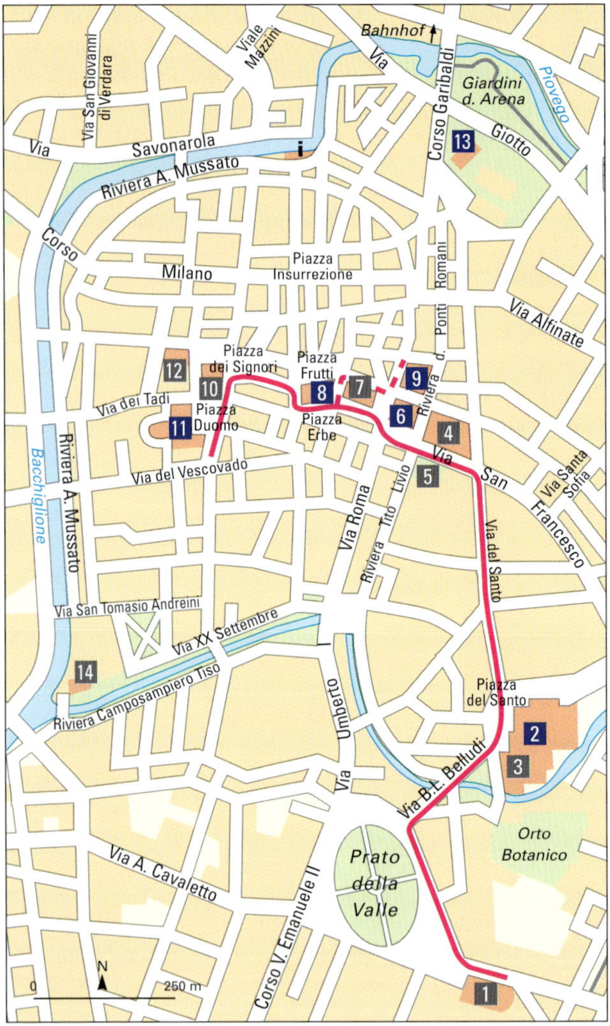

Padua:

1 *Santa Giustina*
2 *Il Santo*
3 *Oratorio di San Giorgio*
4 *Ca d'Oro*
5 *Tomba Antenore*
6 *Palazzo Bo*
7 *Rathaus*
8 *Palazzo della Ragione*
9 *Caffè Pedrocchi*
10 *Palazzo Monte Pietà*
11 *Dom und Baptisterium*
12 *Accademia*
13 *Cappella degli Scrovegni*
14 *Osservatorio Astronomico*

Padua: Gehen wir zum Santo

■ (S. 425f.) Nicht zu Sant'Antonio, nicht zur Basilica di Sant'Antonio – die Padovaner sagen nur, »gehen wir zum Santo«. Für sie gibt es eben nur diesen einen Heiligen, dessen Kirche sich ausnimmt, als wollte sie der Hagia Sophia oder einer anderen orientalischen Kuppellandschaft Konkurrenz machen. Schon von weitem sind die weißlich schimmernden Kuppeln und Turmspitzen sichtbar. Hat man sich dem Zentrum jedoch genähert, verhindern es die hohen Häuser der engen Gassen, daß man weiterhin den Überblick behält über diese im Kern noch schön mittelalterliche Stadt mit ihren langen Laubengängen, die vom Bacchiglione fast völlig umrundet wird.

Das römische *Patavia* war mit Beginn der Kaiserzeit eine der reichsten Städte Italiens. 452 von den Hunnen zerstört, wiederaufgebaut und erneut erblüht, 1164 als erste oberitalienische Kommune frei, dann meist guelfisch. Ab 1318 unter der Gewalt der Carrara, ab 1405 der Republik Venedig zugeschlagen. Mit der Stiftung der Universität 1222, 1238 durch Kaiser Friedrich II. erweitert und bereichert, begann die eigentliche Bedeutung Paduas, die im Humanismus gipfelte. Den geistigen Größen, die an dieser Universität lehrten, begegnet man noch heute an der alten Universität, im Palazzo Bo. In keiner anderen italienischen Stadt hat sich die Universität mit ihren 70 000 Studenten in das tägliche Leben so integriert wie in Padua – nicht einmal in der Vorgängerin Bologna. Vielleicht lag es daran, daß Venedig den Professoren völlig frei von ökonomischen, politischen und religiösen Bindungen zu leben und zu lehren erlaubt hatte. Und heute ist das vielleicht nur ein einfaches Rechenexempel: mitsamt Vororten 231 000 Einwohner, davon 70 000 Studenten – sie müssen zwangsläufig prägend sein!

Gehen wir also zum Santo! Seine Grabkirche steht nur ein paar Schritte entfernt vom **Prato della Valle,** nach dem Roten Platz in Moskau und der Place de la Concorde in Paris mit 88 620 m^2 der drittgrößte Platz Europas und samstags Ort eines Marktes rings um das Wechselspiel von Kanal und Brückchen, 78 Statuen sowie venezianischen Palästen und Laubengängen. Und **Santa Giustina** 1, Spätrenaissance mit bescheidener Backsteinfassade aber einem wundervollen geschnitzten Chorgestühl und einer ›Marter der heiligen Justina‹ von Paolo Veronese (etwa 1575). – Gehen wir über die schräg verlaufende Via Belludi zum Santo. Vor seiner Kirche ein großzügiger Platz, der viele Tausende von Pilgern aufnehmen kann und zumindest am Tag des Stadtheiligen muß. Souvenirstände versperren an manchen Tagen sogar den Blick auf Fassade und Reiterdenkmal links davor. Was schade ist, denn es handelt sich nicht nur um ein Meisterwerk Donatellos in Bronze, 1453 geschaffen zu Ehren des venezianischen Feldherrn Gattamelata, sondern auch um das erste gegossene Reiterstandbild Europas.

Il Santo 2, wie die Grabkirche Sant' Antonio von den Padovanern genannt wird, ist kostbar ausgestattet, eine großzügige Pfeilerbasilika. Links die Grabkapelle mit marmornen Hochreliefs, die zu den Meisterwerken der italienischen Renaissance zählen und Darstellungen aus dem Leben des Heiligen zeigen (u. a. vom toscanischen Sansovino geschaffen). Der Hochaltar ist zwar nicht mehr original, aber in großen Teilen wie ursprünglich von Donatello konzipiert und geformt (die herrlichen Bronzearbeiten). Der Schatz mit kostbarsten Goldschmiedearbeiten ist hinter dem Hochaltar in der Reliquienkapelle zu bewundern. Links vom Hochaltar befindet sich die erst 1988 vom bedeutendsten Restaurator Italiens, Professor Gianluigi Colalucci (von den Vatikanischen Museen) restaurierte Capella Luca Belludi, über und über freskiert von Giusto Menabuoi: In der Kreuzigungsszene sieht man einen Reiter mit rotem Barett und weißer Feder – es ist in Padua immer die Darstellung von Francesco II Vecchio da Carrara (besonders schön auch im Baptisterium des Domes). Im Hintergrund Jerusalem mit dem Ölberg. Das vielleicht berühmteste Bild Paduas ist auch

Prato della Valle und Santa Giustina

in dieser Kapelle, links vom Altar, zu sehen: Der heilige Franziskus verkündet dem vor seiner Kirche knienden heiligen Antonius, daß die Stadt bald von der Tyrannei des Ezzelino befreit werde.

Auf dem Kirchplatz rechts vom Santo: **Oratorio di San Giorgio** 3, 1377 vom Markgrafen Raimondino Lupi di Soragna als Grabkapelle seiner Familie in Auftrag gegeben. Der Sarkophag Raimondinos steht innen links, die von Altichiero di Verona (1384 vollendet) geschaffenen Fresken erzählen u. a. die Geschichte der Heiligen Georg, Katharina von Alexandria und Luzia. Der Andrang ist selten groß, ebenso wie in der rechts angebauten Scuola del Santo, die im ersten Stockwerk immerhin Fresken zu bieten hat, die teilweise dem jungen Tizian zugeschrieben werden (z. B. ›Der Wächter der Bruderschaft, Nicola da Strà, teilt das gesegnete Brot aus‹, 1511). *Scoletta* nennen sie die Padovaner, und sie ist Sitz der Bruderschaft des heiligen Antonius, die gleich nach seinem Tode aufkam und bis heute aktiv ist. Der untere Raum von 1427–1431 dient ihr als Kapelle, der obere von 1504 ist der Versammlungsort.

Von der Piazza del Santo Richtung Bahnhof, an der Via San Francesco links abbiegen und bis zur Querstraße vorgehen, am Treffpunkt der Riviera Tito Livio mit der Riviera dei Ponti Romani: Die zweite Straße heißt so, weil unter ihr tatsächlich römische Brücken über einen Seitenarm des Bacchiglione führten, der erst in den 60er Jahren zugeschüttet wurde. Einen Bogenansatz kann man noch sehr schön unter dem Straßenniveau (Stufen abwärts) eben an dieser Kreuzung sehen. Aber vorher rechts steht die sehr venezianische **Ca d'Oro** 4, eigentlich Palazzo Romanin Jacur. Links, ihm gegenüber, die **Tomba Antenore** 5, die dem Platz ihren Namen gab: ein Hochsarkophag von 1283–85 für Antenore, den legendären Gründer Paduas, daneben das Grab des Dichters Lovato di Lovati, der die Gebeine des vermeintlichen Stadtgründers an dieser Stelle fand.

Es geht geradeaus weiter durch die enge Via San Canziano, rechts am **Palazzo Bo** 6 der Universität vorbei, die hier nur noch die *Aula Magna* und weitere Prüfungsräume besitzt, sonst aber über die ganze Stadt ihre Institute verteilt hat. Der Name stammt vom lateinischen *Bovis,* den Ochsenschädeln, die den Innenhof des einstigen Gasthauses zieren, ein beliebtes Dekorationsmittel der Renaissance. In diesem Innenhof werden lautstark die Jung-Doktoren nach der strengen Promotion im Medizinersaal und dem obligatorisch-rituellen Fußtritt für die Professoren gefeiert. In solchen Nächten kommt ganz Padua nicht zur Ruhe. Innen: u. a. das Teatro Anatomico von 1594, in dem die Medizinstudenten erstmals die damals noch verbotenen anatomischen Lehrstunden genossen. Einmalig in der Enge und Höhe seiner Holzkonstruktion, die sechs Reihen des Oval für 300 Zuschauer so eng, daß kaum ein Student in Ohnmacht fallen konnte, wenn er den Anblick des sezierenden Lehrmeister nicht vertrug! Padua besitzt damit nicht nur den ersten Anatomiesaal der Welt, sondern auch den ersten Botanischen Garten einer Universität. Einer der bedeutendsten Lehrer war Galileo Gallilei, den die Studenten so verehrten, daß sie ihm in rührend-simpler Zimmermannsarbeit ein hohes Lehrpult gebaut hatten, was noch heute zu bewundern ist. Berühmt gewordene Studenten: u. a. Kopernikus und William Harvey (1578–1657), ein Blutkreislaufspezialist und der deutsche Mediziner Werner Rolfink (1599–1673). Überhaupt: fast alle bedeutenden Mediziner Europas haben in Padua studiert, dabei begann diese Universität – eigentlich – als juristische Fakultät. Mit ihr und dem Palazzo della Ragione, dem Justizpalast, damals im größten jemals erbauten Gebäude Europas, zeigte sich der freiheitsliebende Geist Paduas, der Beginn der Demokratie. – Auch die Tatsache, daß hier die erste *Dotoressa* der Welt ihren ›Hut‹ bekam: die schöne Helena Lucretiae Corneliae, 1678.

Rechts schließt sich der Komplex des **Rathauses** 7 an mit seiner klassizistisch weißen Fassade – und schon steht man auf der Piazza delle Erbe. Magisch angezogen vom überdimensionalen Bau des sogenannten *Salone,* der an Vicenzas und Brescias Basilica erinnert. Dieser **Palazzo della Ragione** 8, der einstige Justizpalast Paduas, ist der größte seiner Art. Unten Marktgänge und -buden, davor Obst- und Gemüsestände, oben ein einziger, durchgehender Saal mit einem wundervoll geschwungenen Holzgewölbe in der Art eines umgekehrten Bootskiels, eine

Spezialität des Veneto. Der imposante, einst völlig, zum Teil auch von Giotto, freskierte Saal wird heute für Ausstellungen benutzt, weshalb man ihn auch zu deren Öffnungszeiten betrachten kann, zusammen mit dem fast legendären riesigen Holzpferd von 1837, das lange Zeit fälschlich Donatello zugeschrieben wurde.

Salone, die **Piazza delle Erbe** davor und die **Piazza Frutta** dahinter (beide farbenprächtige Obst- und Gemüsemärkte) sowie die angrenzende **Piazza Signori,** wo ein Kleidermarkt stattfindet und die umliegenden, schmalen Gassen der Altstadt bilden das pulsierende Herz Paduas. Hier sollte man sich Zeit nehmen, auch für einen Schaufensterbummel. Und natürlich für eine Espresso-Pause oder eine kleine Schlemmerei zu einer *Ombra* (Schatten), wie die Leute des Veneto ein Gläschen Wein nennen, das man zwischendurch trinkt, zu dem man gerne ein Häppchen ißt, mit Vorliebe aus dem Meer: ein Stück frisch in heißem Öl ausgebackener Fisch, Tintenfisch oder Garnelen. Auf dem Markt findet man Stände mit frischen Meeresfrüchten, die man stehend verzehren kann. Ringsum nette Cafés oder Bars und typische Stehimbisse, Richtung Rathaus das weltberühmte **Caffè Pedrocchi** 9: Giuseppe Jappelli war der Architekt, Antonio Pedrocchi hieß der Geldgeber, der dieses zur Institution gewordene Kaffeehaus am 9. Juni 1831 während des Sant'Antonius-Marktes feierlich eröffnen ließ. Eher wirkt der helle klassizistische Bau wie ein Theater, durch einen neugotischen Teil 1838 erweitert. Mehrere, imposant ausgestattete Räume unten, viele Türen, die schon früher fast immer offenstanden. Im oberen Stockwerk wohnte damals die Besitzerfamilie, heute, durch eine testamentarische Verfügung von 1891, gehören die Säle dem Kulturassessorat der Stadt, das dort Ausstellungen und Konzerte veranstaltet. Aus dem einstigen Literaten- und Studentencafé, das während der Unruhezeit des *Risorgimento* und später in den Weltkriegen auch eine antifaschistische Zentrale war, ist eine städtische Kulturinstitution geworden – aber das Café wurde leider modernisiert.

Die Piazza Duomo wird von der Piazza Signoria nur durch den massigen Bau des **Palazzo Monte Pietà** 10 getrennt. Und schon ist man im dritten wichtigen Zentrum der Stadt und dem zweiten sakralen (nach Sant'Antonio). **Dom** und **Baptisterium** 11, vor allem letzteres, heute ein Museum, sind unbedingt einen Besuch wert. Hier weiß man gar nicht, wo man zuerst hinschauen soll! In der Mitte das Taufbecken, rechts vom Eingang eine Apsis mit dem Altar. Alles, Kuppel inbegriffen, ist freskiert. Man braucht eine genaue Beschreibung, um die Details zu erkennen. Ein paar seien genannt: In der zweiten Reihe links oben an der Wand ist Petrarca mit dem Kopftuch zu sehen, unter dem hellsten Pfeiler; in der zweiten Reihe oben rechts, ganz in der Ecke gegenüber dem heutigen Eingang, sieht man ein authentisches Bild Paduas im Viertel des Malers Giusto Menabuoi. Auftraggeberin war Fina Buzzaccarini, die Frau des berühmten Francesco II Vecchio da Carrara, dessen Bild wir bereits in der Kapelle Belludi in Sant'Antonio gesehen hatten (mit der weißen Feder). Gegenüber dem Eingang kniet Fina im dunkelroten Samtkleid mit weißem Pelzbesatz vor der thronenden Madonna mit Kind im blauen Überwurf. – Grandios ist nicht nur die Höhe der Kuppel, auch ihre Fresken sind es. Man liest sie von Maria aus nach rechts, also ab der ›Erschaffung Evas aus der Rippe‹. Christus als Weltenbeherrscher in der Mitte (von Alpha bis Omega), fünf Reihen himmlischer Heerscharen, die größte Ansammlung von Musikinstrumenten des *Trecento* (14. Jh.): 40 an der Zahl!

Padua hat aber noch mehr zu bieten. Etwa die **Accademia** 12 mit ihrer herrlichen Loggia und dem freskierten Versammlungssaal. Und die große Halle der **Olivetani-Kirche** mit zarten Mantegna-Fresken. Das vielleicht bedeutendste Kunstwerk ist wieder sakraler Art: Giottos Fresken in der **Capella degli Scrovegni** 13. Diese betritt man seit Vollendung der Restaurierungsarbeiten nur noch durch die **Musei Civici** (zur Mittagszeit geschlossen), die man sich ohnehin unbedingt ansehen sollte, und verläßt sie über die römische **Arena,** die heute ein einladender kleiner Park ist. Enrico Scrovegni erwarb um 1300 die kleine Kapelle am Rande der Arena und gab Giotto den Auftrag, diese auszumalen. Dante schrieb, er habe den Vater des reichen Fürsten, den Wucherer Reginaldo, in der Hölle getroffen ... Und der Sohn, erzählt die Geschichte, habe diese Privatkapelle wohl als Sühne für die Sünden seines Vaters so herrlich zum Ruhme Gottes ausmalen lassen. Giotto, schon 40 Jahre alt, verstand hier in seinem besterhaltenen Werk die Plastizität der Gestalten hervorzuheben, spielte mit Gebärden und der Kontinuität der Erzählung, nutzte das natürliche Licht im Raum. Einige Gesichter zeigen sehr individuelle Züge, die Architektur stimmt in der Perspektive. Die Originalfarben von 1303–1305 wurden bei den Restaurierungen nur gereinigt und teilweise fixiert, ihre Leuchtkraft ist unglaublich gut erhalten. In 38 Bildern in drei Reihen erzählt Giotto (man beginnt oben rechts vor dem Chor) die Geschichten aus dem Leben Christi und Mariae, außerdem an den Seitenwänden noch eine untere Reihe mit Allegorien der Laster und der Tugenden. Eindringlich ist in der zwei-

Piazza delle Erbe mit Palazzo della Ragione

ten Reihe links am Triumphbogen ›Der Verrat des Judas‹, Judas im gelben Gewand, der Farbe des Neides, hinter sich den Teufel, kassiert die Silberlinge für seinen Verrat.

Das **Osservatorio Astronomico** 14 steht zwischen den beiden Bacchiglione-Armen, die sich um die Stadt ziehen, mit hinreißend schönem Blick auf die Altstadt. Die mittelalterlichen Mauern sind durchlässig geworden: von Straßen durchstoßen, die durch den Grüngürtel hindurch aufs Land führen. Nach Norden entlang der breiten Brenta-Schleifen, von denen sie für die Zufahrt zu den Villen Palladios und seiner Nachfolger Stichkanäle anlegen ließen, etwa zur imposanten Villa Simes-Contarini (s. S. 335). Kanäle aber führen von Padua hauptsächlich nach Osten Richtung Meer, verbinden sich mit den natürlichen Flußläufen zu einem dichten, einst völlig schiffbaren Netz. Eine dieser Wasserstraßen hat Geschichte gemacht: die Brenta.

Von Padua kreuz und quer durch die Provinz

»Die Fahrt auf der Brenta, mit dem öffentlichen Schiffe, in gesitteter Gesellschaft, da die Italiener sich voreinander in acht nehmen, ist anständig und angenehm. Die Ufer sind mit Gärten und Lusthäusern geschmückt, kleine Ortschaften treten bis ans Wasser, teilweise geht die belebte Landstraße daran hin. Da man schleusenweise den Fluß hinabsteigt, gibt es öfters einen kleinen Aufenthalt, den man benutzen kann, sich auf dem Lande umzusehen und die reichlich angebotenen Früchte zu genießen ...« Das notierte Goethe am 28. September 1786 über die Fahrt von Padua nach Venedig. Ähnlich kann es heute jeder nachvollziehen, der sich zwischen Mitte März und Ende Oktober rechtzeitig auf das alte oder neue Schiff namens ›Burchiello‹ einbuchen läßt. Auch Goldoni, d'Annunzio, Byron und Casanova genossen diesen, von barocker Musik begleiteten Ausflug – nur die fein herausgeputzten Damen und Herren der noblen Venezianer Gesellschaft fehlen heute. Und statt von starken Gondolieri hinabgerudert oder von Pferden hochgezogen zu werden, fährt ›Il Burchiello‹ heute mit Motorkraft.

Und jeder, der die Fahrt entlang der Brenta mit dem eigenen Wagen bewerkstelligen sollte, wird empfinden, daß die Landstraße Nummer 11 eine sehr stark frequentierte ist und die schönen Aussichten auf die Villen (von Palladio oder von ihm inspiriert) und Landsitze gar nicht richtig ermöglicht. Die stolze Villa Pisani, genannt Villa Nazionale, von **Strà** ist wieder zugänglich, nicht immer die Villa Malcontenta und die Villa Barbariga. Trost versprechen die wirklich guten Restaurants, die am Wegesrand locken. Etwa in der alten Poststation von **Dolo** das Ristorante Locanda alla Posta. Oder das Margherita mit dem gegenüberliegenden, wunderhübschen Romantikhotel gleichen Namens in Mira Porte und in **Mira** selber das Nalin (s. S. 343).

Die dammgestützte S.S. 309 entspricht der alten *Strada Romea* und führt entlang der inselzerfurchten Lagune von Venedig südwärts nach **Chióggia** 11 (S. 410). Chióggia, das Klein-Venedig zwischen der Lagune und den Flußmündungen von Brenta, Bacchiglione, Etsch und Po, ist ein geradezu gemütliches Städtchen mit kleinen Brükken und niedrigen Palästen, einer breiten, edel mit großen Steinplatten belegten Fußgängerzone, mit Fischmarkt im Zentrum und Muschelbänken in der

Richtig Reisen *Tip*

Schlemmen im Nalin und ›Riviera Infiorita‹

Venezianer lieben eine ganz einfache Zubereitung. Wenn der Fisch frisch ist, braucht man mit ihm nicht viel anzustellen.« Das ist das Leitmotiv der guten Fischküche am Brenta-Kanal. Und darauf versteht sich ganz besonders gut das eher schlichte Nalin, das es seit 1907 gibt, an einem zauberhaften Seitenkanal von Mira. Wer den Gaumenkitzel durch fangfrische Meeresfrüchte, Krusten- und Schalentiere bevorzugt, darf dieses wunderbare Restaurant auf keinen Fall auslassen.

Sergio Tuzzato fährt seit 1963 jeden Morgen die 33 km nach Chióggia, um in Italiens bedeutendstem und schönstem Fischmarkt einzukaufen. Und so werden die Meeresbewohner hier vorzugsweise roh mit einer würzigen Soße aus bestem Olivenöl mit feinstem *Balsamico* serviert. Viele Gäste bleiben bei den Vorspeisen, und bestellen gleich mehrere davon. Unvergessen die *Moeche* (oder *Molecche*), wie im Veneto die kleinen Krebse mit den großen fleischigen Scheren genannt werden. Im Frühjahr und im Herbst werfen sie zur Paarungszeit ihren Panzer ab und können daher ganz gegessen werden. Wie auch die winzigen, in Öl frittierten *Scampi* und die Mini-Fischchen. Dazu herrlich frisches Gemüse und knackige Salate – alles ebenso wie die üppige Blumendekoration des Lokals aus dem eigenen Garten.

Ab und zu macht die Wirtsfamilie die eigene, dickleibig-typische Brenta-Barkasse los und fährt damit ihre Gäste durch die Kanäle. Ganz sicher nehmen sie aber teil am Gondelrennen anläßlich der ›Riviera Infiorita‹ (Blühende Riviera; gemeint ist die Brenta-Riviera) im Frühjahr, wie alle alteingesessenen Bewohner des Brenta-Kanals in Gondolieri- oder Renaissance-Kostümen – je nachdem, ob sie in den herrlich geschmückten Booten sitzen oder als Zuschauer fungieren.

Trattoria Nalin, Via Novissimo 29, Mira, ✆ 0 41/42 00 83 (So abend, Mo und Aug. geschl.); unbedingt Tisch reservieren!

Valle di Brenta. Der tiefeingeschnittene, natürliche Hafen durchtrennt das historische Zentrum von Sottomarina mit Isolaverde, dem Strandteil, der sich bis zur Brenta-Mündung hinzieht und daher trotz wundervollem breitem Sandstrand nicht unbedingt reine Badefreuden verspricht. – Das gilt erst recht für Rosolina Mare und die Nobel Touristeninsel Albarella zwischen der Etsch-Mündung und dem breiten Po-Delta weiter südlich Richtung Emilia-Romagna. Sie bilden die Küste der südlichsten Veneto-Provinz Rovigo, die aussieht, als sei sie zwischen den beiden großen Flüssen Etsch und Po, die hier nahe beieinander dem

Montagnana

Meer zueilen, zusammengedrückt worden. Die *Polesine,* wie das Gebiet geographisch heißt, das Po-Gebiet, hat jahrhundertelang die meisten Überschwemmungen erlitten.

Adria 12, früher am Meer, dem es seinen Namen gab, ist jetzt fast 20 km davon entfernt. Das einstige Bischofsstädtchen ist ein lebhaftes Agrarzentrum, liegt allerdings im Schatten der Provinzhauptstadt **Rovigo** 13. Mit über 50 000 Einwohnern ist diese nun ein wichtiges Landwirtschaftszentrum, Mittelpunkt der *Polesine* – und Drehort des Kinoklassikers ›Bitterer Reis‹ (s. auch S. 129). Rovigo überflügelte im Jahr 920 Adria und wurde an seiner Stelle Bischofssitz, es wurde von verschiedenen Signorien beherrscht und war ab 1482 venezianisch. Im Palazzo dei Concordi befinden sich eine große Handschriftensammlung, u. a. die ›Paduaner Bilderbibel‹ sowie eine bedeutende venezianische Pinakothek.

Das venetische Bäderdreieck und die Hügelromantik

Das Bäderdreieck zu Füßen der Euganeischen Hügel südlich von Padua mit den Kurorten Abano, Galzignano, Montegrotto und Battaglia Terme erfreut sich der Gunst von Gesundheitstouristen aus dem deutschsprachigen Raum, der als ›Gästelieferant‹ gleich nach Italien kommt.

Este 14 (S. 413) war ab etwa 1000 Stammsitz der Herrscher von Ferrara, wurde mehrmals zerstört und wiederaufgebaut, zuletzt durch Ubertino da Carrara 1339. 1000 m zinnengekrönter Mauerring mit zwölf Türmen, der mächtige *Mastio* (Hauptturm) und ein Teil des Schlosses sind erhalten, im letzten ist das Nationalmuseum untergebracht, das allein wegen seiner aus der Eisenzeit stammenden frühvenetischen und der römischen Funde zu den wichtigsten Italiens gerechnet wird. Auch für einen lustvollen Spaziergang im Schloßpark sollte man sich Zeit nehmen, und anschließend vielleicht am Hauptplatz in der nostalgischen Bar Borsa einkehren zu einer *Ombra* und einem Häppchen.

Abstecher: Das hübsche Castello di Valbona steht in **Lozzo Atesino** zu Füßen des kreisrunden Monte Lozzo. In wenigen Jahren hat diese einzeln stehende Carrara-Burg mehrfach den Besitzer gewechselt und kann normalerweise im Sommerhalbjahr besichtigt werden (zeitweise mit Restaurant/festes Menü).

Montagnana 15 (S. 424), westlich von Este an der S.S. 10, ist ein befestigtes Städtchen, das aus einer Carrara-Burg hervorging. Mit seinen Zinnenmauern und Türmen ragt es schon von weitem aus der flachen oberitalienischen Tiefebene. Die arkadenumstandene Piazza Vittorio Emanuele II wirkt fast zu groß, der backsteinerne Dom wie ein gestrandetes Schiff, wie eine Theaterkulisse der komplett erhaltene, 1950 m lange Mauerring mit Zinnen, 24 vier- und sechseckigen Türmen (einer davon dient als Glockenturm) und den befestigten Toranlagen. Castello di San Zeno heißt eine Toranlage, 1242 von Ezzelino gebaut, die Rocca degli Alberi der Carraresi von 1362 dient schon länger als Jugendherberge und gilt als die aufregendste Italiens. Bewundernswert breit ist der Graben rings um die schöne Stadtmauer. Das Landwirtschafts- und Handelszentrum in verkehrsgünstiger Lage ist unter Feinschmeckern bekannt wegen seines besonders zarten, fast süßlich schmeckenden Schinkens *(Prosciutto di Montagnana).* Und: Ezzelino, den Tyrannen, hassen die Montagneser noch heute, weshalb sie zur Erinnerung an seine Vertreibung aus der Stadt alljährlich ein einwöchiges Fest begehen, das im ›Palio dei dieci comuni‹ am ersten Septembersonntag gipfelt, einem Pferderennen rings um die Stadtmauer.

Im Nordwesten aber breiten sich die **Euganeischen Hügel** (S. 413f.) aus mit ihren befestigten Dörfern und Städtchen. So sanft wie ihre Formen hört sich ihr italienischer Name an: Euganee, jeder Buchstabe einzeln ausgesprochen – und schon ändert sich die Melodik. Am schönsten erlebt man diese aus der brettflachen Po-Ebene aufsteigenden Hügel vulkanischen Ursprungs, die wundervoll klaren Sinuskurven zu folgen scheinen, vom **Rifugio Monte Rua** 16 aus, wo das gleichnamige Restaurant mit der großen Terrasse nicht nur lukullisch erfreut, sondern einen grandiosen Panoramablick garantiert: abwärts nach Abano links, Montegrotto Terme in der Mitte und fast versteckt zur Rechten Battaglia und direkt zu Füßen des 416 m hohen Monte Rua mit seiner Eremitage (Klausur) Galzignano. Der höchste Hügel, der Monte Venda, steigt auf 613 m Höhe an, leider wie so oft in Italien von einer RAI-Station ›bekrönt‹.

Unvergessen ein Januartag am späten Vormittag: Aus Abanos Gärten steigen Dämpfe auf, dort, wo die heißen Quellen in die Fangobecken geleitet werden. Ein Ausflug in die Hügel, die aus einer dichten Dunstschicht verlokkend aufsteigen, führt zur Klosteranlage von **Praglia,** wieder abwärts nach **Treponti,** ein Abstecher wieder hinauf nach **Teolo.** Wie kleine Hütchen ragen die Vulkankegel aus dem Nebel, als schwebten sie darüber. Ganz klar zeichnen sich die Konturen ab, faltet sich die Landschaft auf zu einem fast unwirklichen Bild.

Monsélice 17 ist schon ein recht lebendiges Städtchen in fast vollständig erhaltenen Mauern zu Füßen der stark befestigten *Rocca,* eine Gründung des berühmt-berüchtigten Ezzelino, im 14. Jh. von den Carrara abgelöst. Schön ist der Aufgang vom Castello Cini mit der Ca'Marcello, einem wegen der Waffensammlung, der Einrichtung und großartiger, in ihrer Art einmaliger Kamine sehr lohnenden Museum. Im Ortszentrum geht man den steilen Schloßweg hinauf, zur Linken an Villen vorbei, die sich in ihren Gärten hinter hohen Gittern verstecken, weiter hinauf mit stetem Talblick zur Rechten, durch ein prächtiges Tor zum Sanktuarium der ›Sieben Kirchen‹ (Sette Chiese). Die letzte Station, eine kleine Wallfahrtskirche, steht Wand an Wand mit der klassisch-schönen Villa Duodo (privates Institut), deren Baumeister Vincenzo Scamozzi war und deren Park sich den Berghang hochzieht.

Pflichtübung sind aber die sogenannten *Castelli Carraresi,* die Burgdörfer der Carrara (deren unscheinbarer Ursprungsort Carrara übrigens jenseits der Autobahn liegt) zu Füßen der Euganeischen Hügel. Zuallererst **Arqua Petrarca** 18 mit dem Hochgrab und dem Wohnhaus des berühmten toscanischen Dichters Francesco Petrarca, der hier von 1370 bis zu seinem Tode 1374 lebte. Das nette Dorf lebt vom Auf und Ab seiner Anlage und besitzt wegen seines Ruhmes sogar ein paar hübsche Kneipen.

Kurz hinter **Battaglia Terme** 19 steht an der alten Straße Il Catajo, eine festungsartige Villa des Pio Enea degli Obizzi (1570–73). Und gleich jenseits des Canale di Battaglia lohnt das **Castello di San Pelagio** 20 mit dem interessanten Air Museum zur Entwicklungsgeschichte der Luftfahrt einen Besuch. Das Spezialitätenrestaurant im Komplex bietet sich außerdem für eine Pause an.

Das traditionsreiche und gepflegte **Abano Terme** 21 (S. 402) und immer mehr auch das supermoderne **Galzignano Terme**, das eigentlich nur aus vier Großhotels mit guten Sporteinrichtungen (vor allem für Tennis) und einem

Der Aufgang zu den Sette Chiese in Monsélice

der besten 18-Loch-Golfplätze Italiens besteht, sind nicht nur Garant für gepflegte und wirksame Kuren. Die Kurorte zu Füßen der Euganeischen Hügel, die in ihrer Form großen Maulwurfhügeln ähneln und einen guten Boden für köstliche Weine besitzen, bieten eine hervorragende Hotellerie zu Preisen, die italienweit kaum eine Konkurrenz finden.

Hauptanziehungspunkt ist aber der nachweislich einzigartige Schlamm, der *Fango,* in Verbindung mit dem Thermalwasser, dem größte Wirksamkeit vor allem bei Erkrankungen des Bewegungsapparates zugeschrieben wird. Zwar gibt es bei Vorschäden fast nie eine generelle Heilung, aber wer regelmäßig kurt, kann schmerzfrei bleiben. Die Therapiemaßnahmen werden von vielen deutschen Krankenkassen anerkannt und bezahlt (nicht der Aufenthalt selber).

Die Nordprovinzen Belluno und Treviso

Der Piave hat zwischen Ponte nelle Alpi (nördlich von Belluno) und Feltre eine tiefe Furche durch die Bergwelt gegraben und teilt deutlich die Voralpen (links des Flusses) von den Dolomiten (westlich des Piave). In ihrem Nordwesten steigt die Provinz Belluno im größten Gletscher der Ostalpen, dem großartigen Marmolada, bis auf 3343 m auf. Die Dolomiten bieten bekannt gute Wintersportmöglichkeiten (Cortina d'Ampezzo) und Sommerfrischen, die eher von Italienern denn von Ausländern frequentiert werden.

In **Castelfranco Veneto** 22 lebt das Vermächtnis eines Künstlers fort, der wie kein anderer den Charakter der venetischen Landschaft wiederzugeben vermochte: der Musiker und Maler, vielleicht auch Dichter Giorgione (1478–1510), ein Renaissancemensch im Sinne der Humanisten. Castelfranco war seine Heimat, in der nach Umbauten neoklassischen Kathedrale nach Zeichnungen von Preti hinterließ er in der ehemals romanischen Kapelle rechts vom Chor ein Meisterwerk der Malerei, einfach ›Madonna del Giorgione‹ genannt. Wohlweislich beschützt sie ein Gitter vor Diebstahl; links befindet sich ein Lichtschalter, den man braucht, um die ganze Schönheit und die Raffinesse dieses Bildes zu erkennen. Eine thronende Madonna im grünen Kleid mit einem seidenschweren roten Gewand darüber, das Christuskind nur mit einem zarten Tuch über die Hüfte bedeckt. Im Hintergrund links die Burg des Ezzelino, rechts die venetische Hügellandschaft mit zwei geharnischten Rittern an einem Feldweg. Weit zu Füßen der Madonna stehen, auf einem perspektivisch interessanten Plattenfußboden, links der sizilianische heilige Liberale in glänzender Rüstung, rechts San Francesco in seiner Soutane. Alle drei, Madonna und die Heiligen, schauen sich nicht gegenseitig an – sie blicken auf einen Punkt am Boden. Hier lag einst das Grabmal des nur 20jährig gefallenen Costanzo aus Palermo/Sizilien, das jetzt an der Wand links aufgestellt ist. – Die alte Kathedrale soll vollständig von Giorgione freskiert gewesen sein, was dem Neubau zum Opfer fiel. Zum Glück war die Madonna auf drei Holztafeln gemalt, also transportabel, und konnte rechtzeitig ausgelagert werden. Links von der Kathedrale: das sogenannte Haus des Giorgione, das die Gemeinde zu einem Kunstzentrum und zu einer Gedenkstätte für den genialen Künstler umfunktioniert hat. Das Teatro Accademico, bereits 1754 mit drei Rängen begonnen und erstmals für das breitere Publikum, an die 300 Personen, bestimmt, hat der letzte geistige Nachfahre Palladios gebaut, Francesco Maria Preti (auch Neugestalter der Kathedrale). Wunderschön sind die zarten Pastelltöne im Inneren, Grau und Weiß, Goldgelb und helles Olivgrün. Sogar die Bestuhlung ist noch im Original erhalten, alles paßt harmonisch zusammen. Nur den neoklassischen Fresken sieht man leider an, daß sie 1960 einem allzu eifrigen Restaurator in die Hände gefallen sind.

Eine der Prachtvillen Palladios befindet sich nordöstlich von Castelfranco in Fanzolo: die **Villa Emo** 23. Wie die Villa Bárbaro bei Asolo demonstriert sie die typische Landvilla im Sinne Palladios, der das intellektuelle Prestige des venezianischen Adels mit den landwirtschaftlichen Zwecken, die solche Villen meistens zu erfüllen hatten, zu einem Kunstwerk im klassischen Sinne zu verbinden verstand. Auch bildhafte Fortsetzung der Feudalvilla ins Ländliche: die Seitenflügel mit ihren offenen Arkaden, die Gartenanlagen, die – hinter einem schönen hohen Tor – im Acker, im Weingut oder Obstgarten ihre Fortsetzung fanden.

Dann **Asolo** 24 (S. 404), die zauberhaft inmitten sanfter Hügel in 205 m Höhe gelegene Gartenstadt. Diese Sommerfrische haben zwei Frauen berühmt gemacht: die Venezianerin Catarina Cornaro, Königin von Zypern, in der Renaissance eine große Förderin der schönen Künste, weshalb Asolo noch heute bei Künstlern und Literaten beliebt ist. Und Leonora Duse, d'Annunzios Muse, die hier begraben liegt: Ihr Haus steht in der Via Canova. – An jedem zweiten Wochenende im Monat findet in Asolo ein gutbestückter Flohmarkt statt. Außerdem ist das Städtchen für altitalienische Stikkereien und Webereien bekannt.

Hinter Asolo steht die langgestreckte Palladio-**Villa Bárbaro** 25 mit ihren angebauten Wirtschaftsräumen. Im Hauptgebäude findet sich ein großartiger Freskenzyklus von Paolo Veronese.

Aus **Valdobbiadene** 26 zwischen Piave und Monte Cesen kommt der leicht perlende *Prosecco*, der auch nördlich der Alpen einen guten Ruf genießt. **Feltre** 27 belohnt die Fahrt mit vielen freskierten Hausfassaden der Gotik.

Auf dem 389 m hohen Felssporn über dem Zusammenfluß von Piave und Ardo thront **Belluno** 28, die hübsche Provinzhauptstadt mit ihren rund 35 000 Einwohnern, von Zwei- bis Zweieinhalbtausendern umgeben und vor rauhen Winden geschützt. Den schönsten Panoramablick gibt es von der Spitze des Felsvorsprungs, der schönste Platz ist die Piazza del Mercato mit dem Monte di Pietà, dem Pfandleihhaus von 1501. Die wichtigsten Baudenkmäler aber stehen am Domplatz: die Kathedrale (16. Jh.), das Rathaus in venezianischer Neugotik von 1838, der Palazzo dei Rettori mit Renaissance-Arkaden und -Biforien (1491), der Palazzo dei Vescovi (17. Jh. mit dem Stadtturm von 1190) und an der Ecke Richtung Piazza del Mercato der Palazzo dei Giuristi (17. Jh.) mit dem Stadtmuseum.

Die Provinzhauptstadt **Treviso** 29 (S. 436) mit ihren mehr als 82 000 Einwohnern besitzt einen Festungswall aus dem 15./16. Jh., eines der ältesten so gut erhaltenen Beispiele aus der Renaissance. Treviso wird von Sile und Botteniga durchflossen und von Kanälen mit tief herabhängenden Weiden durchschnitten. Die Häuser, viele von ihnen mit bemalter Fassade, rücken ganz nahe an sie heran und spiegeln sich im Wasser, Laubengänge machen Treviso auch zu einer Bummelstadt bei Sommerhitze wie bei Regen. Sehr schmale Gassen

Treviso

und kleine Plätze gestalten die Stadt, viele nette Details, die einen besonderen Charakter ergeben: eine ruhige Oase, scheinbar unbeeindruckt vom Verkehrsgetose um diese wichtige Straßen- und Eisenbahnkreuzung herum. Lebhaft geht es allerdings in der Pescheria zu, auf dem Fischmarkt, der eine eigene kleine Insel im Botteniga-Bach einnimmt. Zu empfehlen ist, gerade wenn man in der Vorfreude auf Venedig oder bereits voller Eindrücke in Treviso nicht auf Kunstschatzsuche ist, ein geruhsamer Spaziergang entlang der kleinen Kanäle, den *Buranelli,* wie sie die *Trevigiani* nennen. Wer Städtisches sucht, findet die schönsten Paläste an der Piazza dei Signori: den Palazzo dei Trecento und die Loggia dei Cavalieri. Nordwestlich davon steht der Dom, in dessen Cappella Malchiostro eine ›Verkündigung‹ Tizians in wundervollen Farben dem Betrachter entgegenstrahlt. Zu erreichen über die Via Calmaggiore, die Teil des römischen *Cardus Maximus* ist, der Hauptstraße des römischen *Castrum,* die unterhalb des heutigen Straßenniveaus verlief. Die kostbarsten Kunstschätze liegen etwas abseits, in San Nicolò, Trevisos größter Kirche südwestlich des Domes: Im Kapitelsaal zeigen 40 Fresken von Tommaso da Módena (14. Jh.) bedeutende Persönlichkeiten des Dominikanerordens. Sein vielleicht berühmtestes Werk, die ›Geschichte der heiligen Ursula‹, hängt allerdings im Städtischen Museum.

In der Umgebung Trevisos werden in sauberen Gewässern Flußaale gezüchtet. Eine Spezialität, die man sich vor allem im Winterhalbjahr nicht entgehen lassen sollte. Top-Adresse: Osteria da Righetto direkt am Sile-Fluß in **Quinto di Treviso.**

Serenissima, die ›Durchlauchtigste‹: Venedig

(S. 439f.) Ihre Verehrer sprechen den Beinamen fast singend, ehrfurchtsvoll, wie es der Republik Venedig, Beherrscherin der Meere zwischen Ost und West, sicher gefallen haben würde. Venedig, das ist für viele die schönste Stadt der Welt. Die wichtigste wirtschaftliche und politische Epoche der Republik hat einen eigenen Stil in der Baugeschichte hervorgebracht, die sogenannte venezianische Gotik mit ihren mehrfachen, jedenfalls spitzbogigen Fenstern und Arkaden (venezianischer Stil).

Knapp 74 000 Menschen leben heute auf den wahrscheinlich 118 Inseln, die Venedig ausmachen, durch etwa 450 Brücken miteinander verbunden und durch 180 Kanäle getrennt. Knapp 50 000 Menschen kommen hinzu auf den Nachbarinseln und am Lido – die *Terraferma,* das Festland-Venedig, zählt knappe 200 000 Einwohner. Die ersten Inseln wurden bereits im 5. Jh. v. Chr. von den frühen Venetern besiedelt, die wohl einen blühenden Handel trieben. Die Römer, die ab 172 v. Chr. mit der Kolonisierung Venetiens begannen, müssen sich auch in der Lagune niedergelassen haben. Im gesamten Gebiet zwischen Altinum (auf dem Festland) und Torcello wurden zahlreiche interessante Funde aus der Römerzeit ans Tageslicht befördert (im Museum von Altino zu sehen). Dann das Kaiserreich, das Venetien zu hoher Blüte verhalf, was die Hunnen und Langobarden, die 403 über die Halbinsel herfielen, sehr gereizt haben muß. Die Küstenbewohner wurden gezwungen, sich auf die vorgelagerten Inseln zurückzuziehen, wo sie sich besser schützen konnten. Sie wuchsen bald zu so reichen Gemeinden, daß sie schon 697 eine unabhängige Regierung bilden konnten. Oberhaupt wurde ein Doge (von lateinisch *dux* = Führer/Herzog). Erst 810 zog die Verwaltung beziehungsweise das Zentrum der Regierung auf die kleine Insel Rivo Alto, in der Nähe der späteren Rialto-Brücke. Die neue Beherrscherin des Adriatischen Meeres bekam Ärger mit den Muselmanen und den nächsten Nachbarn auf dem Festland. Als Venedig 1172 dem Lombardischen Bund gegen den deutschen Kaiser beitrat, wurde es zum Verbündeten des Papstes.

Den vierten Kreuzzug, finanziert durch die tüchtigen Kaufleute der Republik, nutzten die Venezianer unter dem 94jährigen Dogen Enrico Dandolo 1204 zur Einnahme Konstantinopels und sicherten sich damit die Oberherrschaft über das byzantinische Reich. Was die andere Seemacht Genua auf die Barrikaden rief: Es folgten mehrere Schlachten mit wechselndem Glück, bis Venedig 1380 endgültig siegte. Das 15. Jh. war das glanzvollste in Venedig, seine Gouverneure verwalteten große Gebiete Oberitaliens. Doch trotz des Sieges bei Lepanto (1571) über die Türken machten diese der venezianischen Flotte stets zu schaffen, bereits vorher – mit der Entdeckung des Seeweges nach Afrika 1497 – verlor der Handel mit dem Orient zunehmend an Bedeutung. Die folgenden Jahrhunderte sahen Venedigs all-

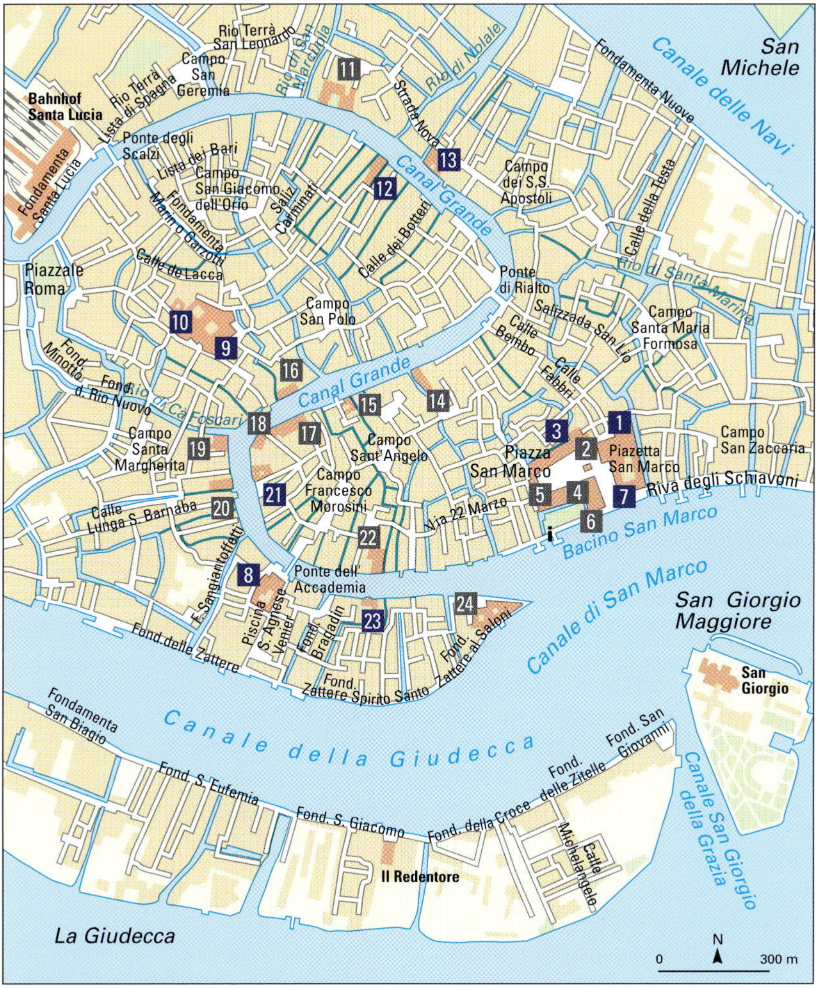

Venedig: *1 San Marco 2 Campanile 3 Procuratie Vecchie 4 Procuratie Nuove 5 Museo Correr 6 Libreria Marciana 7 Palazzo Ducale (Dogenpalast) 8 Galleria dell'Accademia 9 Santa Maria Gloriosa dei Frari 10 Scuola Grande di San Rocco 11 Palazzo Vendramin Calergi 12 Ca'Pesaro 13 Ca'd'Oro 14 Palazzo Grimani 15 Palazzo Corner-Spinelli 16 Palazzo Pisani Moretta 17 Moncenigo-Paläste 18 Palazzo Contarini 19 Ca'Foscari 20 Ca'Rezzonico 21 Palazzo Grassi 22 Palazzo Corner 23 Collezione Peggy Guggenheim 24 Santa Maria della Salute*

mählichen Untergang durch eine von Pomp und Schminke übertünchten Dekadenz, deren gesellschaftlichen Auswirkungen nicht ohne Reiz waren. Als die napoleonischen Truppen 1797 vor den Toren der Stadt standen, hatte die *Serenissima* keine Kraft mehr, sich zu verteidigen. Napoleon schlug sie Öster-

Venedig ist anders

Logisch, daß das Leben in Venedig andere Anforderungen stellt als das in einer Festlandsstadt.

- Autoverkehr ist nur bis zum Piazzale Roma möglich, dann geht es entweder zu Fuß weiter, oder mit einem *Vaporetto,* dem städtischen ›Bootsbus‹, oder mit der Gondel – falls man über das nötige Kleingeld verfügt. Ganz billig ist nur die Gondelfähre über den Canal Grande, die großspurig *Traghetto* genannt wird.
- Die Straßen heißen nicht *Via* wie auf dem Festland (oder *Strade* wie im Lombardischen), sondern *Calle.*
- *Salizzada* kommt von *selicata,* fast schwarzen Steinplatten, mit denen die Gassen gepflastert sind; früher wurde *Cotto* (Backstein) in Fischgrätmuster verwendet.
- *Ruga* geht zurück auf das französische *rue* gleich Straße.
- *Riva* (Ufer) heißen nur die steinernen Uferstraßen am *Bacino,* dem Lagunenbecken, die *Riva degli Schiavoni* und ihre Fortsetzung vor San Marco.
- *Rio* nennt man einige Kanäle, die befestigte Ufer (Kais) auf beiden Seiten haben, und *Fondamenta* eine dem Meer durch Pfähle abgetrotzte Uferstraße.
- *Rio Terra* heißt ein zugedeckter Kanal, der jetzt eine Gasse ist.
- *Zattere* entspricht *Riva* und *Fondamenta,* aber nur entlang der ›Halbinsel‹ gegenüber der Insel Giudecca, und bezeichnet eine Floßlände, weil hier die Holzstämme über die Brenta und die Etsch ankamen.
- *Piscina* kennzeichnet eine Stelle, an der sich früher Fischteiche befanden.
- *Ramo* (Zweig) ist eine Kanalabzweigung.
- Außer dem Piazzale Roma darf sich nur ein Platz *Piazza* nennen: der von San Marco, ebenso die kleine *Piazzetta.* Sonst heißen die mühsam freigehaltenen kleinen Plätze *Campielli* (Singular *Campiello*). Da sie zudem meistens noch eine Funktion als Wasserspeicher haben, steht in der Mitte der *Campielli* immer ein Brunnen aus Travertin. Mit diesem hellen Stein ist normalerweise auch der Platz belegt, der vom Brunnen aus zu den Seiten wie ein flaches Dach abfällt und ein paar größere Löcher aufweist: Hier wird das kostbare Regenwasser gesammelt und der Zisterne zugeführt. So erhielten die Venezianer früher ihr Trinkwasser. Jetzt kommt es über Leitungen vom Festland.
- *Ca'* von *casa* nennt man einen venezianischen Palast.
- *Parrochia* (Pfarrei) und *Sestiere* (Stadt-Sechstel) sind an allen Plätzen zu lesen. Nur so kann man sich in Venedig orientieren, denn die Hausnummern sind innerhalb eines Sechstels fortlaufend, fangen also immer bei eins an und erreichen leicht die Tausend!
- Die Orientierung in Venedig mag ohne einen Stadtplan schwierig sein, aber an Brücken, Straßenkreuzungen und Plätzen sind Hinweise zu den fünf wichtigsten Ausgangspunkten angebracht: Ferrovia (Bahnhof), Rialto, San Marco, Accademia und Piazzale Roma.

reich zu, 1805 wurde sie Teil des Königreiches Italien, 1815 wieder österreichisch. Im *Risorgimento* kapitulierte Venedig 1848 nach nur fünf Kampftagen und kam 1866 endgültig zum Königreich Italien.

Die Insellage bestimmt das Stadtbild 5 km vor der *Terraferma,* mit der Venedig durch eine Straßen- und Bahnbrücke verbunden ist. Während Mestre als Arbeiterwohnstadt für das Industriegebiet von Marghera entstand und nicht gerade zu den Schönheiten Venetiens zählt, hat sich die Altstadt von Venedig in der Lagune zu einem touristischen Ziel ersten Ranges entwickelt. Das entspricht allerdings nicht immer den Bedürfnissen der Einwohner und hat soziale Spannungen dort gebracht, wo die gotischen Paläste den Ansprüchen an Komfort im 20. Jh. nicht mehr entsprachen und die mit viel Geld sanierten Objekte für die alteingesessene Bevölkerung zu teuer geworden sind. Fazit: Viele Häuser stehen entweder die meiste Zeit des Jahres leer, weil sie als Prestigewohnungen herhalten müssen, oder ihre schönen Räume dienen Galerien, edlen Architekturbüros oder Anwaltskanzleien als ›Ambiente‹.

Venedig platzt vor allem in der eigentlich unerträglich heißen Jahreszeit im Juli und August aus allen Nähten. So mancher Bürgermeister hatte gar erwogen, eine Art Touristenzoll zu kassieren, um die überhandnehmenden Rucksacktouristen abzuschrecken. Die Hoteliers jedenfalls glauben überteuerte Preise rechtfertigen zu können und wundern sich, wenn die Betten außerhalb der sommerlichen Hochsaison und zum Karneval, vielleicht noch im Herbst, leer bleiben. Zu keiner anderen Jahreszeit ist Venedig so schön wie im Winter. Ob es regengrau ist, Hochwasser den Spaziergang zu einem ängstlichen Trippeln über die Stege macht oder sich der blaue Himmel mit ein paar weißen Wolkenfetzen föhnig-sonnig zeigt. Wie einer schönen Frau steht ihr praktisch alles:

Detail des Markus-Doms

zarter Nebel, aus dem ihre Kuppeln und Türme herausragen und der eine fast schmerzliche Melancholie ausbreitet – oder die Wintersonne, die die Farben erstrahlen und die Alpenränder so nahe an die Lagune rücken läßt, als wollten sie die Schöne in ihre Arme nehmen. Wann hat man schon mehr Muße, sich Venedigs Kunstschätze, Paläste und Kirchen anzuschauen? Wann bietet das weltberühmte Fenice, das (nach der Brandkatastrophe im Wiederaufbau befindliche) Theater Venedigs, sein bestes Repertoire? Wann erklingen Serenaden hinter filigranen, typisch venezianischen Spitzbogenfenstern? Und wann findet der venezianische, erst 1979 wiederentdeckte Karneval statt? Natürlich im Winter – dann ist allerdings auch mehr Trubel, aber lange nicht so wie vom Frühjahr bis zum Herbst und erst recht in der hochsommerlichen Saison. In den Cafés an der riesigen Piazza San Marco, dem pochenden Herzen Venedigs, sind auch im Winter nur wenige Stühle frei, sitzt man jetzt doch fast ausnahmslos im dekorativen Inneren. Man erwärmt sich nicht nur am Espresso, läßt sich beschwingen vom Prosecco, dem herben, leicht perlenden Wein des Veneto, den man eisgekühlt aus schmalen hohen Gläsern trinkt. Man genießt es einfach, auch wenn es etwas mehr kosten mag als anderswo, im berühmten Florian zu sitzen, dessen Räume von außen wie kleine schmucke Bahnabteile der Jahrhundertwende wirken.

Venedig muß man sich vom Wasser her erobern. Das ist ideal für Gäste, die mit dem Flugzeug anreisen und dann per Wassertaxi in die Stadt fahren. Autoreisende lassen den Wagen nahe dem Bahnhof von Mestre stehen (Bahnverbindungen mit der Insel im Viertelstundentakt) oder auf der Parkinsel Tronchetto vor der Stadt, denn das Parkhaus am Piazzale Roma (Busbahnhof) ist wohl das teuerste der Welt! Von Tronchetto fahren *Vaporetti* in die Stadt: einmal durch den Canal Grande, einmal durch den Canale della Giudecca. Vorschlag: Wählen Sie die Giudecca-Strecke und fahren den Canal Grande getrennt hinauf- und hinab. So kommt man an der Riva degli Schiavoni an und betritt den Salon der Stadt von seiner schönsten Seite: der Piazzetta San Marco.

Kaum ein anderer Platz demonstriert so sehr wie Piazzetta und Piazza San Marco die Selbstdarstellung einer Stadt. Der venezianischen Gotik verdankt die Nachwelt jene zerbrechlichen Fassaden, die wie Burano-Spitzen aussehen, auch der abblätternde Putz gehört dazu und macht einen guten Teil der Faszination der alten, melancholischen Dame Venedig aus.

Ein Winternachmittag. Sehr zart liegt ein Nebelschleier über der Lagunenstadt. Paläste und Kirchen sind nur noch schemenhaft zu erkennen. Die schmalen schwarzen Gondeln gleiten fast geräuschlos durch die Kanäle, setzen gekonnt Akzente. Dann bricht die warme Abendsonne durch, läßt die Mosaike hoch oben an der Fassade von **San Marco** **1** in Gold erstrahlen, vom Markuslöwen abgesehen, das Symbol venezianischer Herrschaft schlechthin. Venedig, das machtpolitisch für sich denselben Rang beanspruchte wie Konstantinopel, suchte dort auch seine künstlerischen Vorbilder. So stand die Apostelkirche in Konstantinopel gleichsam Modell für San Marco, die zu den vornehmsten und reichsten der christlichen Welt zählt. Und das hat sie, Ironie des Schicksals, dem Untergang ihres Vorbildes zu verdanken: Als Venedig 1204 zusammen mit Kreuzfahrern Konstantinopel erobern konnte und zu plündern begann, wurde viel Beutegut gerade für die Ausschmückung der 829 begonnenen und immer wieder erneuerten Kirche von San Marco verwendet ... Es entstanden die Mosaiken der Vorhalle, die das Alte Testament zum Thema haben. Die Illustration folgt eng dem Bibeltext, beginnend mit der Erschaffung der Erde bis zur Vertreibung aus dem Paradies – Eva pflückt aber eine Feige vom Baum der Erkenntnis, der griechischen Bibelübersetzung *(Septuaginta)* entsprechend.

Im Inneren der Basilika überwältigen Marmor, Säulen, Bilder und Halbedelsteine, in den Kuppeln und Bögen glitzernde, goldgrundige Mosaiken mit Szenen aus dem Alten und dem Neuen Testament, drohen das Jüngste Gericht und die Apokalypse. Hoch über der Fassade stehen die vier bronzenen Pferde, nach jahrelangem Hin und Her nun endgültig in Kopie – die Originale des einzigen erhaltenen Viergespanns des Altertums stehen nach einer Restaurierungs- und Herzeige-Odyssee in der Schatzkammer. Rechts vor der Fassade der 97 m hohe **Campanile** **2**, der eine Totale Venedigs aus der Vogelperspektive ermöglicht.

Ringsum die Laubengänge des Platzes der Plätze Venedigs, der Piazza San Marco: 175 m lang und bis zu 82 m breit, in der wärmeren Jahreszeit mit Kaffeehaustischen und -musik, zum *Carnevale* ein großartiger Rahmen für öffentliche Konzerte. Die Breitseiten im Norden und Süden nehmen die Procuratie (Amtsgebäude) ein: den Norden die **Procuratie Vecchie** **3** von 1514, ein schönes Beispiel der venezianischen Frührenaissance, den Süden die **Procuratie Nuove** **4** von Scamozzi 1584 begonnen und heute Sitz des Archäologischen Museums. Die westliche Schmalseite ließ Napoleon 1810 einfügen. Sie ist heute Sitz des **Museo Correr** **5** zur

Blick von San Marco auf Santa Maria di Salute

bildenden Kunst und Geschichte Venedigs.

Wo links von der Fassade San Marcos auf dem **Uhrturm** die beiden Bronzemohren von 1497 die bronzene Glocke schlagen, dort beginnt ein Stück fast orientalisches Venedig: die *Mercerie*, die engen Ladengassen, einem Bazar nicht unähnlich gebaut, aber inzwischen natürlich immer mehr auch mit besonders feinen Läden. Sie reichen fast bis zur Rialto-Brücke, Venedigs schönster und berühmtester. Auch hier ringsum kleine Geschäfte und Restaurants aller Couleur, auf der gegenüberliegenden Seite der Fischmarkt, der allmorgendlich so stattfindet wie eh und je.

Doch vom Markusplatz sollte man zuerst zur Piazzetta San Marco mit den beiden Granitsäulen zurückgehen. Rechts befindet sich die **Libreria Marciana** 6, Sansovinos architektonisches Hauptwerk (ab 1536) mit Innenbildern von Tizian (Deckengemälde), Tintoretto und Veronese. Es ist die alte Markusbibliothek, die heute allerdings in der angebauten alten Münze, der *Zecca,* untergebracht ist. Gegenüber, an die Kathedrale angebaut, steht der Dogenpalast, der **Palazzo Ducale** 7, Venedigs prachtvollster Profanbau: ein rosa-weiß gemusterter und 71 m langer Marmorpalast, dessen spitze Quadriforien und Marmorgestalten auf dem Dach ihm eine solche optische Leichtigkeit verschaffen, daß er aussieht, als wollte er bald abheben. Heute als Museum zu besichtigen und unbedingt eine Pflichtübung. Allein schon wegen der Sala del Maggior Consiglio, des großen Rates, mit 54 × 24 m Größe und 15,5 m Höhe, mit den Bildnissen aller 76 Dogen von 804 bis 1559, und dem größten Ölgemälde der Welt, Tintorettos ›Paradies‹ an der Eingangswand.

Die **Seufzerbrücke** zum ehemaligen Gefängnis leicht schaudernd zu betreten, gehört ebenfalls zum Besichtigungsprogramm des Dogenpalastes. – Sie von außen, von der kleinen Paglia-Brücke an der Riva degli Schiavoni zu betrachten, ist sicher angenehmer. Diese Riva entpuppt sich zu jeder Jahreszeit als ein sehr kommunikativer Ort, Jahrmärkte und Lunaparks finden hier statt, an den Anlegestellen der Boote und Gondeln und *Vaporetti* ist ein ständiges Kommen

und Gehen – nein, ein ruhiges Fleckchen ist sie nicht, die Riva degli Schiavoni. Aber sie garantiert auch den schönsten Blick auf die vorgelagerten Inseln San Giorgio und Giudecca. Die klassisch klaren Kirchenfassaden (San Giorgio auf der gleichnamigen Insel und Il Redentore auf Giudecca), die man dort erblickt, wurden nach Entwürfen von Palladio gebaut. Kein einziges Werk durfte der Großmeister der Renaissance-Architektur im Kern Venedigs errichten, sein Entwurf für die neue Rialto-Brücke fand keine Gnade in der *Serenissima*. Zu klar waren seine Linien – die Stadt aber liebte die Gotik und ihre venezianischen Schnörkel.

Weitere Pflichtübungen in Venedig: Die **Galleria dell'Accademia** 8 an der Accademia-Brücke mit mehr als 800 Bildern venezianischer Künstler. Die ehemalige Franziskanerkirche **Santa Maria Gloriosa dei Frari** 9 ist das ›Pantheon Venedigs‹, mit den Gräbern bedeutender Venezianer (u. a. Tizian im Grabmal der Pesttoten, aber ohne seine Gebeine, die mit den anderen Pestopfern verbrannt wurden sowie vier Dogen) und

Gondeln

Sie haben Vorfahrt vor jedem Motorboot auf Venedigs Wasserstraßen und sind die absoluten Königinnen der Lagune: die schwarzen Gondeln von Venedig, die schon 1094 erwähnt wurden und seit dem 19. Jh. in ihrer heutigen Form existieren. Um den Konkurrenzkampf zwischen den Reichen und Adeligen der Stadt zu stoppen, wurden die Prunk-Gondeln im 16. Jh. per Dekret verboten. Nur die Gondeln der Republik durften ihren Schmuck behalten. Alle anderen bekamen die schlichte Farbe Schwarz verordnet, die in Venedig keinesfalls die Farbe der Trauer ist (sondern Rot!), und ein Gleichmaß: 10,87 m lang, nur bis zu 1,42 m breit, aus sieben (früher sogar acht) verschiedenen Holzarten in 280 Teilen zu zimmern. Und zwar asymmetrisch, so daß der *Gondoliere*, der nur mit einem Ruder manövriert, auch damit geradeaus fahren kann: Die linke Seite ist 24 cm länger als die rechte. Arbeitszeit an einer Gondel: zwei Monate, Kostenpunkt trotz Lira-Abwertung noch immer um die 30 000 Mark.

Während es im 16. Jh. mindestens 5000 Gondeln gegeben haben soll, fahren heute höchstens noch 400 auf Venedigs Kanälen. Ihre große Stunde schlägt am ersten Septembersonntag zur Zeit der *Regata Storica*, der Parade der schönsten Gondeln zusammen mit dem *Bucintoro*, der Nachbildung des venezianischen Staatsschiffes, Wettrennen der Gondeln und der *Caorline*, die, aus Cáorle stammend, als Transportschiffe für Fische und Früchte dienten. An diesem Nachmittag tragen die *Gondolieri* historische Renaissance-Kostüme.

Ein weiterer Anlaß für ein Treffen der Bootsbesitzer: das Erlöserfest, *Il redentore*. Zur Erlösung von der Pest 1575–77 wurde nicht nur die gleichnamige Kirche erbaut, sondern auch eine Dankesprozession gelobt. Am dritten Samstag im Juni bilden alle Bootsbesitzer Venedigs mit ihren lampiongeschmückten Booten eine Brücke zur Erlöserkirche auf Giudecca, wo sie sich mit Freunden und Verwandten treffen, sauer eingelegte Fische essen, dazu Wein trinken – und gegen Morgen zum Lido fahren, um den Sonnenaufgang zu erleben. Am Sonntag darauf zündet man in der Kirche Kerzen an.

zwei sehr bedeutenden, herrlichen Tizian-Bildern: ›Mariä Himmelfahrt‹ von 1518 und die sogenannte ›Pala Pesaro‹, eine von Kardinal Pesaro bestellte Madonna (1526), in der er mit seiner Familie dargestellt ist. Zwei ›Neuheiten‹ bot hier Tizian in der Malerei: In ›Mariä Himmelfahrt‹ zeigt er sich als Meister der Luftperspektive. Während die Toscaner für die Perspektive Architektur und Zeichnung benutzten, schuf er die Tiefenwirkung allein durch Wolkengebilde,

durch Farbe. Modell stand ihm Venedigs schönste Dirne, die schwarzhaarige Dorazia, die Apostel sind lebendige, muskulöse, kraftvolle Männer. Die feine Welt Venedigs aber war zart und blond – weshalb Tizian mit den Franziskanern Ärger bekam und diese das Bild nur deshalb abnahmen, weil sie seinen künstlerischen Wert erkannten. In der ›Madonna‹ wiederum wird der pyramidale Aufbau erstmals nach rechts verschoben, wo Maria an der Spitze steht. – In der ersten Kapelle rechts vom Altar: das einzige Werk Donatellos in Venedig, ein abgemergelter ›Johannes der Täufer‹, aus leicht goldgefaßtem Holz.

Die **Scuola Grande di San Rocco** 10 (16. Jh., Scuola Piccola aus dem 15. Jh. gegenüber): Die Bruderschaft mit sozialer Funktion existiert bis heute mit noch 500 Mitgliedern! Jeder Wohltäter darf Mitglied werden, wenn er möchte. Eine typisch venezianische Einrichtung, von denen es noch sechs große und vier kleine gibt. In der Scuola von San Rocco hat sich der Manierist Tintoretto verewigt, den man hier bei genauerer Betrachtung als ›schnellen‹ Maler erkennt: die vorderen Hauptfiguren sind konkret ausgearbeitet, nach hinten fast nur noch angedeutet, anfangs noch recht farbig, in späteren Bildern beinahe nur noch in

Am Canal Grande

Helldunkelmalerei. – Tintoretto liebte das Theater, in seinen Bildern ist überall Bewegung. In der ›Flucht aus Ägypten‹ (Erdgeschoß) ist die wohl schönste Landschaftsmalerei Venedigs zu sehen, und Josef zieht den Esel mit Maria und dem Kind aus dem Bild heraus!

Der Canal Grande, der sich anders als die anderen ohne e schreibt, ist als Fortsetzung der Brenta das einzige Fließgewässer Venedigs. Er ist ganz einfach mit den beiden *Vaporetto*-Linien zu durchfahren, die abwechselnd die beiden Ufer ansteuern, und bietet die Möglichkeit, die Paläste der Wasserstraße von ihrer schönsten, der Schauseite, her zu betrachten. Man fuhr schon damals vor – mit der Gondel.

Die wichtigsten Paläste vom Bahnhof aus: Wagners Sterbehaus und Wintersitz der Spielbank ist der **Palazzo Vendramin Calergi** 11 (links) von 1509. Der schönste Barockpalast Venedigs ist die **Ca'Pesaro** 12 von 1710 mit der Galleria Internazionale d'Arte Moderna und dem Museo Orientale. Venedigs zierlichster gotischer Palast ist die **Ca'd'Oro** 13 aus dem 15. Jh., heute Galleria Giorgio Franchetti. Die **Rialto-Brücke**, die 1588–1592 eine hölzerne Zugbrücke ersetzte, ist im ursprünglichen Zustand noch auf Carpaccios Bildern (in der Accademia) zu bewundern. Links der Hochrenaissance-Palast **Grimani** 14 (16. Jh.) von Sammichele (heute Gericht) und der **Palazzo Corner-Spinelli** 15 aus der Frührenaissance. Rechts der gotische **Palazzo Pisani Moretta** 16 (15. Jh.) und links vier **Moncenigo-Paläste** 17 sowie der **Palazzo Contarini** 18 (15. Jh.), gegenüber die **Ca' Foscari** 19 (14. Jh.), heute Teil der Universität, und die **Ca' Rezzonico** 20 mit dem Museo del Settecento Veneziano, das dem 18. Jh. gewidmet ist. Ihm gegenüber wiederum, also links, der **Palazzo Grassi** 21 von 1745, der durch den Kauf der FIAT-Stiftung und die folgende Restaurierung zu einem Kunst- und Kulturzentrum umfunktioniert wurde (während der wechselnden Ausstellungen geöffnet). Die Präfektur ist links im **Palazzo Corner** 22 von 1536 untergebracht, gegenüber die **Collezione Peggy Guggenheim** 23 mit Werken der modernen Malerei in der Ca' Venier dei Leoni. Auf der Inselspitze, die in den Bacino di San Marco ragt, auf der rechten Seite des Canal Grande: die Kuppenkirche **Santa Maria della Salute** 24, mit der Goldkugel weithin sichtbar und ein Zeichen des Dankes für die Erlösung von der Pest 1630, mit Bildern Tizians, der selber ein Pestopfer wurde, geschmückt.

Insel-Perlen und die Lidi: Ausflüge

»Le Isole«, die Inseln, sagen die Venezianer, wenn sie von den kleinen Nachbarinnen in der Lagune von Venedig sprechen: Murano, Burano und Torcello, alle drei per Boot von den Fondamente Nuove im Nordosten Venedigs über die Friedhofsinsel San Michele erreichbar. Schon sechs Jahrhunderte alt ist die Glasbläsertradition von **Murano** 30, eine schöne Insel für einen Bummel – auch sie mit einem Canal Grande. Einen guten Überblick über die gläserne Kunst Muranos verschafft das Museo Vetrario. **Burano** 31 (S. 408) lohnt allein wegen seiner kleinen, recht farbkräftig bemalten Häuser schon einen Besuch. An der Via Galuppi, wie der breite ›Salon‹ der Insel genannt wird, trafen sich früher Maler und Poeten, Schauspieler und Sänger, Sportler und Politiker aller Schattierungen und ließen sich mit Vorliebe im Romano verwöhnen. Zum Dank dafür verewigten sie sich mit Unterschriften und Notizen. Auch Burano hat wie Murano eine große handwerkliche Tradition, und zwar die der Klöppelspitzen. Ähnlich wie auf Pellestrina, in Cáorle und Chióggia, entstand auch hier diese Kunstfertigkeit aus dem Knüpfen der feinmaschigen Fischernetze. Aber in Burano hat sie sich besser gehalten. Wenn auch viele der in den kleinen Läden angebotenen Spitzenkleidchen und Deckchen schon aus Fernost oder von der *Terraferma* kommen: Die Frauen von Burano sticken und klöppeln wenigstens für sich selber und zur Freude der Fotografen auch mal im Freien, und in der Schule für Spitzenarbeiten wird dieses Fach gelehrt.

Torcello 32, für Hemingway-Fans *seine* Insel, auf der er leidenschaftlich gerne auf die Jagd ging. Für Reisende in Sachen Kunst aber ein echtes Kleinod in der Lagune: Santa Maria Assunta, geweiht 639, gilt als das älteste erhaltene Zeugnis vom Leben der Veneter in der Lagune. Schon 638 war Torcello Bischofssitz; die Kirche, vor allem ihre Mosaiken, ist ein schönes Beispiel des venezianisch-byzantinischen Stils. Außen interessant sind die steinernen Fensterläden des Langhauses. Die Kirche Santa Fosca nebenan ist ein Zentralbau mit umlaufendem Arkadengang (11. Jh.). Zwischen den beiden Kirchen und dem kleinen Lagunenmuseum bereitet vor allem Jugendlichen ein steinerner Sitz besonderes Fotografiervergnügen: Stuhl des Attila nennt man ihn … Vom 9. bis zum 12. Jh. muß Torcello, wohin sich die Veneter wohl zuerst vom Festland hingeflüchtet hatten, eine blühende Handelsstadt gewesen sein, Pest und Malaria brachten den Untergang. Heute ist von der alten Pracht nichts als flaches, von schmalen Kanälen durchzogenes Grasland mit ein paar Gärten geblieben.

Schon zur Zeit der Dogen ließen die venezianischen Adelsfamilien ihre Sommerhäuser auf dem 12 km langen Sand-

Murano

streifen namens **Lido** 33 direkt vor der *Serenissima* bauen. Seit Beginn des 20. Jh. ist Lido, was Strand bedeutet, der Inbegriff von Badeferien – freilich für die ›bessere Schicht‹. Was man leicht an den Nobelhotels erkennen kann und am Kasino, das im Sommer hier seinen Sitz hat. Südlich davon die noch schmalere und gleich lange Insel **Pellestrina** 34, ein Dorado für Einsamkeitsfanatiker und eine gute Adresse für Fischliebhaber (San Pietro in Volta).

Cavallino 35 nördlich des Lido und ebenfalls 12 km lang, aber schon fast 1 km breit, ist das Camper-Paradies von Venedig. Und da es mit **Lido di Jésolo** 36 auf dem Festland durch eine nur kurze Brücke verbunden ist, auch eine angenehme Anfahrtsstelle für Venedig: Man läßt den Wagen in Treporti auf dem Parkplatz stehen (tagsüber bewacht) und setzt mit dem Boot von Punta Sabbioni nach San Marco über, die *Serenissima* immer im Visier.

»Lidi di Venezia« nennen sich die sieben Strandorte vor Venedig, die gemeinsam werben und Urlaubsprospekte herausgeben. Zu ihnen gesellt sich sogar – jenseits der Regionalgrenze und der Etsch-Mündung – ganz im Süden Rosolina Mare, dann von Süd nach Nord Chióggias Sottomarina, Lido di Venezia, Jésolo, Eraclea Mare, das zauberhafte **Cáorle** 37 mit seinem alten Kern und kurz vor dem Friaul **Bibione** 38 (S. 405). Zusammen bieten sie für jeden Geschmack und jeden Geldbeutel Strandferien entlang der 100 km langen Küste aus feinstem Sand und mit dem zerrissenen Land der Lagunen, Flußmündungen und Inseln. – Saubere Strandferien? Das hängt nicht so sehr von der Infrastruktur der Badeorte ab, sondern von der Umwelt der Adria insgesamt.

Im Hinterland der Lagune liegt **Portogruaro** 39. Porto ... – so weit im Land? Tatsächlich war das Flüßchen Lémene bis zur Lagune von Cáorle schiffbar und Portogruaro bildete daher einen sicheren Hafen und Vorposten Venedigs weit im Binnenland. Ein Vorposten, der Venedig nachzuahmen suchte: Zwar bestimmen nicht Kanäle, sondern Straßen das Stadtbild, aber sie sind von Palästen im besten venezianisch-gotischen Stil umgeben, alles eine Stufe kleiner und dadurch heimeliger, gemütlicher. Das Rathaus gehört zu den schönsten gotischen Profanbauten des Veneto, mit sehr breiter abgetreppter Backsteinfassade, von Schwalbenschwanzzinnen gekrönt, mit einer einladenden Freitreppe. Unten sitzen links die *Carabinieri*, vielleicht die hilfsbereitesten, die in der Region zu finden sind, und richtig stolz auf ihre schöne, saubere Stadt. Gleich hinter dem Rathaus fließt der Lémene durch zwei Wassermühlen (von 1477; 1981 restauriert) hindurch und an der kleinen Loggia mit Fischhalle vorbei. Es ist eine zauberhafte Ecke, die zeigt, wieviel Grün das Städtchen bewahren konnte. Und ist das Wetter mal nicht so gnädig, laden auch dann die *Portici*, die Laubengänge, zu einem Bummel ein. Die Prachtstraße ist die Via Martiri della Libertà zwischen der Porta San Giovanni im Süden und der Porta San Gottardo im Norden, die parallel östlich des Flusses verläuft. Etwa in der Mitte Richtung Fluß: Rathaus, Mühlen und Dom. – Portogruaro ist eine Beamtenstadt und das Verwaltungszentrum des Ostteils der Provinz Venedig. Mit vielen kleinen, sehr einladenden Bars und Restaurants, wohin sich die Büros zur Mittagszeit zu entleeren scheinen.

Das Rathaus in Portogruaro

Friaul-Julisch Venetien

Eine charaktervolle Region

Piccolo Mondo, kleine Welt, oder *Piccolo Universo*, kleines Universum, nennen die Friulaner ihre Region. Von allem ist etwas dabei, Berge mit Almen, kleinen Seen und dichten Wäldern, Hügel und weite Ebenen, Flüsse, die gelegentlich unter dem Kiesbett zu verschwinden pflegen, und das Meer. Kulturdenkmäler der verschiedensten Art, geprägt von der römischen Rationalität, von christlicher Ethik, langobardischer Herrschaft, habsburgischen Sitten und venezianischer Urbanität. Lebendige Spuren hinterließen die Römer in Aquilea, dem auch das Christentum mit mosaikgeschmückten Kirchen seinen Stempel aufgedrückt hat. Als Erbe der Langobarden sind in Cividale wundervolle Gold- und Silberschmiedearbeiten sowie prächtige Baudenkmälder erhalten. Von allem etwas hat Triest zu bieten, dem ein gewisser Hang zur Dekadenz nachgesagt wird: römische Architektur und frühchristliche Basiliken, Barock und Liberty, österreichische Kaffeehaustradition und riesige Büropaläste von Versicherungen und Banken. Gorízia schließlich steht als Bewahrerin der Tradition eines kulturellen Schmelztiegels, was in Italien als ›Cultura mitteleuropea‹ bezeichnet wird.

Die Tatsache, daß Deutsch die erste Fremdsprache der Region ist, rückt Friaul für viele Reisende aus dem deutschsprachigen Raum besonders nahe. Es bietet zudem eine sowohl bodenständige wie feine Küche. Und ebensolche Weine: Die Friulaner Winzer, speziell diejenigen aus dem Collio-Gebiet, gehörten in Italien zu den ersten, die auf Qualität zu setzen begannen.

Die Friulaner genießen den Ruf, einen offenen, ehrlichen Handwerker-Charakter zu haben, bodenständig zu sein wie das deftige Essen, das sie selber bevorzugen. Im Winterhalbjahr wird es rings um den *Fogolar* eingenommen, der Feuerstelle unter einem heute meist geschmückten Baldachin – zumindest in den Bergen noch immer der Kommunikationsort, Treffpunkt der ganzen Familie und in den Wirtshäusern des ganzen Dorfes.

Nach dem Aosta-Tal ist Friaul-Julisch Venetien die kleinste Region Oberitaliens, mit nur 1,2 Mio. Einwohnern auf 7846 km^2. Eine künstlich geschaffene, aus der wechselvollen Geschichte des nordöstlichsten Zipfels Italiens gewachsene Doppelregion: Friaul (ital. Friúli) aus den Nordprovinzen Pordenone und Udine sowie Julisch Venetien (Venezia Giulia) mit den Provinzen Görz (Gorízia) und Triest (Trieste). Mit der Regionalhauptstadt gab es Probleme – und gibt sie noch heute, wenn auch unterschwellig: Triest ist politische Hauptstadt geworden – Verwaltungsort aber die alte Metropole Udine. Seit 1964 ist Friaul-Julisch Venetien autonom wegen der Grenzlage zwischen Ex-Jugoslawien und Österreich sowie der Mehrsprachigkeit: Italienisch, eigentlich eine Friulaner Mundart aus dem Rätoromanischen, und Slowenisch, mit einer deutsch-österreichischen Minderheit. Dieser Sonderstatus macht die Region auch in den Bereichen Forst- und Landwirtschaft, Industrie und Handwerk sowie anderen wirtschaftlichen Tätigkeiten von der Zentralregierung in Rom unab-

◁ *Fassade des Rathauses von Triest*

hängig. Fazit: Schon 20 Jahre nach der Autonomie lag das Bruttosozialeinkommen pro Kopf der Bevölkerung weit über dem italienischen Durchschnitt!

Das Handwerk spielt eine übergeordnete Rolle, 86 000 Arbeitskräfte verdienen in diesem Sektor ihr Geld, etwa mit der Produktion von Haushaltsgeräten, Dieselmotoren und Anzeigetafeln (für Flughäfen, Bahnhöfe und Gemeinschaftsräume), generell von Möbeln, Textil- und Werkzeugmaschinen sowie in der Erstellung schlüsselfertiger Industrie- und Zivilbauten mit Export in alle Welt. Die Häfen: In Friaul ist es nicht nur der von Triest, dessen Ausbau als hochcomputerisierter Containerhafen und Endpunkt der Ölpipeline seine Position als Nummer eins natürlich gestärkt hat. Auch Monfalcone und Porto Nogaro werden ständig erweitert – es soll keinen Konkurrenzkampf zwischen den drei Häfen geben, sie werden auf unterschiedliche Warengruppen und Ausfuhrländer spezialisiert. So ist Triest z. B. der größte Umschlagplatz für Kaffee, Monfalcone besitzt große Werften.

Ein interessantes Phänomen: Aus dem Auswanderungsgebiet Nummer eins in Oberitalien wurde ein Einwanderungs-, genaugenommen ein Rückwanderungsland. Und die statistische Arbeitslosenquote von durchschnittlich 11,6 % in Italien unterwandert Friaul mit knappen 8 %.

Als Beginn der Friulaner Kultur bezeichnet man das, was die Kelten um 500 v. Chr. in Carnia begannen, nachdem sie, über die Alpen kommend, im Norden der Region seßhaft wurden. 181 v. Chr. bauen die Römer Aquilea als Vorposten gegen Carnia aus, 115 begannen sie nach ihrem Sieg die Romanisierung der karnischen Bevölkerung. 50 v. Chr. Gründung von Forum Julii zu Ehren Julius Caesars, das heutige Cividale del Friúli, nach dessen lateinischem Namen die Region Friúli später benannt werden soll. 167 wird Aquilea verwüstet, 319 die erste Kirche von Bischof Theodorus gebaut, Ende des 4. Jh. reicht der politische und künstlerische Einfluß des wiederaufgebauten Aquileas bis nach Österreich, Bayern und Ungarn. Große Teile Friauls durchleben eine aufreibende Geschichte: ab 568 langobardisches Herzogtum mit Cividale als Hauptstadt, das Patriarchat von Aquilea flieht mitsamt Kirchenschatz nach Grado (wegen der schützenden Insellage); unter Karl dem Großen fränkisch, 952 bayrisch, 976 kärntnerisch, 1077 wieder ein Teil des Patriarchats von Aquilea. Im 15. Jh. erobert Venedig den großen Westteil, während der kleine Ostteil ein Lehen der Grafen von Görz wurde und um 1500 an Österreich ging, das 1797 auch den venezianischen Teil einnahm. Dieser kam 1866 an Italien, die Grafschaft Görz erst 1918. Vorher fanden die schlimmsten Schlachten zwischen Italien und Österreich sowie Deutschland am unteren Isonzo statt.

1947 bis 1954 ist Triest Freistaat, danach mußte der hauptsächlich von Slowenen bewohnte östliche Teil an Jugoslawien abgetreten werden, der größere Teil geht endgültig an Italien. 1964 wird die Autonomie der Doppelregion erklärt, Triest wird Hauptstadt der Region, die alte Metropole Udine behält ihre Funktion als Verwaltungszentrum.

Schon im Norden: Rasten, nicht rasen

Eilige mögen vom Norden kommend auf der Autobahn bleiben. Sie tun dem netten **Tarvis** (Tarvisio) 1 mit den kleinen Fusine-Seen Unrecht, könnten aber dann mit relativ ruhigem Gewissen,

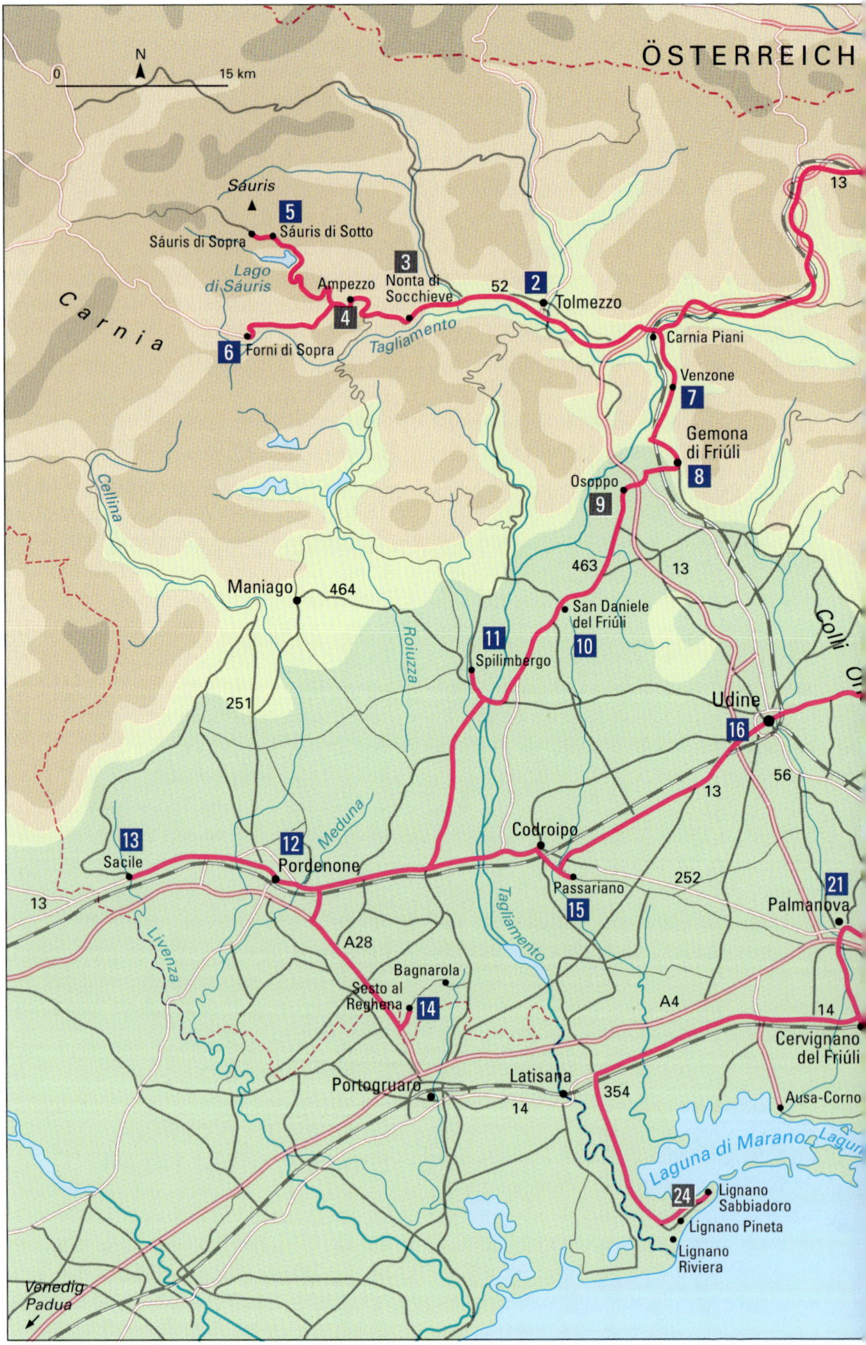
ÖSTERREICH
N
0
15 km
Sáuris
Sáuris di Sopra
Sáuris di Sotto
Lago di Sáuris
Carnia
Ampezzo
Nonta di Socchieve
Tolmezzo
Forni di Sopra
Tagliamento
Carnia Piani
Venzone
Gemona di Friúli
Osoppo
Cellina
Maniago
464
463
13
52
San Daniele del Friúli
Roiuzza
Spilimbergo
Udine
Colli Or
56
251
Meduna
Codroipo
Sacile
Pordenone
Passariano
252
Palmanova
Livenza
A28
Bagnarola
Sesto al Reghena
Tagliamento
A4
14
Cervignano del Friúli
Portogruaro
Latisana
354
Ausa-Corno
Laguna di Marano
Lignano Sabbiadoro
Lignano Pineta
Lignano Riviera
Venedig Padua
1
2
3
4
5
6
7
8
9
10
11
12
13
14
15
16
21
24

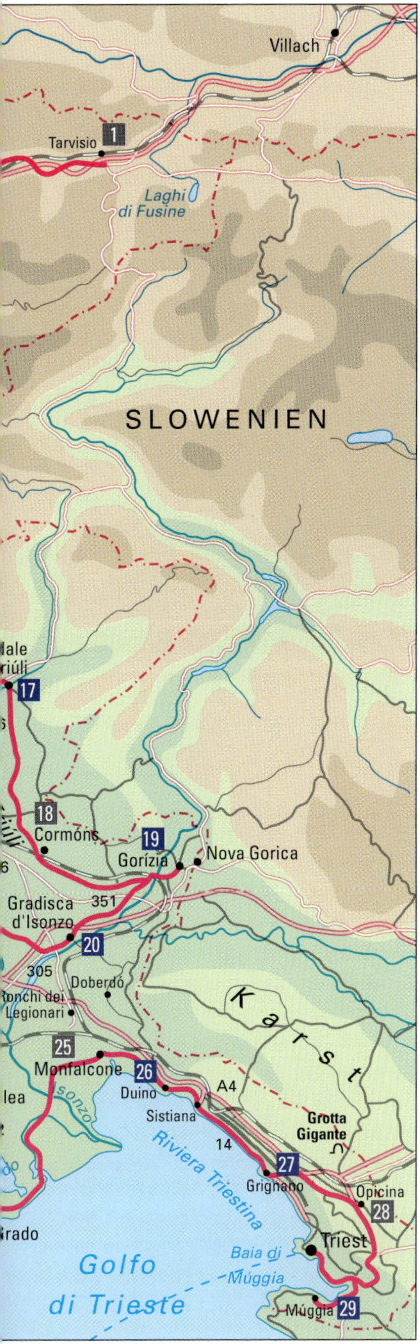

›außer Natur‹ wenig zu verpassen, an den lockenden Schluchten und Flußtälern vorbeifahren. Dann aber ist in **Tolmezzo** 2 (S. 435) eine Rast angesagt, denn es ist seit den letzten Restaurierungen nach dem Erdbeben von 1976 eine richtige kleine Schönheit geworden. Halb ländlich, halb urban, mit engen Gassen, die sich durch das Tal zu winden scheinen. In den schmalen Häusern haben unten kleine Läden, oben die Wohnungen wieder Platz gefunden. Man ist stolz auf das kleine Museo Carnico, die römischen Inschriften (z. B. Via Cavour Nummer 4) und die Lauben an der Via Roma. Und am alten Bahnhofsplatz findet jeden ersten Sonntag im Monat der größte Markt Karniens statt. Er zeigt, wie stark die Handwerkstradition noch ist: Terrazzo-Leger, Steinmetze, Holzschnitzer etc., oder die seit dem 17. Jh. belegte mechanische Industrie, aus der sich die neuzeitliche entwickelte. Und schon seit dem 18. Jh. wird in Kleinbetrieben gestickt.

Richtung Forni lockt kurz hinter dem alten Kultort von **Nonta di Socchieve** 3 eine uralte, nach dem Erdbeben wieder originalgetreu aufgebaute Osteria di Nonta mit einem *Fogolar* – im August Schauplatz der ›Musica di Osteria‹ mit alten Instrumenten, wie neuerdings nach einem festen Fahrplan überall in der gesamten Region.

Weiter westlich lohnt auch **Ampezzo** 4 in 560 m Höhe eine kurze Schlenderpause: Hier stehen ein paar traditionelle karnische Häuser (z. B. an der Via della Posta). Klein und doch trutzig wirken sie durch ihre klaren Steinbögen im Erdgeschoß: halb Wohnraum, halb Straße. Anschließend ist eine kleine Rundfahrt für Leute interessant, die Naturschön-

Heimsuchung:
Das Erdbeben und die Folgen

Am 6. Mai 1976 erschütterte ein Erdbeben die Region Friaul 55 Sekunden lang mit einer Wucht, die der Kraft von 100 Hiroshima-Bomben entsprach. Zusammen mit den nachfolgenden vom 11. und 15. September waren dies die schwersten Beben, die Europa bis dahin heimgesucht hatten. Das Zentrum lag im Gebiet um Venzone, Gemona di Friúli und Osoppo, doch fast die gesamte Region war betroffen. Man muß es sich vorstellen können, wie es nach dem Erdbeben entlang der S.S. 13 zwischen Tarvis im Norden und Udine im Süden aussah: 989 Menschen verloren ihr Leben, 2300 wurden schwer verletzt, 150 000 obdachlos; 75 000 Wohnungen waren beschädigt und 18 000 völlig zerstört. Hinzu kamen 1540 Gebäude von historischem, kulturellem und/oder künstlerischem Wert. Geschätzter Schaden: umgerechnet sechs Milliarden Mark. Im Restaurierungsplan stand an erster Stelle die Rekonstruktion von Straßen, Brücken und der Kanalisation.

Bereits am 13. Jahrestag 1989 waren 95 % der Schäden beseitigt, Häuser, Kirchen, Kunstschätze restauriert, ganze Ortschaften wieder aufgebaut. Andere entstanden völlig neu, weil von ihnen nichts übriggeblieben war: Osoppo beispielsweise. Und manche Städtchen sind wie ein Phönix aus der Asche in solcher Schönheit wiederauferstanden, wie sie es ohne die ›Hilfe‹ des Erdbebens wohl niemals geschafft hätten.

Doch ihre Bewohner erkannten ihre Heimat oftmals nicht wieder: Vor allem in Gemona und Venzone wurden mit Hilfe hervorragender Handwerker unter der Leitung gut ausgebildeter Fachleute und mit finanzieller Unterstützung von befreundeten Diözesen aus Deutschland und Österreich, außerdem mit einer fast unglaublich schnellen Hilfe aus Rom und durch den Europarat, die Stadtkerne von so manchen verschandelnden Zusätzen der letzten Jahrhunderte befreit, die mittelalterlichen und Renaissance-Strukturen sorgfältig herausgeschält. Eine Jahrhundertaufgabe für italienische Restauratoren und Architekten, die hier den technischen Fortschritt mit der traditionellen Friulaner Formensprache zu verbinden verstanden. – Aber eben für die alten Bewohner ungewöhnlich und deshalb so fremd.

heiten lieben, Einblicke und Rundblicke: durch aus dem Felsen geschlagene Tunnels, mit einem Abstecher am Sáuris-See vorbei hinauf nach Sáuris und wieder über den See südwärts eine schmale, engkurvige Bergstraße von 977 m auf 1425 m zum **Passo di Pura**. Danach wieder abwärts nach Ampezzo. Zusammen mit dem Abstecher nach Sáuris eine herrliche Strecke von nur 40 km, aber die Investition mindestens eines halben Tages wert.

Sáuris di Sotto 5 (S. 433) und das 1362 m hoch gelegene Sáuris di Sopra mit ihren verstreuten Häusern liegen in einem wundervollen Alm- und Wandergebiet. Und sind bekannt sowohl für eine hervorragende Wurst als auch für den mageren Schinken, den manche sogar dem von San Daniele vorziehen, weil er mild und zart ist, ebenso dem besonders würzigen vom Karst.

Wieder zurück im Haupttal des jungen Tagliamento geht es westwärts bis **Forni di Sopra** 6 (S. 415), das nach dem Willen seiner Bewohner ›Pietra Viva‹ heißen sollte (wegen der traditionellen Steinmetzarbeiten) und einen ganz eigenen Zauber besitzt. Seine Häuser mit den durchgehenden Holzbalkonen ähneln denen von Gressoney im Aosta-Tal, nur daß sie viel höher sind.

Wo die Erde bebte und zerstörte

Venzone 7, mit seinen 650 Einwohnern im Kern, dürfte das einzige Städtchen Friauls sein, das sich seinen ursprünglichen Charakter bewahren konnte. Innerhalb seiner Mauern wurde es deshalb zum italienischen Nationalmonument erklärt – nur ein Jahr vor dem Erdbeben. Glück im Unglück: Schon sieben Tage nach der Erdbebenkatastrophe – die nur vier Häuser überstanden hatten! – begannen Einheimische und Zurückgekehrte mit den Aufräumungsarbeiten, legten gleich alles so beiseite, Haus für Haus, Kirche für Kirche, daß der Wiederaufbau systematisch betrieben werden konnte. Denn es galt nicht nur, die Häuser wieder aufzurichten, sondern auch, Fresken und Bauplastik zu restaurieren. An manchen Gebäuden kamen Kunstschätze zum Vorschein, die man seit Jahrhunderten weder gekannt noch gesehen hatte. Um sie wiederherzustellen, kam altes Handwerk wieder zu Ehren: Metallverarbeitung, Steinmetz-, Schreiner und Zimmermannsarbeiten.

Die Architektur von Venzone, des einstigen Grenz- und Zollpostens Friauls, zeigt eine Art venezianische Renaissance. Mit Materialien gebaut, die hier landesfremd sind, etwa der Marmor für die Fenster- und Türrahmen. Denn es waren reiche Familien, die sich ihren Besitz so verschönern konnten. Ihre *Palazzi* sind zwar niedriger, dörflicher als im Veneto, dafür aber auch für heutige Maßstäbe wohnlich. Im 18. Jh., als die Auswanderungswelle im Friaul begann, waren sie dem Verfall preisgegeben. Aufgehalten hat ihn tatsächlich das zerstörerische Erdbeben. Der wiederaufgebaute Rathaussaal und eindrucksvolle Dom zeigen, wie mächtig und reich Venzone einst war. Das Städtchen besaß und unterhielt allein 13 Kirchen, von denen die meisten noch auf den Wiederaufbau warten. Zu den Mumien von Venzone, die seit Herbst 1997 wieder bewundert werden können, sei gesagt, daß es sich um eine ›natürliche Mumifizierung‹ handelt. Hervorgerufen durch einen besonderen Schimmelpilz namens *Hipa Bombycina Pers*, der das Gewebe des Leichnams innerhalb eines Jahres völlig austrocknet. Napoleon, der

OLLIE

1807 die Mumien von Venzone im Dom sah, wollte, heißt es, ebenfalls hier begraben werden, um als Mumie erhalten zu bleiben.

In Venzone wurde erst ein Teil der Stadtmauer wiederaufgebaut. Von diesem aus genießt man einen herrlichen Blick über das Städtchen an seinem Hausberg Pláuris (1959 m). Unten im Westen fließt der Tagliamento, auf ihn eilt das Flüßchen Venzonassa vom Osten her zu.

Im Süden, durch die Ausläufer des 1710 m hohen Chiampón verdeckt: die einstige Rivalin **Gemona di Friúli** 8, der zweite Phönix aus der Asche. Während Venzone relativ flach gebaut ist und im Tal des Tagliamento in 230 m Höhe liegt, klettert Gemona bis auf 272 m hoch, besitzt eine Ober- und Unterstadt. Oben, in aussichtsreicher Lage, steht der Dom. Mit einem so großen Christophorus an der Fassade, als sollte er sie im Bedarfsfall wegtragen ... Der einzelnstehende Glockenturm links davon fiel völlig in sich zusammen und wurde originalgetreu wieder aufgebaut. Auch die Rundpfeiler der schmalen, dreischiffigen Basilika, so, wie sie links zum Mittelschiff hin geneigt waren. Nur daß sie nun eine erdbebensichere, tiefe Betonfortsetzung im Fels haben. Dieser Dom, ein Werk des Maestro Giovanni, der auch den Dom von Venzone gebaut hatte, macht einen wohltuend ruhigen Eindruck, architektonisch wie in der Harmonie seiner Farben: ein helles Grau mit bräunlichen Tönen. An seiner Fassade ist, außer Christophorus, die große, stark in sich verschlungene Rosette mit ihren beiden Nebenrosetten zu bewundern. – Das im Kern gotische Gemona mit seinen Renaissance-Erweiterungen und den neueren Teilen wurde schöner, als es vorher war. Außerdem funktioneller, auch den modernen sanitären Ansprüchen gerecht (Kanalisation etc.). Noch wirken die Straßen etwas steriler als früher – vielleicht fehlt die Patina abblätternden Putzes.

Gemona di Friúli

Osoppo 9, jenseits von S.S. 13 und *Autostrada*, südwestlich in der flachen Ebene des Tagliamento: Hier hat man dem Wiederaufbau der Industrie Vorrang gegeben, um erst einmal Arbeitsplätze für das gesamte Gebiet zu schaffen. Die niedrigen Reihenhäuser mit ihren hübschen Pastellfarben wirken etwas verloren. Über dem kleinen, jungen Park steht die dickummauerte Festung von Osoppo, nun mit dem Archäologischen Museum in der einstigen Ortskirche – sonst ist vom ursprünglichen Ortscharakter nicht viel übriggeblieben.

Dafür aber von **San Daniele del Friúli** 10, südlich über die S.S. 463 erreichbar. Es steigt bis auf 152 m Höhe, und liegt damit etwa 150 m über dem Tagliamento. Berühmt gemacht hat den hübschen Ort sein zarter Schinken, der *Prosciutto di San Daniele*. Doch San Daniele bedeutet auch Modeschmuck, der sogar internationale Anerkennung gefunden hat: Große Modeschöpfer wie Pierre Cardin, Mila Schön und Ted Lapidus lassen ihn hier passend zu ihren Kollektionen produzieren. Das Erdbeben hat auch diesen Ort schwer getroffen. Aber hier galt mehr als anderswo die Devise, erst die Fabriken und Werkstätten und dann die Wohnhäuser wiederaufzubauen, um damit Geld verdienen und die Instandsetzung finanzieren zu können. Tatsächlich sollte man vor lauter Schinken nicht versäumen, sich das Städtchen anzusehen. Natürlich gibt es hier die beste Einkaufsmöglichkeit für das schweinerne Luxusprodukt und für alles, was aus der Gegend kommt: urige Backwaren und köstliche Weine, sauer und in Öl eingelegtes Gemüse, Käse aus Cárnia. Nette Bars ermöglichen eine Kostprobe vor Ort. Gute Adressen: für den Einkauf die Bottega del Prosciutto von Mimmo Doret, zum Naschen die richtig feine Bar Municipio links unten im Rathaus. Dieses ist umgeben von gotischen Wohnpalästen und birgt innen einen ungeahnten Schatz: die Biblioteca Guarneriana, wohl eine der wichtigsten Friauls. Gegenüber steht die Kirche von Sant'Antonio Abate, die schönste des Städtchens, mit herrlichen Fresken von Pellegrino (15. Jh.).

Von San Daniele gleich in die Hauptstadt der größten Provinz der Region, nach Udine? Wer Friaul-Julisch Venetien kennenlernen will, sollte einen ›Umweg‹ über den Westen, die Provinz Pordenone einplanen und sich vier Namen einprägen: Spilimbergo, Pordenone, Sacile und Sesto al Reghena.

Wo Flüsse verschwinden

Es ist schon eine merkwürdige Landschaft, die sich jenseits des Grenzflusses zwischen den Provinzen Udine und Pordenone im Westen ausbreitet! Da laufen ein paar Bäche munter zu einem breiten Fluß zusammen, verschwinden etwa westlich von Maniago plötzlich im kiesigen Erdreich und tauchen als Meduna-Fluß kurz vor Pordenone wieder auf. Wasser ist landschaftbestimmend, auch im zerrissenen Gebiet um das venetische Portogruaro, das weder Land noch Wasser ist, mit der Valle Zignago und ihren Ausläufern bis zum Adriatischen Meer zwischen Bibbione und Cáorle.

Spilimbergo 11 (S. 434) am rechten Ufer des Tagliamento muß man wegen der zarten Fresken am Palazzo Dipinto, dem ›gemalten Palast‹ besuchen. Eigentlich hätte dieses Bauwerk gar keine Außenverzierung gebraucht, so schön ist schon seine Architektur von 1390 mit einigen späteren Zutaten, die man in Ruhe genießt, wenn man im Burghof steht. Da wechseln sich klare Renaissancebögen mit dreifach-spitzbogigen im Stil der venezianischen Gotik ab, große Bögen, kleine Bögen, auch gerade Fenster – und wirken doch harmonisch. Schön ist auch der Dom, dessen großzügiger Platz durch einen Graben von der Burganlage getrennt ist, vor allem seine Nordwand mit filigraner Steinmetzarbeit am Eingang. Innen ist er über und über freskiert, schöne Bilder schmücken den Chor, geometrische Motive die Seitenschiff- und die Bögen der Apsiden. In der dreigeteilten Unterkirche quer zum Chor steht links ein großer Sarkophag auf Löwensäulen, einer davon mit einem menschlichen Gesicht. Auch hier Fresken, die wie alle Wandmalereien des Domes im 18. Jh. übertüncht und erst 1954 wieder freigelegt wurden. – Der besondere Stolz Spilimbergos ist aber die Mosaikschule, deren Meister und Schüler in aller Welt gefragt sind. U. a. restaurierten sie die Mosaiken des Felsendomes von Jerusalem.

Pordenone 12 (S. 428), seit 1968 Provinzhauptstadt (früher Teil der Riesenprovinz Udine) mit 53 000 Einwohnern, ist die Heimat des Malers Antonio de Sacchi, genannt *Il Pordenone* (1484–1539). Und eine ganz besonders liebenswürdige Stadt mit einem wundervoll erhaltenen und gepflegten (Hundeausführen verboten!) historischen Kern. Die Architektur gotischer Städte bringt es mit sich, daß sie trotz großer Ordnungsliebe nicht steril wirken: *Portici*, Bogengänge mit ungleichmäßigen Formen und Höhen, machen solche Städte wohnlich – in diesem Fall der 600 m lange *Corso*,

Auch bei Nimis verschwinden gelegentlich die Flüsse

den man um so mehr genießt, wenn er vom Nachmittag bis zur *Passeggiata*-Zeit am Abend (15–20 Uhr) reine Fußgängerzone ist.

Pordenone ist ein Agrar- und Wirtschaftszentrum mit einer sehr friulanisch-ordentlich funktionierenden Industrie- und Handelskammer, die u. a. mehrere Messen im Jahr organisiert. Zwischen 1850 und dem Zweiten Weltkrieg galt Pordenone als ›Klein Manchester‹, also Zentrum der Wollindustrie (ähnlich Prato in der Toscana). Heute hat eine eherne Industrie das Sagen: die Haushaltselektrofabriken von Zanussi.

Das Erdbeben von 1976 hat auch Pordenone schwer mitgenommen, die letzten Restaurierungen wurden im historischen Zentrum erst im Herbst 1987 beendet. Zuletzt das Alte Rathaus (1291–1365), einer der sieben Paläste, aus denen der Rathauskomplex besteht, der am besten vom intim wirkenden Domplatz und vom *Corso* aus zu überblicken ist. Die Farben Pordenones (Weiß) und Österreichs (Rot, auch im Wappen) passen so großartig zueinander, als sei alles nicht über Jahrhunderte zusammengewachsen. Hinter dem Vorbau von 1542 als Fassade zum *Corso*, einem Uhrturm nachempfunden, verbirgt sich im ehemaligen Ratsherrensaal die Gemäldegalerie mit dem Hauptwerk Pordenones, dem Altarbild der abgerissenen Kirche San Gottardo.

Im außen weißgetünchten Dom wieder Pordenone, diesmal sozusagen persönlich: als Selbstbildnis am rechten Vierungspfeiler in der Gestalt des heiligen Rochus. Schön ist die außen noch original-gotische Chorpartie. Im Rücken ein Stück der ebenfalls backsteinernen Stadtmauer mit eingelassenen Marmorgrabplatten – eine Art Freilichtmuseum. Der Campanile mit seinen 79 m Höhe erschien den Österreichern 1813 zu absturzgefährdet, sie wollten ihn abreißen. Aber der Widerstand der Bevölkerung rettete den Glockenturm (unten romanisch, mit gotischem Spitzdach verziert), der schließlich sogar das letzte Erdbeben überlebte. Im Untergeschoß war ein sicher recht ungemütlicher Kerker untergebracht (das Gefängnis ist jetzt im Castello an der Piazza Motta), weshalb sich das kleine Lokal daneben passend in Mundart La Cheba nennen kann. Das ist der richtige Ort, gegen Abend ein *Tajut*, den kleinen friulanischen Vorabend-Schluck zu nehmen, während der wärmeren Jahreszeit auch draußen, wo die winzigen Tische einfach in die Gasse gesetzt werden. Hier treffen sich die Pordoneser nach der Arbeit und zeigen sich von der freundlichsten Seite, auch wenn sie Fremde entdecken. Wer in das Gassengewirr dahinter einbiegt, genießt ein schönes Stück mittelalterliches Pordenone.

Eine zweite beliebte Adresse für die Pordoneser: die Osteria, eine urgemütliche Kneipe im besten Sinne, die schon um 1500 stand und 1983 aufpoliert wieder eröffnet wurde. Ein Treffpunkt der Intellektuellen, im *Risorgimento* von Cavour, Mazzini u. a. Größen, die hier gebührend gewürdigt werden. Darunter öffnet sich der Verbindungsgang zum Castello – es war der Fluchtweg zum Stadttor gleich hinter dem Rathaus hinaus. An der Via Motta 7, dort, wo sie in die Via Mercato übergeht, wurden nach dem Erdbeben die hellen Fresken an der Fassade des Palazzo Tomadini entdeckt, die unter dem dicken Putz der Jahrhunderte verborgen waren. Im Palazzo Ricchieri ist heute das Museo Civico untergebracht, die Pinakothek Pordenones. Auch sie ist außen freskiert, wie noch manche andere Wohnhäuser, nicht zuletzt am *Corso*. Es lohnt sich daher, nicht nur im Schutze der *Portici* zu lustwandeln, sondern auch mitten auf der Straße, um sich möglichst wenig von Pordenones Schönheiten entgehen zu lassen. – Seit 1970 findet um den 10./12. September herum eine ›Rallye Motonautico‹ zwischen Venedig und Pordenone statt, die über verschlungene und miteinander verbundene Flüsse und Kanäle führt. 170 km lautstarkes Bootsrennen, ein Volksfest ohnegleichen – eine moderne *Regata Storica*.

Westlich von Pordenone liegt **Sacile** 13 am schleifenreichen Livenza-Fluß, der die hübsche Stadt einerseits teilt und mit seinen Kanälen andererseits formt, ihr den Charakter einer sehr grünen, naturschönen Oase der Ruhe verleiht. In dieser Gartenstadt wird seit dem 14. Jh. eine Vogelmesse zelebriert *(Sagra dei Osei)*, die sie am ersten Sonntag nach dem *Ferragosto,* also dem 15. August, in einen zwitschernden großen Vogelkäfig verwandelt. Klanglicher Höhepunkt: der Wettbewerb der Vogelstimmen-Imitatoren.

Sesto al Reghena 14 südöstlich entstand um das Jahr 730 in direkter Nähe zur Benediktinerabtei Santa Maria in Sylvis. Am trutzigen Tor gewinnt man den Eindruck, eine Festung zu betreten. *Sextus in Silvis* hieß der Ort, Sesto in den Wäldern – von diesen ist aber keine Spur mehr zu finden! Reich, sehr reich war die Abtei, die drei langobardische Adelige stifteten und die, über Jahrhunderte hinweg, von Kaisern verwöhnt und vom Adel beschenkt, vom 11. bis zum 14. Jh. zu einem der bedeutendsten Klöster aufstieg. 1441 wurde sie von Venedig in ihren Machtbereich gezogen, ohne ihr wirtschaftlich zu schaden. 1776 Aufhebung, 1921 Wiedereinsetzung. Das Schönste an Sesto al Reghena sind die Fresken. Schon in der langen Vorhalle aus dem 16. Jh. rechts das ›Paradies‹, links die ›Hölle‹. In der Nachfolge Giottos entstanden die Fresken der eigentlichen Kirche im 14. Jh. Auch wenn sie zum großen Teil nicht besonders gut erhalten sind – die großartige Gesamtwirkung ist geblieben. Besonders schön wirkt der von einer typisch-venetischen Decke in Schiffskielform überwölbte Kirchenraum vom erhöhten Chorraum aus. Darunter die Krypta: ein Säulenwald, und mittendrin der Sarkophag der heiligen Anastasia, die 304 freiwillig den Feuertod erlitt.

Auf der S.S. 13 ostwärts Richtung Udine fahrend, kommt man jenseits des Tagliamento auf halber Strecke durch Codroipo. Einen Steinwurf südöstlich davon liegt **Passariano** 15, eine Besuchspflicht! In der Villa Manin, Sitz des letzten Dogen von Venedig, wurden nach dem Erdbeben von 1976 in den riesigen Sälen des Mitteltraktes die Restaurierungswerkstätten für die zum Teil fast verlorenen Kunstschätze der Region eingerichtet, später machte man daraus ein Kulturzentrum. Der Komplex selber bietet eines der besten Beispiele venetischer Villenarchitektur. Man fühlt sich in dieser Anlage vom Halbrund der ehemaligen Stallungen umarmt, die wie mit großen Zangen nach dem Süden greifen.

Die Rotonde, die rechts im Seitenflügel die Kapelle aufnimmt, zeigt schöne Stuckarbeiten und Basreliefs, prächtig ist der Steinfußboden. Wie zur Dogenzeit kommen noch heute sonntags die Bewohner des kleinen Dorfes und auch Reisende in die kostbar ausgestattete Kapelle der Villa zum Gottesdienst. Anschließend besuchen sie die Kutschensammlung im früheren Marstall, machen einen Spaziergang durch den Park mit seinen verspielten Steinfiguren und lassen sich dann im linken Flügel des riesigen Gutshofes kulinarisch verwöhnen. – Unter den *Portici* der Wirtschaftsgebäude findet ein schöner Antiquitätenmarkt statt, im großen Rund dazwischen der bäuerliche Wochenmarkt des gesamten Gebietes.

Zwischen Udine und Gorízia

Udine ist die verschmähte Hauptstadt, Cividale del Friúli eine langobardische Trutzburg, die Colli Orientali eines der weinseligsten Gebiete Oberitaliens, das zu den stillen, genießerischen gehört, Gradisca d'Isonzo ein ›Vorzimmer‹ Venedigs, Gorízia eine slowenisch-italienische Enklave und Palmanova eine Militärstadt, die sich niemals verteidigen mußte – alles in allem also eine der abwechslungsreichsten Touren durch die Region.

Als Friaul-Julisch Venetien zu Italien kam, wurde **Udine** 16 (S. 438), der alten Hauptstadt, der Zuschlag verwehrt. Triest, am äußersten Südostzipfel der Region, wurde die politische Metropole, doch aus strategischen Gründen (nur?) blieb Udine mit seinen ca. 100 000 Einwohnern, von denen 90 % Friulaner (nicht Julisch Venezianer) sind, Sitz der Administration. Wer wollte einem Bürger von Tolmezzo auch zumuten, in Amtsgeschäften bis nach Triest zu reisen? »Simbolo della Friulanità« nennen die Udineser ihr Castello, um das die Stadt im Halbkreis gruppiert ist. Der Burgberg, erzählt die Sage, sei vom Hunnenkönig Attila errichtet worden – in Wahrheit handelt es sich um einen Moränenhügel. Die dokumentierte Entstehungsgeschichte beginnt im Jahre 983 mit Kaiser Otto II., der *Castrum Utini* dem Patriarchat von Aquilea einverleibte. Damit begann die mehr als tausendjährige Geschichte der Stadt, die sich gerne als *Piccola Patria,* kleines Vaterland der Friulaner versteht. Für sie ist Udine die Hauptstadt geblieben.

Blick über den Natisone auf Cividale

Die nie erreichte Nachahmung Venedigs zeigt sich fast schon symbolhaft an der Piazza della Libertà mit den klassischen Statuen von Herkules und Cacus, dem Brunnen, der Friedens-Allegorie und der Säule der Gerechtigkeit. Für die Loggia Municipale (ab 1468) stand der venezianische Dogenpalast Pate, sogar in den Farben (rosa und weiß), vom Markuslöwen auf hoher Säule ganz zu schweigen. Den Uhrturm mit den beiden glockenschlagenden, bärtigen Bronzefiguren hat man fast originalgetreu nachgebaut. Er bekrönt die breite Loggia di San Giovanni von 1533 und ist sehr dekorativ sowohl für den großen Platz als auch für die Salita al Castello, den kieselsteingepflasterten Aufgang zum Burgberg, den man auch im Schutze des Laubenganges rechts erklimmen kann. Städtebaulich eine imposante Leistung! Unbedingt sehenswert ist natürlich der Burgberg, schon der schöne Aufgang durch den löwenbewachten Arco Bollani und entlang dem Portico Lippomano. Rechts vor dem Schloß steht die erste Kirche Udines, die langobardische Santa Maria di Castello. Das Schloß selber ist der zweite Bau, der erste wurde 1511 bei einem Erdbeben zerstört und ab 1517 nach Plänen des lombardischen Architekten Giovanni Fontana wieder aufgebaut. Mit geraden Fensterreihen in der typisch lombardischen Renaissance, die klare Formen bevorzugte. Heute haben hier die Musei Civici (Städtische Museen) ihre Ausstellungsräume.

Die unterhalb gelegene Piazza Matteotti ist ein ›einheimischer‹, wohnlicher Platz mit schmalbrüstigen Häusern in Ockertönen, einer Madonnensäule und einem großen Brunnen. Auf drei Seiten arkadengeschmückt, auf der vierten Seite von der Kirche San Giacomo, einer der ältesten der Stadt (von 1378, mit einer lombardischen Fassade von Anfang des 16. Jh.), eingenommen. In deren Fassadenmitte unter dem Glockenaufsatz eine Uhr, darunter ein Balkon als Freiluft-Altar: Hier wurde samstags über dem Markt die Messe zelebriert, damit die Gemüsefrauen und Ladenbesitzer gleichzeitig ihren Geschäften nachgehen konnten. Der Dom zeigt Elemente der Spätromanik und frühen Gotik, wurde zu Beginn des 18. Jh. von der Familie Manin stilistisch ›gereinigt‹ und zu ihrer Grabkirche gemacht. – Udine gilt übrigens als die Stadt Giambattista Tiepolos, hier hat er große Werke hinterlassen, u. a. im Palazzo Arcivescovile, dem Bischofspalast, der leider nicht immer zu besichtigen ist.

Gegenpol zu Udine – nicht großzügig, sondern eng – ist das nur 7000 Einwohner zählende **Cividale del Friúli** 17 (S. 410). Mittelalterlich in seiner Struktur und sich seiner historischen Bedeutung sehr wohl bewußt. Die insgesamt 25 000 Einwohner von Cividale und den zehn Orten der Valli di Natisone haben teil an einer behutsamen handwerklich-industriellen Entwicklung des Ostens. Hier werden Süßigkeiten hergestellt (*Gubane* sind die köstlichen Hefeteigkuchen Cividales, die in ganz Italien beliebt sind), Holz verarbeitet und spezielles Handwerkszeug aus Metall sowie Kunsthandwerk und Steinmetzarbeiten produziert.

Cividale heute, das ist auch der Ort der ›Concerti Cividalesi‹, die im allgemeinen im April und September stattfinden. Und natürlich ein Ort der Erforschung langobardischer Kultur: 186 Vokabeln der italienischen Sprache stammen noch aus dem Langobardischen, eine Zeit, die im Kern von 568 bis 774 dauerte, eine Friedenszeit, die Reichtum brachte und damit auch die Entfaltung der Kunst. Kein Wunder, daß sich hier das Archäologische Museum mit den reichsten Funden aus der Langobardenzeit befindet, mühsam erst nach dem Erdbeben mit Aufbaugeldern ausgebaut. Der Ort war schon keltisch und zur Römerzeit bedeutend als *Forum Julii* und gab der Region insgesamt ihren Namen. Die Langobarden machten aus dem strategisch günstig gelegenen Ort am Natisone den Sitz ihres ersten Herzogtums. Das war auch die Geburtsstunde der bedeutendsten Baudenkmäler der Stadt, die ihr sogar Weltruhm als ›langobardische Stadt‹ einbringen sollten. Die imposantesten sind im sogenannten Christlichen Museum, das 1946–47 als Anbau dem Dom angegliedert wurde (die meisten aber im Archäologischen Museum). Der Ratchis-Altar ist eines der berühmtesten Werke der mittelalterlichen Bildhauerkunst, auf allen vier Seiten mit Darstellungen aus dem Neuen Testament in bester langobardischer Steinmetzkunst behauen: ›Triumph Christi‹ vorne, an den Seiten ›Besuch‹ und ›Anbetung der Heiligen Drei Könige‹. Durch eine Öffnung an der hinteren Seite wurden die Reliquien der Märtyrer hineingelegt. Das achteckige Taufbecken des Callistus, des ersten Patriarchen von Aquilea, der seinen Sitz nach Cividale verlegte, entstand kurz nach 737 und zeigt eine ausgeprägte Plastizität. Über seinen acht schlanken Säulen, die mitsamt den Kapitellen aus dem 5. Jh. stammen sollen, trug es ein Holzdach.

Ein architektonisches Kunstwerk ist die sogenannte Teufelsbrücke, von Erhard von Villach erbaut. Ihren mittleren Fuß setzt die Brücke über den Natisone auf einen Felsen mitten im Fluß, die beiden anderen scheinen aus den felsigen Ufern zu wachsen.

Das Tempietto Langobardo, auf einem anmutigen kurzen Weg hoch über dem Natisone-Fluß erreichbar, erinnert an eine Höhlenkirche. Dieses Oratorium des Klosters Santa Maria in Valle muß an der Wende vom 8. zum 9. Jh. entstanden sein und zeigt in Vollendung die Symbiose zwischen der blühenden Kunst am Hofe der letzten Langobardenherzöge und der neuen, aristokratischen Kultur der Karolinger. Alabasterfenster lassen nur gedämpftes Licht durch und verleihen dem Ganzen einen Hauch von Orient, verstärkt durch die sechs Frauengestalten, die dem Eintretenden in hellem Sandstein entgegenleuchten. – Am ersten Sonntag nach dem 6. Januar feiert Cividale sein ursprünglichstes Fest: *Messa dello Spadone,* die Schwertmesse nach einem um 1500 schriftlich festgehaltenen Ritus. Dieser stammt ebenso wie das gefeierte Schwert aus dem Jahre 1366: Am 7. Juni wurde dem Patriarchen Marquard von Randeck dieses Schwert überreicht, als er in Cividale einzog. An die 500 Menschen in historischen Kostümen ziehen nach der Messe durch die Stadt.

Das Schlaraffenland des Collio

Südlich von Cividale führen die S.S. 356 und ihre Nebensträßchen durch die sanftgewellten Hügel des Collio, der sogenannten Colli Orientali, die sich bis nach Slowenien hinein erstrecken. Der Hauptort **Cormóns** 18 (S. 411f.) ist für Weinliebhaber eine wichtige Station und eine bemerkenswerte dazu: Jahrelang kämpften ihre Bewohner, die sich eher als Österreicher fühlen, um die Bronzestatue ihres heißgeliebten Kaisers Maximilian I., die nun mitten auf der wichtigsten Kreuzung seht. Als man sie aufstellte, wurde eine Flasche Cormóns-Wein in den Sockel gelegt, denn die hiesigen Winzer waren es, die den Erlös von 10 000 Flaschen Wein für das Denkmal gespendet hatten. Das Collio-Gebiet wurde in Sachen Wein zu einem Aushängeschild für die Region Friaul-Julisch Venetien. Selten wurde eine Landschaft südlich der Alpen so sehr dem angepaßt, was auf ihr wachsen soll: Um 1980 hat man die lieblichen Hügel mit Planierraupen ihrer Spitzen und anderer Unebenheiten beraubt, aus ihnen so flache Hügel gemacht, daß sie sich charakterlos wie ein Ei dem anderen gleichen – um konstante Konditionen für den Weinbau zu schaffen. Der Erfolg gibt den Weinbauern allerdings Recht.

Sicher haben die Initiatoren des ›Friedensweines‹ von Cormóns an die Grenzsituation gedacht, als sie für ihre Aktivitäten einen Namen suchten und im ›Vino della Pace‹ fanden, der aus Reben, die aus aller Welt stammen, produziert wird. Je drei Flaschen von diesem speziellen Weißwein, der auch noch schmecken soll, gehen per Alitalia-Flugzeug an alle Präsidenten der Welt. Auch der Papst wird bedacht. 1,2 Mio. Flaschen jährlich werden erzeugt, davon 10 000 für den normalen Verkauf vor Ort, der große Rest für Versteigerungen zu Wohltätigkeitszwecken, zu abenteuerlich hohen Preisen. 1983 wurden die ersten Reben gepflanzt, 1985 der erste ›Friedenswein‹ gekeltert. 40 weltberühmte Maler und Bildhauer kamen 1985–87, um die 10 000-Liter-Holzfässer aus istrischen Eichen zu bemalen und Skulpturen zum Thema zu bilden. So entstand eine Art Freilichtmuseum im Hof der Kellereigenossenschaft von Cormóns, zu der 220 Winzer gehören. Und eine *Cantina* mit der einzigen Bildergalerie auf Fässern, die auf Anfrage besichtigt werden kann. »Wein«, sagt Luigi Soini, der Kellerei-Direktor, »ist Kultur. Und das verpflichtet!« Und soll helfen, das Collio-Gebiet und Friaul ins-

Chiesa Sant'Ignazio in Gorízia zu Füßen des Castello

gesamt über den guten Tropfen bekannt zu machen. Im September findet nach der Weinlese im Hof der Weingenossenschaft ein großes Fest statt.

Auch **Gorízia** 19 (S.416) liegt im Collio-Gebiet. Gorízia, die Grenzstadt, die doppelte Stadt, oder die halbe (?). Die andere Hälfte, Nova Gorica, ist ex-jugoslawisch. Eine Straße verbindet sie, die Via Rastello, eine typisch slowenische, wie die Goriziani sagen, mit einfachen, aber verlockenden kleinen Läden, die gute Geschäfte machen. Anfang Mai läßt die Jugend auf beiden Seiten die schon lange recht durchlässige Grenze fallen, sie versammelt sich zu einem Friedensmarsch, der auf italienischer Seite auf der Piazza della Vittoria endet – mit einem weinseligen Pasta-Fest.

42 000 Menschen leben in Gorízia, in der gesamten Provinz 120 000. Der Ostteil des bis 1918 österreichischen Görz wurde erst nach dem Zweiten Weltkrieg Jugoslawien zugesprochen. Gorízia liegt zwischen den Karsthügeln, dem ›Vorhof des Meeres‹, wie man hier sagt, und

dem Isonzo, dort, wo er in die friulanische Ebene mündet. Es ist eine grüne Stadt mit vielen Gärten und ringsum bewachsenen Hügeln, die weit ins Zentrum reichen. Mittendrin der 148 m hohe Burghügel mit seiner schönen, von drei Mauerringen umgebenen Festung. Zwar waren schon die Römer hier, aber bedeutend wurde Gorízia erst im Mittelalter mit den Grafen von Pustertal und Lurngau, die sich ab 1122 Grafen von Görz nannten. Nur ein Jahr dauerte die Besatzungszeit der *Serenissima* 1509, dann wurde die Stadt österreichisch, was sie mit kurzen Ausnahmen während der drei französischen Besatzungszeiten bis 1918 blieb. Traurige Berühmtheit erlangte Görz durch die blutigen Isonzo-Schlachten 1915–1917. Im Norden der Stadt erinnern das weithin sichtbare *Ossario* für 60 000 gefallene Italiener auf dem Soldatenfriedhof von Oslavia daran und Richtung Triest das Kriegsmuseum sowie die alten Kampfstellungen am Monte San Michele.

Die Stadt brüstet sich der modernsten Zollstation zwischen Ost und West, lebt auch vom Handel mit landwirtschaftlichen Produkten (Obst, Baumwolle und natürlich Wein) sowie von der Möbel-, Seiden- und Papierindustrie. Auch der Tourismus hat hier Fuß gefaßt. Denn Gorízia lebt einen recht ruhigen, nostalgischen Gang, fast wie ein k.u.k.-Kurort. Der ideale Ausgangspunkt für Ausflüge bis nach Triest und Venedig sowie für Wanderungen im Karst zeigt sich wenig italienisch. Auch an der Piazza della Vittoria mit der Jesuitenkirche Sant'Ignazio und der Präfektur. Weiter südlich steht der Dom, der ursprünglich aus dem 14. Jh. stammt, aber zwischen den Weltkriegen total erneuert werden mußte. Am schönsten aber ist das Castello, das aus seiner luftigen Höhe wiederum die schönsten Ausblicke auf die Stadt und ihre Umgebung ermöglicht. Während der zwölf blutigen Isonzo-Schlachten zerstört, Stein für Stein im Originalzustand wiederaufgebaut und eingerichtet: Sinnbild der Feudalherrschaft der Grafen von Görz, ein Stück Bilderbuch-Mittelalter mit Brunnen und Gewölben, klar gezeichneten Biforien, runden Bastionen und groben Zinnen.

Anders die Dörfer um Gorízia, lichtdurchflossen die weiten Höfe und Lauben, als wollten sie sich der *Bora* öffnen, die vom Meer bis hierher reicht. Es ist das Land der glühenden weißen Steine im heißen Sommer, wo sich kantige Felsen, von stacheligem Wacholder übersät, zu tiefen Grotten und Höhlen auftun. Ihre berühmtesten sind die Grotta Gigante vor Triest diesseits und die Höhlen von Postojna jenseits der Grenze.

Gradisca d'Isonzo 20 (S. 416), südwestlich von Gorízia, ist ein typisch venezianischer Ort, natürlich mit Markuslöwen auf der Säule am Torrione. 1471–1488 baute Venedig ein Bollwerk gegen die wiederholten türkischen Einfälle auf der kleinen Anhöhe von Gradisca über dem Isonzo, mit starken Mauern und sieben Bastionen. Leonardo da Vinci kam im Auftrag der *Serenissima,* um neue Waffen und Verteidigungswerke zu installieren. 1511 ging Gradisca an Österreich verloren, auch in den Kriegen von 1615–1617 konnte Venedig die stark befestigte Stadt nicht zurückerobern, 1797 zog Napoleon ein, 1815 ging die Festung an Österreich zurück, das es förderte und ausbaute, 1921 an Italien. Gradisca, sagen die Leute von Gorízia, ist ihr ›Salon‹. Sie kommen her, um in der Gelateria Pian ein leckeres Eis zu essen oder einen *Aperitivo* zu trinken. Was im Friulanischen aus Reben produziert wird, kann man in Gradisca probieren und erstehen: in den gemütlich eingerichteten Renaissance-Räumen der Enoteca Regionale Permanente ›La Serenissima‹.

Autobahn- und Eisenbahnknotenpunkt ist **Palmanova** 21 (S. 426). Plötzlich wölben sich kleine Hügelchen aus der flachen Landschaft, schnell ist der Spuk vorbei, man ist vorbeigerast. Die Hügel, das war Palmanova, genauer: die grünbewachsenen Verteidigungswälle. Dahinter verbirgt sich eine Reißbrettstadt, in der sich sogar der Domturm ducken mußte, um dem Feind nicht aufzufallen. Nur wer eines der drei Tore findet, dem tut sich ein Ort auf, dessen Eigentümlichkeit fasziniert und befremdet. Palmanova entstand im Auftrag Venedigs. Als die Türken ihre Krummsäbel nordwärts richteten, mußte eine Bastion die *Serenissima* schützen. Ein Traum von Stadtplanern wurde 1593 Wirklichkeit: Sie durften auf der grünen Wiese eine ideale Festungsstadt in der Form eines symmetrischen Sterns mit neun Spitzen, an jeder Ecke ein Bollwerk mit geballter Ladung, ein freier (Exerzier-)Platz in der Mitte bauen, die vorher auf dem Reißbrett keines Geringeren als Vincenzo Scamozzi konzipiert worden war. Eine monströse Verteidigungsmaschine, für 20 000 Menschen geplant. Doch mehr als 2000 Leute waren nie zu bewegen, in diesem künstlichen Gebilde zu leben. Da half auch die versprochene Straffreiheit nichts, selbst der geschenkte Baugrund war nicht Reiz

Die Piazza Grande in Palmanova

genug. Vielleicht hätten die Oberen dienstverpflichten sollen, doch dafür gab es keinen zwingenden Grund. Die Türken nahmen eine andere Richtung, konnten doch selbst ihre besten Spione in der Landschaft nichts entdecken, das einzunehmen sich lohnte. Und als Napoleon mit forschen Schritten nahte, war Venedig schon so schwach, daß auch die Generäle in Palmanova darauf verzichteten, aus ihren Bollwerken zu schießen.

Eine gewisse Lustlosigkeit hat sich bis heute erhalten. Obwohl rund 20 km von der Adria entfernt ein touristischer Lekkerbissen Dornröschen spielt, hält man nicht allzuviel von den neuzeitlichen Entdeckern. Um 1970 gab es einmal einen Aufschwung. Ein paar Optimisten richteten die Befestigungen her, druckten Prospekte und warben mit freiem Eintritt. Schon kurz darauf waren dann Regen und Wind stärker, die Pflege zu lästig: die Bastionen wieder »vorübergehend geschlossen«. Das hat aber insgesamt die Leute von Palmanova motiviert, sie ließen renovieren und ordentlich aufstellen: Das Museo Civico Storico im Borgo Udine 4c bringt eindrucksvoll die Geschichte der Stadt nahe, ein Video visualisiert die architektonische Besonderheit. Die Piazza Grande ähnelt einem weißen Monster, das auch an lebhaften Tagen ein eigenartiges Gefühl der Verlorenheit vermittelt. Auch die steinernen Generäle ringsum scheinen etwas widerwillig rings um die leere Arena zu stehen.

Meerwärts in die Lagune von Marano und Grado

Die S.S. 352 führt schnurstracks zum Meer. Wer nicht aufpaßt, könnte **Aquilea** 22 (S. 404) glatt durchfahren und das, was das Städtchen berühmt gemacht hat, im wahrsten Sinne des Wortes links liegenlassen: die römischen Ausgrabungen mit dem Forum, dessen Säulen allerdings von der Straße gut zu erkennen sind, und den Kirchenkomplex, der über eine schattige Baumallee links im Ort schnell erreicht ist. Schräg gegenüber jenseits der Hauptstraße, also vom Norden kommend rechts: das Archäologische Museum mit seinen sehr sehenswerten Funden und einem zauberhaften Garten.

Aquilea ist in bezug auf seine Kunstschätze einer der bedeutendsten Orte Oberitaliens. 181 v. Chr. wurde es von den Römern als Vorposten gegen die Karner gegründet. Begünstigt durch ein ausgetüfteltes Straßennetz und die Verbindung zum Meer (Flußhafen) wuchs es zu einer blühenden Handelsstadt, der wichtigsten im Golf von Triest. 319 errichtete Bischof Theodorus eine Kirche, den Dom, dessen Bodenmosaiken heute das Ziel von wahren Touristenscharen ist, denn es gibt keine größeren und vielfältigeren mit ihren menschlichen Figuren und Tieren, Pflanzen und christlichen Symbolen. Die Diözesen Aquileas gewannen an Einfluß in einem riesengroßen Gebiet vom heutigen Bayern bis nach Österreich und Ungarn. Logisch, daß sich die frühchristlichen Kirchenbauten von da an nach denen Aquileas richteten! Um 400 stießen die Westgoten vor und zerstörten Aquilea, die Hunnen mit Attila an der Spitze vertrieben 452 die Veneter vom Festland auf vorgelagerte Inseln. Der geistig religiöse Einfluß Aquileas blieb, auch als der politische verwirkt war: Die Langobarden machten Cividale zur Hauptstadt ihres Herzogtums, der Patriarch Paulinus von Aquilea floh 568 mitsamt seiner Gemeinde und dem Kirchenschatz nach Grado, das er unfreiwillig zu sei-

Bodenmosaik in Aquilea

nem neuen Sitz wählte, und schon damals aus der kleinen Insel ein Kleinod machte.

Ähnlich wie Venedig liegt **Grado** 23 (S. 416) zwischen Festland und dem offenen Meer am Rande der Lagune, ist heute aber über zwei Dämme erreichbar. Dennoch: Nur mit dem Boot läßt sich der Reiz dieses Städtchens erfassen. Sei es auf einer Inselumrundung, einer Fahrt über die Lagune, am schönsten kurz vor Sonnenuntergang, oder auf dem Weg durch die Lagune in den Natissa-Fluß hinein Richtung Aquilea. Das alte Zentrum ist auch heute das pochende Herz des Städtchens, das sich zu einem großen, schönen See- und Kurbad entwickelt hat.

Gleich drei sakrale Bauten stehen eng beisammen: der Dom Sant'Eufemia mit schönem Mosaikfußboden und der einmalig, wie geknetet wirkenden romanischen Kanzel; das Baptisterium und Santa Maria delle Grazie, die als Übergangskirche gebaut wurde, bis der Dom fertiggestellt war. Alle in der klaren Bauweise der Frühromanik, mit sehr menschlichen Dimensionen. Um sie herum gruppieren sich ebenfalls niedrige Wohnhäuser und Lokale, während der warmen Jahreszeit stehen die Tische im Freien und verleihen Grado ein sehr südliches Flair.

Doch Grado täuscht: Es ist inzwischen zu einem beliebten Kongreßort geworden (hauptsächlich Ärztekongresse). Und Familien mit kleinen Kindern wissen den Komfort des gepflegten, abgeschlossenen Badestrandes mit eigenem Baby-Club zu schätzen, wo man den Nachwuchs am flachen, feinen Sandstrand ohne Gefahr sich selber überlassen kann. Für 25 000 Touristen hat Grado Platz, 10 000 davon auf Campingplätzen;

Parkplätze findet man inzwischen in einer großen Parkgarage auf der Insel gleich hinter dem Hauptdamm. Grado täuscht weiter: Es ist ganz schön gewachsen, 10 000 Menschen leben ständig hier, auch im Winter. Und Grado verfügt über die viertgrößte Fischereiflotte der Adria (nach San Benedetto del Tronto, Chióggia und Cáorle). Zweimal im Juli finden große Ereignisse statt, die gefeiert sein wollen: am ersten Julisonntag die Bootswallfahrt zur Madonna von Barbana auf der kleinen Insel in der Lagune und am 12. Juli das Fest der Madonnenträger zu Ehren der Schutzheiligen Ermacora und Fortunato, mit Frei-Fisch und -Wein für alle; außerdem seit 1980 Anfang August die Festa dei Rioni, ein Fischerfest.

Auf den winzigen Inseln der Lagune stehen die Schilfhäuser der Fischer, die *Casoni,* wie eh und je. Nur daß sie nicht mehr alle von Fischerfamilien bewohnt werden. Es ist inzwischen chic, eine Laguneninsel zu besitzen, das Wochenende darauf zu verbringen, mit Freun-

Fischer in Grado

den und Verwandten, die zu weinseligen Festen eingeladen werden.

Ernest Hemingway, der bekanntlich ganz schön herumgekommen ist, hat **Lignano** 24, das im Gegensatz zu Grado erst im 20. Jh. zu einem Bade- und Kurort wurde, dafür zum größten der Region, den Beinamen ›Florida Italiens‹ verpaßt. Dreigeteilt ist Lignano: an der Spitze der fast 7 km langen Halbinsel Lignano Sabbiadoro, dann mit kleinem Abstand Lignano Pineta, wirklich im Pinienwald, und schließlich Lignano Riviera zum Tagliamento hin. Urlaub total, für jeden Geschmack etwas, der feine, lange Sandstrand ist frei zugänglich und nicht nur an den *Bagni* gepflegt. Und die Häfen: Bootsbesitzer und -freunde kommen hier voll auf ihre Kosten, haben eine große Auswahl an Liegeplätzen und Wohnungen oder Hotels. 80 000 Touristen finden auf einmal Platz in Lignano, eine perfekte Ferienmaschinerie, was in diesem Fall gar nicht negativ gemeint ist. Es ist aber ganz anders als im stimmungsvollen Grado, offener, für Strandurlauber jedenfalls abwechslungsreicher. Allerdings leben nur 5700 Menschen ständig hier, während es im Sommer bis zu 200 000 sind, weil auch viele Privatzimmer vermietet werden.

Karst und Riviera Triestina

Von Monfalcone bis Múggia südlich von Triest zieht sich der Golf von Triest mit seinen zahlreichen und doch nicht ausreichenden kleinen Bootshäfen. Das Hinterland bildet zum größten Teil der Karst, die Städtchen und Dörfer dort sind slowenisch. Man versteht zwar italienisch, spricht es aber nicht. Etwa in Doberdó und in Opicina sind die Straßenschilder zweisprachig, der Unterricht in den Schulen ebenso. Man hat die Wahl. Im Karst ist die Mehrheit slowenisch, in Triest italienisch. Im Karst ißt man eine slowenische Hausmannskost und trinkt den *Terrano,* einen derben Rotwein. Dann erzählen die Einheimischen, falls man sie versteht, gerne gruselige Geschichten: z. B. von den *Doline* und den *Foibe. Foiba* ist das Schrek-

Schloß Duino

kenswort im Karst: offene Schlunde, die nach unten breiter werden. Fällt jemand rein, kommt er aus eigener Kraft nicht mehr hoch. Kein normaler Mensch treibt sich hier daher im unwegsamen Gebiet auf nicht markierten Wegen herum.

Die Pflanzenwelt des weißen Karstes ist bei näherem Hinsehen von besonderer Pracht. Karstgehölz, Karstheide, Karstwiese sind die botanischen Schlagworte. Die *Macchia,* das Unterholz, darf nicht fehlen. Das ganze Jahr über wechseln sich die schönsten Blumen in ihrer Blütenpracht ab: z. B. Aurikel und Lilie, Karstenzian und Fingerkraut, gemeine Pfingstrose und etrurisches Geißblatt, Cistrose und Fingerhut, und, und ... In der Karstmacchia Richtung Meer stehen die sogenannten Jeans-Villen der Neureichen.

Die einst berühmten Werften von Triest wurden 1960 nach **Monfalcone** 25 versetzt, dort die beiden letzten italienischen Transatlantikschiffe in den Fincantieri gebaut, wo auch das größte Galvanisierbecken der Welt steht: 80 m hoch. Monfalcone bietet Arbeitsplätze und sportliches Vergnügen zugleich: Jeder dritte erwachsene Triestiner, heißt es, habe ein eigenes Segelboot. Bootsanliegeplätze sind daher begehrt und rar.

Rilke hat **Duino** 26 berühmt gemacht: mit den ›Duineser Elegien‹. Sie sind ›schuld‹ daran, wenn jetzt italienische Schulklassen über den holprigen Rilkeweg hoch über der Riviera gejagt werden, um Rilke nachzuempfinden. Touristen, vor allem deutschsprachige, erlegen sich diese Pflicht freiwillig auf. Ein Informationsbüro vor Ort hilft sogar mit einer genauen Wegbeschreibung zum ›neuen‹ Schloß von Duino, wo Rilke 1908 zu Gast bei Thurn und Taxis war. Auch Dante soll schon in der früheren *Rocca* an derselben Stelle gewesen sein, weshalb ein Fels im Meer nach ihm benannt wird. Heute ist das Schloß eine Art Kultur- und Kongreßzentrum und wird von Prinz Carlo im Sinne seines 1986 verstorbenen Vaters Raimondo von Thurn und Taxis weiter gepflegt, der ein großer Mäzen des Dorfes war. Und ein leidenschaftlicher *Boccia*-Spieler. Seinen Sarg trugen die früheren Boccia-Kumpanen. – Der Doppelort Sistiana-Duino hat sich zu einem recht lebhaften Touristenzentrum entwickelt, mit bescheidener Hotellerie und guter Infrastruktur.

Grignano 27 (S. 417) steht für Schloß Miramare, das weiß und verlockend schon von weitem auf hohem Felsen über der *Costiera,* der Küstenstraße leuchtet. ›Miramare‹ – weil man tatsächlich von jedem Fenster aus das Meer bewundern kann! Herrlich, sich im prächtig-großen Park zu ergehen.

Die 32 km der in den 30er Jahren gebauten Küstenstraße von Duino nach Triest zählt nach Meinung vieler zu den schönsten Straßen der Welt. Grignano und Marina heißen die beiden exklusiven Badeanstalten vor Miramare, strandlos zwar, aber mit Pools. An der Bar Principe di Metternich trifft man sich zum Aperitif, um gesehen zu werden.

In der Nachkriegszeit war der Karst das Rückzugsgebiet der Partisanen, viele von ihnen mußten ihr Leben in den *Foibe* lassen. Vor allem bei **Opicina** 28, das heute als beliebtes Ausflugsziel durch eine Standseilbahn mit Triest verbunden ist. Die Fahrtzeit beträgt 30 Minuten, die Steigung im ersten Abschnitt bis zu 33%, dann geht es fast eben auf dem Karst weiter. In der Nähe befindet sich auch die berühmte Grotte Gigante mit dem größten unterirdischen Hohlraum der Welt: Der Petersdom würde bequem im mehr als 100 m hohen, 280 m langen und 65 m breiten Raum Platz finden. Die Stalaktiten sind bis zu 12 m lang. 12° C beträgt die konstante Lufttemperatur, ideal für mancherlei technische Meßgeräte, die hier zu wissenschaftlichen Zwecken aufgestellt sind.

Triest: Grenzidentität, *mitteleuropeo*

■ (S. 436) Nirgends in Oberitalien fühlt man sich so sehr *mitteleuropeo,* wie sie sagen, wie in Friaul-Julisch Venetien, und hier nirgends so sehr wie in Triest. Europa im Rücken, das Mittelmeer im Visier, ein Scharnier zwischen Ost und West. Eigentlich eine günstige Ausgangsposition für Macht und Pracht, steingeworden in den Palästen der großen Versicherungsgesellschaften. Aber Triest hat es immer nicht einfach gehabt. Zur Zeit der römischen Cäsaren war sie eine kleine Stadt, aus dem nahen *Tergeste* erwachsen als militäri-

Triest: *1 Palazzo Carciotti 2 Borsa Vecchia 3 Teatro Verdi 4 Regierungspalast 5 Rathaus 6 Lloyd Triestino 7 Hotel Duchi d'Aosta 8 Caffè degli Specchi 9 Palazzo Morpurgo de Nilma 10 Castello di San Giusto 11 Kathedrale San Giusto 12 Nationalgalerie für Antike Kunst 13 San Silvestro 14 Städtisches Museum Revoltella 15 Museum für Naturgeschichte 16 Civico Museo Sartorio 17 Städtisches Meeresmuseum 18 Universität*

sches Lager gegen unruhige Völker wie die Histrer im Osten (179 v. Chr.). Irgendwann *Municipium* geworden, 56 v. Chr. zur *Colonia* erklärt, 33 von Oktavian durch solide Mauern befestigt. Viele Zeugnisse stammen aus dieser Zeit, die eindrucksvollsten an den augusteischen Mauern, im Inneren der Kirche San Giusto und das römische Theater, das damals am Meer stand. Alles konzentrierte sich auf den sogenannten Burghügel, der auch später, als christlich-religiöses Zentrum, bedeutend blieb und heute die imposante Terrasse namens Castello di San Giusto über Triest bildet.

Im Mittelalter unabhängige Stadtrepublik, stellte sie sich 1382 unter den Schutz der Österreicher, um sich gegen die nahe *Serenissima,* also Venedig zu wehren. 536 Jahre lang blieb die Stadt mit kurzen Unterbrechungen österreichisch, im Charakter ist sie es bis heute. Auch wenn die offizielle Version von ›typisch italienisch‹ spricht. Triest ist eine Handels- und Seemannsstadt, die mit dem Edikt Kaiser Karls VI. vom 18. März 1719 Standort eines großen Freihafens für den neuerstandenen Vielvölkerstaat der Habsburger wurde und zu einem internationalen Zentrum der Kulturen erblühte: tolerant, gebildet, weitblickend. Das, was dieser Handelshafen an Privilegien und Möglichkeiten besaß, gab es sonst in Europa weder im 18. Jh. noch später. Auch die Infrastruktur nahm Formen an, wurde vor allem unter Maria Theresia ab 1740 ausgebaut und ließ die fast verfallene Stadt mit nur 4000 Einwohnern im Laufe der nächsten 150 Jahre auf rund 180 000 anwachsen.

Es waren nicht nur Handelsleute aus aller Welt, auch Unternehmer und Abenteurer kamen. Der Triestiner Adel, der immer mehr an Bedeutung verloren hatte, erwachte und förderte seinerseits die neuen Aktivitäten. Eine arbeitsame Bürgerschicht, aus dem Ausland verstärkt, weil sie durch kaiserliche Erlasse enorme Vorteile und Freiheiten bekam, siedelte sich an. Man könnte den Vergleich mit der raschen europäischen Besiedlung der Vereinigten Staaten von Amerika wagen. Und gerade die ausländischen Neubürger waren es, die durch ihre internationalen Verbindungen Triest zu wirtschaftlicher Bedeutung verhalfen.

Dann besetzten die Franzosen dreimal Triest, bis es 1813 wieder österreichisch wurde. Freiheitliche Gedanken blieben, die Ideale einer italienischen Einheit wuchsen. Die julischen Freiwilligen nahmen an allen Feldzügen Garibaldis und an allen Befreiungskriegen teil. Ab dem Ersten Weltkrieg machte Triest alles durch, was Italien politisch und wirtschaftlich zu leiden hatte. Der Zweite Weltkrieg brachte nicht das Ende des Leidens: Der Friedensvertrag 1947 in Paris sah einen Freistaat Triest vor, den es de facto nie gegeben hatte. 1954 wurde Triest durch das Memorandum von London Teil Italiens, was die Nachbarstaaten erst 1975 endgültig anerkannten. Schon 1964 erhielt die Region Friaul-Julisch Venetien mit Triest als (politischer) Hauptstadt ihre Autonomie. – Und der Weg in die wirtschaftliche Sanierung begann. Aber 60–70 % der Triestiner sind älter als 60 Jahre, Triest leidet in Italien unter dem höchsten Schwund an Einwohnern: 1960 lebten in der Stadt etwa 300 000 Menschen, heute sind es nur noch 220 000.

Das weltoffene Triest: Alle christlichen Religionsrichtungen fanden in der Stadt eine Bleibe und die jüdische Gemeinde besitzt eines ihrer schönsten Gotteshäuser im sogenannten Syrischen Stil in Triest.

Vom Bahnhof kommend, trifft man zuerst auf den Borgo Teresiano. Kaiserin Maria Theresia ließ ihn nach festgelegten Normen auf den ehemaligen Salinen bauen. Einst war das Viertel von Kanälen durchzogen, von denen nur der Canal Grande bestehen blieb. Hier schaukelten im ruhigen, schützenden Kanal Segelboote aus aller Welt. Heute sind es nur noch kleinere Abbilder, die durch die niedrigen Steinbrücken hindurchschlüpfen können. Streng in Rechtecke eingeteilt, liegen die Straßen des alten Handelszentrums zueinander, und doch fühlen sich hier Einheimische wie Fremde gleichermaßen am wohlsten. Ursprünglich galt die Formel ›Haus und Laden‹: im Erdgeschoß der Laden, darüber die Wohnung des Kaufmannes, im zweiten Stock die Büroräume. Später wurde aufgestockt – für die Wohnungen der Angestellten. Der Innenhof war als

Palazzo Carciotti

Garten gedacht, doch im salzigen Boden der ehemaligen Salinen wuchs nichts an – also wurde er bald zugepflastert.

Kunsthandwerk und bildende Kunst florierten bald, berühmte Künstler, einheimische wie auswärtige, hinterließen in der Stadt ihre Spuren. So hat der Klassizismus die Architektur geprägt, was etwa am **Palazzo Carciotti** 1 von 1802–1905 gut zu erkennen ist. Demetrio Carciotti war eine typische Triestiner Persönlichkeit des frühen 19. Jh., ein griechischer Geschäftsmann, der in der großen Gesellschaft von Triest durch seine Tüchtigkeit und seine weitreichenden Verbindungen Aufnahme fand. Seinen Stadtpalast in Altrosa und Weiß (den Farben Maria Theresias und damit von Triest) mit grünspaniger Kuppel baute ein bekannter Architekt seiner Zeit, Matthäus Pertsch, der Erbauer auch des Triestiner Opernhauses. Typisch ist die Wahl der Baustelle: am Kanalhafen Ecke Meerespromenade. Typisch auch die Architektur: Die Fassade zieren sechs ionische Säulen, die eine Attika mit marmornen Statuen tragen. Dahinter verbirgt sich das fürstliche Treppenhaus mit Statuen, die Kuppel darüber ist innen in bestem Klassizismus freskiert (von Gian Battista Bison). Auch die Alte Börse, die **Borsa Vecchia** 2, ist in reinem Klassizismus erbaut worden.

Die Stadt hat eine besondere Vorliebe für die Musik. Für das **Verdi-Opernhaus** 3 stand die Mailänder Scala Pate. Wen wundert es, war doch Matthäus Pertsch ein Schüler Piermarinis, der für die Scala verantwortlich zeichnete. Auch hier ist ein Theatermuseum im linken Flügel etabliert, eine Stiftung Carlo Schmidls, und nach dem Theatermuseum Mailands das zweitgrößte und -wichtigste Italiens. Verdi weilte eine Zeitlang in Triest und schrieb für dessen Opernhaus zwei Opern: 1848 ›Il Corsaro‹ und 1850 ›Stiffelius‹. Als Verdi 1901 am

Richtig Reisen *Tip*

Triest und die Kaffeehaustradition

Wer Triest tiefer ins Herz schauen möchte, sollte sich Zeit nehmen für einen Kaffeehausbesuch. Das Caffè degli Specchi, das Spiegelcafé, ist zwar noch immer ein In-Treff, aber nach mehrfachen Umbauten doch eher für die Fremden, die vom Ruhm dieser Einrichtung in Triest gehört haben, denn für die Einheimischen. Sie haben ja noch zwei andere, weltberühmte Häuser, in denen revolutionäre und literarische Geschichte geschrieben wurde: das etwas kühl restaurierte Literaten-Café Tommaseo am gleichnamigen Platz, nur einen Katzensprung von der Piazza Unità entfernt und das San Marco an der Via Battisti Richtung Universität. Kein Wunder also, daß viele Besucher Studenten sind. Ein Wunder ist es allerdings, wie sie sich die Preise hier leisten können. »Es sind alles Söhne ...«, meint der Wirt vielsagend. Kaum einer hat allerdings noch Grund zu konspirativen Treffen, und selten steigt jemand zu literarischen Höhenflügen auf wie Italo Svevo und andere Triestiner Größen, deren Lieblingstisch mit einer kleinen Bibliothek der Weltliteratur darüber in Ehren gehalten wird. Viele Gäste kommen ins San Marco zum Schachspielen. Der hübsche Nebenraum des stilecht gebliebenen Jugendstil-Cafés wurde in einen feinen Speisesaal umgestaltet, geeignet für ein Souper nach dem Theater.

100. Jahrestag der Eröffnung des Opernhauses starb, wurde dieses zu seinen Ehren umbenannt. Triest war auch die erste Stadt, die Giuseppe Verdi ein Denkmal setzte.

Bei der weiten Piazza Unità spricht man vom sogenannten Wiener Stil des 19. Jh., ein etwas kühler steinerner ›Salon‹, der sich zum Meer öffnet. Seine wichtigsten Bauten: Links von der Wasserfront betrachtet, der **Regierungspalast** 4 mit den zarten Mosaiken an der Fassade, vorne das **Rathaus** 5 mit tiefen Arkaden und spangrünem Uhrturm. ›Vorhang‹ nennen die Triestiner ihr Rathaus: Vorhang für die Paläste, die dahinter, hügelaufwärts Richtung San Giusto liegen. Rechts steht an der Piazza Unità ebenfalls das Gebäude des **Lloyd Triestino** 6 – hier finden sich also gleich drei Machtfaktoren auf engstem Raum! Und neben dem Versicherungsgebäude das erste Haus am Platze, das **Hotel Duchi d'Aosta** 7 an derselben Stelle, an der früher schon das Garni und das Vanoni standen. Man denkt an die *Belle Epoque* – auch bei den Damen mit ihren großen Hüten, die auf der Caféterrasse die Zeit zu vergessen scheinen oder sich von livrierten Obern in der Halle einen Tee servieren lassen. Ins Duchi d'Aosta ›geht man‹ noch heute, auch wenn man darin nicht wohnt ...

An der gegenüberliegenden Seite des Platzes stehen neben dem Regierungspalast die zusammenhängenden Paläste **Modello** (mit der Assicurazioni Generali) und **Stratti** (mit dem berühmten **Caffè degli Specchi**) 8.

Der Brunnen, der die Piazza Unità ziert, ist – wie könnte es im polyglotten Triest anders sein – den vier Kontinenten gewidmet und steht genau am Endpunkt der Wasserleitung in die Stadt.

Imposant ist die Wasserfront auch rechts und links vom Platz mit seinen großen Palästen, die in den letzten Jahren durchweg restauriert wurden und in frischen Farben erstrahlen. Hier legen bei großen Anlässen und Festen die Schiffe an, bieten ein Bild von seltener Schönheit – nur noch übertroffen von der Anlegestelle an der Piazzetta San Marco in Venedig.

Der Corso Italia endet an der Piazza Goldoni. In ihrer Nähe befinden sich gleich zwei der größten Stiftungen von Triestinern. Giovanni Scaramangà war ein großer Mäzen, der letzte Nachkomme einer griechischen Familie aus Chios, die zu Beginn des 19. Jh. nach Triest übersiedelte und hier zu Wohlstand und Ansehen kam. Da u.a. 6500 Dokumente, Porzellanstücke, Stiche und Bücher gesammelt wurden, können sie nur etappenweise gezeigt werden. Der Name verrät schon, daß auch die Stavropoulos-Sammlung einem griechischen Mitbürger zu verdanken ist. Sie ist zusammen mit dem Museo Morpurgo und dem Museum für Heimatgeschichte im ehemaligen **Palazzo Morpurgo de Nilma** 9 untergebracht, der Triest 1943 vermacht wurde.

Der Burghügel, der früher noch am Meer stand, ist Aussichtsbalkon und Urkern der Stadt und bei den Triestinern als Bummelplatz beliebt. Alle politische Macht konzentrierte sich früher im **Castello di San Giusto** 10, in dessen unmittelbarer Nähe später auch das christliche Zentrum mit der **Kathedrale San Giusto** 11 entstand. Diese ist ohne Zweifel das bedeutendste Monument der Stadt. Entstanden ist sie im 14. Jh. aus zwei älteren Kirchen. Großartig sind die wenigen noch erhaltenen Fresken und Mosaiken aus dem 13. Jh., die in den letzten Jahren behutsam restauriert wurden.

◁ *Am Canal Grande*

Universität

Die **Nationalgalerie für Antike Kunst** 12 ist im zweiten Obergeschoß des Palazzo Economo zu Füßen des Burgberges untergebracht, wo auch das Amt für Landschafts- und Denkmalschutz seinen Sitz hat. Die kleine romanische Basilika **San Silvestro** 13 aus dem 11. Jh., weiter unten Richtung Meer, wurde den Waldensern als Gotteshaus überlassen. Südwestlich davon dokumentiert sich der Bildungshunger der Triestiner gleich in mehreren Museen, Stiftungen großer Triestiner. Die vielleicht bedeutendste Schenkung hat Pasquale Revoltella 1869 der Stadt gemacht. Seine Sammlung moderner Kunst bildet den Kern des **Städtischen Museums Revoltella** 14 mit der Galerie für Moderne Kunst, auch für die Plakatmalerei, die in Triest einige bedeutende Künstler hervorgebracht hat. Ein ›Klein-Senckenberg-Museum‹ ist das **Städtische Museum für Naturgeschichte** 15. Auch das **Civico Museo Sartorio** 16 geht auf eine Schenkung von 1944 zurück: eine Gemäldesammlung vom Barock bis zum 19. Jh. und Porzellan sowie eine reichhaltige Bibliothek im ehemaligen Palazzo der Familie Sartorio. Wer sich schließlich für Meereskunde interessiert, findet im **Städtischen Meeresmuseum** 17 mehr als nur Anregungen.

Auf ihre **Universität** 18 ist die Stadt besonders Stolz, wenn auch der Faschismus für das Hauptgebäude im entsprechenden Stil sorgte. Triests Universität besitzt ein bedeutendes Meeresbiologisches Institut, das in den letzten Jahren fast unwillkommene Aufgaben bekam: die starke Verschmutzung der Adria zu kontrollieren, dokumentieren, kommentieren. Zu Triest und seinem Forschungsdrang paßt auch das hier etablierte ›Internationale Zentrum für theoretische Physik‹.

Múggia, der richtige Ort für einen Abschied

An den Neubauten großer Versicherungsgesellschaften, an Straßenbrükken und nervenaufreibenden Kreuzungen vorbei rund um die Baia di Múggia nach Süden zur ex-jugoslawischen Grenze und dann einen Schlenker nach rechts: **Múggia** 29 (S. 424) ist ein Muß und der schönste Punkt, um auf Triest blickend von der Stadt und ihrer Küste Abschied zu nehmen. Múggia ist aber selber so zauberhaft südländisch-mittelmeerisch, daß es allemal auch nur für sich allein einen Besuch wert ist.

Das kleine romanische Kirchlein von Múggia Vecchia gilt übrigens als die beliebteste Hochzeitskirche der Triestiner. Bei einigem Glück findet man sie – in Hochzeitsvorbereitung – offen. In Múggia selber: Man sitzt vor dem Bontempo mit dem Gesicht zum kleinen Hafenbecken, das die Einheimischen *Sacchetto,* das Säckchen nennen, schlemmt frische Fische und Muscheln, kann den Blick von Triest nicht lassen. Die Badenixen am kleinen felsigen Strand neigen sich eher der gleißenden Sonne zu und beweisen, daß sich die Triestiner wenig um die Unkenrufe kümmern, das Badewasser in ihrer Bucht lasse an Qualität zu wünschen übrig ...

Múggias Altstadtzentrum überrascht durch die heimelige Architektur bescheidener, teils noch gotischer Paläste (z. B. in der Via Giordano Oberdan 25). Und dann die Fassade des Domes, die beweist: Im Gegensatz zu Triest hat sich das kleine Múggia venetisch erhalten, im Stil seiner Architektur jedenfalls. Und in der Lebensfreude: Karneval wird hier gleich zweimal jährlich gefeiert, im Sommer und im Winter. Am kleinen Rathaus (links vom Dom) trägt der venezianische Löwe ein geschlossenes Buch, nicht ein offenes wie dort, wo sich Venedig seiner Besitzungen sicher war. Eben zum Zeichen der Unsicherheit einer Grenzsituation – damals wie heute.

Der Dom von Múggia

Information

Unterkunft

Restaurants

Öffnungszeiten

Aktivitäten

Einkaufen

Weinprobe/Bar

Serviceteil

Serviceteil

So nutzen Sie den Serviceteil richtig

▼ Das erste Kapitel, **Adressen und Tips von Ort zu Ort**, listet die im Reiseteil beschriebenen Orte in alphabetischer Reihenfolge auf. Zu jedem Ort finden Sie hier Empfehlungen für Unterkünfte und Restaurants sowie Hinweise zu den Öffnungszeiten von Museen und anderen Sehenswürdigkeiten, zu Festen, Unterhaltungsangeboten etc. Piktogramme helfen Ihnen bei der raschen Orientierung.

▼ Die **Reiseinformationen von A bis Z** bieten von A wie ›Anreise‹ bis Z wie ›Zeitungen‹ eine Fülle an nützlichen Hinweisen – Antworten auf Fragen, die sich vor und während der Reise stellen.

Bitte schreiben Sie uns, wenn sich etwas geändert hat!
Alle in diesem Buch enthaltenen Angaben wurden von der Autorin nach bestem Wissen erstellt und von ihr und dem Verlag mit größtmöglicher Sorgfalt überprüft. Gleichwohl sind – wie wir im Sinne des Produkthaftungsrechts betonen müssen – inhaltliche Fehler nicht vollständig auszuschließen. Daher erfolgen die Angaben ohne jegliche Verpflichtung oder Garantie des Verlages oder der Autorin. Beide übernehmen keinerlei Verantwortung und Haftung für etwaige inhaltliche Unstimmigkeiten. Wir bitten daher um Verständnis und werden Korrekturhinweise gerne aufgreifen:
DuMont Buchverlag, Postfach 10 10 45, 50450 Köln
E-Mail: reise@dumontverlag.de

Inhalt

Adressen und Tips von Ort zu Ort

Hinter den Ortsnamen steht der Name der jeweiligen Region.

Hotelkategorien: Die Preise für ein Doppelzimmer hängen sehr vom Standort der Häuser ab, so kann z. B. ein Hotel in Mailand mit vier Sternen doppelt so teuer sein wie ein gleich kategorisiertes Haus auf dem Lande. Generell lassen sich folgende Preisgrenzen festlegen:

*****	ab 260 €
****	ab 130 €
***	ab 60 €
**	ab 35 €
*	ab 25 €

Touristenämter heißen meistens *Azienda Promozione Turistica* (APT), in einigen Städten *Azienda Autonoma per il Turismo* (AAT) oder *Informazione e Accoglienza Turistica* (IAT), in kleineren Orten *Pro Loco* oder einfach *Informazioni.*

Abano Terme/Veneto

PLZ 35031

APT, Via Pietro d'Abano 18, ✆ 04 98 66 90 55, Fax 04 98 66 90 53.

Bristol Buja***,** Via Monteortone 2, ✆ 04 98 66 93 90, Fax 0 49 66 79 10; zum 5-Sterne-Haus modernisiertes Thermalhotel mit eigener Kurabteilung, Innen- und Außenpool, Schönheitsfarm, großzügigen Zimmern und Appartements; familiär; sehr gute Küche; Mitgliedschaft bei zwei nahen Golfplätzen.

President**,** Via Montirone 31, ✆ 04 98 66 82 88, Fax 0 49 66 79 09; beliebtes, großzügiges Thermalhotel mit Kurabteilung, Innen- und Außenpool; gute Küche; fein-familiär.

Alassio/Ligurien

PLZ 17021

APT ›Riviera delle Palme‹, Via Mazzini 62, ✆ 01 82 64 70 27, Fax 01 82 64 78 74, aptpalme@infocomm.it.

Grand Hotel Diana**,** Via Garibaldi 110, ✆ 01 82 64 27 01, Fax 01 82 64 03 04; beliebtes Ferienhotel mit Terrasse und Garten in Strandnähe.
Eden*,** Passeggiata Cadorna 20, ✆ 01 82 64 02 81, Fax 01 82 64 30 37; freundliches, kleineres Strandhotel direkt an der Uferpromenade mit sommerlichem Terrassenbetrieb.

Palma, Via Cavour 5, ✆ 01 82 64 03 14; Luxusrestaurant mit Fischspezialitäten, ein Michelin-Stern. Sonst mehrere einfachere, meist preislich gehobene Restaurants.

Alba/Piemont

PLZ 12051

Ente Turismo e Manifestazioni, Piazza Medford, ✆ 0 17 33 58 33, Fax 01 73 36 38 78, www.langheroero.it.

Motel Alba*,** Corso Asti 5, ✆ 01 73 36 32 51, Fax 01 73 36

29 90; für Geschäftsreisende und Autofahrer, am Rande der Altstadt; ohne Restaurant.
Ave*,** Via Einaudi 5, ✆ 01 73 36 12 56, Fax 01 73 44 18 78; vielleicht noch ein Geheimtip am Zentrum, wunderbar restauriert, mit Restaurant und *Enoteca* Porta San Martino (s. u.).
Savona*,** Via Roma 1, ✆ 01 73 44 04 40, Fax 01 73 36 43 12; zentral gelegen und in alten Mauern neu gestaltet (etwas kühl die Säle, ein paar Zimmer noch ältlich).

Croce Bianca, Piana Biglini 76, ✆ 01 73 44 13 68; gut und teuer.
Da Beppe, Corso Coppino 20, ✆ 01 73 44 16 77; recht ordentlich.
Daniel's, Corso Canale 28, ✆ 01 73 44 19 77; sehr gutes, etwas unterkühltes Restaurant mit piemontesischen Spezialitäten und hervorragender Weinauswahl an der Ausfallstraße im Nordwesten.
Osteria dell'Arco, Vicolo dell'Arco 2, ✆ 01 73 36 39 74; gute piemontesische Küche, aber zu teuer für das Gebotene.
Porta San Martino, Via Einaudi 5, ✆ 01 73 36 23 35; teuer, aber gut, Annex des Hotels Ave (s. o.).
San Giorgio, Corso Europa 24, ✆ 01 73 28 42 96; gute Küche zu normalen Preisen.

Albenga/Ligurien

PLZ 17031

APT, Via Gibb 26, Alassio, ✆ 08 12 64 03 46.

La Meridiana**,** Via ai Castelli in der ruhigen Gartenlandschaft von **Garlenda** (10 km von Albenga) direkt am Golfplatz, ✆ 08 12 58 02 71, Fax 08 12 58 01 50; ein feines und doch sportliches Relais & Chateaux-Haus mit weitläufigem Garten und dem Top-Restaurant Il Rosmarino, familiär geführt.

Bischofspalast mit dem **Museo Diocesano,** Di–So 9–12 und 15–18 Uhr.

Antico Frantoio da Olive Sommariva, Via G. Mameli 7; Olivenöl und Eingelegtes (s. S. 158).

Aosta/Aosta-Tal

PLZ 11100

APT, Piazza Emilio Chanoux 8, ✆ 01 65 23 66 27, Fax 0 18 63 46 57.

Europe**,** Piazza Narbonne 8, ✆ 01 65 23 63 63, Fax 0 16 54 05 66; freundliches, renoviertes Haus um die Ecke bei der Fußgängerzone.
Bus*,** Via Malherbes 18, ✆ 0 16 54 36 45, Fax 01 65 23 69 62; freundliches Stadthotel, renoviert, in zentraler und doch ruhiger Lage.
Roma*,** Via Torino 7, ✆ 0 16 54 10 00, Fax 01 6 53 24 04; einfaches Stadthotel, z. T. renoviert, ohne Restaurant.

Borgo Antico, Via Sant'Anselmo 143, ✆ 0 16 54 22 55; nettes Restaurant mit angezogenen Preisen.
Vecchia Aosta, Piazza Porte Pretoriane 4, ✆ 01 65 36 11 86; im dicken römischen Doppeltor eingelassenes Restaurant auf mehreren Etagen, wegen der Lage recht touristisch.

Kathedrale mit Domschatzmuseum, Di–Fr 10–12 und 15–17, So und feiertags 15–17.45 Uhr.
Museo Archeologico Regionale, tgl. 9–19 Uhr.

Römisches Forum mit Kryptoportikus, tgl. 10–18 Uhr; freier Eintritt.
San Lorenzo, tgl. außer Mo.
SS. Pietro ed Orso, Kreuzgang tgl. außer Mo 9.30–12 und 14–17 Uhr.

Aquilea/Friaul-Julisch Venetien

PLZ 33051, Vorwahl 04 31

Archäologisches Museum, Di–So 9–18.30, im Winter bis 14 Uhr.

Asolo/Veneto

PLZ 31011

Hotel Villa Cipriani***,** Via Canova 298, ✆ 04 23 52 34 11, Fax 04 23 95 20 95; kleinere Luxusherberge (Relais & Chateaux) in herrlicher Panoramalage mit hervorragender Küche – nicht nur für Hausgäste, im Sommer Gartenservice.

Asti/Piemont

PLZ ab 14100

APT, Piazza Alfieri 34, ✆ 01 41 53 03 57, Fax 01 41 53 82 00, www.provincia.asti.it, turism@provincia.asti.it.

Museo Alfierano, Di–Fr 10–12 und 13.30–17.30 Uhr, Sa/So nur nachm.

Baiardo/Ligurien

PLZ 18031

La Greppia,** ✆ 01 84 67 33 10, ein nettes kleines Hotel mit Restaurant in aufgelockerter Bauweise (Spezialität: *Ciansun* = Kastanienkuchen).

Bassano del Grappa/Veneto

PLZ 36061

APT, Largo Corona d'Italia 35, ✆ 04 24 52 43 51, Fax 04 24 52 53 01.

Al Camin**** in 36022 Cassola (2 km südöstlich), ✆ 04 24 56 61 34, Fax 04 24 56 68 22; modernes, behagliches Hotel für Geschäftsreisende; hervorragendes Restaurant, im Sommer mit Gartenservice.

Al Sole, auch **Da Tiziano** genannt, Via Vittorelli 41/43, ✆ 04 24 52 32 06; traditionsreiche Trattoria, familiär, im Frühjahr berühmt für die Spargelgerichte.
San Bassiano, Viale dei Martiri 36, ✆ 04 24 52 14 53; außen unscheinbar, innen vom Feinsten in Architektur und Küche (französisch angehaucht), im Frühjahr Spargelspezialitäten.

Bergamo/Lombardei

PLZ ab 24100

IAT, Viale Vittorio Emanuele II 20, PLZ 24121, ✆ 0 35 21 02 04, Fax 03 52 23 01 84 (Informationsbüro Piazza Vecchia/Oberstadt).

Excelsior San Marco**,** Piazza della Repubblica 6, ✆ 0 35 36 61 11, Fax 0 35 22 32 01; großes traditionelles Hotel zu Füßen der Oberstadt mit gutem Restaurant Colonna.
Agnello d'Oro,** Via Gombito 22, ✆ 0 35 24 98 83, Fax 0 35 32 56 12; enges Hotel in der Oberstadt mit gerühmtem Restaurant.

Il Sole,** Via Colleoni 1, ✆ 0 35 21 82 38, Fax 0 35 24 00 11; freundliches kleineres Hotel in der Oberstadt, Ecke Piazza Vecchia, mit großem, gern besuchtem Restaurant.

Caffè del Tasso, Piazza Vecchia 3, ✆ 0 35 23 79 66; historisches Lokal (seit 1476) in der Oberstadt.
Il Sole (s. Unterkunft).
Vineria Cozzi, Via Colleoni 22, ✆ 0 35 23 88 36; große Grappa-Sammlung, chic eingerichtet, Kleinigkeiten zu essen.

Accademia Carrara, Gemäldegalerie, Mi–Mo 9.30–12.30 und 14.30–17.30 Uhr.

Bibione/Veneto

PLZ 30020

APT, Via Maja 37/39, ✆ 04 31 44 21 11, Fax 04 31 43 99 97.

Principe**,** Via Ariete 41, ✆ 04 31 4 32 56, Fax 04 31 43 92 34; erstes Haus am Platze mit Pool und Tennisplatz.
San Marco*,** Vorort Bibione Pineda, Via delle Ortensie 2, ✆ 0 43 14 33 01, Fax 04 31 43 83 81; Ferienhotel mit Pool im blühenden Garten.

Bologna/Emilia-Romagna

PLZ ab 40100

IAT, Piazza Maggiore 6 (PLZ 40124), ✆ 0 51 23 96 60, Fax 0 51 23 14 54 (Informationsbüros am Bahnhof und am Flughafen).

Al Cappello Rosso**,** Via Fusari 9, ✆ 0 51 26 18 91, Fax 0 51 22 71 79; total saniertes Haus im Altstadtzentrum mit hübschen Mansardenzimmern; das Fehlen einer Halle und eines Restaurants wird durch nette Kleinigkeiten kompensiert wie Faxanschluß und Kimono; klimatisiert.
Grand Hotel Baglioni**,** Via dell'Indipendenza 8, ✆ 0 51 22 54 45, Fax 0 51 23 48 40; etwas verstaubte Pracht in herrlichen Räumen ganz zentral – in diesem Mitglied der Leading Hotels of the World ›steigt man ab‹.
Dei Commercianti*,** Via Pignattari 11, ✆ 0 51 23 30 52, Fax 0 51 22 47 33; in historischem Gebäude (ehemaliger Sitz der Stadtregierung) direkt an San Petronio/Piazza Maggiore, 1996 total saniert mit komfortabel eingerichteten Zimmern, unter dem Dach eine gemütliche Suite mit Blick auf San Petronio.
Orologio*,** Via IV Novembre 10, ✆ 0 51 23 12 53, Fax 0 51 26 05 52; schmal, aber hübsch mit modernen Zimmern, Bar und Salon im Obergeschoß.
Paradise*,** Vicolo Cattani 7, ✆ 0 51 23 17 92, Fax 0 51 23 45 91; preiswerteres, renoviertes Stadthotel in einer schön sanierten Altstadtecke, mit angegliederten Appartements.
Roma*,** Via d'Azeglio 9, ✆ 0 51 22 63 22, Fax 0 51 23 99 09; freundliches Stadthotel, einige sehr schön renovierte Zimmer, große Bäder; Salon mit Sitzgruppen; freundliches Personal; Garage!
Atlantik,** Via Galliera 46, ✆ und Fax 0 51 24 84 88; einfaches Stadthotel.
Centrale,** Via Zecca 2, ✆ 0 51 22 51 14, Fax 0 51 23 51 62; typisches Stadthotel für junge Leute direkt im ›Bauch Bolognas‹ im 3. Stockwerk.

Boni, Don Luigi Sturzo 22cd, ✆ 05 16 15 43 37; die gemütliche, beliebte Trattoria mit emilianischer Küche ist an den Stadtrand Richtung Casalvecchio in moderne Räume umgezogen.

Bottega del Vino Olindo Faccioli, Via Altabella 15b, ✆ 0 51 22 31 71; 1990 renoviertes historisches Weinlokal mit Osteria, typische kleine Speisen, täglich anders; durchgehend 12 Uhr bis nach Mitternacht geöffnet.
Osteria del Sole, Vicolo Ranocchi 1, kein Telefon; eine echte Osteria (seit 1468!) inmitten des Marktviertels, in der man zur mitgebrachten Brotzeit die Weine der Region glasweise probieren kann.
Franco Rossi, Via Goito 3, ✆ 0 51 23 88 18; freundliches kleines Restaurant in einer schön sanierten, historischen Ecke mit fein-lokaler Küche und sehr persönlichem Service durch den polyglotten Franco Rossi.
La Torre, Torre de' Galluzzi 5a, ✆ 0 51 26 76 38; schönes Restaurant im heimeligen historischen Turm im Zentrum, Fischspezialitäten aus Apulien (wie der Wirt), leichte und würzige Küche.

Café: della Galleria, das traditionsreiche Café in der Galleria Cavour.

Museo Civico Archeologico, Di–Sa 9–14, So 9–12.30 Uhr.
Palazzo Comunale mit **Collezioni Comunali d'Arte** (Städtische Kunstsammlung) und dem **Museo Morandi,** werktags außer Mi 9–14, So 9–12.30 Uhr.
Pinacoteca Nazionale, Di–Sa 9–14, So 9–13 Uhr.
Santo Stefano, tgl. 7–12 und 15.30–18.20 Uhr.

Bordighera/Ligurien

PLZ 18012

Palazzo del Parco, Via Roberto 1, ✆ 01 84 26 23 22, Fax 01 84 26 44 55.

Museo Bicknell, Mo–Fr 9–13 und 15–18 Uhr.

Bozen (Bolzano)/Südtirol

PLZ ab 39100

Werbegemeinschaft Bozen-Jenesien, Waltherplatz 8, ✆ 04 71 30 70 00, 04 71 30 70 00, www.sudtirol.com/bolzano.

Park Hotel Laurin**,** Laurinstr. 4, ✆ 04 71 31 10 00, Fax 04 71 31 11 48; Traditionshaus, Garten mit beheiztem Pool und feinem Restaurant Belle Époque.
Eberle*,** Oswaldpromenade 1, ✆ und Fax 04 71 97 61 25; familiengeführter Gasthof in schöner Panoramalage.
Figl,** Kornplatz 9, ✆ 04 71 97 84 12; familiäres Stadthotel im historischen Zentrum.

Batzenhäusl, Via Andreas Hofer 30, ✆ 04 71 97 61 83; nette und solide Adresse für den Abend, mit echter Südtiroler Kost.
Fischbänke (Vinum), Streiter Plätzchen, ✆ 03 36 45 16 15; eine originelle Freiluft-Weintheke mit kleinen feinen Gerichten auf den historischen Stein-Fischbänken der Marktgasse, geöffnet April–Okt. 11–23 Uhr, Mi–Fr mit Live-Musik.
Weißes Rößl, Bindergasse, ✆ 04 71 97 32 67; historisches, gemütliches Lokal mit urig-typischer Küche (Riesenportionen), immer gut von Boznern besucht.

Alte Grieser Pfarrkirche, tgl. 10.30–12 und 14.30–16 Uhr, 1. 4.–31. 10. Sa, So und feiertags geschl.
Dominikanerkirche, Mo–Sa 9–18.30 Uhr, mittags oft geschl.
Pfarrkirche, außer mittags Mo–Fr 9.30–18, Sa bis 12 Uhr; So Gottesdienste.

Schloß Runkelstein, 1. 3.–30. 11. außer So, Mo und feiertags 10–17 Uhr.
Südtiroler Archäologiemuseum (rund um den ›Mann aus dem Eis‹), Di–So 10–18, So bis 20 Uhr.

Brescia/Lombardei

PLZ ab 25100

APT, Corso Zanardelli 34, ✆ 03 04 34 18, Fax 0 30 29 32 84, www.bsholiday.com.

Vittoria***,** Via X Giornate 20, ✆ 0 30 28 00 61, Fax 0 30 28 00 65; das Top-Hotel der Stadt, außen unansehnlich, innen großzügiges Grandhotel (Mitglied der Leading Hotels of the World), zentral.
Master**,** Via Luigi Apollonio 72, ✆ 0 30 39 90 37, Fax 0 30 39 70 13 31; hervorragend geführtes Stadthotel mit Kongreßbetrieb (mit Parkplatz) und sehr guter Küche.
Nuovo Orologio,** Via Cesare 17, ✆ 03 03 77 28 78; kleines Stadthotel für Individualisten, nahe der Piazza Duomo, völlig renoviert.

Ca'Nöa im gleichnamigen Parkhotel, Via Branze 61, ✆ 0 30 38 15 28; Richtung Val Trómpia im Norden (2,5 km), die Top-Adresse der Einheimischen für Familienfeste, Sommerservice im Garten; keine feine, aber eine ehrliche Küche.
Ristorante il Gasparo, Via Gasparo da Salò 22, ✆ 03 03 77 45 46; mittags eine freundliche Trattoria, in der Stadtbedienstete und Arbeiter das leckere Festpreismenü genießen, abends ein sehr gutes Restaurant – mitten in der Altstadt.
Osteria al Bianchi, Via Gasparo da Salò 32, ✆ 0 30 29 32 28; echte Osteria, also Weinausschank mit kleinen Gerichten und Mittagstisch an Holztischen im hinteren Raum, in zentraler Lage und sehr beliebt, meistens sehr voll.

Cafés: Bar Florian, Via Gasparo da Salò 2, ✆ 03 02 40 05 90; das ›In-Café‹ zum Aperitif mit Terrasse und Dom-Blick.
della Stampa, Piazza Loggia 6, ✆ 03 04 64 57; ein ›In-Treff‹ an der schönen Piazza der Loggia, im zweiten Raum Piano-Bar, sehr gepflegt.

Capitol mit **Museo Civico Romano,** römische, aber auch Villanova-, etruskische und prähistorische Fundstücke, Di–So 9–12 und 14–17 Uhr.
Castello Visconteo mit Waffenmuseum **(Museo Civico delle Armi),** tgl. 10–12.45 und 14–18, im Winter 9–12.45 und 14–17 Uhr, und das **Museo del Risorgimento,** Juli–Sept. Di–So 10–12.30 und 14–18, sonst 9–12.30 und 14–17 Uhr.
Duomo Vecchio, Mi–Mo 9–12 und 15–19 Uhr.
Museo della Città im früheren Kloster Santa Giulia, das schönste der Stadt, tgl. 10–18/20 Uhr.

Brisighella/Emilia-Romagna

PLZ 48013

Promo Brisighella, Piazza Porta Gabalo 5, ✆ und Fax 0 54 68 11 66.

Relais Torre Pratesi**,** Vorort Fognano/Cavina, ✆ 0 54 68 45 45, Fax 0 54 68 45 58; sportliches Haus (Azienda agrituristica) in mittelalterlichem Turm im Grünen, Thermalpool und Kurabteilung, klein aber fein.
Tre Colli*,** Via Gramsci 5, ✆ 0 54 68 11 47, Fax 0 54 68 12 03; gut geführter

Familienbetrieb zwischen historischem Zentrum und der Therme, mit hervorragender Küche.

Gigiolè, Piazza Carducci 5, ✆ 0 54 68 12 09; Top-Restaurant im historischen Zentrum mit kleinem **-Hotel (Fax 0 54 68 12 75).
La Grotta, Via Metelli 1, ✆ 0 54 68 18 29; das zweite Top-Restaurant des Ortes im historischen Kern mit preiswerterem (auch vegetarischem) Mittagsmenü.
Il Tartufo, Via Modigliana 84, ✆ 0 54 64 02 04; lokale Hausmannskost, preiswertes *Menù della Casa,* zur Saison Trüffelgerichte.

Museo della Civiltà Contadina (Museum für das bäuerliche Leben), Sa 14.30–16.30, So 10–12 und 14.30–16.30, werktags nur im Sommer 10–12 und 15.30–18.30 Uhr.

Brixen (Bressanone)/Südtirol

PLZ 39042

Tourismusverein, Bahnhofstraße 9, ✆ 04 72 83 64 01, Fax 04 72 83 60 67.

Elefante**,** Weißlahnstraße 4, ✆ 04 72 83 27 50, Fax 04 72 83 65 79; Brixens traditionsreiches Paradehaus nördlich des historischen Zentrums, inzwischen mit leicht verstaubter Atmosphäre.
Grüner Baum**,** Stuflergasse 11, ✆ 04 72 27 41 00, Fax 04 72 27 41 01; renoviertes, familiengeführtes Stadthotel östlich der Eisack, aber zentrumsnah.
Schwarzer Adler*, Kleine Lauben 2, ✆ 04 72 83 61 27, Fax 04 72 83 26 07; familiärer Gasthof in den historischen Lauben.

Fink, Kleine Lauben 4, ✆ 04 72 83 48 83; historisches, leider inzwischen total umgebautes Restaurant, jetzt mit Eisdiele und Schnellimbiß.
Finsterwirt, Vicolo del Duomo 3, ✆ 04 72 83 53 43; historisches Lokal in mehreren stilechten Räumen mit Butzenscheiben-Fenstern und Holz, typisch geblieben, auch in der Südtiroler Küche.

Café: Dom, Pfarrplatz 3; angenehmes Café in den historischen Räumen des Goreth- und Pfaundlerhauses aus der Renaissance (gegenüber der Pfarrkirche) mit hübschem Innenhof (zweistökkige weiße Loggia).

Dom, tgl. 12–15 Uhr geschlossen, tgl. 10.30 und 15 Uhr kostenlose Führungen.
Fürstbischöfliche Burg mit Diözesan- und Krippenmuseum, tgl. 15. 3.–31. 10. Mo–Sa 10–17 Uhr, Krippenmuseum allein 15. 12.–10. 2. außer 24. und 25. 12. tgl. 14–17 Uhr.

Burano/Veneto

PLZ 30012

Al Gatto Nero (da Ruggero), ✆ 0 41 73 01 20; sehr beliebte, noch typische Trattoria im Zentrum mit Terrasse zum Kanal.
Da Romano, Via Galuppi 221, ✆ 0 41 73 00 30; Trattoria mit berühmter Bildersammlung.

Camogli/Ligurien

PLZ 16032

Via XX Settembre 33r, ✆ und Fax 01 85 77 10 66.

Castello Dragone mit Acquario Tirrenico, tgl. 10–12 und 15–19, im Winter 14–18 Uhr.
Schiffsmuseum Gio Bono Ferrari, Mi und Sa 9–12, So auch 15–18 Uhr.

Canelli/Piemont

PLZ 14053

San Marco, Via Alba 136, ✆ 01 41 82 35 44; Top-Adresse mit Michelin-Stern 29 km südlich von Asti. Mariuccia Ferrero kocht echt-piemontesisch in einem sanft-feinen Ambiente, das Ehemann Pier Carlo im Service perfekt beherrscht.

Canossa/Emilia-Romagna

PLZ 42026

Mathilde-Burg, Ruine mit Historisch-Archäologischem **Museum,** Di–So 9–12 und 15–18 Uhr.
Rossena, Ruine in Sichtweite des Ortes, privat, nur So und feiertags 16–19 Uhr.

Carpi/Emilia-Romagna

PLZ 41012

Qui Città, Piazza Martiri 74, ✆ 0 59 64 93 13 und 0 59 64 92 13.

Fóssoli, ehemaliges Konzentrationslager, dessen Besuch über das Sekretariat des Bürgermeisters von Carpi ermöglicht werden kann (✆ 0 59 64 92 36).
Museo del Deportato (der aus politischen und rassistischen Gründen Deportierten), Do, Sa, So und feiertags 9–12.30 und 15–18.30 Uhr.
Santa Maria in Castello, Do und So 10.30–12.30, Sa auch 16.30–19.30 Uhr.

Casalmaggiore/Lombardei

PLZ 26041

Biffi, Ortsteil Rotonda, Strada Statale 20, ✆ 03 75 20 09 38, Fax 03 75 20 06 90; die neueste Errungenschaft im typischen ›Biffi‹-Schick; mit Hotel (***).
City, Via Cavour 54, ✆ 0 37 54 21 18; trotz vieler Familienfeiern eine ehrliche, hervorragende, typische Küche der Po-Ebene (Reis!), bei Fischgerichten mit gehobenen Preisen; auch Zimmer.

Castell'Arquato/Emilia-Romagna

PLZ 29014

Via Remondini 1, ✆ 05 23 80 30 91, April–Sept.

Collegiata (romanische Kirche), tgl. 10–12 und 15–18 Uhr.
Museo Geologico (Naturkundemuseum der Provinz Piacenza), März und Okt. 10–12.30 und 15–17.30, Apr.–Sept. 9.30–12.30 und 14.30–18, Nov.–Febr. nur So und feiertags 9.30–12.30 und 14.30–18 Uhr.
Rocca Viscontea, März–Okt. tgl. 10–12.30 und 15–17.30 Uhr.

Cérvia/Milano Maríttima/Emilia-Romagna

PLZ 48016

APT, Viale Romagna 107, ✆ 05 44 99 34 35, Fax 05 44 99 25 15.

Mare e Pineta**,** Viale Dante 40, ✆ 05 44 99 22 62, Fax 05 44 99 27 39; das Traditionshaus von Milano Maríttima im schönen Pinienhain vor dem Strand; Tennisplätze, Garten mit beheiztem Pool; gute Küche.
Miami**,** Milano Maríttima, III Traversa 31, ✆ 05 44 99 16 28, Fax 05 44 99 20 33; gediegene Atmosphäre, guter Service, mittags auch auf der Strandterrasse (Privatstrand mit beheiztem Pool).
Arizona*,** Milano Maríttima, Viale 2 Giugno 135, ✆ 05 44 99 40 16; gutgeführte Familienpension in wunderschön gepflegtem Garten in Strandnähe.
Liverpool*,** 48015 Pinarella di Cérvia, Viale Titano 73, Cervia, ✆ 05 44 98 71 47, Fax 05 44 98 04 40; modernes Haus mit beheiztem Pool im Garten; gute Küche.

Al Caminetto, Milano Maríttima, Viale Matteotti 46, ✆ 05 44 99 44 79; elegantes Restaurant mit erlesenen Fischgerichten.
Casa delle Aie, Via Ascione 1, Cervia, ✆ 05 44 92 76 31; in einem rustikalen Gebäude, echt romagnolisches Menü zu niedrigem Festpreis.
Circolo dei Pescatori, Via Sauro 1, Cervia, ✆ 05 44 97 38 89; nahe dem Fischmarkt von der Fischerkooperative geleitetes Clubrestaurant, in dem man in ausgelassener Gesellschaft ein Glas Wein trinken, einen Teller Pasta mit Fischragout oder gleich ein preiswertes Fischmenü essen kann.

Cervo/Ligurien

PLZ 18010

San Giorgio, Via Alessandro Volta 19, ✆ 01 83 40 01 75; eine feine Adresse mit wenigen Plätzen mitten im historischen Kern.

Cesenático/Emilia-Romagna

PLZ 47042

APT, Viale Roma 112, ✆ 05 47 67 44 11, 0 54 78 01 29.

Al Gallo (da Giorgio), Via Baldini 21, ✆ 0 54 78 10 67; eine sehr gute Empfehlung für Fischgerichte im Zentrum des schönen Städtchens.

Chióggia/Veneto

PLZ 30015

El Gato, Campo Sant'Andrea 653, ✆ 0 41 40 18 06; Restaurant im Zentrum nahe der historischen Fischhalle, Familienbetrieb, Spezialitäten aus dem Meer, etwas überteuert.

Cividale del Friúli/Friaul-Julisch Venetien

PLZ 33043

Corso d'Aquilea 10, ✆ 04 32 73 14 61, Fax 04 32 73 13 98.

Archäologisches Museum, Di–Sa 9–14, So 9–13 Uhr.
Christliches Museum, werktags 9.30–12 und 15–19, im Winter bis 18, So und feiertags ab 9 Uhr.

Codigoro/Emilia-Romagna

PLZ 44021

Cannevié, Volano di Codigoro, Via per Volano, ✆ 05 33 71 91 03; sehr gutes Fisch-Spezialitätenrestaurant in kühler Atmosphäre direkt am Naturpark, mit Zimmern.

Cogne/Aosta-Tal

PLZ 11012

Piazza Chanoux 36, ✆ 0 16 57 40 40, Fax 01 65 74 91 25.

Bellvue**,** Rue Gran Paradiso 22, ✆ 0 16 57 48 25, Fax 01 65 74 91 92; traditionsreiches Top-Hotel des Aosta-Tales kurz vor dem Naturschutzgebiet des Gran Paradiso, geschmackvoll mit valdostanischen Möbeln aus dem Familienbesitz der Jeantet-Roullet eingerichtet, Innenpool; perfekter Service; hervorragendes Restaurant.
La Barme,** Valnontey 8, ✆ 01 65 74 91 77, Fax 01 65 74 92 13; am Eingang zum Gran Paradiso; 3 km von Cogne; einfaches Nichtraucher-Hotel mit Restaurant.
Valereusa,** Valnontey 29, ✆ 01 65 74 92 02; Garni-Hotel in einem typisch Valdostaner Stein- und Holzhaus mit gemütlichen Zimmern.

La Brasserie du Bon Bec, Rue Bourgeois 72, ✆ 01 65 74 92 88; in einem typischen Dorfhaus mitten in Cogne eingerichtetes, urgemütliches Lokal mit deftigen Spezialitäten des Tales.
Lou Tchappé, Vorort Lillaz (4 km südlich) Nr. 127, ✆ 0 16 57 49 21; berühmter Schlemmer-Treff nahe den Wasserfällen, modernisiert.

Comácchio/Emilia-Romagna

PLZ 44022

Porto Garibaldi, Viale Ugo Bassi 36/38, ✆ 05 33 31 02 25, Mai-Sept.

Europa, Viale dei Mille, ✆ 05 33 32 73 62; freundlicher Familienbetrieb direkt am Meer mit Fischspezialitäten; im Sommer Strandbetrieb.
Pacifico/Da Franco, Via Caduti del Mare 10, ✆ 05 33 32 71 69; exzellentes Restaurant mit Fischspezialitäten.

Geführte Bootsausflüge von zwei Stunden bis zu drei Tagen (Übernachtung in einem Drei-Sterne-Hotel), Wanderungen zu Fuß, mit dem Fahrrad oder auch auf dem Pferderücken. Auskunft über **Larus-Viaggi,** I-44024 Lido degli Estensi (FE), **Hotel Club Spiaggia Romea,** I-44020 Lido delle Nazioni (FE), oder über **Delta-Express,** Via Nuova 58, Ortsteil Coro, ✆ 05 33 99 65 46.

Como/Lombardei

PLZ ab 22100

APT, Piazza Cavour 17, ✆ 0 31 26 97 12, Fax 0 31 24 01 11 (Büro am Bahnhof, ✆ 0 31 26 72 14).

Grand Hotel Villa d'Este***,** 22012 Cernobbio, ✆ 0 31 34 81, Fax 0 31 34 88 44; eines der schönsten traditionsreichsten Hotels (ein Leading Hotel of the World) in historischer Villa am See, 5 km von Como.
Metropole Suisse**,** Piazza Cavour 19, ✆ 0 31 26 94 44, 0 31 30 08 08; Traditionshaus zwischen See und Altstadt Comos, sehr zentral, ohne Restaurant.

Cormóns/Friaul-Julisch Venetien

PLZ 34071

Al Giardinetto, Via Matteotti 54, ✆ 0 48 16 02 57,

Fax 04 81 63 07 04; sehr angenehmes, familiäres, eher rustikales Restaurant mit kleinem Garten und slowenisch beeinflußter, verfeinerter Küche (Michelin-Stern); feine Zimmer .
Trattoria al Cacciatore della Subida, Località Monte (2 km), ✆ 0 48 16 05 31; im Winter teils nur abends geöffnet; feinste Küche (slowenisch-friulanisch) zu hervorragenden Weinen in ländlich-gepflegtem Ambiente; angegliedert sind schöne Ferienwohnungen (Fax 0 48 16 16 16) und ein Reitstall.

Corniglia/Ligurien

PLZ 19018

A Cantina de Mananan, Via Fieschi 117, ✆ 01 87 82 11 66; winzige Osteria in einem schmalen Raum mit unverputzten Steinwänden, Tagesgerichte vom ›Schwarzen Brett‹, freundlich, nicht gerade preiswert (Zimmervermietung).

Cortemilia/Piemont

PLZ 12074

Albergo San Carlo*,** Corso Divisioni Alpini 41, ✆ 0 17 38 15 46, Fax 0 17 38 12 35; modernes und doch gemütliches Haus mit hübschem Garten und guter Küche.

Courmayeur/Aosta-Tal

PLZ 11013

APT, Piazzale Monte Bianco 3, ✆ 01 65 84 20 60, Fax 01 65 84 20 72.

Royal e Golf**,** Via Roma 87, ✆ 01 65 84 67 87, Fax 01 65 84 20 93; das größte Haus mitten im sportlichen Ort, mit beheiztem Pool und Blick auf die Gletscherwelt des Mont Blanc.
Cormayeur*,** Via Roma 158, ✆ 01 65 84 67 32, Fax 01 65 84 51 25; ein typisches, kleineres Sporthotel in Zentrumsnähe.

Cadran Solaire, Via Roma 122, ✆ 01 65 84 46 09; im Zentrum mit gemütlichen Barecken.
Maison de Filippo, Vorort Entréves (4 km nördlich), ✆ 01 65 86 97 97; früher das beste Restaurant der Gegend mit festem Valdostaner Menü, inzwischen leider sehr touristisch geworden, u. a. Pflichtstation für Japaner auf Europa-Tour.

Café: della Posta, Via Roma 51, ✆ 01 65 84 22 72; historisches Lokal im Zentrum in der früheren Posthalterei, sehr gemütlich, mit bestem Espresso.

Cremona/Lombardei

PLZ ab 26100

APT, Piazza del Comune 5, ✆ 0 37 22 17 22, Fax 0 37 22 32 33.

Gran Hotel Impero**,** Piazza della Pace 21/23, ✆ 03 72 46 03 37, Fax 03 72 45 87 85; feines Stadthotel in schön renovierten Räumen auf der Rückseite des Domplatzes.
Albergo Duomo*,** Via Gonfalonieri 13, ✆ 0 37 23 52 42, Fax 03 72 45 83 92; ein nettes, einfaches Stadthotel schräg gegenüber vom Dom; mit Restaurant.

Aquila Nera, Via Sicardo 3, ✆ 0 37 22 56 46; feine kleine Adresse in der Nähe des Domplatzes.
Centrale, Vicolo Pertusio 4, ✆ 0 37 22 87 01; sehr gutes, größeres, eher nüch-

ternes, nicht zu teures Restaurant mit Cremoneser Küche.
Ceresole, Via Ceresole 4, ✆ 0 37 22 33 22; gutes kleines Restaurant mit lokaler Küche und besten Franciacorta-Weinen.
Fabbro, Via San Giacomo al Campo 3, ✆ 03 72 49 65 97; ganz schlichte ländliche Trattoria im Ortsteil Malagnino mit wenigen, aber sehr typischen Gerichten und Landwein.
Mellini, Via Bissolati 105, ✆ 0 37 23 05 35; typische, relativ preiswerte Trattoria mit lokalen Gerichten, im Winter vielfach vom Schwein.
Vecchio Molino, Vorort Isola Dovarese, Via Molini 2, ✆ 03 75 94 60 39; restaurierte historische Mühle am Oglio mit lokalen Gerichten der Flußlandschaft.

Palazzo Affaiti mit **Stradivari-Museum, Städtischer Bibliothek** und **Museo Civico** mit seiner reichen **Pinakothek** (Cremoneser Malerei des 16. Jh.), Di–Sa 9.30–12.15 und 15–17.45 Uhr, Sa nur vorm.
Palazzo del Comune oder **dei Ghibellini,** Juni–15. Sept. 9–12 und 15–17 Uhr, So nur vorm., im Winter auch Sa nur vorm.

Eppan (Appiano)/Südtirol

PLZ 39057

Ortsteil San Michele, Rathausplatz 1, ✆ 04 71 66 22 06, Fax 04 71 66 35 46.

Schloß Freudenstein**,** Ortsteil Monte/Berg, ✆ 04 71 66 06 38, Fax 04 71 66 01 22; total renoviertes Schloß (ab 1244) in herrlicher Lage, mit wenigen, individuellen Zimmern; feines gemeinsames Abendessen (eher italienische Küche).
Schloß Korb**,** Ortsteil Missian, ✆ 04 71 63 60 00, Fax 04 71 63 60 33; Pool und Hallenbad in einer mittelalterlichen Burg mit neuerer Dependance; Panoramalage, umgeben von Weingärten; Tennis.
Girlaner Hof*,** Ortsteil Girlan, Marklhofweg 7, ✆ 04 71 66 24 42, Fax 04 71 66 12 59; ruhig und sonnig gelegenes Familienhotel im Weinberg, mit Pool.
Zobelhof*, Ortsteil St. Pauls, Feldweg 8, ✆ 04 71 66 41 78; sehr ruhig gelegene Pension mit wenigen Zimmern, Terrasse zum eigenen Weingarten mit Blick auf die Kirche, sehr privat.

Zur Rose, Ortsteil S. Micheler, Josef Innerhofer-Straße 2, ✆ 04 71 66 22 49; bestes Haus am Platze mit feiner Südtiroler Küche (Michelin-Stern).

Este/Veneto

PLZ 35042

Café-Restaurant: Bar Centrale im Rathaus, Treffpunkt der Einheimischen am Hauptplatz.

Nationalmuseum, Di–Sa 15–19, So 9–14 Uhr.

Euganeische Hügel/Veneto

Arqua Petrarca mit dem **Hochgrab** und dem **Wohnhaus** des Dichters Petrarca, Di–So 9–12.30 und 15–19.30, im Winter 13.30–16.30 Uhr.
Monselice, Castello Cini mit der **Ca' Marcello,** lohnend wegen der Waffensammlung, der Einrichtung und großartiger, in ihrer Art einmaliger Kamine, geöffnet Apr.–Nov. 9–10.30 und 15.30–17 Uhr, So nur nachm.

Faenza/Emilia-Romagna

PLZ 48018

Pro Loco IAT, Piazza del Popolo 1, ✆ und Fax 0 54 62 52 31.

Cavallino**,** Via Forlivese 185, ✆ 05 46 63 44 11, Fax 05 46 63 44 40; komfortables Hotel am Stadtrand, aber nahe dem Zentrum, ideal für Autofahrer, mit fast futuristischer Architektur; gutes Restaurant.
Vittoria**,** Corso Garibaldi 23, ✆ 0 54 62 15 08, Fax 0 54 62 91 36; zentral gelegenes Traditionshaus seit 1861 (damals hieß es Locanda del Canon d'Oro), 1987 total renoviert, z. T. mit sehr schönen historischen Räumen.

Fénis/Aosta-Tal

PLZ 11020

Schloß, im Sommer tgl. 9–19/20, im Winter Mi–Mo 10–12.30 und 13.30–17/18 Uhr.

Ferrara/Emilia-Romagna

PLZ ab 44100

APT, Castello Estense, ✆ 05 32 20 93 70, Fax 05 32 21 22 66, April–Okt, www.siprospa.it.

Duchessa Isabella***,** Via Palestro 70, ✆ 05 32 20 21 21, Fax 05 32 20 26 38; stilvolles kleineres Hotel mit Antiquitäten und freskierten Räumen, ambitioniertes Restaurant in einem Renaissance-Palast im Altstadtzentrum.
Ripagrande**,** Via Ripagrande 21, ✆ 05 32 76 52 50, Fax 05 32 76 43 77; freundliches Hotel in ehrwürdigen Mauern des 16. Jh. mitten in der Altstadt, mit hübschem Innenhof, in dem im Sommer gespeist werden kann.
Europa*,** Corso Giovecca 49, ✆ 05 32 20 54 56, Fax 05 32 21 21 20; traditionsreiches (Verdi und Mussolini übernachteten hier), schlichteres Haus (seit 1880) inmitten der Einkaufsstraße nahe dem *Castello*.

s. Hotels Duchessa Isabella und Ripagrande.

Castello Estense, Di–So 9.30–17.30 Uhr.
Museo Boldini, tgl. 9.30–13 und 16–19, im Winter 15–18.30 Uhr.
Palazzo dei Diamanti mit **Pinakothek** und dem **Museum der Moderne,** Di–Sa 9–14, So 9–13 Uhr.
Palazzo Schifanoia mit städtischen Sammlungen wie der Archäologischen, tgl. 9–19 Uhr.

Ferrara e le Biciclette nennt sich die Aktion der *Ferraresi*, die ihre Stadt und ihr Umland etwas sportlicheren Gästen schmackhaft machen wollen. Schließlich legen auch die Einheimischen fast alle Wege mit dem ›Drahtesel‹ zurück. Daher kann man über das Touristenamt Fahrräder (auch Tandem) leihen. Eine besondere Attraktion: Sogar geführte Rundfahrten durch die Stadt werden angeboten – natürlich mit dem Fahrrad! An wichtigen touristischen Punkten sind Spezialständer zu finden, um die Räder sicher ›parken‹ zu können.
Miet-Adressen: Parkplatz Centro Storico, Via Kennedy (nahe Po di Volano im Süden des Zentrums), ✆ 0 53 27 67 28 und Corso Giovecca 21 (nahe dem *Castello)*, ✆ 05 32 20 93 70.

Finale Ligure/Ligurien

PLZ 17024

APT, Via San Pietro 14, ✆ 0 19 68 10 19, Fax 0 19 68 18 04.

Punta Est**,** Via Aurelia 1, ✆ und Fax 0 19 60 06 11; herschaftliches Anwesen mit nur 40 Zimmern in einem schönen Park über der Aurelia mit Pool und Tennis, einsam gelegen.

Finalborgo mit **Museo Civico,** Di–Sa 10–12 und 15–18, im Winter 9–12 und 14.30–16.30 Uhr; So nur vorm.; Jan. geschl.

Forlì/Emilia-Romagna

PLZ ab 47100

APT, Corso della Repubblica 23, ✆ 05 43 71 24 35, Fax 05 43 71 24 34.

Forni di Sopra/ Friaul-Julisch Venetien

PLZ 33024

Via Cadore 1, ✆ 04 33 88 67 67, Fax 04 33 88 66 86.

Hotel Italia,** Ortsteil Andrazza, ✆ 0 43 38 80 40; familiär geführt, kleinere, aber komfortable Zimmer; Restaurant mit guter, traditioneller Küche.
Hotel alla Posta,** Piazza Centrale, ✆ und Fax 0 43 38 84 23; zentral gelegenes, familiäres Haus, bescheidene und doch komfortable Zimmer; gute Küche mit lokalen Spezialitäten.
Polenta e frico, Località Nuoitas 330, ✆ 0 43 38 83 87; kleiner Familienbetrieb mit Pension; Spezialität sind *Polenta e Frico*, also der typische Maisbrei mit einer Käsemischung.

Garlate/Lombardei

PLZ 22050

Civico Museo della Seta Abegg, Via Statale 30; jeden 1. So 14–18 Uhr oder auf Anfrage im Rathaus, ✆ 03 41 68 13 06.

Garlenda/Ligurien

s. Albenga

Genua (Genova)/Ligurien

PLZ ab 16121

APT, mit Auskunftsbüro an der Via al Porto (Palazzina S. Maria, ✆ 0 10 24 87 11, am Flughafen, am Hafen und am Bahnhof Principe, ✆ 01 02 46 26 33.

Bristol**,** Via XX Settembre 35, ✆ 0 10 59 25 41, Fax 0 10 56 17 56; Jahrhundertwende-Hotel mit wunderschönem schmiedeeisernem Treppenhaus; renovierungsbedürftig, aber noch immer charmant und in bester Bummellage; ohne Restaurant.
Britannia**,** Via Balbi 38, ✆ 01 02 69 91, Fax 01 02 46 29 42; freundliches, traditionelles Hotel an der lebhaften Straße zum Bahnhof Principe.
City Hotel**,** Via San Sebastiano 6, ✆ 0 10 55 45, Fax 0 10 58 63 01; nettes Stadthotel, total renoviert, nahe Via Roma und doch ruhig; ohne Restaurant.
Savoia Majestic**,** Via Arsenale di Terra 5, ✆ 0 10 26 16 41, Fax 0 10 26 18 83; eines der Traditionshotels Genuas nahe dem Bahnhof Principe;

preiswertere Dependance Londra e Continentale***.

Starhotel President**,** Corte Lambruschini 4, ✆ 0 10 57 27, Fax 01 05 33 18 20; modernes, nüchternes Stadt- und Kongreßhotel am Bahnhof Brignole.

Antica Osteria del Bai, Quarto dei Mille, 7 km östlich von Genua, Via Quarto 12, ✆ 0 10 38 74 78; seit Jahren von Michelin ausgezeichnet und wirklich hervorragend in schöner Lage am Meer.

Zeffirino, Via XX Settembre 20, ✆ 0 10 59 19 90; einst Frank Sinatras Lieblingsrestaurant mit sehr freundlichem Service, täglich frischer Pasta (man kann bei der Herstellung zuschauen) und Fischspezialitäten.

Acquario, Di–Fr 9.30–17.30, Sa, So, feiertags bis 20 Uhr.

Palazzo Bianco, Di–Sa 9–13.15 und 15–18, So 9.15–12.45 Uhr.

Palazzo Rosso, Di–So 9–13.15 und 15–18, So 9.15–12.45 Uhr.

Santa Maria di Castello, tgl. 9–12 und 15.30–18 Uhr.

Goito

s. Mantua/Lombardei

Gorízia/Friaul-Julisch Venetien

PLZ 34170

APT, Via Diaz 5, ✆ und Fax 04 81 38 61.

Palace Hotel*,** Corso Italia 63, ✆ 0 48 18 21 66, Fax 0 48 13 16 58; das Traditionshaus der Stadt mit dem bekannt-guten **Ristorante Kappa,** ✆ 04 81 53 19 56.

Gradisca d'Isonzo/ Friaul-Julisch Venetien

PLZ 34072

Weinprobe: La Serenissima, Enoteca Regionale Permanente, Palazzo Torriani, ✆ 0 48 19 92 17, Fax 0 48 19 98 80; regionale, ständige Weinausstellung in einem Renaissance-Palast im Zentrum; mit Kleinigkeiten zu essen.

Grado/Friaul-Julisch Venetien

PLZ 34073

APT, Viale Dante Alighieri 72, ✆ 04 31 89 92 20, Fax 04 31 89 92 78; Hoteliervereinigung Grado Promhotels, Via Zaccaria Gregori 9, ✆ 0 43 18 23 47, aptgrado@tin.it.

Adria**,** Viale Europa Unita, ✆ 0 43 18 00 37, Fax 0 43 18 35 19; nettes Haus zwischen historischem Zentrum und der Promenade, ruhig; gutes Restaurant.

Grandhotel Astoria**,** Largo San Grisogono 2, ✆ 0 43 18 35 50, Fax 0 43 18 33 55; komfortabel, meernah, zentral.

Villa Bernt**,** Viale Colombo 5, ✆ 0 43 18 25 16, Fax 0 43 18 25 17; hübsche historische Villa mitten in der Kurzone.

All'Androna, Calle Porta Piccola 4, ✆ 0 43 18 09 50; vor allem außerhalb der Saison empfehlenswertes, winziges Restaurant mit kleinem Freiplatz in der Altstadt; Fischspezialitäten.

Locanda alla Fortuna Da Nico, Via Marina 10, ✆ 0 43 18 04 70; unkomplizierte und sympathische Trattoria mit sehr guten Fischgerichten am historischen Zentrum, Treff der Gradenser.

Gressoney-Saint Jean und La Trinité/Aosta-Tal

PLZ 11025

APT, Villa Margherita, ✆ 01 25 35 51 85, Fax 01 25 35 58 95.

Lo Scoiattolo*,** 11020 Gressoney-La Trinité, ✆ 01 25 36 63 13, Fax 01 25 36 62 20; zu Füßen des Monte Rosa 500 m von den Bergbahnen gelegen, familiäres Haus im Bergstil mit lokaler Küche.
Residence Apfel, Ayemattenwaeg 7, ✆ 01 25 35 57 25, Fax 01 25 35 59 53; großzügige Appartements mit hohem Komfort in moderner Anlage mit Pool und Sauna, Restaurant und Bar.
Residence Ruetoreif, Gressmatto Waeg 10, ✆ 01 25 35 59 88, Fax 01 25 35 57 96; typisches Appartementhaus des Tales mit viel Holz und Komfort; Sauna; Stube mit Valdostaner Restaurant.

Lo Stambecco, Ayemattenwaeg, ✆ 01 25 35 52 01; einfaches und doch führendes, familiäres Restaurant mit Valdostaner Spezialitäten.

Grignano/Friaul-Julisch Venetien

PLZ 34014

Schloß Miramare, tgl. außer Mo 9–13.30, im Sommer bis 18.30, feiertags 9–12.30 Uhr.

Bar: An der Bar von **Principe di Metternich** am Hafen trifft man sich winters von 11–13 Uhr zum Aperitif, auch im Frühjahr und Herbst, um gesehen zu werden.

Gualtieri/Emilia-Romagna

PLZ 42044

Albergo Ristorante A. Ligabue, Piazza IV Novembre, ✆ 05 22 82 81 20, Fax 05 22 82 92 94; nahe dem Palast, eine sehr gute, aber keine preiswerte Adresse.

Palazzo Bentivoglio, Werke des Malers Antonio Ligabue, Mi 9–12.30, Sa und So 10–12 und 15–18, sonst 16–18 Uhr.

Idro/Lombardei

PLZ 25074

Alpino*,** Ortsteil Crone d'Idro, ✆ 0 36 58 31 46, Fax 03 65 82 31 43; gut geführtes Haus, auch für Durchreisende eine hervorragende Adresse zum Speisen, nette Zimmer.

Imola/Emilia-Romagna

PLZ 40026

Molino Rosso**,** nahe der Ausfahrt der A 14, 4 km von Imola, ✆ 0 54 26 31 11, Fax 05 42 63 11 63; eine Top-Adresse auf dem flachen Land mit großzügigen Zimmern und hervorragendem Restaurant; Behinderten-Appartements; Garagen, Taxi-Service in die Stadt.

Naldi, Via Santerno 13, ✆ 0 54 22 95 81; gutes Restaurant am Stadtrand.
San Domenico, Via Sacchi 1, ✆ 0 54 22 90 00; doppelt-michelin-besterntes, gemütliches Top-Restaurant mit lokalen Spezialitäten (sehr teuer).

Impéria/Ligurien

PLZ 18100

APT, Viale Matteotti 37, ✆ 01 83 66 01 40, Fax 01 83 66 65 10.

Lanterna Blu ›da Tonino‹, Ortsteil Porto Maurizio, Borgo Marina, ✆ 0 18 36 38 59; Restaurant zwischen Bahnhof und Marina mit lokalen Gerichten und Michelin-Stern.

Agnesi-Museum, Pontedassio, ✆ 0 18 32 16 51; Italiens einziges Spaghetti-Museum.

Iseo/Lombardei

PLZ 25049

APT, Lungolago Marconi 2/c, ✆ 0 30 98 02 09, Fax 0 30 98 13 61; Cooptur Lago d'Iseo (für Iseo-See, Franciacorta und Valcamonica), Via Duomo 17, ✆ 0 30 98 11 54.

Ambra*,** Porto Gabriele Rosa 2, ✆ 0 30 98 01 30, Fax 03 09 82 13 61; zentral, ohne Restaurant.
Milano,** Lungolago Marconi 4, ✆ 0 30 98 04 49, Fax 0 3 09 82 19 03; kleines familiäres Haus an der Seepromenade.

Antica Trattoria del Gallo, Clusane, Via Risorgimento 22, ✆ 0 30 98 90 12; im beliebten Ausflugsziel Clusane die beste (und preiswerte) Trattoria für die hier berühmten Schleien zu guten Franciacorta-Weinen.
Il Volto, Via Mirolte 33, ✆ 0 30 98 14 62; hervorragende, nicht ganz preiswerte Osteria mit frischer Pasta und Fisch aus dem See; große Weinauswahl aus der Franciacorta und dem Rest Italiens; angenehmes Ambiente (Michelin-Stern).

Issogne/Aosta-Tal

PLZ 11020

Schloß, im Sommer tgl. 9–19/20, im Winter Do–Di 10–12.30 und 13.30–17/18 Uhr.

Kaltern (Caldaro)/Südtirol

PLZ 39052

Tourismusverein, Marktplatz 8, ✆ 04 71 96 31 69, Fax 04 71 96 34 69.

Südtiroler Weinmuseum, Ostern bis Allerheiligen/Ende Oktober Di–Sa 9.30–12 und 14–18, So und feiertags 10–12 Uhr.

La Morra/Piemont

PLZ 12064

Belvedere, Piazza Castello 5, ✆ 01 73 5 01 90; ein Top-Restaurant mit normalen Preisen.

La Spezia/Ligurien

PLZ 19100

APT, Via Mazzini 45, ✆ 01 87 77 09 00, Fax 01 87 77 09 08.

Jolly del Golfo**,** Via XX Settembre 2, ✆ 01 87 73 95 55, Fax 0 18 72 21 29; das einzige Großhotel der Stadt, nahe dem Hafen.

Antica Osteria da Caran, Via Genova 1, ✆ 01 87 70 37 77; bei den Einheimischen sehr beliebte, schon

historische Osteria-Trattoria mit Bänken im Freien und Platz für das Boccia-Spiel; einfache lokale Gerichte, die es inzwischen woanders kaum noch gibt.
Il Moccia, Via D. Chiesa 30, ✆ 01 87 70 70 29; immer gut von Einheimischen besuchtes Lokal in beinahe altmodischer Atmosphäre mit unverfälschten, typischen Gerichten.

Lecco/Como-See

PLZ 22053

APT, Via Nazario Sauro 6, ✆ 03 41 36 23 60, Fax 03 41 28 62 31.

Moderno*,** Piazza Diaz 5, ✆ 03 41 28 65 19, Fax 03 41 36 21 77; schlichtes Stadthotel.

Les Paysants, Lungo Lario Piave 14, ✆ 0 34 13 69 23; beliebtes Terrassen-Restaurant, an den Wochenenden meist von Mailändern ›besetzt‹.

Lérici/Ligurien

PLZ 19032

Via Bagni 6, ✆ 01 87 96 73 46.

Shelley e Delle Palme*,** Lungomare Biaggini 5, ✆ 01 87 96 82 05, Fax 01 87 96 42 71; das führende Haus mit Golfblick, aber ohne Restaurant.

La Calata, Via Mazzini 7, ✆ 01 87 96 71 43; schlichtes Lokal in hübscher Lage und daher mit erhöhten Preisen.
Miranda, Vorort Tellaro (4 km südöstlich), ✆ 01 87 96 40 12; kleines feines, michelin-besterntes Lokal mit Meeresspezialitäten; auch fünf Zimmer und zwei Appartements.

Luni/Ligurien

PLZ 19034

Amphitheater mit **Museum,** Di–So 9–12 und 15–19, im Winter 14–17 Uhr.

Mailand (Milano)/Lombardei

PLZ ab 20100

APT, Via Marconi 1 (PLZ 20123), ✆ 02 72 52 43 00, Fax 02 72 52 43 50 (Info-Büro am Bahnhof).

Four Seasons***,** Via Gesù 8, ✆ 0 27 70 88, Fax 02 77 08 50 00; die neue Top-Adresse Mailands in einem ehemaligen Kloster aus dem 15. Jh., das dem Feldmarschall Radetzky im vorigen Jahrhundert als Residenz diente; mit zwei feinen Restaurants.
Brunelleschi**,** Via Baracchini 12, ✆ 0 28 84 31, Fax 02 80 49 24; eines der besonders schön renovierten Stadthotels in zentraler Lage.
Dei Cavalieri**,** Piazza Missori 1, ✆ 0 28 85 71, Fax 02 72 02 16 83; perfekt renoviertes Stadthotel in zentraler Lage, von Geschäftsleuten bevorzugt.
Michelangelo**,** Piazza Luigi di Savoia/Ecke Via Scarlatti, ✆ 0 26 75 51, Fax 0 26 69 42 32; traditionsreiches Haus mit Charme in ruhiger Lage nahe Bahnhof.
Manzoni*,** Via Santo Spirito 20, ✆ 02 76 00 57 00, Fax 02 78 42 12; modernisiert, eher schlicht, wird wegen seiner Lage von der Modewelt als Geheimtip gehandelt und ist nur dann für andere buchbar, wenn die Stammgäste in Mailand nichts zu tun haben.

Al Mercante, Piazza Mercanti 17, ✆ 0 28 05 21 98; am alten Rathaus trifft man sich zum Geschäftsessen (mit hübschem ›Garten‹ aus Pflanzentrögen) und genießt nicht nur das riesige Buffet, sondern auch immer frische Fische und Meeresfrüchte oder einen echten Mailänder *Ossobuco* mit dem safrangelben *Risotto.*

Alzaia 26, Alzaia Naviglio Grande 26, ✆ 0 28 32 35 26; beliebtes Gartenrestaurant an der Wasserstraße, außer sonntags nur abends geöffnet.

Bagutta, Via Bagutta 14, ✆ 02 76 00 27 67; traditionsreiches Künstlerlokal in mehreren Räumen mit über und über mit Karikaturen und Fresken dekorierten Wänden, auch ein sehr angenehmer Hinterhofgarten; gute Küche und freundlicher Service.

Boeucc, Piazza Belgioioso 2, ✆ 02 76 02 02 24; gehört zu den historischen Restaurants Italiens, seit 1932 im neoklassischen, sehr feinen Palazzo Belgioso; zu den Gästen zählen Scala-Künstler und -Gäste, Schriftsteller und Politiker; die hohen Räume sind mit erlesenen Möbeln ausgestattet, das täglich frisch und fantasievoll aufgebaute Buffet ist eine Augenweide und der kleine Garten eine Oase der Ruhe; raffiniertes Essen von der täglich neuen Speisekarte.

El Brellin, Vicolo dei Lavandai/Naviglio Grande, ✆ 02 58 10 13 51; in der historischen Wäscherei, die aus der kleinen Nebengasse ein städtebauliches Schmuckstück macht, wird unter schweren Eichenbalken traditionelle lombardisch-mailändische Küche serviert; empfehlenswert: das feste Menü (inklusive Wein); Piano-Bar im ersten Stockwerk.

La Magolfa, Via Magolfa 15, ✆ 0 28 32 16 96; Mailänder Geschäftsleute lassen sich hier abends in einer unverdorbenen Atmosphäre kulinarisch verwöhnen; täglich neues, festes Menü (sechs *Antipasti,* zwei *Primi,* drei *Secondi* mit Beilagen und zwei *Dolci*), lombardische Küche vom Besten und daher nicht gerade mager – man ißt, soviel man kann. Und danach wird es bei Live-Musik richtig fröhlich.

Osteria dei Formaggi, Alzaia Naviglio Grande 54, ✆ 02 89 40 94 15; an der alten Wasserstraße gibt es Käse satt von der Vorspeise bis zum Nachtisch aus mehr als 150 Sorten.

Osteria del Binari, Via Tortona 1, ✆ 02 89 40 94 28; traditionsreiches Mailänder Restaurant in schönen holzgetäfelten Räumen mit herrlichem Garten am Stadtrand nahe dem Naviglio.

Peck, Via Victor Hugo 4, ✆ 02 87 67 74; feines Restaurant inmitten des Freß-Viertels Mailands; Fischspezialitäten, z. B. Carpaccio vom Schwertfisch.

Savini, Galleria Vittorio Emanuele II, ✆ 02 72 00 34 33; historisches Lokal mit einladendem Wintergarten in der schönsten Galerie der Stadt; eine echte Mailänder Adresse, erstaunlich traditionell geblieben, mit den vielleicht aufmerksamsten Kellnern der Stadt.

Cafés: Cova, Via Monte Napoleone 8; empfehlenswert für eine Kaffeepause beim Einkaufsbummel.

Sant'Ambroes, Corso Matteotti 7/Via Monte Napoleone; die Traditionsadresse für Kaffee und Kuchen seit 1936.

Brera, die bedeutendste Gemäldegalerie Mailands, Di–Do 9–19, Fr, Sa 9–13.30, So 9–12.30 Uhr.

Civici Musei del Castello Sforzesco, Di–So 9.30–17.30 Uhr.

Museo Archeologico, Mi–Mo 9.30–12.30 und 14.30–17.30 Uhr.

Museo Teatrale in der Scala, tgl., Okt.–Apr. nur Mo–Sa 9–12 und 14–18 Uhr.

Palazzi Poldi-Pezzoli, Kunstsammlung, Di–So 10–18 Uhr.
Pinacoteca Ambrosiana, Mi–Mo 10–12 und 15–17 Uhr.
Santa Maria delle Grazie (Cenacolo Vinciano), nur nach Voranmeldung, ✆ 02 89 42 11 46.

Manarola/Ligurien

PLZ 19010

Marina Piccola, Via lo Salo 16, ✆ 01 87 92 01 03, Fax 01 87 92 09 66; zauberhaftes kleines Hotel mit gutem Restaurant mitten im Ort, zu vernünftigen Preisen.

Mantua (Mantova)/Lombardei

PLZ ab 46100

APT, Piazza Andrea Mantegna 6, ✆ 03 76 32 82 53, Fax 03 76 36 32 92.

San Lorenzo**,** Piazza Concordia 14, ✆ 03 76 22 05 00, Fax 03 76 32 71 94; das eher einfache Paradehaus Mantuas; ohne Restaurant.
Broletto*,** Via Accademia 1, ✆ 03 76 32 67 84, Fax 03 76 22 12 97; freundliches kleines Haus mitten in der Altstadt, total renoviert; ohne Restaurant.
Mantegna*,** Via Fabio Filzi 10b, ✆ 03 76 32 80 19, Fax 03 76 36 85 64; mittleres Stadthotel ohne Restaurant.

Al Bersagliere, Goito (16 km), Via Goitese 260, ✆ 0 37 66 00 07; herrlich am Mincio gelegenes historisches Restaurant mit fantasievoll bereicherten lokalen Gerichten, trägt mit Recht seine zwei Michelin-Sterne.
Antica Trattoria ai Ranari, Via Trieste 11, ✆ 03 76 32 84 31; die alte Trattoria der Froschfänger mit rohen Holztischen, Papiergedeck, Terrazzoboden und familiärer Atmosphäre; mittwochs und donnerstags stehen tatsächlich Frösche auf der Speisekarte, auch sonst typisch Mantovaner Küche, Gerichte aus Eselfleisch und Kürbis.
Aquila Nigra, Vicolo Bonacolsi 4, ✆ 03 76 32 71 80; michelin-besterntes, allzu teures Restaurant mit lokalen Spezialitäten.
Due Cavallini, Via Salnitro 5, ✆ 03 76 32 20 84; beste Mantovaner Küche (Esel-Gulasch und hausgemachte Maccheroni sowie *Sbrisolana,* eine Art Streuselkuchen) zu anständigen Preisen.
Taberna Santa Barbara, Piazza Santa Barbara 19, ✆ 03 76 32 94 96; uriges Abendlokal, beliebt bei jungen Leuten, mitten im Palazzo Ducale (Innenhof Santa Barbara) in den Räumen der *Torre della Zecca Gonzaghesca,* also in der historischen Münze.

Palazzo Ducale, Di–So 9–18, Mo 13–18 Uhr; Besichtigung nur in Begleitung eines Custoden.

Mauls (Mules)/Südtirol

PLZ 39040

Romantikhotel Staffler**,** Brennerstraße 10, ✆ 04 72 77 11 36, Fax 04 72 77 10 94. Etwa 10 km südlich von Sterzing liegt das älteste Gasthaus des Eisacktales (mit modernen Umbauten und Hallenbad inzwischen auch eine hervorragende Bleibe). An der Theke stehen die Einheimischen und trinken ein Gläschen Wein oder Most, in der historischen, getäfelten Stube mit Butzenscheibenfenstern und im angrenzenden

Raum speist man köstlich südtirolerisch, verfeinert. Und das Besondere daran: Essen gibt es den ganzen Tag über, ohne feste Zeiten. Also ideal für hungrige Reisende.

Meran (Merano)/Südtirol

PLZ 39012

APT, Corso Libertà 35, ✆ 04 73 23 52 23, Fax 04 73 23 55 24.

Irma**,** Via Belvedere 17, ✆ 04 73 21 20 00, Fax 04 73 23 13 55; total umgebautes, herrlich ruhig gelegenes Kurhotel mit Schönheitsfarm, einer der größten Badelandschaften Italiens (400 m^2 Poolfläche) und dem ersten Solefreibad Südtirols; familiär geführt mit bestem Service; außerdem perfekte Küche.
Palace Hotel**,** Via Cavour 2, ✆ 04 73 27 10 00, Fax 04 73 27 11 81; das Traditionshotel der Stadt mit dem unwiderstehlichen Charme der Jahrhundertwende, in einem schönen Garten; Pool und Hallenbad.
Park Hotel Mignon**,** Via Grabmayr 5, ✆ 04 73 23 03 53, Fax 04 73 23 06 44; familiäres, sehr gut geführtes Kurhotel in einem schönen Garten mit beheizbarem Pool in einer ruhigen Seitenstraße.
Castel Labers*,** Via Labers 25, ✆ 04 73 23 44 84, Fax 04 73 23 41 46; ein kleineres Schloßhotel am Rande Merans mit beheizbarem Pool und Tennis im Garten (Restaurant-Sommerservice).

Andrea, Via Galilei 44, ✆ 04 73 23 74 00; wenige Tische, aber perfekte Küche; bekannt für die Mousse aus geräucherter Forelle und für *Gröstl* vom Kalbsfilet.
Flora, Via Portici 75, ✆ 04 73 23 14 84; kleines, beliebtes Restaurant mit lokalen Spezialitäten.
Terlaner Weinstube Putz, Via Portici 231, ✆ 04 73 23 55 71; echte, familiengeführte Osteria mit verschiedenen kleinen Sälen, einer davon eine typische Südtiroler Stube. Berühmt ist sie für ihre Wildgerichte und die Terlaner Weinsuppe.

Milano Maríttima/ Emilia-Romagna

s. Cérvia

Mira/Veneto

PLZ 30034

APT, Via Nazionale 420 (Villa Widmann Foscari), ✆ 0 41 42 49 73, Fax 0 41 42 38 44.

Villa Margherita**,** Mira Porte, Via Nazionale 416, ✆ 04 14 26 58 00, Fax 0 4 14 26 58 38; sehr hübsche Hotel-Villa (Romantik-Hotel) am Brenta-Kanal, wenige, sehr geschmackvoll eingerichtete Zimmer, herrliche Aufenthaltsräume; Restaurant gegenüber (s. u.).

Nalin, Via Novissimo 29, ✆ 0 41 42 00 83; eine der besten Adressen für Kenner von frischen Fischen und Meeresfrüchten (seit 1907); eigener Anbau von Obst und Gemüse; perfekter Service (s. S. 343).
Margherita, Mira Porte, Via Nazionale 312, ✆ 0 41 42 08 79; gutes Fischrestaurant, das sich im selben Besitz wie das Hotel gegenüber befindet, mit außerordentlich gutem Service.

Módena/Emilia-Romagna

PLZ 41100

APT, Piazza Grande 17, ✆ 0 59 20 66 60, Fax 0 59 20 66 59, iatmo@comune.modena.it.

Canalgrande**,** Corso Canal Grande 6, ✆ 0 59 21 71 60, Fax 0 59 22 16 74; zentral gelegenes Traditionshotel in historischen Mauern mit schönen Räumen (18. Jh.), schattiger Garten.

Central Park Hotel**,** Viale Vittorio Veneto 10, ✆ 0 59 22 58 58, Fax 0 59 22 51 41; das moderne Pendant am Altstadtring in Zentrumsnähe, ohne Restaurant.

Roma*,** Via Farini 44, ✆ 0 59 22 22 18, Fax 0 59 22 37 47; alteingesessenes, komfortables Hotel mitten im historischen Zentrum und doch nahe dem Bahnhof.

Al Boschetto, Via Due Canali Nord 202, ✆ 0 59 25 17 59; nur für Autofahrer leicht erreichbar, ist dies eine hervorragende und preiswerte Adresse (Richtung Ferrara im Neubaugebiet gelgen); ein Familienbetrieb, man sitzt dort wie in einem kleinen Wäldchen.

Fini, Piazzetta San Francesco/Rua Fratri Minori 54, ✆ 0 59 22 33 14; seit 1912 hat Fini einen guten Namen für Gastronomie, womit die Familie ihren Siegeszug mit kulinarischen Spezialitäten in ganz Italien eingehalten hat; das fein ausgestattete Restaurant gehört in jeder Hinsicht der Luxusklasse an und trägt einen Michelin-Stern (um die Ecke: die historische Salumeria Fini).

Fuciade siehe S. 68

Hostaria Giusti, Vicolo Squallore 46, ✆ 0 59 22 25 33; winzige, typische Osteria mit modenesischen Gerichten hinter der Salumeria Giusti (seit 1605!) im früheren Ghetto; ein echter Geheimtip.

Oreste, Piazza Roma 31, ✆ 0 59 24 33 24; schlicht und doch berühmt wegen seiner Küche, teuer; nahe der Militärakademie.

La Secchia Rápita, Corso Canal Grande 4, ✆ 0 59 22 33 13; typisch modenesische Küche in historischen Räumen im Hotel Canalgrande.

Cafés: dell'Orologio, Piazzetta delle Ova 4, ✆ 0 59 22 22 65; enges Café mit Tischen auf der hübschen Piazzetta auf der Rückseite des Rathauses unter dem Uhrturm; auch kleine Gerichte.

Caffeteria Giusti, Via Farini 83; seit 1910 als eine der beliebtesten der Stadt etabliert, mit Bar.

Molinari, Via Emilia/Ecke Portici Nobili; die älteste, inzwischen modernisierte Bar Módenas in der Einkaufsstraße.

Moena/Trentino

PLZ 38035

Piazza Cesare Battisti 33, ✆ 04 62 57 31 22, Fax 04 62 57 43 42.

Cattinaccio*,** Via Someda 6, ✆ 04 62 57 32 35, Fax 04 62 57 44 74; ›Rosengarten‹ heißt übersetzt der Name des freundlichen Hotels mitten im Dorf mit Dolomitenblick.

Malga Panna, Via Costalunga 29, ✆ 04 62 57 34 89; Restaurant mit Michelin-Stern wegen seiner verfeinerten Trientiner Spezialitäten.

Ja Navalge, Via dei Colli 4, ✆ 04 62 57 39 30; in einem gesichtslosen Wohnhaus versteckt sich dieses michelin-besternte Restaurant mit typisch Trientiner Küche und einer riesigen Grappa-Auswahl.

Monforte d'Alba/Piemont

PLZ 12065

Giardino-da Felicin, ✆ 0 17 37 82 25; inmitten von hügeligen Weinbergen eingebettetes Spitzenrestaurant (Michelin-Stern) mit piemontesischen Spezialitäten und Weinen; zehn Zimmer.
Della Posta, Piazza XX Settembre 9, ✆ 0 17 37 81 20; traditionsreiche, sehr beliebte Trattoria mit Gerichten nach alten Rezepten.

Montagnana/Veneto

PLZ 35044

Aldo Moro**,** Via Marconi 27, ✆ 0 42 98 13 51, Fax 0 42 98 28 42; kulinarische Oase in einem historischen Gebäude mit wunderschönen Zimmern, im Zentrum, ganz ruhig gelegen; traditionelle regionale Köstlichkeiten.

Monterosso al Mare/Ligurien

PLZ 19016

Mai–Okt. via del Molo, ✆ 01 87 81 72 04.

Porto Rocca**,** Via Corone 1, ✆ 01 87 81 75 02, Fax 01 87 81 76 92; herrlich über der Küste gelegenes Haus nahe dem Strand mit schlichten Zimmern und hervorragender Küche!

Ciak La Lampara, Piazza Don Minzoni 6, ✆ 01 87 81 70 14; Top-Restaurant des Ortes, vielleicht sogar der Cinqueterre mit Fischspezialitäten; großes Antipasti-Buffet; schön im Freien wie innen, freundlicher Service; gegenüber **Enoteca Ciak** mit riesiger Weinauswahl und anderen Spezialitäten.
Moretto, Piazza Colombo 1, ✆ 01 87 81 74 83; freundliches Restaurant nahe dem Ciak mit kleiner Pension.

Monticelli d'Ongina/ Emilia-Romagna

PLZ 29010, Vorwahl 05 23

Rocca Pallavicino-Casali mit **Museo Civico** zur Geschichte des Ortes, **Museo Etnografico del Po** mit der Kulturgeschichte des Flusses und **Aquarium** mit der größten Sammlung von Po-Fischen; normalerweise nur So 15–18.30 Uhr.

Múggia/Friaul-Julisch Venetien

PLZ 34015

Trattoria Risorta, Riva De Amicis 1/a, ✆ 0 40 27 12 19; vielleicht das beste Fischrestaurant des Golfes von Triest mit perfektem Service und riesiger Weinauswahl; luftige Terrasse am Meer.

Neive/Piemont

PLZ 12057

La Contea, Piazza Cocito 8, ✆ 0 17 36 71 26, Fax 0 17 36 73 67; ein Spitzenrestaurant mit wenigen Zimmern, gehört noch immer zum Besten, was das Piemont zu bieten hat, vom Kulinarischen wie vom Ambiente – Claudia und Tonino Verro verstehen ihr Handwerk!

Noli/Ligurien

PLZ 17026

Hotel Italia*,** Corso Italia 23, ✆ und Fax 0 19 74 89 71; nettes Traditionshotel vor der Stadtmauer, zurückversetzt von der Aurelia, also relativ ruhig, dem Strand gegenüber; schön renovierte, z. T. noch historische Gewölbe.

Nonántola/Emilia-Romagna

PLZ 41015

Osteria di Rubbiara, Vorort Rubbiara, 5 km südlich von Nonántola, ✆ 0 59 54 90 19; seit 1862 wird hier im *Acetaio* der *Balsamico* produziert, und in der kleinen Osteria kann man die hauseigenen Produkte kosten (abends nur am Wochenende).

Museo Civico im Refektorium des Klosters mit mittelalterlichem Freskenzyklus (auf Anfrage im Rathaus zu besichtigen).

Novara/Piemont

PLZ 28100

Via Dominioni 4, ✆ 03 21 62 33 98, Fax 03 21 39 32 91, acquario@intercom.it.

Broletto mit **Palazzo del Podestà** und **Rathaus,** heute **Museo Civico,** Di–So 10–12 und 14–19 Uhr.

Novellara/Emilia-Romagna

PLZ 42017

Museo Gonzaga, an jedem ersten und letzten Sonntag des Monats oder nach Absprache, ✆ 05 22 65 42 42.

Oriago/Veneto

PLZ 30030

Il Burchiello*,** Via Venezia 19, ✆ 0 41 42 95 55, Fax 0 41 42 97 28; gesichtsloses Hotel mit traditionellem, manchmal zu überfülltem Fischrestaurant direkt am Brenta-Kanal (mit Anlegestelle), ✆ 0 41 47 22 44.

Padua (Padova)/Veneto

PLZ ab 35100

APT (PLZ 35131), Riviera dei Mugnani 8, ✆ 04 98 75 06 55, Fax 0 49 65 07 94; am Bahnhof, ✆ 04 98 75 20 77.

Leon Bianco*,** Piazzetta Pedrocchi 12, ✆ 04 98 75 08 14, Fax 04 98 75 61 84; typisches kleines Stadthotel im historischen Zentrum, ohne Restaurant.
Majestic Toscanelli*,** Via dell'Arco 2, ✆ 0 49 66 32 44, Fax 04 98 76 00 25; kleineres Stadthotel mit drei Appartements in zentraler Lage.

Leonardi, Via Pietro d'Abano 1, ✆ 04 98 75 00 83; elegante *Enoteca* mit kulinarischen Spezialitäten aus dem Meer (nahe dem Gemüsemarkt).
Osteria L'anfora, Via Soncin 13, ✆ 0 49 65 66 29; echte Osteria im Dunstkreis der Piazza delle Erbe, wo täglich frisch eingekauft wird; abends als Restaurant geführt.

Café: Pedrocchi, Via VIII Febbraio 18, ✆ 0 49 65 69 93; das Traditions-Café der Padovaner in schönen Jugendstilräumen in der Fußgängerzone.

Dom und Baptisterium, werktags 9–12 und 15–18, im Winter 8.30–12 und 14.30–17.30, So 9.30–12 Uhr.
Musei Civici, Di–Sa 9–19, So 9.30–13 Uhr.
Villa Simes-Contarini, Piazzola sul Brenta, Di–So 9–12 und 15–19, im Winter 14–18 Uhr.

Das Schiff ›Il Burchiello‹ fährt im Sommerhalbjahr dreimal wöchentlich die rund 30 km zwischen Noventa Padova und Venedig und hält dort, wo die Villen zu besichtigen sind. Veranstalter: die Region Veneto zusammen mit Siamic Express (Via Trieste 42, 35121 Padua, ✆ 0 49 66 09 44, Fax 0 49 66 28 30.

Palmanova/Friaul Julisch-Venetien

PLZ 33057

Commercio e Ristorante Da Gennaro*,** Borgo Cividale 15, ✆ 04 32 92 82 00, Fax 04 32 92 35 68; eine gute Adresse im angenehmen Städtchen.
Roma*,** Borgo Cividale 27, ✆ 04 32 92 84 72, Fax 04 32 92 33 02; freundliches Familienhotel, schlicht und doch komfortabel, mit vielgerühmtem Restaurant; auch schattige Plätze im Garten.

Parma/Emilia-Romagna

PLZ ab 43100

APT, Via Melloni 1/b, ✆ 05 21 21 88 89, Fax 05 21 23 47 35.

Grand Hotel Baglioni**,** Viale Piacenza 12c, ✆ 05 21 29 29 29, Fax 05 21 29 28 28; Top-Hotel mit hervorragendem Restaurant, sehr modern und doch mit angenehmer Atmosphäre in den total umgebauten historischen Räumen eines früheren Kühlhauses.
Park Hotel Stendhal**,** Via Bodoni 3, ✆ 05 21 20 80 57, Fax 05 21 28 56 55; der Name täuscht Parknähe vor, dafür liegt das an sich einfache Haus schön zentral und wird sehr gut geführt.
Verdi**,** Via Pasini 18, ✆ 05 21 29 35 39, Fax 05 21 29 35 59; mit der angenehmen Atmosphäre einer herrschaftlichen Villa der Jahrhundertwende, schön renoviert, zentral; mit angeschlossenem **Ristorante Santa Croce** nebenan (s. u.).
Villa Ducale**,** Via del Pòpolo 25, ✆ 05 21 27 27 27, Fax 05 21 78 07 56; in einem 10 000 m² großen Park am Stadtrand gelegene, frühere Villa Borri mit Umbauten.

Angiol d'Or, Vicolo Scutellari 1, ✆ 05 21 28 26 32; freundliches, bei den Parmigiani beliebtes Restaurant inmitten der Altstadt mit lokalen Gerichten; im Sommer abends Service im Freien.
Antica Osteria Fontana, Via Farini 24a, ✆ 05 21 28 60 37; in einem der ältesten Lokale Parmas essen viele Juristen aus dem nahen Gerichtshof und genießen die gute Auswahl an lokalen Weinen.
Dei Corrieri, Via Conservatorio 1, ✆ 05 21 23 44 26; in der heute gehobenen Trattoria mit wenigen, aber guten, typischen Gerichten kehrten früher die Kuriere ein.
Santa Croce, ✆ 05 21 29 35 29; (s. Hotel Verdi).

Archäologisches Museum, Di–So 9–13.30 Uhr.
Baptisterium, tgl. 9–12.30, 15–18 Uhr.

Camera di San Paolo, Correggios Jugendwerk, zu sehen tgl. 9–13.45 Uhr.
Dom, tgl. 9–12.30 und 15–19 Uhr.
Glauco Lombardi-Museum, Di–Sa Okt.–März 9.30–12.30 und 15–17, So 9.30–13, Apr.–Sept. nachm. 16–18 Uhr.
Historische Apotheke, tgl. 9–13.45 Uhr.
Madonna della Steccata mit den Gräbern der Herzöge von Parma, tgl. 9–12 und 15–18 Uhr.
Nationalgalerie, tgl. 9–13.45 Uhr.
Palazzo Ducale, Mo–Sa 8–12 Uhr.
San Giovanni Evangelista, tgl. 6.30–12 und 15.30–20 Uhr.

Pavia/Lombardei

PLZ ab 27100

APT, Via Fabio Filzi 2, ✆ 0 38 22 21 56, Fax 0 38 23 22 21.

Moderno*,** Via Vittorio Emanuele 41, ✆ 03 82 30 34 01, Fax 0 38 22 52 25; gegenüber dem Bahnhof gelegenes Stadthotel ohne Restaurant.

Locanda Vecchia Pavia, Via Cardinal Riboldi 2, ✆ 03 82 30 41 32; das kleine Restaurant bekocht seine Gäste mit verfeinerter lokaler Küche zu guten Oltrepò Pavese-Weinen.
Osteria della Malora, Via Milazzo 79, ✆ 0 38 23 43 02; eine der alten Osterien im Studentenviertel nahe dem Ticino, typische Gerichte aus dem alten Pavia wie etwa Schmorbraten mit Polenta.
Antica Osteria del Previ im Vorort Borgo Ticino, Via Milazzo 65, ✆ 0 38 22 62 03; ein beliebtes, immer gut besuchtes Lokal jenseits des Ticino.

Castello Visconteo mit **Pinakothek** (vor allem wichtige Werke von Borgognone und Foppa), **Museo Gallico-Romano** (Archäologie), **Museo di Storia del Risorgimento,** tgl. 9/10–12/13 und 14/14.30–16/17 Uhr.

Peschiera/Lombardei

PLZ 37019

Piazza Betteloni 15, ✆ 04 55 17 63, Fax 04 57 55 03 81.

Parco Giardino Sigurtà, südlich bei Valeggio sul Mincio, März–Nov. tgl. 9–19 Uhr.

Piacenza/Emilia-Romagna

PLZ ab 29100

APT, Piazzetta dei Mercanti 10, ✆ und Fax 05 23 32 93 24, www.piacenzaturismi.net.

Grande Albergo Roma**,** Via Citadella 14, ✆ 05 23 32 32 01, Fax 05 23 33 05 48; zentrales, saniertes Haus, das wieder zur besten Adresse der Stadt geworden ist; sehr gute Küche im Dach-Restaurant.
Milano*,** Viale Risorgimento 47, ✆ 05 23 33 68 43; mittleres Stadthotel nahe dem Palazzo Farnese, ohne Restaurant.

Antica Osteria del Teatro, Via Verdi 16, ✆ 05 23 32 37 77; bestes und teuerstes Restaurant der Stadt (Michelin-Stern) mit großem Weinkeller, vor allem von Geschäftsreisenden besucht; in einem mittelalterlichen Palast zentral gelegen.
Osteria del Trentino, Via Castello 71, ✆ 0 52 32 42 60; einst Arbeiterkneipe, heute eine noch echte, preiswerte Trattoria mit lokaler Küche und freundlichem Service.

Ristorante Gotico, Via Borghetto 1/ Ecke Largo Gioia 3, ✆ 05 23 32 19 40; 1994 eröffnetes, sehr angenehmes Restaurant mit perfektem Service und lokalen Spezialitäten (Pferdefleisch!); teuer, wird von Geschäftsleuten bevorzugt.

Café: Balzer, Piazza Cavalli; der älteste Treff der Piacentiner mit sehr gutem Kaffee, Imbiß und eigener *Pasticceria*; bis Mitternacht geöffnet.

Castello di Rivalta, in der Valtrèbbra, So und feiertags 9–12 und 15–18.30 Uhr, sonst auf Voranmeldung, ✆ 05 23 97 81 04.
Collegio Alberoni, Gobelinsammlung, Ortsteil San Lorenzo, Via Emilia Parmense 77, ✆ 0 52 36 31 98; zu besichtigen jeden Sonntag, sonst mindestens zwei Tage im voraus Termin vereinbaren.
Galleria Ricci Oddi, 9–12.30 und 15.30–18.30 Uhr außer Mo sowie Mi und Fr nachm.

Pontrémoli/Toscana

PLZ 54027 (Provinz Massa Carrara, an der Grenze zu Ligurien)

Museo delle Statue-Stele della Lunigiana, frühgeschichtliches Museum, Di–So 9–12 und 16–19, im Winter 14–17 Uhr.

Pordenone/ Friaul-Julisch Venetien

PLZ 33170

APT, Corso Vittorio Emanuele 38, ✆ 0 43 42 19 12, Fax 04 34 52 38 14.

Villa Ottoboni**,** Piazzale Ottoboni 2, ✆ 04 34 20 88 91, Fax 04 34 20 81 48; ein besonderes Hotel am Rande des *Centro Storico*, das mit etwas ältlich-charmanten Mauern, Tiefgarage und köstlicher Küche auf jeden Fall eine hervorragende Empfehlung ist.

Noncello, Via Marconi 34, ✆ 04 34 52 30 14; hervorragendes, nicht sehr teures Fischrestaurant, das auch Krustentiere nach alten Rezepten zubereitet, *Risotti* und frische Pasta, auch aus Sojamehl.
Vecchia Osteria del Moro, Via Castello 2, ✆ 04 34 28 65 58; eine urgemütliche Kneipe im besten Sinne.

Bar: La Cheba am Campanile des Domes, der richtige Ort, gegen Abend ein *Tajut*, den kleinen friulanischen Vorabend-Schluck, zu nehmen; während der wärmeren Jahreszeit auch draußen, wo die winzigen Tische in die Gasse geschoben werden.

Palazzo Ricchieri, heute **Museo Civico,** Di–So 9.30–12.30 und 15–18.30 Uhr.

Portofino/Ligurien

PLZ 16034

Via Roma 35, ✆ 01 85 26 90 24.

Splendido***,** ✆ 01 85 26 95 51, Fax 01 85 26 96 14; der absolute Luxus in einer früheren Villa, die aus einem Kloster entstanden ist, in herrlicher Lage über der Bucht, mit beheizbarem Pool; Terrassenrestaurant mit hervorragender Küche, *das* Spitzenhotel Ost-Liguriens, das den Namen Splendido wirklich verdient. Es ist im Besitz der Orient-Express-Hotels und Mitglied einer so feinen Hotelgesellschaft wie The leading Hotels of the World. Die Zimmer und Suiten im früheren Dominikanerkloster sind elegant und sehr komfortabel, aber auch gemütlich eingerichtet. Der Service ist unaufdringlich-aufmerksam, die Küche exzellent. Neuerdings bietet das Hotel auch Kochkurse, Kulinarische Wochen und Ausflüge an, die u. a. zu den Ursprüngen des ligurischen Olivenöls und Weins führen. Für Wanderer hält die Direktion Karten mit genauer Wegbeschreibung bereit – Ausgangspunkt ist das feine Hotel, in dem tagsüber niemand bestaunt wird, der in Wanderkluft an die Rezeption kommt – Erweiterung um die Dependance **Splendido Mare**.

Il Pitosforo, Molo Umberto I 9, ✆ 01 85 26 90 20; ›In‹-Fischrestaurant direkt am Yachthafen, sehr teuer.
O Magasin, Calata Marconi 34, ✆ 01 85 26 91 78; nicht gar so teuer, immer gut besuchtes und dennoch perfektes Fischrestaurant am Hafen.

Ravenna/Emilia-Romagna

PLZ ab 48100

APT, Via Salara 8/12, ✆ 0 54 43 54 04, Fax 0 54 43 50 94.

Jolly Hotel Mameli**,** Piazza Mameli 1, ✆ 0 54 43 57 62, Fax 0 54 42 16 05; renovierungsbedürftiges Stadthotel der bekannten Kette.
Centrale Byron*,** Via IV Settembre 14, ✆ 0 54 42 12 25, Fax 05 44 3 41 14; freundliches Hotel nahe dem Hauptplatz, ohne Restaurant.

Al Gallo, Via Maggiore 87, ✆ 05 44 21 37 75; liebevoll mit Antiquitäten eingerichtetes Restaurant (seit 1909) mit guter Küche (Antipasti!); gehobene Preisklasse.
Bella Venezia, Via IV Novembre 16, ✆ 05 44 21 27 46; freundliches, sehr beliebtes Restaurant in der Nähe des Hauptplatzes.
Chilò, Via Maggiore 62, ✆ 0 54 43 62 06; modern, nett eingerichtet mit sehr guter, preiswerter romagnolischer Küche.
Giamba e Cocò, Via Pasolini 34, ✆ 0 54 43 97 72; kleine, typische Osteria mit lokalen Gerichten und sehr gut besuchter Theke, an der man vor allem Kleinigkeiten zu essen bekommt (bis tief in die Nacht).

Dom, Baptisterium und **Erzbischöfliches Museum,** Mi–Mo 9–12 und 15–18 bzw. bis 17 Uhr im Winter, So 9–13 Uhr.

Recco/Ligurien

PLZ 16036

Manuellina, (1 km nördlich), Via Roma 278, ✆ 0 18 57 41 28; das absolute Spitzenrestaurant der Gegend, alteingeführt, mit köstlicher Fischküche.

Reggio nell'Emilia/ Emilia-Romagna

PLZ ab 42100

APT, Piazza Prampolini 5c, ✆ 05 22 45 11 52, Fax 05 22 43 67 39.

Grand Hotel Astoria**,** Viale Nobili 2, ✆ 05 22 43 52 45, Fax 05 22 45 33 65; ganz exklusiv und teuer, am Stadtpark und damit am Rande des Zentrums gelegen, mit hervorragender Küche, ruhig, für Geschäftsleute ideal.
Albergo delle Notarie**,** Via Palazzolo 5, ✆ 05 22 45 35 00, Fax 05 22 45

37 37; ein neuerer Bau nahe dem Rathaus, elegant und herrschaftlich, mit Restaurant.
Posta**,** Piazza Del Monte 2, ✆ 05 22 43 29 44, Fax 05 22 45 26 02; schönes altes Hotel im Zentrum, das zum Verweilen einlädt; ohne Restaurant.

Arti e Mestieri, Via Emilia San Pietro 16, ✆ 05 22 43 22 02; ruhiges, im Zentrum in einem Innenhof (im Sommer Terrasse) gelegenes, feines Restaurant (zeitweise mit Kunstausstellungen).
5 Pini (Da Pelati), Viale Martiri di Cervarolo 46, ✆ 05 22 55 36 63; Restaurant am Stadtrand mit lokalen Gerichten.

Musei Civici, Di–Sa 9–12, So auch 15–18, Juli und August auch 21–24 Uhr.
Rathaus, Mo–Sa 9–13 Uhr.

Riccione/Emilia-Romagna

PLZ 47036

APT, Piazzale Ceccarini 10, ✆ 05 41 69 33 02, Fax 05 41 60 57 52.

Grand Hotel Des Bains***,** Viale Gramsci 56, ✆ 05 41 60 16 50, Fax 05 41 60 63 50; für Romantiker (und Gutbetuchte) das schönste Hotel des Badeortes und vielleicht der Adriaküste, im Stile der Jahrhundertwende total renoviert, mit vielen besonderen Details und kostbar eingerichteten Appartements; hervorragende Küche.
Atlantic Hotel**,** Lungomare della Libertà 15, ✆ 05 41 60 11 55, Fax 05 41 60 64 02; renoviertes, kühl eingerichtetes Paradehotel an der Meerespromenade mit hervorragendem Service und Restaurant.
Savioli Spiaggia**,** Viale D'Annunzio 6, ✆ 05 41 64 85 14, Fax 05 41 64 83 24; Traditionshotel direkt am Yachthafen (mit eigenem Boot), z. T. noch renovierungsbedürftig, bei italienischen Familien sehr beliebt.

Da Carlo, Lungomare della Repubblica, Zona 72, ✆ 05 41 69 28 96; der Treff am schönen Sandstrand, Bar, Terrasse, Restaurant mit Fischspezialitäten und Strandbetrieb.
Da Fino, Via Galli 1, ✆ 05 41 64 85 42; vielleicht das beste Fischrestaurant des Badeortes in schöner Lage direkt am Yachthafen.

Rimini/Emilia-Romagna

PLZ 47037

Agenzia Turistica della Provincia di Rimini, Piazza Malatesta 28, ✆ 05 41 71 63 71, Fax 05 41 78 38 08, Büro der Stadt am Bahnhof, Tel. 0 54 15 13 31, Fax 0 54 1 2 79 27, apt@iper.net.

Grand Hotel Rimini***,** Parco Fellini 2, ✆ 0 54 15 60 00, Fax 0 54 15 68 66; wunderschönes Jahrhundertwende-Hotel im Zuckerbäckerstil mit prachtvollen Räumen; in Strandnähe.
Ambasciatori**,** Viale Vespucci 22, ✆ 0 54 15 55 61, Fax 0 54 12 37 90; total modernisiertes strandnahes Hotel mit kühler Eleganz, großer Bar, Terrasse und Pool.
Villa Rosa Riviera**,** Viale Vespucci 71, ✆ 0 54 12 25 06, Fax 0 54 12 79 40; modern renoviertes, alteingeführtes Hotel direkt an der Hauptgeschäftsstraße (zeitweise Fußgängerzone), parallel zur Strandpromenade.
Waldorf Hotel**,** Viale Vespucci 28, ✆ 0 54 15 47 25, Fax 05 4 15 31 53; an

der Strandpromenade gelegenes, großzügiges Hotel mit Pool auf dem Dach.
Villa Metrope*,** Viale Trento 3, ✆ 0 54 15 30 43, Fax 0 54 12 75 36 ; im Designerstil eingerichtete Villa im strandnahen Wohnviertel, freundliches Personal.
Sorriso,** Via Trento 7, ✆ 0 54 12 59 21; sehr hübsch renoviertes, kleines, familiäres Hotel im Wohnviertel nicht weit vom Strand.

Osteria dë Börg, Via Forzieri 12, ✆ 0 54 15 60 74; alteingeführte Osteria im alten Stadtteil San Giuliano, hausgemachte Pasta und Grillgerichte.
Osteria di Santa Colomba, Via di Duccio 2/4, ✆ 05 41 78 00 48; zwar recht neue, aber gekonnt auf alt getrimmte Trattoria im Glockenturm der Kirche Santa Colomba (13. Jh.), romagnolische Küche mit toscanischem Einschlag.

Musei Civici e Pinacoteca, Mo, Mi und Fr 8.30–13.30, Di, Do und Sa auch 15.30–18, So 10–13 und 15.30–18 Uhr.

Rovereto/Trentino

PLZ 38068

APT, Via Dante 63, ✆ 04 64 43 03 63, Fax 04 64 43 55 28, www.apt.rovereo.tn.it.

Leon d'Oro*,** Via Tacchi 2, ✆ 04 64 43 73 33, Fax 04 64 42 37 77; ruhig und doch zentral, im selben Besitz wie das Rovereto, mit komfortablen Zimmern; Frühstücksbuffet; Parkplatz und Tiefgarage.
Rialto*,** Via Carducci 13/15, ✆ 04 64 43 45 99; familiäres, z. T. noch renovierungsbedürftiges Stadthotel (seit 1923).
Rovereto*,** Corso Rosmini 82d, ✆ 04 64 43 52 22, Fax 04 64 43 96 44; Roveretos traditionsreichstes Hotel, seit 1889 in Familienbesitz; hervorragendes Restaurant Novecento; Parkplätze und Tiefgarage!

Al Borgo, Via Garibaldi 13, ✆ 04 64 43 63 00; das vielleicht beste Restaurant des Trentino (Michelin-Stern), in dem man sich, falls der Appetit groß genug ist, immer auf das *Menu degustazione* verlassen kann.
Circolo Endas, Scala della Torre 7, ✆ 04 64 43 71 00; kleine Trattoria in holzgetäfelten Räumen, eigentlich ein privater Arbeiter-Club, aber hier kann jeder essen, der Platz findet; karierte Tischdecken, Papierservietten – ehrliches trientinisches Essen zum Sattwerden.
Mozart 1769, Via Portici 36–38, ✆ 04 64 43 07 27; winziges, feines Lokal im Stil des 18. Jh., der salernitanische Koch hat es verstanden, Nord- und Süditaliens Küche harmonisch zu verbinden.
Novecento (s. Hotel Rovereto).
Il Ristoro del Castello, Castello di Avio, Sabbionara d'Avio, ✆ 04 64 68 44 53; mittags nette kleine Trattoria in der Burgruine, abends (besonders angenehm) nur auf Vorbestellung.

Castello Sabbionara d'Avio, tgl. außer Mo Febr.–Sept. 10–13 und 14–18, Okt.–Dez. nur bis 17 Uhr.
Depero-Museum, Juli–Sept. 9–12 und 15–18 Uhr, feiertags nur vorm., sonst an die Vigili Urbani wenden.
Historisches Kriegsmuseum, März–Juni, Okt.–Nov. 8.30–12.30 und 14.30–18, Juli–Sept. bis 18.30 Uhr, März–Dez. Mo geschl., falls kein Feiertag.

Azienda Agricola de Tarczal, 38060 Murano d'Isera, ✆ 04 64 40 91 34; Wein und Grappa.

Sabbioneta/Lombardei

PLZ 46018

Tourismusinformationen im Pro Loco-Büro im Rathaus.

Nach umfangreichen Restaurierungsarbeiten in Sabbioneta kann man nun mit einer Eintrittskarte vom Pro Loco-Büro am Platz vor dem Palazzo del Giardino in Begleitung alle Sehenswürdigkeiten zusammen besichtigen (Dauer: ca. 75 Minuten). Öffnungszeiten des Pro Loco-Büros: 1.10.–31.3. Di–So 9–12 und 14.30–17, feiertags bis 18 Uhr, 1.4.–30.9. tgl. 9–12 und werktags 14.30–18, feiertags 13.30–19 Uhr.

Salice Terme/Lombardei

PLZ 27056

APT, Via Marconi 20, ✆ 0 38 39 12 07, Fax 03 83 94 45 40.

President Hotel Terme**,** Via Enrico Fermi 5, ✆ 0 38 39 19 41, Fax 0 38 39 23 42; Kurhotel mit Pool und Garten; gutes Restaurant.

Salsomaggiore Terme/ Emilia-Romagna

PLZ 43039

APT, Viale Romagnosi 7, ✆ 05 24 58 02 11, Fax 05 24 58 02 19.

Grand Hotel e de Milan**,** Via Dante 1, ✆ 05 24 57 22 41, Fax 05 24 57 38 84; Traditionshaus im eigenen Park mit Pool; Kurabteilung.

Al Tartufo, Viale Marconi 30, ✆ 05 24 57 36 96; gutes Restaurant am Ortsrand Richtung Tabiano Terme, mit einigen Zimmern.

Saluzzo/Piemont

PLZ 12037

Museo Civico, tgl. 10–12 und 15–18, 15.10.–31.3. 14–16 Uhr.

San Leo/Marken

PLZ 61018
(Grenze zur Emilia-Romagna)

Castello,** Piazza Dante 11/12, ✆ 05 41 91 62 14, Fax 05 41 92 69 26; hier findet man in schöner Aussichtslage zu Füßen der *Rocca* freundliche Aufnahme und einfaches Essen.

Pinacoteca in der Rocca, meist vormittags geöffnet.

San Remo/Ligurien

PLZ 18038

Via Nuvoloni 1, ✆ 01 84 57 15 71, Fax 01 84 50 76 49, aptfiori@sistel.it

Royal***,** Corso Imperiatrice 80, ✆ 01 84 53 91, Fax 01 84 66 14 45; traditionsreichstes Haus (Leading Hotels of the World) am Platz mit dem Charme der Jahrhundertwende in einem blühenden Garten über der Strandpromenade; Meerblick, beheizbarer Pool, Terrassenservice im Sommer, Tennis, schöne Zimmer und Appartements; gute Küche.
Astoria West-End**,** Corso Matuzia 8, ✆ 01 84 66 77 01, Fax 01 84 66 33 18; eines der luxuriösen Top-Hotels des be-

rühmten Badeortes mit großzügigen Zimmern und Appartements in einem großen Garten mit Pool; Meerblick; gute Küche.

Bacchus, Via Roma 65, ✆ 01 84 53 09 90; *Enoteca* mit einfacher, traditioneller Küche (preiswert), außerhalb der Essenszeiten kleine Imbisse zum Naschen.
La Cantine Sanremesi, Via Palazzo 7, ✆ 01 84 57 20 63; gemütliche, mit alten Fotos dekorierte Osteria mit preiswerter, streng-traditioneller Küche und einfacher Weinauswahl.

Santa Margherita Ligure/ Ligurien

PLZ 16038

APT, Via XXV Aprile 2b, ✆ 01 85 28 74 85, Fax 01 85 29 02 22, infoapt@tigullio.liguria.it.

Continental**,** Via Pagana 8, ✆ 01 85 28 65 12, Fax 01 85 28 44 63; sehr freundliches, familiär geführtes Haus (z. T. renovierungsbedürftig) mit gepflegter Gartenanlage direkt am Meer (privater Badeplatz).
Grand Hotel Miramare**,** Lungomare Milite Ignoto 30, ✆ 01 85 28 70 13, Fax 01 85 28 46 51; ein Leading Hotel mit Grandezza und Charme, am Rande der Bucht Richtung Portofino; hinter der Straße eigener Badeplatz.
Imperiale Palace Hotel**,** Via Pagana 19, ✆ 01 85 28 89 91, Fax 01 85 28 42 23; das frühere Superhaus mit historischer Bedeutung ist leider etwas heruntergekommen, aber die Lage über der Bucht ist immer noch imposant.
Conte Verde*,** Via Zara 1, ✆ 01 85 28 71 39, Fax 01 85 28 42 11; familiäres Hotel nahe dem Bahnhof.

La Stalla dei Frati, Via Pino 27, ✆ 01 85 28 94 47; 1,5 km vom Hafen entfernt auf einem Hügel in Panoramalage, mit Sommerterrasse; hervorragende Küche mit Fischspezialitäten.
Oca Bianca, Via XXV Aprile 21, ✆ 01 85 28 84 11; zentral gelegenes, sehr gutes, intimes Grillrestaurant mit Service ›nach dem Theater‹ (im Sommer geöffnet, nur 19–2 Uhr).

Sárnico/Lombardei

PLZ 24067

Franciacorta Golf Hotel**,** im nahen Paratico über die Provinzgrenze von Brescia, ✆ 0 35 91 33 33, Fax 0 35 91 36 00; modernes Hotel (Baujahr 1988) mit Hallenbad und Pendelverkehr zum neuen 27-Loch-Golfplatz der Franciacorta.
Hotel Cantiere*,** ✆ 0 35 91 00 91; am Iseo-See, gutes Restaurant mit Terrasse am See.

Sáuris/Friaul-Julisch Venetien

PLZ 33020

Rikhelan Haus, Ortsteil Rikhelan, ✆ 0 43 38 60 82, Fax 0 43 38 62 29; hübsches neueres, karnisches Berghotel mit typischem Restaurant (deftige Fleischgerichte).
Trattoria alla Pace, Ortsteil Sáuris di Sotto, ✆ 0 43 38 60 10; sehr gemütlich eingerichtet, mit einem *Fogolar* (Feuerstelle), in einem alten Steinhaus.

Sestri Levante/Ligurien

PLZ 16039

Piazza S. Antonio 10, ✆ 01 85 45 70 11, Fax 01 85 45 95 75.

Grand Hotel dei Castelli**,** Via Penisola 26, ✆ 01 85 48 57 80, Fax 0 18 54 47 67; schönes Haus auf der sogenannten Insel.
Villa Balbi**,** Viale Rimembranza 1, ✆ 0 18 54 29 41, Fax 01 85 48 24 59; schönes Haus zwischen Park und Strand, mit Pool.
Miramare**,** Via Cappellini 9, ✆ 01 85 48 08 55, Fax 0 18 54 10 55; wunderbar zu einer Luxusherberge umgebautes, denkmalgeschütztes Hotel an der kleinen Baia del Silenzio; gutes Restaurant.
Helvetia*,** Via Cappuccini 43, ✆ 0 18 54 11 75, Fax 01 85 45 72 16; sehr hübsches kleines Hotel, typisch für die ligurische Levante, direkt an der Baia del Silenzio, ohne Restaurant.
Mira*,** Viale Rimembranza 15, ✆ 0 18 54 15 76, Fax 0 18 54 15 77; freundliches Hotel mit gutem Restaurant.

Sirmione/Lombardei

PLZ 25019

Viale Marconi 8, ✆ 0 30 91 62 45, Fax 0 30 91 62 22.

Villa Cortine Palace***,** Via Grotte 12, ✆ 03 09 90 58 90, Fax 0 30 91 63 90; Luxusherberge in historischer Villa in einem riesengroßen Park auf eigenem Hügel mit Rundblick; beheizbarer Pool, Tennis.
Continental**,** Punta Staffalo 7, ✆ 03 09 90 57 11, Fax 0 30 91 62 78; direkt am See, mit beheizbarem Pool.
Sirmione**,** Piazza Castello 19, ✆ 0 30 91 63 31, Fax 0 30 91 65 58; zentral gelegenes Haus mit Pergola am See, beheizbarem Pool und eigener Therme.
Ideal*,** Via Catullo 31, ✆ und Fax 03 09 90 42 45; freundliches Haus in einem Olivengarten mit Zugang zum See.

La Rucola, Via Strentelle 7, ✆ 0 30 91 63 26; elegant-rustikales Lokal; Fleisch- und Fischgerichte aus dem Holzofen.
Osteria al Pescatore, Via Piana 20, ✆ 0 30 91 62 16; nettes, preiswertes Lokal im historischen Zentrum.
Risorgimento (dal Rösa), Piazza Carducci 5, ✆ 0 30 91 63 25; gut besuchtes Terrassen-Restaurant am Hauptplatz.
Signori, Via Romagnoli 23, ✆ 0 30 91 60 17; gehobenes Fischrestaurant mit Terrasse am See.
Vecchia Lugana, 5 km südöstlich in Lugana, ✆ 0 3 09 19 60 23; noch immer das Top-Restaurant im angenehmen Ambiente der früheren Zollstation, mit Fischspezialitäten vom Gardasee und einem Michelin-Stern; im Sommer Terrassen-Service am See.

Spilimbergo/ Friaul-Julisch Venetien

PLZ 33097

La Torre, Piazza Castello, ✆ 0 42 75 05 55; winziges Lokal in zwei schönen Gewölberäumen im Palazzo Dipinto, fein-rustikal, mit typischen Spezialitäten und hervorragender Weinauswahl aus der Region. In der Nähe: **Enoteca Torre Orientale** desselben Besitzers und Weinkenners Stefano Zannier mit Spitzenweinen und leichter Küche.

Tággia/Ligurien

PLZ 18018

Kloster San Domenico, geöffnet auf Anfrage, ✆ 0 18 44 51 54. Wenn die Kirche geschlossen ist, kann man tgl. zwischen 15 und 18 Uhr, außer Do, rechts am Konvent klingeln und um Einlaß bitten.

Terlan (Terlano)/Südtirol

PLZ 39018

Tourismusverein, Dr.-Weiser-Platz, ✆ 04 71 25 71 65, Fax 04 71 25 78 30.

Weingarten*,** Via Principale 42, ✆ 04 71 25 71 74, Fax 04 71 25 77 76; sehr freundlich geführtes Haus in einem alten Weingarten; hervorragendes Restaurant in holzgetäfelten Räumen; frisch renoviert, für vier Sterne gut! Im Winter Golf-Wochen.

Winzergenossenschaft Terlan, Silberleitenweg 7, ✆ 04 71 25 71 35. Mo–Fr 8–12 und 14–18, Sa 8–12 Uhr; Besichtigung April–Aug. Mi nachmittag.

Toirano/Ligurien

PLZ 17020

Museo Preistorico della Val Varatella, tgl. 10–12.30 und 15.30–18, im Winter bis 17 Uhr.

Tolmezzo/ Friaul-Julisch Venetien

PLZ 33028

Albergo Roma, Piazza XX Settembre 14, ✆ 04 33 20 81; Hotel mit Spitzenrestaurant; typische Gerichte der Region, hervorragende Weine; Wirt Gianni Cosetti gilt als Institution in der karnisch-friulanischen Küche.

Museo Carnico, Mi–Mo 9–12 und 15–18, im Winter 14–17 Uhr.

Tremezzo/Lombardei

PLZ 22019

Piazzale Trieste 1, ✆ 0 34 44 04 93, Mai–Okt.

Villa Carlotta, Museum mit neoklassischen Einrichtungs- und Kunstgegenständen, vor allem aber öffentlicher Park, April–Sept. 9–18, März und Okt. 9–11.30 und 14–16.30 Uhr.

Trento/Trentino

PLZ ab 38100

APT, Via Alfieri 4, ✆ 04 61 98 38 80, Fax 04 61 98 45 08, www.apt.trento.it.

Accademia**,** Vicolo Colico 4/6, ✆ 04 61 23 36 00, Fax 04 61 23 01 74; mittleres Altstadthotel mit kleinem Innenhof.
America*,** Via Torre Verde 50, ✆ 04 61 98 30 10, Fax 04 61 23 06 03; gekonnt renoviertes zentrales Stadthotel, sehr freundlich, mit gutem Restaurant.

Osteria Il Cappello, Piazzetta Bruno Lunelli 5, ✆ 04 61 23 58 50; angenehmes, feines Restaurant in einer geschmackvollen (historischen) Holzkonstruktion inmitten der Altstadt, mit Trentiner Küche.
Osteria Le Due Spade, Via Don Rizzi 11, ✆ 04 61 23 43 43; recht teure kleine, aber typisch trentinische Osteria ganz in Domnähe, mit Michelin-Stern.

Castello del Buonconsiglio, tgl. außer Mo 1.4.–30.9. von 9–12 und 14–17.30, 1.10.–31.3. von 9–12 und 14–17 Uhr.

Historisches Museum der Gebirgsjäger auf dem Dos Trento (Museo degli Alpini), tgl. außer Mo 1.4.–30.9. von 9.30–12 und 15–17.30, vom 1.10.–31.3. von 9.30–12 und 14.30–16 Uhr.
Mausoleum auf dem Dos Trento, zugänglich im Sommer 9–19, im Winter 9.30–16.30 Uhr.

Treviso/Veneto

PLZ ab 31100

Via Toniolo 41, ✆ 04 22 54 06 00, Fax 04 22 54 13 97.

Osteria Da Righetto, in Quinto di Treviso, Via Ciardi 2, ✆ und Fax 04 22 47 00 80; gemütliche Trattoria in der 6. Generation mit traditionellen Aal-Spezialitäten am Sile-Fluß; am Eingang noch urige Osteria, ein Einheimischen-Treff; elf Zimmer.
Ristorante alle Beccherie, Piazza Ancillotto 10, ✆ 0 42 25 66 01; traditionelles Restaurant mit trevigianischen Spezialitäten im historischen Zentrum.

Triest (Trieste)/Friaul-Julisch Venetien

PLZ ab 34100

APT, Via San Nicolò 20 (PLZ 34121), ✆ 0 40 67 96 11, Fax 04 06 79 62 99.

Grand Hotel Duchi d'Aosta**,** Via dell'Orologio 2/Piazza Unità d'Italia, ✆ 04 07 60 00 11, Fax 0 40 36 60 92; Traditionshotel mit inzwischen renovierten Räumen; Terrasse auf der Piazza; berühmtes **Ristorante Harry's Grill**.
Jolly Hotel**,** Corso Cavour 7, ✆ 04 07 60 00 55, Fax 0 40 36 26 99; renoviertes, angenehmes Stadthotel zwischen Bahnhof und Zentrum.
Alabarda*, Via Valdirivo 22, ✆ 0 40 63 02 69; typisches Stadthotel in zwei oberen Geschossen eines Altstadtpalastes nahe der Hauptpost.

Antica Trattoria Suban, Via Comici 2 (Ortsteil San Giovanni), ✆ 04 05 43 68; eines der ›historischen Lokale‹ Italiens, Familientradition seit 1865 mit sehr guter slowenischer Küche.

Buffets: Da Mario, Via Torrebianca 41.
Da Pepi, Via Cassa di Risparmio 3.
Da siora Rosa, Piazza Hortis 3.
Masé, Via Valdirivo 32.

Cafés: degli Specchi, Piazza Unità;
San Marco, Via Battisti 18, ein ›historisches Lokal‹;
Tommaseo, Piazza Tommaseo.

Civico Museo Sartorio, Gemälde vom Barock bis zum 19. Jh., Porzellansammlung sowie eine reichhaltige Bibliothek im ehemaligen Palazzo der Familie Sartorio, Di–So 9–13 Uhr.
Museo del Mare, Di–So 8.30–13.30 Uhr.
Museo di Storia Naturale, Di–So 8.30–13.30 Uhr.
Städtisches Museum Revoltella und **Galeria di Arte Moderna,** Mi–Mo 10–19, Juli–Sept. bis 24 Uhr.

Turin (Torino)/Piemont

PLZ ab 10100

APT, Via Roma 226/Piazza C.L.N., ✆ 0 11 53 59 01, Fax 0 11 53 00 70; Bahnhof Porta Nuova, ✆ 0 11 53 13 27, www.turismotorino.org.

Grand Hotel Sitea**,** Via Carlo Alberto 35, ✆ 01 15 17 01 71, Fax 0 11 54 80 90; wunderschönes, total renoviertes Grandhotel mit großzügigen Zimmern (Marmorbäder) und sehr gutem, kleineren Restaurant (nicht nur für Hausgäste); zentral, nahe dem Bahnhof.

Turin Palace Hotel**,** Via Sacchi 8, ✆ 01 15 62 55 11, Fax 01 15 61 21 87; Traditionshotel nahe dem Bahnhof, schön renoviert mit Prachträumen, sehr aufmerksamer Service.

Villa Sassi**,** Via Traforo del Pino 47, ✆ 01 18 98 05 56, Fax 01 18 98 00 95; kleines Hotel in einer Villa des 18. Jh. in einem großen Park in den Hügeln über der Stadt; mit vielgerühmtem **Ristorante El Toulà.**

Liberty*,** Via Pietro Micca 15, ✆ 01 15 62 88 01, Fax 01 15 62 81 63; zentrales, typisches Stadthotel in den oberen Geschossen eines Jugendstilhauses mit einem Hauch von verstaubter Belle Époque; auch Turiner Langzeitgäste.

Roma e Rocca Cavour*,** Piazza Carlo Felice 60, ✆ 01 15 61 27 72, Fax 01 15 62 81 37; freundlich geführtes, älteres Hotel nahe dem Bahnhof.

Venezia*,** Via XX Settembre 70, ✆ 01 15 62 30 12, Fax 01 15 62 37 26; Jahrhundertwende-Hotel im sogenannten Piemonteser Barock mit entsprechendem Charme, z. T. renoviert, zentral; ohne Restaurant.

Victoria*,** Via Costa 4, ✆ 01 15 61 19 09, Fax 01 15 61 18 06; mittleres, im Libertystil schön gestaltetes Stadthotel im Zentrum und doch ruhig.

Canelli*, Via San Dalmazzo 7, ✆ 0 11 53 71 66; sehr preiswertes, ordentliches Hotel, von jungen Leuten bevorzugt.

Da Michele, Piazza Vittorio 4; klein, nur eine offene Küche mit Pizza-Ofen, die vielleicht beste Empfehlung an diesem großen Platz, toscanische Küche mit Piemonteser Spezialitäten; preiswert, Pizza und Pasta sind von bester Qualität, man erwartet nicht, daß ein ganzes Menü bestellt wird.

Neuv Caval 'd Brôns, Piazza San Carlo 157, ✆ 0 11 54 36 10; zu Recht vielgelobtes, historisches Restaurant mitten in der Stadt; vor allem verfeinerte Piemonteser Fleischgerichte (auch eigene *Pasticceria*).

Porto di Savona, Piazza Vittorio 2, ✆ 01 18 17 35 00; alteingesessenes Restaurant, nett, mit Pension.

San Giorgio, Borgo Mediovale, Parco Valentino, ✆ 01 16 69 21 31; historisches Lokal im ›mittelalterlichen Dorf‹, berühmt, herrliche Lage am Po, aber mit nicht so guter Küche.

Tre Galline, Via Bellezia 37, ✆ 01 14 36 65 53; relativ teuer, mit festen Piemonteser Menüs.

Valenza, Via Borgo Dora 39, ✆ 01 15 21 39 14; am Flohmarkt, dem *Balón*, echte, alte Trattoria mit köstlichem Essen für wenig Geld.

Cafés: Baratti & Milano, Piazza Castello 29; wunderschönes, gepflegtes historisches Lokal, berühmt für seine Pralinen (*Giadujotto* u. a.).

Elena, Piazza Vittorio; das älteste Café der Stadt.

Mulassano, Piazza Castello 15; kostbar ausgestattetes historisches Lokal, hierher versetzt Anfang 20. Jh., mit Freisitz unter den Arkaden des Platzes.

Stratta, Piazza San Carlo 191; seit 1836 mit seiner Einrichtung original erhaltenes kleines Café mit eigener *Pasticceria*, berühmt für ihre Bonbons.

Torino, Piazza San Carlo 204; vielleicht das edelste der vielen historischen Lokale Turins, mit Restaurantbetrieb.

Archäologisches Museum, Di–Sa 9–18/19 Uhr.
Automobilmuseum Carlo Biscaretti di Ruffia, Corso Unità d'Italia 40, Di–So 9.30–12.30 und 15–19 Uhr.
Basilica della Superga, Krypta, Sa–Do 9.30–12 und 15–18 Uhr.
Palazzo Carignano, Museo Nazionale del Risorgimento Italiano, Di–Sa 9–18/18.30, So 9–12/12.30 Uhr.
Palazzo dell'Accademia delle Scienze, Ägyptisches Museum, Di–So 9–14 Uhr.
Palazzo dell'Accademia delle Scienze, Galleria Sabauda, Di–So 9–14 Uhr.
Palazzo Reale, Armeria Reale, Di–Sa 9–14 Uhr.
Palazzo Reale, Prunkräume, Di–So 9–18/19 Uhr.
Saluzzo: Casa Cavassa mit **Museo Civico,** tgl. 10–12 und 15–18, 15.10.–31.3. nur nachm. 14–16 Uhr.

Udine/Friaul-Julisch Venetien

PLZ ab 33100

APT, Piazza I Maggio 7, ✆ 04 32 29 59 72, Fax 04 32 50 47 43.

Astoria Hotel Italia**,** Piazza XX Settembre 24, ✆ 04 32 50 50 91, Fax 04 32 50 90 70; das Traditionshaus mit gutem Restaurant (nicht nur für Hausgäste).
Friuli*,** Viale Ledra 24, ✆ 04 32 23 43 51, Fax 04 32 23 46 06; modernes, sehr komfortables Hotel am Rande des Zentrums, ideal für Autoreisende (Parkplatz); mit gutem Restaurant.

Al lepre, Via Poscolle 27, ✆ 04 32 29 57 98; noch echte Osteria zum Weintrinken und -probieren mit reichbestückter *Enoteca* und Restaurant.
Al Marinaio, Via Cisis 2 (Stadtteil Grazzano), ✆ 04 32 29 59 49; eine der ältesten Osterien Udines in einem arkadengeschmückten Anwesen aus dem 17. Jh., liebevoll geführt; preiswerte und gute regionale Küche.
Al Vecchio Stallo, Via Viola 7, ✆ 0 43 22 12 96; hier stand wirklich der alte Stall einer Poststation, die zur Osteria umfunktioniert wurde; nur echte Friulaner Gerichte und Menüs, guter Hauswein.
Alla Vedova, Via Tavagnacco 9, ✆ 04 32 47 02 91; traditionsreiches Friulaner Restaurant mit angenehmen Räumen, Kaminen, Teppichen – und ausgesuchten lokalen Spezialitäten und Weinen; hervorragendes Preis-Leistungs-Verhältnis.

Café: Contarena, Via Cavour 1, ✆ 04 32 51 27 41; traditionsreiches, sehr angenehmes, einem Salon ähnliches Café direkt an Udines schönstem Platz.

Musei Civici (Städtische Museen), Di–Sa 9.30–12.30 und 15–18 Uhr, So nur vorm.

Varenna/Lombardei

PLZ 22050

Hotel Du Lac**,** ✆ 03 41 83 02 38, Fax 03 41 83 10 81; herrlich gelegenes, kleines Hotel im Jahrhundertwendestil, mit Seeblick.
Royal Victoria**,** Piazza S, Giorgio 5, ✆ 03 41 81 51 11, Fax 03 41 83 07 22; etwas größeres Haus im Stil der guten alten Zeit, typisch für den See.

Vecchia Varenna, Contrada Scoscesa 10, ✆ 03 41 83 07 93; im Sommer Service auf der Terrasse direkt am kleinen Hafen; lokale Fischgerichte, frische Pasta und Reisspezialitäten.

Varese/Lombardei

PLZ ab 21100

APT, Viale Ippodromo 9, ✆ 03 32 28 46 24, Fax 03 32 23 80 93.

Crystal**,** Via Speroni 10, ✆ 03 32 23 11 45, Fax 03 32 23 71 81; freundliches modernisiertes Stadthotel nahe dem historischen Zentrum; ohne Restaurant.
Palace Hotel**,** Colle Campigli, ✆ 03 32 31 26 00, Fax 03 32 31 28 70; feineres Landhotel im Park; Tennis.

Al Vecchio Convento, Via Luigi Borri 348, ✆ 03 32 26 10 05; toscanische Küche, durch lokale Einflüsse verändert, Tischgrill-Spezialitäten (Rindfleisch und Steinpilze); relativ teuer.
Lago Maggiore, Via Carrobio 19, ✆ 03 32 23 11 83; kreative Küche und guter Weinkeller.

Varigotti/Ligurien

PLZ 17029

Via Aurelia 79, ✆ und Fax 0 19 69 80 13, Juni–Sept.

Arabesque*,** ✆ 0 19 69 82 62; freundliches kleineres, nicht ganz preiswertes Hotel in Strandnähe.

Conchiglia d'Oro (Muraglia), Via Aurelia 133, ✆ 0 19 69 80 15; in einem unscheinbaren Haus direkt an der Aurelia hält man seit Jahren seinen Michelin-Stern für besonders gute Kochkünste, vor allem von frischem Fisch.

Venedig (Venezia)/Veneto

PLZ ab 30100

APT, Palazzo Selva/Molo di San Marco (an der Traghetto-Station), ✆ 04 15 22 63 56, Fax 04 15 29 87 30; am Bahnhof Santa Lucia, ✆ 04 15 29 87 27, Fax 0 41 71 90 78, www.provincia.venezia.it/aptve.

Danieli***,** Riva degli Schiavoni 4196, ✆ 04 15 22 64 80, Fax 04 15 20 02 08; das historische Paradehotel in einem großartigen gotischen Palast (mit Anbauten) am Bacino; Schauplatz einiger Filme.
Des Bains***,** Lungomare Marconi 17, Lido di Venezia, ✆ 04 15 26 59 21, Fax 04 15 26 01 13; die Nummer Eins am Lido und Filmkulisse; direkt am Strand.
Gritti Palace***,** Campo Santa Maria del Giglio 2467, ✆ 0 41 79 46 11, Fax 04 15 20 09 42; einst Wohnpalast des Dogen Andrea Gritti, später Hemingways Lieblingshotel; mit dem Rücken am Canal Grande, luxuriös, total umgebaut.
Metropole**,** Riva degli Schiavoni 4149, ✆ 04 15 20 50 44, Fax 04 15 22 36 79; wunderhübsches Romantik-Hotel direkt am Bacino mit Blick auf die vorgelagerten Inseln.
Abbazia*,** Calle Priulli 68, ✆ 0 41 71 73 33, Fax 0 41 71 79 49; in einem Klosterflügel (18. Jh.), modern und komfortabel eingerichtet, nahe dem Bahnhof, ohne Restaurant.
Flora*,** Calle Larga XXII Marzo 2283, ✆ 04 15 20 58 44, Fax 04 15 22 82 17; nettes Stadthotel mit kleinem Garten.
Spagna*,** Lista di Spagna 184, ✆ 0 41 71 50 11, Fax 04 12 75 02 56;

einfaches, ordentliches Hotel, Bahnhofsnähe; ohne Restaurant.
Accademia,** Dorsoduro/Fondamenta Bollani 1058, ✆ 04 15 23 78 46, Fax 04 15 23 91 52; zauberhaft ruhig gelegene Villenpension mit Garten, nahe der *Accademia;* ohne Restaurant.
Ala,** Campo Santa Maria del Giglio 2494, ✆ 04 15 20 83 33, Fax 04 15 20 63 90; sehr beliebtes Stadthotel nahe San Marco und Canal Grande; ohne Restaurant.

Al Bacareto, San Samuele/Calle delle Botteghe 3447; immer gut besuchte Osteria mit köstlichen venezianischen Spezialitäten und freundlich-familiärem Service.
Al Mascaron, Castello 5225/Calle Santa Maria Formosa; ursprüngliche Trattoria mit Weinschenke und vielen venezianischen Kleinigkeiten zu einem Gläschen Wein *(Ombra e Cichetti).*
Antico Martini, Campo San Fantin 1983, ✆ 04 15 22 41 21; historisches Lokal mit bester venezianischer Küche und Tischen auf dem Platz; preiswerterer, guter Anhang: Vino Vino (s. u.).
Antico Pignolo, Calle Specchieri 451, ✆ 04 15 22 81 23; angenehmes Ambiente, sehr gute Küche und freundlicher Service; nahe San Marco.
Da Codroma, Dorsoduro 2540/Fondamenta Briati; eine der ältesten Osterien Venedigs (freitags Literaturkreis/Lesungen), in der es zu den offenen Weinen Kleinigkeiten oder Sandwiches/*Tramezzini* gibt.
Schiavi, Dorsoduro/San Trovaso 992; uriger Weinkeller mit kleinen Gerichten an der langen Theke; nahe der Gondelwerft.
Vino Vino, San Marco 1983/Campo Santin; eine immer volle *Enoteca* mit Küche, glasweise Wein und vom Feinsten und frisch zubereitete venezianische Gerichte an der Theke oder den kleinen Marmortischen.

Bar: Harry's Bar, Calle Vallaresso 1323, ✆ 04 15 28 57 77; leider nicht mehr original erhaltene amerikanische Bar, die Hemingway weltberühmt und sehr teuer machte; immer noch ›in‹.

Cafés: Florian, Piazza San Marco; das berühmteste Café mit wunderhübschen kleinen Räumen.
Quadri, Piazza San Marco; beliebtes Café mit Restaurantbetrieb und Musik auf der Piazza.

Ca' Rezzonico mit dem Museo del Settecento Veneziano, Di–Sa 10–16, So 9–12.30 Uhr.
Collezione Peggy Guggenheim, Apr.–Okt. Mi–Fr und So–Mo 12–18, Sa 12–21 Uhr.
Galleria dell'Accademia, tgl. 9–19, im Winter 9–16 Uhr.
Galleria Giorgio Franchetti, Mo–Sa 9–13.30, So bis 12.30 Uhr.
Galleria Internazionale d'Arte Moderna (Galerie Moderner Kunst), auf Anfrage zu besichtigen, ✆ 0 41 72 11 27.
Museo Orientale, Di–Sa 9–14, So 9–13 Uhr.
Palazzo Ducale (Dogenpalast), tgl. 8.30–16, im Winter bis 14 Uhr.
Procuratie Nuove mit Archäologischem Museum und **Museo Correr** zur bildenden Kunst und Geschichte Venedigs, im Sommer Mi–Fr 10–16, Sa und So 10–20 Uhr, im Winter kürzer.
Scuola Grande di San Rocco, tgl. 9–13 und 15.30–18.30 Uhr.
Murano: Museo Vetrario (Glaskunst), Do–Sa und Mo–Di 10–16, So 9–12.30 Uhr.

Ventimiglia/Ligurien

PLZ 18039

Via Cavour 61, ✆ und Fax 01 84 35 11 83.

Balzi Rossi, Höhlen, Di–So 9–13 und 14.30–19.30, im Winter bis 18 Uhr.
Villa Hanbury mit **Botanischem Garten** außerhalb des Ortes Richtung französischer Grenze gelegen, Do–Di 10–16 Uhr.

Vercelli/Piemont

PLZ 13100

Viale Garibaldi 90, ✆ 0 16 15 80 02, Fax 0 16 16 46 32.

Borgogna, Gemäldegalerie, Di und Do 15–17, So 9.30–12 Uhr oder auf Anfrage.
Leone, Stadtgeschichte, nur im Sommerhalbjahr Di und Do 15–17.30, So 10–12 Uhr.

Vernazza/Ligurien

PLZ 19018

Al Castello, Via Guidoni 56, ✆ 01 87 81 22 96; nettes Terrassenrestaurant hoch über dem Ort mit herrlichem Blick über die Cinqueterre.
Trattoria Giani Franzi, Piazza Marconi 5, ✆ 01 87 81 22 28; gemütliche Trattoria in den alten Mauern direkt am kleinen Bootshafen; lokale Spezialitäten.

Verona/Veneto

PLZ ab 37100

APT, Piazza Brà/Via degli Alpini 9, Tel. 04 58 06 86 80, Fax 04 58 00 36 38; info@tourism.verona.it

Due Torri Hotel Baglioni***,** Piazza Sant'Anastasia 4, ✆ 0 45 59 50 44, Fax 04 58 00 41 30; das feinste Haus der Stadt (Leading Hotels of the World) in zentraler Lage mit Super-Restaurant **L'Aquila** (✆ 0 45 59 53 81).
Accademia**,** Via Scala 12, ✆ 0 45 59 62 22, Fax 04 58 00 84 40; renoviertes, komfortables Altstadthotel nahe der Piazza delle Erbe, mit Appartements.
Verona*,** Corso Porta Nuova 47/49, ✆ 0 45 59 59 44, Fax 0 45 59 43 41; schlichtes Stadthotel zwischen Bahnhof und Altstadt; ohne Restaurant.
Ciopeta*, Vicolo Teatro Filarmonico 2, ✆ 04 58 00 68 43, Fax 04 58 03 37 22; einfaches, ordentliches Stadthotel nahe Piazza Brà.

Bottega del Vino, Via Scudo di Francia 3, ✆ 04 58 00 45 35; bester Weinkeller Veronas und Osteria mit köstlichem Essen aus dem Veneto (auch teure Menüs) und preiswerteren Kleinigkeiten an der Theke.
I 12 Apostoli, Vicolo Corticella San Marco 3, ✆ 0 45 59 69 99; eine Traditionsadresse im Altstadtzentrum in historischen, aber neu freskierten Gewölberäumen.
Locanda di Castelvecchio, Corso Cavour 49, ✆ 04 58 03 00 97; neu eingerichtetes, nicht teures Restaurant mit venetischen Gerichten; in den gemütlichen Räumen einer früheren Osteria gegenüber dem Castelvecchio im schönen alten Stadtviertel; Sommerterrasse.
Pane e Vino, Via Garibaldi 16, ✆ 04 58 03 15 48; Osteria mit regionaler Küche; man kann auch einen Imbiß bestellen und offene Weine.

Casa di Giulietta, Di–So 9–19 Uhr.
Castelvecchio mit **Civico Museo D'Arte,** Di–So 9–19 Uhr.

Teatro Romano und **Museo Archeologico,** Di–So im Winter 9–13, Apr.–Sept. 9–12.30 und 14.30–18.30 Uhr.

Verúcchio/Emilia-Romagna

PLZ 47040

La Rocca della Margherita, Via Rocca 42, ✆ 05 41 67 98 50; typische Küche und Panoramaterrasse.
Ro' e Buni, Via Tenuta Maglua 697, ✆ 05 41 68 84 84; charakteristisches Lokal in einem alten Bauernhaus mit mehreren, urgemütlichen Räumen; nur einheimische romagnolische Küche.

Museo Archeologico in der Burg, mit Funden aus der Villanova-Kultur, meist vormittags zugänglich.

Vicenza/Veneto

PLZ ab 36100

APT, Piazza Duomo 5, ✆ 04 44 54 41 22, Fax 04 44 32 50 01; am Teatro Olimpico, Piazza Matteotti, ✆ und Fax 04 44 32 08 54.

Campo Marzio**,** Viale Roma 21, ✆ 04 44 54 57 00, Fax 04 44 32 04 95; komfortables Stadthotel am Rande des historischen Zentrums, nahe dem Bahnhof.
Giardini*,** Via Giuriolo 10, ✆ und Fax 04 44 32 64 58; kleines Stadthotel nahe dem Dom und dem Bacchiglione; ohne Restaurant.

Vecchia Roma – Tre Visi, Corso Palladio 25, ✆ 04 44 32 48 68; das ›historische‹ Lokal ist in neuere Räume umgezogen; mit ordentlicher Vicentinischer Küche.

Café: Gran Caffè Garibaldi, Piazza dei Signori 5, ✆ 04 44 54 41 47; das ›In‹-Café der Stadt an der zentralen Piazza, mit Restaurantbetrieb wurde inzwischen in eine Pizzeria umgestaltet.

Vigevano/Lombardei

PLZ 27029

Castello Sforzesco, tgl. 8.30–13.30, Sa, So und feiertags auch 16–18.30 Uhr.

Völs am Schlern (Fiè allo Scilliar)/Südtirol

PLZ 39050

Romantik Hotel Turm**,** Kirchplatz 9, ✆ 04 71 72 50 14, Fax 04 71 72 54 74; eine der Top-Adressen Südtirols in engen historischen Turmmauern, sogar mit Pool (in den Fels im Untergeschoß gesprengt) und echter Südtirol-Küche.

Reiseinformationen von A bis Z

Anreise

... mit dem Flugzeug

Internationale Flughäfen in Oberitalien sind Mailand, Bologna, Genua und Venedig sowie Ronchi (für Triest). Alitalia und die Deutsche Lufthansa verbinden praktisch ganz Oberitalien mit der Bundesrepublik, letztere in der Hauptsache über Air Dolomiti. Neu: Bergamo–Orio (über Deutsche BA und Gandalf Airlines). Sehr wichtige Flughäfen sind außerdem Turin und im Sommer Rimini bzw. Forlì für die Adria. Von regionaler Bedeutung sind Verona, Reggio nell' Emilia, Rimini (im Sommer), Treviso und Varese für die oberitalienischen Seen nördlich von Mailand.

... mit der Bahn

Hervorragend sind die Bahnverbindungen durch die Schweiz über Como nach Mailand (Eisenbahnknotenpunkt auch für Wirtschaftsgüter zwischen Italien und Europa nördlich der Alpen). Von dort gibt es Anschlüsse über Pavia und Genua an die West- und Ost-Riviera Liguriens im Süden, nach Turin und damit ins Piemont im Westen, nach Brescia, Verona, Vicenza, Padua, Venedig und Triest im Osten sowie nach Piacenza, Fidenza, Parma, Reggio nell' Emilia, Bologna, Imola, Faenza, Cesena, Rimini und Riccione im Südosten.

Eine andere Streckenführung geht über den Brenner, also München – Innsbruck – Bozen und Trento nach Verona mit Abzweigungen westlich Richtung Mailand und weiter, nach Osten Richtung Vicenza, Padua und Venedig sowie nach Süden Richtung Bologna mit Abzweigungen nach Nordwest Richtung Mailand und die Seen sowie nach Südost Richtung Adria-Küste.

Autoreisezüge fahren während der Hauptferienzeit von Mai bis September von Norddeutschland nach Oberitalien und zurück. Abfahrt meistens nachts, Ankunft frühmorgens. Beispielsweise: München-Ost – Rimini, Neu-Isenburg – Verona, Hamburg-Altona – Hannover – Bozen – Verona, Köln-Deutz – Verona, Berlin-Wannsee – Verona, Hannover – Köln-Deutz – Neu-Isenburg – Bologna, Berlin-Wannsee – Bologna, Hannover – Köln-Deutz – Alessandria.

... mit dem eigenen Wagen

Für Reisende aus Deutschland und Österreich empfiehlt sich die Strecke über Innsbruck und die Brennerstraße bzw. -autobahn A 22 nach Bozen, Trento und Verona.

Aus der Schweiz gelangt man über den Sankt Gotthard-Paß nach Bellinzona, Lugano und Como, von Lausanne aus über den Großen Sankt Bernhard-Tunnel oder im Hochsommer über den Großen Sankt Bernhard-Paß ins Aosta-Tal. Von Genf aus fährt man normalerweise durch den Mont Blanc-Tunnel über Chamonix und Courmayeur ebenfalls nach Aosta zur A 5, die noch nicht ganz fertiggestellt ist und es nach Fertigstellung ab dem Mont Blanc-Tunnel, also von der französischen Grenze an sein wird.

Die italienischen Autobahnen sind im allgemeinen in hervorragendem Zustand – aber gebührenpflichtig. Die

Landstraßen sind ebenfalls meistens sehr gut ausgebaut, das Straßennetz ist dicht. Störend bzw. bei der Planung zu berücksichtigen ist die geringe Anzahl von Brücken in der Po-Ebene.

Meine besondere Empfehlung: Die vielleicht schönsten Strecken nach Oberitalien sind meist nur im Sommerhalbjahr befahrbar und führen z. B.

– von der Brennerautobahn bei Klausen/Chiusa ins Grödnertal und bis nach Cortina d'Ampezzo und von dort Richtung Belluno nach Süden bis Venedig

– von Landeck über den Stilfserpaß zum gleichnamigen Nationalpark Richtung Tirano in die Valtellina, wo man ostwärts nach Edolo gelangt und von dort nach Süden abbiegt nach Capo di Ponte Richtung Iseo-See – oder westwärts über Sóndrio bis zum Comer See, an dessen Ostufer oder Westufer entlang man entweder nach Lecco oder nach Como fährt

– von Zürich über Chur und St. Moritz erreicht man durch den Julierpaß und über Chiavenna oder über den Sankt Bernhard-Paß den Comer See

– ebenfalls über St. Moritz gelangt man durch das Poschiavo-Tal über den Bernina-Paß nach Tirano und Sóndrio Richtung Comer oder Iseo-See

– auch die Strecke von der Schweiz über den Simplon-Paß zum Lago Maggiore hat ihre Reize.

Ärztliche Betreuung

In den Großstädten und großen Badeorten gibt es Ärzte, die auch Deutsch sprechen (die Hotelrezeption hilft bei der Benachrichtigung). Im Norden Italiens entspricht die medizinische Versorgung dem mitteleuropäischen Standard, in den Kurorten ist sie sogar hervorragend. Deutsche und Österreicher, die einer gesetzlichen Krankenversicherung angehören, müssen sich vor der Reise von ihrer Krankenkasse eine Anspruchsbescheinigung ausstellen lassen, um diese bei Bedarf der italienischen Krankenversicherung INAM vorzugelegen. Für Pflichtversicherte ist der Abschluß einer kurzfristigen Reisekrankenversicherung dennoch empfehlenswert, um im Notfall schnell einen Arzt oder eine Klinik der eigenen Wahl aufsuchen zu können. – Schweizer Bürger müssen, wie Privatversicherte anderer Länder auch, entweder durch ihre Versicherung genügend abgesichert sein oder eine zusätzliche Reisekrankenversicherung abschließen. Privatpatienten zahlen ihre Arztrechnung selber und rechnen dann – je nach Schutz – nach der Reise mit ihrer Kasse ab.

Apotheken

Apotheken (*farmacìe,* singular *farmacia*) sind häufig zu finden; in den Städten gibt es Apotheken mit 24-Stunden-Dienst im Turnus.

Auskunft

Ausführliches Informationsmaterial und recht gute Straßenkarten von ganz Italien oder einzelnen Regionen kann man im deutschsprachigen Raum am besten schriftlich oder per Fax bei den Büros des **Staatlichen Italienischen Fremdenverkehrsamtes ENIT** anfordern. Für Prospektbestellungen gilt für Deutschland die kostenlose Servicenummer Tel. 00800/00 48 25 42.

... in Deutschland: Kaiserstraße 65, 60329 Frankfurt, ✆ 0 69/23 74 34, Fax 23 28 94, enit-ffm@t-online.de
Karl-Liebknecht-Straße 34, 10178 Berlin, ✆ 030/2 47 83 98, Fax 2 47 83 99, enit-berlin@t-online.de
Goethestraße 20, 80336 München, ✆ 0 89/53 13 17, Fax 53 45 27, enit-muenchen@t-online.de

... in Österreich: Kärntnerring 4, 1010 Wien, ✆ 01/5 05 43 74, 5 05 16 39, Fax 5 05 02 48

... in der Schweiz: Uraniastraße 32, 8001 Zürich, ✆ 01/2 11 36 33, 2 11 36 34, Fax 2 11 38 85

Regionalstellen für Fremdenverkehr in Oberitalien

Südtirol
Südtiroler Marketing, Pfarrplatz 11/12, 39100 Bozen, ✆ 04 71 41 38 08, Fax 04 71 41 38 99 www.hallo.vom, info@hallo.com

Trentino
Azienda per la Promozione Turistica del Trento, Via Romagnozi 3, 38100 Trento, ✆ 04 61 83 90 00, Fax 04 61 26 02 45 www.provincia.tn.it/apt

Aosta-Tal
Assessorato Regionale al Turismo, Piazza Narbonne 3, 11100 Aosta, ✆ 01 65 27 27 25, Fax 0 16 54 01 34 www.regione.vda.it/tuirmo

Piemont
Assessorato Regionale al Turismo, Via Magenta 12, 10128 Torino, ✆ 01 14 32 11, Fax 01 14 32 24 40 www.regione.piemonte.it

Ligurien
Assessorato al Turismo, Via Fieschi 15, 16121 Genova, ✆ 01 05 48 51, Fax 0 10 54 10 46 www.regione.liguria.it

Lombardei
Assessorato Regionale al Turismo, Via Sassetti 32, 20124 Milano, ✆ 0 26 76 51, Fax 02 67 65 62 94 www.inlombardia.it

Emilia-Romagna
Assessorato Regionale al Turismo, Via Aldo Moro 30, 47900 Bologna, ✆ 0 51 28 33 53, Fax 0 51 28 33 80 und APT Servici Emilia Romana, Piazzale Fellini 3, 47037 Rimini, ✆ 0 54 43 01 91, Fax 05 41 43 01 51, www.apt.emilia-romagna.it/de; E-Mail für Veranstaltungen: home@adriacoast.com

Veneto
Assessorato Regionale al Turismo, Palazzo Balbi, Dorsoduro 3901, 30123 Venezia, ✆ 04 12 79 28 32, Fax 04 12 79 28 60 www.regione.veneto.it;

Friaul-Julisch Venetien
Direzione Regionale del Turismo, Viale Miramare 19, 34135 Trieste, ✆ 04 03 77 11 11, Fax 04 03 77 57 96 www.regione.fvg.it

Autofahren

Führerschein

Die Adresse im Führerschein muß aktuell sein, das ist in Italien Pflicht. Und die italienische Polizei neigt zu recht harten Geldstrafen, wenn der Führerschein nicht in Ordnung ist. Einfacher hat man es mit dem EU-Führerschein, der nur den Wohnort ohne genaue Adresse tragen. Wer also nur innerhalb der Stadt umgezogen ist, hat keine Probleme. Ältere Führerscheine daher unbedingt vor der Italienreise aktualisieren lassen.

Autobahngebühren

Die ausgezeichnet ausgebauten italienischen Autobahnen sind zwar gebührenpflichtig, aber kurze Strecken, etwa Umgehungsstraßen großer Städte sind manchmal gebührenfrei befahrbar. Mit der **Viacard,** bei den Automobilclubs, an den Grenzen und bei manchen italienischen Banken erhältlich, erspart man sich das Kleingeldsuchen.

Automobilclub

An allen wichtigen Stellen und in den Provinzhauptstädten gibt es Büros des italienischen Automobilclubs **ACI,** den Mitglieder anderer Automobilclubs kostenlos zur Hilfe rufen können. Andere müssen für die Dienste zahlen. An allen Ortseinfahrten wird auf Tafeln auf den Standort des Automobilclubs hingewiesen. **Straßenhilfsdienst** ✆ 1 16.

Autoverleih

An den Flughäfen, in den großen Städten und in den Küstenorten können überall Leihwagen gemietet werden. Zu den Anbietern gehören die internationalen Firmen Avis, Hertz und InterRent sowie das italienische Unternehmen Maggiore. Die Rückgabe des Leihwagens muß nicht am Ausgangspunkt erfolgen, sondern ist nach Absprache (und meist gegen Aufschlag) im ganzen Land möglich. Sie können also z. B. nach Mailand fliegen, dort einen Leihwagen nehmen, mit ihm Oberitalien bereisen und vielleicht ab Venedig zurückfliegen.

Tanken

Vorsicht mit Normalbenzin: In Italien tankt man besser gleich Super, weil sonst die Oktanzahl zu niedrig ist. Am billigsten fahren in Italien Dieselfahrzeuge.

Mit der Einhaltung der Freizeit nehmen es die italienischen Tankwarte sehr genau. Nur an den Autobahnen gibt es einen 24-Stunden-Service. In Großstädten und an wichtigen Kreuzungen der Landstraßen trifft man inzwischen vermehrt auf Selbstbedienungstankstellen, an denen man üblicherweise mit Euro-Scheinen zahlen kann. Ansonsten gilt es, sich mit den Öffnungszeiten der Tankstellen anzufreunden, vor allem unterwegs in wenig frequentierten Gebieten, die ja den Reiz einer Italienreise überhaupt erst ausmachen. Vor acht Uhr früh brauchen Sie mit einer normalen Tankstelle nicht zu rechnen, die Mittagspause dauert meistens von 12.30 bis 15.30 Uhr, wer etwa sonntags Dienst hatte, schließt am Montag etc. Fazit: Fahren Sie morgens niemals los, wenn der Tank nicht einigermaßen voll ist.

Die Italiener sind Meister in Sachen Auto, erst recht an den Tankstellen: Kleine technische Probleme werden hier schnell und preiswert gelöst.

Verkehrsbestimmungen

Italien hat einige besondere Verkehrsbestimmungen, die von unseren deutschen abweichen. Wichtig sind folgende:

– **Geschwindigkeitsbegrenzungen** in den Ortschaften betragen 50 km/h, auf den vierspurigen Hauptstraßen außerhalb 110, auf den Neben- und Gemeindestraßen 90 und auf den Autobahnen 130 km/h. PKW mit Anhänger oder Wohnwagen dürfen außerhalb

höchstens 80, auf Autobahnen höchstens 110 km/h fahren. Außerdem darf man »nicht so langsam fahren, daß der Verkehr beeinträchtigt wird«.
– **Abblendlicht** muß in Tunnels auch am Tag eingeschaltet werden
– An schwarz-gelb markierten Bordsteinen ist das **Parken** verboten, an blau markierten Plätzen ist die **Parkzeit** beschränkt und muß bezahlt werden (Automaten)
– vor dem **Anhalten** muß man blinken, ebenfalls beim **Überholen**
– Fahren unter Alkoholeinfluß ist grundsätzlich verboten, es besteht eine **Promillegrenze:** bei Überschreitung von 0,8 Promille droht Gefängnis, eine hohe Geldstrafe und der Entzug des Führerscheins
– **Anschnallen** ist zwar Pflicht, doch kaum ein Italiener hält sich innerorts daran, auf Überlandstraßen schon eher. Man sollte es ihnen nicht gleichtun ...

Das eigene Boot im Gepäck?

Wer Bootsferien mit dem eigenen Gerät erleben möchte, kann es natürlich mitnehmen. Schlauchboote bereiten keinerlei Probleme, anders ist es mit Motorbooten über drei Steuer-PS: für diese besteht Haftpflichtversicherungszwang. Die **Blaue Karte** dafür gibt es bei der Heimat-Versicherungsgesellschaft (in Italien auch, aber umständlicher!).

Bahnfahren

Auskünste über alle Bahnstrecken in Italien online über www.fs-on-line.com.

Diebstahl

Leider ist Autodiebstahl in Italien noch immer ein leidiges Kapitel. Insbesondere zur sommerlichen Hauptreisezeit und in den wichtigsten touristischen Zentren wie den Großstädten und den großen Badeorten ist Vorsicht geboten. Die größte Sicherheit bieten Hotelgaragen (weil kein Hotelier seine Gäste verärgert sehen möchte und daher zuverlässiges Personal hat) und andere Garagen, die natürlich ganz schön viel kosten.

Nicht zu viel Bargeld mitnehmen sowie Schecks und Scheckkarte getrennt aufbewahren.

Diplomatische Vertretungen

Italienische Botschaft

... in Deutschland
Karl-Finkelnburg-Str. 81, 53173 Bonn,
✆ 02 28/82 20
... in Österreich
Rennweg 27, 1030 Wien,
✆ 01/7 12 51 21
... in der Schweiz
Elfenstraße 14, 3006 Bern,
✆ 0 31/3 52 41 51

Botschaften und Konsulate

... für die Bundesrepublik Deutschland
Botschaft:
Via Po 25c, 00198 Rom,
✆ 06 88 47 41, Fax 06 8 54 79 56
Generalkonsulate in Oberitalien:
Via San Vincenzo 4/28, 16121 Genua,
✆ 01 05 76 74 11, Fax 0 10 58 84 57
Via Solferino 40, 20121 Mailand,
✆ 0 26 23 11 01, Fax 0 26 55 42 13

... für Österreich
Botschaft:
Via Pergolesi 3, 00198 Rom,
✆ 0 68 55 82 41, Fax 0 68 54 32 86
Generalkonsulate in Oberitalien:
Via Tranquillo Cremona 27/1,
20145 Mailand, ✆ 0 24 81 29 37
Via Fabio Filzi 1, 34142 Triest,
✆ 0 40 63 16 88

... für die Schweiz
Botschaft:
Via Barnaba Oriani 61, 00197 Rom,
✆ 0 68 08 36 41, Fax 0 68 08 85 10
Generalkonsulate in Oberitalien:
Piazza Brignole, 16122 Genua,
✆ 0 10 56 56 20
Via Palestro 2, 20121 Mailand,
✆ 0 27 77 91 61
Konsulat:
Dorsoduro 810/Campo S. Agnese,
30123 Venedig, ✆ 04 15 22 59 96

Einkaufen

Die großen oberitalienischen Städte eignen sich hervorragend für einen Einkaufsbummel. Wer Modisches preiswert erstehen möchte, sollte es möglichst so einrichten, kurz vor Beginn des Ausverkaufs etwa in Deutschland nach Italien zu reisen. Es lohnt sich wirklich! Besonders gute Einkaufsstädte sind Mailand und Bologna für Kleidung allgemein, Como für Seide, Vigevano für Schuhe, Parma und Padua für Schinken, Wurstwaren und Parmesan, Faenza für Porzellanwaren.

Einreise- und Zollbestimmungen

Deutsche, Österreicher und Schweizer benötigen für die Einreise einen gültigen **Personalausweis,** auch wenn mit der Lockerung der EU-Einreisebestimmungen normalerweise kaum noch mit Kontrollen zu rechnen ist. Die Mitnahme der **Grünen Versicherungskarte** ist für die Anreise über die Schweiz Pflicht, in Italien kann sie bei Verkehrskontrollen oder im Falle eines Unfalles benötigt werden. Für die Einreise aus EU-Ländern nach Italien gelten die EU-Zollbestimmungen (das gilt alllerdings nicht für Waren aus Nicht-EU-Ländern), Grenzkontrollen entfallen in aller Regel weitgehend.

Feste und Feiertage

1. Januar: Neujahr
6. Januar: Dreikönigsfest (Epifania)
Ostern: Ostermontag wird in ganz Italien groß gefeiert
25. April: Tag der Befreiung
1. Mai: Tag der Arbeit
1. Sonntag im Juni: Proklamation der Republik
3. Sonntag im Juli: Erlöserfest
15. August (Mariä Himmelfahrt): *Ferragosto,* das größte Familienfest, spätestens dann Beginn der italienischen Invasion Richtung Meer und Berge, in den Sommerurlaub
1. November: Allerheiligen
1. Sonntag im November: Tag der Nationaleinheit
8. Dezember: Mariä Empfängnis
25. Dezember: Weihnachten
26. Dezember: heiliger Stephan
31. Dezember: Sylvester

Geld und Banken

Ab dem 1. 1. 2002 wird die Lira durch den Euro (€) ersetzt. Schweizer Besucher können an den vielen Wechselautomaten der Banken mit der Kredit- oder Scheckkarte Geld abheben oder auch Bargeld tauschen. Das ist natürlich auch an Bankschaltern möglich, dort muß man aber meistens länger warten und den Ausweis vorlegen. Wechselstuben haben meistens durchgehend geöffnet, auch an der Hotelrezeption kann normalerweise gewechselt werden.

Klima

Generell subtropisch bis alpin im Norden, in der Po-Ebene im Sommer sehr heiß und schwül, leichter Dunst kann die Fotografierlaune verderben ...

Es kann immer wieder einmal auch im Sommer regnen, aber selten, Regenzeit ist Oktober bis März/April. In den Alpen Schneefall, auch im Tosco-Emilianischen Apennin.

Die Winter an der Riviera und der Adria sind mild, wenn auch nicht gerade trocken, bis zu 15° C Tagestemperatur sind keine Seltenheit. Eine durchaus schöne Reisezeit, auch für die großen Oberitalienischen Seen.

Durchschnittstemperaturen etwa 5° C im Januar bis etwa 25° C im Juli/August.

Lesetips

Giorgio Bassani: Il giardino dei Finzi-Contini. Turin 1962, dt. (Die Gärten der Finzi-Contini) München 1963. Taschenbuchausgabe bei Piper, München.

Giorgio Bassani: Cinque storie ferraresi. Turin 1956, dt. (Ferrareser Geschichten) München 1964. Taschenbuchausgabe bei Piper, München.

Alberto Bevilacqua: La donna delle meraviglie. Cremona 1984, dt. (Die Frau der Wunder) Köln 1986.

Umberto Eco: Il nome della rosa. Mailand 1980, dt. (Der Name der Rose) München 1982. Taschenbuchausgabe bei dtv, München.

Johann Wolfgang von Goethe: Italienische Reise 1786–88, Erster und Zweiter Teil. Weimar. Taschenbuchausgabe, z. B. dtv, München.

Paul Heyse: Novellen vom Gardasee, 1902. Eine venezianische Nacht, 1901.

Primo Levi: Se non ora, quando? Mailand 1982, dt. (Wann, wenn nicht jetzt?) 1986. Taschenbuchausgabe bei dtv, München.

Alessandro Manzoni: I promessi sposi, Mailand 1827, dt. (Die Verlobten) 1913. Taschenbuchausgabe bei dtv, München.

Guido Piovene: Viaggio in Italia, 1957, dt. (18mal Italien) 1968 (vergriffen).

Literaturhinweise

Cacciapaglia, Giacomo, Deutschsprachige Schriftsteller und Venedig (Ital./Deutsch). Venedig 1985

Dewiel, Lydia L., Lombardei und Oberitalienische Seen. Köln, 1. Aufl. 1999

Droste, Thorsten, Venedig. Köln, 3. Aufl. 2000

Janin, Bernard, Le Val d' Aoste. Tradition e Renouveaux. Aosta 1980

Lammerer, Bernd, Wege durch Jahrmillionen. Geologische Wanderun-

gen zwischen Brenner und Gardasee. München, 2. Aufl. 1991
Marcenaro, Giuseppe, Viaggiatori Stranieri in Liguria. Recco 1987
Maurer, Doris und Arnold E., Literarischer Führer durch Italien. Frankfurt 1988
Misch, Jürgen, Die Langobarden. Pfaffenhofen/Ilm 1977
Nenzel, Nana Claudia, Gardasee. Köln, 3. Aufl. 2000
Pallhuber, Ida/Pippke, Walter, Gardasee, Verona, Trentino. Köln, 1. Aufl. 1998
– Südtirol. Köln, 2. Aufl. 2000
Stammler, Oskar, Romagna. Geschichten und Bilder einer italienischen Landschaft. Stuttgart 1975
Stücher Manzalini, Heidemarie/Oliveti, Pier Giorgio, Emilia-Romagna. Köln, 4. Aufl. 2000
Torino oggi (Ital./Engl./Franz.). Turin 1988
Wundram/Pape/Marton, Palladio. Köln 1988

Öffentliche Verkehrsmittel

Die Bahnverbindungen zwischen den oberitalienischen Städten sind geradezu ideal, man sollte nur die Rush-hour meiden, also frühmorgens und nachmittags. Innerstädtisch (falls man als Reisender nicht lieber zu Fuß die interessanten Zentren entdeckt) ist der Linienbusverkehr dicht, in Mailand sind die U-Bahn und vor allem die kurzen, flinken Straßenbahnen sehr beliebt. Vororte sind ebenfalls per Bus erreichbar, s. auch spezielle Anmerkungen in einigen Städten bzw. Gebieten.

Öffnungszeiten

Banken: Montag bis Freitag 8.30–13.20 Uhr und 14.45–15.45 Uhr. In den Ferienorten häufig länger, manchmal auch samstags.

Postämter: Montag bis Samstag 8.15–14 Uhr, Hauptpostämter auch länger, in kleineren Orten oft nur stundenweise.

Geschäfte und Apotheken: unterschiedliche Öffnungszeiten, meist Montag bis Freitag 8.30–12.30 Uhr und 15.30–19.30 Uhr, im Sommer 16–20 Uhr, in Ferienorten während der Saison häufig viel länger, auch sonn- und feiertags.

Museen: Viele von ihnen bleiben an einzelnen Tagen bis spätabends geöffnet (22/23 Uhr); s. auch bei den einzelnen Orten von A bis Z; am 25. Dez. und 1. Januar bleibt fast alles geschlossen.

Pauschal nach Oberitalien

Im Angebot der klassischen Veranstalter von Studienreisen stehen zwar Venedig mit einem Teil des Veneto und inzwischen die Lombardei mit Mailand und dem Gardasee plus Umgebung auf dem Programm, aus der Emilia-Romagna wird aber fast durchweg nur Bologna ›mitgenommen‹; ein paar Busveranstalter bieten im Winter/Frühjahr Fahrten an die ligurische Riviera an. Aber ›mehr‹ Oberitalien, ob ins Aosta-Tal, Piemont oder gar nach Friaul-Julisch Venetien – solche organisierten Studienreisen sucht man meist vergeblich, es sei denn als kulinarische Reise (**Teambus**-Reisen, München).

Studienreisen ins Veneto und in die Lombardei bieten unter anderem der

Spezialveranstalter **Studiosus,** München und die **Dr. Tigges** an.

Städtereisen in einige der Metropolen Oberitaliens, allen voran natürlich Venedig und Verona, bieten z. B. **Ameropa** per Bahn sowie **TUI** und **Airtours International** mit Linienflug. Meist ist bei den Städtetouren nur eine Stadtrundfahrt inbegriffen. Interessant sind Opernreisen, wie sie Spezialisten anbieten, z. B. Internationale Theater- und Museikreisen J. Beck, München.

Reisezeit

Abgesehen von den Alpen im Gebiet Südtirol-Trentino, im Aosta-Tal und im Norden des Piemont sowie deren Ausläufern etwa im Veneto und im Friaul, wo man hervorragend Ski fahren kann, ist die bevorzugte Reisezeit für Oberitalien das Frühjahr, speziell für Leute, die Landschaft, Kunst und Kultur genießen möchten: Ab März an den Küsten (Riviera/Ligurien, Adria/Veneto und Friaul-Julisch Venetien sowie Emilia-Romagna-Küste), ab Mai an den Oberitalienischen Seen bis zur Po-Ebene – und im Spätsommer/Herbst ab September. Die Badestrände sucht man natürlich im Hochsommer auf, dann aber bitte an die italienischen Schulferien denken: Juli/August sind die Badeorte fest in italienischer Hand, und auch ein Besuch der Städte Oberitaliens, vor allem in der Po-Ebene, empfiehlt sich nicht. Die Italiener, die es sich leisten können, verlassen sie, es fehlt das echte Stadtleben, die wahre Atmosphäre dieser urbanen Zentren weicht einem touristischen Gesicht, das man doch eigentlich nicht kennenlernen möchte ...

Feinschmecker reisen im Frühjahr außerdem nach Italien wegen der Spargelzeit (z. B. nach Terlan in Südtirol und nach Bassano und Maróstica im Veneto), der Erdbeeren und anderer Köstlichkeiten, die hier frisch von den Obst- und Gemüsegärten kommen. Und im Herbst zur Weinlese, zur Wildsaison, zur Kastanienzeit; später zur Trüffelzeit, etwa ins Piemont.

Sport

Bei der geologischen Struktur Oberitaliens ist es kein Wunder, daß die Sportmöglichkeiten groß sind. Es seien daher nur die wichtigsten genannt.
Angeln im Meer ist ohne Genehmigung möglich, in Flüssen und Seen gibt es entsprechende Berechtigungsscheine gegen Gebühr bei der zuständigen Verwaltung (im Verkehrsbüro erfragen). Besonders lohnend ist Angeln am Po und in der Lagune von Comácchio.
Fußball ist der Italiener liebster Sport, als Zuschauer natürlich auch. Bei wichtigen Spielen ist kein Kellner oder Hotelangestellter wirklich ansprechbar ... Die wichtigsten Fußballstadien des Gebietes stehen in Turin, Mailand, Verona, Udine, Genua und Bologna.
Golf hat die größte Anziehungskraft für besser verdienende Reisende, weshalb der Bau von Plätzen in Oberitalien enorm zugenommen hat. Die italienischen Golfplatz-Betreiber sind in der FIG (Federazione Italiana Golf) zusammengeschlossen. Zu ihren Mitgliedern gehören in der Lombardei 49 Plätze, 31 im Piemont, 24 im Veneto, 22 in der Emilia-Romagna, 18 in Südtirol-Trentino, 7 in Friaul-Julisch Venetien und jeweils 5 in Ligurien und im Aosta-Tal.
Jagen dürfen auch Touristen, wenn sie vom Konsulat in ihrer Heimat einen Jagdschein erhalten haben. Dieser wird

dann von der Grenzpolizei abgestempelt, wodurch er als Jagderlaubnis gilt und somit zur Einfuhr von Jagdwaffen berechtigt. Dann muß allerdings noch die entsprechende Provinzialverwaltung (beim Verkehrsbüro zu erfragen) die Jagd genehmigen.
Motorbootsport kann an den großen Seen und natürlich an der Adria und der Riviera betrieben werden, also an Liguriens Küste und von Triest über die venezianische Bucht hinweg nach Süden an allen wichtigen Ferienorten der Adria.
Reiten kann man insbesondere um Varese herum, wo der Reitsport sozusagen zu Hause ist, zwischen dem Comer See und dem Lago Maggiore. Viel geritten wird auch an der Adria-Küste, also im Veneto und in der Emilia-Romagna – die Qualität der Pferde ist aber im allgemeinen mit denen von Varese nicht zu vergleichen.
Zum **Segeln und Surfen** bieten sich die oberitalienischen Küsten und die meisten Seen an. Eines der besten Surfgebiete Europas ist wohl der Norden des Gardasees, wo Naturliebhaber lästern, daß man im Sommer trockenen Fußes über den See gehen könnte – von Brett zu Brett. Auch der Iseo-See bietet sehr gute Surfmöglichkeiten.
Skifahren, auch für Anspruchsvolle, ist vor allem in den Dolomiten möglich, etwa am Kronplatz (Südtirol) und in Madonna di Campiglio (Trentino), in Cortina d'Ampezzo (Veneto), in den Veltliner Alpen der Lombardei, und zwar in den Skizentren Aprica und Bormio, sowie in Livigno. Dann natürlich die Gletscher- und damit Sommerskigebiete: im Aosta-Tal gleich dreimal, am Mont Blanc, am Matterhorn (Cervino) und am Monte Rosa.
Tennisplätze hat jede größere Stadt und jeder Kur- und Ferienort. Gäste sind in den Clubs willkommen, jedoch ist es natürlich am einfachsten, wenn Tennisurlauber ein Hotel mit eigenen Plätzen buchen. Bekannt gute Tennisplätze gibt es in Abano und Galzignano Terme, in Milano Maríttima und den meisten anderen Adria-Badeorten.
Wandern wird von den Italienern als Volkssport erst richtig entdeckt, bzw. sie wandern, wenn überhaupt, dann einfach so ohne gekennzeichnete Wege. Solche hat der Club Alpino Italiano zu markieren begonnen, in Oberitalien (speziell in Südtirol und im Trentino sowie am Gardasee) intensiver als weiter südlich. Eine Anfrage bei ENIT oder den Zweigstellen vor Ort kann nicht schaden, es gibt zum Teil schon spezielle Wanderkarten.

Dolomiten, Apennin und Alpen sind ja für Wanderfreunde ideale Reviere, meistens braucht man jedoch eine gute bis sehr gute Kondition. Am einfachsten sind noch die Wege rund um die Seen, wo die Verkehrsbüros oftmals spezielle Wandertips herausgeben.

Im Aosta-Tal wird ebenso wie in den anderen oberitalienischen Hochgebirgslandschaften natürlich das Bergwandern ganz groß geschrieben, in den Gletschern mit Biwakieren u. ä.

Telefonieren

In Italien sind praktisch alle Telefonzellen mit Karten-Geräten ausgestattet; Telefonkarten verkaufen die Tabakläden, Hotelrezeptionen und Zeitungskioske sowie die Telecom-Stellen, die an allen wichtigen Punkten zu finden sind. Gespräche aus dem Hotelzimmer kosten wie überall auf der Welt meist ein Vielfaches der Normalgebühr. Seit 1998 muß auch innerorts die Vorwahl mitgewählt werden.

Trinkgeld

Italiener geben großzügig Trinkgeld und erwarten dies auch von ihren Gästen. Im Restaurant 10–15 % des Rechnungsbetrages, im Taxi aufgerundet um etwa 10 %, im Hotel dem Zimmermädchen pro Person und Woche je nach Hotelkategorie mindestens 5 €, dem Gepäckträger pro Gepäckstück 1 €, der Rezeption, falls Sonderwünsche erfüllt wurden, in der gehobenen Kategorie ab 10 €.

Unfall-Rettungsdienst

Landesweit über die Rufnummer 1 13 (Polizei) erreichbar.

Unterkunft

Hotels gibt es in großer Anzahl und in allen Kategorien natürlich in den Metropolen der Kunst und der Wirtschaft (Bologna, Mailand, Venedig, Genua), in den bedeutendsten Ferienorten wie etwa Rimini, Lignano und Alassio sowie in den Kurorten, vor allem in Abano Terme, an den großen Seen (Garda- und Como-See, Lago Maggiore). Erstaunlich schlecht ist die Infrastruktur in den größeren Städten der Po-Ebene (z. B. Mantua und Cremona), aber auch z. B. in Turin. Es ist angeraten, vor Reiseantritt die Hotelsituation zu erkunden (s. auch Tips von Ort zu Ort). Die Preise tendieren in Oberitalien nach oben, zu begehrten Reisezeiten (Hochsommer an der Küste, Karneval in Venedig, Arena-Saison in Verona, Trüffelzeit in Alba) nach ganz oben. Dafür gibt es in den wirtschaftlich bedeutenden Städten an Wochenenden meistens recht günstige Pauschalarrangements, etwa in Genua, Bologna und Mailand, manchmal um bis zu 50 % günstiger als während der Woche – es sei denn, es findet eine Messe statt. Die Aufschlüsselung der Hotelkategorien finden Sie am Anfang der Adressen und Tips von Ort zu Ort, S. 402. Empfehlenswert ist die Mitnahme des aktuellen Michelin-Hotelführers Italien.

Ferienwohnungen werden auch von vielen Reiseveranstaltern vor allem an den Küsten (bevorzugt Lignano) und an den Seen (vor allem am Gardasee) angeboten, inzwischen aber auch in besonderen städtischen Lagen (Venedig!). Ferienwohnungen und -häuser gibt es in allen Preis- und Komfortkategorien, an der Adria-Küste auch auf Campingplätzen bzw. in Ferienclubs.

Eine interessante Variante: **Bauernhof-Urlaub,** durch neue EU-Unterstützung für viele Betriebe interessant geworden und daher in vielen schönen Lagen möglich (bei den regionalen Stellen nach *Agriturismo* fragen).

Camping mit breitem Angebot vor allem an der Adria-Küste, z. T. an der ligurischen Riviera und an den Oberitalienischen Seen.

Zeitungen und Zeitschriften

Deutschsprachige Zeitungen und Zeitschriften sind in den Küstenorten während der Saison aktuell erhältlich, ebenso in den großen Städten wie Mailand, Bologna und Venedig, zumindest an den Bahnhöfen und Flughäfen.

Abbildungsnachweis

Gottfried Aigner, München: Umschlaginnenklappe, Seite 40, 45, 70, 77, 86, 97, 98, 99, 104/105, 121, 156, 158, 169, 172, 176/177, 194, 199, 246/247, 268, 291, 302, 305, 309, 334, 346, 349, 375, 385
Archiv für Kunst und Geschichte, Berlin: Seite 17, 20, 109, 264
Alle übrigen Abbildungen stammen von Bernd Arnold/laif, Köln

Karten und Pläne: Berndtson & Berndtson, Fürstenfeldbruck, © DuMont Buchverlag, Köln

Register

Personen- und Sachregister

Orte

Titelbild: Riomaggiore, Cinqueterre/Ligurien
Umschlaginnenklappe: Im Hafen von Portofino
Umschlagrückseite: beim Palio in Asti/Piemont

Über die Autorin: Nana Claudia Nenzel, geboren 1944, studierte in Frankfurt am Main Germanistik und Kunstgeschichte. Zahlreiche Studienreisen führten sie vor allem nach Italien. Sie lebt in München und Gargnano, Gardasee als selbständige Journalistin und Reisebuchautorin mit Schwerpunkt Italien. Im DuMont Buchverlag veröffentlichte sie in der Reihe ›Richtig Reisen‹ auch den Band Toscana, in der Reihe ›Reisen für Genießer‹ den Band Toscana sowie die ›Reise-Taschenbücher‹ Apulien, Umbrien, Gardasee und Ischia, Capri, Procida. 1998 erhielt die Autorin den italienischen Kulturorden.

4., aktualisierte Auflage 2001

Satz und Druck: Rasch, Bramsche
Buchbinderische Verarbeitung: Bramscher Buchbinder Betriebe

Printed in Germany ISBN 3-7701-3583-0